KB117724

호, 조선 선비의 자존심

조선 500년 명문가 탄생의 비밀

호, 조선 선비의 자존심

한정주 지음

다산초당

호(號)를 보면
그 사람을 알 수 있다!

오늘날 우리는 특별한 일이 없는 한 태어나면서 갖게 된 이름 하나만을 평생 사용한다. 그런데 조선의 선비들은 최소한 셋 이상의 호칭을 지니고 있었다. 명(名)과 자(字)와 호(號)가 바로 그것이다. 명(名)이란 '이름'으로 오늘날 우리가 사용하고 있는 이름과 같다. 자(字)는 관례(冠禮, 성인식)를 치르고 짓는데, 그 까닭을 유학의 경전 가운데 하나인 『예기(禮記)』의 주석서(註釋書)에서는 "이름(名)을 귀하게 여겨서 공경하기 때문이다."라고 밝히고 있다. 즉 이름(名)을 귀중하게 여기고 공경했기에, 관례를 치르고 나면 함부로 이름을 부르지 않고 자(字)를 지어 부르도록 했다는 것이다. 단, 자(字)를 지을 때는 반드시 이름(名)과 연관 지어 짓도록 했다.

관례는 대개 15~20세 때 행해진다. 흥미로운 사실은 명(名)과 자(字)는 부모나 어른 혹은 스승이 지어주는 것으로 자기 마음대로 지어 사용할 수 없었던 반면, 호(號)는 자신이 살아가면서 뜻한 바가 있거나 마음이 가는 사물이나 장소에 따라, 또는 어떤 의미를 취해서 제멋대로 지을 수 있고 다른 사람이 지어줄 수도 있는 호칭이라는 점이다.

예를 들어보자면 율곡(栗谷, 이이)과 교산(蛟山, 허균)과 연암(燕巖, 박지원)은 자신이 좋아하는 지명(地名)을 호로 삼은 것이고, 퇴계(退溪, 이황)와 초정(楚亭, 박제가)과 순암(順菴, 안정복)은 마음에 품고 있는 뜻과 의지를 호로 표현한 것이며, 취금헌(醉琴軒, 박팽년)과 매월당(梅月堂, 김시습)은 자신의 기호나 취향을 좇아 호를 지은 것이다. 단원(檀園, 김홍도)과 완당(阮堂, 김정희)은 존경하거나 본받고자 하는 인물의 이름 혹은 호를 따와서 호로 삼았다. 또한 『맹자(孟子)』에서 말을 취한 면앙정(俛仰亭, 송순), 『장자(莊子)』에서 뜻을 취한 남명(南冥, 조식)처럼 고전(古典) 속에서 자신의 뜻과 철학을 찾아 호를 짓기도 했다. 심지어 '시, 거문고, 술'을 심하게 좋아하는 자신을 가리켜 삼혹호(三酷好, 이규보)라 하거나 어우당(於于堂, 유몽인), 곧 '쓸데없는 소리로 뭇사람을 현혹케 한다'라는 스스로를 희화화한 해학적인 호를 짓기도 했다. 또 '등에 있는 흰 얼룩무늬가 표범의 털 무늬와 닮았다' 해서 표암(豹菴, 강세황)이라 하거나 '눈썹이 길어 눈을 덮었다' 해서 미수(眉叟, 허목)라고 하는 등 자신의 용모나 특징을 거리낌 없이 드러낸 재미난 호까지 존재한다.

이렇게 보면 명(名)과 자(字)가 자신의 의지와는 무관한 생물학적 자아(태생적 자아)에 가깝다면, 호(號)는 선비가 자신의 뜻을 어디에 두고 마음이 어느 곳에 가 있는지를 나타내는 이른바 사회적 자아를 표상한다고 할 수 있다. 따라서 호를 살펴보면 그의 사람됨과 더불어 그 삶의 행적과 철학을 어렵지 않게 짐작해볼 수 있다. 더욱이 호는 그 사람의 내면세계(자의식)를 강렬하게 드러내고 있는 경우가 적지 않기 때문에, 그들의 뜻과 의지 역시 읽을 수 있다. 필자는 앞으로 호를 통해 조선을 대표할 만한 선비들의 다채로운 삶과 철학을 추적해보려고 한다. 이 여정을 통해 '호(號) 문화'가 지니는 가치가 오늘날에도 여전히 유효할 뿐 아니라 우리가 일상생활에서 어렵지 않게 복원할 수 있는 유산이라는 사실을 증명해 보여주고자 한다.

차례

여유당 정약용

남인으로 산다는 것의 의미

> 여유당(與猶堂) "신중하라! 겨울에 시냇물을 건너듯.
>
> 경계하라! 사방의 이웃을 두려워하듯."

'여유당(與猶堂)'은 '다산(茶山)'과 함께 사람들에게 가장 널리 알려진 정약용의 대표적인 호(號)이다. 그가 생전에 저술한 정치·경제·인문·사회·자연 과학·기술 분야를 총망라한 500여 권의 서적을 모두 모아 간행한 전서(全書)의 제목도 『여유당전서(與猶堂全書)』이고, 뒷산에 정약용 부부의 무덤이 자리하고 있는 그의 고향 마을 생가에 오늘날에도 당당하게 걸려 있는 당호(堂號) 역시 여유당(與猶堂)이다. 그러나 여유당이 담고 있는 뜻은 사실 자랑스럽거나 당당하기보다는 부끄러웠던 우리 역사의 단면을 보여줄 뿐이다. 여유당이란 호는 18세기 이후 조선에서 '남인(南人)으로 산다는 것'이 어떤 의미인가를 적나라하게 표현하고 있기 때문이다.

당쟁(黨爭)이 격렬했던 조선 후기에 들어서면 조선의 사대부에게 당파(黨派)는 자신이 어느 집안에 태어났느냐 만큼 중요한 문제가 된다. 즉, 당색(黨色)과 혈통은 태어나면서 죽을 때까지 사대부를 따라다닌 꼬리표와 같았다. 사대부가 자신이 속한 당파를 거부한다는 것은 곧 자신의 혈통과 가문을 부정하는 행위와 동일하게 받아들여졌다. 그것은 조선의 사대부라면 어느 누구도 피해 갈 수 없는 운명과도 같은 존재였다.

정약용은 친가와 외가 모두 학문과 시문(詩文) 그리고 서화(書畵)로 일세를 풍미한 남인의 명문가였다. 그의 친가 직계 선조는 8대가 연이어 문신의 꽃이라 하는 옥당(玉堂, 홍문관)에 오를 정도로 대학자를 다수 배출했고, 외가는 남인의 영수(領袖)이자 대문장가인 고산(孤山) 윤선도와 문인화가로 큰 명성을 얻은 공재(恭齋) 윤두서의 가문인 해남(海南) 윤씨(尹氏) 집안이다. 특히 정약용이 대를 이어오면서 갖추어진 자기 집안의 가풍에 대해 언급한 「제가승초략(題家乘抄略)」이라는 글을 읽어보면, 그가 조선을 대표할 만한 학문의 대가이자 개혁가였지만 자신의 재능과 식견을 겉으로 드러내는 데 꽤나 신중하고 조심스럽게 행동했다는 사실을 알 수 있다.

나의 집안에는 유별난 기풍(氣風)이 있다. 이것을 간단하게 요약한다면 첫째는 '근(謹, 삼가다)'이라고 할 수 있다. …(중략)… 윗사람의 뜻에 순종하여 비리를 저지르거나 권세가를 추종하여 나쁜 일을 한 적이 없다. …(중략)… 둘째는 '졸(拙, 서툴다)'이다. 어떤 일을 만났을 때 앞날에 대한 염려를 먼저 해 밖으로는 겁을 먹은 듯하지만, 실제 속마음은 굳세고 강건해 권력을 차지하거나 경쟁하는 일에 항상 몸을 사리고 나서지 않았다. …(중략)… 셋째는 '선

(善, 착하다)'이다. …(중략)… 누구를 원망하거나 악(惡)을 악(惡)으로 보복하지 않았다. …(중략)… 넷째는 '양(諒, 믿음직하고 성실하다)'이다. …(중략)… 집안사람 중 명망이 있는 어떤 사람도 한마디라도 거짓되고 허황된 말을 해 다른 사람에게 낭패를 당했다는 일을 듣지 못했다.

- 『다산시문집』, 「제가승초략」

정약용은 18세기 중반인 1762년(영조 38)에 태어났다. 이때 조선은 이미 숙종과 경종 시대의 당쟁에서 최종 승리한 서인(西人) 계열의 노론(老論) 세력이 권력을 독점 지배하고 있었다. 숙종 시절 서인과의 권력 투쟁에서 패배한 남인은 권력의 핵심부에서 배제당한 채 벼슬살이를 하거나 아니면 재야 지식인의 삶을 살아가야만 했다. 이와 같은 정치 상황 때문에 어느 당파보다 남인 계열의 사대부로부터 비판적인 현실 인식과 사회 개혁론이 많이 나왔다. 또한 외부 세계에 대해 폐쇄적이었던 노론의 보수적 성리학자들과는 다르게 남인의 지식인들은 서양의 과학 기술이나 신문물, 특히 천주교에 대해서도 매우 개방적인 입장을 보였다.

이 가운데에서도 성호(星湖) 이익은 천문·지리·인사는 물론 유학의 경사(經史)를 총망라하는 지식을 펼쳐보이는 한편, 서양의 과학 기술과 신문물을 폭넓게 수용한 백과전서적인 학풍을 남겼다. 이익은 숙종 시대 당쟁에 휘말려 아버지와 형이 죽음에 이르자, 벼슬할 뜻을 버리고 낙향한 후 학문에만 열중해 조선 최고의 백과사전인 『성호사설(星湖僿說)』을 엮어 실학(實學)의 큰 문을 활짝 열어젖힌 인물이다. 실학파(實學派) 중 최대 규모의 인물을 배출한 남인 계열의 실학자들은 모두 이익의 학문과 사상을 먹고 자랐다 해도 과언이 아니다. 정약용도 예외는 아니었다.

정약용이 성호 이익의 학풍과 조우한 시기는, 그의 나이 16세 무렵인 1777년이었다. 그해는 정조가 즉위한 지 1년째 되는 해이기도 하다. 정약용이 이익의 학문 세계와 만날 수 있는 길을 열어준 사람은 우리 역사상 최초로 청나라 연경(燕京, 베이징(北京))에 가서 천주교 영세를 받은 이승훈이다. 정약용의 매형이기도 한 이승훈은 다시 벼슬길에 오른 아버지를 따라 한양으로 이사 온 정약용에게 이익의 종손(從孫)인 이가환을 소개해주었다. 이가환은 이승훈의 외삼촌으로, 당시 이익의 학문과 사상을 계승한 성호학파(星湖學派)의 중심인물이었다.

이가환과 성호학파 지식인 그룹을 통해 이익의 학문 세계를 접한 정약용은 비로소 현실에 대한 비판적 안목과 사회 개혁에 대한 구상을 통한 경세치용(經世致用)의 정신, 그리고 서양의 과학 기술 및 신문명을 수용하는 열린 마인드를 갖추게 된다. 이가환을 비롯한 성호학파 지식인들과 함께 토론하는 과정에서, 또 이익이 남긴 유고(遺稿)들을 공부하면서 정약용은 실학자로 새롭게 태어난 것이다.

이 때문에 훗날 정약용은 자신의 자식이나 조카들에게 스스럼없이 "나의 큰 꿈은 성호를 따라 사숙(私淑, 직접 가르침을 받지 않고 스스로 배움)하면서 크게 깨달은 것이다."라고 말했다. 맹자가 공자를 사숙해 유학의 '아성(亞聖)'이 되었듯이, 정약용은 성호 이익을 사숙하면서 '실학의 최고 학자'가 될 수 있었던 것이다. 유생(儒生)에 불과했던 정약용에게 실학의 정신과 방법으로 경세치용과 사회 개혁을 이루겠다는 큰 꿈을 갖게 한 인물이 성호 이익이었다면, 그와 같은 큰 꿈을 현실에서 실천할 수 있도록 정약용을 가르치고 지원해준 사람은 다름 아닌 정조대왕이었다.

정약용은 22세가 되던 1783년, 소과(小科)에 합격한 유생들이 임금에게 사은(謝恩)하는 행사가 열린 창경궁 선정전에서 정조대왕을 처음 만났다. 당시 정조대왕은 정약용보다 열 살 많은 32세였다. 이때 정조대왕은 정약용에게 얼굴을 들라 하며 나이를 묻는 등 특별한 관심을 보였다고 한다. 명군(明君) 정조대왕이 한눈에 알아볼 정도로 정약용은 특별한 재능을 갖고 있었지만, 대과(大科)에는 합격하지 못해 벼슬길에 나가지 못했다. 정약용은 그 후 수차례의 실패 끝에 28세가 되는 1789년에야 비로소 대과에 합격해 조정에 출사할 수 있었다.

정약용의 출사를 손꼽아 기다리던 정조대왕은 곧바로 그를 '개혁 인재 양성 코스'인 규장각의 초계문신(抄啓文臣)으로 발탁한다. 규장각과 초계문신은 정조대왕의 개혁 의지와 구상의 총결집체라 할 수 있다. 정조는 37세 이하 당하관(堂下官) 가운데 참신하고 유능한 관료들을 선발해 '초계문신'이라 부르도록 하고, 규장각에서 학문 연마 및 연구를 하도록 했다. 이곳을 통해 정조는 장차 조선의 앞날을 짊어지고 나갈 젊은 개혁 인재들을 양성하고자 했다. 정조 즉위 6년째인 1781년부터 정조가 사망한 1800년까지 약 20년간 초계문신에 선발된 관료는 138명에 이르렀다고 한다. 규장각이 길러낸 이들 '개혁 인재'는 본래 정조가 뜻한 대로 '새롭고 참신한 개혁 정치 세력'의 역할을 톡톡히 해냈는데, 이 가운데 정약용은 정조가 가장 총애한 '최우등 개혁 인재' 였다고 할 수 있다.

정약용은 이렇듯 정조대왕과의 만남을 통해, 성호 이익을 사숙하면서 품은 큰 뜻을 현실 정치에서 하나둘 실현해나가는 방법을 배워 갔다. 정약용은 정조대왕을 자신의 정신적 지주이자 큰 스승이라 여겼다. 이 때문에 훗날 자신은 "항상 정조대왕의 가르침을 저버릴까 삼가고 두려워하며 살았다."라고 회고하기도 했다. 그러나 정조대왕의 각별한 관심과 총애 그리고 정약용의 개혁적 성향과 남인이라는 출신 배경은 반대파인 노론 세력이 그를 집중적으로 견제·공격하는 주된 이유가 되었다.

정조대왕이 24년 치세(治世) 동안 시도한 숱한 개혁 노력에도 불구하고, 선왕(先王, 여기서는 영조) 시절 이미 깊게 뿌리내린 노론의 권력 기반은 쉽사리 꺾이지 않았다. 이 때문에 1800년 정조대왕이 49세의 이른 나이에 갑작스럽게 죽음을 맞이하자, 개혁 정치는 붕괴하고 노론 세력이 권력의 전면에 재등장한다. 선왕인 영조의 계비(繼妃) 정순왕후의 수렴청정을 시작으로 노론 세력은 정조의 개혁 정책을 무너뜨리고, 개혁 정치를 뒷받침한 남인 세력과 젊은 개혁 관료들을 대대적으로 숙청해나간다. 노론이 움켜쥔 탄압의 무기는 예전에 그랬던 것처럼 '천주교'였다.

이미 정조 생전에도 천주교 문제로 여러 차례 고초를 겪은 정약용은 이때 벼슬에 대한 모든 뜻을 접고 생가(生家)가 있는 초천(苕川, 지금의 남양주시 마현 마을)으로 낙향해 오직 학문 연구에만 몰두하기로 결심한다. 그 당시 정약용은 자신을 정면으로 겨누고 있는 숙청의 피바람을 온몸으로 느끼면서, 스스로 '여유당(與猶堂)'이라는 당호(堂號)를 내거는 한편 「여유당기(與猶堂記)」를 지어 세상의 비방을 홀로 짊어진 자신의 운명과 노론의 마수(魔手)를 피해나가려 했다.

하고 싶지 않은데 어쩔 수 없이 해야 하는 일은 그만둘 수 없고, 하고 싶지만 다른 사람이 알까 두려워서 하지 않는 일은 그만둘 수 있다. 그만둘 수 없는 일이란, 항상 그 일을 하고 있으면서도 스스로 내켜지 않기 때문에 때때로

14
·
15

중단된다. 반면에 하고 싶은 일이란, 언제든지 할 수 있지만 다른 사람이 알까 두려워하기 때문에 또한 때때로 그만둔다. 이렇다면 참으로 세상천지에서 자신이 할 수 있는 일이란 없을 것이다.

내 병은 내가 스스로 잘 안다. 결단력이 있으나 꾀가 없고, 선(善)을 좋아하지만 가릴 줄을 모른다. 마음 내키는 대로 즉시 행동하며 의심할 줄도 두려워할 줄도 모른다. 스스로 그만둘 수 있는 일인데도 마음이 움직이면 억제하지 못하고, 하고 싶지 않은 일인데도 마음에 걸려 찜찜한 구석이 있게 되면 그만두지 못한다.

어려서부터 마음 내키는 대로 이리저리 돌아다니면서도 의심하지 않았고, 나이가 들어서는 과거 공부에 빠져 돌아볼 줄 몰랐다. 서른이 넘어서 지난날의 잘못을 깊게 깨달았으나 두려워하지 않았다. 그 때문인지 선(善)을 끊임없이 좋아하였으나 세상의 비방을 홀로 짊어지고 있다. 이것이 내 운명이란 말인가! 이 모두가 타고난 내 본성 때문이니, 어찌 내가 감히 운명을 탓할 수 있겠는가!

나는 노자(老子)의 이런 말을 본 적이 있다. 거기에는 "신중하라! 겨울에 시냇물을 건너듯[與兮若冬涉川]. 경계하라! 사방의 이웃을 두려워하듯[猶兮若畏四隣]."이라 했다. 이 두 마디는 참으로 내 병을 고치는 약이 아닌가 싶다.

겨울에 시내를 건너는 사람은 물이 뼈를 에는 듯 차갑기 때문에 부득이한 상황이 아니면 건너지 않는 법이다. 또한 사방에서 사람들이 자신을 지켜보고 있는 것을 두려워하는 사람은 남의 시선이 자신에게 미칠까 봐 염려해 정말 어쩔 수 없는 상황이라고 하더라도 나서지 않는 법이다.

다른 사람에게 편지를 보내 경전(經典)과 예절(禮節)에 대해 같음과 다름을 논하려고 하다가 가만히 생각해보니, 구태여 그렇게 하지 않더라도 해로울 것이 전혀 없었다. 하지 않아도 해로움이 없다면 부득이한 일이 아니다. 부득이한 일이 아니라면 또한 그만두어도 된다.

다른 사람을 논하는 글을 임금에게 올려 조정 신하들의 옳고 그름을 말하려고 하다가 또 가만히 생각해보니, 남이 알까 두려운 일이었다. 다른 사람이 알까 두려운 일은 마음에 크게 거리낌이 있기 때문이다. 마음에 크게 두려움과 꺼림이 있다면 또한 그만두어야 한다.

진귀하고 즐길 만한 옛 골동품을 두루 모아볼까 하다가 이 또한 그만둔다. 벼슬자리에 있으면서 공금을 멋대로 쓰고 훔치겠는가? 이 또한 그만둔다. 온 마음에서 생겨나고 뜻에서 싹튼 것은 아주 부득이한 경우가 아니라면 그만두고, 아주 부득이한 경우일지라도 다른 사람이 알까 두려워하는 일 또한 그만둔다. 진정 이와 같이 한다면, 세상에 무슨 해로움이 있겠는가?

내가 이러한 뜻을 깨달은 지 이미 6~7년이 되었다. 그런데 그 뜻을 당(堂)에 이름 붙여 매달려 했다가 곰곰이 생각해보고 그만두었다. 이제 고향 마을인 초천(苕川)에 돌아와서야 문미(門楣)에 써서 붙이고, 더불어 이름 붙인 이유를 기록해 아이들에게 보여준다.

―『다산시문집』, 「여유당기」

정약용은 '겨울에 시냇물을 건너듯 신중하고, 사방의 이웃을 두려워하듯 경계하라'는 뜻에서 '여유당'이라는 현판을 사랑채 앞에 걸었다.

정녕 '겨울에 시냇물을 건너듯 신중하고(與), 사방의 이웃을 두려워하듯 경계하는(猶)' 삶은 정약용이 남인으로 태어날 때부터 짊어져야 할 운명이었을까? 그러나 신중하고 경계하는 삶을 살았음에도 노론 세력은 자신들의 정치적 라이벌이 될 수 있는 이를 결코 용납하지 않았다. 노론이 모든 권력을 장악한 조선에서 '남인으로 산다는 것'은 그토록 가혹한 일이었다.

▌다산(茶山) 유배지 만덕산(萬德山)의 '차(茶) 나무'와 '팔경(八景)'

노론은 정조대왕이 사망한 지 채 1년도 되지 않은 1801년 2월, 천주교 신앙을 빌미 삼아 정조 시대 남인을 중심으로 형성된 개혁 세력을 송두리째 뽑아버린다. 노론의 칼날은 특히 이가환, 이승훈, 정약용을 정면으로 겨냥했다.

> 아! 통탄스럽습니다. 이가환(李家煥)·이승훈(李承薰)·정약용(丁若鏞)의 죄를 어찌 다 주벌(誅罰)할 수 있겠습니까? 이른바 사학(邪學)은 반드시 나라를 흉악한 재앙의 지경에 이르도록 하고야 말 것입니다. …(중략)… 이가환은 흉악한 무리의 자손으로서 남을 해치려는 마음을 깊이 품고 있다가 많은 사람들을 이끌어 유혹하고는 스스로 교주가 되었습니다. 이승훈은 구입해온 요망한 서적(妖書)을 그 아비에게 전하고, 그 법을 수호(守護)하는 것을 달갑게 여겨 가계(家計)로 삼았습니다. 정약용은 본래 두 추악한 무리와 어울리고 마음을 서로 연결하여 한 패거리가 되었습니다. …(중략)… 이들 세 흉인은 모두 사학의 뿌리가 되었습니다. 청하옵건대 전(前) 판서 이가환, 전(前) 현

감 이승훈, 전(前) 승지 정약용을 빨리 의금부로 하여금 엄중하게 국문(鞫問)

하여 실정을 알아내게 한 다음 신속하게 나라의 형벌을 바로잡으소서.

-『순조실록(純祖實錄)』, 1년 2월 9일

신유사옥(辛酉邪獄)이라고 불리는 이때의 정치적 탄압으로 번암(樊巖) 채제공 사망 이후 남인의 영수이자 정신적 지주 역할을 한 이가환을 비롯한 무수히 많은 지식인이 처형당했다. 그 당시 고문으로 옥사하거나 처형당한 사람만 무려 300명이 넘었다고 한다. 폐쇄적인 성리학 이념과 노론의 권력욕이 빚은 '대참극'이었다. 정약용의 집안은 몰락이라고 표현해야 할 정도로 큰 타격을 입었다. 매형 이승훈과 셋째 형 정약종은 서소문 밖에서 참수형에 처해졌고, 둘째 형 정약전은 신지도(지금의 전남 완도군 신지도)로, 또 간신히 목숨을 건진 정약용 자신은 장기현(지금의 경북 포항시 장기면)으로 유배형을 당했다. 그러나 비극은 거기에서 그치지 않았다. 그해 10월에 큰형 정약현의 사위인 황사영이 연경(베이징)의 프랑스 신부에게 군대 파병을 요청한 이른바 '황사영 백서 사건'으로 다시 투옥되었다가, 정약용은 강진으로 그리고 정약전은 머나먼 섬 흑산도로 유배지를 옮기게 된다.

정약용의 강진 유배 생활을 이야기할 때 일반 사람들이 쉽게 떠올리는 단어는 '다산 초당(茶山草堂)'이다. 그러나 정약용이 다산 초당을 거처로 삼은 시기는 유배 생활을 한 지 7년이 지난 1808년 이후였다. 처음 정약용은 마땅한 거처조차 마련하지 못할 정도로 큰 고초를 겪었다. 그나마 거처라고 정한 곳이 동문 밖 주막이었다. 그러나 정약용은 자신이 거처하는 곳에 스스로 '사의재(四宜齋)'라는 이름을 붙여, 비록 비참한 유배객일지라도 선비의 품격과 아취를 잃지 않으려고 애썼다.

이때 사의(四宜)란 마땅히 지켜야 할 네 가지 일을 뜻하는데, '담백한 생각, 장엄한 용모, 과묵한 언어, 신중한 행동'이 바로 그것이다.

여유당과 함께 정약용을 대표하는 다산(茶山)이라는 호는 이렇듯 간난신고(艱難辛苦)를 겪고 있던 유배 생활 도중에 탄생했다. 다산(茶山)은 지명(地名)이다. 정약용이 유배당한 전남 강진군 도암면에 소재한 만덕산(萬德山)의 또 다른 이름이 다산(茶山)이다. 이는 이곳에 수많은 야생 차나무가 자생하고 있었기 때문에 붙여진 별칭이다. 평소 차를 즐기고 주변에 전파하기를 마다하지 않았던 '차 마니아' 정약용은 혹독하고 가혹한 유배지에서 자신에게 아낌없이 차를 제공해주는 만덕산을 애호하게 되었고, 이에 그 산의 별칭인 다산을 기꺼이 자호(自號)로 삼았다.

정약용은 강진에 유배 오기 이전부터 차를 마셨다고 한다. 그러나 정약용과 동시대를 산 북학파 지식인 유득공이 저술한 풍속기(風俗記)인 『경도잡지(京都雜志)』를 보면, 당시 조선에는 '차 문화'가 존재하지 않았다. 유득공은 "차(茶)는 토산물이 없고, 대개 연시(燕市, 베이징)에서 사오거나 작설차(雀舌茶)·생강·귤로 대신한다."라고 했다. 더욱이 관청에서는 찹쌀을 볶아 물에 탄 것을 '차'라고 하기도 하고, 민간의 풍속에서는 백두산에서 나오는 삼나무 싹으로 만든 것을 '차'라고 하기도 한다고 기록했다. 실제 삼국 시대와 고려 시대 때까지 성행했던 차 문화는 조선에 들어서면서 거의 사라지다시피 했다. 더러 차를 즐겨 마신 사대부가 있다고 하더라도 그것은 개인적인 기호나 취향에 불과했지 '문화'로 확산되지는 않았다. 따라서 정약용이 강진 다산(茶山)에서 직접 차를 제조하고 주변 인물과 사찰(寺刹)로 차를 전파하기 전까지 조선에는 이렇다 할 '차 문화'가 없었다고 해도 틀리지 않다.

정약용은 강진에 유배당한 지 4년째 되는 1805년, 우연히 만덕산에 자리하고 있는 백련사라는 절에 놀러 갔다가 주변에 야생 차가 무수하게 자라고 있다는 사실을 알게 되었다. 이때 정약용은 백련사의 승려인 아암(兒庵) 혜장에게 차 만드는 방법을 알려주었다고 한다. 정약용이 알려준 방법은 이후 강진과 인접해 있는 장흥의 보림사와 해남의 대둔사(대흥사)에까지 전해졌다. 특히 정약용은 유배 생활 도중 얻은 위장병을 치유하기 위한 약용(藥用)으로 차를 마셨기 때문에, 만약 차가 떨어지면 차 제조법을 가르쳐준 혜장에게 '걸명시(乞茗詩)' 혹은 익살스럽게 상소문의 형식을 띤 '걸명소(乞茗疏)'를 보내 차를 달라고 애걸하기도 했다. 혜장에게 차를 보내 달라고 청한 이 시는 최초의 걸명시(乞茗詩)로도 유명하다.

전해오는 소문에 석름(石廩) 밑에서

예로부터 좋은 차(茗)가 나온다는데

이 시기가 보리 말리는 계절이라

기(旗)도 피고 창(槍) 역시 돋았겠구나

곤궁하게 살면서 굶주림이 습관이라

누리고 비린내 나는 것은 비위가 상해

돼지고기와 닭죽은

너무 호사로워 함께 먹기 어렵네

다만 묵은 체증(滯症)에 몹시 괴로워

간혹 술 취하면 깨지 못한다네

숲에 사는 스님의 차(茶)에 도움을 받아

육우(陸羽, 당(唐)나라 때 사람으로 다신(茶神)이라 불림)의 솥에다 조금이나마

채웠으면

차를 베풀어 진실로 병만 낫는다면

물에 빠진 사람 건져 준 것과 무에 다르리

모름지기 불에 찌고 말리기를 법식(法式)대로 해야

차를 우렸을 때 빛깔이 해맑다네

　　　──『다산시문집』, 「혜장 스님에게 보내 차를 애걸하다(寄贈惠藏上人乞茗)」

　　강진에서 유배 생활을 한 지 7년째 되는 1808년, 47세의 정약용은 귤동 마을 만덕산 기슭에 자리하고 있는 외가로 먼 친척뻘 되는 윤단(尹慱)이라는 사람의 산정(山亭)으로 거처를 옮기는데, 이곳이 바로 그 유명한 다산 초당이 된다. 다산 초당에 기거한 이후 정약용은 약천(藥泉)이라 이름 붙인 샘을 파고 차를 만드는 맷돌과 차 바구니, 화로 그

전남 강진에 위치한 다산 초당의 모습. 우리나라의 차 문화는 이곳에서부터 시작되었다고 해도 과언이 아니다.

리고 다조(茶竈) 등을 갖추어놓고 마침내 차를 필요한 만큼 스스로 만들어 먹을 수 있게 되었다. 이때부터 만덕산(다산) 아래 자리한 초당은 우리 역사상 가장 찬란하게 빛났던 '유배지 문화', 그중에서도 특히 사라져 버린 차 문화를 다시 부활시키고 전파한 '차 마니아' 정약용을 상징하는 공간이 되었다. 이곳에서 꽃핀 차 문화는 이후 초의선사와 추사 김정희로 이어지며 화려한 전성기를 구가했다.

정약용이 사랑했던 다산(茶山, 만덕산)의 또 다른 절품(絶品)은 계절에 따라 변화하는 여덟 가지 아름다운 풍경, 곧 '팔경(八景)'이다. 차와 더불어 팔경은 고단한 유배지의 삶에서 잠시나마 위안을 얻을 수 있는 활력소와 같았다. 『다산시문집』에 실려 있는 '다산 팔경 노래(茶山八景詞)'를 보면, 정약용이 얼마나 이 풍경에 매혹되었는가를 알 수 있다.

① 불장소도(拂墻小桃) : 담을 스치고 있는 작은 복숭아나무

"산허리를 경계 삼아 널쩍하게 탁 트인 담장/붓으로 그린 양 봄빛 완연하네/어찌 그리 사랑스럽나 싱그러운 산에 비가 멎고 난 후/작은 복숭아나무 몇 가지에 복사꽃 어여쁘게 펴 있는 모습"

② 박렴비서(撲簾飛絮) : 발(簾)에 부딪치는 버들가지

"산속 집 발(簾)에 물결처럼 일렁이는 잘고 고운 무늬/다락(樓) 머리에 살랑대는 버들가지 그림자로구나/산골짜기에 눈발이 흩날리고 있는 게 아니라/봄바람이 버들가지 흔들어 맑은 연못물 희롱하네"

③ 난일문치(暖日聞雉) : 따뜻한 날 들려오는 꿩 울음소리

"우거진 칡덩굴 아름다운 햇빛 아래/작은 화로에는 차 끓이는 연기마저 가느다랗게 끊겼는데/어디에서인가 울어대는 세 마디 꿩 소리가/구름 속 지게문(牕) 아래 잠깐 든 잠을 바로 깨우네"

④ 세우시어(細雨飼魚) : 가랑비 내리는 날 물고기 먹이 주기

"황매(黃梅) 나는 5월 가랑비에 수풀 가지 젖으면/물 위에는 동그란 물방울 천 개나 일지/저녁밥 서너 덩어리 일부러 남겨 두었다가/난간에 기대 앉아 어린 물고기에게 밥을 주네"

⑤ 풍전금석(楓纏錦石) : 비단 바위에 얽혀 있는 단풍나무

"옅은 구름에 살짝 덮인 올망졸망 바위 무더기/가을 지나 바위 옷에 동그란 무늬 자라날 때/연지 바른 붉은 잎이 무수하게 덮으면/푸른색이 짙은지 붉은색이 옅은지 구분하기 어렵네"

⑥ 국조방지(菊照芳池) : 연못에 비친 국화(菊花)

"바람 고요한 연못 위 닦아놓은 거울 모양/이름난 꽃 기괴한 돌 물 속에 가득하네/바위 틈 병두국(并頭菊, 한 줄기에 두 송이 꽃이 핀 국화)을 오래도록 보고 싶어/물고기 뛰어놀면 작은 물결 일어날까 두렵구나"

⑦ 일오죽취(一塢竹翠) : 언덕 위 푸르른 대나무

"눈 덮인 산등성이 음지에도 바위 기운 푸르고/높은 가지에 잎 떨어지느라 새로이 소리 날 때/언덕 위에 그대로 남아 있는 푸르른 어린 대나무가/서루(書樓)의 세밑 풍정(風情)을 붙잡고 있네"

⑧ 만학송도(萬壑松濤) : 깊은 골짜기의 소나무 물결

"작은 시내 휘돌아 맑은 산을 감싸 안고/푸른 갈기 붉은 비늘 만 개의 장대 모양 우뚝 솟아/거문고와 피리 소리 들끓는 곳 바로 여기 있으니/온 집이 차갑도록 하늘 높이 바람이 부네"

만약 앞으로 다산 초당을 찾아갈 독자가 있다면 정약용이 남긴 차향(茶香)과 함께 그가 그토록 사랑했던 '다산 팔경(茶山八景)'을 제대로 감상할 시간을 가져보기를 권한다.

▌사암(俟菴) 미래의 새로운 세대를 기다리며……

정약용은 생전에 10개가 넘는 호를 썼다고 한다. 앞서 소개한 여유당, 다산과 함께 삼미자(三眉子), 열수(洌水), 철마산초(鐵馬山樵), 탁옹(籜翁), 자하도인(紫霞道人), 태수(苔叟), 문암일인(門巖逸人), 사암(俟菴) 등이 정약용이 남긴 호이다.

이 가운데 정약용이 처음 사용한 호는 '삼미자(三眉子)'였다. 정약용은 어렸을 때 천연두를 앓고 난 후 남은 마마 자국 때문에 눈썹이 세 마디로 나뉘었는데, 이를 두고 자신의 호를 '삼미자'라고 하였다. 얼굴의 흉터를 부끄러워하기보다는 자신만이 갖고 있는 특징으로 삼을 만큼 정약용은 어렸을 때부터 남다른 자의식을 지니고 있었던 것이다. '열수(洌水)'는 한강(漢江)의 다른 이름이고, 자신을 철마산의 나무꾼(樵)이라고 한 '철마산초(鐵馬山樵)'의 철마산(鐵馬山)은 현재 경기도 남양주시 진접읍에 위치한 산 이름이다. 예로부터 정약용의 고향 마현(馬峴, 마재)은 뒤로는 천마(天馬)가 날아오르는 듯한 형세의 철마산을 등지고 앞으로는 남한강과 북한강이 합류하는 풍경 좋은 마을로 이름이 높았다. 따라서 '열수'와 '철마산초'라는 호에서는 고향 마을을 끔찍이 사랑했던 정약용의 마음을 읽을 수 있다. 자신을 '대나무 껍질(籜)'에 빗대어 아무짝에도 쓸모없는 사람이라고 한 '탁옹(籜翁)'이라는 호에서는 천하를 다스릴 만한 경세가(經世家)의 기개와 포부를 타고 났지만, 역적(逆賊)과 폐족(廢族)의 신세로 전락해 머나먼 유배지로 내쫓겨 아무것도 할 수 없는 처지가 되어버린 정약용의 비애를 읽을 수 있다.

이쯤에서 한 가지 궁금증이 일어난다. 정약용은 과연 이들 10여 개의 호 중에서 후세 사람들이 자신을 어떤 호로 기억해주기를 원했을까? 필자가 생각하기에, 남달리 자의식이 강했던 정약용이 후세 사람들에게 특별히 자신을 강렬하게 드러내는 호를 남기지 않았을 리 없다. 이에 대한 궁금증을 풀려면 정약용이 직접 쓴 자신의 묘지명, 즉 「자찬묘지명(自讚墓誌銘)」에 주목할 필요가 있다.

> 이는 열수(洌水) 정용(丁鏞)의 묘이다. 본명은 약용(若鏞)이고, 자(字)는 미용(美庸)이며, 호는 사암(俟菴)이라 한다. 아버지의 휘(諱)는 재원(載遠)이고 음직(蔭職)으로 출사하여 진주목사(晉州牧使)에 이르렀다. 어머니 숙인(淑人)은 해남 윤씨(海南尹氏)이며, 영종(英宗, 영조) 임오년(1762년, 영조 38) 6월 16일에 용(鏞)을 열수(洌水) 가의 마현(馬峴) 마을에서 낳았다.
>
> **- 『다산시문집』, 「자찬묘지명 광중본(壙中本)」**

여기에서 정약용은 우리가 익히 알고 있는 다산이나 여유당이 아닌 아주 생소한 '사암(俟菴)'을 자신의 호로 소개하고 있다. 또한 정약용은 「광중본」보다 더 자세하게 자신의 인생 역정을 기록한 「자찬묘지명 집중본(集中本)」에서는 당호(堂號)가 '여유당'이라는 사실을 덧붙이면서도 여전히 호는 '사암'으로 기록했다. '사암'은 '기다릴 사(俟)' 자와 '암자 혹은 초막 암(菴)' 자로 되어 있다. 그러니까 여기에는 무엇인가를 기다린다는 뜻이 담겨 있다. 대체 정약용은 무엇을 그토록 간절히 기다리기에, 여유당이나 다산을 비롯해 생전에 사용한 수많은 호가 아닌 '사암'을 후세 사람들이 자신을 대표하는 호로 기억해주기를 바랐던 것일까?

1801년에 시작된 정약용의 유배 생활은 18년이나 계속되다가 1818

년에 이르러서야 끝이 났다. 유배지에서 풀려나 고향인 마현 마을로 돌아와 1836년까지 18년여를 더 살면서 많은 저술을 남겼지만, 정약용이 평생 남긴 500여 권에 이르는 방대한 분량의 저서는 대부분 18년 강진 유배 생활 도중 탄생했다. 그는 "임술년(1802년) 봄부터 즉시 저술하는 일에 몰두하여, 붓과 벼루만 곁에 두고 새

정약용의 초상.

벽부터 밤까지 쉬지 않고 작업했다. 이 때문에 왼쪽 어깨가 마비되어 마침내 폐인이 될 지경에 이르렀고, 시력이 아주 나빠져 오직 안경에만 의지하게 되었다."라고 술회할 만큼 혼신의 힘을 다해 저술 작업에 매달렸다. 왜 정약용은 폐족(廢族)의 굴레를 쓴 채 유배객의 신세로 전락해 더 이상 희망이 없던 바로 그때, 보통 사람의 정신적·육체적 한계를 뛰어넘는 수준에 이르도록 저술 및 집필 활동에 매달렸을까? 타고난 지식 욕구 때문이었을까? 혹은 학문에 대한 남다른 열정 때문이었을까? 아니면 벼슬로는 이루지 못한 명예와 영광을 학문에서나마 얻으려고 했던 것일까? 분명 이러한 욕구와 열정 그리고 명예욕이 정약용의 정신세계를 지배했을 수도 있다.

그러나 보다 근본적이고 핵심적인 이유는 정조대왕의 갑작스러운 죽음과 더불어 꺾여버리고 또 유배형에 처해진 후 현실의 정치 무대에서 철저하게 짓밟혀 버린 정약용 자신의 큰 꿈, 곧 경세치용(經世致

用)과 사회 개혁(社會改革)의 의지와 구상을 학문적으로나마 실천하고 완성하겠다는 생각 때문이었다고 해야 하지 않을까? 또한 현실 정치 세계에서는 이미 좌절당한 큰 꿈을 미래의 개혁 세대를 위해 학문적으로나마 준비하고 완성해놓겠다는 의지 때문에, 그는 온 힘을 쏟아 저술 및 집필에 매달렸던 것이 아닐까? 유배지의 혹독한 환경 속에서도 꺾이지 않았던 그의 저술 및 집필 활동은 (물론 현실 개혁안이었지만) 그 뜻과 의지가 보다 더 미래를 향해 있었다고 해야 비로소 이해할 수 있다. 따라서 정약용이 「자찬묘지명」에서 자신의 호로 소개한 '사암'은 바로 자신이 이루지 못한 큰 꿈을 이루어줄 미래의 새로운 세대를 기다리겠다는 마음을 담고 있다고 해석할 수 있다.

이 때문에 필자는 정약용이 집필한 수많은 저서들은, 그가 정조대왕과 함께 이룩하고자 했던 경세치용과 사회 개혁안의 완성이자 미래 조선 사회에 대한 청사진이라고 생각한다. 예를 들자면, 『경세유표(經世遺表)』·『목민심서(牧民心書)』·『흠흠신서(欽欽新書)』가 정치·경제·행정·법제에 관한 현실 개혁안이자 미래 조선 사회를 위한 청사진이라고 한다면, 정약용이 유배형에 처해지기 직전에 완성한 『문헌비고간오(文獻備考刊誤)』나 유배 생활 동안 저술한 유학의 각종 경사(經史)에 관한 주석서는 학문 및 정보·지식 시스템에 관한 현실 개혁안이자 미래 청사진이라고 할 수 있다. 또한 『아언각비(雅言覺非)』나 『이담속찬(耳談續纂)』류의 집필은 문자와 일상생활 속의 언어 및 풍속에 관한 현실 개혁안이자 미래 청사진이었다. 그리고 『아방강역고(我邦疆域考)』나 『대동수경(大東水經)』과 같은 저서는 역사 속 강역(疆域)의 변화와 현실 영토 문제를 정확히 다루어 외교 관계와 국토의 효과적인 활용의 미래 청사진으로 사용하겠다는 뜻을 담고 있다.

이렇듯 정약용은 정조대왕의 갑작스러운 죽음 이후 노론 세력과 세도 가문의 권력 독점과 수구 반동 정치로 인해 다시는 자신의 큰 꿈을 현실 정치 무대에서 펼칠 수 없다는 엄혹한 상황을 알면서도, 자신이 할 수 있는 유일하면서도 최선의 방법을 선택해 묵묵히 나아갔다. 그리고 죽음을 앞둔 마지막 순간까지 자신이 못다 한 경세치용과 사회 개혁의 큰 꿈을 현실 정치 무대에서 이루어줄 '미래의 새로운 세대'를 기다렸다.

율곡 이이

기호사림의 본향

▌ 율곡(栗谷) 기호사림(畿湖士林)의 본향(本鄕), 경기도 파주

대한민국에 사는 사람치고 율곡(栗谷) 이이를 모르는 이는 없을 것이다. 이이를 잘 모르는 어린아이들조차도 오천 원권 화폐에 나오는 그의 초상화는 알 것이다. 이이는 우리 역사 속 인물 가운데 최고의 유명인사라고 할 수 있다. 그런데 이처럼 이이를 모르는 사람은 없지만, 역설적이게도 그의 삶과 철학을 제대로 알고 있는 사람은 드물다. 한 가지 예를 들어보겠다. 이이하면 떠오르는 지명(地名)을 생각해보라. 대부분 어렵지 않게 '강릉 오죽헌'을 떠올릴 것이다. 하지만 정작 이이의 삶과 철학의 주요 무대는 경기도 파주의 율곡(栗谷)과 황해도 해주의 석담(石潭)이었다. 이이가 자신을 드러내는 호로 삼았을 만큼, 이두 곳은 퇴계(退溪) 이황과 더불어 조선의 성리학을 반석 위에 올려놓은 이이의 얼과 혼이 서려 있는 장소다.

이이와 삶을 함께한 조선의 16세기는 단언컨대 '사림(士林)의 시대'였다. 사림의 역사는 멀리 포은(圃隱) 정몽주의 학통을 이은 야은(冶隱) 길재에게서 찾을 수 있다. 고려가 멸망하고 조선이 개국하자 길재는 경북 구미에 은둔했다. 이곳에서 길재는 고려에 대한 충절을 지키면서 성리학 연구와 후학을 가르치는 데 일생을 바쳤다. 당시 길재의 학통을 이어받은 사람은 김숙자였다. 김숙자는 다시 자신의 아들인 김종직에게, 김종직은 김굉필에게, 김굉필은 다시 조광조에게 성리학의 학통을 넘겼다.

정몽주와 길재의 학통을 잇는 사림 세력이 중앙의 정치 무대에 모습을 나타내기 시작한 때는 조선의 9대 임금인 성종 시대였다. 사림의 중앙 정계로의 진출에 물꼬를 튼 사람은 김종직과 김굉필이었다. 그들을 중심으로 한 사림 세력은 중앙 정치 무대에 등장함과 동시에 당시 권력을 장악하고 있던 훈구파와 격렬한 갈등과 대립을 겪는다. 성리학의 '도학 정치(道學政治)'를 이념으로 삼은 사림파의 눈에 자신의 사리사욕을 위해 정치권력을 장악하고 경제적 이익을 독점하는 훈구파는 개혁 대상 영순위였기 때문이다. 이러한 정치적 갈등과 대립은 연산군 시대에 들어와 일어난 두 차례의 선비 살해 사건인 '무오사화(戊午士禍)'와 '갑자사화(甲子士禍)'를 거치며 훈구파의 승리로 끝나게 된다.

그러나 연산군 시대가 끝나고 중종이 왕위에 오르자, 당시 두 차례의 사화에서 살아남은 사림 세력은 다시 중앙 정치 무대로 복귀한다. 하지만 초기 중종의 후원 아래 추진한 조광조의 개혁 정치가 훈구파의 거센 반격에 꺾이면서, 사림 세력은 다시 '기묘사화(己卯士禍)'의 재앙을 만나고 만다. 그러나 세 차례의 큰 재앙을 겪은 이후에도 사림 세력은 자신들의 신념과 의지를 꺾지 않고 유배지와 향촌(鄕村) 등지에서 계속 성리학 연구와 후학 양성에 힘을 쏟았다. 이 때문에 사림 세력은 비록 중앙 정치 무대에서는 쫓겨났지만, 오히려 지방과 향촌에서는 단단하게 뿌리를 내릴 수 있었다.

이렇듯 지방을 중심으로 탄탄한 세력을 구축한 재야 사림은 외척(外戚) 세력이 권력을 전횡한 인종과 명종 연간에 다시 중앙 정치 무대로의 진출을 시도한다. 이때 사림들은 외척 세력 간 권력 투쟁의 소용돌이에 휘말려 '을사사화(乙巳士禍)'와 '정미사화(丁未士禍)'를 치르면서 또 다시 큰 피해를 입는다. 그러나 외척 정치의 수장격인 문정왕후(文定王后, 명종의 어머니)가 죽은 후, 사림 세력은 윤원형(문정왕후의 남동생)을 축출하고 마침내 권력을 거머쥐게 된다. 이후 사림은 특별한 경쟁 세력 없이 조정의 인사와 정사를 좌지우지하게 된다. 이제 사림은 조선의 정치권력과 학문 및 사상을 본격적으로 지배하기 시작했다. 70여 년에 걸쳐 훈구파와 외척 세력에 맞서 싸웠던 사림 세력이 마침내 승리를 거머쥔 이때가 바로 16세기 중반인 1565년경이었다.

특히 16세기에는 조선 유학사상 가장 걸출한 대학자가 여럿 배출되어 (마치 경쟁이라도 하듯이) 성리학을 연구하고 후학(後學)을 양성하며 '사림의 전성시대'를 활짝 열었다. 여기에서 필자가 말한 대유학자는 1501년에 태어난 동갑내기인 퇴계 이황과 남명(南冥) 조식, 그리고 그들보다 35년 늦게 세상에 나온 율곡 이이를 가리킨다. 이들 세 사람은 특정 지역을 기반 삼아 학문을 연마하고 제자들을 가르쳤다. 퇴계 이황은 경북 안동(安東)과 예안(禮安), 남명 조식은 경남 진주(晉州)와 합천(陜川), 율곡 이이는 경기도 파주(坡州)와 황해도 해주(海州)를 중심으로 활동했다. 이 때문에 사림은 그 지역적 기반과 학통 및 학맥에 따라 크게 영남사림(嶺南士林)과 기호사림(畿湖士林)으로 구분된다. 또한 퇴계 이황이 영남을 남북으로 관통하는 낙동강의 왼쪽인 경북 안동과 예안에 자리하고 있다고 해서 '강좌학파(江左學派)', 남명 조식은 낙동강의 오른쪽에 위치한 경남 진주와 합천을 기반으로 하고 있다고 해서 '강우학파(江右學派)', 율곡 이이는 수도인 한양 인근 지방인 경기도 파주와 황해도 해주에 근거하고 있다고 해서 '기호학파(畿湖學派)'라고 부르기도 한다.

여하튼 사림은 선조 때에 들어와 선왕(先王)인 명종 시대 외척 정치의 잔재를 청산하는 문제로 갈등을 겪으면서 극심한 의견 충돌과 정치적 대립을 빚게 되는데, 이때 영남사림은 동인(東人)이 되고, 기호사림은 서인(西人)의 주축을 이루었다. 그 후 영남사림은 다시 남인(南人)과 북인(北人)으로 나뉘었는데, 남인은 이황, 북인은 조식의 문하생들이었다. 그래서 남인은 이황을 자신들의 종조(宗祖, 어떤 학파를 처음 세운 사람)로 삼았고, 북인은 조식을 자신들의 종조로 섬겼다. 서인의 주축을 이룬 기호사림은 대부분 이이의 문하생이었기 때문에, 이이는 자연스럽게 서인의 종조가 되었다. 그리고 이이 사후 30여 년이 지난 1615년, 그의 수제자였던 사계 김장생이 생전에 이이가 성리학을 강습하고 후학들을 가

1615년, 율곡 이이의 제사를 지내기 위하여 세운 자운서원.

르쳤던 경기도 피주의 자운산(경기도 파주시 법원읍 동문리 소재)에 이이를 배향하는 '자운서원'을 세운 뒤부터 율곡(栗谷)을 중심으로 한 파주 일대는 기호사림의 본향(本鄕)이자 서인의 성지(聖地)로 숭배 대상이 되었다. 더욱이 '자운서원'에서 가까운 자운산 기슭에는 이이와 그 가족들의 묘역까지 자리하고 있어서 조선 시대 내내 이곳은 사시사철 서인 측 사대부들의 발길이 끊이지 않았다. 서인 측 사대부의 파주 율곡 방문은 일종의 성지 순례와 같은 엄숙하고 장엄한 행사였다.

여기에서 우리가 간과해서는 안 될 중요한 사실은, 남인과 북인 그리고 서인이 종조로 삼은 이황, 조식, 이이는 사림의 당파 분열과 당쟁에 직접적인 책임이 없다는 것이다. 단지 그들의 제자나 문하생들이 서로 당파를 구분하거나 혹은 당쟁의 명분을 얻기 위해 이황의 학통을 계승했느니, 혹은 조식의 학통을 이어받았다느니, 혹은 이이의 학통을 물려받았다는 식으로 다투는 과정에서 반강제적으로 사색당파(四色黨派)의 원조가 되어버렸다. 애초 이이가 율곡을 거점으로 삼아 성리학을 닦고 후학을 양성해 조선의 정치와 사상을 올바르게 개혁하려고 했던 큰 뜻은 외면당한 채, 이이 사후 그와 관련된 유적지 역시 안타깝게도 서인 세력의 정치적 명분과 이념적 정통성을 옹호하는 도구로 전락해버렸다. 당파나 당쟁에 관한 이야기는 이쯤에서 접어두고, 이제 도대체 이이는 경기도 파주의 율곡과 어떤 인연을 갖고 있기에 자신을 대표하는 호로 삼을 만큼 이곳을 소중하게 여겼던 것일까 하는 궁금증을 풀어보자.

경기도 파주 파평면의 '율곡(栗谷, 밤골 마을)'에는 이이의 선조들이 살던 옛집이 있었다. 무엇보다 이이에게 율곡은 자신의 직계 선조들이 삶의 터전으로 삼았던 '조상의 땅'이었다. 이이는 여덟 살 때 율곡으로 내려가 살면서 어린 시절을 보냈다. 당시 이이는 율곡에 있는 명승지 화석정(花石亭)에 올라 시를 지어 일찍이 천재성을 드러냈다. 화석정은 원래 사림의 학통을 개척한 야은 길재가 살던 곳인데, 이이의 5대조 이명신(李明晨)이 물려받아 정자를 세웠다고 한다. 그 이후 율곡의 증조부 이의석(李宜碩)이 보수하고 다시 몽암 이숙함(李叔緘)이 주변에 온갖 기이한 바위와 꽃과 나무를 심어서 '화석정'이라고 하였다. 임진강 변에 자리하고 있는 화석정 내부에는 지금도 이이가 여덟 살 때 지었다는 「팔세부시(八歲賦詩)」가 걸려 있다.

숲 속 정자에 가을이 이미 깊었는데
시인의 생각 다할 길이 없구나
멀리 흐르는 강물은 하늘에 닿아 푸르고
서리 맞은 단풍잎은 햇볕에 붉구나
산은 외로운 둥근 달을 토해내고
강은 만 리의 바람을 머금었네
아득한 하늘가 저 기러기 어디로 가는 것일까
저녁 구름 속으로 울음소리 사라지네

- 『율곡전서(栗谷全書)』, 「연보(年譜)」

율곡 이이의 삶과 철학의 여정에서 역사적 의미를 갖게 된 시기는, 이이가 19세가 되는 1554년(명종 9) 우계(牛溪) 성혼을 만나 '도의지교(道義之交)'를 맺은 때부터였다고 할 수 있다. 특히 성혼의 가계(家系)는 조광조를 계승한 사림의 적통(嫡統)이라고 할 수 있었기 때문에, 이이와 성혼의 '도의지교'는 기호사림파에게 전설과도 같은 이야기가 되었다. 즉 정암(靜庵) 조광조의 학통이 이이와 성혼에게 계승되었다는 서인 세력의 '적통론'의 명분과 정당성을 십분 살려준 게 두 사람의 '도의지교'였다는 얘기다.

성혼의 아버지 성수침은 조광조의 제자였다. 그는 조광조가 목숨을 잃은 기묘사화 이후 두문불출하다가 훈구파와 척신들이 장악한 세상에 대한 모든 미련을 버리고 경기도 파주에 은둔해 살았다. 성혼이 10세 무렵 파주의 우계(牛溪)에 집터를 정해 거주한 다음부터 성수침은 따로 스승을 두지 않고 직접 성혼에게 학문을 가르쳤다. 성혼은 15세 때 이미 경서(經書)와 사기(史記)에 통달했고, 문장과 학식이 뛰어났을 뿐 아니라 행실 또한 의로워서 주변 사람들로부터 칭찬과 존경을 한 몸에 받았다. 그러나 평생 벼슬을 좇지 않고 은둔의 삶을 산 아버지 성수침의 영향 때문인지 입신양명에는 큰 뜻을 두지 않았다. 비록 17세에 감시(監試)의 생원과와 진사과에 모두 합격했지만 복시(覆試)에 응시하지 않았고, 이후로는 과거 시험을 위한 공부를 중단하고 오로지 성리학을 배우고 자신을 수양하는 일에만 전념했다.

이이와 성혼은 평생 동안 '도의(道義)', 즉 성리학을 배우고 실천하는 큰 뜻을 공유하는 우정을 쌓았을 뿐만 아니라 예학(禮學)의 대가인 사계(沙溪) 김장생이나 임진왜란 때 칠백의총(七百義塚)으로 유명한 중봉(重峯) 조헌과 같은 제자들 또한 함께 가르치고 길러냈다. 이 때문에 훗날 성균관의 문묘에 배향·종사된 조선의 명현(名賢) 14명에 이이와 나란히 성혼의 이름이 올랐다. 이이와 더불어 성혼 또한 기호사림의 종조로 인정을 받은 것이다. 이이와 성혼의 '도의지교' 때문에 율곡을 중심으로 한 파주 일대는 더더욱 기호사림의 본향이자 서인의 성지가 될 수밖에 없었다.

다시 율곡과 얽힌 이이의 개인사로 이야기를 돌려보자. 이이는 29세가 되는 1564년(명종 19)에 이르러서야 비로소 벼슬길에 나섰다. 그의 타고난 천재성을 감안해보면 생각보다 늦은 출사였다. 아마도 이이가 20대 내내 성리학 연구에 힘을 쏟느라 과거 시험이나 벼슬길에 오르는 것을 별반 중요하게 여기지 않았기 때문이라고 짐작된다. 사실『율곡전서』의「연보」를 통해 이이의 삶의 궤적을 추적하다보면, 그가 벼슬이나 출세에 대한 관심보다는 성리학을 연구하고 후학을 가르치는 일에 더 관심이 많았다는 사실을 어렵지 않게 알 수 있다. 이이는 출사한 이후 임금이나 조정에서 자신의 직언(直言)과 개혁책을 받아들이지 않을 때마다 미련 없이 사직하고 물러나기를 반복했고, 이 경우 한양에 머물러 있지 않고 파주의 율곡으로 몸을 옮겨 거처했다. 그리고 이곳을 성리학을 공부하고 후학을 가르치는 연구 공간이자, 성리학의 가르침에 따라 자신을 갈고닦는 수양의 장소로 삼았다.

특히 홍문관 부응교의 관직을 사직하고 율곡으로 돌아온 1572년(37세, 선조 5)에는 우계 성혼과 더불어 성리학의 최고 이론인 '이기설(理氣說)'과 '사단칠정(四端七情)', '인심도심(人心道心)' 등의 학설을 논해 조선 성리학의 철학적 수준을 한 차원 끌어올렸다. 또한 41세 때(1576년, 선조 9) 정계에서 은퇴할 것을 결심하고 물러나 거처한 곳도 파주의 율곡이었고, 43세 때(1578년, 선조 11) 사간원 대사간의 고위 관직에 임명되어 한양에 갔지만 곧바로 임금에게 사은(私恩)하고 돌아간 곳도 파주 율곡이었다. 율곡은 삶의 고비 때마다 이이가 몸을 의탁하고 안식을 얻은 '힐링(치유)'의 장소였다.

이렇듯 파주의 율곡은 이이에게 살과 피를 물려준 조상의 영혼이 서린 땅이었고, 자신의 철학과 삶의 흔적이 곳곳에 배어 있는 애환(哀歡)

의 땅이기도 했다. 또한 열여섯 어린 나이에 떠나보내야 했던 사랑하는 어머니이자 유일한 스승인 신사임당이 묻힌 안식(安息)의 땅이면서, 자신과 가족들이 사후(死後) 몸을 눕힐 영면(永眠)의 땅이었다. 그리고 자신이 직접 가르친 제자들이 남아 자신의 뜻을 기릴 기억(記憶)의 땅이기도 했다. 따라서 이이가 자신의 첫 번째 호이자 자신을 영원히 기억해줄 호로 '율곡(栗谷)'을 선택한 것은 어쩌면 너무나 당연한 일이었다.

▌ 석담(石潭) 은병정사(隱屏精舍)와 「고산구곡가(高山九曲歌)」

경기 파주의 율곡과 더불어 이이의 삶과 철학 그리고 기호학파의 형성 과정에서 결정적인 역할을 한 또 다른 공간은 황해도 해주의 석담(石潭)이었다. 이이는 35세(1570년, 선조 3) 때 정치·사회 개혁에 대한 자신의 거듭된 주장에도 선조가 움직이지 않자 병을 이유로 벼슬에서 물러나 해주의 야두촌(野頭村)으로 들어갔다. 당시 이이가 이곳을 거처로 삼은 까닭은 그의 처가인 노씨(盧氏)의 전장(田莊)이 있었기 때문이다.

이이는 스물두 살 때 성주목사(星州牧使) 노경린(盧慶麟)의 딸과 혼인했다. 노경린은 성격이 매우 준엄해 다른 사람을 칭찬하는 일이 아주 드물었다고 한다. 그런데 오직 이이에 대해서만은 아주 애중(愛重)하게 여겨서 마치 스승이나 친구처럼 대우하며 공사(公私)를 가리지 않고 온갖 일에 관한 자문을 구하곤 했다. 노경린이 사위인 이이를 얼마나 신뢰하고 존중했는가에 대한 일화가 있다. 노경린이 죽음을 앞두고 있을 때 당시 집안사람들이 그에게 후사(後事)를 물었다고 한다. 노경린은 "이이가 있으니 반드시 잘 처리할 것이다."라는 유언만 남기고 숨을 거두었다. 그의 사후 이이는 장모에게 요청하기를, "장인은 적자(嫡子)가 없고 단지 첩의 자식 두 명이 있을 뿐입니다. 그러나 재산을 분배하는 데 적서(嫡庶)를 따져서 나누는 방법은 온당치 않고 똑같이 나눠주는 것이 옳습니다."라고 하였다. 이에 두 명의 동서는 물론 집안사람들 모두 크게 감동을 받아 기꺼이 이이의 말을 따랐다. 따라서 이이의 인품에 감복한 처가 사람들이 거주하는 해주는 파주의 율곡 못지않게, 이이가 은거하며 성리학을 연구하고 후학을 양성할 수 있는 최고의 적합지였다고 할 수 있다.

더욱이 이이는 해주 야두촌으로 물러난 다음 해 어느 날 사람들과 더불어 고산(高山)에 있는 석담구곡(石潭九曲)에 놀러 갔다가 그곳의 산세와 기운에 흠뻑 빠져 마침내 복거(卜居)할 계획을 정하고, 석담을 자호(自號)로 삼았다. 석담구곡은 수양산(首陽山)의 한 자락이 서쪽으로 뻗어 나와 형성된 선적봉(仙迹峰)과 선적봉 서쪽 수십 리에 있는 진암산(眞巖山) 사이에 있었다. 두 산 사이에서 물길이 흘러나와 아홉 번 꺾이며 40리를 달려 서해 바다로 들어가는데, 꺾어진 곳마다 못이 있어 배를 띄울 정도로 깊었다. 그러나 석담에 복거한 채 오직 학문 연구와 제자 양성에만 전념하겠다는 이이의 뜻은 선조의 거듭된 부름 때문에 쉽게 이루어지지 못했다. 그렇게 5년의 시간이 흐른 뒤 41세(1576년, 선조 9) 때, 이이는 결국 정계 은퇴를 결심하고 해주 석담으로 은거한다. 먼저 청계당(聽溪堂)을 세운 이후 다음 해에 일가 친족들을 불러 모아 '동거계사(同居戒辭)'를 짓고 '가족 공동체'를 만들어 함께 생활하기 시작했다. 이때 해주 사람들과 더불어 향약(鄕約) 및 사창(社倉)

이이가 한눈에 빠져들었던 '석담'의 풍경.

이이가 조선 성리학의 본거지로 삼고자 했던 은병정사.

을 의논해 세웠다. 이 일로 해주의 풍속과 인심이 크게 혁신되었다.

그러나 이이가 해주 석담에 남긴 가장 거대한 족적(足跡)은 청계당 동쪽에 '은병정사(隱屛精舍)'를 세워 제자들을 양성하는 한편 「고산구곡가(高山九曲歌)」를 지어, 이곳을 조선 성리학의 본거지로 삼으려고 한 것이다. '은병정사'와 「고산구곡가」는 모두 성리학을 완성한 남송(南宋)의 주자(朱子)가 거처한 무이산(武夷山)과 관련되어 있다. 즉 이이는 주자가 거처한 무이산의 산봉우리인 대은병(大隱屛)에서 '은병'을 취해 은병정사를 세웠고, 또한 주자의 「무이구곡가(武夷九曲歌)」에 빗대어 「고산구곡가」를 지었다. 실제 이이가 해주 석담에 은병정사를 세워 성리학을 공부하고 제자들을 가르친다는 소식이 퍼지자 수많은 학자와 선비들이 이곳을 찾아와, 바야흐로 석담은 주자의 무이산에 버금가는 조선 성리학의 기지가 되었다. 특히 이이는 '은병정사 학규(學規)'를 만들어 학문에 뜻을 둔 사람이라면 양반 사대부는 물론 일반 백성, 서얼(庶孼)에 이르기까지 신분과 출신을 따지지 않고 제자로 받아주었다. 단, 과거 시험을 공부할 목적으로 찾아온 사람들은 아무리 높은 신분이라고 하더라도 끝내 받아주지 않았다.

- 은병정사에 들어오는 규칙은 사족(士族, 양반 사대부)이나 서류(庶類, 서민 혹은 서얼)를 따지지 않고 다만 학문에 뜻이 있는 사람은 모두 허락한다.
- 독서를 할 때는 반드시 단정하게 손을 마주잡고 반듯하게 앉아서 오로지 배움의 뜻을 이루겠다는 마음을 품고 궁리하고 탐구하는 데 힘을 쏟을 뿐 서로 돌아보며 잡담해서는 안 된다.
- 성현의 글이나 성리의 학설이 아니면 은병정사 안에서 읽을 수 없으나, 역사서만은 읽어도 좋다. 만약 과거 시험을 치르려고 한다면 다른 곳에 가서 익혀라.

— 『율곡전서』, 「은병정사의 학규」

　이이가 주자의 「무이구곡가」에 빗대어 지은 석담의 「고산구곡가」는 조선 시조의 미학을 찬연하게 빛낸 걸작 중의 하나다. 그 아름다움을 음미해보자.

고산구곡담(高山九曲潭)을

세상 사람들이 알지 못하다가

내가 와서 모옥(茅屋)을 짓고 복거(卜居)하니

벗들이 모두 모여드네

여기에서 무이산(武夷山)을 상상하고

주자(朱子)를 배우는 것이 소원이네

일곡(一曲)은 어디인가

관암(冠巖)에 햇빛이 비치네

평평한 들판에 안개가 걷힌 후에

먼 산은 참으로 그림이구나

소나무 사이에 술 단지 놓고

벗들이 오기를 기다리네

이곡(二曲)은 어디인가

화암(花巖)에 봄 풍경 늦었구나

벽파(碧波)에 산꽃을 띄워

들판 밖으로 흘려보내노라

사람들이 이 좋은 풍경을 모르니

알게 한들 어떠하리

삼곡(三曲)은 어디인가

취병(翠屛)에 잎이 이미 퍼졌구나

푸른 나무에 산새가 깃들어

울음소리 높고 낮을 적에

반송(盤松)에 시원한 바람 불어오니

여름 더위 조금도 모르겠구나

사곡(四曲)은 어디인가

송애(松崖)에 해 넘어가네

못 가운데 바위 그림자 비추니

온갖 빛깔이 모두 여기에 잠겼구나

숲 속 못 깊을수록 더욱 좋으니

스스로 그윽한 흥(興)을 이기기 어렵구나

오곡(五曲)은 어디인가

은병(隱屛)이 제일 보기 좋구나

물가에 정사(精舍)가 자리하고 있어서

맑고 깨끗한 뜻이 그지없네

이 가운데에서 항상 학문을 강론하며

달을 읊조리고 또한 바람을 노래하네

육곡(六曲)은 어디인가

조계(釣溪)가 물가에 넓구나

모르겠구나 사람과 물고기 중에

어느 쪽이 더욱 즐거운지

황혼(黃昏)에 낚싯대를 메고

달빛 안고 돌아오네

칠곡(七曲)은 어디인가

풍암(楓巖)에 가을빛이 선명하네

맑은 서리가 엷게 내리니

절벽이 참으로 금수(錦繡)로구나

차디찬 바위에 혼자 앉아 있노라면

집에 갈 생각조차 잊어버리네

팔곡(八曲)은 어디인가

금탄(琴灘)에 달이 밝구나

옥 거문고와 금 거문고로

두서너 곡조를 연주하네

옛 곡조 아는 사람 없지만

홀로 즐겨본들 어떠하리

구곡(九曲)은 어디인가

문산(文山)에 한 해가 저무네

기이한 바위와 괴상한 돌은

눈 속에 제 몸을 묻어버렸네

유인(遊人)은 와보지도 않고

함부로 아름다운 경치 없다고 말하네

- 『율곡전서』, 「고산구곡가」

　간이(簡易) 최립은 당시 이이가 석담에 은거해 '은병정사'를 세워 성리학을 연구하고 후학을 양성하는 모습을 기록하고 아울러 '고산구곡'의 아름다움을 하나하나 자세하게 묘사한 「고산구곡담기(高山九曲潭記)」를 남겼다. 이 글을 읽다보면 비록 해주 석담이 지금은 갈 수도 없고 볼 수도 없는 북녘땅이지만 그 빼어난 산세와 웅장한 기운을 느끼기에는 부족함이 없다.

　제1곡은 관암(冠巖)이다. 해주성에서 45리 떨어져 골짜기를 이루고 있는데 바다 입구와는 20리 거리다. 산 정상에 입석(立石)이 마치 관을 쓴 사람이 우뚝 서 있는 듯하기 때문에 그렇게 이름을 붙인 것이다. 아마도 관시(冠始)의 뜻을 취하려고 하지 않았나 하는 생각 역시 든다. 여기에서부터 산의 형세가 구불구불 휘돌아 계곡물과 나란히 뻗어 내려오는데, 갑자기 끊어진 곳마다 반드시 그 아래에 맑은 못이 자리하고 있다. 마땅히 은자(隱者)가 숨어 살기에 적당한 곳이다. 대개 산촌(山村)의 여러 집이 비로소 보이기 시작한다.

제2곡은 화암(花巖)이다. 관암에서 5리쯤 가면 바위가 갈라진 곳이나 돌 틈새마다 모두 철쭉과 같은 꽃이 무더기를 이루어 피어나므로 그런 이름을 붙였다. 뒤쪽으로 돌아가면 산촌(山村)에는 10여 채의 가옥이 있다.

제3곡은 취병(翠屛)이다. 화암에서 3~4리 정도의 거리에 있는데, 기이한 모양의 바위가 점점 많아지면서 마치 푸른 병풍처럼 에워싸고 있는 형상이어서 취병이라고 이름을 붙인 것이다. 앞쪽의 자그마한 들판에는 산골짜기 사람들이 농사를 짓고 있다. 들판 가운데에 반송(盤松) 한 그루가 있는데, 그 아래에 수백 명이 앉을 수 있는 자리가 있다. 취병의 북쪽에는 선비 안씨(安氏)의 집이 있다.

제4곡은 송애(松崖)이다. 취병에서 3~4리쯤 떨어져 있는데, 1천 척(尺) 높이의 석벽(石壁)에 송림(松林)이 해를 가리고 있기 때문에 이렇게 이름 붙인 것이다. 못 중앙에 반쯤 드러난 배 모양의 바위가 솟아 있어서 선암(船巖)이라고 이름하였다. 그 위에 8명 정도는 앉을 수가 있다. 선비 박씨(朴氏)의 집이 선암을 마주 대하고 있다. 그는 율곡 공(公)을 따라서 이 골짜기로 들어왔다.

제5곡은 은병(隱屛)이다. 송애에서 2~3리 정도 떨어져 있다. 바위 봉우리가 높고 동그란 모양으로 밝고 산뜻하며 특이하다. 못 주변을 마치 계단처럼 모두 돌로 쌓아 올려 물을 담아 두었다. 은병의 뜻은 취병보다 더 숨겨져 있기 때문에 그렇게 이름을 붙였는데, 율곡 공(公)이 자신의 몸 가까이에 있는 것을 취하여 벼슬에서 물러나 쉬고자 하는 뜻을 여기에 의탁한 것이다. 율곡 공이 처음 석담(石潭)에 와서 집을 짓고 간단하게 홀로 머물며 살 곳으로 삼고자 하였으나, 공을 따라와서 배우려는 사람들이 많아지자 서로 더불어 거처할 곳을 의논하게 되었다. 규모와 제도가 이미 갖추어지자 선현(先賢)을 존숭하고 후학(後學)에게 혜택을 베푸는 일에 하나라도 부족한 것이 없게 하고자 은병정사를 세우게 되었다. 덧붙여 은병정사의 부속 건물도 차례로 완성되면서 어지간히 면모를 갖추었다. 마땅히 따로 작은 기문(記文)을 지어야 하지만 잠깐 해후(邂逅)한 사이에 그럴 만한 겨를이 없구나.

조계(釣溪)는 은병으로부터 3~4리 정도의 거리에 있다. 계곡을 내려다보는 바위 가운데 낚시터로 삼을 만한 곳이 많아서 그렇게 이름이 붙여진 것인데, 여기가 곧 제6곡이다.

풍암(楓巖)은 조계로부터 2~3리 정도 떨어져 있다. 바위가 온통 단풍나무 숲으로 뒤덮여 있어 서리가 내리고 나면 마치 노을처럼 현란하게 비치기 때문에 그렇게 이름을 붙였는데, 여기가 곧 제7곡이다. 그 아래에 몇 채의 집이 산촌을 이루어 살고 있다. 뽕나무와 사립문이 은연중 한 폭의 그림 속에 있는 듯하다.

금탄(琴灘)은 여울 소리가 시원하여 거문고 소리를 연상시키기 때문에 그렇게 이름 붙인 것인데, 여기가 곧 제8곡이다.

문산(文山)은 옛 이름을 그대로 따랐을 뿐인데, 여기가 바로 제9곡으로 끝이다.

– 최립, 『간이집(簡易集)』, 「고산구곡담기」

벼슬의 뜻을 완전히 접고 석담에 은거해 오로지 학문 연구와 제자 양성에만 전념하겠다는 이이의 꿈은 오래가지 못했다. 거듭되는 사양에도 불구하고 자신을 부르는 선조의 간곡한 요청을 차마 뿌리치지 못하고 1580년(45세, 선조 13) 12월 다시 관직에 나아갔기 때문이다. 그러나 은병정사만은 폐쇄하지 않고 제자들이 운영할 수 있도록 도왔고, 비록 나랏일이 바빠 돌보지 못하더라도 편지를 보내 제자들을 계속 지도했다. 석담의 은병정사를 조선 성리학의 기지로 만들겠다는 이이의 열정과 의지는 이곳을 드나든 제자들에게 고스란히 전해졌다. 그래서 석담을 떠난 지 불과 3년이 조금 지난 1584년(49세, 선조 17) 정월, 이이가 죽은 이후에도 제자들은 조선의 성리학을 주도한 기호사림을 형성하고 발전시켜 나갔다. 『율곡전서』의 「문인록(門人錄)」에 이름을 올린 이이의 제자는 모두 85명인데, 이들은 대개 기호사림의 중추 세력이 되었다.

▌ 우재(愚齋) '어리석다(愚)'를 호로 삼은 까닭은

이이는 율곡과 석담 외에도 '우재(愚齋)'라는 호를 사용했다. 앞서 말했듯이, 이이는 한국사 최고의 유명 인사이기도 하지만 또한 한국사 최고의 천재이기도 하다. 그의 10대와 20대 젊은 시절을 살펴보면, 타고난 천재성을 곳곳에서 찾아볼 수 있다. 먼저 이이는 13세 어린 나이에 진사 초시(進士初試)에 합격했다. 당시 승정원(承政院)의 여러 관리들이 신동이 나왔다고 이이를 불러서 보았는데, 그때 동년배의 또 다른 합격자는 교만한 태도를 보였지만 이이는 평상시와 조금도 다르지 않았다. 그래서 사람들은 이미 이이가 '큰 인물'이 될 줄을 알아보았다고 한다. 그 후 문장이 날로 높아져 소문이 자자했지만 학문에 전념할 뿐 과거에는 크게 뜻을 두지 않았다.

이이는 열여섯 살 때 어머니 신사임당이 사망하자 마음을 잡지 못하고 방황하다가 열아홉 살에 금강산으로 들어가 승려가 되었다. 그렇게 1년을 보내고 다시 강릉 외가로 내려온 이이는 새로운 삶을 살겠다는 뜻과 의지를 담은 「자경문(自警文)」을 짓고 본격적으로 성리학자의 길을 밟게 된다. 열여섯 살 때부터 스무 살이 되기까지 4년여 동안 큰 방황을 겪었기 때문에, 이때 이이의 천재성은 크게 발산되지 못했다. 그러다가 한양의 집으로 돌아온 21세 때 책문(策文) 시험을 보았는데 한성시(漢城試)에서 장원으로 뽑혔다.

또한 23세 겨울에 치른 별시해(別試解)에서도 장원을 차지했다. 더욱이 이때 이이가 제출한 답안지인 '천도책(天道策)'을 본 심사관들은 "우리들은 며칠이 지나도록 생각해야 비로소 이렇게 쓸 수 있는데, 이 모(李某)는 짧은 시간에 쓴 대책(對策)이 이와 같으니 진실로 천재이다." 라고 감탄했다.

심지어 29세 때는 7월에 생원(生員)·진사(進士)에 합격하고, 8월에 명경과(明經科)에 급제해 호조좌랑(戶曹佐郞)을 제수받고, 다시 감시양장(監試兩場)과 문과발해(文科發解), 생원 및 문과·복시(覆試)·전시(殿試)에 모두 장원으로 뽑혀서 장원만 아홉 번을 차지했다. 이에 사람들이 '구도장원공(九度壯元公)', 즉 '아홉 번이나 장원한 분'이라고 칭찬하며 탄복했다.

이쯤 되면, 천재 이이가 왜 '어리석다'는 뜻의 '우(愚)' 자를 자신의 호로 삼았을까 하는 의문이 들 수밖에 없다. 겸손의 뜻에서였을까, 아니면 역설적인 방법으로 자신이 천재라는 사실을 드러내려고 한 것일까? 여기에 대한 해답은 앞서 언급했던 이이가 스무 살 때 새로운 삶을 살겠다는 뜻과 의지를 담아 적은 「자경문」에서부터 찾아나가야 한다. 「자경문」은 모두 11개 조항으로 이루어져 있는데, 그중 필자가 '우재'라는 호와 관련하여 주목하는 부분은 제1항 '입지(立志)'이다. 여기에서 이이는 이렇게 선언했다.

먼저 그 뜻을 크게 가져야 한다. 성인(聖人)을 본보기로 삼아서 털끝만큼이라도 성인에 미치지 못하면 나의 일은 끝난 것이 아니다.

이이가 평생 갈고닦은 학문의 뿌리는 유학 특히 성리학이다. 성리학의 가르침에 따라 공부하고 행동한 조선의 선비들은 멀게는 유학의 종조(宗祖)인 공자와 맹자를, 가깝게는 성리학의 창시자인 주자를 성인(聖人)의 모델로 삼았다.

그렇다면 공자와 맹자 그리고 주자가 추구한 삶과 철학은 무엇일까? 그것은 어진 마음(仁)과 의로운 행동(義), 올바른 몸가짐(禮)으로 자신을 닦고(修己) 백성을 가르치며(敎人) 나라를 다스리는(治國) 일이었다. 율곡이 "털끝만큼이라도 성인에 미치지 못하면 나의 일은 끝난 것이 아니다."라고 말한 것이 바로 이것이다. 그러나 학문이란 닦으면 닦을수록 그 깊고 넓음을 알게 되므로, 역설적이게도 자신의 '어리석음(愚)'을 깨닫게 된다. 자기 수양이란 깊어지면 깊어질수록 그 끝을 헤아리기 어려워, 역설적이게도 자신의 '어리석음(愚)'만 인식하게 된다. 백성을 가르치고 나라를 다스리는 일 또한 현실의 장벽 앞에 부딪히면 자신의 본래 뜻과 의도와는 다른 결과를 낳기 일쑤여서 오히려 자신의 '어리석음(愚)'만 깨우칠 뿐이다.

성인을 본보기로 삼아 성인의 길을 걷는 것은 이이가 아홉 번이나 장원을 차지한 과거 시험의 답안지처럼 해답이 존재하는 게 아니다. 그래서 이이는 자신이 세운 뜻과 목표를 현실에서 실천하려고 할 때 겪게 되는 어려움을 '언행난(言行難)'이라는 제목의 글을 통해 토로하기까지 했다. 이 글에서 이이는 가상의 인물을 설정해 자신과 대화하는 방식으로 '말과 행동'의 어려움을 고백하고 있다. 여기에서 이이는 흥미롭게도 율곡이나 석담이 아닌 '우재(愚齋)'라는 호를 사용해 자신의 뜻과 심정을 드러냈다.

어떤 사람: 그대의 말은 옛 성인을 본받아 스승으로 삼는다. 그런데 그대의 행동은 세상의 속된 선비와 뒤섞여 그것을 따른다. 어떻게 그토록 말과 행동이 서로 다른가?

우재: 성현을 스승으로 삼는다는 것은 무엇이고, 세상의 속된 선비를 따른다는 것은 무엇인가?

어떤 사람: 그대의 말은 도덕과 인의(仁義)에 근거하고 있지만, 그대의 행동은 공적과 명성 또 이로움과 명예를 추구하고 있다. 성인은 도덕과 인의로 성인에 이르렀고, 세상의 속된 선비는 공명(功名)과 이로움을 좇다 그렇게 된 것이다. 도덕과 인의에 뜻을 둔 사람은 공명과 이로움에 마음이 움직이지 않는 법이다. 그런데 그대는 마음은 공명과 이로움을 따라 움직이면서 말로는 도덕과 인의를 이야기한다. 그래서야 되겠는가?

우재: 그대가 어찌 내 말과 행동을 모두 알 수 있겠는가?

어떤 사람: (정색을 하면서) 그대의 입에서 나오는 말은 공자 아니면 증자 혹은 맹자요, 또한 정자(程子)나 주자이니, 옛 성인을 본받고자 하는 것이다. 그런데 그대의 몸이 실천하는 것은 첫째는 과거 급제요, 둘째는 공적과 이로움이요, 셋째는 명예와 출세이다. 이것이 어찌 세상의 속된 선비와 뒤섞인 것이 아니라고 하는가?

우재: (한참 생각에 잠겨 있다가) 이는 그대가 모르고 하는 말이다. 나는 성인을 배우고자 하나 거기에 이르지 못한 사람일 뿐이다. 성인의 도(道)란, 자신을 선하게 할 뿐만 아니라 자신의 선함이 장차 다른 사람에게까지 미치도록 하는 것이다. 자신의 선함으로 다른 사람을 교화하는 일은 성인이 아니면 가능

하지 않을 뿐 아니라, 비록 성인일지라도 합당한 지위를 얻지 못하면 그렇게 할 수 없다. 이 길을 버리고서는 달리 방법이 없다. 내게 무슨 다른 방도가 있을 수 있겠는가. 나의 뜻은 성인을 본받고 그에 합당한 지위를 얻고자 하는 것이다. 지위를 얻는 것은 나 자신을 위한 사사로운 욕심이 아니라 천하를 위한 공익(公益)일 뿐이다. 따라서 나는 성인을 본받고자 하기 때문에 성인의 말을 따르고, 또한 실천할 수 있는 지위를 얻고자 하기 때문에 나의 행동이 세상의 속된 선비와 같아 보이는 것이다. 그런데 어떻게 말과 행동이 다르다는 것인가?

어떤 사람: 그대는 스스로를 너무 과대평가하는군. 그대가 성인이라도 되는가?

우재: 내 몸은 성인이 아니다. 그러나 나의 본성은 성인이니, 그것을 충실하게 갈고닦음에 달려 있을 뿐이다. 나는 이것을 위해 노력하고 있을 뿐 감히 스스로 성인이라고 자인(自認)하지는 않는다.

어떤 사람: 오늘날 벼슬하는 사람들이 모두 그대의 마음과 같은가 아니면 우르르 떼 지어 몰려 왔다 갔다 하면서 자리나 채우고 있는가. 아니면 사리사욕을 따지고 나라와 백성을 위하려는 마음은 잊은 채 부귀나 탐내고 있는가. 아니면 뛰어난

이이의 초상.

성인인가. 아니면 성인도 아니고 '어리석은 사람(愚者)'도 아닌가.

우재: (잠자코 있다가 크게 한숨을 쉬면서) 알 수 없는 일이다.

- 『율곡전서』, 「언행난」

이처럼 이이는 성인이 되겠다는 삶의 길을 향해 나아가면 나아갈수록 '어려움(難)'에 처하게 되는 자신을 가리켜 스스로 '어리석다'는 뜻의 '우(愚)' 자로 호를 삼아 '우재(愚齋)'라고 했던 것이다. 어떻게 보면 이이의 삶과 철학이란 평생 동안 자신의 '어리석음(愚)'을 깨우치는 일이었는지도 모를 일이다. 그래서 이이는 스스로 어리석다는 것을 깨우치면 깨우칠수록 더욱 학문에 몰두하고, 힘써 자신을 갈고닦으며, 백성을 가르치고 나라를 다스리는 일에 온 힘을 쏟았다. '어리석을 우(愚)' 자를 평생 동안 자신의 이름 앞에 내걸고 다니는 사람이 어떻게 다시 어리석은 말과 행동을 할 수 있겠는가? 따라서 이이에게 '우재'란 역설적이게도 어리석게 살아서는 안 된다는 평생의 다짐이자 각오가 서려 있는 엄숙하고도 장중한 호였다.

제3장

면앙정 송순과 송강 정철

가사 문학의 산실(産室), '면앙정'과 '성산'

가사 문학과 호남가단(湖南歌壇)

최근 국립공원으로 지정된 무등산은 호남을 대표하는 명산(名山)이다. 무등산은 광주, 화순, 담양에 걸쳐 있는 웅장하고 수려한 산인데, 현재 무등산 북서쪽 기슭의 원효 계곡 자락에 있는 성산(星山) 아래 담양군 남면 지곡리에는 16세기 조선의 문학사를 찬란하게 빛낸 국문 시가(國文詩歌)인 가사 문학과 관련한 기념관인 한국가사문학관이 자리하고 있다. 이곳에 가사 문학관이 세워진 까닭은 이 일대를 중심으로 반경 10여 킬로미터 안에 세워진 면앙정(俛仰亭)·식영정(息影亭)·소쇄원(瀟灑園)·환벽당(環璧堂)·송강정(松江亭) 등을 무대 삼아 호남의 문사(文士)들이 수많은 국문 시가(가사 문학)의 걸작들을 남겼기 때문이다.

조선의 사림은 영남사림과 기호사림 이외에 호남사림(湖南士林) 또한 큰 학맥(學脈)을 이루고 있었다. 특히 영남사림이 경북 안동과 예인, 경남의 진주와 합천 그리고 기호사림이 경기도 파주와 황해도 해주를 지역적 기반으로 삼아 활동했듯이, 호남사림 역시 전남 담양과 장성을 주요 활동 지역으로 삼아 학맥을 형성했다. 그런데 성리학의 관점에서 보면, 영남사림과 기호사림에 비해 호남사림은 상대적으로 그 비중이 크지 않다. 그 까닭은 영남사림과 기호사림이 '도학(道學, 성리학)' 연구와 그 실천에 힘을 쏟은 반면 호남사림은 '시가(詩歌)'에서 탁월한 재능을 발휘했기 때문이다. 물론 호남사림에도 퇴계 이황과 '사단칠정(四端七情) 논쟁'을 벌인 고봉(高峯) 기대승처럼 성리학에 정통한 대학자가 있었지만, 대다수 호남사림의 인물들은 성리학보다는 문학 방면에서 크게 명성을 떨쳤다. 특히 이들의 문학 활동은 당시 조선 사대부의 정신세계를 지배하고 있던 한시(漢詩)보다는 국문 시가인 가사 문학을 중심으로 이루어졌기 때문에 이른바 '호남가단(湖南歌壇)'이라는 별칭까지 얻었을 정도다.

그렇다면 호남사림을 대표하면서 동시에 호남가단을 이끌었던 문사(文士)들은 어떤 사람이었을까? 그들은 현재 한국가사문학관 주변에 위치하고 있는 정자 혹은 정원의 주인이었다. 면앙정의 송순, 식영정의 서하당(棲霞堂) 김성원과 석천(石川) 임억령, 소쇄원의 소쇄옹(瀟灑翁) 양산보, 환벽당의 사촌(沙村) 김윤제, 송강정의 정철이 바로 그들이다. 그리고 이들과 사제 관계나 혹은 친·인척 관계를 형성하고 있던 고봉 기대승, 하서(河西) 김인후, 백호(白湖) 임제, 제봉(霽峰) 고경명, 옥봉(玉峯) 백광훈, 충장공(忠壯公) 김덕령 등이 '호남가단'의 주요 구성원들이었다. 당시 이들은 크게 보아 면앙정과 성산 주변의 빼어난 산세와 아름다운 풍광을 배경 삼아 창작 활동을 했는데, 이 때문에 호남가단은 '면앙정가단'과 '성산가단'이 양대 산맥을 이루고 있다. 그리고

'면앙정가단'과 '성산가단'의 중심에는 오늘날 비평가들이 조선의 가사 문학을 최고의 수준으로 끌어올렸다고 극찬하는 두 사람 곧 면앙정(俛仰亭) 송순과 송강(松江) 정철이 자리하고 있었다.

이 사실은 우리나라 최초의 백과사전인 『지봉유설(芝峯類說)』을 저술해 실학의 선구자로 지성사의 한 페이지를 장식한 지봉(芝峯) 이수광의 짧지만 강렬한 아래와 같은 증언을 통해서도 쉽게 이해할 수 있다.

> 우리나라의 가사는 우리말을 섞은 까닭에 중국의 악부(樂府)와 더불어 비교할 바가 아니다. 근세에 송순과 정철의 작품이 가장 훌륭하다. 그러나 입으로 회자되고 마는 데 불과하니, 애석한 일이다.
>
> — 『지봉유설』, 「가사(歌詞)」

면앙정(俛仰亭) "하늘을 우러러보아도 부끄럽지 않고, 땅을 굽어보아도 부끄럽지 않다."

송순은 1493년 전남 담양 기곡면(錡谷面) 상덕리(上德理)에서 태어났다. 이곳은 담양 시내에서 남쪽으로 10여 리 떨어져 있는데, 송순의 고조부(高祖父)인 노송(老松) 송희경이 집터를 잡은 이후 4대째 집안의 세거지로 삼아온 곳이다. 그는 21세 때 담양 부사로 부임한 눌재(訥齋) 박상의 문하에서 학문을 배웠다. 박상은 훗날 정암(靜庵) 조광조와 뜻을 함께해 기묘명현(己卯名賢)에 이름을 올린 인물인데, 도학(道學)과 절의(絶義) 그리고 문장을 두루 겸비한 호남사림의 종조(宗祖)이다. 송순이 호남사림의 큰 스승으로 대접받았던 이유는 그의 문하에서 고봉 기대승, 하서 김인후, 제봉 고경명, 송강 정철과 같은 대학자와 문인들이 다수 배출되었기 때문이기도 하지만, 정작 중요한 원인은 그가 호남사림의 종조인 박상의 학통(學統)을 이어받았기 때문이다.

박상의 문하에서 열심히 학문을 닦은 송순은 1519년, 27세의 나이로 문과에 급제해 벼슬길에 올랐다. 초기 그의 벼슬길은 매우 순탄했다. 승문원과 예문원에서 근무하고 특출한 문재(文才)를 지닌 문신에게만 베푸는 사가독서(賜暇讀書)의 영예를 입었고, 문신의 꽃이자 고위 관료가 되기 위해 반드시 거쳐야 하는 청요직(淸要職)인 홍문관과 사간원의 관리까지 지냈다. 그러나 30세가 되는 1522년 모함을 받고 파직을 당해 낙향해야 했다. 이듬해 다시 예문관 봉교(奉敎)로 제수받아 한양으로 올라갔지만, 뜻하지 않게 부친상을 당해 다시 담양의 고향집으로 내려와야 했다. 송순은 풍수당(風樹堂)이라고 이름 붙인 곳에서 3년 시묘살이를 했다.

이 무렵(1524년) 송순은 집안의 세거지인 상덕리에서 서북쪽으로 2~3리가 되지 않는 기촌(企村)이라는 곳에 새로이 집터를 장만했다. 송순은 면앙정 외에 '기촌(企村)'이라는 호를 사용했는데, 기촌은 이때 장만한 집터에서 비롯된 것이다. 이 집터는 제월봉(霽月峯)을 주산(主山)으로 삼은 갈마음수(渴馬飮水, 목마른 말이 내려와 물을 마시는 형세)의 명당으로 송순은 이곳에 장차 면앙정을 짓고자 했다. 그러나 다음 해(1525년) 세자시강원(世子侍講院)의 설서(說書)로 임명되어 한양으로 올라가는 바람에 면앙정을 세우지는 못했다. 다시 벼슬길에 나선 송순은 홍문관 교리를 거쳐 사헌부 장령 그리고 이조와 병조의 정랑에 이르기까지 주요 관직을 두루 거쳤다. 그러나 훈구파의 수장이자 권문세가로 권력을 전횡한 김안로를 탄핵하다가 도리어 파직당하는 불운을 겪는다. 이때가 1533년 그의 나이 41세였다. 고향인 담양으로 돌아온 송순은 비로소 기존의 집 서북쪽 봉우리 위에 초가로 된 면앙정을 짓고, 스스로 그 뜻을 취해 자호(自號)로 삼았다. 그럼, '면앙정'이 지닌 뜻은 무엇일까? 그 답은 유학의 경전인 사서(四書) 중 하나인 『맹자(孟子)』「진심장(盡心章)」에 나오는 '군자(君子)'의 세 가지 즐거움'에서 찾을 수 있다. 여기에서 맹자는 이렇게 말했다.

> 군자에게는 세 가지 즐거움이 있는데, 천하를 다스리는 왕(王)이 되는 것은 거기에 들어 있지 않다. 첫 번째 즐거움은 부모가 모두 살아계시고 형제가 아무 탈이 없는 것이요, 두 번째 즐거움은 하늘을 우러러보아 부끄럽지 않고 사람에게 굽어보아 부끄럽지 않은 것이요, 세 번째 즐거움은 천하의 영재(英才)를 얻어 교육하는 것이다.

'면앙정'은 맹자가 말한 군자의 세 가지 즐거움 중 두 번째 즐거움, 즉 "앙불괴어천(仰不愧於天) 부부작어인(俯不作於人)"에서 뜻을 취한 것이다. 그런데 눈치 빠른 독자라면, 면앙정 중 '앙(仰)'자는 찾을 수 있지만 '면(俛)'자는 없지 않느냐고 반문할 것이다. 맞다. 송순은 '구부릴 부(俯)' 대신 같은 뜻을 가진 한자인 '구부릴 면(俛)'을 사용해 '면앙정'이라고 이름 붙였다. 따라서 면앙정이라는 송순의 호는 비록 권문세가에 맞서 싸우다 파직당해 낙향한 신세지만 "하늘을 우러러보아도 부끄럽지 않고, 땅을 굽어보아도 부끄럽지 않다."면서 자신의 절의(絶義)를 한껏 드러낸 것이라고 할 수 있다. 더욱이 훗날 송순은 '면앙정가(俛仰亭歌)'라는 한시(漢詩) 한 편을 지어 심중의 호연지기(浩然之氣)를 마음껏 드러내기도 했다.

굽어보니 땅이 있고

우러러보니 하늘이 있네

그 가운데 지은 정자

호연지기 일으키네

바람과 달을 불러

산천(山川)에 절을 하고

명아주 지팡이 짚고

백 년을 보내노라

– 『면앙집(俛仰集)』, 「면앙정가」

특히 송순은 이때부터 문하의 하서 김인후, 제봉 고경명, 백호 임제와 벗으로 사귄 석천 임억령 등과 교유하며 호남가단의 제일봉이라고 할 수 있는 '면앙정가단'을 창시해 활동했다. 당시 김인후, 고경명과 임억령 등 호남 제일의 문인들은 모두 면앙정 주변의 빼어난 산세와 아름다운 풍경을 '면앙정 30영(三十詠)'이라는 시에 담아 읊었다. '면앙정 30영'은 다음과 같다.

① 추월취벽(秋月翠壁, 추월산의 푸른 절벽) ② 용구만운(龍龜晚雲, 용구산의 저녁 구름) ③ 몽선창송(夢仙蒼松, 몽선산의 푸르른 소나무) ④ 불대낙조(佛臺落照, 불대산의 해넘이) ⑤ 어등모우(魚登暮雨, 어등산의 저녁 비) ⑥ 용진기봉(湧珍奇峰, 용진산의 기이한 봉우리) ⑦ 금성묘애(錦城杳靄, 금성산의 아득한 아지랑이) ⑧ 서석청람(瑞石晴嵐, 서석산(무등산)의 아른거리는 아지랑이) ⑨ 금성고적(金城古跡, 금성산성의 옛 자취) ⑩ 옹암고표(甕巖孤標, 옹암산의 외로운 모양) ⑪ 죽오청풍(竹塢淸風, 대나무 언덕의 시원한 바람) ⑫ 평교제설(平郊霽雪, 넓은 들판의 갠 눈

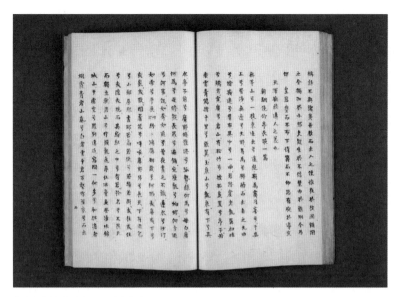

「면앙정가」가 실려 있는 『면앙집』.

빛) ⑬ 원수취연(遠樹炊煙, 멀리 보이는 숲의 밥 짓는 연기) ⑭ 광야황도(曠野黃稻, 넓은 들판의 황금빛 벼) ⑮ 극포평사(極浦平沙, 먼 포구의 평평한 모래사장) ⑯ 대추초가(大秋樵歌, 대추리의 나무꾼 노래) ⑰ 목산어적(木山漁笛, 목산촌 어부의 피리 소리) ⑱ 석불소종(石佛疎種, 석불사의 아득한 종소리) ⑲ 칠수귀안(漆川歸雁, 칠천의 돌아가는 기러기) ⑳ 혈포효무(穴浦曉霧, 혈포의 새벽안개) ㉑ 신통수죽(神通脩竹, 신통사의 긴 대나무) ㉒ 산성조각(山城早角, 산성의 이른 화각 소리) ㉓ 이천추월(二川秋月, 두 개울에 비친 가을 달빛) ㉔ 칠곡춘화(七曲春花, 일곱 굽이의 봄꽃) ㉕ 후림유조(後林幽燥, 뒷숲에 깃든 그윽한 새소리) ㉖ 청파도어(淸波跳魚, 맑은 물결 위에 뛰노는 물고기) ㉗ 사두면로(沙頭眠鷺, 모래사장에서 조는 해오라기) ㉘ 간곡홍료(澗曲紅蓼, 개울가의 붉은 여뀌꽃) ㉙ 송림세경(松林細逕, 소나무 숲의 오솔길) ㉚ 전계소교(前溪小橋, 앞개울의 조그마한 다리)

그렇게 세월을 보내던 송순은 1537년 45세 때, 김안로가 권력에서 쫓겨나자 다시 벼슬길에 오르게 되었다. 도승지에서 경상도 관찰사로 또 사간원의 최고 책임자인 대사간 등 고위 관직을 두루 거치느라 고향에 남겨두고 온 면앙정을 미처 돌보지 못했다. 그러나 송순은 사헌부 대사헌을 지내던 1542년, 외척이자 권신인 윤원형을 정면으로 공박하다가 외직인 전라도 관찰사로 좌천당했다. 이때 외가(外家)의 아우인 소쇄옹 양산보와 더불어 조선 제일의 정원이라고 일컬어지는 성산(星山)의 '소쇄원(瀟灑園)'을 중수하는 일을 도왔다. 이곳은 뒤에 설명하겠지만 '면앙정가단'과 함께 호남가단을 대표하는 '성산가단'의 주요 무대 중의 하나이기도 하다. 이 무렵 어머니 상을 당해 3년 동안 담양에서 시묘살이를 하며 다시 면앙정을 돌볼 수 있었다. 탈상한 이후 송순은 주문사(奏聞使)의 자격으로 명나라 북경을 다녀왔고 개성 유수를 거쳐 대사헌과 이조참판을 지냈다.

그러나 사림의 지사(志士)로 권신 윤원형 일파와 끝까지 대립했던 송순은 1550년 사악한 당파를 만들었다는 죄목으로 사형당한 구수담(具壽聃)과 절친하게 지냈다는 이유만으로 사건에 연좌되어 평안도 순천(順天)으로 유배되었다. 불행 중 다행으로 다음 해 경기도 수원으로 유배지를 옮겼다가 방면되었고, 1552년에는 선산 부사로 복직되었다. 이때 송순은 잠깐 휴가를 내어 담양의 고향집과 면앙정을 찾았는데, 지난 7년여 가까이 돌보지 못한 면앙정은 이곳저곳 부서지고 허물어져 흉한 몰골을 하고 있었다. 당시 송순과 함께 면앙정을 찾은 담양 부사 오겸(吳謙)은 흉물이 되어버린 면앙정의 모습을 보고 크게 마음 아파하면서 자신이 재물을 보탤 테니 중수(重修)하라고 권했다. 면앙정은 이렇게 해서 다시 본모습을 찾게 되었다. 송순의 제자 고봉 기대승

송순은 기촌의 집 서북쪽 봉우리 위에 면앙정을 짓고 스스로 그 뜻을 취해 자호(自號)로 삼았다.

은 훗날 면앙정이 새로이 모습을 갖추게 된 것을 몹시 기뻐하며 「면앙
정기(俛仰亭記)」를 지어 올리기까지 했다.

면앙정(俛仰亭)은 담양부(潭陽府)의 서쪽 기곡(錡谷) 마을에 있다. 지금 의정
부 우참찬으로 있는 송공(宋公)이 지은 것이다. 내가 일찍이 송공을 따라 면
앙정 위에서 여유를 누렸는데, 공은 나에게 정자의 유래를 말하고 기문(記文)
을 지어 달라고 하였다. 내가 정자의 경치를 보니 탁 트인 전망이 최상이고
또 아늑하여 좋았다. 유종원(柳宗元)의 "여유를 누리기에 적당한 장소가 대
개 두 가지가 있다."라는 말을 이 면앙정은 겸비하였다고 할 만하다. 정자
의 동쪽 산은 제월봉(霽月峯)인데, 제월봉의 산자락이 서북 방향을 향하여
조금 아래로 내려가다가 갑자기 높이 솟아서 마치 용이 머리를 들고 있는 듯
한 산세를 형성하고 있다. 면앙정은 바로 그 위에 지어져 있다. 집은 세 칸으

로 만들고 사방은 텅 비어 두었다. 서북쪽 모퉁이는 깎아지른 절벽으로 빽빽한 대나무가 병풍처럼 둘러 있고 삼나무가 울창하다. 동쪽 섬돌 아래 둘레에는 온실(溫室) 몇 칸을 짓고, 온갖 화훼(花卉)를 심고 낮은 담장을 빙 둘러쳤다. 좌우 골짜기로 이어진 봉우리의 등마루를 따라 내려가면 아름드리 소나무와 무성한 숲이 영롱하게 서로 어우러져 있다. 사람 사는 세상과 서로 떨어져 있어서 아득하기가 마치 별천지와 같다. 빈 정자 안에서 멀리 바라보면 수백 리 사이가 탁 트여서 산을 마주 대하고 잡아당길 수 있는 듯하다. 또한 물이 있어서 다가가 즐길 수 있다. 산은 동북쪽에서부터 달려와 서남쪽으로 구불구불 내려간다. 이름하여 옹암산(甕巖山)·금성산(金城山)·용천산(龍泉山)·추월산(秋月山)·용구산(龍龜山)·몽선산(夢仙山)·백암산(白巖山)·불대산(佛臺山)·수연산(修緣山)·용진산(湧珍山)·어등산(魚登山)·금성산(錦城山) 등이다. 그 바위와 벼랑이 괴이하고 아름답고, 연기 같은 구름이 아득하게 끼어 놀랍기도 하고 아름답기도 하다. 용천(龍泉)에서 나온 물은 담양부를 지나 백탄(白灘)이 되었는데 굽이치고 가로질러 흘러 빙빙 감돌며, 옥천(玉川)에서 발원한 물은 여계(餘溪)라고 부르는데 물결이 잔잔하고 맑으며 정자의 기슭을 감돌아 아래로 흘러 백탄과 합류한다. 아득한 큰 들판은 추월산 아래에서 머리를 내밀어 어등산 바깥으로 꼬리를 벌리고 있다. 그 사이에는 구릉과 나무숲이 마치 한 폭의 그림처럼 펼쳐져 있다. 마을이 여기저기 흩어져 있고, 밭두둑은 갖가지 모양으로 아로새긴 듯해 사계절의 경치가 이와 더불어 무궁(無窮)하다. 정자에는 산이 빙 둘러 있고 경치가 그윽하여 고요히 보면서 즐길 수 있고, 밖은 탁 트이고 멀리 아득히 보여서 호탕한 흉금을 열 수 있다. 이른바 탁 트여서 좋고 아늑하여 좋다는 말이 어찌 사실이 아니겠는가. 처음 공(公)의 선조(先祖)가 관직에서 물러나 기곡(錡谷)에 거주하였고, 연이어 자손들이 이곳에서 집안을 이루어 살았다. 면앙정의 옛터는 곽씨(郭氏) 성의 사람이 거주하고 있었는데, 일찍이 의관을 갖춘 선비들이 자주 와서 모이는 기이한 꿈을 꾸었다. 그래서 자신의 집안에 장차 경사로운 일이 있을 것이라고 여겨, 산사(山寺)의 승려에게 아들을 맡겨 공부를 시켰다. 그러나 아무런 성과가 없고 가세마저 빈궁해지자, 마침내 그곳에 있는 나무를 베어버리고 다른 곳으로 이사를 하였다.

공이 재물을 주고 이곳을 얻자, 마을 사람들이 모두 와 축하하면서 '곽씨의 꿈이 징험이 있다.'고 하였다. 따라서 이 일은 조물주가 신령스러운 곳을 감추어 두었다가 공에게 준 것이라고 하겠다. 공은 다시 새로운 집을 제월봉의 양지바른 곳에 지었는데, 면앙정과 가깝기 때문이다. 면앙정을 지은 땅은 갑신년(1524년)에 얻었고, 정자를 짓기 시작한 때는 계사년(1533년)이다. 그 후 그대로 방치되었다가 임자년(1552년)에 중수하니, 그제야 탁 트이고 아늑하여 사방의 풍경이 모두 다 드러나게 되었다. 공은 일찍이 정자의 이름을 지은 뜻을 게시(揭示)하여 손님에게 보여주었다. 그 뜻은 "굽어보면 땅이 있고 우러러보면 하늘이 있는데, 이 언덕에 정자를 세우니 그 흥취가 호연(浩然)하다. 바람과 달을 불러들이고 산과 내를 잡아당기니 또한 나의 여생을 마치기에 마땅하다."는 것이었다. 공의 말씀을 음미해보면, 공이 면앙(俛仰)에 자득(自得)하였다는 사실을 알 수 있다. 아! 갑신년(1524년)으로부터 지금까지 40여 년이 지났다. 그 사이에 슬픈 일과 기쁜 일, 좋은 일과 궂은 일이 참으로 이루 말할 수 없을 만큼 무수히 지나갔다. 그러나 공이 '굽어보고[俛] 우러러보며[仰]' 소요(逍遙)한 것은 끝내 올바름을 잃지 않았으니, 어찌 가상한 일이 아니겠는가. 내가 여기에 이름을 남기는 것을 행운으로 여겨 감히 사양하지 못하였으니 또한 이러한 뜻이 있어서였다. 이에 이 글을 쓰노라.

- 『고봉집(高峯集)』, 「면앙정기」

한편 송순과 윤원형 일파의 관계는 날이 갈수록 나빠졌다. 송순이 윤원형의 권력 전횡을 지켜만 보고 있지 않았기 때문이다. 송순은 "윤원형과 진복창(陳復昌)이 개와 매가 되어 사림을 물어 죽였으니 끝까지 복록을 누릴 수 있겠는가."라는 직언(直言)을 앞세워 윤원형에 대한 공박을 늦추지 않았다. 이 때문에 송순은 외직을 전전해야 했다. 그러나 1565년 윤원형이 처형당하고, 2년 후 명종이 승하하고 선조가 즉위하면서 이른바 '사림의 시대'가 활짝 열리게 되었다. 송순의 벼슬길 역시 순풍을 만난 배처럼 순조로웠다. 중앙 정치 무대로 복귀한 송순은 대사헌, 한성부 판윤, 의정부 우참찬 등 최고위 요직을 거쳤다. 그리고 77세가 되는 1569년 송순은 병을 핑계로 마침내 벼슬에서 물러나 면앙정에 정착하게 되었다. 송강 정철의 「성산별곡」과 함께 국문 시가(가사 문학)의 최고 걸작으로 손꼽히는 「면앙정가」를 완성한 때도 이 무렵이다. 송순의 「면앙정가」는 면앙정에서 바라본 산수(山水) 풍경과 봄·여름·가을·겨울에 따라 다채롭게 변화하는 풍광을 노래하면서 자연과 하나 되어 사는 자신의 호연지기를 노래한 국문 시가이다. 여기에 다 옮길 수는 없어서 앞과 끝 부분만 간략하게 적어본다.

무등산 한 줄기의 산이 동쪽으로 뻗어 있어/멀리 떨쳐 나와 제월봉이 되었거늘/끝없이 넓은 들판에 무슨 생각하느라/일곱 굽이 한데 모아 우뚝우뚝 펼쳐놓은 듯/가운데 굽이는 구멍에 든 늙은 용이/선잠을 막 깨어 머리를 얹었으니/…(중략)…/넓은 길 밖 긴 하늘 아래/둘러 있고 꽂혀 있는 것은/산인가 병풍인가 그림인가 실물인가/높은 듯 낮은 듯 끊어진 듯 이어진 듯/숨거니 보이거니 가거니 머물거니/어지러운 가운데 이름난 양하여/하늘도 두려워하지 않고 우뚝 선 모습이/추월산을 머리로 삼고/용구산 봉선산 불대산 어등산 용진산 금성산이 허공에 벌였는데/멀고도 가까운 푸른 절벽에 머문 것도 많고 많다/…(중략)…/술이 익었으니 벗이야 없을쏘냐/부르게 하고 타게 하고 켜게 하고 흔들어대며/온갖 소리로 취흥(醉興)을 재촉하니/근심이라 있으며 시름이라 붙었으랴/누웠다가 앉았다가 구부렸다가 젖혔다가/시를 읊조리다가 휘파람 불다가 마음 노니/천지도 넓디넓고 세월도 한가하다/태평성대 몰랐는데 지금이 그때로다/신선이 어떠한가 이 몸이 신선이로구나/강산풍월(江山風月) 거느리고 내 백 년을 다 누리면/악양루(岳陽樓) 위에 이태백이 살아온다 해도/호탕한 정회(情懷)야 이보다 더할쏘냐

호남사림을 대표하는 지사로 절의와 지조를 무엇보다 중요하게 여겼던 송순은 '호연지기(浩然之氣)'라는 말을 무척 좋아했던 듯하다. 한시 「면앙정가」나 가사 「면앙정가」에서 모두 호연지기를 직접적으로 드러내 표현하고 있기 때문이다. '호연지기'라는 사자성어는 『맹자』에서 처음 나온 말이다. '면앙정'이라는 호의 유래도 그렇고 평소 자신의 기상을 '호연지기'에 빗대어 드러낸 것만 보아도, 송순은 다른 누구보다 맹자를 좋아하지 않았나 하는 생각이 든다.

말년의 송순은 호남사림의 큰 스승이자 호남가단의 대부(大父)로 말할 수 없이 큰 존경을 받았다. 송순은 1493년에 태어나 1582년 92세의 나이로 생을 마쳤다. 당시 평균 수명이 50세도 채 되지 않았던 것을 감안하면 놀랄 만큼 장수한 셈이다. 이 때문에 송순은 나이 87세 때 회방연(回榜宴), 즉 과거 급제한 지 60주년 되는 해를 기념하는 큰 잔치를 열 수 있었다. 이 잔치는 선조가 직접 어사화와 어사주를 내릴 만큼 성대했다. 호남과 각지의 문사(文士)는 물론이고 전라도 관찰사와 여러 고을의 수령들까지 참석했다. 잔치를 연 마당인 면앙정 뜰이

비좁을 정도였다.

　이날 좌중을 탄복하게 만든 일은 잔치가 마무리될 즈음에 일어났다. 늦은 밤 잔치가 끝나고 송순이 잠자리에 들려고 나서자, 송강 정철이 즉석에서 '선생님의 가마를 우리가 직접 메고 모시자'고 제안했다. 그러자 고봉 기대승, 제봉 고경명, 백호 임제 등이 흔쾌히 나서 정철과 함께 앞과 뒤에서 송순을 태운 가마를 맸다. 이들 네 사람은 이때 이미 학식과 문장으로 일세를 풍미한 대학자이자 문인으로 인정받고 있었다. 그런 그들이 남의 시선을 아랑곳하지 않고 천한 신분의 사람이나 메는 가마를 스스럼없이 멜 정도로 송순은 큰 스승이었던 것이다. 더욱이 당시 가마를 맸다고 전해오는 기대승은 실제 5년 전인 1572년에 사망한 사람이었다. 그런데 왜 사람들은 기대승이 가마를 맸다고 이야기를 전하고 또 믿었던 것일까? 그것은 사람들이 이미 사망한 기대승이 다시 살아 돌아온다면 반드시 자청해서 가마를 맸을 것이라고 확신했기 때문이다. 죽은 사람도 산 사람으로 만들 만큼, 당시 사람들의 송순에 대한 존경심은 크고도 깊었던 것이다. 아마도 이것은 송순이 "하늘을 우러러보아도 부끄럽지 않고, 땅을 굽어보아도 부끄럽지 않다."라는 자신의 호처럼 평생을 살아왔기 때문이 아니었을까 짐작해본다.

▌ 송강(松江) 성산(星山) 앞에 흐르는 아름다운 내

정철의 집안은 왕실의 외척으로 이른바 '로열패밀리'였다. 정철의 큰누나가 훗날 인종이 되는 세자의 후궁인 귀인(貴人) 정씨였기 때문이다. 또한 셋째 누나는 왕족인 계림군의 부인이었다. 특히 정철은 4남 3녀 중 막내여서 온 집안의 사랑을 독차지하다시피 했다. "금 수저를 물고 태어났다."라는 옛 속담은 정철에게 딱 맞는 말일 것이다. 그의 어린 시절은 유복하다 못해 화려했다. 정철은 궁궐을 자유롭게 드나들며 왕자들과 어울려 노는 등 한없는 즐거움을 누렸다. 매형이 되는 인종의 이복동생이자 훗날 명종이 되는 경원대군 역시 정철의 어릴 적 소꿉동무였다.

그러나 그의 행복한 어린 시절은 1545년 10세 때 끝이 나고 만다. 1544년 11월 왕위에 오른 그의 매형 인종이 즉위 8개월 보름 만에 원인을 알 수 없는 병으로 시름시름 앓다가 사망했기 때문이다. 당시 항간에는 인종의 계모이자 명종의 생모가 되는 문정왕후가 다과에 독을 넣어 인종을 독살했다는 소문이 파다했다. 인종이 죽고 왕위에 오른 어린 명종을 대신해 섭정을 한 문정왕후는 친동생인 윤원형을 앞세워 권력을 장악하고 인종의 측근들을 핍박하는 것도 모자라 자신들에게 비판적인 사림에 대해 무자비한 정치적 박해를 가했다.

더욱이 그들은 인종의 외삼촌인 윤임과 사림 세력이 어린 명종을 폐하고 새로이 계림군을 임금으로 세우려 한다는 모함을 해 을사사화(乙巳士禍)까지 일으켰다. 계림군이 역모의 수괴가 되자, 그의 처가인 정철의 집안은 하루아침에 날벼락을 맞은 듯 쑥대밭이 되어버렸다. 계림군은 능지처참을 당했고, 정철의 아버지 정유침은 함경도 정평으로, 이조정랑이었던 큰형은 전라도 광양으로 유배에 처해졌다. 불행은 거기에서 끝나지 않았다. 2년 뒤인 1547년 정철의 나이 12세 때에 문정왕후가 어린 임금 위에 앉아 권력을 농단하고 있다는 내용이 적힌 이른바 '양재역 벽서 사건'이 일어나 다시 아버지는 경상도 영일로 이배(移配)되었고, 큰형은 함경도 경원으로 유배 가는 도중에 매 맞은 상처가 도져 죽고 말았다. 나이 어린 정철은 아버지의 유배지를 따라 다니면서 비참한 생활을 해야 했다. 이 생활은 1551년 정철의 나이 16세 때, 그의 아버지가 유배형에서 풀려나고 나서야 비로소 끝을 맺었다. 유배형에서 풀려났지만 딱히 갈 데가 없었던 정철의 아버지는 가족들을 이끌고 부모의 묘소가 있던 전남 담양군 창평면 지실 마을로 이사를 왔다. 그러나 정철의 집안 사정은 쉽게 나아지지 않았다.

지실 마을로 이사 온 지 얼마 지나지 않은 어느 무더운 여름날 정철은 어머니와 함께 세상사에 염증을 느껴 전남 순천에 운둔해 지내던 둘째형 정소(鄭沼)를 만나러 길을 떠나게 된다. 당시 지실 마을에서 순천으로 가기 위해서는 성산(星山, 전남 담양군 남면 지곡리 소재) 아래를 지나쳐야 했는데, 여기에서 정철은 불우했던 지난 6년의 삶을 한순간에 바꾸어버린 '기이한 인연'을 만나게 된다. 그는 호남사림의 한 사람으로 을사사화가 일어나자 나주 목사를 마지막으로 벼슬을 내던지고 성산 건너편 환벽당(環璧堂)에 거처하며 후학을 양성하고 있던 사촌(沙村) 김윤제였다. 두 사람의 만남이 하도 기이했던지, 성산 일대에는 이와 관련한 설화 한 편이 지금까지도 전해오고 있다. 그 설화의 내용은 이렇다.

당시 순천으로 향하던 정철은 하도 날씨가 더워서 성산 앞을 지나는 개울에 들어가 멱을 감았다고 한다. 이때 김윤제는 개울 건너편에 자리하고 있는 자신의 정자 환벽당에서 낮잠을 자다가, 앞개울에서 용한 마리가 놀고 있는 꿈을 꾸었다. 꿈이 어쩌나 생생했던지 잠에서 깬 김윤제는 몸을 일으켜 개울로 내려가보았다. 그런데 꿈에서 용이 놀고 있듯이, 한 소년이 멱을 감고 있었다. 김윤제는 소년의 범상치 않은 용모와 어딘가 기품이 있어 보이는 모습에 말을 걸어 여러 가지를 물어보았다. 정철이 어떻게 대답했는지는 알 수 없지만, 어쨌든 김윤제는 정철에게 흠뻑 빠져들었던 모양이다. 그래서 정철을 자신의 문하에 두고 제자로 삼았다. 어린 나이에 아버지의 유배지를 따라 다니느라 학문을 제대로 배울 기회조차 갖지 못했던 정철에게

정철의 초상화.

는 천재일우(千載一遇)의 기회나 다름없었다.

　김윤제는 학문이 깊고 시문에 뛰어난 문사였을 뿐 아니라 경제적으로도 부호여서 당시 성산 일대에서 절대적인 영향력을 가지고 있었다. 특히 그는 담양과 장성을 근거지로 삼은 호남사림의 유명 인사들과 사제 혹은 친·인척 관계를 맺고 있었다. 앞서 소개했던 소쇄원의 주인 양산보는 김윤제의 처남이고, 식영정의 주인인 김성원은 그의 조카였고, 면앙정가단의 일원인 임억령은 김성원의 장인으로 그와 사돈지간이었다. 또한 김인후는 처남인 양산보와 사돈지간이고, 또 송순은 양산보의 외가 형이었다. 이 때문에 환벽당은 면앙정 못지않게 호남가단의 1세대 문인들이 어울려 시를 짓고 학문을 논하며 지냈던 공간이었다.

　이렇듯 김윤제가 맺어놓은 학맥(學脈)과 인맥은 정철에게 고스란히 전해졌다. 정철은 김윤제의 문하를 드나들며 김인후, 기대승, 임억령,

송순 등 호남 제일의 문사들로부터 학문과 시문을 배우는 행운까지 누렸다. 더욱이 17세 때 김윤제의 외손녀인 문화 유씨와 혼인을 한 이후로는 경제적인 도움까지 받았다. 이 때문에 정철은 27세 때 과거에 급제하여 한양으로 올라갈 때까지 10여 년간 어린 시절에 누렸던 풍요롭고 행복했던 삶 못지않은 여유를 누릴 수 있었다. 선대(先代)가 후대(後代)에게 상속하는 자산은 크게 보아 경제적 자산(금전과 토지 등), 사회적 자산(학맥과 인맥 등), 문화적 자산(학문 혹은 지식과 예술적 능력 등)으로 구분해볼 수 있다. 김윤제는 이 모두를 정철에게 주었다. 사촌 김윤제와의 만남이 없었다면, 가사 문학의 1인자이자 위대한 문호(文豪)로 평가받는 송강 정철은 존재하지 못했을 수도 있다.

김윤제와의 만남이 정철의 삶에 미친 영향이 얼마나 컸는가에 대해서는, 그가 자호(自號)로 삼았던 '송강(松江)'에서도 쉽게 찾아볼 수 있다. 정철이 김윤제를 처음 만났던 개울은 무등산 북서쪽 원효사(元曉寺) 계곡에서 흘러내린 물이 동쪽 개울에서 흘러온 물과 소쇄원 앞 금교(金橋)에서 만나 증암천(甑巖川)이 된다. 이 물은 다시 지실 마을 앞을 흐르다가 환벽당 앞의 용소(龍沼)를 만들고 방향을 틀어 식영정 아래 자미탄(紫薇灘)을 이루고 또 굽이쳐서 멀리 고서면에 자리한 죽록정(竹綠亭, 송강정)을 향해 흘러간다.

흥미롭게도 이 개울(혹은 강)은 계절 혹은 형세의 변화에 따라 다양한 이름을 갖고 있다. 개울에 '시루 바위'가 있다고 해서 '증암천(甑巖川)'이라고 했다가, 해마다 7~9월이 되면 백일홍이 아름답게 핀다 해서 '백일홍 개울'이라는 뜻의 '자미탄(紫薇灘)'이 되고, 개울 주변에 자리한 고서면의 지형을 따 '고서천(古西川)'이라고 했다가, 짙푸른 개울 물에 빗대어 '창계천(蒼溪川)'이라고 이름하기도 하고, 다시 개울가에 대나무가 즐비하다고 해서 '죽록천(竹綠川)'이라고 불렀다. 증암천, 자미탄, 고서천, 창계천, 죽록천이라고 한 이 개울의 또 다른 이름이 다름 아닌 '송강(松江)'이다. '송강'이라는 별칭은 '성산가단'의 문인들이 시제(詩題)로 삼아 즐겨 읊었던 '조대쌍송(釣臺雙松, 조대의 두 그루 소나무)', '송담범주(松潭泛舟, 소나무 그늘이 드리운 못에 띄운 배)', '창송청설(蒼松晴雪, 푸른 소나무에 내려 앉아 빛나는 눈)'에서 볼 수 있듯이, 개울(강) 주변에 아름다운 소나무가 즐비했기 때문에 생겨난 것이다. 환벽당, 식영정, 송강정 등을 방문해보면 알겠지만, 오늘날에도 이곳에는 아름드리 소나무가 멋진 정취를 만들어내고 있다. 정철은 이 개울(강)이 맺어준 스승 김윤제와의 인연을 잊지 않고, 또 늘 푸르른 소나무의 기개를 닮기 위해 '송강'을 자호로 삼았던 것이다.

앞서 소개했던 '면앙정 30영'처럼 성산과 송강 주변에는 정철을 비롯한 '성산가단'의 문인들이 즐겨 시로 읊은 아름다운 풍경 '20영(二十詠)'이 있었다. 이 때문에 더더욱 송강은 평생토록 정철의 삶과 떼려야 뗄 수 없는 관계를 이루고 있었다고 할 수 있다. 성산과 송강의 '20영'은 아래와 같다.

① 서석한운(瑞石閑雲, 서석산(무등산)의 한가로이 떠다니는 구름) ② 창계백파(蒼溪白波, 짙푸른 개울의 흰 물결) ③ 수함관어(水檻觀魚, 물가의 난간에 기대어 물고기 관상) ④ 양파종과(陽坡種瓜, 양지바른 언덕에 오이 심기) ⑤ 벽오량월(碧梧凉月, 푸른 오동나무에 걸린 서늘한 달) ⑥ 창송청설(蒼松晴雪, 푸른 소나무에 내려앉아 빛나는 눈) ⑦ 조대쌍송(釣臺雙松, 조대의 두 그루 소나무) ⑧ 환벽영추(環碧靈湫, 환벽당 아래 가을맞이) ⑨ 송담범주(松潭泛舟, 소나무 그늘이 드리운 못에 띄운 배) ⑩ 석정납량(石亭納涼, 석정에서의 피서) ⑪ 학동모연(鶴洞暮煙, 학동의

저녁연기) ⑫ 평교목적(平郊牧笛, 넓은 들판의 목동 피리 소리) ⑬ 단교귀승(短橋歸僧, 짧은 다리 건너 돌아가는 스님) ⑭ 백사수압(白沙睡鴨, 백사장에서 조는 오리) ⑮ 노자암(鸕鷥巖, 가마우지 바위) ⑯ 자미탄(紫薇灘, 백일홍꽃 개울) ⑰ 도화경(桃花徑, 복숭아꽃 오솔길) ⑱ 방초주(芳草洲, 향기로운 풀로 덮인 개울가) ⑲ 부용당(芙蓉塘, 연꽃 피어 있는 연못) ⑳ 선유동(仙遊洞, 신선이 노니는 동네)

안타깝게도 1970년대 영산강 유역 개발 사업의 하나로 증암천(송강)을 댐으로 막아 1976년 준공된 인공 호수 광주호(光州湖) 때문에, '20영'의 아름다운 풍광은 많이 사라져 버렸다. 물론 지금도 충분히 멋진 모습을 보여주고 있지만, 만약 정철이 살던 당시의 자연 풍경을 간직하고 있었다면 얼마나 멋있고 아름다울까 하는 생각에 안타까운 마음을 감출 수 없다. 개발과 성장 지상주의에 눈이 멀어 자연 유산과 문화유산의 진정한 가치조차 알아보지 못했던 '개발 독재' 시절의 참담한 사례가 아닐 수 없다.

여하튼 김윤제 문하에 든 정철은 환벽당은 물론 성산에 자리하고 있던 식영정, 소쇄원 등을 오고 가면서 학문을 배우고 시문을 익혔다. '면앙정가단'이라고 불린 호남가단의 1세대들로부터 국문 시가를 배우고 익힌 것도 이때였을 것이다. 특히 정철은 식영정을 중심으로 활동한 '성산가단'의 중심이었는데, 대개 이들은 면앙정가단의 스승(혹은 선배) 그룹보다 나이가 훨씬 어렸던 1520년대와 1530년대 출생들이었다. 서하당 김성원(1525년생), 고봉 기대승(1527년생), 제봉 고경명(1533년생) 등이 그렇다. 정철은 이들보다 더 나이가 적은 1536년생이다. 비록 정철은 가장 나이가 어렸지만 가사 문학에 있어서만큼은 당대 최고의 작가였다.

1562년 27세 때 문과 별시에 장원 급제해 벼슬길에 오른 정철은 평생 네 번이나 낙향하는 정치적 불운을 겪는다. 그런데 정철은 스스로 벼슬에서 물러나거나 혹은 탄핵당해 담양으로 낙향할 때마다 주옥과 같은 국문 시가(가사 문학)를 남겼다. 이 때문에 정철은 당대는 물론 오늘날까지도 가사 문학의 일인자로 인정받고 있다. 첫 번째 낙향은 1575년 그의 나이 40세 때였다. 당시 정철은 담양 창평 고향집에서 2년간 머무르며 「성산별곡(星山別曲)」을 지었다. 「성산별곡」은 특히 송순의 「면앙정가」와 함께 우리나라 가사 문학을 대표하는 걸작이다. 「성산별곡」은 11살 연상이지만 김윤제의 문하에서 함께 학문을 배우고 시문을 익힌 식영정의 주인 김성원과 정철이 나눈 깊은 우정이 성산 앞의 아름다운 자연 풍경과 절묘하게 어우러진 가사 문학의 백미이다. 특히 여기에서 정철은 우리말의 아름다움을 절묘하게 표현한 「면앙정가」의 시작법(詩作法)을 잘 응용했을 뿐만 아니라 자신만의 독자적인 작품 세계를 펼쳐보였다.

　　어떤 지나가는 손님이 성산에 머물면서
　　서하당 식영정 주인아 내 말 듣소
　　인간 세간에 좋은 일 많건마는
　　어찌하여 강산을 갈수록 좋게 여겨
　　적막 산중에 들고 아니 나오시는가
　　솔뿌리를 다시 쓸고 대나무 침상에 자리 보아
　　잠깐 올라 앉아 어떠한가 다시 보니
　　하늘가에 떠 있는 구름 서석산을 집을 삼아
　　나는 듯 드는 모양이 주인과 어떠한가

짙푸른 개울의 흰 물결이 정자 앞에 둘러 있으니

은하수를 누구라서 베어내어

잇는 듯 펼치는 듯 야단스럽기도 야단스럽구나

  또한 「성산별곡」에는 증암천, 자미탄, 고서천, 창계천, 죽록천 등 다
채로운 이름으로 불렸던 송강(松江)의 운치 역시 기가 막히게 잘 묘사
되어 있다.

오동나무 서릿달이 사경(四更)에 돋아오니

천암만학(千巖萬壑)이 낮인들 그러할까

…(중략)…

한 쌍의 늙은 소나무는 조대(釣臺)에 세워 두고

그 아래 배를 띄워 가는 대로 내버려두니

붉은 여뀌꽃 흰 마름꽃 핀 물가 어느 사이 지났기에

환벽당 용소가 뱃머리에 닿았구나

  「성산별곡」의 마지막 부분은 정철이 「면앙정가」의 작법과 표현 기법
을 배운 송순의 제자였다는 사실을 새삼 깨닫게 해줄 정도로 (다른 듯)
닮아 있다.

엊그제 빚은 술이 얼마나 익었는가

잡거니 말거니 실컷 기울이니

마음에 맺힌 시름 조금이나마 풀리는구나

거문고에 줄을 얹어 풍입송(風入松) 타자꾸나

손님인지 주인인지 다 잊어버렸다

공중에 떠 있는 학이 이 골짜기의 진짜 신선이라

신선이 사는 누대의 달 아래서 행여 아니 만나셨는가

손님이 주인더러 이르기를 그대가 진짜 신선인가 하노라

정철의 두 번째 낙향은 1579년 나이 44세 때였다. 당시 5개월간 고향에서 머문 정철은 선조로부터 강원도 관찰사에 임명되어 강릉으로 떠났다. 이때 지은 가사가 「관동별곡(關東別曲)」이다. 세 번째 낙향은 1581년 46세 때였고, 네 번째 낙향은 1585년 그의 나이 50세 때였다. 당시 정철은 송강정에 머무르면서 「사미인곡(思美人曲)」과 「속미인곡(續美人曲)」을 지었다. 정치적으로는 불운했지만 그의 낙향은 문학사적으로 보면 다행스러운 일이었다고 할 수 있다. 정철의 작품이 연이어 나오면서 조선의 가사는 비로소 문학적으로 완성되었기 때문이다.

그런데 당시 사람들의 표현대로, 문학적으로는 더할 나위 없이 고혹적이고 낭만적인 감각과 취향의 소유자였던 정철은 정치적으로는 말할 수 없이 냉혹한 인물이었다. 사림이 동인과 서인으로 갈라선 이후 정철은 서인의 선봉장이 되어 동인을 공격하고 논박하는 일에

고향으로 낙향한 정철은 송강정에 머무르며 「사미인곡」과 「속미인곡」을 지었다.

누구보다 앞장섰다. 벼슬에서 거듭 낙마해 낙향한 이유 역시 그가 당쟁의 한복판에 서있었기 때문이다. 동갑내기 친구였던 율곡 이이의 간곡한 만류와 부탁에도 그는 죽을 때까지 동인을 공격했고 심지어 죽이는 일까지 서슴지 않았다.

동인의 탄핵을 받아 네 번째로 낙향한 지 4년이 지난 1589년, 조선 사회를 발칵 뒤집어놓은 이른바 '정여립 역모 사건'이 발생했다. 이 사건으로 동인이 실각하자 정철은 우의정에 발탁되어 중앙 정계로 복귀한다. 그는 이때 '정여립 역모 사건'을 국문하는 최고 책임자가 되었다. 그런데 정철은 마치 고향으로 쫓겨나 분루(憤淚)를 삼켜야 했던 지난 세월을 복수라도 하듯이 동인 세력을 철저하게 짓밟았다. 이 사건에 연루되어 목숨을 잃은 선비가 줄잡아 1,000여 명에 이르렀다고 한다. 훈구파와 척신(戚臣)들이 사림 세력을 탄압한 수차례의 사화(士禍)를 모두 합친 것보다 많은 수의 선비들이 형장의 이슬로 사라졌다. 사림이 사림을 죽이는 '피의 숙청'은 정여립 역모 사건 때부터 시작되었다고 할 수 있을 만큼, 정철의 행동은 끔찍하고 무자비했다. 그에 대한 업보였을까? 정철 또한 당쟁의 피바람을 피하지 못하고, 임진왜란이 발발하자 또다시 동인의 탄핵을 받아 강화도의 송정촌(松亭村)에서 말년을 보내다 죽음을 맞는 불행을 겪어야 했다.

정철은 성산 앞을 흐르는 아름다운 내(강), '송강'의 자연 풍경은 물론 그와 하나 되어 사는 선비들의 삶을 미학적으로 형상화하고 문학적으로 완성시켰다. 그러나 정치가 정철은 '송강'의 아름다움과는 너무나 거리가 먼 잔혹한 '살인귀'의 이미지를 남기고 있을 뿐이다.

단원 김홍도·혜원 신윤복 오원 장승업

조선의 대표 화가, 3원(三園)

▍ 단원(檀園) '선비(士)'가 되기를 바랐던 화가

김홍도는 누구도 이론(異論)을 달지 않을 조선 최고의 화가다. 그는 풍
속화의 대가로 알려져 있지만 산수화, 인물화, 불화, 동물화, 초충화
(草蟲畵) 등 그림에 관한 한 모든 방면에서 최고의 실력을 보여준 독보
적인 인물이다. 김홍도의 출신에 대해서는 여러 가지 설이 있다. 양반
가에서 태어났다는 설, 중인 집안 출신이라는 설, 원래 무반(武班)이었
으나 중인으로 전락한 집안에서 출생했다는 설 등 그 출신 배경이 명
확하지 않다. 다만 김홍도의 증조부인 김진창(金震昌)이 만호(萬戶) 벼
슬을 지냈다는 기록이 전해와 집안이 원래 무반이었으나 중인으로 전
락한 것으로 보는 게 타당한 듯하다.

김홍도에 관한 가장 어릴 적 기록은 그가 스승으로 모신 문인화가
표암(豹菴) 강세황의 『표암유고(豹菴遺稿)』에 남아 있는 「단원기(檀園

記)」에서 찾을 수 있다. 어기에서 강세황은 "김홍도가 어린 시절부터 내 집에 드나들었다."라고 했다. 실제 김홍도는 7~8세 어린나이부터 20세 때까지 경기도 안산에 살던 강세황의 문하에서 글을 배우고 그림 공부를 하였다.

스승인 강세황으로부터 '신필(神筆)'이라는 극찬을 들을 정도로 그림에 천부적인 재능을 타고났던 김홍도는 21세 때 이미 도화서의 궁중 화원으로 영조의 즉위 40주년과 칠순을 기념하는 잔치를 묘사한 〈경현당수작도(景賢堂受爵圖)〉를 그렸고, 1773년(영조 49) 나이 29세 때는 당대 최고의 화원만이 참여할 수 있는 임금의 어진(御眞)과 왕세손(훗날의 정조)의 초상을 그리는 작업에 이름을 올릴 만큼 일찍부터 명성을 떨쳤다. 또한 1781년(정조 5) 어진을 모사한 공로로 2년 후 찰방(察訪)에 제수되었고, 1791년(정조 15)에 다시 어진을 그린 공로로 연풍 현감(延豊縣監)에 임명되는 영광을 입었다.

화원 출신으로 현감에 오른 사람은 김홍도 이전에 겨우 2명 남짓 있을 정도로, 중인 출신이 목민관이 된다는 것은 그 유례를 찾기가 힘들다. 김홍도에 대한 정조의 총애가 그처럼 컸던 것이다. 당시 김홍도가 누렸던 명성이 얼마나 대단했는지에 대한 구체적인 기록이 강세황의「단원기」에 적혀 있다. 여기에서 강세황은 김홍도의 그림을 일컬어 '스스로 터득하여 독창적인 수준에 이르고 교묘하게 하늘의 조화를 빼앗을 수 있는 경지'에까지 이르렀다고 했다. 필자는 스승이 자신의 제자에 대해 이토록 극찬을 아끼지 않는 경우를 일찍이 보지 못했다.

고금(古今)의 화가들은 각자 한 가지는 잘했지만 여러 가지를 능숙하게 잘하지는 못했다. 그런데 김홍도는 근래 우리나라에서 태어나 어려서부터 그림 그리는 일을 익혀서 모두 다 잘한다. 인물(人物)·산수(山水)·선불(仙佛)·화과(花果)·금충(禽蟲)·어해(魚蟹)에 이르기까지 모두 묘품(妙品)에 속해 옛사람과 비교해도 그와 더불어 견줄 사람이 없다. 또한 신선(神仙)과 화조(花鳥) 그림 역시 뛰어나 이미 한 세대를 올리고 후대에 전하기에 충분하다. 더욱이 우리나라의 인물과 풍속을 모사하는 데 탁월해 공부하는 선비, 시장에 가는 장사꾼, 나그네, 규방의 여인, 농부, 누에 치는 여인, 이중으로 된 방(房), 겹으로 난 문(戶), 황폐한 산, 들판과 나무 등을 간곡하고 정성스럽게 그려서 그 형태와 용모가 조금도 어그러지지 않았으니, 일찍이 옛적에는 없었던 솜씨다.

무릇 화가는 모두 천과 종이에 그려진 그림을 보고 배우고 익혀 실력을 쌓아야 거의 비슷하게 그릴 수 있다. 그러나 스스로 터득하여 독창적인 수준에 이르고 교묘하게 하늘의 조화를 빼앗을 수 있는 경지에 도달하려면 천부적으로 남다른 소질을 갖고 있지 않고서야 어찌 보통 사람보다 빼어나게 뛰어날 수 있겠는가? 옛사람이 말하기를, '닭이나 개를 그리는 것은 어렵고 귀신을 그리는 것은 쉽다'고 하였다. 그 까닭은 눈으로 쉽게 볼 수 있는 사물을 그림으로 그려서 사람들을 속이는 것은 어렵기 때문이다. 세상에서는 김홍도의 절묘한 기예(技藝)에 놀라서 지금 사람들이 미칠 수 없다고 감탄한다. 이에 김홍도의 그림을 얻으려는

김홍도가 그린 〈대장간〉. 김홍도는 우리나라의 인물과 풍속을 묘사하는 데 탁월한 재주를 발휘했다.

사람들이 날마다 늘어나 비단이 겹겹이 쌓이고, 그림을 재촉하는 사람들이 문에 가득하여 잠자고 밥 먹을 겨를조차 없을 지경이다.

- 『표암유고』, 「단원기」

그런데 18세기 당대는 물론이고 오늘날에도 우리 역사 최고의 화원(화가)으로 명성을 떨치고 있는 김홍도의 자(字)와 호(號)에 담긴 뜻을 찾아가던 필자는 뜻밖의 사실과 마주하게 되었다. 김홍도가 자신의 정체성을 '화가'가 아닌 '선비(士)'에 두고 있었다는 것을 발견했기 때문이다. 먼저 김홍도의 자(字)인 '사능(士能)'의 유래부터 찾아보자. 『맹자』의 「양혜왕(梁惠王)」 편을 보면 이런 구절이 나온다.

일정한 소득이 없어도 항상 같은 마음을 간직할 수 있는 것은 오직 선비만이 할 수 있다. 만약 백성에게 일정한 소득이 없다면 항상 같은 마음을 간직할 수 없다. 진실로 항상 같은 마음이 없어지게 되면 방탕, 편벽, 사악, 사치 등 못할 짓이 없게 된다.

김홍도는 여기에서 "유사위능(惟士爲能)", 즉 "오직 선비만이 할 수 있다."라는 구절을 빌어 자신의 자를 '사능'이라고 했다. 단원(檀園)이라는 김홍도의 대표적인 호 역시 마찬가지이다. 단원은 원래 명(明)나라 시절 사대부 화가로 이름을 날린 이유방(李流芳)의 호다. 이유방은 문사(文士)로 시(詩)·서(書)·화(畵)에 모두 뛰어났다. 김홍도는 단원을 자호로 취해, 비록 화원의 신분이었지만 이유방처럼 시·서·화에 두루 통달한 '고상한 문사'를 자신의 평생 모델로 삼았던 것이다.

특히 김홍도는 단원이라는 호를 짓고, 어릴 적 자신에게 글과 그림을 가르쳐준 스승 강세황에게 특별히 이와 관련한 글을 써 달라는 청탁을 했다. 흥미롭게도 강세황은 정조 때 병조참판(종2품)과 현재의 서울시장에 해당하는 한성부 판윤(정2품)까지 오른 문신(文臣)이면서 그림을 잘 그려 문인화가로 크게 명성을 얻은 인물이다. 어릴 적 글과 그림을 배운 스승도 문사(文士)이자 화가였고 평생 모델로 삼은 이유방 또한 그러했으니, 김홍도가 자신의 정체성을 어디에서 찾았을지는 어렵지 않게 추측해볼 수 있다. 어쨌든 강세황이 쓴 「단원기」는 오늘날까지 전해오는 김홍도에 관한 기록 중 가장 정확하고 자세한 글이다.

영조 재위 시절 김홍도는 어진(御眞)을 그릴 때 참여하여 도왔다. 또한 지금의 임금(정조)에 와서도 명을 받들어 어용(御容, 임금의 용안)을 그려서 크게 칭찬받고 특별히 찰방(察訪)에 임명되었다. 돌아와서는 방 하나를 치우고 마당을 깨끗하게 청소하고 여러 좋은 나무들을 심었다. 집 안이 맑고 깨끗해 먼지 한 점 일지 않고, 탁자와 걸상 사이에는 오직 오래된 벼루, 날카로운 붓, 아름다운 먹, 서리같이 새하얀 비단이 있을 뿐이었다. 이에 자호(自號)를 단원(檀園)이라고 하고, 나에게 기문(記文)을 지어 달라고 부탁했다.
내가 생각해보니 단원(檀園)은 명나라 이유방(李流芳)의 호다. 김홍도가 그것을 이어받아 자신의 호로 삼은 뜻은 어디에 있을까? 그 문사(文士)의 고상하고 맑은 인품과 기묘하고 우아한 그림을 사모하는 데 있을 뿐이다. 지금 김홍도의 사람됨은 그 얼굴이 부드럽고 빼어나며 정신은 세속을 벗어난 듯 깨끗하니, 보는 사람은 모두 그가 고상하고 우아하며 세속을 초탈하여 여항(閭巷)의 평범한 사람이 아니라는 것을 알 수 있다. 성품 또한 거문고와 피리의 우아한 소리를 좋아해서 꽃 피고 달 밝은 밤이면 수시로 한두 곡조를 즐기며 스스로 오락으로 삼았다. 그 기예(技藝)가 옛사람을 곧바로 따라갈 만하고 풍채가 헌칠하고 우뚝하여 진(晉)나라와 송(宋)나라 사이의 고상한 선비 가운데서나 얻을 수 있는 사람이다. 만약 이유방과 견준다면 그보다 훨씬 앞서 미치지 못한 것이 없다.

돌이켜 보니 늙고 쇠약한 내가 일찍이 김홍도와 사포서(司圃署)의 동료로 지냈다. 매양 일이 있을 때마다 김홍도는 내가 쇠약한 것을 딱하게 생각해 그 수고로움을 대신해주었다. 이것이 내가 더욱 그를 잊지 못하는 이유이다. 요사이 김홍도의 그림을 얻은 사람들이 번번이 나를 찾아와 한두 마디 평(評)이나 발문을 구한다. 궁중의 병풍과 두루마리에도 간혹 졸렬한 내 글씨가 붙어 있다. 김홍도와 나는 나이와 지위를 잊어버린 친구라고 할 만하다. 내가 단원(檀園)에 대한 기문(記文)을 사양할 수 없었고, 또한 단원이라는 호에 대한 짤막한 평을 미처 하지 못한 것과 대략이나마 김홍도의 평소 삶을 적어서 이에 응답한다.

-『표암유고』, 「단원기」

김홍도가 지금의 경북 안동에 있던 안기 찰방(安基察訪)에 임명된 해는 1783년 12월이다. 그곳에서 2년 반 정도 근무하고 난 후 1786년 5월경에 집으로 돌아왔다. 따라서 김홍도가 단원이라는 호를 사용하기 시작한 때는 1786년 그의 나이 42세 무렵이었다는 것을 알 수 있다. 또한 김홍도가 자신의 정체성을 '선비[士]'에서 찾았다는 사실은 그가 직접 그린 자화상 한 점과 또 자화상으로 짐작되는 〈포의풍류도(布衣風流圖)〉 한 점을 통해 더욱 명확하게 확인할 수 있다.

자화상은 대개 얼굴 묘사에 큰 비중을 둔다. 자신의 내면세계(자의식)와 삶의 여정을 가장 잘 드러낼 수 있는 곳이 다름 아닌 얼굴이기 때문이다. 그래서 자화상에는 보통의 그림에 존재하는 배경이나 사물 묘사는 간략하게 나타나거나 과감하게 생략되어 있게 마련이다. 공재 윤두서의 자화상은 물론이고 빈센트 반 고흐의 자화상 역시 '얼굴'이 가장 도드라지게 그려 있다. 김홍도의 스승 강세황이 그린 자화상 또한 마찬가지이다. 그런데 김홍도의 자화상은 독특하게도 '얼굴'은 알아보기 어려울 만큼 작고 간략하게 그려 있고, 그 대신에 선비들이 착용하는 도포와 망건은 얼굴과 비교할 때 지나칠 정도로 크게 묘사되어 있다. 더욱이 자신이 앉아 있는 방과 그곳에 놓여 있는 탁자 그리고 그 위의 벼루와 붓, 먹 등 여러 가지 기물(器物)까지 그려넣었다. 그림을 보는 사람이면 누구라도 단번에 고상한 선비의 풍모를 느낄 수 있도록 작정하고 그린 '자화상'이라고 할 수밖에 없다.

〈포의풍류도〉는 김홍도가 50세 무렵 그렸다고 알려져 있는데, 그 제목에서부터 자신이 '선비'라는 사실을 강조하고 있다. 포의풍류(布衣風流)란 벼슬하지 않는 선비가 베옷을 입고서도 풍류를 즐긴다는 뜻이

김홍도의 '자화상'은 독특하게도 '얼굴'은 알아보기 어려울 만큼 작고 간략하게 그려져 있고, 선비들이 착용하는 도포와 망건은 얼굴과 비교할 때 지나치게 크게 묘사되어 있다.

기 때문이다. 이 그림에서 '얼굴'의 비중은 앞서 언급했던 '자화상'보다 훨씬 적다. 그림의 주인공은 큰 당비파(唐琵琶)를 연주하고 있는데, 그 주변에는 문방사우(文房四友)와 서책과 골동품, 검, 생황, 거문고, 파초잎 등이 놓여 있다. 다분히 문인 취향의 소재들이다. 그리고 그림의 오른쪽 상단에는 "기창토벽종신 포의소영기중(綺窓土壁終身 布衣嘯詠其中)"이라는 글귀와 함께 '단원(檀園)'이라고 적혀 있다. 이 화제(話題)를 해석하면 이렇다. "종이창과 흙벽에 평생토록 벼슬하지 않는 선비로 피리 불고 시 읊으며 그 속에서 살리라. 단원." 이 정도면 김홍도가 평생 지향했던 뜻이 어디에 있었는가에 대해 쉽게 알 수 있다. 그는 자신의 정체성을 화가보다는 선비이자 문인에서 찾고 있었다. 그렇다면 우리도 김홍도를 단지 화가로만 기억할 것이 아니라 '화가+선비' 즉 문인화가(혹은 사대부 화가)로 기억해야 하지 않을까?

▎ 혜원(蕙園) 난초가 흐드러지게 핀 정원

신윤복은 김홍도, 김득신과 더불어 조선의 3대 풍속화가라 불린다. 그러나 신윤복은 당시 어느 누구도 감히 엄두조차 내지 못했던 '성과 연애 그리고 여성'을 그림의 소재와 주제로 삼았다는 점에서, 전무후무한 화풍을 독자적으로 개척한 대가(大家)라고 할 수 있다. 그는 '인간의 성과 연애에 대한 본능'을 예술적 아름다움으로 묘사하고 표현해 당시 사회의 금기와 인습과 관습을 철저하게 허문 파격의 화가였다. 그런 의미에서 그는 '예술적 아름다움을 갖춘 에로티시즘'의 화가라고 하겠다.

여인 풍속화나 연애 혹은 성애(性愛) 풍속화라고 불러도 좋을 신윤복의 그림은, 정조 시대 조선 사회가 일부 계층을 중심으로 인간의 성과 연애 본능에 얼마나 자유로웠는가를 보여준다. 비록 일부 사대부나 지식인 혹은 중인 계층에 제한되었지만, 이와 같은 시대적 분위기가 없었다면 신윤복의 파격적인 그림은 결코 출현하지 못했을 것이다. 이는 개혁 군주 정조가 사망하고 노론과 세도 가문의 보수 반동 정치가 휩쓴 순조 이후로는 신윤복처럼 성리학이 극도로 혐오한 인간의 성과 연애 본능을 소재로 삼아 그림을 그린 화가가 나타나지 않았다는 사실만으로도 어렵지 않게 짐작해볼 수 있다. 그러나 자신을 둘러싼 사회 계층의 분위기가 아무리 금기를 용납했다고 하더라도 스스로 성과 연애 본능에 대한 긍정적 사고를 갖고 있지 않았다면, 그것을 소재로 삼아 그림을 그리지는 않았을 것이다. 그것은 신윤복과 동시대를 살았던 화가들 중 어느 누구도 그와 같은 그림을 그리지 않았다는 사실에서 확인할 수 있다. 그런 점에서, 신윤복은 인간의 성과 연애 본능을 부정하고 억압해야 할 대상으로 다룬 조선 사회 성리학의 전통과 권위에 정면으로 도전한 풍운아였던 셈이다.

오늘날에는 김홍도 하면 신윤복이 쉽게 떠오를 정도로, 이 두 사람은 조선 후기 화단(畵壇)을 대표하는 화가이자 풍속화의 라이벌로 인정받고 있다. 그러나 김홍도의 삶이 '영광의 나날'이었다면 신윤복의 삶은 '고난의 연속'이었다고 할 수 있다. 김홍도가 임금에서부터 사대부 그리고 일반 백성에 이르기까지 조선 최고의 화가로 존경받던 시절, 신윤복은 속화(俗畵)를 즐겨 그린다는 죄목으로 도화서(圖畵署)에서 쫓겨나는 수모를 겪었기 때문이다. 더욱이 도화서에서 쫓겨난 이후 그의 행적은 철저하게 베일에 가려져 있을 만큼, 그의 삶과 죽음은 세간의 관심 밖이었다. 김홍도의 삶이 '빛'이었다면 신윤복의 삶은 '그늘'이었다. 그렇게 당시 사회의 금기를 깨뜨린 죄로 비록 불운한 삶을 살았지만, 바로 그 이유 때문에 오늘날 신윤복은 김홍도와 어깨를 나란히 하는 풍속화의 대가 반열에 오를 수 있었다고 해도 과언이 아니다. 만약 신윤복이 단지 김홍도의 그림을 추종하거나 모방하는 수준에 머물렀거나 혹은 당시 화가들이 즐겨 그렸던 그림의 소재와 대상만을 따라 했다면 그저 평범한 화가에 그쳤을지도 모른다. 다른 사람이 그리지 않았던 소재와 대상을 그림으로 묘사하고 표현했기 때문에 신윤복의 '가치'는 오늘날 더욱 빛을 발하고 있는 것이다.

물론 천재 화가 김홍도와 동시대를 살았던 신윤복 또한 김홍도의 화풍(畵風)에서 결코 자유로울 수 없었다. 신윤복의 화풍이 김홍도의 영향을 강하게 받았다는 것은 오늘날 미술사가나 화가들의 중론(衆論)이다. 신윤복은 김홍도보다 열세 살 어렸다. 김홍도가 명성을 날리기 시작한 시기는 아무리 늦게 잡는다고 해도 그가 영조 즉위 40주년과 칠순 잔치를 기념하기 위해 그린 〈경현당수작도〉 작업에 참여한 21세 무렵이라고 할 수 있다. 이때 신윤복은 겨우 8세였다. 신윤복의 아버지 신한평은 도화서의 궁중 화원이었다. 그는 1781년(정조 5) 김홍도가 어진 모사 작업을 할 때 함께 참여할 만큼 실력을 인정받는 화가였다. 신윤복의 화가 인생도 이러한 가풍을 물려받았던 것이다. 따라서 일찍부터 삶의 진로를 화가에서 찾았던 신윤복에게 젊은 천재 화가 김홍도는 '롤 모델'일 수밖에 없었다.

신윤복의 '혜원(蕙園)'이라는 호를 살펴보면, 그가 얼마나 크게 김홍도의 영향을 받았는가를 짐작해볼 수 있다. 먼저 신윤복은 김홍도의 호에서 '원(園)'을 따왔다. 자신이 존경하는 인물의 호에서 글자를 따와 호를 짓는 것은 흔한 일이었다. 김홍도 역시 평소 흠모하던 명나라 문인화가 이유방의 호를 그대로 따와 자신의 호로 삼지 않았던가?

그리고 '혜(蕙)'에 담긴 뜻 역시 김홍도의 호가 지향했던 뜻과 크게 다르지 않다. '혜(蕙)'라는 한자를 사전에서 찾아보면, '난초 혜(蕙)'로 나온다. 그래서 '혜(蕙)'를 단순히 '난초'라고 하기도 하는데, 정확하게 말하면 난초의 일종인 혜란(蕙蘭)이다. 물론 '난(蘭)'과 '혜(蕙)'를 엄격하게 구분해 사용한 옛 문헌도 있다. 즉 17세기 말 혹은 18세기 초에 저술된 홍만선의 『산림경제(山林經濟)』「양화(養花)」 편에 보면 "줄기 하나에 한 송이 꽃이 피어 향기가 넘치는 것은 '난(蘭)'이요〔一幹一花而香有餘者蘭也〕.", "한 줄기에 예닐곱 송이 꽃이 피지만 향기가 조금 덜한 것은 혜(蕙)이다〔一幹六七花而香不足者蕙也〕."라고 기록되어 있다. 그러나 '난'이든 '혜'이든 모두 난초의 일종으로 보면 무방할 듯하다. 그렇다면, 이제 '혜'가 무엇을 상징하는지 추적해 가면서, 신윤복이 '혜원'이라는 호에 담고자 했던 뜻을 알아보자.

난초는 쉽게 생각해 '매난국죽(梅蘭菊竹)', 즉 사군자(四君子) 중의 하나다. 매화(梅)는 초봄 찬바람 속에서도 맑은 향기를 풍기며 꽃을 피우고, 난초(蘭)는 깊은 산골짜기와 험한 바위 속에서도 홀로 은은하게 향기를 퍼뜨리고, 국화(菊)는 늦가을 찬 서리를 맞으면서도 깨끗한 꽃을 피우고, 대나무(竹)는 눈보라 치는 추운 겨울에 더욱 푸르다. 매화, 난초, 국화, 대나무의 이 같은 특징이 모두 군자(君子)의 고결한 인품과 흡사하다 하여, 이들은 예부터 군자를 상징하는 식물이 되었다. 옛말에 "사란사형 여송지성(似蘭斯馨 如松之盛)"이라는 구절이 있다. 이것은 '난초처럼 향기롭고, 소나무처럼 무성하다'라는 뜻으로, 난초와 함께 소나무를 군자에 비유한 말이다. 보는 이 하나 없는 깊은 산골짜기에서도 홀로 향기로운 난초가 군자의 넓고 깊은 내면을 표현한 것이라면, 거센 바람과 눈보라에도 굴하지 않고 홀로 우뚝 서 무성함을 드러내는 소나무는 군자의 굳센 겉모습을 표현한 것이다. 이처럼 소나무와 나란히 군자를 대표하는 상징으로 꼽힐 만큼, 난초는 사군자 중에서도 단연 돋보이는 존재다.

난초가 상징하는 군자는 다른 말로 하면 곧 '선비(士)'를 일컫는다. 밖으로 크게 드러내놓지 않으면서도 고결하고, 청아하며, 은은하고, 우아한 기품과 향기가 선비가 닮아야 할 품격이자 풍모라고 해서 예부터 수많은 사람들이 '난초'를 선호했다. 이렇게 본다면 김홍도가 '단원'이라는 호를 통해서 자신의 정체성을 '선비'에서 찾았듯이, 난초를 취해 호로 삼은 신윤복의 '혜원(蕙園)' 역시 자신이 지향하는 삶은 '선비'에 있었음을 밝혔다고 해석할 수 있지 않을까 싶다. 또 다르게 이러한 해석도 가능하다. '난초'는 선비를 뜻하기도 하지만, 밖으로 드러내지 않은 아름다움을 품고 있다고 해서 '여성'을 상징하기도 한다. 조선 유일의 여성 전문 화가라고 불러도 손색이 없을 만큼, 신윤복의 그림 속 주인공은 단연 여성이다. 따라서 '혜원'이라는 호가 '여성'을 담고 있다고 해도 크게 틀린 말은 아닐 듯싶다.

여하튼 김홍도의 정신적 영향 아래에서 그림을 그렸던 신윤복은, '성과 연애 그리고 여성'을 소재로 삼아 자신만의 그림을 그리기 시작하면서부터는 김홍도의 영향에서 완전히 벗어나 자신만의 예술 세계를 개척했다. 김홍도의 풍속화가 배경을 과감하게 생략하고 짜임새 있는 구도를 중시한 반면, 신윤복의 풍속화는 배경을 중시해 상세하게 묘사하는 한편 부드럽고 유연한 필체로 색채의 아름다움을 최대한 살리는 묘사와 표현 기법을 사용했기 때문이다. 신윤복은 그림의 소재나 대상뿐만 아니라 표현 기법이나 화풍에서도 김홍도가 가지 않았던 새로운 길을 개척했던 것이다. 그래서 조선 시대 화가들을 소개하고 있는 『화사보략(畵史譜略)』이라는 책에서는 "당대의 화원들이 범본(範本)만을 모방하던 시절에 오직 신윤복만이 현실 묘사를 주장하여 일가(一家)를 이룬 점은 파천황(破天荒)이라 아니할 수 없는 공이 있었다. 더욱이 그 유려한 선과 아담한 색채로 얻어낸 인물들은 한결같이 조선 사람의 골격과 표정을 고스란히 살려놓았다."[1]라고 하면서 찬사를 아끼지 않았다.

신윤복이 그린 〈유두탐닉〉. 신윤복은 조선 사회에서 금기시되어 온 '성과 연애 그리고 여성'을 매우 담대한 시선으로 그려냈다.

---

1 박상하, 『조선의 3원(三圓) 3재(三齋) 이야기』, 일송북, 2011, 208쪽에서 재인용

신윤복은 당시 사회가 받아들이기에는 너무나도 낯선 인물이었다. 이 때문에 그는 불운한 삶과 죽음을 맞아야 했다. 그러나 아이러니컬하게도 바로 그 이유 때문에 신윤복은 오늘날 조선을 대표하는 최고화가 중의 한 사람이 될 수 있었다. 사회의 금기에 도전하고 새로운 길을 개척하는 이는 당대에는 혹평과 비난을 받지만 후대에는 호평과 찬사를 받게 된다는 아이러니한 역사 법칙을 여기에서도 찾아볼 수 있다. 따라서 어떤 분야에서든 다른 (훌륭한 혹은 성공한) 사람을 추종하거나 모방하기보다는 차라리 욕을 먹고 비난을 사고 고통을 받더라도 자신만의 독자적인 길을 걷는 것이 역사적으로 볼 때 훨씬 가치 있는 일이라는 게 필자의 생각이다.

▌오원(吾園) "너희만 원(園)이냐. 나도 원(園)이다!"

단원이나 혜원처럼 '원(園)'이라는 한자를 취해 호를 지은 인물 중 단연 필자의 눈길을 사로잡은 이는 장승업이다. 조선을 대표하는 화가를 거론할 때 자주 등장하는 말이 '삼재(三齋)'와 '삼원(三園)'이다. 여기에서 삼재(三齋)는 진경산수화를 창시한 겸재(謙齋) 정선, 현재(玄齋) 심사정, 관아재(觀我齋) 조영석을 말한다. 그리고 삼원(三園)은 단원(檀園) 김홍도, 혜원(蕙園) 신윤복, 오원(吾園) 장승업을 가리킨다. 특히 미술사에서 '삼원(三園)'이라는 용어는 장승업이 스스로 오원(吾園)이라는 호를 지으면서 비로소 나타나기 시작했는데, 장승업이 이 호를 지은 이유가 다시없이 재미있다.

김홍도와 신윤복은 화가로 성공할 수 있는 탄탄한 배경을 애초부터 갖추고 있었다. 김홍도는 당대 최고의 문인화가였던 스승 강세황이 존재했고, 신윤복은 도화서의 궁중 화원으로 일찍이 임금의 초상화를 그릴 만큼 막강한 위치에 있던 아버지 신한평이 자리하고 있었다. 그러나 장승업은 어려서 부모를 잃고 거지처럼 떠돌며 살다가 중국어 역관(譯官) 출신으로 종2품 당상관(堂上官)인 동지중추부사(同知中樞府事)에까지 오른 이응헌의 집에서 하인 노릇을 하며 연명할 정도로 그 신세가 비참했다. 또한 당시 산수화의 대가로 명성을 떨친 혜산(蕙山) 유숙이라는 사람과의 한때의 인연 이외에는 그가 누구로부터 어떻게 그림을 배웠는지에 대한 기록이나 이야기를 찾아보기 어려울 만큼, 장승업은 힘겹게 그림을 익히고 터득했다. 그러나 장승업이 그린 그림을 본 사람이면 누구나 할 것 없이 그 천재적 솜씨에 매료되었다. 혜성과 같은 장승업의 등장은 19세기 중후반 조선의 화단을 충격에 빠뜨렸다. 19세기 말 개화기의 인물과 역사를 가장 구체적으로 기록하고 있다고 평가받는 『매천야록(梅泉野錄)』의 저자 매천(梅泉) 황현은 장승업의 그림에 열광한 당시의 상황을 이렇게 기록했다.

> 오원 장승업의 그림은 근대의 신품(神品)이라고 추앙받고 있어 웬만한 유력자(有力者)가 아니면 소장할 수 없다. 나는 금사(錦士) 박항래에게서 이 그림을 얻어 간신히 소장해 병풍으로 꾸몄다. 하지만 나는 그림을 잘 모르기 때문에 그 공교로움과 묘함을 헤아리지 못한다. 다만 필치가 대단히 소방(疎放)하고 계산하지 않은 듯 가볍게 점철했는데도 자연스러운 가운데 그윽한 운치가 있다. 이런 것을 일컬어 신품이라고 하는가보다.[2]

2 이재광, 「이달의 문화 인물 – 조선 최고의 천재 화가 오원 장승업」에서 재인용

장승업이 사망한 후에도 그의 기구한 운명과 더불어 그림에 대한 찬사는 멈추지 않았다. 1905년 을사늑약 때 〈황성신문〉에 「시일야방성대곡(是日也放聲大哭)」을 썼던 언론인 위암(韋庵) 장지연은 『일사유사(逸士遺事)』의 「장승업」 편에서 '신(神)이 모였다'거나 '신(神)이 도왔다'는 표현까지 써 가며, 일찍이 황현이 그랬던 것처럼 장승업의 그림을 가리켜 '신이 만든 작품'이라고 추켜세웠다.

(장승업은) 어렸을 때 부모를 잃고 집도 매우 가난하여 의지할 곳이 없었다. 총각 때 떠돌아다니다가 한양으로 와서 수표교(水標橋)의 동지중추부사(同知中樞府事) 이응헌의 집에 붙어서 밥을 얻어먹고 살았다. 장승업은 어렸을 때 배우지 못해 문자(文字)에 어두웠다. 그러나 총명하고 지혜롭고 민첩하게 깨달아서 주인집의 글 읽는 아이들을 따라 다닐 적에 옆에서 듣기만 해도 거의 요령을 이해했다. 이응헌은 집에 원(元)나라와 명(明)나라 이래 명인(名人)들의 서화(書畵)를 많이 소장하고 있었다. 그래서 그림을 익히는 사람들이 모여서 함께 관람하는 일이 자주 있었는데, 장승업이 매번 관심을 갖고 주의 깊게 살펴보다가 마치 전생(前生)에 화가였던 듯이 문득 깨달음이 일어나니 신(神)이 모이고 뜻이 맞았다. 평생 붓자루를 쥐는 방법도 몰랐는데, 하루는 홀연히 붓을 잡고서 손이 가는 대로 휘두르고 뿌려 대니 매화가 되고, 난초가 되고, 바위가 되고, 대나무가 되고, 산수(山水)와 영모(翎毛)가 되었다. 모든 그림이 자연스러워서 하늘이 이루어놓은 듯 신운(神韻)이 있었다. 주인 이응헌이 이 그림들을 보고 크게 놀라서 '누가 이것을 그렸느냐?'라고 묻자, 장승업은 사실대로 말하였다. 이응헌은 '이는 신이 돕는 것이다'라고 하며 종이, 붓, 먹 등 여러 기구들을 제공해주고 오직 그림에 전념하도록 하였다. 이로부터 그림에 대한 명성이 세상에 날려 멀고 가까운 곳에서 장승업의 그림을

구하려는 사람들이 줄을 이었고, 거마(車馬)가 골목을 가득 메웠다.

또한 20세기 초 서예가이자 비평가로 명성을 떨친 위창(葦滄) 오세창은 1,117명에 달하는 우리 역사 속 역대 서예가와 화가들을 집대성해 평론해놓은 『근역서화징(槿域書畵徵)』에서 장승업이 그린 '산수화와 인물화'를 두고서 보배로 여길 만하다고 극찬했다.

오원 장승업은 그림에 있어 능숙하지 않은 분야가 없었다. 어렸을 때부터 문자(文字)를 알지 못했으나 명인(名人)의 실물 그림이나 글씨를 두루 보고 또한 한 번 본 것은 잘 기억하여, 비록 몇 해가 지난 후에 보지 않고 그려도 가느다란 털 하나도 틀리지 않았다. 술을 좋아하고 행동에 거리낌이 없어서 이르는 곳마다 반드시 술상을 차려 놓고 그림을 청하면 곧바로 옷을 벗어젖히고 책상다리를 하고 앉아 절지(折枝)와 기명(器皿)을 많이 그려주었다. 그 밖에 산수(山水)와 인물(人物) 또한 정교하고 치밀하게 그려서 더욱 보배로 여길 만하다.

장승업은 자수성가한 사람들이 대개 그렇듯, 자신의 그림에 대한 자부심이 남달랐다. 그는 항상 말하기를 자신의 그림에는 "신운(神韻)이 생동한다."라고 떠들었다. 그가 자신의 호를 '오원(吾園)'이라고 지은 것도 남다른 자부심 때문이었다. 장승업은 당시 사람들이 최고의 화가로 추앙하던 단원 김홍도와 혜원 신윤복을 가리켜 자신도 그들 못지않은 천재라고 자부했다. 그래서 단원과 혜원을 향해 마치 "너희만 원(園)이냐! 나도 원(園)이다!"라고 일갈하듯, 그는 '오원(吾園)'이라는 호를 지었던 것이다.

이러한 남다른 자부심 탓에 장승업은 돈과 권력, 명예는 물론 심지어 가정과 사랑마저도 하찮게 여겼다. 그래서 그는 어느 곳에도 또한 어느 누구에게도 구속받지 않은 채 평생 자신의 그림을 구하는 후원자의 사랑방과 술집을 전전하며 자유롭게 살았다. 궁중 화원이나 임금이 내린 벼슬의 영예도 그에게는 구속이었고, 그림을 그려준 대가로 받은 엄청난 액수의 금전 역시 그를 주저앉히지 못했다. 어렵사리 얻게 된 가정의 울타리도 그리고 한때 사랑했던 기생의 품 안도 그를 붙잡아 둘 수 없었다. 호사가(好事家)들은 이러한 장승업의 삶을 가리켜 '순수한 예술적 정열' 혹은 '자유로운 예술혼'이라고 평가하고 있지만, 실제 그의 삶은 간난신고(艱難辛苦) 그 자체였다.

장승업은 '취명거사(醉暝居士)'라는 또 다른 별호(別號)를 갖고 있었다. 이 별호처럼 술은 그의 삶과 떼려야 뗄 수 없는 관계였다. 그러나 이 술 때문에 그는 평생 '천재'와 '광인(狂人)' 사이를 넘나들며 살았다. 술 때문에 바뀐 그의 운명은 앞서 소개했던 장지연이 지은 『일사유사』의 「장승업」 편에도 자세하게 나와 있다. 여기에는 장승업이 고종에게 정6품 감찰(監察)이라는 관직을 임명받아 출세할 기회를 얻었는데, 술을 마시고 싶은 생각에 수차례 달아났다 이내 잡혀오기를 거듭하다가 끝내 관직을 버리고 도망가버린 일화가 실려 있다.

장승업의 그림에 대한 명성이 궁궐에까지 퍼지니, 임금이 불러들이라 명령하여 궁중에 조용한 방 하나를 마련해주고 병풍 십 수 첩(十數疊)을 그리도록 하였다. 그리고 음식을 감독하는 자에게 경계하기를 술을 많이 주지 못하게 했다. 하루 두서너 번에 걸쳐 두세 잔만 주었다. 그렇게 열흘이 지나자 장승업은 술을 마시고 싶은 마음에 견딜 수가 없어서 달아나 숨을 생각을 하였다. 그러나 경계가 엄중해 뜻을 이룰 수 없었다. 이에 그림물감과 도구를 구하러 나갔다 오겠다고 문지기를 속이고 밤을 틈타 도주했다. 임금이 이 사실을 듣고 즉시 장승업을 잡아오게 하여 더욱더 엄중하게 경계를 세우고 그림을 완성하도록 했다. 그러나 장승업은 자신의 두건과 도포를 벗어버리고 금졸(禁卒)의 갓과 의복을 훔쳐 입고서 다시 달아났다. 이렇듯 달아났다 붙잡히고 또 달아나기를 두세 번이나 되풀이하였다. 마침내 임금이 크게 노하여 포도청에 명을 내려 장승업을 잡아 가두도록 하였다. 당시 충정공(忠正公) 민영환이 임금을 곁에서 모셨는데 아뢰기를, '신이 본래 장승업을 잘 아니 저의 집에 가두어 두고 그림을 완성할 수 있도록 해주십시오.'라고 간청했다. 임금이 이를 허락하자, 민영환은 이내 사람을 시켜 장승업에게 그 뜻을 알려주게 하고 자신의 집으로 데리고 갔다. 의관을 벗겨 감춘 다음 별실 안의 처소에 가두고, 시중을 드는 자에게 매우 엄중하게 감시하고 지키라고 하였다. 매일 술과 음식을 풍성하게 제공하되 다만 지나치게 취하지 않도록 하였다. 장승업은 민영환이 잘 대우해주자 처음에는 감사하게 여겨 정신을 집중하고 고요히 앉아 그림 그리는 일에 온전히 뜻을 두는 듯하였다. 그러나 얼마 지나지 않아 민영환이 궁궐에 들어가고 하인이 잠시 감시를 소홀히 하자, 장승업은 홀연히 상가(喪家) 가에서 염불하고 귀신과 술을 대작하여 쓰러지도록 마시고 미친 듯이 노래를 불러대는데 억제할 수가 없었다. 그리고 문지기가 낮잠에 깊이 빠져든 틈을 타 다른 사람의 방립(方笠)과 상복(喪服)을 훔쳐 입고 마침내 술집으로 달아나 숨어버렸다. 민영환이 여러 사람을 시켜 수색해 장승업을 잡았다가 아주 깊숙한 곳에 가두었지만 다시 예전처럼 도망처버렸다. 그래서 끝내 그림 그리는 일을 마칠 수 없었다.

평생 그를 따라다닌 술 때문에 오늘날에도 미술 평론가와 감정가들은 그의 작품의 '진위(眞僞)' 여부를 판별하는 데 매우 큰 어려움을 겪고 있다고 한다. 술만 있다면 장승업은 장소와 사람을 가리지 않고 그림을 그려주었다. 게다가 술에 취하면 부탁하는 모든 사람들에게 그림을 그려줬다고 한다. 종이와 먹만 있으면 그만이었다. 이 때문에 장승업이 생전에 그린 작품이 수천 점에 달했는데, 이 그림들에는 수많은 종류의 낙관들이 찍혀 있고 또 낙관 이외에 이름만 써넣은 것도 많다고 한다. 술에 취해서 낙관을 잃어버리기 일쑤여서 그림에 다양한 낙관이 찍히게 되었고, 또 아무 장소에서 아무에게나 그림을 그려주

장승업이 그린 〈호취도〉. 장승업의 그림에서는 틀에 얽매이지 않는 자유분방함과 당당한 힘이 느껴진다.

다보니 낙관이 있을 때도 있고 없을 때도 있다보니까 낙관을 찍지 않고 이름만 써준 사례도 숱하게 일어났던 것이다. 더욱이 술에 취해 미처 완성하지 못한 그림은 다시 청탁자들의 강압에 못 이긴 제자들이 그려주는 웃지 못할 해프닝까지 다반사여서, 오늘날 장승업 그림의 '진위'를 가리는 게 쉽지 않게 되었다는 것이다. 어쨌든 현재 장승업의 진짜 작품으로 확인된 것만 해도 140여 점에 달한다고 한다. 조선의 화가 중 어느 누구보다도 많은 작품을 남기고 있는 셈이다.

필자가 생각하기에 장승업의 삶은 마치 '천재'와 '광기(狂氣)' 사이를 넘나들며 힘겹게 살다가 고통스럽게 죽어 간 빈센트 반 고흐와 닮아 있다. 다만 장승업은 살아 있을 때는 인정을 못 받다가 죽은 다음에야 명성을 얻었던 고흐와는 달리, 생전이나 사후 모두 '천재 화가'로 크게 이름을 떨쳤다. 그렇다면 장승업을 가리켜 천재 화가이니 안견, 김홍도, 정선과 더불어 조선을 대표하는 3대 화가 혹은 4대 화가라고 극찬하는 까닭은 무엇일까? 그것은 장승업이 앞서 소개했던 김홍도처럼 한두 가지 분야의 그림에서가 아니라 모든 분야에서 독보적인 솜씨와 재능을 보여주었기 때문이다.

그는 산수화와 인물화에 뛰어났고, 꽃과 풀 그리고 나무 등을 배경으로 새와 동물을 그리는 화조영모화(花鳥翎毛畵)에 출중했으며, 도자기나 청동기 등 각종 기명(器皿, 그릇)에다가 화초·과일·어물(魚物) 등을 그려넣는 기명절지화(器皿折枝畵)에서 탁월한 능력을 발휘했다. 게다가 붓의 선이 갖는 아름다움을 잘 표현한 백묘법(白描法), 그림의 소재와 대상을 세밀하고 정교하게 묘사하는 공필(工筆) 채색화법(彩色畵法), 이와는 정반대로 간략하고 대담하게 필묵을 사용하는 감필법(減筆法), 수묵의 농담을 여러 단계로 조절하여 입체감과 공간감을 표현하는 파묵법(破墨法) 등의 회화 기법은 물론 근대적 회화 감각을 느낄 수 있는 선염(渲染) 담채법(淡彩法)에 이르기까지 다양한 묘사와 표현 기법을 보여주었다.[3]

이렇듯 조선 회화의 전통 기법과 근대적인 회화 기법을 동시에 보여준 장승업의 필력(筆力)은 그의 문하생들에게 전해졌는데, 그 대표적인 인물이 심전(心田) 안중식과 소림(小琳) 조석진이다. 특히 이 두 사람은 장승업의 화풍과 화법을 배우고 익혀 20세기 초 근대 한국화의 문을 새로이 연 대가(大家)의 반열에 올랐다. 이들은 1911년 설립된 서화미술원(書畵美術院)과 1919년 결성된 서화협회(書畵協會)를 통해 수많은 화가들을 길러냈다. 현대 한국화의 거장인 이상범, 변관식, 허백련, 김은호 등은 모두 이들의 손을 거쳐 장승업이 남긴 전통 화법과 근대 화풍을 배우고 익혔다. 그래서 미술사적으로 볼 때, 장승업은 조선 회화와 근대 회화를 잇는 징검다리이자 토대 역할을 했다는 평가를 받고 있다. 만약 장승업이 존재하지 않았다면, 조선의 회화 전통이 근대 회화, 곧 한국화로 이어지지 못했을 것이라는 얘기다. 오원(吾園)이라는 호에 남긴 남다른 자부심만큼, 장승업이 한국 미술사에 남긴 족적은 높고 크다.

3 이준구·강호성 편저, 『조선의 화가』, 스타북스, 2013, 「장승업」 151쪽 참조

제5장

남명 조식

대붕의 기상을 품은 산림처사

남명(南冥) 남녘 바다를 향해 날아가는 대붕(大鵬)

조식은 성리학자다. 그러나 그는 동갑내기(1501년생)이자 학문적 라이벌이라고 할 수 있는 퇴계 이황과 같은 전형적인 성리학자는 아니었다. 그의 삶과 기상은 성리학이 담은 세계보다 훨씬 더 크고 깊고 넓었다. 필자가 생각할 때 그는 성리학을 넘어선 유일한 성리학자였다. 이러한 사실은 그가 당시 성리학자들이 요서(妖書), 즉 요망하고 요사스러운 책으로 취급하며 배척했던 『장자(莊子)』에서 자신의 호를 취한 것만 보아도 어렵지 않게 이해할 수 있다. 여기에서 우리는 세속의 기준이나 세간의 시선 따위는 아랑곳하지 않았던 그의 늠름하고 당당한 기상을 느낄 수 있다. 조식을 대표하는 호는 '남명(南冥)'이다. '남명'이라는 말은 『장자』의 첫 장을 넘기자마자 곧바로 만날 수 있다. 거기에는 이렇게 적혀 있다.

북녘의 아득한 바다(北冥)에 물고기가 살고 있다. 그 이름을 곤(鯤)이라고 한다. 그 곤의 크기가 몇 천 리나 되는지 알 수 없다. 이 곤은 어느 날 갑자기 새로 변신하는데, 새가 되면 그 이름을 붕(鵬)이라고 한다. 이 붕의 등 넓이 또한 몇 천 리인지 알 수 없다. 이 붕이 한 번 떨쳐 힘차게 날아오르면 그 펼친 날개는 창공에 드리운 구름과 같다. 이 새는 바다에 큰 바람이 일어나면 남녘의 아득한 바다(南冥)로 날아가려고 한다. 남녘의 아득한 바다(南冥)란 천지(天池)이다.

– 『장자』, 「소요유(逍遙遊)」

『장자』는 수수께끼 같은 우화(寓話)와 전설 속의 동물 그리고 이해하기 어려운 상징과 기호로 가득 차 있는 책이다. 『노자(老子)』와 더불어 도가(道家) 사상의 바이블로 정치사상서 혹은 사회사상서라고 하는데, 위에 소개한 내용만 보면 (사상서라고는 도저히 생각할 수 없고) 도대체 이게 설화인지 아니면 동화인지 가늠하기조차 어렵다. 어쨌든 여기에서는 북녘 바다를 뜻하는 '북명(北冥)'에 대비하여 남녘 바다를 뜻하는 '남명(南冥)'이 등장한다. '명(冥)'이라는 한자는 '어두운 혹은 아득한'이라는 뜻뿐만 아니라 '바다'라는 뜻도 가지고 있다. 그러므로 '북명'은 북녘 바다 혹은 북녘의 아득한 바다, '남명'은 남녘 바다 혹은 남녘의 아득한 바다로 해석할 수 있다. 따라서 조식의 호 '남명(南冥)'은 글자 뜻만 보자면, 남녘 바다 혹은 남녘의 아득한 바다라는 의미다. 그냥 이대로만 보자면 참으로 심심한 호(號)다. 그러나 그 속에 담겨 있는 뜻을 알면 조식의 기상이 얼마나 크고 넓고 깊은가를 새삼 느끼게 될 것이다. 먼저 조식의 호를 이해하자면, 위에서 인용한 『장자』의 첫 구절부터 알기 쉽게 해석해야 한다.

곤(鯤)이라는 물고기는 상상 속의 동물이다. 곤(鯤)은 그 크기가 몇천 리나 되는지 가늠조차 할 수 없을 정도로 큰 물고기인데, 홀로 자유롭게 북명(北冥)의 푸른 바다를 마음껏 휘젓고 다닌다. 이 곤(鯤)이 어느 날 갑자기 변신하여 붕(鵬)이 된다. 붕(鵬)은 전설 속의 새로 한 번의 날갯짓으로 9만 리 장천(九萬里長天)을 난다고 해서 '대붕(大鵬)'이라고도 한다. 중국의 고전을 뒤지다보면, 이런 구절이 있다. "遊鯤獨運 凌摩絳霄(유곤독운 능마강소)." '곤어(鯤魚)는 홀로 자유롭게 놀다가, 붉은 하늘을 넘어서 미끄러지듯 날아간다.'라는 뜻인데, 곤어(鯤魚)가 동쪽 하늘에 붉은 빛이 떠올라 아침 해가 솟아오를 때 대붕이 되어 하늘 높이 날아오르는 웅장한 모습을 묘사한 것이다. 한 번의 날갯짓으로 9만 리를 날아오른 대붕은 그 날개가 구름처럼 하늘을 뒤덮고 3천 리에 걸쳐 파도를 일으킨다. 옛사람들은 대붕의 이 날갯짓으로 태풍이 만들어진다고 믿을 만큼, 이 새를 신성하게 여겼다. 그런데 대붕은 자신이 살고 있는 북녘 바다를 벗어나 끊임없이 남녘 바다로 날아가고자 한다.

여기에서 필자는 장자가 '북명(北冥)'을 세속의 삶에 비유하고 '남명(南冥)'을 모든 욕망과 권력 그리고 세속의 더러움으로부터 벗어난 이상향으로 그리고 있다고 생각한다. 곤(鯤)이 대붕으로 변하는 과정 역시 이와 비슷한 이치로 이해할 수 있다. 대붕은 모든 욕망과 권력 그리고 세속의 더러움을 벗어던진 자유롭고 위대한 존재를 상징하고 있는 것이다. 따라서 조식의 호는 이상향인 '남녘 바다를 향해 날아가는 대붕'을 뜻하며, 이것은 모든 욕망과 권력 그리고 세속의 더러움으로부터 자유로웠던 그의 삶과 '위민(爲民)과 안민(安民)의 나라 조선'을 꿈꾼 그의 철학을 온전히 담고 있다.

조식의 학문 세계는 '이기이원론(理氣二元論)'이나 '사단칠정(四端七

情) 논생'에서 나타나듯 다분히 사변적이고 형이상학적이었던 이황의 성리학과는 다르게 의리(義理)와 의기(義氣)의 실천을 강조해 사회 현실과 정치 모순에 대해 적극적인 비판을 추구했다. 이황의 성리학이 '사변 철학'에 가까웠다면, 조식의 성리학은 '사회 비판 철학'에 가까웠다. 조식은 일상적인 생활과 몸가짐에 있어서도 의리(義理)와 의기(義氣) 그리고 사회 비판 의식을 놓지 않았다. 그는 유학자로서는 아주 특이하게도 칼을 차고 다녔는데, 이 칼에는 "內明者敬 外斷者義(내명자경 외단자의, 마음을 밝히는 것은 '경(敬)'이고, 외물을 끊는 것은 '의(義)'이다.)"라고 새겨 있었다. 마음을 더럽히는 바깥 사물로부터의 유혹이나 욕망을 단호하게 끊어버리겠다는 뜻으로 칼을 차고 다녔던 것이다. 더욱이 조식은 칼로도 모자라다면서 '성성자(惺惺子)'라고 이름 붙인 방울까지 차고 다녔는데, 이것은 나태하거나 교만해지는 자신을 끊임없이 일깨우겠다는 뜻을 갖고 있었다. 이 때문인지 조식의 제자 중에는 홍의장군이라는 별호로 유명한 곽재우나 정인홍처럼 임진왜란 때 의병장으로 활약한 사람들이 유독 많았다.

이렇듯 독특한 학풍과 정신세계를 보였던 조식은 '출처(出處)' 문제에 있어서도 아주 파격적이었다. 그는 과거 급제를 통한 입신양명을 위해 성리학을 공부하는 당시의 유학자들

조식의 초상.

을 대단히 혐오했다. 세상이 혼란스러울수록 산림(山林)에 거처하며, 출세나 부귀영화를 위한 학문이 아니라 자기 수양과 사회 현실 및 정치적 모순을 고치기 위해 학문에 힘써야 한다는 것이 그의 주장이었다. 이 때문에 그는 평생 벼슬길에 나가지 않은 채 산림처사(山林處士)의 삶을 살았지만, 단 한순간도 사회 현실을 회피하거나 외면하지 않았다. 조식이 품은 '대붕의 기상'이 가장 도드라지게 드러난 사건은 명종이 그를 단성 현감으로 임명하자, 이를 거절했던 이른바 「을묘사직소(乙卯辭職疏)」에 잘 드러나 있다. 여기에서 을묘(乙卯)는 1555년(명종 10) 을묘년을 의미한다.

또한 전하의 나라 다스리는 일이 이미 잘못되었고, 나라의 근본은 이미 망했고, 하늘의 뜻은 벌써 떠났으며, 백성의 마음 또한 멀어져 버렸습니다. 비유하자면, 마치 백 년 동안 벌레가 그 속을 갉아먹어 고액(膏液)이 말라버린 고목(枯木)이 있는데, 망연히 회오리바람과 사나운 비가 어느 때에 닥쳐올지 알지 못하는 것과 같습니다. 이러한 상황에 처한 지가 오래 되었습니다. 조정에 있는 사람 중에 충성스러운 뜻을 지닌 신하와 이른 아침에 일어나 밤이 늦도록 나랏일에 애쓰는 선비가 없지는 않습니다. 그러나 이미 그 형세가 극한에 이르러 지탱할 수 없고 사방을 둘러보아도 손쓸 곳이 없습니다. 이것을 알면서도 낮은 벼슬아치는 아래에서 히히덕거리며 주색질이나 즐기고, 높은 벼슬아치는 위에서 대충대충하면서 오로지 재물만 늘리고 있습니다. 물고기의 배가 썩어 들어가는 것과 같은데도 이를 바로잡으려고 하지 않습니다.
더욱이 궁궐 안의 권신(權臣)은 후원하는 자들을 심는 일을 마치 용(龍)이 연못에서 잡아당기듯이 하고, 외직(外職)의 신하들은 백성들을 갉아먹기를 마치 늑대가 들판에서 날뛰는 듯 하고 있습니다. 그들은 가죽이 다 닳고 나면

한 터럭의 털도 붙어 있지 않다는 사실조차 알지 못합니다. 신은 이러한 이유로 깊이 생각하고 길게 탄식하면서 낮으로 하늘을 우러러본 지가 여러 차례이고, 크게 한탄하고 아픈 마음을 억제하며 밤으로 천장을 바라본 지가 오래되었습니다. 자전(慈殿)께서 생각이 깊다고 해도 깊숙한 궁중의 일개 과부(寡婦)에 지나지 않고, 전하께서는 어리시어 다만 선왕의 한 외로운 자손일 뿐이니, 백천(百千) 가지의 천재(天災)과 억만 갈래의 민심(民心)을 어떻게 감당하고 무엇으로 수습할 수 있겠습니까? 개울이 마르고 곡식이 비처럼 내리니, 이것은 무슨 조짐이겠습니까? 음악은 구슬프고 소복(素服)을 입었으니, 그 형상이 이미 나타난 것입니다.

이런 때를 당해서는 비록 주공(周公)과 소공(召公)을 겸한 재주가 있고, 그 지위가 정승의 반열에 있다고 하더라도 또한 어떻게 하지 못할 것입니다. 하물며 보잘것없는 한 몸으로 풀과 티끌처럼 하찮은 재주를 가진 신이 무엇을 할 수 있겠습니까? 위로는 만에 하나라도 위태로움을 부지할 수 없고, 아래로는 털끝만큼도 백성을 비호(庇護)할 수 없으니 전하의 신하가 되는 것이 또한 어렵지 않겠습니까? 만약 조그맣고 헛된 이름을 팔아서 전하의 관작을 받고 그 녹봉을 먹으면서도 그 일을 하지 않는다면 또한 신이 원하는 바가 아닙니다. 이것이 신이 벼슬에 나아가기 어려운 이유입니다.

-『남명집』, 「을묘사직소」

유학을 이념으로 하는 왕조 국가의 '군신(君臣)' 관계는 단적으로 표현하자면 무조건적이고 절대적인 '복종과 충성'의 관계이다. 그러나 조식은 달랐다. 그는 임금을 향해 당시로서는 상상할 수도 없었던 직언(直言)을 주저하지 않았다. 어느 누가 감히 임금을 "선왕의 한 외로운 어린 아들"일 뿐이라고 부르고, 또 두 차례의 사화(士禍)를 일으켜 수많은 선비들을 죽였던 살아 있는 권력 문정왕후(명종의 어머니)를 향해 "궁중의 일개 과부에 지나지 않는다."라는 말을 할 수 있겠는가? 이것은 권력에 대한 두려움이나 세속의 이욕(利慾)에 초탈한 사람이 아니면 감히 엄두도 내지 못할 일이다.

조식은 평생토록 더러운 권력과 어지러운 세상에 나아가 부귀공명을 누리기보다는 차라리 이름 없는 산림처사로 살기를 원했다. 그러나 또한 그는 비록 산림에 거처하는 선비였지만, 더럽고 어지러운 세상사를 회피하지 않고 오히려 잘못된 현실을 정면으로 비판하고 개선하는 데 자신의 삶과 학문을 바쳤다. 그런 점에서 조식은 현실을 도피해 산림에 은둔한 은사(隱士)와는 완전히 다른 선비였다고 할 수 있다. 이렇듯 절대적인 복종과 충성을 미덕으로 여긴 왕조의 군신 관계를 거부하고, 권력의 부조리와 잘못된 사회 현실에 당당하게 맞섰던 그의 기상을 엿볼 수 있는 또 다른 글이 있는데, 그것이 다름 아닌 「민암부(民巖賦)」이다. 임금의 입장에서 보면, 이 글은 제목에서부터 불경(不敬)하고 불충(不忠)한 것이다. 민암(民巖)이란 '백성은 나라를 엎어버릴 수도 있는 무서운 존재'라는 의미를 담고 있기 때문이다. 「민암부」에서 조식은 임금의 덕목은 백성을 아끼고 편안하게 살도록 해주는 것인데, 그렇지 않을 경우 백성이 나라를 엎을 수도 있다는 경고의 말을 주저하지 않았다.

유월 여름 장마철에
거대한 바위가 말[馬]과 같아
올라가지도 못하고
내려가지도 못하네

아아

험악함이 이보다 더한 곳은 없네

배가 이 때문에 가기도 하지만

또한 이로 인해 전복(顚覆)되기도 하네

백성이 물과 같다는 이야기는

옛적부터 있었으니

백성은 임금을 받드는 존재이기도 하지만

백성은 나라를 엎어버리는 존재이기도 하네

– 『남명집』, 「민암부」

이 때문인지 이긍익은 『연려실기술』의 「명종조(明宗朝)의 유일(遺逸)」에서 조식에 대한 이러한 기사를 남기기까지 했다.

산림에 물러나 지냈지만 세상일을 잊지 못해 달이 밝은 밤이면 항상 홀로 구슬프게 가사(歌辭)를 읊고 또 눈물을 흘렸다. 그러나 옆에 있는 사람은 전혀 알지 못했다. 일찍이 선비들과 더불어 대화하다가, 당시 나라 정치의 잘못과 백성의 곤궁한 삶에 말이 미치면 팔을 걷어붙이고 목이 메어 눈물까지 흘렸다.

또한 조식은, '물러날 퇴(退)' 자를 평생 품고 살았지만 임금이 부르면 어쩔 수 없이 벼슬에 나섰다가 병을 핑계로 물러나기를 거듭했던 이황의 애매모호한 '출처(出處)'와는 다르게 죽을 때까지 더러운 권력에 몸담지 않겠다는 자신의 '출처' 철학을 오롯이 지킨 조선 유일의 산림처사였다. 그는 1553년(명종 8) 자신에게 편지를 보내 벼슬을 권하는 이황에게 '남의 물건을 훔치는 것도 도둑'이라고 하는데 하물며 '하늘의 물건' 즉 명망(名望)을 훔쳐서 벼슬을 도모하는 것은 말할 필요가 있겠느냐면서, 정중하지만 분명한 어조로 출사에 전혀 마음을 두지 않고 있음을 밝히기도 했다. 당시 조식과 이황 사이에 오고 간 편지와 답변을 소개하자면 이렇다. 여기에서 '건중(楗仲)'은 조식의 자(字)이다.

지난번 이조(吏曹)에서 초야에 묻혀 사는 선비를 천거하자 성상(聖上)께서 어진 인재를 얻어 임용하는 일을 즐거워하여 특별히 명을 내려 품계를 뛰어넘어 6품직에 서임(敍任)하셨습니다. 이는 진실로 우리 동방에서 예전에도 찾아보기 힘든 장하고 큰일입니다. 황(滉)은 개인적으로 벼슬하지 않는 것은 의롭지 않고, 군신 간의 큰 윤리를 어찌 폐할 수 있겠는가라고 생각합니다. 그러나 선비 중에 간혹 벼슬길에 나아가는 것을 곤란하게 생각하는 것은 다만 과거(科擧)가 사람을 혼탁하게 만들고, 조상의 음덕이나 다른 사람의 천거로 미관말직(微官末職)에 나아가는 것을 천하다고 여기기 때문입니다. 이러한 까닭에 그 몸을 깨끗이 하고자 하는 선비는 부득불 종적을 감추고 숨어서 벼슬에 나아가는 일을 달갑게 여기지 않습니다. 그런데 지금은 산림(山林)에서 천거되었으니 과거의 혼탁함도 없고, 품계를 뛰어넘어 6품직에 제수되었으니 미관말직으로 몸을 더럽히는 것도 아닙니다.

이 때문에 그대와 동시에 천거된 성수침은 이미 토산(兎山)에, 이희안은 고령(高靈)에 부임하였습니다. 이 두 사람은 모두 예전에 관직을 사퇴하고 은거하여 장차 그대로 몸을 마치려고 했던 사람들입니다. 예전에는 나아가지 않다가 지금은 나왔으니, 이것이 어찌 그 뜻에 변화가 있어서겠습니까? 그들은 반드시 '내가 지금 출사(出仕)하는 것은 위로는 성조(聖朝)의 아름다움을 이룰 수 있고, 아래로는 스스로 쌓아온 뜻을 펼 수 있을 것이라고 여겨 그렇게 할 뿐이다.'라고 말할 것입니다. 이어서 그대를 전생서(典牲署)의 주부(主簿)에 제수하니, 사람들은 모두 '조군(曹君)의 뜻이 곧 두 사람의 뜻이다. 이제 이 두 사람이 나왔으니 조군도 마땅히 나오지 않을 리가 없다.'라고 말하고 있습니다. 그러나 그대는 끝내 나오지 아니하였습니다. 어찌된 일입니까? 남들이 나를 알아주지 않기 때문이라면 깊숙이 숨어 지내는 선비 중에서 뛰어난 이를 뽑았으니, 알아주지 않는다고는 말할 수 없습니다. 나아갈 때가 아니라고 한다면 임금께서 어진 인재를 목이 말라 물을 찾듯이 기다리고 있으니, 때가 아니라고 말할 수도 없습니다.

-『퇴계전서』,「조건중에게 보내다(與曹楗仲)」

평소 하늘의 북두성(北斗星)처럼 우러러보았고, 책 속에 있는 사람과 같이 멀어 만나기 어렵다고 여겼습니다. 그런데 문득 간절한 말을 담은 편지를 받고보니, 약(藥)으로 삼을 말씀이 넓고도 많아 일찍이 아침저녁으로 만난 듯합니다. 식(植)은 어리석고 어두운데 어찌 자신을 아끼겠습니까? 단지 허명(虛名)을 꾸미고 취해 한 세상을 크게 속여 임금의 총기(聰氣)를 그르친 것입니다. 남의 물건을 훔치는 일도 오히려 도둑이라고 말하는데, 하물며 하늘의 물건을 훔치는 일에 있어서이겠습니까? 이 때문에 발을 디딜 땅이 없고 날마다 하늘의 주벌(誅罰)을 기다렸는데, 과연 하늘의 벌이 이르렀습니다. 지난해 겨울에 갑자기 허리와 등이 찌르듯이 아프더니, 한 달여 동안 오른쪽 다리를 절게 되었습니다. 이제 행인들 틈에도 끼지 못하게 되었으니, 비록 평평한 땅 위를 밟고 뛰고자한들 어찌 그럴 수 있겠습니까? 이에 사람들이 모두 나의 단점을 알고, 나 또한 사람들에게 나의 단점을 감출 수 없게 되었습니다. 비웃고 탄식할 만합니다.

-『남명집』,「퇴계에게 답하는 글(答退溪書)」

필자는 수많은 조선 선비들의 삶과 철학을 살펴보았지만, 조식만큼 크고 넓은 세계와 당당한 기상을 품은 사람을 보지 못했다. 그는 진실로 한 번의 날갯짓으로 세상을 뒤흔든 전설 속의 새인 대붕(大鵬)의 위세와 풍모를 지닌 산림처사였다.

▌ 산해(山海) "산처럼 높고 바다처럼 깊게……"

조식은 1501년 경상도 삼가현(三嘉縣, 지금의 경남 합천군 삼가면)의 토동(兎洞) 외가에서 태어났다. 그는 외가에서 줄곧 자라다 다섯 살 무렵 아버지가 과거에 급제해 벼슬길에 오르자 한양으로 이사했다. 이때부터 시작해서 조식이 사망한 1572년까지 그의 삶과 철학은 크게 네 단계로 나누어 살펴볼 수 있는데, 한양에서 거주한 시기(26세 이전)→경남 김해에 산해정(山海亭)을 짓고 산 시기(30세~45세)→경남 합천에 계부당(鷄伏堂)과 뇌룡사(雷龍舍, 뇌룡정)를 짓고 산 시기(48~61세)→경남 산청에 산천재(山天齋)를 짓고 산 시기(61세~72세)이다.

한양에 올라간 조식은 처음 연화방(蓮花坊, 지금의 서울 종로구 종로4~5가)에서 살았다. 당시 그는 이윤경(李潤慶)·이준경(李浚慶) 형제와 이웃해 살면서 절친하게 지냈다. 특히 이준경은 훗날 영의정에까지 오른 인물로 조정에서 사림의 후견인 역할을 자처한 고상한 인격의 선비였다. 또한 나이 18세 때 조식의 아버지가 연화방에서 장의동(壯義洞)으로 집을 옮기자, 그곳에서는 성우(成遇)·성운(成運) 형제와 벗을 삼아 생활했다. 이들 형제는 율곡 이이와 함께 서인의 종조로 추앙받은 성혼의 아버지 성수침과 사촌지간으로 기호사림에 자양분을 제공한 기사(奇士)요 대학지였다. 조식은 어릴 적부터 남다른 기상을 품고 있었기 때문에, 가는 곳마다 그의 주변에는 항상 학문이 높고 인격이 고상한 인물들이 모여들었다. 조식은 이들과 함께 독서하고 학문을 토론했는데, 이때 성리학은 물론 제자백가와 천문(天文)·지리(地理)·의방(醫方)·수학(數學)에 이르기까지 온갖 서적을 두루 섭렵하였다. 이러한 사실을 보면, 그의 학문적 성향은 이미 젊은 시절부터 성리학 일변도가 아니라 '경세제민(經世濟民)의 학(學)'에 있었음을 알 수 있다.

그러나 26세 되는 1526년, 아버지가 사망하면서 조식의 한양 생활 또한 끝을 맺게 된다. 조식은 선영이 있는 삼가현의 관동(冠洞)에 아버지를 장사 지내고 3년간 시묘살이를 하였다. 삼년상을 마친 조식은 한양으로 올라가지 않고 경남 의령 자굴산 명경대(明鏡臺) 아래 암자에서 학문에 몰두했다. 이긍익은 당시 조식의 모습을 이렇게 증언한다.

> 항상 문을 닫아걸고 홀로 단정히 앉아 새벽까지 독서를 했다. 하루 종일 한 가닥 소리도 없이 고요하다가 때때로 손가락으로 책상을 치는 아주 작은 소리가 들려왔다. 이 작은 소리로 말미암아 아직 독서하고 있다는 사실을 알았다.
>
> **- 『연려실기술』, 「명종조의 유일」**

그러다가 30세가 되는 1530년에 처가가 있는 경남 김해로 거처를 옮겼는데, 그 까닭은 홀로 남은 노모를 봉양하면서 학문에 계속 정진하기 위해서였다. 조식의 이러한 뜻은 신어산(神魚山) 아래 탄동(炭洞)에 '산해정(山海亭)'을 짓는 일로 나타났다. 조식은 이곳에서 더욱 학문에 침잠했고, 후학을 양성하는 일에 심혈을 기울였다. 당시 그의 명성은 김해는 물론이고 밀양(密陽)과 단성(丹城, 지금의 경남 산청) 등에까지 미쳤고, 그의 학문과 덕성을 추앙한 사람들은 모두 그를 '산해선생(山海先生)'이라고 불렀다. 조식의 또 다른 호인 '산해(山海)'는 이때 생겼다. 이 호는 '태산에 올라 바다를 굽어본다.'라는 뜻으로 '산처럼 높고 바다처럼 깊은 학문의 경지에 오르겠다'는 조식의 의지를 읽을 수 있다. 이러한 조식의 뜻과 의지는 산해정 안의 방에 걸어놓은「좌우명(座右銘)」을 통해서도 쉽게 읽을 수 있다.

> 진실되고 삼가며
> 사악함을 막고 정성을 보존하며
> 태산처럼 우뚝하고 연못처럼 깊고
> 빛나는 봄날처럼 아름다울지어다
>
> **— 『남명집』, 「좌우명」**

경남 김해시의 산해정. 조식은 이곳에서 학문에 침잠하며 후학을 양성했다.

김해 산해정을 중심으로 한 조식의 삶과 학문은 나이 45세가 되는 1545년 노모가 사망하면서 마무리된다. 삼가현의 선영에 어머니를 모신 조식은 삼년상을 마친 1548년 마침내 김해 생활을 정리하고 고향으로 돌아온 다음 계부당(鷄伏堂)과 뇌룡사(雷龍舍)를 짓고, 그곳을 강학의 공간으로 삼아 본격적으로 후학을 양성했다. 계부당은 글자 뜻 그대로 닭이 알을 품고 있는 것처럼 자신을 함양(涵養)하는 데 힘쓰고 제자들을 잘 가르치겠다는 의미를 담고 있다. 또한 뇌룡사에는 비록 산림에 묻혀 산 이름 없는 처사(處士)일지라도 마땅히 용과 우레의 기상을 품고 살겠다는 조식의 뜻이 담겨 있었다. 그런데 조식은 '뇌룡사'라는 이름을 지을 때 '남명'을 호로 삼았던 때처럼 다시 『장자』에서 그 뜻을 취했다. 성리학자였지만 결코 성리학에 갇혀 지내지 않았던 조식의 우뚝한 기상과 당당한 기백을 다시 한 번 확인할 수 있다.

군자가 어쩔 수 없이 천하를 다스린다면 무위(無爲) 만한 것이 없다. 무위한 다음에야 본래의 자연스러운 상태에 편안히 머물 수 있다. 그러므로 천하를 다스리는 것보다 자기의 몸을 보전하는 일을 귀하게 여기는 자라야 세상을 의탁할 수 있고, 자기의 몸을 보전하는 일을 천하를 다스리는 것보다 좋아하는 자라야 세상을 맡길 수 있다. 이러한 까닭에 군자가 만약 그 오장(五臟)을 흩뜨리지 않고 그 총명함을 겉에 드러내지 않을 수 있다면, 시동처럼 가만히 있어도 용(龍)의 기상이 드러나고 깊은 연못처럼 잠잠하지만 우레(雷) 소리가 나며, 정신이 움직이면 자연이 따르고 자연 그대로 무위로 있어도 만물은 먼지가 흩날리는 것처럼 움직일 것이다. 그런데 다시 천하를 다스릴 겨를이 내게 어디 있겠는가!

－『장자』, 「재유(在宥)」

조식은 이 가운데 "尸居而龍見 淵黙而雷聲(시거이용현 연묵이뇌성)", 즉 '시동처럼 가만히 있지만 용의 기상이 드러나고, 깊은 연못처럼 잠잠하지만 우레 소리가 난다.'라는 구절에서 '용(龍)' 자와 '뇌(雷)' 자를 따와 뇌룡사라고 이름 지은 것이다.

실제 이곳에 거처하며 학문을 연마하고 제자들을 길러내면서부터 조식은 이황을 뛰어넘는 사림의 태두로 우뚝 솟았다. 그의 당당한 기상과 고상한 인품 그리고 높은 학식에 매료되어 전국의 수많은 사림들이 그의 문하생이 되기 위해 찾아왔기 때문이다. 뇌룡사에 거처한 지 3년 만인 1551년에 오건(吳健)이 찾아왔고, 뒤이어서 정인홍(鄭仁弘)이 합천의 유생들을 이끌고 조식의 제자가 되었으며 김우옹·최영경·정구 등 뛰어난 젊은 학자들이 수도 없이 밀려들었다. 계부당과 뇌룡사에 담은 조식의 뜻이 빛을 발하는 순간이었다. 이곳에서 조식은 진정 맹자가 말한 '군자의 세 가지 즐거움' 중 하나인 '천하의 영재를 얻어서 교육하는 즐거움'을 누릴 수 있었던 셈이다.

방장노자(方丈老子)·방장산인(方丈山人) 지리산에서 태어나 지리산에 묻히다

조식은 지리산 아래 삼가현에서 태어났고, 천왕봉이 바라다보이는 지리산 자락 덕산(德山, 지금의 산청)에 묻혔다. 지리산과 함께한 삶이요 죽음이라고 하겠다. '방장산의 늙은이' 혹은 '방장산에 사는 사람'이라는 뜻의 '방장노자(方丈老子)'나 '방장산인(方丈山人)'이라는 호에는 지리산에 대한 조식의 사랑이 가득 묻어 있다. 이 산은 '남다른 지혜를 간직하고 있는 산'이라고 해서 지리산(智異山), '백두산이 흘러내려 이루어진 산'이라고 해서 두류산(頭流山), '불로장생하는 신선이 살고 있는 산'이라고 해서 방장산(方丈山) 등 여러 가지 이름으로 불렸다. 그런데 조식은 이 산의 여러 가지 호칭 중 방장산을 취해 자신의 호로 삼았다.

앞서 살펴보았듯이, 조식은 당대의 성리학자들이 금기시했던 『장자』를 빌어 자신의 삶과 철학을 여러 차례 드러내었다. 이 때문에 그는 '성리학의 정통에서 벗어났다'거나 '이단이다' 심지어 '노장(老莊)에 병들었다'는 등의 비난을 받았다. 그러나 대붕의 기상을 품은 산림의 처사답게 조식은 자신을 향한 세상의 칼날에 전혀 마음을 두지 않았다. 오히려 그는 '옥국관(玉局觀, 도교 사원 혹은 하늘나라)'이라는 도가(道家)의 용어를 빌어 세상 그 어떤 것도 자신의 몸과 마음을 구속할 수 없음을 당당하게 밝혔다.

> 고상한 심회(心懷) 천 척(尺)이나 되어 걸기 어려운데
> 방장산 정상 높은 장대에 걸어볼까
> 옥국관에 모름지기 삼생(三生)의 명부(名簿) 있으니
> 다른 해에 이름자를 직접 볼 수 있겠지
>
> ─『남명집』, 「두류산에서 짓다(頭流作)」

이렇듯 평생 지리산을 벗해 살았던 조식의 삶은 그가 1558년 나이 58세에 여러 선비들과 함께 이 산을 유람하고 적은 「두류산 유람록(遊頭流錄)」에 자세히 나와 있다.

여러 사람들이, 내가 두류산에 자주 출입하여 산간(山間)의 사정을 잘 알고

있다고 하여 이로 말미암아 나에게 유람록을 기록하도록 했다. 내가 일찍이 이 산을 왕래하여 덕산동(德山洞)에 세 번 들어갔고, 청학동(青鶴洞)과 신응동(神凝洞)에 세 번 들어갔으며, 용유동(龍遊洞)에 세 번 들어갔고, 백운동(白雲洞)에 한 번 들어갔으며, 장항동(獐項洞)에 한 번 들어갔었다. 어찌 다만 산수(山水)만 탐하여 왕래하기를 번거롭게 생각하지 않은 것이겠는가? 백 년 계획을 가지고 있었으니, 오직 화산(華山)의 한쪽 귀퉁이를 빌려 늙어 죽음을 맞을 땅으로 삼고자 했기 때문이다. 그러나 일이 마음과 다르게 어긋나서 거처를 얻을 수 없음을 알고 이리저리 돌아보고 헤아려 염려하며 눈물을 흘리고 나왔다. 이와 같이 한 것이 열 번이었다. 지금은 매달린 바가지처럼 시골 집에서 나뒹구는 하나의 시체가 되어버렸다. 이번 걸음은 또한 다시 이루어지기 어려우니 어찌 마음이 답답하지 않겠는가? 일찍이 내가 시를 지었다. '죽은 소의 갈비뼈 모양 같은 두류산을 열 번 가량 주파(走破)했지만/차가운 까치집 같은 가수(嘉樹) 마을에 세 번이나 거처했네' 또한 이런 시도 지었다. '몸을 보전하려는 백 가지 계책 모두 그르쳤으니/지금 이미 방장산과 한 맹세 어기고 말았구나' 이번 산행을 함께한 여러 사람들이 모두 벼슬을 잃은 사람이니, 어찌 단지 이 몸만 쓸쓸하게 돌아갈 곳이 없겠는가? 다만 술에 취한 사람처럼 헤매는 사람들을 위해 먼저 길을 잡아 부봉(副封)할 따름이다.

－『남명집』, 「두류산 유람록」

조식은 고향 삼가현에 지은 계부당과 뇌룡사에서 학자와 스승으로서 더할 나위 없는 즐거움과 영광을 누렸다. 그러나 지리산을 끔찍이도 사랑했던 그는 천왕봉(天王峯)을 더욱 가까이에서 대하고 싶은 마음에 아무 미련 없이 계부당과 뇌룡사를 떠나 덕산으로 거처를 옮긴 다음 산천재(山天齋)라고 이름 붙인 집을 짓고 살았다. 이 해가 1561년

(명종 16)으로 그의 나이 61세 때였다. 당시 조식은 늦은 나이에도 불구하고 덕산으로 이사한 이유를 한 편의 시로 읊었다. 그런데 '빈손으로 옮겨 왔지만 맑은 물만 먹고 살아도 충분하다'는 시구(詩句)를 읽고 있자면, 조식의 기상과 기백은 나이가 들수록 오히려 더 강해졌다는 사실을 알 수 있다.

> 봄 산 어느 곳인들 향기로운 풀 없으랴만
> 단지 상제(上帝) 사는 하늘나라 가까운 천왕봉을 사랑하기 때문이네
> 빈손으로 돌아왔으니 무엇을 먹고 살아갈까
> 은하수 같은 십 리 맑은 물만 마시고 살아도 충분하네
>
> — 『남명집』, 「덕산(德山)에 복거(卜居)하면서」

또한 '덕산 계곡 정자의 기둥에 쓰다'라는 제목의 시에서는 '천 석이

조식의 나이 61세 때 지어 말년을 보낸 산천재.

나 되는 큰 종[千石鐘]'처럼 거대한 울림을 남겨 사람들의 마음을 움직이고, 허공의 온갖 소란에도 아랑곳하지 않고 우뚝 서 있는 지리산(두류산)처럼 세상의 온갖 잡소리에도 끄떡하지 않은 의연한 마음을 간직하고 싶은 뜻을 토로하기도 했다.

천 석(千石)이나 되는 큰 종을 보게나
큰 것으로 두드리지 않으면 소리가 나지 않네
어떻게 하면 두류산과 같이
하늘이 울어도 오히려 울지 않을 수 있지

–『남명집』, 「덕산 계곡 정자의 기둥에 쓰다(題德山溪亭柱)」

그 후 조정에서 숱하게 벼슬을 제수하고 한양으로 불러올렸지만, 조식은 산림처사(山林處士)의 삶을 지키면서 정치 현실에 대한 매서운 비판과 제자들에 대한 강학에만 힘을 쏟았다. 특히 68세 되는 1568년에 새로이 즉위한 선조가 조식을 한양으로 부르자 다시 벼슬을 사양하면서 상소문을 올렸는데, 이 상소문이 앞서 소개했던 「을묘사직소」와 더불어 오늘날까지 조선사 최고의 직언(直言) 중 하나로 언급되고 있는 「무진봉사(戊辰封事)」이다. 여기에서 조식은 특히 '서리(胥吏)들이 나라를 망치고 백성들을 갉아먹고 있다'는 이른바 '서리망국론(胥吏亡國論)'을 주장하며 이들의 악폐(惡弊)를 제거해 나라를 구하고 민생을 편안하게 하는 데 온 힘을 기울이라고 임금을 질타했다. 군주의 참다운 덕은 백성의 마음을 존중하는 것이고, 지금 백성의 마음을 얻기 위해서는 그들이 가장 고통을 겪고 있는 서리들의 악폐 문제를 해결하는 것보다 더 시급한 일은 없다는 주장이었다. 조식은 '구급(救急)'이라는 용어까지 사용하면서, 마치 죽을 위기에 처한 병자를 다루는 듯 촌각을 다투어 이러한 서리의 악습과 폐단을 완전하게 뿌리 뽑아야 한다고 목소리를 높였다. 그것은 새로이 즉위한 임금에게 이제 죽을 날만 기다리는 노장(老壯)의 처사가 진심을 담고, 거기에다 마지막 희망까지 새겨 보낸 간곡한 충언이었다.

예로부터 권세 있는 신하가 나라를 마음대로 했던 일이 간혹 있었고, 외척(外戚)이 나라를 마음대로 했던 일도 간혹 있었고, 여인과 내시(內侍)가 나라를 마음대로 했던 일이 있기도 했습니다. 그러나 지금처럼 서리(胥吏)가 나라를 마음대로 했던 일은 일찍이 들어본 적이 없습니다. …(중략)… 정사(政事)가 대부(大夫)에게 있다고 해도 오히려 옳지 못하다고 하겠는데, 하물며 서리에게 있다면 말이 되겠습니까? 군민(軍民)에 대한 모든 정사와 나라의 기밀과 업무가 모두 서리의 손에서 나옵니다. 관청에 세금으로 바치는 포목이나 곡식도 뒷돈을 더 건네지 않으면 통하지 않습니다. 안으로 재물이 모일지는 모르지만 밖으로 민심은 흩어질 대로 흩어져 열 명 가운데 단 한 사람도 남아 있지 않을 것입니다. 심지어 각 주현(州縣)을 나누어 가지고 자신이 소유하는 물건인 양 문서까지 작성하여 그 자손들에게 전해주고 있습니다. 지방에서 헌납하는 일체의 것을 가로막고 물리쳐 단 한 가지 물건도 상납할 수가 없습니다. 그래서 공물(貢物)을 바쳐왔던 사람들은 온 가족의 재산을 다 팔아 바쳐도 그 재물은 관청으로 들어가지 않고 서리들의 주머니로 돌아갈 뿐입니다. 게다가 백 곱절이 아니면 받지도 않습니다. 그러나 계속 그렇게 바칠 수는 없으므로 도망가는 사람들이 꼬리에 꼬리를 물고 있습니다. 어떻게 하다가 조종(祖宗)의 주현(州縣)과 신민(臣民)이 바치는 재물을 생쥐 같은 서리 놈들이 나누어 가질 줄 생각이나 했겠습니까? 전하께서 다스리는 한 나라의 큰 부(富)가 오히려 서리들의 방납(防納)하는 물건에 의뢰하고 있을 줄 어찌 생각이나 했겠습니까? …(중략)… 이런 짓을 하고서도 서리들은 만족하지 않고 왕실 창고에 있는 물건까지도 모두 훔치려고 합니다. 나라에 저축되어 있는 재물이 조금도 없으니, 나라는 나라가 아니고 도적들만이 가득 차 있습니다. 나라는 텅 빈 그릇만 끌어안고 뼈만 앙상한 채 서 있으니, 조정 안에 있는 모든 사람은 마땅히 목욕재계하고 함께 힘을 합해 이들을 토벌해야 할 것입니다. 만약 힘이 부족하다면 사방에 호소해서 먹고 잠잘 겨를이 없을 정도로 부지런히 임금을 돕게 해야 할 것입니다. 지금 사람들이 서로 모여 사는 곳에 어떤 좀도둑이 있다면 장수에게 명령해 잡고 죽이는 데 하루도 걸리지 않을 것입니다. 그런데 하잘것없는 서리들이 도적이 되고 모든 벼슬아치들이 무리를 이루어 나라의 심장부를 차지하고 혈맥을 갉아먹고 있으니, 그 죄가 신에게 제사 지내는 희생물을 훔치는 일에 그치지 않는데도 법관(法官)은 감히 그 죄를 묻지 않을뿐더러 따지지도 않고 있습니다. 간혹 어떤 관리가 규찰(糾察)하고자 하면 그들의 농간에 의해 견책당하거나 파면되고 맙니다. 그런데도 여러 벼슬아치들은 팔짱을 긴 채 녹봉만 받아먹고 '예예'하며 뒷걸음질 칠 뿐입니다. 서리들이 믿는 구석이 없고서야 어찌 이렇게 거리낌 없이 제멋대로 날뛸 수 있겠습니까? 초(楚)나라 왕이 이른바 '도적놈이 권세가 있어서 제거할 수가 없다'고 한 말이 바로 이것입니다. 약삭빠른 토끼가 도망갈 굴을 세 개나 파고 냇가의 조개가 딱딱한 껍질을 방패 삼아 몸을 감추듯이, 마음 깊숙이 전갈의 독을 품고 온갖 수단을 다해 꾸며대고 있는데도 사람들이 능히 다스리지 못하고 형벌 또한 더할 수 없습니다. 서리들이 이미 도성(都城)과 사직(社稷)에 숨어 사는 쥐새끼가 되어버려 불을 피워도 쫓아낼 수가 없고 물을 부어도 물리칠 수가 없습니다. 이런 서리들과 한통속이 되어 토끼가 도망치기 위해 준비한 세 개의 굴이 되어주고, 조개가 몸을 감추는 딱

딱한 껍질이 되어주는 사람은 과연 어떤 사람이기에 처벌하지 못하는 것입니까? 전하께서 벌컥 화를 내시고 한 번 크게 기강을 떨쳐 재상들을 불러 모아 그 원인을 따져 물으셔야 합니다. …(중략)… 만약 언관(言官)들이 논박(論駁)한 다음에야 마지못해서 좇아간다면, 선악(善惡)의 소재와 시비(是非)의 구분을 알 수 없어서 군주의 도리를 잃고 말 것입니다. 어찌 군주가 그 도리를 잃고서 사람을 다스릴 수 있겠습니까? 그러므로 임금의 밝은 덕이 이미 밝으면 마음이 거울처럼 밝아지게 되어 비추지 않는 물건이 없는 것입니다. 여기에 덕(德)과 위엄을 더하게 되면 풀과 나무도 모두 쏠리는데 하물며 사람이야 말할 것이 있겠습니까? 모든 신하들이 벌벌 떨고 두려워하며 분주히 임금의 명령을 받들 것인데, 어찌 간사한 꾀가 한 치라도 용납이 되겠습니까? 정사를 어지럽히는 대부(大夫)에게는 오히려 일정한 형벌이 있어서 저 윤원형(尹元衡)과 같은 권신(權臣)도 조정에서 바로잡아 처벌했는데, 하물며 여우나 쥐새끼 같은 이런 서리들의 허리와 목을 베는 일 따위야 도끼에 기름을 바르기에도 부족한 것이 아니겠습니까? 우레가 울리고 비가 한 번 몰아치면 하늘과 땅의 갈증이 해소됩니다. 이것은 위로 임금이 몸을 닦으면 아래로 나라가 다스려진다는 것을 말합니다. …(중략)… 그러나 간신(奸臣)들은 자신의 뜻에 거슬리는 사람들은 제거하면서도 간악한 서리들이 나라를 좀먹고 있는 것은 용납하고 있습니다. 이것은 자기 일신(一身)을 위하는 것이지 나라를 위한 일은 아닙니다. 신은 홀로 깊은 산골에서 살며 굽어보고 우러러보아 나라의 형세와 백성의 고통을 살펴보고 탄식하다가 눈물을 흘린 적이 여러 번 있습니다. …(중략)… 오늘 전하께서 밝게 보았는가 아니면 어둡게 보았는가에 따라 앞으로의 정치가 성공할지 아니면 실패할지 예측할 수 있을 것입니다. 전하께서는 살펴주십시오. 삼가 소(疏)를 올립니다.

- 『남명집』, 「무진봉사」

제5장 ㅣ 남명 조식

4년 후인 1572년(선조 5) 2월 8일, 조식은 72세의 나이로 세상을 떠나 산천재 뒷산에 묻혔다. 이때 조식은 제자들에게 자신이 죽은 후 칭호를 '처사(處士)'라고 하라는 유언을 남겼다. 조식은 평생 자신의 뜻과 의지가 산림의 처사에 있었음을 죽는 순간까지도 잊지 않았을 뿐만 아니라, 죽은 이후에도 사람들에게 그렇게 기억되기를 바랐던 것이다.

그런데 조식이 세상을 떠난 뒤, 그가 평소 차고 다녔던 칼과 방울은 어떤 제자가 물려받았을까? '의(義, 의로움)'를 상징하는 칼은 내암(萊菴) 정인홍이 물려받았고, '경(敬, 공경함 혹은 두려워함)'을 상징하는 방울은 동강(東岡) 김우옹이 물려받았다.

특히 정인홍은 스승의 유지를 이은 '강우학파'의 맹주 대접을 받았는데, 그는 임진왜란 때 의병장으로 활약하다가 광해군이 즉위한 후 권력을 잡은 북인(北人) 대북파(大北派)의 정신적 스승 역할을 했다. 그리고 훗날 인조반정이 일어나자, 서인(西人)들에 의해 '역적의 수괴'라는 혐의와 누명을 쓴 채 비참한 죽음을 맞게 된다. 이때 안타깝게도 정인홍의 죽음과 더불어 조식의 학맥 또한 흔적 없이 사라지고 말았다. 조식의 문하생은 곧 대북파이고 대북파는 곧 역적이라는 등식이 조정과

조식이 차고 다녔던 칼. '內明者敬 外斷者義(내명자경 외단자의)'라는 글귀가 새겨져 있다. 나태하거나 교만해지는 자신을 끊임없이 일깨우겠다는 뜻으로 차고 다녔던 방울 '성성자(惺惺子)'.

사림을 휘감았던 까닭이다. 이 때문에 이황이 조선을 대표하는 최고의 유학자로 찬사를 받는 동안 조식은 오랫동안 잊힌 존재로 남아 있을 수밖에 없었다.

삼봉 정도전

도담 삼봉인가? 삼각산 삼봉인가?

> **"이성계가 나를 이용한 것이 아니라**
> **내가 이성계를 이용해 조선을 세웠다."**

조선은 군사적 기반을 갖춘 이성계 세력과 유교적 이념으로 무장한 정도전 등 신진 사대부의 결합에 의해 탄생한 나라다. 이성계가 힘을 쓰는 '몸체'였다면, 정도전은 머리를 쓰는 '두뇌'였다고 할 수 있다. 따라서 조선은 정도전의 정치 철학과 머릿속 설계도에 따라 건설된 셈이다. 이러한 사실은 두 가지 차원에서 확인할 수 있는데, 그 하나가 '신권 정치(臣權政治)'라면 다른 하나는 '한양 도성(漢陽都城)'이다.

먼저 신권 정치란 간단하게 말해 재상(宰相)이 국정 운영의 중심이 되어 통치하는 것이다. 정도전은 유교 국가가 이상으로 삼은 '민본(民本)과 왕도(王道)'를 이루기 위해서는 임금의 권력 행사를 제한하고, 자신과 같은 지식 엘리트 집단에서 나온 재상이 나라를 통치해야 한다고 생각했다. 정도전은 왜 이런 생각을 했던 것일까? 공민왕에서부터 우왕, 창왕, 공양왕에 이르기까지 고려 말기의 정치적 혼란을 뼈저리게 체험했던 정도전은 부자 세습을 정통으로 한 왕조 국가에서, 성군(聖君)과 현군(賢君)이 나올 수도 있지만 암군(暗君, 사리에 어둡고 어리석은 임금)이 나올 수도 있다고 보았다. 더욱이 폭군(暴君)이 나올 가능성 역시 배제할 수 없다. 그러나 암군과 폭군일지라도 임금의 자리란 함부로 바꾸거나 폐지하기 어렵다. 반면에 재상이라는 존재는 유학자, 곧 지식 엘리트 집단에서 가장 현명하고 유능한 인물을 고르는 일이기 때문에 선택의 여지가 무궁무진하다. 또한 임금은 마음대로 갈아치울 수 없지만, 재상은 변변치 못하거나 잘못하면 얼마든지 바꿀 수 있다. 정도전은 무능하고 변변치 못한 임금이 나오더라도, 훌륭한 자질과 능력을 갖춘 재상만 있다면 자신이 정치적 이상으로 여긴 '민본(民本)과 왕도(王道)'를 이루는 데는 아무런 부족함이 없을 것이라 생각했다. 그러므로 임금의 역할이란 현명한 재상을 제대로 뽑는 일에 있을 뿐이다. 정도전은 『조선경국전(朝鮮徑國典)』에서 이러한 자신의 정치 구상을 이렇게 밝혔다.

재상은 위로는 임금을 받들고, 아래로는 모든 관리를 통솔하며 만민을 다스린다. 따라서 그 직책의 권한이 매우 크다. 임금의 자질에는 어리석은 자질도 있고, 현명한 자질도 있으며, 강력한 자질도 있고, 유약한 자질도 있어서 한결같지가 않다. 재상은 임금의 아름다운 점은 따르고 나쁜 점은 바로잡으며, 옳은 일을 받들고 옳지 않은 것은 막아서, 임금으로 하여금 균형을 잡도록 해야 한다.

－『조선경국전』, 「총서(總序)」

정도전은 태조 이성계와 자신의 관계가 이러한 정치 모델의 전형이라고 생각했다. 그는 유방과 그를 보좌해 한(漢)나라를 세운 장량을 두고, "한나라 고조(유방)가 장량을 이용한 것이 아니라, 장량이 고조를 이용해 한나라를 세웠다."라는 말을 자주 하곤 했다. 이 말은 '이성계가 나를 이용한 것이 아니라 내가 이성계를 이용해 조선을 세웠다.'라는 뜻이었고, 이성계의 역할은 정도전 자신을 신하로 삼는 것에 불과했을 뿐 실제 이성계를 이용해 조선을 세우고 통치하는 사람은 자신이라는 얘기나 다름없었다. 심지어 정도전은 훌륭한 임금에 대해 이렇게까지 말했다. "임금은 자신의 속마음을 비우고 스스로를 낮춰서 아래에 있는 현명한 재상에게 순응하여 따라야 한다." 임금은 자신의 뜻을 앞세워 스스로 통치할 마음을 품지 말고 오로지 현명한 재상의 말에 따라 나랏일에 임하라는 주문이다. 그런 점에서 '신권 정치'는 다르게 말하면 곧 '철인 정치(哲人政治)'였다. 정도전이 말하는 재상이란 유교적 이념과 철학으로 무장한 지식 엘리트 집단의 리더를 가리키는 말에 다름없었기 때문이다.

'신권 정치'와 함께 정도전이 유교 국가의 이념과 철학을 철저하게 구현해 건설한 도시가 수도 '한양(漢陽)'이었다. 이때 정도전은 유학을 대표하는 십삼경(十三經) 중의 하나인 『주례(周禮)』의 원리인 '좌묘우사 면조후시(左廟右社 面朝後市)'에 따라 궁궐과 종묘, 사직단, 관청, 시장 등 주요한 공간의 자리를 잡았다. 즉 북악(北岳) 아래에 정궁(正宮)인 경복궁을 세우고 그 왼쪽인 지금의 종로4가 자리에 선왕(先王)의 위패를 모시는 종묘(宗廟)를, 오른쪽인 인왕산 아래 자락에는 토지신과 곡물신을 모시는 사직단(社稷壇)을 배치했다. 그리고 육조(六曹) 등 조정의 주요 관청들을 경복궁의 정문인 광화문 앞 좌우에 배열해 세우고,

다시 종로에 저잣거리(시장)를 소성하도록 했다. 또한 정도전은 경복궁은 물론이고 근정전, 사정전, 강녕전, 융문루 등 궁궐의 주요 건물 하나하나에 유교적 이념과 이상을 새겨 이름을 지었다. 예를 들어 경복궁이란 이름은 유학의 삼경(三經) 중 하나인 『시경(詩經)』 「대아(大雅)」편의 '기취(旣醉, 이미 술에 취하다)'라는 시의 구절 중 "기취이주 기포이덕 군자만년 개이경복(旣醉以酒 旣飽以德 君子萬年 介爾景福)", 곧 "이미 술에 취하고 이미 덕에 배부르네. 군자 만년토록 큰 복을 누리리라." 에서 뜻을 취하고 글자를 따와 '경복궁(景福宮)'이라고 한 데서 비롯된 것이다. 더욱이 그는 『주역(周易)』의 팔괘(八卦) 원리와 질서를 담아 한양 도성을 축성하고 4대문(四大門)과 4소문(四小門)을 설치했으며, 유학의 기본 이념인 '인의예지신(仁義禮智信)'에 따라 한양 도성을 지키는 사대문(四大門)의 명칭을 지었다. 그래서 '인(仁)을 일으킨다'는 철학을 담아 동쪽 대문의 이름을 '흥인지문(興仁之門)'이라 하고, '예(禮)'를 높

조선의 수도 한양과 경복궁은 정도전의 국가 전략과 의지가 깃든 작품이라 해도 과언이 아니다.

인다'는 이념을 담아 남쪽 대문의 이름을 '숭례문(崇禮門)'이라고 했다.

무엇보다 조선의 수도 한양이 정도전의 국가 전략과 기획의 집합체였다는 사실을 확인할 수 있는 대목은 그가 이성계의 정신적 지주 역할을 했던 무학대사의 뜻을 꺾고 기어코 북악(北岳) 아래에 정궁(正宮)을 세웠다는 것이다. 전해오는 이야기에 따르면, 무학대사는 한양의 지세(地勢)를 볼 때 인왕산을 주산(主山)으로 삼고 북악을 좌청룡(左靑龍), 남산을 우백호(右白虎)로 해야 한다고 주장했다고 한다. 인왕산 아래 지금의 필운동 일대에 정궁(正宮)을 세워야 한다고 한 것이다. 일찍이 무학대사의 예언과 자문에 따라 조선을 일으킬 수 있었던 이성계는 이 의견에 따르려고 했는데, 정도전이 나서서 반대했다. 이때 그가 들고 나온 이유 역시 유학의 이념과 질서에 근거한 것이다. 즉 제왕(帝王)은 남면(南面)하고 나라를 다스리는 것이 법도(法道)인데, 인왕산을 주산으로 삼게 되면 임금이 거처할 정궁을 남향(南向)으로 앉힐 수 없기 때문에 옳지 않다는 주장이었다. 정궁을 어느 곳에 세울 것인가 하는 문제는 한양 도성 건설 계획의 핵심 중 핵심이었다. 정궁의 위치에 따라 궁궐의 전각, 관청, 종묘, 사직단, 시장, 대문과 소문 등 도성 안의 모든 설계와 건축이 달라지기 때문이다. 이 논쟁의 결과는 오늘날 우리가 익히 보아 알고 있는 대로 정도전의 승리였다. 이성계의 스승인 신승(神僧) 무학대사의 의견을 한방에 제압해버릴 만큼 정도전의 힘과 영향력은 막강했던 것이다.

이렇듯 '이성계를 이용해 자신이 조선을 세웠다'는 정도전의 말은 허언(虛言)이 아니라 역사적 사실이다. 그런데 역설적이게도 정도전은 그토록 막강했던 힘과 영향력 때문에 신권 정치를 '신하들이 나라의 권세를 제멋대로 하려는 수작'이라고 생각했던 태종 이방원에 의해 잔인하게 죽임을 당해야 했다. 그리고 자신이 세운 나라인 조선에서 400 여 년 가까이 '역적' 대접을 받았다. 더욱이 조선 중기 이후 권력을 잡은 사림파(士林派)는 정도전의 정치적 라이벌이었던 정몽주를 종조(宗祖)로 삼아 자신들의 학통(學統)과 정치적 명분을 세웠기 때문에, 정도전은 선비들 사이에서도 비판의 대상 혹은 논란의 대상이 되었다. 정몽주가 절의(節義)를 지킨 충신으로 화려한 조명을 받으면 받을수록, 정도전은 자신이 무너뜨린 고려는 말할 것도 없고 자신이 그토록 공들여 세운 조선에서도 충의(忠義)를 저버린 역적으로 잊혀져갔다.

1398년(태조 7) 8월 26일 태종 이방원의 칼에 무참하게 도륙당한 후 정확히 393년이 지난 1791년(정조 15)에 국가 차원에서 다시 정도전의 문집인 『삼봉집(三峯集)』을 수정 편찬했다. 이로부터 다시 74년이 지난 1865년(고종 2)에 흥선대원군이 경복궁을 중건하면서 한양 도성 설계의 공적을 인정해 시호를 하사해 달라고 청하고, 이에 고종이 1870년 마침내 문헌(文憲)이라는 시호와 함께 유종공종(儒宗功宗)이라는 편액을 하사할 때까지 정도전은 역적의 족쇄를 찬 채 육신은 도륙당하고 정신은 짓밟히는 수난을 겪었던 셈이다. 이렇게 보면, 조선 시대 내내 비난의 대상이자 논란거리였던 정도전의 삶과 철학 그리고 죽음은 조선이 망해 갈 무렵에야 제대로 된 평가를 받았다고 하겠다.

2014년, KBS 1TV에서 정도전의 삶과 철학을 재조명하는 대하 사극 〈정도전〉을 방영한 까닭인지 사람들 사이에서 때 아닌 '정도전 열풍'이 불었다. 필자 역시 〈정도전〉을 즐겨 시청했다. 한 사람의 철학자(유학자)이자 정치가가 어떻게 500년을 지탱해온 왕조를 무너뜨리고 자신의 정치적 이상을 담은 새로운 국가를 만들 수 있었는가라는 점에 초점을 맞춰 보다보니, 꽤나 흥미로운 드라마를 만들었다는 생각이 들었다. 필자가 호(號)를 통해 조선 시대 인물들의 삶과 철학을 이야기로 풀고 있다는 사실을 알고 있는 주변 사람들은 "당연히 정도전의 호 또한 다루겠지?"라는 질문을 던졌고, 꼭 그렇게 하겠다고 답변을 했다. 그리하여 여러 방법을 통해 정도전의 호 '삼봉(三峰)'에 관한 자료와 정보를 찾아보았다.

흥미롭게도 이 과정에서 정도전의 호 '삼봉'의 유래를 둘러싸고 최근 논란이 벌어졌다는 사실을 알게 되었다. 아마도 필자가 다룬 조선의 인물들 가운데 호의 유래와 관련해 논쟁에 휩싸인 사람은 정도전이 유일하지 않나 싶다. 정도전은 살아 있을 때나 죽은 이후에나 '역적인가 아니면 충신인가?', '권간(權奸, 권력과 세력을 가진 간사한 신하)인가 아니면 혁명가인가?'를 둘러싼 논란에 끊임없이 휩싸였다. 그런데 이제는 호의 유래에 대해서까지 논란을 겪어야 한다니, 필자는 정도전이야말로 조선 최고의 풍운아가 아닐까 하는 생각까지 들었다.

정도전의 호 삼봉(三峰)은 '도담 삼봉(嶋潭三峯)'이다!

정도전의 호 '삼봉(三峰)'이 단양 팔경 중의 하나인 '도담 삼봉'에서 유래했다는 설은 최근까지 일반적인 중론(衆論)이었다. 국토교통부 산하 국토정보지리원(2010. 2.)의 『한국 지명 유래집』「충청」편의 '도담 삼봉'에서는 "정도전이 도담 삼봉과 이웃한 지금의 단양읍 도전리에서 태어났고, 도담 삼봉에서 아호를 따서 삼봉이라 하였다."라고 기록하고 있다. 또한 도담 삼봉의 유래 또한 정도전과 관련이 있다고 소개했다.

조선의 개국공신 정도전(鄭道傳)은 도담 삼봉과 이웃한 지금의 단양읍 도전 리에서 태어났고 도담 삼봉에서 아호를 따서 삼봉이라 하였다. 도담 삼봉의 유래에 대해서 정도전과 관련된 전설이 전해진다. 도담 삼봉은 원래 강원도 정선군의 삼봉산이 홍수 때 떠내려온 것이라고 한다. 그래서 매년 정선에 세 금을 내고 있었는데 소년 정도전이 '우리가 삼봉을 정선에서 떠내려오라 한 것도 아니오, 오히려 물길을 막아 피해를 보고 있으니 도로 가져가라'고 한 뒤부터 세금을 내지 않게 되었다는 것이다.

또한 단양군청의 홈페이지에 들어가보면, 단양읍에 전해오는 고을 설화를 소개하면서, "정도전이 어린 시절을 도담 삼봉에서 보내면서 어린 꿈을 키운 곳이라 하여 도담 삼봉의 자연 경관의 빼어남을 이름하 여 호를 삼봉이라 했다."라고 소개하고 있다. 그리고 단양 도담 삼봉의 안내문에도 "조선 개창에 큰 공을 세운 정도전은 자신의 호인 삼봉을 이곳에서 취할 정도로 도담의 경관을 사랑했다."라고 적혀 있다.

이렇듯 국가 공식 기관은 물론이고 지자체, 관광지 등에 이르기까지 삼봉이라는 정도전의 호를 '도담 삼봉'에서 유래했다고 공식화하고 있 는 게 현실이다. 삼봉이 도담 삼봉에서 유래했다는 견해가 하나의 정 설처럼 된 사연은 역사학계의 원로학자인 한영우 전 서울대 교수가 쓴『정도전 사상의 연구』에서 비롯되었다고 한다.

한편 정도전의 호가 되었던 단양 삼봉(三峰) 지방에는 그의 출생에 관한 구전 (口傳) 자료가 예부터 전해져 내려오고 있었다 한다. 이에 의하면 정운경이 젊 었을 때 관상가를 만났는데, 그가 앞으로 10년 뒤에 혼인하면 재상이 될 아 이를 얻을 수 있다고 예언하였다. 운경은 이 말을 믿고 10년간 금강산에 들

어가 수양하고 돌아오던 중 삼봉(三峰)에 이르러 비를 만나 길가의 어느 초
가집에서 유숙하던 중 우씨(禹氏) 소녀를 만나 정도전을 낳게 되었다는 것이
다. 도전(道傳)이라는 이름은 길가에서 여인을 만나 얻었다는 뜻이고, 삼봉
(三峰)이라는 호는 출생지의 경치에 매료되어 취했다는 것이다.

이 구전 자료는 많은 윤색이 가미되었을 것으로 생각되지만, 정도전의 출생
지가 단양 삼봉(三峰)인 것만은 사실이요, 어머니 우씨가 이곳 사람인 것도
사실이다.[4]

　한영우 교수는 한국고전번역원의 전신인 민족문화추진회에서 정도
전의 문집인 『삼봉집(三峰集)』을 국역(國譯)해 출간할 때 직접 쓴 '해제
(解題)'에서도 이와 비슷한 말을 반복했다.

　　단양 팔경(丹陽八景)의 하나에 삼봉(三峰)이라는 곳이 있다. 이곳에는 정도전
의 출생과 관련된 전설이 전해져 내려오고 있다. 그 내용은 대략 이러하다. 정
도전의 아버지 정운경(鄭云敬)이 젊었을 때 이곳을 지나다가 어떤 상(相) 보
는 사람을 만났다. 상 보는 사람은 그에게 10년 후에 혼인하면 재상이 될 아
이를 가질 것이라고 예언하였다. 정운경은 그 말대로 10년 뒤에 삼봉에 다시
돌아와 우연히 한 여인을 만나서 아이를 얻게 되었다. 그 아이를 길에서 얻었
다 해서 이름을 도전(道傳)이라 하고, 부모가 인연을 맺은 곳이 삼봉이므로
호(號)를 삼봉(三峰)이라고 지었다. 정도전의 어머니는 산원(散員) 우연(禹淵)
의 딸로서, 우연은 우현보(禹玄寶)의 족인(族人)인 김전(金戩)이라는 중이 여
비(女婢)와 통하여 낳은 여인을 아내로 맞이하였다고 한다. 그러니까 정운경

---

4 한영우, 『정도전 사상의 연구』, 서울대출판부, 1973, 19쪽에서 인용

의 상보는 여비의 딸인 셈이요, 여비의 딸이 바로 정도전의 외할머니가 되는 것이다. 이와 같은 정도전의 출생 배경이 사실인지 아닌지는 확인할 수 없다. 그러나 단양 지방의 거족(巨族)이던 우현보의 집안에서는 이 사실을 굳게 믿었고, 이 때문에 정도전은 뒤에 대간(臺諫)의 고신(告身)을 얻지 못하여 출세에 큰 지장을 받게 되었다. 정도전이 고려의 구가 세신(舊家世臣)들과 정치적 갈등을 가졌을 때, 구신들로부터 가계(家系)가 바르지 못하고 불분명하며 미천하다는 험구를 여러 차례 듣고, 또 특히 우현보 일족과는 가장 심각한 구원(仇怨) 관계를 갖게 된 중요한 이유가 여기에 있었다.

- 한영우, 국역『삼봉집』,「해제」

그런데 한영우 교수가 당시 정도전의 호 삼봉이 단양의 '도담 삼봉'에서 유래되었다고 쓰면서 근거로 삼은 자료가 과연 신뢰할 만한 자료인지에 대해서는 의구심을 갖게 한다. 왜냐하면 하나는 일제 강점기 때 일본인 학자 나까무라 히데다까(中村榮孝)가 단양군을 직접 탐방해 그곳의 주민인 오재성(吳在星)이라는 사람에게 들은 내용을 채록한 구전 자료이고, 다른 하나는 정도전과 심각한 원수 관계를 맺은 단양 우씨(丹陽禹氏) 집안에 내려오는 이야기이기 때문이다. 이러한 이유인지는 모르겠지만, 한영우 교수는 훗날『왕도의 설계자 정도전』에서는 앞선 책과는 다르게 정도전의 출생은 물론이고 이름과 호에 관련된 구전 설화나 이야기가 과장되었거나 혹은 진실과 거짓이 함께 섞여 있다는 견해를 내보였다.

단양 지방에 내려오는 위 전설은 아마도 정도전에게 보복을 당한 단양 우씨(丹陽禹氏) 집안이나 후세인들이 사실을 과장하여 만든 것으로 보인다. 이 이야기에는 진실과 거짓이 함께 섞여 있다. 정운경이 금강산을 갔다는 이야기는 사실에 맞는 것 같다. 그는 젊은 시절에 가정(稼亭) 이곡과 더불어 동방(관동 지방)을 여행했다는 기록이 정도전이 쓴 '정운경 행장'에 보이기 때문이다. 또한 정도전의 어머니에 관한 이야기는 상당 부분 진실을 말해주는 것으로 보인다. 정운경은 나이 38세에 맏아들 정도전을 얻었다. 이 사실은 10년 뒤에 결혼하면 재상이 될 아이를 얻는다는 관상가의 예언과 상당히 일치한다. 또한 정도전의 어머니가 우씨라는 사실도 기록과 일치한다.

그렇지만, 정도전의 이름이나 호에 관한 이야기는 사실과 다른 것으로 느껴진다. 도전(道傳)이라는 이름은 앞에서 설명한 것처럼 도를 전한다는 유교적인 뜻이 담긴 것이고, 삼봉(三峰)이라는 호는 단양의 삼봉에서 차명한 것일 수도 있지만, 그의 옛집인 개경 부근의 삼각산(三角山)에서 차명했을 가능성도 있기 때문이다.[5]

한영우 교수는 여기에서 자신이 처음 제기한 후 이미 하나의 정설처럼 굳어져 버린 '도담 삼봉'설에 대한 견해를 조심스럽게 뒤집으면서, 삼봉(三峰)이 지금은 북한산이라고 불리는 삼각산(三角山)에서 뜻을 취했을 가능성을 제기했다. 여기에다가 2013년 4월 심경호 교수(고려대 한문학과)가 새롭게 국역한 『삼봉집』을 출간하면서, 정도전의 시「삼봉(三峯)에 올라」에 "삼봉은 지금 서울의 삼각산(三角山)을 가리킨다. 정도전이 살며 학문을 하던 집이 있던 곳이다. 그의 호가 삼봉인 것은 여기서 비롯되었다."라는 주석을 달아, 정도전의 호 삼봉은 '삼각산 삼봉'에서 유래한 것이라고 주장했다.

5 한영우, 「왕도의 설계자 정도전」, 지식산업사, 1999년, 22~23쪽에서 인용

정도전의 호 '삼봉'의 유래가 되었다고 전해지는 단양 도담 삼봉의 비경.

역사학계의 원로 학자가 예전 자신의 주장을 조심스럽게 뒤집고, 한문 고전의 번역과 연구에 일생을 바친 대표적인 고전 한문학자가 국가 기관에서조차 이미 정설로 받아들인 '도담 삼봉'설에 의문을 제기하고 새롭게 '삼각산 삼봉'설을 주장하면서, 정도전의 호 삼봉(三峰)을 둘러싼 논쟁은 피할 수 없게 되었다.

정도전의 호 삼봉은 도담 삼봉이 아니라 '삼각산(三角山) 삼봉(三峰)'이다!

심경호 교수는 「삼봉에 올라」라는 시에 주석을 달면서 간단하게 정도전의 호가 '삼각산 삼봉'에서 비롯되었다고 언급하고 있지만 그 파장은 적지 않다고 할 수 있다. 어쨌든 이미 사람들 사이에서 하나의 정설처럼 굳어져 있는 '도담 삼봉'설을 정면으로 뒤엎는 일이기 때문이다. 심경호 교수의 이러한 주장을 눈여겨본 〈경향신문〉 기자 조운찬 씨는 정도전이 남긴 글과 기록을 통해 삼봉이 '도담 삼봉'에서 유래한 것인지 아니면 '삼각산 삼봉'에서 비롯된 것인지를 본격적으로 탐구하는 기사를 썼다. 그는 정도전이 자신의 호의 유래에 대해 남겨놓은 글이나 기록을 찾아볼 수는 없지만, 『삼봉집』에 실려 있는 여러 편의 시를 통해 삼봉의 지명(地名)과 위치를 가늠해볼 수는 있다고 밝혔다. 조운찬 씨가 먼저 '삼각산 삼봉'설의 근거로 들고 있는 글은 『삼봉집』 제1권 「오언고시(五言古詩)」 편에 실려 있는 '삼봉(三峰)에 올라 경도(京都, 개경)의 옛 친구를 추억하며〔登三峯憶京都故舊〕'라는 시다.

단정하게 앉아 있다가 먼 그리움이 일어나

삼봉(三峰) 마루에 오르네

서북쪽으로 송악산을 바라보니

검은 구름 높게 무심히 떠 있네

그 아래 옛 친구가 있어

밤낮으로 서로 어울려 놀았네

날아가는 새는 구름 뚫고 들어가니

나의 그리움은 아득하고 멀기만 하네

지초(芝草)를 캐보았자 한 줌도 아니 되니

저기 길가에 내버려두네

한 번 다녀오는 것 어려운 일 아니지만

어째서 이다지 망설이게 되는지

도성과 궁궐 안이 아무리 즐거운 곳이라고 해도

깊고 그윽한 바윗골을 사랑하기 때문이네

계수나무 가지 움켜잡고 노래 부르며

한 세월 가도록 편안하고 한가롭게 지내네

이 시는 정도전이 1366년부터 아버지와 어머니의 상을 연이어 당하여 선영이 있는 경북 영주에 살면서 복제(服制)를 마친 다음 1369년에 삼봉의 옛집으로 돌아와 지은 것이다. 여기에서 정도전은 삼봉의 꼭대기에 올라가 서북쪽으로 개경의 송악산을 바라보며 오랫동안 만나지 못했던 옛 친구를 추억하고 있다. 따라서 서북쪽으로 개경의 송악산이 바라다보이는 곳에 삼봉이 자리하고 있다는 사실을 짐작해볼 수 있다. 조운찬 씨가 '삼각산 삼봉설'을 밝힐 수 있는 근거로 삼은 두 번째 글은 『삼봉집』 제2권 「칠언절구(七言絕句)」 편에 실려 있는 '삼봉으로 돌아올 때 약재(若齋) 김구용이 전송해 보현원(普賢院)까지 오다[還三峯若齋金九容送至普賢院]'라는 시다.

말 맞대고 함께 노래하면서 도성문을 벗어나니

조시(朝市)와 산림(山林)이 한 가지 길로 나누어지네

다른 날에 서로 생각이 어디에 있느냐 하면

소나무 산에 가을 달 화산(華山)의 구름일세

이 시에는 『삼봉집』의 편찬자가 그때가 언제인지는 정확하게 밝히지 않은 채 "이해 여름에 공(公, 여기서는 정도전)이 삼봉의 옛집으로 돌아왔다."라는 주석을 달아놓았다. 여기에서 삼봉의 위치를 가늠해볼 수 있는 단서는 제목에 등장하는 '보현원(普賢院)'과 마지막 구절의 '화산

(華山)'이다. 『신증동국여지승람(新增東國輿地勝覽)』에는 보현원이 경기도 장단(長湍)에서 남쪽으로 25리 떨어진 곳에 있다고 설명되어 있는데, 조운찬 씨는 이곳을 현재의 파주 임진강변쯤으로 추정하면서 삼봉이 파주 인근의 지명임을 알 수 있다고 했다. 또한 화산은 삼각산의 다른 이름이다. 미수(眉叟) 허목이 지은 우리나라 역사서인 『동사(東事)』에 보면, "태조가 도읍을 한양으로 정하고 호걸(豪傑)과 대족(大族)을 이주시켰다. ⋯(중략)⋯ 삼각산(三角山)은 화산(華山)이라고 한다." 라고 기록되어 있다. 『신증동국여지승람』의 「한성부(漢城府)」 '형승(形勝)'에서도 "북쪽으로 화산(華山)을 의지하고, 남쪽으로 한수(漢水)에 임하였다."라고 하여, 화산이 다름 아닌 삼각산임을 증명해주고 있다. 그리고 조운찬 씨가 '삼각산 삼봉'설의 세 번째 근거로 들고 있는 글은 『삼봉집』 제2권 「오언율시」 편에 실려 있는 '산중에서〔山中〕'라는 시 두 수(首)다.

산중에서 병들어 누워 있다가 새로이 일어나니

어린아이가 내 얼굴보고 쇠약해졌다 하네

밭농사 배워서 몸소 약초 가꾸고

집 이사해 손수 소나무를 심었네

해 저물녘 종소리 어느 절에서 오는지

들불은 숲 너머 방앗간에서

산중에 사는 그윽한 맛을 알게 되어

이제는 모든 일에 게으름을 피우네

보잘 것 없는 나의 삶터 삼봉(三峰) 아래인데

돌아와보니 송계(松桂)의 가을이네

집안이 가난하니 질병을 다스리는 데 방해가 되나

마음은 고요하고 안정되어 근심을 잊네

대나무를 지키려고 길을 돌려 열고

산이 어여뻐 조그마한 누각을 세웠네

이웃의 스님이 찾아와 글자를 묻고선

해가 다 저물도록 서로 떠나지 않네

　1375년 고려 조정에서는 원(元)나라의 사신을 맞는 문제로 권문세족과 신진 사대부 세력이 대립을 겪었다. 당시 신진 사대부의 선봉장이었던 정도전은 원나라 사신을 맞아들이자고 주장한 권신(權臣) 이인임과 크게 충돌했다. 그런데 이인임이 신진 사대부의 주장을 물리치고 원나라 사신을 맞이하려고 했다. 이에 분노한 정도전은 "사신의 머리

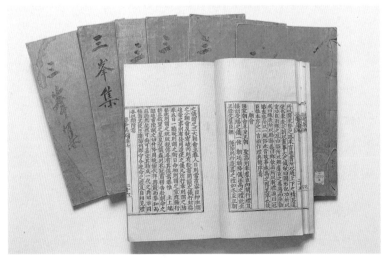

정도전이 평생 쓴 글을 모아 편찬한 『삼봉집』.

를 베든지, 그렇지 않으면 묶어서 명(明)나라로 보내 버리겠다."라고 항거하며 끝내 뜻을 굽히지 않았다. 이 일로 권문세족의 미움을 산 정도전은 전라도 나주로 유배형에 처해졌다. 3년 후인 1377년, 유배에서 풀려난 정도전은 선영이 있는 경북 영주로 가서 4년간 생활하다가, 경상도에 왜구가 창궐하는 바람에 영주를 떠나 삼봉의 옛집으로 돌아왔다. 이때 지은 시가 바로 「산중에서(山中)」인데, 특히 둘째 수(首)에 '삼봉 아래' 정도전의 옛집 풍경이 잘 그려져 있다. 조운찬 씨는 이 시에 묘사되어 있는 삼봉 아래 정도전의 옛집은 "산봉우리 아래 소나무와 대나무가 자라는 깊은 산중이다. 강물이 휘감아 도는 도담 삼봉하고는 거리가 멀다."라고 밝히고 있다. 마지막으로 조운찬 씨가 '삼각산 삼봉'설의 근거로 내세운 정도전의 글은 『삼봉집』 제2권 「오언율시」 편에 실려 있는 「집을 옮기면서(移家)」라는 시다.

> 오 년에 세 번이나 살 만한 곳을 찾아 옮겨 다녔는데
> 금년에 또 다시 거처를 옮겼네
> 들은 넓은데 떠풀로 두른 집은 조그마하고
> 산은 길지만 고목(古木)은 듬성듬성하네
> 경작(耕作)하는 사람과는 서로 성(姓)을 묻는데
> 옛 친구와는 편지 왕래마저 끊어졌네
> 하늘과 땅이 마땅히 나를 용납해주니
> 표표(飄飄)히 가는 대로 맡겨 두네

이 시에는 정도전의 다른 시와는 다르게 무척이나 긴 문장의 주석이 달려 있다. 물론 이 주석은 정도전 자신이 아니라 『삼봉집』을 편찬한

옛사람이 시를 더 잘 이해할 수 있도록 달아놓은 것이다. 어쨌든 여기에는 다음과 같은 기록이 남아 있다.

> 공(公)이 삼봉재(三峰齋)에서 글을 강론하자 사방의 학자들이 많이 따랐다. 이때 그 지방 사람으로 재상이 된 자가 있었는데, 이러한 일을 미워하여 재옥(齋屋)을 철거해버렸다. 공은 여러 제자들을 데리고 부평부사(富平府使) 정의(鄭義)에게 가서 몸을 의탁하고, 부평부의 남촌(南村)에 거처했다. 그런데 전임 재상 왕모(王某)가 그 땅에 별장을 지을 욕심에 다시 재옥(齋屋)을 철거했다. 이에 공은 또 김포(金浦)로 거처를 옮겼다. 임술년(1382년).

이 주석은 정도전이 1382년 이전 5년간 권문세족의 핍박을 피해 삼봉재에서 부평으로 다시 김포로 옮겨 다녔다는 사실을 확인해준다. 조운찬 씨는 "문제는 삼봉재의 위치를 단양으로 보느냐, 삼각산으로 보느냐인데, 임시 거처를 찾아 전전했던 당시의 상황을 미루어본다면 부평이나 김포 인근인 삼각산이 옳을 듯하다."라는 의견을 첨부했다. 그리고 이상 네 종류의 시와 거기에 달린 주석 등을 종합하면서 그는 이러한 결론을 내렸다. "삼봉은 개경을 조망할 수 있는 높은 산이며, 파주 임진강에서도 멀지 않은 곳이다. 또 삼봉을 중심으로 오 년 동안 세 번의 이사를 했는데, 그가 머물렀던 곳은 삼봉, 부평, 김포로 한강 주변 지역들이다. 이렇게 본다면, '삼봉'은 삼각산, 즉 오늘의 북한산을 지칭한다고 해야 할 것이다." 아울러 그는 북한산은 백운대, 인수봉, 만경대의 세 봉우리로 이뤄졌다 해서 예부터 삼각산으로 불렀는데, '삼봉'으로 약칭되기도 했다고 밝혔다. 그리고 삼각산을 '삼봉'이라고도 불렀다는 증거를 정도전의 스승이었던 목은(牧隱) 이색의 글

을 통해 확인할 수 있다고 하였다. 그 시는 이색의 문집인『목은집(牧
隱集)』「목은시고(牧隱詩稿)」제4권에 실려 있는「삼각산(三角山)을 바라보
며」이다.

> 태초에 삼봉(三峰)이 깎여 나왔는데
>
> 하늘을 가리킨 선인장(仙人掌)은 천하에 희귀하네
>
> 무성한 소나무 그림자에는 해와 달이 비키었고
>
> 짙고 얕은 바위의 자태에는 연기와 안개 뒤섞였네
>
> 어깨 솟은 나그네는 나귀 타고 가버렸는데
>
> 환골(換骨)하여 신선 된 어떤 사람은 학(鶴)을 타고 돌아가네
>
> 어렸을 때부터 이미 진면목(眞面目)을 아는데
>
> 사람들은 등 뒤에서 옥환(玉環)이 살쪘다고 말하네

이 시의 첫 구절인 "태초에 삼봉(三峰)이 깎여 나왔는데"가 정도전이
살던 당시 '삼각산'과 '삼봉'이 함께 쓰였다는 증거라는 얘기다. 그런데
시의 둘째 구절인 "하늘 가리킨 선인장(仙人掌)은 천하에 희귀하네" 역
시 앞서 필자가 주장한 '화산(華山)'이 '삼각산'이라는 증거이다. 선인장
(仙人掌)은 중국의 화산(華山)에 있는 봉우리의 이름인데, 당시 삼각산
을 화산이라고도 불렀기 때문에 이색이 이를 빗대어 표현한 것이다.
화산이 삼각산이라는 증거는 이색의 문하에서 정도전과 함께 수학했
던 도은(陶隱) 이숭인이 지은「삼봉의 은자(隱者, 여기서는 정도전)에게 부
치다」라는 시에서도 확인할 수 있다.

한 올의 머리칼처럼 희미하게 보이는 남쪽의 화산(華山)

산중 그윽한 거처에는 낮에도 사립문 닫혔겠지

그 마음 어찌 세상을 피해 숨고자 했겠는가

본시 세상 사람들의 왕래가 드물 뿐이네

— 『도은집(陶隱集)』, 「삼봉의 은자에게 부치다(奇三峰隱者)」

    이렇듯 정도전의 시는 물론이고 고려 말기의 대학자였던 이색이나 이숭인의 시에서도 모두 '삼봉'이 강 가운데 자리하고 있는 '도담 삼봉'이 아닌 산 속에 위치한 '삼각산 삼봉'임을 분명하게 증명해주고 있다. 전해오는 전설이나 설화는 정도전의 호가 '도담 삼봉'이라고 하지만, 정도전 자신과 그와 시대를 함께했던 스승과 벗들이 남긴 문헌은 그의 호 '삼봉'이 '삼각산 삼봉'이라고 가리키고 있는 것이다.

삼각산 삼봉이 정도전의 호(號)로 타당한 이유

앞서 살펴본 대로 정도전의 문집인 『삼봉집』에는 그의 호 '삼봉'이 '삼각산 삼봉'에서 비롯되었다는 사실을 알려주는 여러 편의 시와 글이 존재한다. 그런데 정도전이 남긴 글은 말할 것도 없고 그의 행적을 연도별로 기록해놓은 『삼봉집』 「부록(附錄)」의 「사실(事實)」 편을 아무리 샅샅이 뒤져보아도 '단양'이나 '도담 삼봉'이라는 단어나 지명은 찾아볼 수 없다. 필자는 정도전의 호와 관련한 여러 가지 학설과 주장을 종합하고 나름대로 결론을 내리는 과정에서, '삼봉'의 유래를 둘러싸고 빚어진 논란을 매듭지을 해법을 찾을 때 정도전의 불분명한 출생 내력과 함께 미천한 신분이었던 어머니 쪽의 가계(家系)가 유력한 근거가 될 수도 있다는 생각에 이르게 되었다.

한영우 교수가 지적하고 있듯이, 매우 기이하게도 조선 개국의 최대 공신이자 정승 자리에까지 오른 인물인데도 정도전은 언제 어디에서 태어났는지에 대한 명확한 기록이 없다. 단지 태조(太祖, 이성계) 5년(1396년)에 명나라와의 외교 문제로 정도전을 명나라에 보내라는 외교적 압력이 있었을 때, 그가 자신의 나이가 이미 55세가 되어 먼 길을 떠날 수 없어 명나라에 갈 처지가 못 된다는 기록으로 추정해, 그의 출생 연도가 1342년이라고 짐작해볼 수 있을 뿐이다. 정도전의 출생지에 관해서도 단양설, 개경설, 양주 삼각산설, 경북 영주 혹은 봉화설 등 여러 학설과 주장이 혼재하고 있다. 당시 사람들이 보통 외가에서 출생했다는 사례로 볼 때 단양에서 태어났을 가능성도 있지만, 그의 아버지 정운경이 개경에서 태어났고 정도전이 개경 부근에서 성장했기 때문에 개경에서 태어났을 가능성도 있다. 또한 유년기에는 개경 동남쪽의 삼봉 혹은 삼각산에서 살았다는 말도 있기 때문에 이곳에서 태어났을 가능성 역시 배제하기 어렵다. 그런데 정도전은 벼슬길에 오른 이후 이렇듯 불분명한 출생과 더불어 어머니 쪽의 가계가 천하고 명확하지 않다는 이유로 여러 차례 곤욕을 치렀다. 한영우 교수가 쓴 『왕조의 설계자 정도전』에는 이러한 상황이 자세하게 소개되어 있다.

> 훌륭한 아버지 밑에서 성장한 정도전은 자신의 능력으로 벼슬길을 달려 나갔지만, 그의 등 뒤에는 세인의 따가운 눈총이 항상 따라다니고 있었다. 그것은 다름 아니라 정도전의 외가와 관련된 신분에 얽힌 문제 때문이었다.

정도전의 출신을 공식적으로 거론하기 시작한 것은 공양왕대부터이다. 『고려사』와 『고려사절요』에 따르면, 공양왕 3년 9월 성헌(省憲)의 관리들은 정도전을 탄핵하면서 '정도전의 가풍(家風)이 부정(不正)하고, 파계(派系)가 밝지 못하다'고 지적하고, 그의 처벌을 주장하였다. 이듬해 4월에도 간관(諫官) 김진양·이확·이래·이감·권홍·유기 등이 연합 상소를 올려 정도전 등을 탄핵하면서 '정도전은 천지(賤地)에서 몸을 일으켜, 높은 벼슬에 올랐다'고 공격하였다. 이때 그들은 정도전뿐만 아니라 조준·남은·윤소종·남재·조박 등 이성계 일파를 한꺼번에 공격했는데, 유독 정도전에 대해서만 집안을 문제 삼았다. 여기서 정도전의 가풍(家風)이나 파계(派系)가 천하고 분명하지 않다는 것은 구체적으로 밝히고 있지 않지만, 대체로 외가 쪽을 겨냥해서 하는 말이라는 것을 알 수 있다.[6]

정도전을 죽인 이방원이 임금이 된 후 편찬한 『태조실록(太祖實錄)』에서도 평생 주홍글씨처럼 정도전을 따라다녔던 '외가의 천한 신분'을 지나치도록 자세하게 서술하고 있다. 정도전을 죽이는 것으로는 분이 안 풀렸던 이방원이나 그 추종 세력들이 정도전을 출생에서부터 미천하고 형편없는 인간으로 만들려고 한 의도가 다분히 개입된 기록이다. 그러나 이러한 내용이 국가의 공식 기록인 실록에까지 실렸다는 것은 그 불순한 의도를 떠나 그와 같은 이야기가 꽤 광범위하게 알려져 있었다는 사실을 반증해주고 있다.

정도전의 자(字)는 종지(宗之)요 호는 삼봉(三峯)이다. …(중략)… 그의 외할

6 한영우, 『왕도의 설계자 정도전』, 지식산업사, 1999년, 18~19쪽에서 인용

아버지인 우연(禹延)의 장인 김전(金戩)은 일찍이 스님이 되었다. 김전은 수이(樹伊)라는 종의 아내와 몰래 간통하여 딸 하나를 낳았다. 이 여자가 정도전의 외할머니이다. 우현보(禹玄寶)의 자손은 김전과 인척 관계여서 이와 같은 내력을 자세히 들어 알고 있었다. 정도전이 처음에 관직에 임명될 때에 고신(告身)이 지체된 일을 두고 우현보의 자손이 소문을 퍼뜨려 그렇게 되었다고 생각하고 원한을 품었다. 그러다가 자신의 뜻을 이루게 되자 우현보의 집안을 무함(誣陷)하여 죄를 만들어내려고 하였다. 마침내 은밀하게 황거정(黃居正) 등을 사주하여 그 세 아들을 죽였다.

- 『태조실록』, 7년(1398년) 8월 26일, 「정도전의 졸기(卒記)」

이렇듯 불분명한 출생 내력과 외가 쪽을 겨냥한 정치적 비난과 공격은 정도전이 단양의 '도담 삼봉'을 취해 자신의 호로 삼았을 가능성을 매우 낮게 만드는 유력한 근거로 삼기에 충분하다. 정도전이 그러한 비난과 공격에 초연한 사람이었다면 모르겠지만, 구태여 자신의 인생이나 정치적 행보에 이롭긴커녕 오히려 장애가 되는 외가에 연고해서 자신의 호를 삼을 까닭이 없기 때문이다. 정도전의 삶과 죽음을 볼 때, 그는 유학(儒學)을 배우고 벼슬에 나선 이후 죽을 때까지 철저하고 완벽하게 '정치적인' 인간이었다. 그는 유배형에 처해지고 개경 출입이 금지되어 미래가 전혀 보이지 않은 채 유랑 생활을 했던 9년여의 암울한 세월 동안에도 정치적으로 재기할 날을 기다리며 준비를 했을망정 결코 정치에 대한 뜻을 단 한순간도 잊은 적이 없는 사람이다. 이러한 까닭 때문이라도, 모계(母系)의 미천한 신분 때문에 갖은 정치적 곤욕을 치렀던 정도전이 외가와 관련이 있는 단양의 '도담 삼봉'을 자호(自號)로 삼았다는 것은 쉽게 이해하기 어렵다.

필사가 여러 인물의 호에 담긴 뜻을 탐구하고 해석하면서 명확하게 깨달은 사실은, 옛사람들은 대개 자신의 기호나 취향 그리고 자신이 품은 뜻과 철학을 담아 자호로 삼았다는 것이다. 물론 '소처이호(所處以號)'라고 하여 단순하게 자신의 태생이나 삶과 관련이 있는 지명을 호로 삼는 경우도 적지 않다. 그러나 마음속에 품은 뜻과 기상이 높고 큰 사람은 비록 지명으로 자호를 삼더라도, 대개 자신의 철학과 정치적 지향을 담고 있는 지명을 호로 취했다. 더군다나 정도전처럼 뼛속까지 '정치적'이었던 유학자가 단순히 자신의 출생과 관련이 있다고 해서 특정 지명을 호로 삼았을 가능성은 매우 적다.

하나의 세상(고려)을 뒤집어엎고 또 다른 세상(조선)을 세우겠다는 생각은 아무나 가질 수 있는 것이 아니다. 그것은 인간이 가질 수 있는 가장 거대한 야망이자 비전이다. 이런 사람이라면 반드시 자신의 뜻과 철학을 호에 남기게 마련이다. 정도전이 품은 뜻과 철학은 누구나 알고 있듯이 '유학을 이념으로 삼은 새로운 나라'를 세우는 일이었다. 정도전의 전기(傳記)를 살펴보면, 그가 이러한 뜻과 정치 철학을 품은 최초의 시기는 1366년 아버지와 어머니의 상을 연이어 당해 경북 영주에서 여묘살이를 할 때였다. 이때 그는 훗날 정적(政敵)이 되지만 당시까지만 해

정도전의 초상.

도 '동심우(同心友, 마음을 함께하는 벗)'라고까지 부르며 절친한 친구이자 동지였던 정몽주가 보내준 『맹자(孟子)』를 하루에 한 장 혹은 반 장 정도만 읽을 만큼 정독하고 숙독했다고 한다. 그리고 부모상을 모두 마친 후인 1369년에 정도전의 발길이 향한 곳은 앞서 '삼봉에 올라 경도(개경)의 옛 친구를 추억하며'라는 시에서 살펴보았듯이 다름 아닌 삼각산 혹은 삼봉 아래 옛집이었다.

정도전은 1362년(공민왕 1) 진사시(進士試)에 합격하고 다음해 충주(忠州) 사록(司祿)에 임명되어 벼슬길을 시작한 이후 1364년에 전교주부(典校主簿)와 임금의 비서에 해당하는 통례문지후(通禮門祗侯)에 올랐다. 그런데 공민왕이 신돈을 중용하자 크게 실망해 삼각산의 옛집으로 낙향해버렸다. 경북 영주에서 부모상을 마치고 다시 삼각산의 거처로 돌아온 정도전은 1370년 성균박사(成均博士)로 재차 벼슬길에 나섰고 다음해에는 태상박사(太常博士)로 특진했다. 이해(1371년)에 정도전이 한때 벼슬을 버리고 낙향한 이유가 되었던 신돈이 공민왕에게 죽임을 당했다. 당시 공민왕의 성균관 진흥 정책으로 큰 신임을 얻은 정도전은 1374년 공민왕이 시해당할 때까지 비교적 순조로운 관직 생활을 했다.

그러나 공민왕이 환관들의 손에 시해당하고 우왕을 옹립하는 데 큰 공을 세운 권신 이인임이 득세하면서 정도전은 크나큰 정치적 시련을 맞게 된다. 1375년(우왕 1)에 이인임과 권문세족의 친원(親元) 정책에 맞서다 전라도 나주로 유배형에 처해졌기 때문이다. 이곳에서 정도전은 천민들이 거주하는 부곡(部曲)에 머물면서 백성의 고통을 피부로 체감했고, 이것은 훗날 그가 고려를 멸망시켜야 할 정치적 명분의 하나로 삼은 '민본(民本) 사상'에 큰 영향을 미쳤다.

1377년 유배지에서 풀려나 경북 영주로 갔지만 왜구의 난리 때문에 그곳에서도 거처하지 못하게 되자 정도전은 마지막으로 삼각산 아래 옛집으로 돌아왔다. 당시 정도전은 예전에 이인임이 자신에게 가한 형벌에서 완전히 자유로운 몸이 아니었다. 그에게는 개경에는 들어올 수 없다는 금족령(禁足令)이 내려져 있었다. 정도전의 연보(年譜)라고 할 수 있는 『삼봉집』의 「사실」편에서는 삼각산 아래 '삼봉재'라 이름 붙인 거처에서 그가 글을 가르치자 수많은 사람들이 배우러 왔다고 기록하고 있다. 정도전은 1383년 가을에 변방의 함주막사(咸主幕舍)로 이성계를 찾아가기 전까지 삼각산 삼봉재에서 부평으로 다시 김포로 거처를 옮겨가면서 6년여간 망명객 아닌 망명객으로 생활했다. 필자는 경북 영주에서 삼각산의 삼봉 아래 옛집으로 돌아와 1383년 이성계를 찾아간 이 6년여간이 정도전의 삶과 정치 철학에서 가장 중요한 시기였다고 생각한다.

정도전은 삼각산의 삼봉재에서 지낼 때 예전 탐독했던 『맹자』를 통해 이미 기둥뿌리까지 썩어버린 고려를 무너뜨리고 새로운 나라를 세울 뜻과 철학을 갈고닦았다. 유학사에서 볼 때, 맹자의 사상은 두 가지 점에서 독창적이다. 그 하나가 이른바 역성혁명이라고 하는 '천명 개혁(天命改革) 사상'이고, 다른 하나는 백성(民)이 가장 우선이고 그 다음은 사직(社稷, 국가)이고 가장 마지막이 임금(王)이라고 한 '민본(民本) 사상'이다. 이러한 맹자의 독창적인 사상 때문에 예부터 일부 제왕들은 『맹자』를 불온하고 위험한 서적으로 여겨 금서로까지 지정했다고 한다. 정도전은 『맹자』를 수십 수백 번 되풀이해 탐독하면서 이 두 가지 사상을 체득했고, 이미 손댈 수 없을 만큼 부패해버린 고려를 역성 혁명을 통해 멸망시키고 민본 사상을 구현할 새로운 유교 국가를 세울 정치적 명분과 정당성을 찾았다고 할 수 있다. 그러한 정치 철학과 정치 구상이 준비가 되자 비로소 정도전은 자신과 힘을 합해 고려를 무너뜨리고 새로운 나라를 세울 적임자로 찍은 이성계를 찾아갔던 것이다. 『삼봉집』의 「사실」 편에서는 『용비어천가(龍飛御天歌)』를 인용해 이때 처음으로 만난 정도전과 이성계의 대화와 그 속에 숨은 뜻을 이렇게 기록하고 있다.

> 계해년(1383년, 우왕 9) 가을에 공(公)이 우리 태조(太祖, 이성계)를 따라 함주막사(咸州幕舍)에 갔다. 그때 태조는 동북면도지휘사(東北面都指揮使)였다. 태조의 호령이 엄숙하고 병사의 대오가 정돈되어 질서가 있는 모습을 보고 가만히 아뢰기를, '참으로 훌륭합니다. 이러한 군대를 가지고 무슨 일인들 못하겠습니까?' 하였다. 이에 태조가 '그게 무슨 말입니까?' 하였다. 공은 '동남쪽으로 나아가 왜적을 물리친다는 말입니다.'라고 둘러댔다. 그리고 진영(陣營) 앞에 늙은 소나무 한 그루가 있었는데, 거기에 시를 남기고 싶다고 청했다. 소나무를 하얗게 깎은 다음 '아득한 세월 한 그루 소나무는/청산(靑山)에서 몇 만 겹 동안 자랐네/다른 해가 있다면 서로 만날 수 있겠지/사람 사는 곳이라면 어느 곳이든 따르겠네'라고 적었다. 대개 천명(天命)의 소재를 알고 그 뜻을 취한 것이다.

이 기록대로 정도전은 삼각산 삼봉재에서 야심만만하게 '역성혁명과 민본 사상'의 정치 철학과 이를 구현할 새로운 나라에 대한 정치적 구상을 마무리한 다음 '천명(天命)의 소재'를 찾아 이성계를 만나러 머나먼 변방으로 길을 떠났던 것이다. 따라서 정도전의 삶과 철학에서 가장 핵심적인 뜻이 담겨 있는 곳이 다름 아닌 삼각산 아래 삼봉재라고 할 수 있다. 이러한 사실반 보너라도, 정도전의 호가 '도담 삼봉'이 아니라 '삼각산 삼봉'에서 비롯되었다는 것에 쉽게 수긍이 가지 않는가?

제7장

퇴계 이황

평생 '물러날 퇴(退)' 한 글자를 마음에 품고 살다!

▌퇴계(退溪) '물러날 퇴(退)' 자를 호로 삼은 까닭은?

이황은 1570년 12월 8일 나이 70세로 죽음을 맞았다. 자신의 죽음을 예견했던 이황은 죽기 나흘 전인 12월 4일 조카 이영(李甯)을 불러 특별히 당부의 말을 남겼다. 이것은 일찍이 병환이 위중해지자, 아들 이준(李寯)에게 했던 유언과 같은 내용이었다.

내가 죽고 난 후 조정에서 관례에 따라 예장(禮葬)을 하려고 청하면 사양해라. 또한 비석을 세우지 말고 다만 조그마한 빗돌에다 앞면에는 '퇴도만은진성이공지묘(退陶晚隱眞城李公之墓)'라고만 쓰고, 뒷면에는 향리(鄕里)·세계(世系)·지행(志行)·출처(出處)를 간략하게 서술하여 『가례(家禮)』에서 말한 대로 해라. 만약 이러한 일을 다른 사람에게 부탁하여 비명(碑銘)을 짓게 되면 고봉(高峰) 기대승 같은 이는 반드시 실제로 없던 일을 장황하게 늘어놓아 세상의 웃음거리가 될 것이다. 그러므로 일찍이 스스로 나의 뜻을 적어서 미리 명문(銘文)을 지으려고 했다. 그러나 자꾸 미루어 오다가 미처 끝내지 못한 채 어지러이 흩어놓은 난고(亂稿) 가운데 숨어 있으니 찾아서 묘비의 명문을 새기도록 해라.

―『퇴계집(退溪集)』, 「연보(年譜)」

여기에서 이황이 '일찍이 스스로 나의 뜻을 미리 적어 두었다'고 말한 '명문'이란 자신의 70 평생을 4언 24구 96자(字)로 압축하여 정리해 놓은 '자명(自銘)'을 가리킨다. 이황은 죽고 난 후 이 자명 이외에 자신을 미화하거나 찬양하는 어떤 기록도 원치 않았다. 담담하면서도 명쾌하게 자신의 삶을 술회한 '자명'만이 그가 자신의 묘지에 남기고 싶었던 유일한 글이었다. 실제로 현재 경북 안동시 도산면 토계동 건지산 남쪽 산봉우리에 자리하고 있는 이황의 묘소를 찾아보면, 그 묘비의 중앙에는 그의 유언대로 '퇴도만은진성이공지묘(退陶晚隱眞城李公之墓)'라고 적혀 있고, 그 오른편에는 '퇴계선생묘갈명(退溪先生墓碣銘)'이라는 제목으로 앞서 언급한 '자명'이 기록되어 있다. 따라서 이황의 삶과 철학을 살펴볼 때 '자명'은 비록 아주 짧은 글이지만, 그가 후세에 남기고 싶었던 가장 강렬한 메시지를 담은 것이라고 할 수 있다.

태어나면서부터 크게 어리석었고

장성해서는 병치레 많았네

중년(中年)에 쌓은 학문이 얼마나 되었기에

만년(晩年)에 어찌 외람되게 벼슬을 받았는가

학문은 구하려고 할수록 더욱 아득해지고

벼슬은 사양하려고 할수록 얽어 들었네

벼슬에 나아가면 가다가 넘어졌고

벼슬에서 물러나 숨으면 올곧았네

나라의 은혜에 마음 깊이 부끄럽고

성인의 말씀은 진실로 두렵구나

산은 높고도 높으며

물은 끊임없이 솟아 흐르네

너울너울 나부끼는 초복(初服) 차림으로

세상 사람의 비방에서 벗어났네

나의 소회(所懷) 이로써 막히니

누가 내 패옥(佩玉)을 즐겨 구경할까

내가 옛사람을 생각하니

진실로 내 마음에 맞는구나

어찌 다음 세상을 알겠는가

지금도 알지 못하는데

근심 가운데 즐거움이 있고

즐거움 속에 근심이 있네

저 세상으로 돌아가며 생(生)을 다하니

여기에서 다시 무엇을 구하겠는가

— 『퇴계전서』, 「자명」

이황은 이 '자명'의 7구와 8구에서 자신이 평생 마음에 품고 살았던
뜻은 바로 '물러날 퇴(退)' 한 글자라는 사실을 밝혔다. 즉 "벼슬에 나아
가면 가다가 넘어졌고(進行之跲), 벼슬에서 물러나 숨으면 올곧았네(退

藏之貞)."라고 적었다. 벼슬에 '나아감(進)'은 자신의 본성과 맞지 않아 몸을 상하게 만들었던 반면, 벼슬에서 '물러남(退)'은 자신의 마음과 같아 올곧은 삶을 지켜주었다는 얘기다.

이황은 34세 때 문과에 급제해 벼슬길에 올랐다. 당시 현달한 사람들이 과거에 급제해 첫 관직에 나서는 평균 연령이 20대 중·후반이었다는 점을 감안하면 한참 늦은 나이였다. 왜 그랬을까? 이황이 본래 벼슬할 마음이 없었기 때문이다. 이황은 8남매의 막내였는데, 그의 아버지 이식(李埴)은 그가 걷기도 전인 2세 때 세상을 떠났다. 홀로 남은 이황의 어머니는 직접 농사를 짓고 누에를 치면서 남은 자식들을 양육했고, 이 때문에 집안은 가난했으며 살림은 궁색했다. 그러나 이황의 어머니는 배우지 못한 과부의 아들이라는 소리를 듣지 않게 하지 않으려고 가난 속에서도 자식들의 공부만은 한순간도 소홀히 하지 않았다.

신유년(辛酉年, 1501년)에 아버지께서 진사에 급제하고 다음 해 여름 6월에 병으로 돌아가셨다. 그때 맏형님이 겨우 혼인을 했을 뿐 그 나머지 자식들은 모두 어렸다. 어머니께서 많은 아들을 두고 일찍 과부가 된 것을 몹시 마음 아프게 생각해, 장차 가문을 유지하지 못하고 마침내 여러 자식들이 혼인을 하지 못하게 될까 봐 크게 근심하고 두려워했다.

아버지의 삼년상을 마치자 제사는 맏형님에게 맡기고 그 옆에다 방을 만들어 거처하면서 더욱 부지런히 농사를 짓고 누에를 쳤다. 갑자년(甲子年, 1504년)과 을축년(乙丑年, 1505년) 사이에는 부역과 세금을 혹독하게 재촉해 사람들의 살림살이가 궁색해졌고 파산하는 이도 많았다. 그러나 어머니는 능히 멀리 앞날을 내다보아 어려움을 도모할 수 있었고 오랫동안 유지해온 가업(家業)을 잃지 않았다. 여러 자식들이 점차 장성하자 살림살이가 나아졌고, 이에 멀고 가까운 곳을 찾아 공부를 할 수 있도록 학비를 마련해주었다. 항상 훈계하시기를, '대개 문예(文藝)에만 힘쓸 것이 아니라 몸가짐을 단정히 하고 행실을 삼가는 것이 중요하다'고 하셨다. 재물을 대할 때에도 경계하도록 하셨고, 이에 근거해 가르치셨다. 언제나 간절하게 '세상에서는 과부의 자식이 배우지 못했다고 말하니, 너희들이 백배의 노력을 하지 않는다면 이러한 비웃음을 어찌 모면할 수 있겠느냐.'라고 경계하셨다.

- 『퇴계집』, 「선비증정경부인박씨묘갈지(先妣贈貞夫人朴氏墓碣識)」

이렇다보니 어렸을 때부터 남달리 영특하고 학문에 출중했던 이황에게 거는 어머니와 형제들의 기대는 클 수밖에 없었다. 이황의 과거 급제는 집안을 살릴 수 있는 유일한 길이나 다름없었다. 학문이냐 벼슬이냐를 두고 고민하던 이황은 어머니의 기대와 형제들의 권유를 차마 모른 척할 수 없었다. 첫 과거 시험인 경상도 향시(鄕試)를 27세의 늦은 나이로 치른 까닭 역시 여기에 있었다. 따라서 이황이 벼슬길에 나선 이유는 단 하나, 집안 살림이 몹시 궁색해 늙은 어머니가 가난으로 고생하자 차마 자식 된 도리를 다하지 않을 수 없었기 때문이다.

어쨌든 34세에 승문원(承文院)의 권지부정자(權知副正字)로 벼슬살이를 시작한 이황은 성균관(成均館), 호조(戶曹), 홍문관(弘文館), 춘추관(春秋館), 사헌부(司憲府) 등 60여 개의 중앙 관직을 두로 역임했다. 그러나 항상 마음은 벼슬에 있지 않았기 때문에 병을 이유로 사직했다가 다시 임금이 부르면 어쩔 수 없이 나아가기를 거듭했다. 게다가 당시 조정은 중종 사후 왕위 계승 문제를 둘러싸고 대윤(大尹)과 소윤(小尹)으로 나뉘어 피를 부르는 권력 투쟁을 벌이고 있었고, 이황이 뿌리를 두고 있던 사림 역시 이 권력 다툼에 직간접적으로 얽혀 있었다. 이러한 이전투구(泥田鬪狗)와 같은 정치 상황 때문에 이황은 더욱 소성을 떠나 산림에 숨어 살고 싶은 생각이 간절했다. 이황이 고뇌하던 모습을 옆에서 지켜본 제자 정유일은 훗날 스승의 평소 언행을 모아 엮은 『언행록(言行錄)』에서 "선생은 일찍부터 벼슬할 마음이 적었다. 그 당시 정치 사정이 매우 어지러웠으므로, 선생은 계묘년(癸卯年, 1543년) 나이 43세 때부터 벼슬에서 물러날 결심을 가졌다. 그 후로도 여러 차례 임금이 불렀지만, 항상 조정에 오래 머무르지는 않으셨다."라고 밝혔다.

이황의 나이 37세에 그가 벼슬에 나갔던 유일한 이유이기도 했던 어머니 박씨 부인이 사망했기에 더 관직에 머물러 있을 이유도 없었다. 43세 때인 1543년 2월, 이황은 마침내 병을 이유로 사직했다. 그러나 임금의 부름을 받고 다시 조정에 나왔고, 중종이 승하하고 새로이 임금이 된 인종 1년인 1545년(45세) 3월 병을 이유로 사직했다가 다시 관직을 제수받았으며, 8월에 병을 핑계로 사직했으나 다시 정3품인 사옹원정(司饔院正)으로 복귀했다. 이렇듯 잦은 사직과 뒤이은 복귀로 말미암아 이황은 동갑내기이자 학문적 라이벌이었던 산림처사(山林處士) 조식으로부터 '출처(出處)'가 명확하지 않다고 큰 비판을 받기도 했다. 사실 임금의 숱한 부름과 관직 임명에도 불구하고 끝내 산림처사로 살다 생을 마친 조식에 비해 이황의 '출처'는 비판받을 소지가 없지 않다.

조식은 그 뜻과 기상이 성리학을 초월했기 때문에 군신(君臣) 간의 의리를 그다지 중요하게 생각하지 않았다. 그러나 정통 성리학자였던 이황에게 군신 간의 의리는 아주 중요한 가치이자 덕목이었다. 이황은 조식처럼 임금의 부름을 마냥 거부할 수만은 없었던 것이다. 그러나 언제나 그의 본뜻은 벼슬에 있지 않고 산림에 물러나 글을 읽고 심신을 수양하며 후학을 가르치는 데 있었다. 여기에서 '나아감(進)'과 '물러남(退)' 사이의 딜레마가 발생했고, 이황은 평생 임금이 부르면 어쩔 수 없이 나아갔다가 병을 핑계로 물러나기를 거듭했던 것이다.

어쨌든 이황은 46세가 되는 1546년(명종 1) 2월, 휴가를 얻어 고향인 예안현(지금의 안동)으로 돌아가 장인 권질(權礩)의 장례를 치르고 난 이후, 5월에는 병을 핑계 삼아 조정으로 복귀하지 않아 해직되었다. 그리고 7월, 부인 권씨가 사망하자 작정하고 고향인 예안현 온계리(溫溪里)로 귀향하여 참됨을 기른다는 뜻의 '양진암(養眞菴)'을 짓고 거처하기 시작했다. 이때에 이르러서야 비로소 이황은 평생 마음속 깊이 품었던 '물러남'을 행동에 옮길 수 있었다. 그리고 물러나겠다는 자신의 뜻과 의지를 만천하에 선언이라도 하듯, 고향 온계리에 흐르는 '토계(兎溪)'라는 시내 이름을 '퇴계(退溪)'로 바꾸고 마침내 자신의 호로 삼았다. 평생 마음에 품고 살았던 '물러날 퇴(退)' 자를 행동으로 옮길 수 있게 되자, 이제 '퇴계(退溪)'라는 호를 사용해도 세상 사람들에게 부끄럽지 않다고 생각했던 것이다. 당시 이황은 '퇴계(退溪)'라는 제목의 시문(詩文)까지 짓고 자신의 호에 '물러날 퇴(退)' 자를 넣은 뜻을 이렇게 설명했다.

몸이 물러나니 어리석은 내 분수에 맞아 편안하지만

학문이 퇴보할까 늘그막을 우려하네

시냇가에 비로소 거처를 정하고

퇴계(退溪)를 굽어보며 매일 반성함이 있네

- 『퇴계집』, 「퇴계」

오늘날 경북 안동시 도산면 토계동으로 흐르는 조그마한 실개천이 바로 이황이 '퇴계'라고 고쳐서 자신의 호로 삼았던 '토계'이다. 이 실개천은 온계(溫溪)와 청계(淸溪)라고 부르는 개울을 합해 낙동강으로 흘러든다.

이황은 나이 50세가 되는 1550년 2월에는 퇴계 서쪽으로 몸을 옮겨 초옥(草屋)을 짓고 '세상을 벗어나 산중에서 가난하게 거처한다'는 의미로 '한서암(寒栖庵)'이라 이름 붙였다. 처음 하명동(霞明洞) 자하봉(紫霞峯) 아래에 터를 잡아 집을 짓다가 완성하지 못하고 다시 죽동(竹洞)으로 옮겼다가 마침내 이곳에 정착했다. 세 번이나 옮긴 끝에 비로소 마음에 흡족한 곳을 찾아 자리를 잡게 된 것이다. 그래서인지 이황은 비록 띠풀을 엮어 이엉을 이은 좁고 거친 집이지만, 이곳에서 낮에 밭 갈고 밤에 책 읽는 일이야말로 세상 무엇과도 바꿀 수 없는 즐거움이라 말했다.

> 골짜기 바위 사이로 옮겨 모옥(茅屋)을 짓고 지붕을 이으니
> 때마침 바위에 핀 꽃 흐드러지게 붉네
> 옛적부터 지금까지 때 이미 늦었으나
> 아침에 밭 갈고 밤에 독서하니 즐거움은 끝이 없네
>
> **－『퇴계집』, 「초옥을 퇴계 서쪽으로 옮기고 한서암이라 이름 짓다(移草屋於溪西名曰寒栖庵)」**

이황은 사람들이 모여 사는 마을과는 동떨어져 인적 끊긴 그곳에서, 조용한 가운데 사계절 모습을 달리하는 흥거운 정취를 구경하고 많은 시간을 보내며 한가로이 옛 성인들이 남긴 글에만 마음을 쓰며 살았

조선 선조 32년(1599)에 도산서원에서 간행한 이황의 유고문집인 『퇴계집』. 68권 31책으로 이루어져 있다.

다. 또한 맑게 흐르는 냇물과 갖가지 형상의 바위 그리고 굳센 정절과 절개를 드러내는 소나무와 대나무의 기풍(氣風)에 빠져서 자신을 찾아오는 손님조차 별로 반갑게 여기지 않는 생활을 보냈다.

> 푸르른 자하봉 외곽의 땅을 사서
>
> 푸른 시냇가 옆으로 거처 옮겼네
>
> 마음 빼앗겨 깊이 빠진 것은 물과 돌뿐이고
>
> 크게 즐겨 구경할 만한 것은 소나무과 대숲뿐이네
>
> 고요한 가운데 때에 따라 흥취 일고
>
> 한가한 가운데 지나간 향기 분간하네
>
> 사립문은 마땅히 먼 곳에 있어야 하니
>
> 마음 가는 곳은 책상 위 책뿐이네

－『퇴계집』, 「퇴계에서 거처하며 이런 저런 흥에 겨워(溪居雜興)」

그러나 이후에도 임금의 간곡한 부름과, 병을 이유로 벼슬을 사양하는 이황 사이의 지루한 다툼은 끝이 나지 않았다. 이 당시 이황의 심정을 읽을 수 있는 글 한 편이 『퇴계집』에 남아 있는데, 그것은 그가 나이 53세(1553년, 명종 8)에 남명 조식에게 보낸 편지이다.

나는 타고난 성정이 질박하고 고루한데다 사우(師友)의 지도를 받지 못해 어렸을 때부터 옛 성현을 사모하는 마음만 있었을 뿐입니다. 그러나 집이 가난하고 모친이 노쇠해 억지로 과거 시험을 보아 이득과 녹봉을 얻게 되었습니다. 그때에는 실로 식견이 없어서 쉽게 다른 사람들의 말에 마음이 움직여 몸을 허탄(虛誕)하고 망령된 곳에 두었습니다. 그러다가 뜻밖에도 천서(薦書)에 이름이 올라 속된 세상일에 골몰하여 날마다 겨를이 없었으니 달리 무슨 말을 하겠습니까? 그 후로 병이 더욱 깊어지고, 또 스스로 세상에 나아가 일할 만한 능력이 별로 없다는 사실을 깨달은 다음에야 비로소 머리를 돌리고 발걸음을 멈춰 옛 성현의 글을 더욱 힘써 읽었습니다. 그런데 나의 학문과 시세(時勢)에 쏠려 이리저리 따라다녔던 처신과 행사가 모두 옛사람과 비교해 크게 잘못되어 있었습니다. 이에 두려운 마음이 일어 크게 잘못을 깨닫고 옛사람들을 따르려고 가던 길을 바꾸어 남은 삶을 수습하고자 하였습니다. 그러나 뜻은 쇠약하고 정신은 퇴폐하고 질병마저 따라오는 바람에 힘을 쏟을 수가 없었습니다. 그렇다고 그대로 내버려둘 수도 없어서 벼슬을 그만두고 몸을 피해 서적을 싸서 짊어지고 고향의 산속으로 돌아와 장차 이르지 못한 바를 구하려고 더욱 애를 썼습니다. 혹시 신령스러운 하늘의 도움을 받아 조금씩 학문을 쌓은 다음에 만에 하나라도 터득한 것이 있다면 일생을 헛되이 보내지 않게 될 것입니다. 지난 10년 이래 나의 뜻과 소원이 바로 이것이었습니다. 그런데 임금의 은혜가 나의 잘못을 포용하고 허명(虛名)이 사람을 핍박하여 계묘년(癸卯年, 1543년)으로부터 임자년(壬子年, 1552년)까지 세 번이나 벼슬에서 물러나 돌아갔다가 세 번 모두 불려 돌아오게 되었습니다. 늙고 병든 정신과 기력으로 온 마음을 다 쏟지도 못한 공부를 하고 있으면서, 무엇을 성취하고자 바라고 있으니 이 또한 어렵지 않겠습니까?

- 『퇴계집』, 「조건중에게 보내다(與曺楗仲)」

만년에 이를수록 이황의 마음속에는 '물러날 퇴(退)' 한 글자만이 오롯이 자리를 지켰다. 거듭된 사양에도 불구하고 끊임없이 벼슬길에 나설 것을 종용하는 명종에게 이황은 벼슬에 나아가지 못하는 다섯 가지 이유를 조목조목 들면서 자신의 강한 의지를 이렇게 밝혔다.

어리석음을 숨기면서 벼슬을 도둑질하는 것이 마땅하겠습니까. 병으로 폐인이 된 자가 마땅하겠습니까. 헛된 명성으로 세상을 속이는 것이 마땅하겠습니까. 허물인 줄 알면서도 벼슬에 나아가는 것이 마땅하겠습니까. 직무를 다하지 못하면서 물러나지 않는 것이 마땅하겠습니까. 이 다섯 가지 마땅하지 못함을 지닌 채 벼슬을 한다면 신하된 자의 의로움이라고 할 수 없습니다. 엎드려 바라옵건대 신이 사정에 어둡고 어리석음을 살피시고, 신의 병약함과 수척함을 불쌍하게 여기시어 앞서 윤허하신 대로 이곳 시골로 물러나 허물을 고치고 병을 다스리며 여생을 끝마칠 수 있도록 해주십시오.

- 『퇴계전서』, 「벼슬에서 물러나기를 간청하며 올리는 글(乞致仕狀)」

그러나 '나아감'과 '물러남' 사이의 딜레마는 죽음 직전까지 이황을 놓아주지 않았다. 이황이 죽기 1년 전인 1569년(선조 2) 새로이 즉위한 임금이 종1품직인 판중추부사(判中樞府事)와 의정부 우찬성(右贊成)

이황의 묘비 탁본. '퇴도만은진성이공지묘(退陶晚隱眞城李公之墓)'라고 적혀 있다.

을 내렸기 때문이다. 이 때문에 이황은 자신이 직접 쓴 묘갈명인 '자명'에서 "만년에 어찌 외람되게 벼슬을 받았는가〔晚何叨爵〕"라고 크게 후회하는 유언을 남기기도 했다. 이황이 평생토록 온 힘을 다해 애써도 '물러날 퇴(退)' 한 글자를 온전히 지키는 일이란 이토록 어렵고도 어려웠던 것이다.

이황이 자신의 묘비에 일체의 관작(官爵)을 기록하지 말고 오로지 '퇴도만은(退陶晚隱)'이라고만 적으라고 한 까닭 역시 여기에서 찾을 수 있다. 즉 이황은 벼슬에 나아간 것을 자신의 본래 뜻과 어긋난다고 생각했기 때문에, 자신의 묘비를 관작으로 화려하게 장식하는 것을 큰 자랑으로 여겼던 당시 사대부들과는 다르게 그냥 '도산에 물러나 만년을 숨어 지내다'라는 뜻의 '퇴도만은(退陶晚隱)'이라고만 적으라고 했던 것이다. '물러날 퇴(退)' 자를 평생 가슴에 품었던 것도 모자라, 죽은 이후에도 사람들이 자신을 '물러날 퇴(退)' 한 글자로 기억해주기를 바랐던 이황의 간절한 소망을 읽을 수 있는 대목이다.

도수(陶叟)·도옹(陶翁)·도산노인(陶山老人) 도산(陶山)에 숨어 사는 병든 늙은이

'퇴계'와 더불어 이황 하면 가장 쉽게 떠오르는 단어는 다름 아닌 '도산 서원(陶山書院)'이다. 이황이 주인공인 일천 원권 지폐 역시 앞면에는 퇴계 이황이라고 쓰여 있는 초상화가 있고, 뒷면에는 도산서원의 전신인 도산서당(陶山書堂)을 그린 〈계상정거도(溪上靜居圖)〉가 새겨 있다. 〈계상정거도〉는 겸재 정선이 1764년에 그린 것으로, 이황이 학문을 닦고 제자들을 가르쳤던 도산서당의 모습을 담고 있다. 지폐의 양면처럼 퇴계와 도산서당은 이황의 삶과 철학에서 가장 중요한 비중을 차지한다. 도산서당은 이황이 퇴계 근처에 자리하고 있는 도산(陶山)에 세운 강학소이다.

이황이 도산(陶山)을 거처로 삼아 학문을 닦고 제자를 가르치려고 한 때는 1557년(명종 12) 그의 나이 57세 무렵이었다. 벼슬에서 물러난 이후 하루가 멀다 하고 전국 각지에서 자신을 찾아오는 수많은 선비와 제자를 수용하기에 퇴계가의 집은 너무도 좁고 답답했다. 그래서 거처를 옮길 목적으로 이곳저곳 마땅한 장소를 찾아다니다가 퇴계 남쪽에 있는 도산에서 학문을 강학할 서당과 제자들이 묵을 숙소를 세우기에 좋은 터를 발견했다.

이황이 발견한 터는 퇴계에서 고개를 하나 넘어 낙동강이 내려다보이는 산언덕에 자리하고 있었다. 이 터를 발견한 이황은 "퇴계 남쪽에 도산(陶山)이 있을 줄 누가 알았겠는가. 이렇듯 신비한 곳을 가까이 두고도 몰랐다니 참으로 괴이한 일이구나."라고 말하며 뛸 듯이 기뻐했다고 한다. 그리고 제자인 남경상·금응훈·민응기와 아들 이준(李寯),

손자 안도(安道)에게 보여줄 생각으로 시와 글을 각각 한 편씩 썼다. 이황이 글로 묘사한 도산의 풍경과 일천 원권 지폐 뒷면에 새겨 있는 겸재 정선의 그림을 비교해서 보면 그때 이황이 느꼈던 기쁨을 이해하기가 한결 수월할 것이다.

퇴계(退溪)가에 집터 가려서 산 지

몇 해나 흘렀는가?

가난한 살림살이에 자주 땅을 옮기니

간당간당 기울고 허물어졌네

그윽한 계곡과 바위는 비록 어여쁘지만

형세(形勢)는 끝내 막히고 좁아 답답하네

깊게 탄식하고 장차 고쳐서 구하려고

높고 깊은 경계 끝까지 가보았네

퇴계의 남쪽에 도산(陶山)이 있는데

신비한 곳 가까이 있으니 기쁘면서 또한 괴이하구나

어제는 우연히 홀로 찾아왔지만

오늘 아침에는 여럿이 함께 왔네

연이은 봉우리는 구름 등에 걸쳐 있고

끊어진 산기슭은 강 언덕에 임하였네

푸른 물은 모래섬을 겹쳐 두르고

아스라한 봉우리는 천 개의 상투처럼 나란히 있네

그 아래 한 동네를 살펴 찾으니

오랫동안 간직한 소원 이에 보상받는구나

깊고 그윽하며 한가롭고 고요한 두 산 사이에

맑은 날 산속 아지랑이는 그림 속에 있는 듯하고

짙푸른 나무숲에서는 안개 피어오르고

분홍빛 띤 꽃은 그물을 씌운 것처럼 아름답네

– 『퇴계전서』, 「다시 도산의 남동쪽을 가서 보고 짓다(再行視陶山南洞有作)」

그 후 5년 가까운 시간 각고의 공을 들여 1561년 가을 마침내 도산 서당은 완성되었다. 이황은 도산서당이 완성되자 곧바로 '도산기(陶山記)'라는 글을 짓고, 이곳에 담긴 자신의 뜻을 이렇게 밝혔다. 도산이라는 이름은 옛적에 산속에 질그릇을 굽는 가마가 있다고 해서 붙여진 것인데, 다르게 해석하면 이황이 평생 추구했던 성리학의 도(道), 곧 인간의 참된 본성과 인격을 도야(陶冶)하는 산이기도 하다.

영지산(靈芝山)의 한 줄기가 동쪽으로 뻗어내려 도산(陶山)이 되었다. 혹자는 말하기를, '그 산이 두 번이나 솟았으므로 도산(陶山)이라 이름하였다' 하고, 또 혹자는 '산속에 옛날 질그릇을 굽던 가마가 있었기 때문에 그 사실(事實)로써 이름을 붙였다'라고 말한다.

산은 그다지 높지도 크지도 않다. 그렇지만 넓게 트여서 산의 형세가 절묘하다. 또한 산이 자리 잡은 방위가 한쪽으로 치우치지 않아서 그 곁에 있는 봉우리, 메, 계곡, 골짜기가 모두 이 산을 향해 두 손을 맞잡고 절하며 둥글게 감싸고 있는 듯하다. 산의 왼쪽에 있는 것을 동취병(東翠屏)이라 하고, 산의 오른쪽에 있는 것을 서취병(西翠屏)이라고 부른다. 동취병은 청량산(淸凉山)으로부터 내려와서 산의 동쪽에 이르러 여러 봉우리가 보일 듯 말 듯 늘어서 있다. 서취병은 영지산(靈芝山)으로부터 내려와서 산의 서쪽에 이르러 봉우리가 우뚝하게 솟아 있다. 두 취병은 서로 마주보며 남쪽으로 달려서 굽어지고 감돌아 8~9리 정도 가다가 동쪽의 것은 서쪽으로, 서쪽의 것은 동쪽으로 들어와 남쪽 들판 아득한 외곽에서 산세가 합해진다. 물은 산의 뒤쪽에 있는 것을 퇴계(退溪)라 부르고, 산의 남쪽에 있는 것을 낙천(落川, 낙동강)이라고 부른다. 퇴계는 산의 북쪽을 돌아서 산의 동쪽에서 낙천(落川)으로 흘러들어간다. 낙천은 동취병으로부터 서쪽으로 달려서 산기슭에 이른다. 멀리 흐르고 깊이 고여 출렁거리며 몇 리 사이를 오르락내리락하다보면 그 깊이가 배를 저어 다닐 수 있다. 금빛 모래와 옥같이 흰 자갈이 맑고 깨끗하고 짙푸르고 차가운데, 이곳이 이른바 '탁영담(濯纓潭)'이다. 서쪽으로 서취병의 벼랑에 부딪치고 마침내 나란히 그 아래를 따라 남쪽으로 큰 들판을 지나서 부용봉(芙蓉峯) 아래로 들어간다. 부용봉은 곧 서쪽의 것이 동쪽으로 들어와서 형세가 합해진 곳이다.

처음 내가 퇴계가에 집터를 정할 때 개울이 보이는 곳에 두어 칸의 집을 얽어서 서책을 간직하고 마음 수양할 곳으로 삼았다. 대개 이미 세 차례나 그 땅을 옮겨 문득 비바람에 무너지게 되었다. 더군다나 퇴계가는 지나치게 고요하고 적막해서 마음을 밝히고 넓히기에 적당하지 않았다. 이에 다시 옮길 것을 도모했는데, 도산의 남쪽에서 땅을 얻었다. 이곳에는 조그마한 골짜기가 있고 앞으로는 강과 들을 굽어볼 수 있다. 그윽하고 아득하며 멀고 넓을뿐더러 바위와 산기슭이 밝고 또렷하며 돌샘은 달고 차가워서 은둔하기에 마땅한 곳이다. 농부의 밭이 그 가운데 있었지만, 재물을 주고 밭과 바꾸었다. 법련(法蓮)이라고 부르는 중이 그 일을 맡아보다가 얼마 지나지 않아 죽었다. 정일(淨一)이라는 중이 이 일을 이어받아 정사년(丁巳年, 1557년)으로부터 신유년(辛酉年, 1561년)에 이르기까지 5년 만에 서당(書堂)과 정사(精舍) 두 채가 대략 완성되어 깃들어 쉴 만한 곳이 되었다.

─『퇴계전서』, 「도산기」

벼슬에서 물러나 도산에 숨어 살면서 이황은 글을 읽고 사색하는 삶을 맘껏 즐기고 싶었다. 또한 자신을 찾아오는 사람들과 학문을 논하고 제자들을 가르치며 남은 생을 보내고 싶었다. '도산기'라는 글에는 관직의 속박과 헛된 명성에서 벗어나 자연 속에서 유유자적하며 도학자(道學者)의 삶을 살고자 한 이황의 꿈이 고스란히 담겨 있다.

나는 항상 오랫동안 쌓인 병에 얽혀 고통스러워하며 비록 산에 거처하면서도 책을 읽는데 온전히 뜻을 다할 수 없었다. 깊은 근심을 조식(調息)하고 나서 여유가 나면, 이때 몸은 가볍고 편안해진다. 마음과 정신이 깨끗하게 깨어나 우주를 굽어보고 우러러볼 때면 감동과 느낌이 연이어 일어난다. 책을 물리고 지팡이를 짚고 나가 좁은 마루에 이르러 연못을 바라보며 즐기고, 화단에 올라 꽃을 찾고, 채마밭을 돌며 약초를 심고, 숲을 뒤져 향기로운 꽃을 따곤 한다. 더러는 돌에 앉아 샘물을 희롱하고, 대(臺)에 올라 구름을 바라본다. 그러다가 돌 위에서 고기를 바라보고, 배에 올라 해오라기를 가까이한다. 마음이 가는 대로 노닐다가 눈이 닿으면 흥이 일어난다. 우연히 경치를 만나면 풍취(風趣)가 이루어져 흥이 극에 이르러 돌아오는데, 그러면 방 안은 고요하고 적막하며 도서는 벽에 가득하다. 책상을 마주하고 잠잠히 앉아 마음을 바로하고 연구와 사색을 하면 자주 마음에 합치되는 것이 있다. 그때는 문득 기뻐하다가 먹는 것조차 잊어버린다. 만약 합치되지 않는 것이 있으면 친구에게 자문을 구한다. 그래도 얻는 것이 없으면 마음속에서는 분발하나 오히려 억지로 통하려고 하지 않는다. 잠깐 한쪽에 두었다가 때가 되면 다시 뽑아내어 마음을 비우고 생각하며 저절로 풀리기를 기다린다. 오늘도 이렇게 하고 내일도 이렇게 한다.

산새가 울고 만물이 때를 만나 화창하고 무성하며, 바람과 서리가 매섭고,

눈과 달이 엉겨 빛난다. 사계절의 경치가 같지 않으니 흥취 또한 무궁하다. 그래서 큰 추위, 큰 더위, 큰 바람, 큰 비가 아니면 나가지 않는 때도 나가지 않는 날도 없었다. 나가는 것도 이와 같았고 돌아오는 것 역시 이와 같았다. 이것이 곧 한가롭게 거처하며 병을 다스리는 쓸모없는 일이다. 비록 옛사람의 대문과 마당을 들여다볼 수는 없지만, 스스로 마음속에 일어나는 즐거움은 얕지 않아 말을 하지 않으려고 해도 그럴 수가 없었다.

오호라! 나는 불행하게도 늦게 멀고 외진 시골에서 태어나 질박하고 고루하여 들은 것은 없지만, 산림(山林) 사이를 돌아보고 일찍이 즐거움이 있는 줄을 알았다. 중년에 망령되게 세상에 나가 세속의 바람과 먼지에 엎어지고 나그네처럼 헤매다가 미처 스스로 돌아와서 죽지 못할 뻔했다. 그 후 더욱 나이가 들어 늙고 병은 깊어지고 하는 일마다 곤란을 겪으니, 비록 세상은 나를 버리지 않았으나 내가 스스로 세상에 버림을 받지 않을 수 없게 되었다. 이제야 비로소 몸이 벗어나 울타리에서 빠져나와 농토와 밭이랑에 몸을 던져 본분을 찾고 보니, 이른바 산림의 즐거움을 기약하지 않았는데 내 앞에 있었다. 그렇다면 내가 이제 쌓인 병을 해소하고 깊은 근심을 제거하며 궁색한 말년을 편안하게 지내려고 한다면, 이곳을 버리고 장차 어디에서 구하겠는가?

- 『퇴계전서』, 「도산기」

이황이 도수(陶叟), 도옹(陶翁), 도산진일(陶山眞逸), 도산병일수(陶山病逸叟), 도산노인(陶山老人) 등 도산과 관련된 수많은 자호들을 사용한 때도 이 무렵부터다. 그만큼 이황의 말년에 도산이라는 공간이 차지하는 비중은 컸다. 특히 이황은 도산을 배경으로 하거나 소재로 삼은 한시(漢詩)와 우리말 시가를 아주 많이 남겼다. 스스로를 '도산에 숨어 사는 병든 늙은이'라고 불렀지만, 도산에서의 삶을 즐겼던 만큼 마음속에서 절로 일어나는 시흥을 억누를 수 없었던 것이다. 그 대표적인 것이 도산서당이 완성되자 지은 「도산잡영(陶山雜詠)」과 65세 때 지은 「도산십이곡(陶山十二曲)」이다.

도산을 감싸고 있는 빽빽한 여러 봉우리의 왼쪽에 위치하고 있는 '동취병산'은 맑게 갠 날에는 푸른빛의 기운을 띠고 있다가 한순간에 날씨가 변해 비를 마구 흩뿌리기도 한다. 이황은 도산서당에 앉아 이러한 풍경을 감상하고 있자면, 마치 송(宋)나라 때의 유명한 화가 이성(李成)이 빼어나게 잘 그린 산수화를 보는 듯하다고 했다. 또한 도산의 오른쪽에 울뚝불뚝 솟아 있는 여러 봉우리는 '서취병산'인데, 도산서당에서 이곳을 마주보고 격조 높은 시를 읊조리기에는 뜬구름이 두둥실 떠다니고 푸른빛을 띠는 저녁 무렵이 가장 마땅하다고 하였다.

빽빽하게 서 있는 뭇 봉우리 왼쪽의 취병산

맑은 날 아지랑이 이따금 흰 구름에 걸쳐 띠를 두르네

잠깐 동안 변화 일어 비를 뿌리니

아마도 송대(宋代)의 화가 이성(李成)이 붓 휘둘러 생겨난 듯

　　　－『퇴계전서』, 「도산잡영(陶山雜詠)」, 「동취병산(東翠屛山)」

우뚝우뚝 서 있는 뭇 봉우리는 오른쪽의 취병산

산 중턱에 절을 감추고 아래 정원에는 정자 있네

마주하고 앉아 격조 높은 시 읊조리기에는 저녁이 참으로 마땅한데

두둥실 뜬 구름에 온전히 내맡기니 만고(萬古)에 푸르구나

　　　－『퇴계전서』, 「도산잡영」, 「서취병산(西翠屛山)」

이황이 학문을 구하고 제자를 가르쳤던 도산서원의 전경.

「도산십이곡」은 이황이 스스로 쓴 발문(跋文)에서 '도산노인'이 지었다고 밝힌 국문 시가다. 이 시가는 여섯 곡(曲)씩 둘로 나누어져 있다. 이황은 앞의 여섯 곡은 '뜻'을 말하고, 뒤의 여섯 곡은 '학문'을 말하였다고 밝혔다. 아울러 학문을 배우는 아이나 제자들이 아침저녁으로 스스로 노래하고 익히도록 할 생각에 「도산십이곡」을 지었다고 했다. 또한 자신도 이 「도산십이곡」 하나를 적어서 상자 속에 간직해놓고 틈나는 대로 꺼내 음미하며 스스로 반성하겠다고 적었다. 여기에서 이황이 말한 '뜻'이란 벼슬이나 출세와 같은 세속의 이욕(利慾)을 쫓아다니지 말고 자연 속에서 참된 본성을 기르라는 것이고, '학문'이란 만권의 책을 쌓아 두고 성현의 도(道)를 힘써 궁구하라는 것이다.

기일(其一)

이런들 어떠하며 저런들 어떠하리오

초야(草野)에 묻혀 사는 어리석은 이가 이렇다 어떠하리오

하물며 천석(泉石)을 사랑하는 고질병을 고쳐 무엇하리오

기이(其二)

안개와 노을로 집을 삼고 바람과 달로 벗을 삼아

태평성대에 병으로 늙어가네

이 중에 바라는 일은 허물이나 없고자

기삼(其三)

순박한 풍속이 죽었다 하니 진실로 거짓말

사람의 성품이 어질다 하니 진실로 옳은 말

천하에 수많은 영재(英才)를 속여 말씀할까

기사(其四)

그윽한 난초가 골짜기에 있으니 자연히 듣기 좋구나

흰 구름이 산에 있으니 자연히 보기 좋구나

이 중에 아름다운 저 한 사람을 더욱 잊지 못하네

기오(其五)

산 앞에 대(臺)가 있고 대(臺) 아래에 물이로다

떼 많은 기러기는 오며 가며 하거늘

어찌하여 밝고 깨끗한 흰 갈매기는 멀리 마음 하는고

기육(其六)

봄바람에 꽃이 산에 가득하고 가을밤에 달빛이 대(臺)에 가득하네

사계절의 멋과 흥취 사람과 한가지라

하물며 물에 뛰노는 물고기, 하늘 높이 나는 솔개, 구름 그림자, 밝은 햇빛이

야 어느 끝이 있을꼬

기일(其一)

천운대(天雲臺) 돌아들어 완락재(玩樂齋) 맑고 깨끗한데

만권(萬卷) 생애(生涯)로 즐거운 일 끝이 없어라

이 중에 왕래하는 풍류를 말해 무엇할꼬

기이(其二)

천둥소리 산을 무너뜨려도 귀머거리는 못 듣나니

밝은 해 중천에 있어도 장님은 못 보나니

우리는 눈과 귀 밝은 남자로 귀머거리와 장님 같지 말리

기삼(其三)

옛사람도 날 못 보고 나도 옛사람 못 봐

옛사람을 못 봐도 가던 길 앞에 있네

가던 길 앞에 있거든 아니 가고 어찌할꼬

기사(其四)

당시(當時)에 가던 길을 몇 해를 버려 두고

어디가 다니다가 이제야 돌아왔는고

이제야 돌아오나니 다른 데 마음 말라

기오(其五)

청산(靑山)은 어찌하여 만고(萬古)에 푸르르며

흘러가는 물은 어찌하여 밤낮으로 그치지 아니하는고

우리도 그치지 말아 만고(萬古)에 늘 푸르리라

기육(其六)

어리석은 이도 알며 하거니 그 아니 쉬운가

성인(聖人)도 못다 하시니 그 아니 어려운가

쉽거나 어렵거나 중에 늙는 줄을 모르는구나

- 『퇴계전서』, 「도산십이곡」

도산에서 글을 읽고 사색하며 강학하던 10여 년의 생활이 쌓이고 쌓여서 이황은 동아시아 최고의 성리학자로 거듭 태어날 수 있었다고 해도 과언이 아니다. '퇴계'라는 장소가 벼슬에서 물러나 학문에 전념하고 싶었던 이황의 뜻이 깃든 곳이었다면, '도산'은 이러한 이황의 뜻을 현실로 만들어준 공간이었다. 자신의 비석에 '퇴도만은(退陶晚隱)'이라고만 새기라고 거듭 유언을 남길 만큼, 이황의 삶과 철학에서 '퇴(退)' 자와 함께 '도(陶)' 자가 지닌 의미는 거대했다.

청량산인(淸凉山人) 오가산(吾家山), "진실로 우리 집안의 산이다!"

지리산을 사랑했던 조식이 스스로 '방장산인(方丈山人)'이라는 호를 썼던 것처럼, 이황은 청량산(淸凉山)을 무척 좋아해 자신을 '청량산인(淸凉山人)'이라고 불렀다. 도산 인근에 자리하고 있는 청량산은 우뚝 솟은 열두 봉우리의 기암괴석이 빼어나게 아름다워 예로부터 영남의 소금강(小金剛)이라 불린 산이다. 그러나 이 산은 높이가 870미터에 불과하고 둘레도 채 100리가 되지 않는다. 그래서 어떤 사람은 "나라 안의 여러 산과 비교해보면 하나의 흙무더기에 불과하다."라는 말까지 남겼다. 수려한 산이라고 할 수는 있지만 웅장하거나 기이하지는 않아 명산(名山)이라고 할 만하지는 않다는 얘기다. 그럼에도 불구하고 16세기 이래 청량산은 선비들이 숭상하는 성산(聖山), 즉 '성스러운 산'으로 대접받았다. 그 까닭은 이 산 구석구석에 이황의 얼과 혼이 서려 있었기 때문이다. 18세기에 청량산을 유람한 어떤 선비는 "이 산의 봉우리와 바위와 물길과 돌 하나하나가 모두 퇴계 선생이 유람하며 보고 좋아하여 즐기지 않은 곳이 없었다."라고까지 했다.

　청량산은 이황에게 어렸을 때부터 남다른 의미가 있는 산이었다. 이황이 청량산에 직접 발을 들여놓은 것은 그의 나이 15세 전후로 추정되는데, 이때의 일을 그는 "나는 어렸을 때부터 부형(父兄)을 따라 책보자기를 짊어지고 이 산을 오고 가며 글을 읽은 것이 몇 번인지 알 수 없을 정도였다."라고 회상했다. 그러나 벼슬길에 올라 한양으로 갔다가 병을 이유로 거듭 사직하고 다시 임금의 부름을 받아 관직에 나가기를 거듭하는 우여곡절을 겪느라 꿈속에서는 볼망정 정작 청량산을 찾지는 못했다. 이 당시의 심정을 이황은 이렇게 노래했다. "꿈에서는 이따금 다시 맑은 산을 넘지만/형체는 지금도 오히려 먼지 구덩이에 떨어져 있네"라고. '맑은 산', 곧 청량산으로 돌아가기를 소망하지만 육신은 여전히 '먼지 구덩이', 즉 벼슬살이에 옭매어 있는 자신을 빗대어 읊은 시구(詩句)다. 다만 풍기 군수로 있던 1549년 봄에 주세붕이 지은 「청량산 유람록(遊清凉山錄)」을 고을 사람에게서 얻어 세 번이나 되풀이해 읽으면서 청량산에 대한 그리움을 달랠 뿐이었다. 풍기 군수에서 물러나 다음 해에 퇴계의 서쪽에 자리를 잡고 살았지만 한 번도 청량산을 찾지 못했다. 그러다가 임자년(壬子年)인 1552년 4월 다시 임금의 부름을 받고 한양에 올라갔다가 「청량산 유람록」을 지은 주세붕과 만나 친분을 쌓

이황의 초상.

앉고, 이것이 계기가 되어 주세붕의 특별한 요청에 따라 「청량산 유람록」에 발문(跋文)까지 써주게 되었다. 이 글에서 이황은 '청량산'을 가리켜 한 치의 주저함도 없이 '오가산(吾家山)', 곧 '우리 집안의 산'이라고 부르며 각별한 애정을 드러냈다.

> 안동부(安東府)의 청량산(淸凉山)은 예안현(禮安縣) 동북쪽 수십 리 지점에 있는데, 조상 대대로 살아온 황(滉)의 집이 그 노정(路程)의 절반쯤에 있다. 새벽에 출발해서 청량산에 오르면 해는 정오가 채 되지 않고 허기가 지기는커녕 오히려 아직도 배가 불러 있다. 비록 산은 다른 지방에 있지만 진실로 우리 집안의 산이다.
>
> — 『퇴계전서』, 「주세붕의 청량산 유람록에 쓴 발문(周景遊淸凉山錄跋)」

당장 벼슬을 그만두고 낙향하고 싶었지만 임금의 간곡한 청 때문에 발길을 쉽게 돌리지 못한 이황은 몸은 비록 한양에 있지만 자신의 마음은 다른 곳에 가 있다는 것을 보여주기라도 하듯이, 1553년 나이 53세 무렵부터 스스로를 '청량산인(淸凉山人)'이라고 불렀다. 그러던 중 1555년 2월에 반드시 벼슬에서 물러나 고향집으로 돌아가겠다는 결심을 굳히고 병을 이유로 세 번이나 사직서를 내어 마침내 해직되었다. 벼슬의 족쇄에서 벗어나 퇴계가의 집으로 돌아온 이황은 그해 겨울 오랜 세월 동안 꿈속에서나 만났던 청량산을 작정하고 들어갔다가 한 달이 지나서야 돌아왔다. 당시 이황은 '11월 청량산에 들어가다'라는 시를 지어 늦게나마 다시 청량산을 찾은 소회를 이렇게 밝혔다.

질병 다스리려고 하나 자못 어렵구나

신선이 사는 산이 멀지 않아

목 빼어 바라보며 마음에 잊혀지지 않더니

외로운 산의 암자에서 하룻밤을 묵고

새벽에 길 떠나 두 고개를 넘었네

겹쳐 쌓인 얼음을 굽어서 보고

첩첩이 가린 산을 우러러보네

징검다리 밟고 빠르게 내달리는 개울을 건널 때에

각별히 조심하여 깨우친 것 많았네

깊은 산림 태곳적 눈이 쌓여

밝고 환한 햇빛조차 그림자 없네

경사진 지름길은 낭떠러지 미끄럽고

그 아래로는 구덩이나 함정과 다름없네

가고 가다 기력은 이미 다했지만

오르고 올라 마음은 더욱 맹렬하네

산에 사는 중이 웃고 또한 위로하니

서쪽 요사(寮舍) 고요히 나를 맞이하네

팔구 일 심신이 편안하여

지게문 닫고 숨어 머리조차 내밀지 않아

눈보라 몰아쳐도 보지를 못했는데

하물며 바람 소리 어찌 알 수 있겠는가

오늘 아침 햇빛 어여쁘고 사랑스러워

지팡이 짚고 나서니 바위길이 멀구나

저기 하늘에 꽂힌 고개에 올라

두 눈으로 우주(宇宙)를 달렸네

근력이 쇠약하여 험준한 봉우리가 두려워

이 몸이 소원한 일 급하게 이루지 못하지만

아무것이나 잡고 올라 오히려 조금 더 시험해보고

눈을 들어 돌아보니 구름이 천 경(頃)이네

기묘한 뜻은 말로 다 하기 어렵고

아름다운 풍경 매양 홀로 차지하네

사계절은 이미 끝을 다하려고 하나

그윽한 시골에 두는 몸 한탄하지 않네

다만 평생 사귄 벗 생각에

내 마음 태워 근심스럽네

소중한 언약 아직 실천하지 못했으니

먼 곳에 있는 이를 청하기도 어렵네

어찌하면 이곳에 함께 와서

힘을 다해 절경(絕境)에 이를까

– 『퇴계전서』, 「11월 청량산에 들어가다(十一月入淸涼山)」

　한 달여 동안 청량산에서 머물다가 퇴계가의 집으로 돌아온 이후 이황은 서당을 지을 터를 구하러 다니다가 57세에 도산 남쪽에서 마땅한 장소를 구했고, 앞서 말한 대로 5년여의 공사를 거쳐 1561년 도산서당을 완성했다. 그런데 이때 청량산에 대한 이황의 각별한 애정을 잘 알고 있던 많은 사람들이 왜 청량산이 아닌 도산에 서당을 세우는지에 대해 의아해했다. 그래서 어떤 사람이 이황에게 그 까닭을 물었다.

옛적에 산을 사랑했던 사람들은 반드시 명산을 얻어 스스로 의탁하였습니다. 그런데 그대가 청량산에 거처하지 않고 이곳에 거처한 것은 무슨 까닭입니까?

- 『퇴계전서』, 「도산기」

이황은 두 가지 이유를 들면서 청량산이 아닌 도산을 선택한 까닭을 밝히고 있는데, 그 첫째 이유는 청량산의 높은 절벽과 깎아지른 듯한 골짜기가 늙고 병든 자신에게 편안하지 않다는 것이고, 둘째 이유는 청량산에는 물이 없어서 생활하기가 쉽지 않다는 것이었다.

청량산은 절벽이 만 길이나 서 있고, 위태롭게 깎아지른 골짜기를 마주하고 있어 늙고 병든 나 같은 사람에게는 편안하지 않습니다. 더욱이 산을 좋아하는 것과 물을 좋아하는 것은 어느 것 하나라도 빠질 수 없습니다. 지금 낙천(洛川, 낙동강)이 비록 청량산을 지나가기는 하지만 산중에는 물이 있다는 것을 알지 못합니다. 내가 진실로 청량산에 거처하기를 원하지만 그 일은 차후로 미루고 먼저 이곳에 터를 잡은 까닭은 무릇 산과 물을 겸하여 늙고 병든 몸을 안락하게 하기 위해서입니다.

- 『퇴계전서』, 「도산기」

아름답고 소중한 것은 그것을 소유하는 순간 오히려 그 아름다움과 소중함을 잊어버리기 십상이다. 아름답고 소중한 것일수록 일정한 거리를 유지하면서 관조하는 것, 그것이야말로 아름답고 소중한 것의 진정한 가치를 배가시키는지도 모른다. 이황에게 청량산이란 그런 존재였다. 청량산을 마음속의 고향 혹은 마지막 마음의 안식처로 남겨

둔 채 매일 그 산을 바라보면서 지내는 삶을 원했기 때문에, 이황은 청량산이 아닌 도산에 거처를 두었던 것이다. 이러한 이황의 심정은 '산을 바라보며(望山)'라는 제목이 붙은 시에 아주 잘 드러나 있다.

> 어느 곳인들 구름 낀 산이 없겠는가
> 하지만 청량산이 더욱 맑고 절묘하다네
> 정자에서 날마다 바라보고 있노라면
> 맑은 기운이 사람의 뼛속까지 들어오네
>
> **－『퇴계전서』,「산을 바라보며(望山)」**

청량산이 세상에 알려져 사람들의 발길이 잦아지면 이 산을 통해 자신이 누리는 즐거움이 사라져 버릴까 봐 염려하는 이황의 재치 넘치는 시구를 보더라도, 그가 얼마나 청량산을 아꼈는지를 새삼 느낄 수 있다.

> 청량산 열두 봉우리(六六峯)를 아는 이 나와 흰 갈매기뿐
> 흰 갈매기야 말하겠느냐 못 믿을 것은 복숭아꽃이로다
> 복숭아꽃아 물 따라 가지 마라 배 타고 고기 잡는 이 알까 두렵구나
>
> **―『퇴계전서』,「청량산가(淸凉山歌)」**

'명승지(名勝地)와 명산(名山)은 사람에 의해 이름이 난다'라는 말이 있다. 만약 이황이 없었다면, 청량산은 산세가 수려한 수많은 산 중의 하나에 불과했을 것이다. 이황이 있었기 때문에, 이 산은 도산과 더불어 오늘날까지 성리학의 창시자인 주자(朱子) 이후 최고의 성리학자로 일컬어지는 '퇴계'의 정신이 깃든 성산(聖山)으로 추앙받고 있는 것이다.

일두 정여창·사옹 김굉필
정암 조광조·회재 이언적

선비 정신의 사표(師表), 동방 사현

▌동방 사현(四賢)이란

성종 시대에 중앙 정치 무대에 등장하기 시작한 사림(士林)은 무오사화
→갑자사화→기묘사화→을사사화→정미사화의 참화(慘禍)와 재앙
을 겪었다. 하지만 명종 말기 훈구파와 외척 세력의 마지막 상징이나
다름없었던 문정왕후가 죽은 이후 권간(權奸) 윤원형 일파를 단죄하면
서 정치적 주도권을 완전히 장악하게 된다. 이후 사림은 선조 시대에
들어와서 조선의 정치를 좌지우지하는 명실상부한 권력 집단으로 자
리 잡는다. '사림 전성시대'가 활짝 열린 것이다. 중앙 정치를 장악한 사
림은 성리학을 국가 통치의 이념과 원리로 삼았다. 또한 정치적 명분과
정당성을 강화하기 위해 성리학의 적통(嫡統)과 도통(道通)의 계보를 세
우는 일을 가장 중요한 국가적 사업의 하나로 만들었다.

　이때 특히 사림 세력은 과거 다섯 차례의 사화(士禍)에서 자신의 정

치적 신념과 절의를 지키다 형장의 이슬로 사라졌거나 혹은 유배지에서 처참한 죽음을 맞았던 사림의 지사(志士)들을 성균관 문묘에 추존(追尊)하는 일을 정책의 최우선 순위로 삼았다. 사림의 철학적 기반이기도 했던 '선비 정신'이 무엇인가를 만천하에 보여준 지사들을 유학의 성지인 성균관 문묘에 종사하는 것은 사림 권력에 정치적 명분은 물론 도덕적 정당성까지 부여하는 일이었기 때문이다. 사림의 철학인 '선비 정신'은 '인(仁)'과 '의(義)' 두 글자로 요약할 수 있다. 그것은 어진〔仁〕 마음으로 백성을 대하고, 의로운〔義〕 뜻으로 세상을 올바르게 세우는 일이다. 따라서 만약 인의(仁義)에 어긋난다면 선비는 절대로 이로움을 추구하지 않고, 또한 권력이 인의를 거스른다면 선비는 목숨을 버릴지언정 따르지 않고 맞서 싸워야 한다.

이러한 이유 때문에 당시 조선 성리학의 정통 계보를 이으면서도 지사의 삶을 살았던 극소수의 사람만이 유학의 성지인 성균관 문묘에 종사되는 영광을 누릴 수 있었다. 그들이 바로 이번 이야기의 주인공인 '동방 사현(四賢)'이다. 선조 1년인 1568년에 사림의 적극적 지원 아래 성균관의 유생들이 앞장서 임금에게 문묘 종사를 요청한 인물은 정여창, 김굉필, 조광조, 이언적 네 사람이었다. 『선조실록』에 "성균관 유생들이 사현의 종사를 청한 상소의 내용"이라는 기사 제목으로 실려 있는 상소문의 내용은 이랬다.

무진년(戊辰年, 1568년) 여름에 성균관 유생들이 상소하여 김굉필(金宏弼)·정여창(鄭汝昌)·조광조(趙光祖)·이언적(李彥迪)을 문묘에 종사할 것을 청하였다. 그 상소문에서 김굉필에 대해 논하기를, '학문이 끊어진 후에 태어나서 일찍이 큰 뜻을 품고 분발하여 배우면 반드시 성현에 이를 수 있다 하고 『소학』

을 익혀서 근본을 배양하고 『대학』을 따라 규모를 세웠으며, 성(誠)과 경(敬)을 힘써 지키고 예법에 따라 행동하였습니다. 조예가 이미 깊어지고 실천함이 더욱 돈독해지자 사문(斯文, 성리학)을 분명하게 드러내어 밝히는 일을 자신의 소임으로 삼았습니다. 사람들을 교육하는 것을 게을리하지 않고 순서 있게 가르치니, 무릇 세상에 이름 높은 현명하고 어진 선비가 그 문하에서 많이 나왔습니다. 그 풍격(風格)과 명성이 미치는 곳이면 누구나 선(善)을 향하여 일어서지 않을 수 없었으므로 한 시대가 도학의 종주(宗主)라고 일컬었습니다.'라고 하였다. 상소가 세 번째 올라오자 당시 병조참판 백인걸(白仁傑)이 조광조를 문묘에 종사할 것을 청하였다. 임금이 그 상소를 대신에게 내렸다. 이준경(李浚慶) 등이 의논하기를, '도학의 공(功)으로 말하자면, 조광조를 종사하려고 할 경우 김굉필도 나란히 종사하지 않을 수 없습니다. 신라로부터 고려까지 문장에 능한 선비는 빈번하게 배출되었지만, 의리의 학문은 실로 김굉필로부터 계도(啓導)되었습니다. 김굉필은 우리나라에서 학통이 끊어진 뒤에 태어나 가장 먼저 성현의 학문을 사모하여 구습(舊習)을 모두 버리고 『소학』에 온 마음을 바쳤습니다. 명예와 이욕을 구하지 않고 움직일 때나 고요하게 거처할 때나 반드시 예법에 따르며 경(敬)에 이르는 데 전력을 다했습니다. 진실로 오래도록 도(道)를 이루고 덕(德)을 세우는 데 힘을 쌓았습니다. 그러나 불행하게도 어지러운 세상을 만나 재앙의 틈바구니에 끼게 되자 조용하게 죽음에 나아갔습니다. 비록 세상에서 그 품은 뜻을 펴보지 못하였지만 마음속에는 얻은 것이 있다는 사실을 여기에서 징험할 수 있습니다. 또한 후생(後生)을 가르치는 일을 한시도 게을리하지 않아 우리 동방의 선비들로 하여금 성현의 학문이 존재함을 알게 한 것은 참으로 이 분의 공입니다.'라고 하였다.

-『선조실록』, 5년(1572년) 9월 19일

제 8 장 ─ 일두 정여창 · 사옹 김굉필 · 정암 조광조 · 회재 이언적

그런데 선조는 이들 네 사람이 선대(先代)의 임금 때 화환(禍患)을 입었다는 사실 때문에 쉽게 문묘 종사를 결정하지 못했다. 옥당(玉堂, 홍문관)에서 특별히 이들의 사적과 언행을 적어 한 권의 책으로 만들어 임금에게 올렸지만, 선조는 선대 임금과 이들 사현(四賢) 사이의 일에 차마 입에 올리기 힘든 말들이 많아서 문묘 종사는 불가하다는 뜻을 내보이기까지 했다. 그러자 옥당에 배속되어 있던 사림 출신의 관리들이 들고 일어나 선조의 의심과 우유부단함을 강하게 질타했다.

김굉필과 정여창은 혼란한 연산조(燕山朝)에서 죄를 입었습니다. 당시 죄를 입은 이들이 모두 어진 선비였지만, 두 사람은 특히 우리나라 도학(道學)의 종사(宗師)가 되었습니다. 이에 대해서는 다시 말할 것이 없습니다. 조광조는 독실하게 배우고 몸소 실천하여 도(道)에 밝고 덕(德)이 우뚝 서 있어 중종(中宗)이 바야흐로 높은 벼슬을 주고 당우(唐虞, 요순시대)의 정치를 도모하려고 하였습니다. 그러나 뜻하지 않게 남곤(南袞)과 심정(沈貞)에게 모함을 당하여 마침내 큰 재앙을 당하였습니다. 지금도 어린아이는 물론 심부름하는 하인들까지 모두 조광조가 애매한 죄를 입었다는 것을 알고 있고, 오히려 그의 어진 품성과 행동에 대해 탄복하지 않는 사람이 없습니다. 이언적은 성현의 학문에 뜻을 두고 '경(敬)'을 지키는 일에 전념하였으며 옛사람을 본받아 행동했으므로 그 학문의 조예가 심오하였습니다. 조광조 이후에는 이언적한 사람이 있을 뿐입니다. 을사년에 선비들이 죄를 당했을 때 처음에는 죄를 입지 않았지만 권간(權奸)이 자신들과 의견이 다른 것을 질시하고 모함하여 유배까지 보냈습니다. 끝내 죄를 모면하지 못했으나 선비들이 그의 고풍(高風)에 감복하여 지금까지도 우러러 받들고 있습니다. 이 네 신하의 마음과 행적은 털끝만치도 의심할 것이 없습니다. 그 때문에 전하께서 즉위한 이래 여러 신하들이 경연(慶筵)에 출입할 때마다 매번 성상(聖上)을 위해 반복하여 진달(陳達)했던 것입니다. 만약 의심스러운 점이 있다면 어찌 감히 이렇게 할 수 있겠습니까? 속히 포상을 내려 칭찬하고 장려하여 억울한 죄는 씻어주시고, 또한 저서(著書)와 사실(事實)과 행장(行狀)을 수집하도록 명을 내려 인출(印出)한 다음 배포하여 나누어주어 사람들이 성상께서 어진 선비를 존경하고 숭상한다는 뜻을 알 수 있도록 하십시오. 그러면 선(善)이 잇달아 일어날 것입니다. 이 또한 세상에 성대한 일입니다. 어찌 한때 모함을 모면하지 못했다고 하여 그 사이에 의심을 둘 수 있겠습니까. 비록 심기에 불편한 말이 있다고 하더라도, 이것은 소인배들의 흉악한 태도와 정상을 드러내는 데 불과할 뿐입니다. 절대로 선대의 임금께 누가 되지 않습니다. 인심(人心)은 지극히 공평하여 옳고 그른 것을 속이기 어렵습니다. 민가(民家)의 유생들이 이 분들의 저술을 얻는다면 한마디 말과 하나의 글자도 모두 즐겨 와우고 경복(敬服)할 것입니다. 비록 인출하지 않는다고 하더라도 종국에는 사람들로 하여금 보지 못하게 할 수는 없을 것입니다. 성상께서 인출하여 배포해 나누어주신다면 선(善)을 향해 일어날 선비가 더욱 많아질 것입니다. 삼가 성상께서는 속히 결단을 내려주시고 의심하지 마소서.

-『선조실록』, 3년(1570년) 5월 16일

이들 상소문을 통해 정여창, 김굉필, 조광조, 이언적 네 명의 지사를 칭송하기 위해 사용한 '사현(四賢)'이라는 말이 처음으로 공식화되었다. 그 후 사림의 정신적 지주 역할을 한 퇴계 이황이 사망하자, 선조 9년(1576년)에 다시 이황의 문묘 종사를 추가 요청하면서 이른바 '동방 오현(五賢)'이라고 부르게 되었다. 그러나 '오현'의 문묘 종사는 사림의 분열과 갈등에다가 임진왜란 등 연이은 내우외환으로 큰 힘을 얻지 못하게 되었다. 그러다가 임진왜란의 상흔이 조금씩 가라앉고 나라가 안정되어 가자, 다시금 이들 오현의 문묘 종사 문제가 뜨겁게 달아올랐다. 결국 선조가 죽고 광해군이 즉위한 지 3년째 되는 1610년, 이들 오현은 성균관의 문묘에 배향되기에 이른다. 1568년 성균관 유생들의 상소로 시작된 '동방 사현'의 문묘 종사 운동이 40여 년이 지난 후 '동방 오현'의 문묘 종사로 비로소 결실을 맺게 된 것이다. 당시 광해군은 교서를 내려 이들 오현을 문묘에 종사하는 이유가 "백세토록 사표(師表)로 삼게 하는 것"이라고 분명하게 밝혔다. 광해군의 말처럼 이때부터 오늘날까지 이들 '동방 오현'은 사림의 표상이자 선비 정신의 사표로 내외의 큰 존경을 받고 있다. 앞서 이황의 호에 대해서는 살펴보았기 때문에, 여기에서는 그를 제외한 사현의 호에 담긴 뜻을 알아보면서 그들의 삶과 철학을 조명해보겠다.

일두(一蠹) 정여창 "나는 한 마리의 좀벌레다!"

'사림(士林)'이라는 용어는 성종 시대 점필재(佔畢齋) 김종직을 중심으로 그의 제자들인 정여창·김굉필·김일손·홍유손 등이 신진 정치 세력으로 등장하면서 본격적으로 사용되기 시작했다. 성종은 이전 세조 때 막강한 권력을 갖게 된 공신(功臣)과 훈구파 세력을 견제하고 왕권을 강화하기 위한 방책으로 영남의 재지사림(在地士林)을 대거 발탁했다. 당시 사림의 중심에 섰던 인물은 김종직이었다. 그는 조선 성리학의 종주라고 일컬어지는 정몽주의 학통을 이은 길재의 수제자였던 김숙자의 아들이었다. 다시 말해 김종직은 정몽주→길재→김숙자로 이어지는 성리학의 정통 계보를 잇는 사림의 적장자였다. 성리학을 신봉하고 정몽주와 길재를 종주로 섬겼던 사림은 무엇보다 절의와 기개를 제일의 가치로 여겼다. 특히 김종직은 세조가 단종을 폐위하고 왕위에 오른 사건을 인의(仁義)를 어지럽힌 행위로 본 반면, 성삼문 등 사육신은 끝까지 절의를 지킨 지사로 평가했다. 그래서 그는 세조의 친손자였던 성종에게 서슴없이 '사육신은 충신이다'라는 직언을 했고, 만약 그러한 변고가 다시 일어난다면 자신은 반드시 '성삼문이나 박팽년과 같은 사람이 되겠다'라고 했다.

이처럼 절의를 숭상한 김종직의 철학은 그가 함양 군수 시절 학문을 가르쳤던 정여창·김굉필 등의 제자들에게 고스란히 전해졌다. 정여창이 김종직을 처음 만나 학문을 배우기 시작한 때는 성종 3년(1472년), 나이 23세 때였다. 그는 4세 연하이지만 '지동도합(志同道合, 뜻을 함께 하고 도(道)를 합한다.)'의 지기(知己)를 맺은 김굉필과 함께 1년 전에 자신의 고향인 경남 함양 군수로 부임한 김종직을 찾아가 배움을 청하였다. 김종직의 문집인『점필재집(佔畢齋集)』「연보」에는, 당시 김종직이 자신을 찾아온 남달리 총명한 두 젊은 제자에게 어떤 가르침을 주었는지 자세하게 나와 있다.

〔임진년(1472년), 성종 3, 나이 42세〕 정여창과 김굉필은 서로 친구인데, 선생의 문하에 나아가 배움을 청하였다. 이에 선생은 옛사람들이 공부한 순서에 따라 가르쳤다. 먼저『소학』과『대학』을 읽고『논어』와『맹자』에 이르도록 하였다. 정여창과 김굉필은 날마다 가르침을 받들어 그 강령과 요지를 탐구하고 도의(道義)를 연구하고 궁리했다.

이후 김종직이 한양으로 올라가자 정여창은 지리산에 들어가 3년 가까이 사서오경(四書五經)을 비롯한 유학의 경전 공부에 전념하였다. 그리고 27세 무렵 한양으로 올라가 옥당(玉堂)의 응교(應敎)로 관직에 있던 김종직을 다시 찾아가 정자와 주자 등의 성리학을 배웠다. 정여창이 중국 송(宋)나라에서 발원한 성리학의 태두인 정이천(程伊川)의 '하늘과 땅 사이의 한 마리 좀벌레(天地間一蠹)'에서 '일두(一蠹)'라는 말을 취해 자신의 호로 삼은 시기 역시 김종직과 사제의 인연을 맺은 때였던 것으로 보인다. 정이천은 다른 사람의 은택(恩澤)을 입고 살면서도 그럭저럭 세월을 보낼 뿐 다른 사람들에게 은택을 주지 못한다면, 그 사람은 '한 마리의 좀벌레(一蠹)'에 불과하다고 했다.

> 농부는 무더위와 한겨울에 열심히 경작하여 내가 이 곡식을 먹고, 공인이 어렵게 기물을 만들어 내가 이를 사용하고, 군인이 갑옷을 입고 병기를 들고 지켜 내가 편안히 지낼 수 있는데, 다른 사람들에게 은택을 주지 못하고 그럭저럭 세월만 보낸다면 '하늘과 땅 사이의 한 마리 좀벌레' 같은 존재이다.[7]

'일두(一蠹)'라는 정여창의 호는 자신을 좀벌레로 낮추어 겸양의 뜻을 보였다고 하기보다는, 간혹 나태함과 용렬함과 게으름의 미혹에 빠져드는 자신을 채찍질해 무엇 하나를 하더라도 세상과 사람들에게 의롭고 이로운 일을 도모하겠다는 의지를 피력한 것으로 보아야 한다. 이러한 그의 의지는 친구인 박언계(朴彦桂)라는 이의 편지에 답장으로 보낸 글에 잘 드러나 있다.

7 김건우, 『옛사람 59인의 공부산책』, 도원미디어, 2003, 37쪽에서 재인용

헤어진 후로 우러러 연모(戀慕)하는 마음이 백배는 더하였습니다. 그런데 보내주신 편지를 열어보니 참으로 깊이 위로가 됩니다. 더욱이 가을 날씨가 차가운데 공부하는 태도가 진중(珍重)하니 위로가 되고 또 위로가 됩니다. 아우는 노친을 모시고 그럭저럭 지내고 있으니, 깊이 염려해주시기 때문이라는 것을 알고 있습니다. 다만 친구 사이에 서로 사랑하는 도리는 단지 선(善)을 권하는 데에 있을 따름이니, 오직 정성으로 학문에 나아가고 공경으로 몸을 단속하기를 바랄 뿐입니다. 나처럼 용렬하고 노쇠하며 나태함이 더욱 심한 자야 다시 무엇을 할 수 있겠습니까. '하늘과 땅 사이의 한 마리 좀벌레[天地間一蠹]'라는 비웃음을 진실로 모면하기 어려우니, 스스로 탄식할 뿐입니다.

ㅡ『일두집(一蠹集)』, 「박언계에게 답하다」

　　김종직과 맺은 사제의 인연은 이렇듯 정여창을 인의(仁義)를 숭상하고 절의를 목숨처럼 귀하게 여기는 사림의 큰 인물로 만들었다. 정여창은 여러 사람이 조정에 자신을 천거했음에도 33세(1482년, 성종 13) 때 전주 부사(全州府使)를 지낸 이외에는, 41세(1490년, 성종 21) 때 별시 문과에 합격해 예문관 검열(檢閱)의 직위에 오를 때까지 경남 하동의 악양(岳陽)에 머물며 성리학을 탐구하거나 사림의 학자들을 찾아가 학문을 강의하고 토론하면서 자신을 끊임없이 갈고닦는 일에 전념했다. 그리고 예문관의 검열을 거쳐 세자 시절의 연산군을 지도하는 시강원의 설서(設書)로 중앙 정계에서 활약할 때에도 임금이 내린 술까지 거부할 정도로 자기 수양에 매진했다.

　　그러나 1492년(43세, 성종 23), 스승 김종직이 사망하고 평소 두터운 친교를 나눈 생육신 가운데 한 사람인 남효온까지 세상을 떠나면서 큰 시름을 겪은 데다, 2년 후에는 세자 연산군과 불화하면서 미움을 사자 외직인 안음 현감(安陰縣監)을 자청해 조정을 떠나고 만다. 그해 성종이 승하하고 연산군이 즉위하면서 사림파는 갖가지 고초를 겪게 된다. 연산군이 자신의 행동에 번번이 제동을 거는 사림파를 증오했기 때문이다. 이로 말미암아 성종 시절 김종직을 비롯한 사림파의 직언에 큰 곤욕을 치렀던 훈구파 대신들은 조정에서 사림파의 싹을 완전히 제거할 계획으로 끔찍한 '정치적 음모'를 꾸몄다.

이러한 어지러운 정치 상황 속에서도 정여창은 안음 현감으로서 어진 정사를 펼치는 한편 제자 양성에도 힘을 썼다. 그러나 연산군이 새로이 임금이 된 지 4년째 되는 1498년에 훈구파 대신이자 권간(權奸)인 유자광과 이극돈은 일찍이 김종직이 지은 '조의제문(弔義祭文)'이 『성종실록』 편찬 때 사초(史草, 실록 편찬의 자료가 되는 기록)에 올라 있다는 사실을 빌미삼아 이른바 선비 살해 사건인 사화(士禍)를 일으킨다. 당시 이들은 김종직의 '조의제문'의 내용이 항우(項羽)와 그의 손에 죽임을 당한 초(楚)나라 회왕(懷王)의 고사를 빗대어 세조가 단종으로부터 왕위를 찬탈한 일을 비방한 것이라고 여론몰이를 했고, 눈엣가시 같던 사림 세력을 어떻게 몰아낼까 호시탐탐 기회만 보던 연산군은 유자광과 이극돈의 고변을 계기 삼아 조정 안팎의 사림파에게 무자비한 정치적 탄압을 가했다. 이 사건이 조선사 최초의 사화인 '무오사화(戊午士禍)'이다.

무오사화로 인해 춘추관의 사관(史官)으로 '조의제문'을 『성종실록』에 삽입한 김일손은 사형을 당했고, 이미 죽은 김종직은 부관참시(剖棺斬屍)의 극형에 처해졌다. 당시 중앙 정계와 먼 거리를 유지하고 있던 정여창도 사화의 피바람을 피해 가지 못했다. 그는 김종직의 수제자로 당시 사림파의 적통을 계승한 거물이었고, 또한 김일손의 동문(同門)

이자 절친한 지기였기 때문이다. 『일두집』의 '사우문인록(師友門人錄)'
에는 정여창과 김일손의 특별했던 관계가 자세하게 언급되어 있다.

김일손(金馹孫)은 자(字)가 계운(季雲)이요, 호(號)는 탁영(濯纓)이며, 김해(金
海)가 본관이다. 성종 병오년(1486년)에 급제해 관직이 이조정랑에 이르렀다.
선생과 함께 점필재의 문하에서 수업하였다. 남계(灆溪)가에 정자를 짓고 선
생과 왕래하며 경사(經史)에 대해 토론하였다. 그가 검열(檢閱)로 재직할 때
상소를 올려 선생의 학행(學行)을 천거하며, 자신의 관직을 대신 맡길 것을 임
금에게 청하였다. 그 상소문에 '정여창은 도(道)가 하늘과 사람에게 통하고
학문은 세상과 사물의 본체와 작용을 겸비하였다.'라는 말이 있다. 무오사
화 때 처형되었다. 시호는 문민공(文愍公)이다.

더욱이 세자 시절 연산군을 지도할 때 곧은 소리로 미움을 사 조정을

경남 함양에 위치한 정여창의 고택. 사랑채 벽에 '충효절의(忠孝節義)'라는 글자가 크게 쓰여
있다.

떠나 외직으로 나오기까지 했던 그였다. 연산군의 칼날이 정여창을 정면으로 겨냥한 것은 어찌 보면 너무나 당연한 일이었다. 그러나 눈앞에 닥친 재앙 앞에서도 정여창은 의연했다. 오히려 "환란(患亂)이 닥치면 성인(聖人)이라도 피해 갈 수 없다."면서 장형(杖刑) 일백 대와 두만강 근처 함경도 종성(鍾城)으로의 유배를 담담하게 받아들였다.

혹독한 고문을 당하면서도 정여창은 자신의 정치적 신념을 끝까지 굽히지 않았다. 머나먼 종성 땅으로 유배를 가던 도중 그가 안령(鞍嶺) 고개에 이르러 지은 시 「안령에서 바람을 기다리며(鞍嶺待風)」에는, 비록 지금은 귀양객의 신세가 되어 쫓겨 가지만 언젠가는 연산군의 폭정을 쓸어버리겠다는 지사의 기개가 잘 드러나 있다. 또한 '두견새(杜鵑)'라는 제목의 다른 시에서는 한 번 지닌 뜻을 결코 배신하지 않을뿐더러 절대로 다른 마음을 품지 않는 정여창의 절의를 느낄 수 있다.

바람을 기다려도 바람은 불지 않고

뜬구름만 푸른 하늘 가리고 있네

어느 날인가 차가운 회오리바람 일어나

어두운 구름 쓸어버리고 다시 하늘을 볼 수 있겠지

- 『일두집』, 「안령에서 바람을 기다리며」

두견새는 어째서 산꽃에 눈물 짓는가

남은 한(恨)을 분명 옛 나무 그루터기에 의탁(依託)했겠지

맑은 원망과 붉은 충정(衷情)이 어찌 너만의 것이랴

충신과 지사도 결코 다른 마음 품지 않네

- 『일두집』, 「두견새」

유배지 종성에서의 삶은 고단했다. 연산군은 수모와 모욕을 줄 작정으로 정여창에게 관청의 불을 지피는 화부(火夫)의 노역을 명했다. 그러나 간난신고(艱難辛苦) 속에서도 정여창은 학문 연구에 매진했고 제자들을 가르쳐 사림의 씨를 뿌리는 일을 게을리하지 않았다. 하루라도 다른 사람에게 이로운 일을 하지 않는다면, '일두(一蠹)' 즉 한 마리의 좀벌레에 불과하다는 자신의 평생 철학을 잊지 않았던 것이다.

종성에서 유배 생활을 한 지 7년째 되는 1504년(연산군 10) 4월 초하루, 정여창은 나이 55세로 끝내 숨을 거두었다. 그의 시신은 종성에서 가르친 제자들이 무려 두 달에 걸쳐 고향 함양으로 운구해 승안동(昇安洞) 산기슭에 장사 지냈다. 그러나 그해 9월 다시 갑자사화(甲子士禍)가 일어나 부관참시라는 참혹한 형벌에 처해졌다. 스승 김종직에 이은 부관참시였으니, 당시 연산군이 정여창을 김종직의 뒤를 잇는 사림의 적장자(嫡長子)로 여겨 얼마나 증오했는가를 알 수 있다. 그런데 역설적이게도 연산군의 그 증오 탓에 훗날 정여창은 신념과 절의를 지키다 가장 잔인하고 혹독하게 희생당한 사림의 순교자가 되었고, 선비 정신을 구현한 사림의 사표(師表)로 영원한 삶을 누릴 수 있었다.

▌ 사옹(簑翁) 김굉필 "비록 큰 비를 맞더라도 겉은 젖을망정 속까지 젖지는 않겠다."

김굉필은 정여창과 '지동도합(志同道合)'의 인연을 맺고 김종직 문하에서 학문을 배운 이후 죽을 때까지 사림의 지사로 뜻을 같이했다. 그러나 정여창이 온건파였다고 한다면 김굉필은 강경파에 가까웠다. 불의를 보면 그냥 넘어가지 못했던 그의 대쪽같이 곧고 강직한 성격은 스승 김종직이라고 사정을 봐주지 않았다.

　김굉필은 나이 마흔이 넘어서 벼슬에 나아갔다. 포의(布衣)의 신분으로 살면서 30세 이전까지는 '모든 학문의 시작을 『소학』에 두어야 한다.'라는 김종직의 가르침에 따라, 스스로 '소학동자(小學童子)'라 일컬으면서, 오로지 『소학』을 배우고 실천하는 데 온 힘을 쏟았다. 당시 그의 심정을 보여주는 시 한 편을 읽어보자.

　　글공부는 아직도 천기(天機)를 알지 못하지만

　　『소학』의 책 속에서는 어제의 잘못을 깨닫네

　　이제부터라도 마음을 다하여 자식 노릇 하고자 하니

　　어찌 구차하게 부귀(富貴) 따위를 부러워하리

　그리고 사람들이 나라의 정사(政事)에 대해 묻기라도 하면, "소학동자가 어찌 대의(大義)를 알겠느냐?"라고 대답할 뿐이었다. 『소학』의 글조차 아직 깨닫지 못하고 실천하지 못하는 자신이 어떻게 나라를 다스리는 일에 대해 논할 수 있겠느냐는 뜻이 담겨 있는 답변이었다. 김굉필의 「연보」를 살펴보면, 그는 30세가 된 이후에야 비로소 『소학』 외의 다른 글을 읽었고 후학(後學)들을 가르쳤다고 한다. 『소학』을 통한 수기(修己)에 전념한 김굉필을 두고 스승인 김종직은 '성인(聖人)이 될 바탕이 있다'면서 극찬했다. 김굉필은 자기 자신에게조차 이처럼 엄격한 잣대를 적용했다.

　이러한 김굉필의 강직한 성격과 엄격한 행실은 스승 김종직이 이조참판의 중직(重職)에 등용된 후 고스란히 드러났다. 이때 김굉필을 비롯한 김종직의 문하생들은 스승이 훈구파에 맞서 조정을 바로잡아줄 것이라고 기대했지만, 오히려 중직에 임용되자 김종직은 조정에 건의 하나 올리지 않았다. 이에 불만을 품은 김굉필은 스승과 사이가 벌어 질 것을 각오하고 한 편의 시를 지어, 상황에 따라 변화하는 김종직의 현실 타협적인 처세를 비판했다.

> 도(道)라는 것은 겨울엔 갖옷 입고 여름엔 얼음 마시는 것인데
> 날 개면 가고 비 오면 그치는 것을 어찌 전능(全能)이라 하겠는가
> 난초도 속된 것을 좇아 결국 변한다면
> 어느 누가 소는 밭을 갈고 말은 사람이 타는 것이라고 믿을 수 있겠는가

자신을 신랄하게 풍자한 제자의 시에 심기가 불편해진 김종직은 이에 화답하는 시를 지어 보내면서, 임금을 제대로 보필하고 세상을 바로잡는 일이 말처럼 쉽지 않다는 사실을 우회적으로 내비치며 자신의 처세가 권세와 이익만을 따르는 것이 아님을 밝혔다.

> 분수에 맞지 않게 공경대부 높은 관직에 올랐지만
> 내가 어찌 임금을 보필하고 세상을 바로잡는 일을 해낼 수 있을까
> 그대 같은 후학(後學)들이 나의 허물과 어리석음 조롱하지만
> 구차하게 권세와 이익을 따르지는 않네

이때의 일로 김굉필은 김종직과 틈이 갈라져 끝내 사제 간의 정을 회복하지 못했던 것으로 보인다. 김굉필의 나이 39세가 되는 1492년 에 스승 김종직과 절친한 지기 남효온이 모두 세상을 떠났는데, 「연

보』를 보면 남효온의 집을 방문한 기록은 나오지만 김종직의 죽음에 대해서는 전혀 언급되어 있지 않기 때문이다. 그러나 김종직과 맺은 사제의 인연은 김굉필이 끊고 싶다고 해서 끊어질 수 있는 성질의 것이 아니었다. 얽히고설킨 사림의 학통과 인맥은 김종직이 세상을 떠난 이후 오히려 김굉필을 김종직의 뒤를 이을 사림의 영수로 만들었다. 1498년(연산군 4) 7월 훈구파 세력이 김종직이 생전에 지은 「조의제문』을 문제 삼아 무오사화를 일으켜 사림을 탄압하자, 김굉필 역시 "김종직의 제자로서 붕당을 만들어 서로 칭찬하고, 임금의 정치를 비난하거나 시국을 비방했다."라는 죄를 뒤집어쓰고 곤장 80대의 형벌을 받고 평안도 희천(熙川)으로 유배를 당했다. 그로부터 2년 후 다시 전라도 순천(順天)으로 유배지를 옮겨 북문 밖에서 우거(寓居, 남의 집이나 타향에서 임시로 몸을 부쳐 삶)했는데, 당시 그에게 미친 재앙의 기미는 예측할 수 없을 정도로 위급했다.

그러나 김굉필은 한때 자신이 호로 삼았던 '사옹(蓑翁)'처럼 태연하게 대처하며 평소의 지조를 잃지 않았다. '사(蓑)'는 짚이나 띠로 엮어 허리나 어깨에 걸쳐 두르는 옛적의 비옷인 '도롱이'를 뜻한다. 따라서 '사옹(蓑翁)'이란 '도롱이를 걸쳐 두른 늙은이'를 말한다. 도롱이는 아무리 단단하고 완벽하게 몸을 감싼다고 할지라도 애초에 짚이나 띠풀을 엮어 만든 비옷이기 때문에, 비가 조금이라도 많이 올라치면 십중팔구 몸이 흠뻑 젖을 수밖에 없다. 김굉필은 이러한 도롱이에 빗대어 자신의 처세 철학을 이렇게 밝혔다. "비록 큰 비를 만나서 겉은 젖을망정 속은 젖지 않겠다(雖逢大雨 外濕而內不濡)."

김굉필은 무오사화가 일어나기 1년 전(1497년) 봄에 형조좌랑(刑曹佐郎)이 되었을 때 이미 사림에게 닥칠 화란(禍亂)을 예견하고 있었다. 이러한 사실은 김굉필의 사적을 기록한『경현록(景賢錄)』을 읽은 남명 조식이 그 뒤에 적은 글을 통해 명확하게 알 수 있다.

> 선생께서는 형조좌랑이 되었을 때 진사(進士) 신영희를 급하게 찾아갔다. 그리고 '오늘부터 나는 그대를 만나지 않겠다. 지금 선비들의 기풍(氣風)을 살펴보면 동한(東漢) 말기와 유사하다. 조만간 사화(士禍)가 일어날 것이다. 나와 같은 사람은 이미 화(禍)가 닥쳐서 나아갈 수도 물러날 수도 없는 처지가 되었다. 그대는 멀리 시골에 가서 숨어 살며 재앙을 피해야 할 것이다.'라고 말하였다. …(중략)… 이러한 일로 보면 선생은 당시 사태의 기미를 알고 있었으니, 어찌 재앙의 형체가 아직 드러나지 않았을 때 그 낌새를 능히 보지 못했겠는가?
>
> **- 조식,『남명집』,「『경현록』뒤에 쓰다(書景賢錄後)」**

김굉필은 '무오사화'라는 큰 비가 내려 자신의 몸을 해칠 것을 알고 있었지만, 그 화란을 피해 도망치거나 숨지 않았다. 일찍이 자신이 공언했던 것처럼, 큰 비(정치적 환란)가 내려도 자신의 겉을 젖게 할 수는 있을지 몰라도 자신의 속까지 젖게 만들지는 못한다는 신념이 있었기 때문이다. 혹독한 추위에 떨어야 했던 평안도 희천에서 죄가 감등(減等)되어 따뜻한 남쪽의 순천으로 유배지를 옮겼을 때에도, 오히려 김굉필은 조만간 또 다른 재앙이 다시 자신을 덮칠 것이라는 사실을 예측했다. 그리고 1504년(나이 51세, 연산군 10) 9월 다시 '갑자사화'가 일어났고, '무오당인(戊午黨人)'이라는 죄목이 더해진 김굉필은 담담하게 죽음을 맞이했다. 이렇게 해서 훈구파와 연산군은 그토록 증오해 마지않았던 사림의 거목 김굉필의 몸을 거두어 갔다. 그러나 '사옹(養翁)'

에 담긴 뜻처럼, 김굉필은 겉(육신)은 그들에게 빼앗겼지만 속(정신)만은 온전히 보존했다. 죽음을 맞는 최후의 순간까지 자신의 정치적 신념이나 절의(節義)를 배신하지 않았기 때문이다. 김굉필의 죽음은 훈구파와 연산군의 의도와는 달리 '치욕'이 아닌 '영광'이 되었다. 김굉필이 사림의 지사로 인정받아 성균관 문묘에 추존된 사현(四賢) 혹은 오현(五賢)이 되었기 때문이다.

김굉필의 호와 관련해서는, 다른 사람들과 달리 덧붙여야 할 이야기가 있다. 조식의 증언에 따르면, 김굉필은 처음 호를 사옹(蓑翁)이라 지었지만 얼마 지나지 않아 "명호(名號)로 자신을 드러내는 것은 순수한 처세의 도리가 아니다."라고 하면서 이를 고쳤다고 한다. 이 때문인지 김굉필 사후 사람들은 그의 호를 '사옹(蓑翁)'이라고 칭하기보다는 '한훤당(寒暄堂)'이라고 불렀다. 김굉필의 문집 역시 『한훤당집(寒暄堂集)』이라고 되어 있다. 김굉필의 「연보」에 보면, 그가 '한훤당'이라는 호를 사용한 때는 1472년 나이 19세 때였다. 이 해에 김굉필은 경남 합천군 야로현(冶爐縣) 말곡 남교동(末谷藍橋洞)에 사는 순천 박씨의 집에 장가들었다. 그는 처갓집 옆 개천 건너 지동(地東)이라 부르는 작은 바위 아래에 조그마한 서재를 짓고 '한훤당'이라 이름 붙였다. 이후 김굉필은 한훤당을 자

김굉필의 대쪽 같은 절개를 추모하기 위해 1568년 건립된 도동서원.

신의 호로 삼았다.

한훤당에서 '한'은 '추울 한(寒)'이고 '훤'은 '따뜻할 훤(暄)'이다. '추위와 더위'를 뜻하는 '한훤(寒暄)'은 계절의 순환과 같은 자연의 변화와 조화를 상징하는 성리학적 우주관을 담고 있다. 김굉필은 '한훤당'이라 이름 붙인 당호(堂號)처럼, 산수 좋은 곳에 조그마한 서재를 짓고 계절의 순환 속에서 자연의 섭리에 따라 자기를 수양하고 학문을 연마하며 후학을 가르치는 도학자 혹은 처사의 삶을 살려 했다. 만약 김굉필이 벼슬길에 나가지 않고 한훤당에서 처사의 삶을 살았다면, 유배형의 고초도 겪지 않고 참형의 수모도 피할 수 있었지 않았을까? 그러나 궁벽한 시골에서 처사의 삶을 살았다고 해도 인의(仁義)를 목숨보다 소중하게 여겼던 김굉필이 훈구파와 연산군의 폭정 앞에 수많은 사림이 무참하게 학살당하는 상황을 그냥 지켜만 보고 있지는 않았을 것이다. 그래서 필자는 남명 조식이 김굉필의 행적을 적은『경현록』을 읽고 난 후 남긴 말에 백번 공감이 가고도 남는다. "사람으로 인한 화란(禍亂)이 선생에게 미칠 바가 아니었는데 종국에 재앙을 모면하지 못했으니, 이것은 천명(天命)이라 하겠다."

▎정암(靜庵) 조광조 "어진 사람(仁者)은 고요하다!"

김굉필이 사림의 역사에 기여한 공적은 수없이 많지만, 그 가운데에서도 가장 중요한 공적은 유배지인 평안도 희천에서 정암(靜庵) 조광조를 가르친 일이다. 조광조는 연산군 시절 두 차례의 사화로 뿌리가 뽑힐 위기에 처한 사림파를 다시 일으켜 세웠을 뿐만 아니라, 더 나아가 사림이 중종 시대에 '개혁 정치'를 주도할 만큼 거대한 정치 세력으로 성장하는 데 결정적인 역할을 했다. 조광조가 없었다면 16세기 '사림의 전성시대'는 존재하지 않았다고 해도 과언이 아닐 정도로, 사림에 끼친 그의 공적은 위대했다. 김굉필과 그의 평생 동지였던 정여창이 훗날 사림의 추앙을 받아 성균관의 문묘에 종사될 수 있었던 가장 큰 이유가 조광조를 제자로 두었기 때문이라고 해도 크게 틀린 말이 아니다.

조광조는 어천찰방(魚川察訪)이라는 벼슬을 산 아버지의 임지로 유배 온 김굉필을 만나면서 성리학에 눈을 뜨게 된다. 김굉필은 전라도 순천으로 유배지를 옮기기 전 2년 동안 평안도 희천 유배지에서 조광조에게 학문을 전수했다. 이때 조광조는 김굉필의 고고한 인품과 높은 학문 그리고 해박한 지식에 빠져들어 밤낮을 잊고 공부에 몰두했다고 한다. 그러나 당시는 사림파가 크게 화란을 입은 직후여서, 세상 사람들은 모두 성리학을 '재앙을 부르는 학문'이라고 하며 멀리 했다. 이 때문에 성리학 공부에 몰두한 조광조를 두고, 주변 사람들은 '광자(狂者)' 혹은 '화태(禍胎)' 즉 미치광이나 재앙을 품고 있는 존재라며 비웃고 손가락질했다. 김굉필이 갑자사화 때 죽임을 당했으므로, 조광조에 대한 사람들의 비난과 손가락질은 더욱 심했을 것이다. 그럼에도 불구하고 조광조는 성리학의 이상을 실현하겠다는 꿈을 버리지 않고 더욱 열심히 학문을 닦고 자기 수양에 힘을 쏟았다. 조광조의 행적을 기록한 '정암 조선생 연보'에 따르면, 그는 『소학』, 『근사록(近思錄)』과 사서(四書, 『논어』·『맹자』·『대학』·『중용』)를 위주로 독서했다. 그런 다음에 여러 경서와 성리학 서적 그리고 『통감강목(通鑑綱目)』 등을 공부했다. 오랜 세월 동안 참된 학문이 쌓여서 덕행과 재능을 성취하였다. 그러나 오히려 털끝만치도 자신을 속이지 않고 홀로 삼가는 일에 더욱 전력을 다했다."라고 한다.

'정암(靜庵)'이라는 조광조의 호 역시 이러한 학행(學行) 수련의 과정에서 나왔다. 유학에는 성리학을 비롯한 다양한 학파가 존재하지만, 어떤 경우에도 이들이 유학의 바이블로 숭상하는 책은 공자의 언행을 기록한『논어』라고 할 수 있다.『논어』의 「옹야(雍也)」편에 보면 이런 구절이 있다. "智者樂水 仁者樂山 智者動 仁者靜 智者樂 仁者壽(지자요수 인자요산 지자동 인자정 지자락 인자수)." 해석하자면, "지혜로운 사람은 물을 좋아하고, 어진 사람은 산을 좋아한다. 지혜로운 사람은 물같이 움직이고, 어진 사람은 산과 같이 고요하다. 그래서 지혜로운 사람은 즐겁게 살고, 어진 사람은 오래 산다."라는 뜻이다. 이것을 다시 쉽게 풀이해보면, 지혜로운 사람은 사물의 이치에 통달해 물이 흐르듯 막힘이 없어서 물을 좋아하고, 학문과 지식에 대한 끝없는 욕구와 호기심으로 인해 여기에서 저기로 활발하게 움직인다. 그래서 지혜로운 사람은 즐겁게 산다고 한 것이다. 반면 어진 사람은 의리(義理)에 밝아 후덕(厚德)하고 중후하여 권세나 이로움을 쫓아다니지 않아서 움직이지 않는 산과 비슷하다. 그래서 어진 사람은 산을 좋아한다. 또한 어진 사람은 성격이 산과 같이 고요해서 경거망동하지 않는다. 그래서 어진 사람은 오래 산다는 얘기다. 조광조가 호에 담은 '정(靜)'의 참 뜻이 바로『논어』의 '인자정(仁者靜)', 즉 "어진 사람은 고요하다."라는 것이다. 산처럼 고요하게 자신의 자리를 지키면서 권세나 이로움을 쫓아다니지 않고 경거망동하지 않는 것, 이것이 바로 '정암(靜庵)'이라는 호에 담긴 뜻이다.

또한 우암(尤菴) 송시열은 「심곡서원강당기(深谷書院講堂記)」에서, "선생이 우리나라에 태어난 것은 마치 주염계(周濂溪, 중국 북송의 유학자 주돈이)가 송나라에 태어난 일과 같다."라고 적었다. 주염계는 정호 (程顥, 정명도)·정이(程頤, 정이천) 형제와 함께 주자(朱子, 주희) 이전에 성리학의 학문적 체계를 세운 대학자로 추앙받는 인물이다. 그런데 정자(程子)라고도 불리는 정호·정이 형제가 우주 만물의 진리와 인간 의 본성을 탐구하여 근원적 도리에 이르는 심법(心法)의 요체를 '성(誠, 정성 혹은 성실)'과 '경(敬, 공경)'에서 찾은 반면 주염계는 '정(靜, 고요함)' 에서 찾았다. '정(靜)·성(誠)·경(敬)'은 주장하는 사람에 따라 경우는 다 르겠지만, 모두 성리학자가 학문을 닦고 자신을 수양하는 데 핵심이 되는 '개념'이다. 이들은 '정(靜)·성(誠)·경(敬)'의 수양이 유학의 최고 가치인 인의(仁義)로 귀일하는 것이라고 보았다.

앞서 「연보」에서 후학들이 조광조를 주염계에 비유해 표현했듯이 조 광조의 호 '정암'에는, 주염계가 성리학의 궁극적 진리에 이르는 요체 라고 말한 '정(靜)'의 뜻 역시 담

겨 있다. 즉 조광조는 '정(靜)' 을 수양의 요체로 삼아 인의를 실천하려고 했던 것이다. 실제 세상 사람들이 성리학을 공부 하는 자신을 가리켜 '광인'이니 '화태'니 하며 비웃고 손가락질 할 때도, 조광조는 '산처럼 고 요하게 자신의 자리를 지킬 뿐' 동요하지 않았다. 또한 벼슬길 에 오른 이후에는 개인적인 권 세나 이로움을 쫓아다니지 않

조광조의 초상.

고 훈구파 대신에 맞서 오로지 공론(公論)과 공의(公議)에 따라 '개혁 정치'를 주창했고, 훈구파들이 자신과 임금(중종) 사이를 이간질해 해치려고 할 때에도 산처럼 우뚝 솟아 자신의 길을 갈 뿐 경거망동하지 않았다.

조광조는 반정(反正)을 통해 연산군을 내쫓고 왕위에 오른 중종이 즉위한 지 6년째 되는 1510년(나이 29세), 진사시(進士試)에서 장원을 한 후 성균관에 들어가 공부하면서 자신과 뜻을 함께할 많은 동료를 사귀게 된다. 이때 수많은 사람이 조광조의 인품과 학식에 감복한 나머지 자청해 그를 따라 학문을 배웠다. 나이 34세가 되는 1515년(중종 10)에는 성균관의 추천에다 이조(吏曹)의 천거로 종6품에 해당하는 벼슬을 제수받았지만, "나는 본래 이익과 영달에 마음을 두지 않았다. 그런데 느닷없이 뜻밖에 일을 맡게 되니, 어쩔 수 없이 과거 시험을 거쳐서 벼슬길에 오르는 절차를 밟을 수밖에 없을 듯하다. 나는 헛된 이름으로 세상에 알려지는 일이 매우 부끄럽다."라는 뜻을 밝히면서 벼슬을 거부했다. 그리고 마침내 과거 급제를 통해 정식으로 벼슬길에 나서기로 결심하게 된다. 그해 8월 22일 알성시(謁聖試) 을과(乙科)에 급제한 조광조는 성균관 전적(典籍, 정6품)에 올랐고 다시 사헌부 감찰(監察, 정6품)로 자리를 옮겼다. 그 후 조광조는 호조(戶曹), 예조(禮曹), 공조(工曹) 등 여러 관직을 거쳤지만, 대부분의 관직 생활을 관료들에 대한 감찰과 탄핵을 주요 임무로 하는 사헌부(司憲府)와 임금의 잘못에 대한 간쟁(諫諍) 및 논박(論駁)을 담당하는 사간원(司諫院), 임금에게 국정 자문을 하면서 정치의 시비를 가리는 간언(諫言)을 주로 하던 홍문관(弘文館)에서 보냈다. 특히 이 당시 조광조는 반정공신(反正功臣)을 중심으로 한 훈구파 세력을 견제하고자 한 중종의 두터운 신임을 얻으면서, 조정의 언론과 간쟁을 담당하는 이들 3사(三司)에 신망 받던 사림의 신진 인사들을 대거 등용해 훈구파의 전횡에 맞서 싸우는 전초 기지로 삼았다.

중종은 성균관 유생들을 중심으로 한 사림파의 절대적 지지를 받은 조광조의 힘을 빌려 반정공신과 훈구파 세력을 약화시키고 왕권을 강화하고자 했다. 그러나 조광조가 품은 뜻과 이상은 중종이 상상할 수 없을 정도로 크고 원대했다. 조광조는 반정공신과 훈구파의 힘을 약화시키는 문제에 대해서는 중종과 뜻을 함께했지만, 결코 거기에 만족하지 않았다. 그는 조선을 성리학이 추구하는 이상 국가(혹은 이상 사회)로 개조하려는 거대한 뜻을 지니고 있었다. 조광조는 국왕조차도 자신이 이상으로 삼은 성리학적 도학 정치(道學政治)의 가르침을 받아 나라를 다스려야 한다고 생각했다.

중종의 후원 아래 조광조는 사림파를 중앙 정계로 적극 등용하면서, 자신이 내세운 성리학적 도학 정치를 하나둘씩 실행해나가기 시작했다. 이에 따라 조선의 학문과 사상은 성리학을 중심으로 개편되고, 사회의 풍속과 풍습 역시 점차 성리학의 영향을 받게 되었다. 특히 조광조는 조선 팔도에 『여씨향약(呂氏鄕約)』을 보급하는 운동을 펼쳐 향촌 사회를 성리학의 이상과 질서에 맞게 개편해나갔다. 또 주자의 『가례(家禮)』를 지키게 해 가정에서부터 왕실에 이르기까지 모든 사람이 성리학의 예법과 풍속에 따르도록 만들었다. 더욱이 음직(蔭職)으로 관직을 얻고 훈구파의 비호를 받아 부정비리를 일삼는 관리들을 원천적으로 막기 위해 천거를 통해 사림의 명망 높은 선비들을 관직에 임용하는 현량과(賢良科)를 설치했고, 공신전(功臣田)과 녹봉의 감소를 추진했다. 그것은 조정과 유림(儒林)의 공론과 공의는 무시한 채 사적인 이익을 위해 권력을 전횡하고 남용하는 훈구파 세력에 대한 대공세였다. 그러나 조광조의 개혁 구상과 정치 행동이 점차 자신들의 숨통을 죄어오자 반정공신과 훈구파 세력은 역모 사건을 조작해 조광조를 제거할 음모를 꾸민다.

결국 1519년 대사헌(大司憲)에 오른 조광조를 중심으로 한 사림파가 반정공신들의 훈작(勳爵)을 삭제하는 문제를 제기하자 훈구파 세력은 대반격에 나선다. 그들은 '주초위왕(走肖爲王)' 곧 조씨(趙氏)가 왕이 될 것이라는 유언비어와 모함을 뒤집어씌워 조광조와 사림파를 몰아세운다. 당시 중종은 반정공신과 훈구파의 권력 전횡도 못마땅했지만, 지난 몇 년간 조광조가 보인 도학 정치에 대해서 더 많은 불만을 품고 있었다. 특히 임금까지 가르치려는 조광조의 독선과 사림파의 독주에 대해 염증까지 느끼고 있었다. 당시 중종이 조광조를 제거할 때 보여준 행태는 임금이라고 하기 부끄러울 만큼 치사하고 비열했다.

조광조는 정국공신(靖國功臣)을 개정해 잘못된 훈작을 삭제할 것을 거듭 요청했지만 중종이 이를 거부하자 삼사(三司, 사헌부·사간원·홍문관)의 대간(臺諫)을 이끌고 사직을 청했다. 그러자 중종은 못 이기는 척 이를 허락하면서, 공신 117명 가운데 76명의 위훈(僞勳)을 삭제하도록 했다. 그때가 11월 11일이었다. 그런데 나흘 후인 11월 15일 밤중에, 중종은 조광조가 당파를 조직해 조정을 문란하게 하고 역모를 일으키려 한다는 홍경주·남곤 등 훈구파 대신들의 밀고를 받아들여 조광조를 비롯한 사림파의 핵심 인물들을 잡아들이라는 명령을 내렸다. 더욱이 다음 날 밤에 조광조와 김정, 김식, 김구 등 사림파의 핵심 인사들을 사형에 처하라는 명을 내렸다. 훈구파의 밀고를 빌미 삼아 조광조를 제거할 욕심에 제대로 추국도 하지 않은 채 불과 이틀 만에 내린 결정이었다.

당시 영의정으로 있던 정광필과 우의정 안당이 재상의 지위에 있던 사람을 이렇듯 허술하게 죽일 수는 없다고 간언하자, 조광조와 김정은 사사(賜死)하고 김식과 김구는 곤장 100대에 절도 안치하라고 명령을 바꾸었다. 그러나 정광필이 굴복하지 않고 또다시 간언하자 어쩔 수 없이 사형의 명을 거두고 조광조, 김정, 김식, 김구에게 곤장 100대를 치고 위리 안치하라는 명을 내렸다. 이에 조광조는 11월 18일 밤 유배지로 정해진 전라도 화순군 능주(綾州)로 길을 떠났다.

당시 성균관의 생도를 포함한 수많은 유생들은 힘을 모아 조광조와 사림파의 무죄를 주장하면서 석방을 탄원하는 시위를 벌였다. 그러나 이 시위는 오히려 중종과 훈구파의 사림파에 대한 위기의식을 부추겼고, 끝내 중종은 훈구파의 강력한 요청에 따라 조광조에게 사약을 내려 죽였다. 능주에 유배온 지 한 달이 채 되지 않은 12월 16일 끝내 조광조는 사사당하고 만다. 죽음을 앞둔 조광조는 한 편의 절명시(絶命詩)를 짓고 사약을 마셨다.

임금 사랑하기를 어버이 사랑하듯 하였고
나라 걱정하기를 집안 걱정하듯 하였노라
밝은 해가 이 세상을 내리비치니
거짓 없는 나의 마음을 훤히 밝혀주리라

사약을 마시고도 바로 목숨이 끊어지지 않자 군졸이 나서서 조광조의 목을 조르려고 하였다. 조광조는 자신의 죽음을 더럽히려는 군졸의 행동을 심하게 꾸짖어 제지하고 사약을 더 가져오라고 한 다음 태연하게 마시고 피를 토하며 죽었다. 이 사건은 기묘년(己卯年)에 일어났다고 해서 '기묘사화(己卯士禍)'로 기록된다. 무오사화와 갑자사화에 이은 사림에 대한 세 번째 탄압이자 학살이었다. 이로써 조광조를 중심으로 한 사림파의 '정치·사회 개혁'은 실패로 끝나고 만다. 조광조의 죽음과 더불어 그와 뜻을 함께했던 수많은 사림 인사들이 처형당하거나 유배형에 처해졌다. 간신히 화란을 면한 이들은 벼슬을 버리고 은둔하거나 낙향했다. 그런데 흥미롭게도 조광조를 따르던 사림의 인사들이 곳곳으로 흩어지면서 성리학의 씨앗은 조선 사회 구석구석에서 발흥하기 시작했다. 이들은 선조 이후 사림파가 중앙 정치 무대의 주인공으로 다시 등장하는 데 거대한 자양분 역할을 했다. 그래서인지 훗날 '사림의 전성시대'를 연 대학자 율곡 이이는 조광조가 도학, 즉 조선의 성리학에 끼친 공적을 평가하면서 "조광조가 없었다면 조선에 성리학은 없었다."라며 극찬을 아끼지 않았다.

전남 화순에 있는 조광조 적려유허비. 1667년 능주 목사 민여로가 건립하였으며, 글은 송시열의 것이다.

우리나라에는 도학의 전통이 없었다. 고려 시대에 포은 정몽주가 처음으로 그 발단을 열었지만 그 짜임새가 정밀하지 못했다. 또한 본조(本朝, 조선)에 이르러 한훤당 김굉필이 그 단서를 이었지만 미처 크게 드러내지 못하였다. 그런데 정암 조광조가 도학을 창도(唱導)하자, 모든 학자들이 그를 추존하게 되었다. 그러므로 지금 우리나라에 성리학이 있다는 사실을 알 수 있게 한 것은 정암 조광조이다.

- 『율곡전서』, 「경연일기(經筵日記)」, 「명종 22년조」

퇴계 이황은 조광조가 후대의 사림에게 끼친 영향력을 두 가지로 요약했다. '치군택민(致君澤民)'과 '흥기사문(興起斯文)'이 그것이다. 즉 '임금을 훌륭하게 이끌고 백성의 삶을 윤택하게 하려 했다는 것'과 '성리학의 도리를 크게 일으킨 것'이야말로 조광조의 공적이라는 지적이다. 율곡은 앞서 인용한 「경연일기」에서 퇴계의 이러한 지적을 좀 더 구체적으로 표현했다. 그는 우리나라에는 덕(德)을 닦고 인(仁)을 좇은 선비들은 많았지만 '일찍이 도학적 실천과 의리를 임금에게 권한 사람은 조광조가 최초'라고 언급했다. 아울러 율곡은 조광조가 자신과 같은 선비들이 나아가야 할 '삶의 길'을 여덟 가지로 밝혀놓았다고 했다. 그것은 첫째 성리학을 숭상하고, 둘째 인심을 바로잡고, 셋째 성현을 본받고, 넷째 지극한 정치를 행하고, 다섯째 임금의 마음을 바로잡고, 여섯째 왕도 정치를 펼치고, 일곱째 의로운 길을 열고, 여덟째 사사로운 이익과 욕심의 뿌리를 막는 것이다.

어쨌든 조광조의 삶과 죽음 그리고 수차례에 걸친 사화로 숨통이 끊길 듯하다가 다시 살아나 종국에는 역사의 주인공이 되고 마는 15~16세기 사림파의 역사를 보면, 길재 이후 조광조에 이르기까지 그들이 그토록 소중하게 여겼던 유학 서적인 『소학』에 등장하는 이런 구절이 생각난다. "인자(仁者)는 불이성쇠개절(不以盛衰改節)이요, 의자(義者)는 불이존망역심(不以存亡易心)이라." 권력의 향배에 따라 이 당에서 저 당으로 왔다 갔다 하는 정치인이나 시류에 편승해 진보에서 보수로 혹은 재야에서 제도 권력으로 배를 갈아타는 지식인들이 귀담아들어야 할 얘기다. "어진 사람(仁者)은 흥망(興亡)과 성쇠(盛衰)로 절개를 고치지 않고, 의로운 사람(義者)은 보존(保存)과 멸망(滅亡)으로 마음을 바꾸지 않는다."

▌ 회재(晦齋) 이언적 회암(晦庵)을 우러러 본받다

이언적은 1491년(성종 22) 경주부(慶州府) 양좌촌(良佐村) 외갓집에서 태어났다. 이곳이 현재 조선 시대의 전통 문화와 선비 정신을 잘 보존하고 있다고 해서 세계문화유산으로 등재된 '경주 양동마을'이다. 양동마을은 오랜 세월 이언적의 외가인 경주(慶州) 손씨와 친가인 여강(麗江) 이씨가 더불어 세거지로 삼은 집성촌락이다. 특히 이 마을은 뒷산인 설창산 문장봉에서 산등성이가 뻗어내려 네 줄기로 갈라진 능선과 골짜기가 이른바 '물(勿)' 자형의 지세를 이룬 명당이다. 명당의 지세(地勢) 탓인지 양동마을에서는 현달한 인물이 많이 나왔다. 그러나 무엇보다도 이곳이 선비 문화와 정신을 대변하는 '살아 있는 현장'이 될 수 있었던 까닭은 사림의 사표(師表)인 '동방 사현'에 당당히 이름을 올린 이언적이라는 명사가 있었기 때문이다.

열 살 어린 나이에 아버지를 잃은 이언적은 외가에 의탁해 성장했다고 한다. 학문 역시 외삼촌인 우재(愚齋) 손중돈을 통해 배웠다. 손중돈은 김종직의 문하에 드나들면서 유학을 익히고 성리학의 글을 배운 사림의 문사였다. 이언적은 손중돈을 통해 김종직으로부터 발원하는 사림의 학통을 이었다고 할 수 있다. 외삼촌 손중돈 외에 이언적에게 학문적·정치적 영향을 끼친 이는 기묘사화 때 화란을 입은 '기묘명현(己卯名賢)' 가운데 한 사람인 모재(慕齋) 김안국이다. 김안국은 이언적이 별시(別試) 문과에 급제해 벼슬길에 올랐을 때, 장차 '임금을 돕고 사림을 크게 일으킬 재목'임을 알아보고 이언적을 물심양면으로 지원했다. 이 무렵 이언적은 나라와 왕실의 재앙이 간신배들의 입에서부터 시작된다는 「이구복방가부(利口覆邦家賦)」를 지어, 일찍부터 권세와 이익을 원수 보듯 대하는 반면 절의를 목숨보다 소중하게 여기는 선비 정신을 보여주었다.

세상에서 왕실과 나라에 재앙이 되는 것은 참으로 한 가지가 아니네. 멀게는 오랑캐가 국경을 엿보는 것이고, 가깝게는 간사하고 흉악한 자가 분수에 맞지 않는 높은 자리에 있는 것이네. 서로 던지고 다투는 사이에 배척하고 불화하여 번갈아서 해충이 되고 도적이 되네. 그러나 누르거나 어루만져 제재하고 복종하게 하는 도리가 있으니, 이 또한 우려할 것이 없네. 예측 불가한 재앙과 난리를 어떻게 알 수 있는가? 간사하고 이로움을 말하는 입에 감추고 있는 것이 사나운 짐승이고 독약이네. 부서지고 깨지는 데 이르지 않는 것이 없네. 처음에는 달콤하고 겸손한 언사(言辭)로 시작하니, 진실로 두려워할 만한 자취를 찾을 수 없네. 그러나 정치를 어지럽히고 법도를 무너뜨리는 데에 이르네. 참담한 재앙을 비로소 깨닫지만 누가 나라가 뒤집히는 것을 헤아리겠는가. 쥐의 이빨로 말미암아 구멍이 나듯이 거기에서 재앙이 찾아오네.

세 치의 이로운 혓바닥으로 절절(切切)하게 말을 꾸미는구나. 네 필의 말[馬]로도 따라가지 못하는구나. 간사한 마음을 춤추게 하고 교묘하게 꾸민 말로 영합(迎合)하여 소곤대네. 매번 말을 뒤집고 주장을 바꾸면서 분간하기 어렵게 이리 둘러대고 저리 둘러대며 온갖 거짓말을 일삼네. 잠깐 임금의 주변에 있게 되면 달콤하기가 감주(甘酒) 같아 임금의 귀에 쉽게 들어가서 시비와 선악이 바뀌고, 희고 검은 것과 깨끗하고 더러운 것이 뒤집히네. 어질고 현명한 사람을 붕당(朋黨)이라 모함하고 바르고 곧은 사람을 간사하고 거짓된 사람으로 만들어 봉황과 참새도 분간하지 못하니, 누가 밝은 구슬과 율무를 살피겠는가?

임금의 마음이 이렇듯 현혹되면 나라의 정치가 혼란해지고 무너지네. 잘 걸러진 술이 사람의 입에 들어감이여. 그 맛이 좋아 취하는 줄 모르네. 쇠약해지고 어지러워 구할 수 없게 되니 위급함에 이르러 죽게 되네. 크구나. 천하 국가의 큰 근심이여. 사람의 입에서 생겨나서 입 밖으로 드러날 때에는 아주 작아 보이지만, 사람에게 재앙을 입히는 것은 아주 크네. 현명한 임금이라면 환히 봐야 하지 않겠는가? …(중략)… 그러므로 성인(聖人)은 나라를 다스릴 때 반드시 시무(時務)의 최우선으로 아첨을 멀리하고 다스림을 돕는 좋은 말을 따르네. 참언(讒言)이 어지럽게 행해지는 것을 배척하고 지극한 밝음으로 간흉(姦凶)들을 비추니, 입에 이로운 온갖 말이 무엇을 어찌 하겠는가? …(중략)… 거듭해서 말하니, 간사한 입을 가진 사람은 칼날과 같은 혀를 갖고 있어서 도(道)를 훼손하고 이치를 해쳐서 임금을 어둡게 하고 재앙을 만드니, 환란(患亂)이 처음 일어나는 것이 어찌 이로부터 말미암지 않겠는가. 경계하라! 임금이여. 이로움을 말하는 입을 제거하는 것에 의심을 두지 말라. 그 입이 한번 열리면 나라가 위태로울 것이라.

　　　－『회재집(晦齋集)』, 「이로움을 말하는 입이 나라를 망친다(利口覆邦家賦)」

27~28세 때에는 셋째 외삼촌인 손숙돈과 조한보 사이에 오고 간 조선 유학사상 최초의 논쟁이라고 할 수 있는 '무극태극논쟁(無極太極論爭)'에 참여해 독자적인 철학적 견해를 내보이는 것으로 성리학에 대한 사림의 지적 수준을 크게 일으켰다. 이 논쟁의 와중에 할아버지 이수회의 상(喪)을 당했는데, 불행 중 다행이랄까 이 때문에 다음 해 사림을 발칵 뒤집어놓은 '기묘사화(己卯士禍)'에서 화를 면할 수 있었다. 기묘사화가 일어난 지 2년이 채 되지 않은 1521년 8월, 홍문관박사(弘文館博士)에 올라 조정에 다시 나간 이언적은 이때 중종의 명에 따라 이름에 '언(彦)' 자를 더했다. 이전까지 그의 이름은 이언적이 아닌 이적(李迪)이었다. 중종이 단성(丹城) 출신의 어떤 사람과 이름이 같다고 해서 '선비'라는 뜻을 가진 '언(彦)' 자를 사용하게 해 비로소 '이언적(李彦迪)'이라는 이름을 갖게 되었다.

중종은 비록 조광조와 그를 따르던 사림의 인사들을 내쳤지만, 그렇다고 해서 사림을 외면할 수도 없었다. 유학의 나라인 조선의 왕이 사림과 유생을 배척한다는 것은 불가능한 일이었기 때문이다. 이 때문에 중종은 당시 사림의 신망을 받던 이언적을 중용했다. 이언적이 훗날 인종이 되는 세자를 가르치는 세자시강원의 설서(設書)에 임명된 이유 역시 이러한 중종의 복잡한 계산이 반영된 것이라 할 수 있다. 이때부터 1530년(나이 40세)까지 이언적은 육조(六曹)와 삼사(三司)의 요직을 거치면서 비교적 순탄한 관직 생활을 했다. 그러나 1531년 1월, 자신의 아들이 중종의 사위가 되는 권간(權奸) 김안로가 세자를 가르치고 돌보는 실질적인 후견인에 다름없는 세자 보양관(輔養官)을 맡게 되자, 이언적은 외척(外戚)과 간신배의 발호를 지켜보고만 있을 수 없어 극력 반대하고 나섰다. 이 일로 이언적은 사간원 사간(司諫)에서 성균관 사예(司藝)로 좌천당했고, 얼마 뒤 김안로를 따르는 간신배들의 탄핵으로 파직당하자 아예 벼슬에 대한 미련을 내동댕이치고 낙향해 버렸다. 당시 이언적은 '마음을 맑게 하는 대(臺)'라는 뜻의 '징심대(澄心臺)'를 빌어 자신이 한양을 버리고 낙향하는 까닭은 권간의 탄핵과 중상모략 때문이 아니라 (일찍부터 꿈꿔온) 마음을 맑게 하는 도학자의 삶을 살기 위해서라는 것을 분명하게 밝혔다.

> 징심대(澄心臺)가의 나그네 돌아갈 마음 잊었는데
>
> 바위 주변의 달은 몇 번이나 둥근 원(圓)을 만들었네
>
> 개울은 깊어 물고기 맑은 물에서 노닐고
>
> 산은 어두워 새는 안개 속에서 헤매네
>
> 사물과 내가 혼연일체(渾然一體)가 되니
>
> 나아감과 물러남은 단지 하늘의 뜻을 즐길 뿐
>
> 천천히 거닐며 그윽한 흥에 기대니
>
> 마음은 저절로 한가롭고 여유 있네
>
> ―『회재집』, 「징심대의 풍경(澄心臺卽景)」

낙향한 이언적은 자신으로 인해 고향 마을에 화가 미칠까 염려해 따로 자옥산(紫玉山) 기슭에 거처를 짓고 은거했다. 입신양명의 뜻을 접은 이언적은 학문에 몰두하며 세월을 보냈다. 무이산에 은둔하며 성리학을 집대성해 유학사를 빛낸 주자를 본받겠다는 일념으로 주자의 호인 '회암(晦庵)'에서 유래한 '회재(晦齋)'를 호로 삼았던 이언적은, 실제로 주자처럼 은둔한 채 홀로 학문에만 전념했던 것이다. '회(晦)' 자의 뜻이 '감추다 혹은 숨기다'이니, 이언적의 마음이 어느 곳에 가 있

었는지를 어렵지 않게 짐작할 수 있다. 이언적은 당시 거처하던 곳의 이름까지 '독락당(獨樂堂)'이라 붙이고, 어지러운 세상과 부패한 권력에 등을 진 채 '홀로 즐기는 삶'을 살았다. 「산의 거처에서 병이 일어나〔山堂病起〕」나 주자의 「무이오곡(武夷五曲)」에 차운(次韻)하여 지은 시에는 이언적의 이러한 뜻이 잘 새겨져 있다.

평생의 뜻과 일을 경전 연구에 두었으니
구차하게 이로움과 명예를 탐하지 않네
선(善)을 밝히고 정성껏 몸을 닦아 공자(孔子)와 맹자(孟子)처럼 되기를 바라고
마음 다스리고 도(道)를 보존하며 정자(程子)와 주자(朱子)를 흠모하네
나아가면 세상을 구제하고 충의(忠義)에 의지했고
어려움에 처하면 산으로 돌아와 성령(性靈)을 기르네
어찌 인생사 굴곡이 많다고 불쾌하게 여기겠는가
깊은 밤 이부자리에서 일어나 앞 기둥에 기대어보네

-『회재집』,「산의 거처에서 병이 일어나」

남기신 경전 흠모하고 음미하여 깊은 뜻 얻었네
진리 탐구는 예부터 산림(山林)에서 있었지
아양(峨洋)이라는 거문고의 곡조 누가 알겠는가
흉중(胸中)의 태곳적 도심(道心)을 홀로 어루만지네

-『회재집』,「주자의 무이오곡에 차운하여〔次朱文公武夷五曲韻〕」

독락당은 이언적이 낙향한 다음 해(1532년, 나이 42세)에 양좌촌(양동

마을)에서 서쪽으로 20여 리 떨어진 자옥산 기슭 계곡가에 세운 10여 칸의 처소였다. 처음에는 아무런 이름도 붙이지 않다가 '홀로 학문을 닦고 마음을 수양하는 생활을 즐긴다'는 뜻을 담아 '독락당(獨樂堂)'이라 했다. 그리고 주변의 자연 경관 하나하나에 자신만의 의미를 담고 질서를 부여해 '벗'으로 삼았다. 자연과 하나 되는 '물아일체(物我一體)'의 삶을 살려 했던 것이다. 이것이 오늘날 이른바 '4산5대(四山五臺)'라고 불리는 이언적의 유적(遺跡)이다.

이언적은 독락당이 자리한 계곡의 북쪽 봉우리는 도덕산(道德山), 남쪽으로 멀리 보이는 산은 무학산(舞鶴山), 동쪽의 봉우리는 화개산(華蓋山), 서쪽의 봉우리는 자옥산(紫玉山)이라고 이름 붙였다. 도덕산, 무학산, 화개산, 자옥산이 바로 '4산(四山)'이다. 그리고 계곡의 바위들 중 다섯 군데를 골라서 관어대(觀魚臺), 영귀대(詠歸臺), 탁영대(濯纓臺), 징심대(澄心臺), 세심대(洗心臺)라고 이름 지었다. 이 다섯 곳의 바위가 바로 '5대(五臺)'이다.

이언적이 '회재'라는 호 외에 '자계옹'이라는 또 다른 호를 사용한 시기 역시 이때부터다. 독락당의 삶에 만족하고 그곳 자옥산 계곡을 사랑했던 이언적은 스스로를 '자옥산 계곡의 늙은이'라고 부르며 '자계옹(紫溪翁)'을 자호(自號)로 삼았다. 그러나 1532년(중종 27) 42세 때 시작한 자계옹의 삶은 나이 47세인 1537년(중종 32) 11월 뜻밖의 사건이 일어나 끝이 나고 만다. 정승의 자리까지 오른 김안로는 자신의 권력을 지키기 위해 종친은 물론 왕족까지 축출하고 살해하는 등 공포 정치를 펼쳤다. 그런데 이 해에 자신의 최대 정적(政敵)이었던 중종의 왕비 문정왕후의 폐위를 도모하다가 오히려 중종의 미움을 사 전라도 진도로 유배형에 처해진 뒤 끝내 사사당했다. 이언적을 조정에서 축

제 8 장 ─ 일두 정여창 · 사옹 김굉필 · 정암 조광조 · 회재 이언적

출하고 다시 등용하는 것을 막고 있던 김안로가 죽자, 중종은 즉시 그를 조정으로 불렀다. 장악원 첨정(僉正)으로 다시 벼슬길에 오른 이언적은 세자우부빈객(世子右副賓客)과 좌부빈객(左副賓客)을 거쳐 한성부 판윤, 의정부 우참찬, 이조판서, 사헌부 대사헌, 형조판서, 예조판서, 의정부 좌참찬 등의 요직을 두루 역임했다. 그리고 53세가 되는 중종 38년(1543년)에 잠시 외직인 경상도 관찰사로 부임했다가, 다음 해 11월 중종이 죽고 한때 자신의 제자였던 인종이 왕위에 오르자 다시 의정부 좌찬성으로 임명되어 조정에 복귀했다.

그런데 인종이 재위한 지 1년도 채우지 못하고 갑자기 사망하면서 이언적에게 다시 고난이 찾아왔다. 인종은 후사가 없었기 때문에 그의 이복동생인 경원대군이 왕위를 물려받을 수밖에 없었다. 그런데 경원대군(명종)은 당시 나이가 12세에 불과했기에, 그의 모후(母后)인 문정왕후가 수렴청정을 하게 되었다. 문정왕후는 '철의 여인'이라고 불러도 될 만큼, 권력욕이 강했고 정적을 다루는 데 무자비했다. 명종의 즉위 이후 문정왕후가 가장 먼저 한 행동 역시 정적을 제거하는 일이었다. 그녀는 인종의 외삼촌인 윤임을 제거하고 그와 뜻을 함께했던 사림파를 무자비하게 탄압했다. 사림은 무오사화, 갑자사화, 기묘사화에 이어 또 다시 대재앙을 맞게 되는데, 이해가 1545년 을사년이어서 당시의 선비 살해 사건은 '을사사화(乙巳士禍)'로 역사에 기록되고 있다.

그 당시 이언적은 역모 사건을 다루는 기관인 의금부(義禁府)의 수장인 판의금부사(判義禁府事)를 겸하고 있었다. 사림의 영수가 사림에게 죄를 물어 역적으로 만드는 '사화(士禍)'의 가해자가 되는 참으로 가혹한 순간이었다. 이언적은 즉시 관직을 버리고 조정을 떠날 수도 있었지만, 자신이 물러나면 그나마 사림을 변호하고 피해를 최소화할 수 있는 조치조차 할 수 없을 것이라는 생각에 끝까지 추국(推鞫)의 현장을 떠나지 않았다. 이언적은 "신하의 의리는 마땅히 임금 섬기는 일에 전념하는 것입니다. 선왕(先王, 여기서는 인종을 가리킴)에게 벼슬하면서 마음을 다해 섬겼던 사람들을 어찌 크게 죄 줄 수 있겠습니까?"라고 반박하면서 사림의 인사들을 구하려고 애썼다. 그러나 이미 눈엣가시 같은 사림을 조정에서 내쫓을 작정을 한 문정왕후의 독단을 막을 수는 없었다.

을사사화 이후 문정왕후는 역모를 막아 사직을 보존했다면서 이언적에게 위사공신(衛社功臣)에다가 여성군(驪城君)이라는 군호(君號)까지 부여했다. 사림을 죽이거나 조정에서 내쫓는 한편으로 일부 사림을 자신들에게 협조하는 세력으로 조정에 남겨 권력의 정당성과 정치적 명분으로 삼고자 한 문정왕후의 계략이었다. 을사사화를 막지 못한 이언적의 소극적 처신은 훗날 율곡 이이의 비판을 샀지만, 또 한편으로 서애(西厓) 유성룡과 같은 이는 이언적의 처신은 더 큰 피해를 막

자옥산 기슭의 독락당. 김안로를 따르는 간신배들의 탄핵으로 파직당한 이언적은 경치가 화려한 독락당에서 '홀로 즐기는 삶'을 살았다.

기 위한 고육지책이었다고 변호하기도 했다. 어쨌든 을사사화 때 보인 이언적의 처신은 그의 선비 정신에 큰 흠을 남겼다. 그러나 문정왕후와 그 친족(親族) 동생인 윤원형 일파는 자신들의 권력이 공고해지자, 이제 사화의 칼날을 정면으로 이언적에게 겨냥했다. 훈척(勳戚)의 권력 독점에 유일한 비판 세력이었던 사림파의 씨를 말려 버릴 작정이었던 것이다.

먼저 윤원형과 이기가 앞장서 1546년(명종 1) 9월 이언적을 모함해 탄핵했고, 섭정을 하던 문정왕후는 기다렸다는 듯이 그의 관직을 삭탈해버렸다. 그리고 다음 해 윤9월 문정왕후를 비난한 글을 붙였다는 이른바 '양재역 벽서 사건'에 연루되었다는 죄를 물어 평안도 강계로 유배형에 처했다. 이 사건이 조선사 최후의 사화로 기록된 '정미사화(丁未士禍)'다. 정미사화는 당시 사림의 영수이자 스승으로 존경받던 이언적을 제거하고 사림파를 몰살하려는 정치적 음모였다. 그런데 오히려 이언적은 조선의 북쪽 끝 강계 유배지를 성리학을 연마하고 후학을 가르치는 강학의 장소로 바꾸어버렸다. 그곳에서 그는 『대학장구보유(大學章句補遺)』, 『속대학혹문(續大學或問)』, 『구인록(求仁錄)』, 『봉선잡의(奉先雜儀)』, 『중용구경연의(中庸九經衍義)』 등의 역작을 저술했다. 이들 저술은 조선의 성리학사에 길이 남을 명저였다. 특히 유학의 여러 경전에 흩어져 있는 '인(仁)'에 관한 성현의 언행과 해설을 모아 책으로 엮은 『구인록』은 사림이 추구한 선비 정신이 무엇인가를 보여준 노작(勞作)이었다.

유배지에서 보낸 6년의 삶은 이언적의 정신을 무너뜨리기는커녕 오히려 그를 사림의 큰 별이자 정신적 지주로 만들어주었다. 생애 마지막 6년간의 유배 생활은 이언적이 훗날 정여창, 김굉필, 조광조와 함께 '동방 사현' 중의 한 사람으로 유학의 성지인 성균관의 문묘에 배향되는 영광을 누리는 데 결정적인 역할을 했다. 만약 강계 유배지에서 최후를 맞이하지 못했다면, 이언적은 을사사화 때 소극적인 처신으로 사림의 인사들을 죽음으로 내몰았다는 역사의 준엄한 심판을 받았을지도 모른다. 마땅히 자신이 죽어야 할 곳을 찾아 의연하게 최후를 맞는 것은 지사(志士) 혹은 의사(義士)가 지녀야 할 가장 중요한 덕목 중의 하나다. 이언적은 사림의 일원으로 자신이 죽음을 맞아야 할 곳에서 가장 선비답게 죽었기에 마치 예수가 십자가에 못 박혀 자신이 신의 아들임을 증명하고 부활했듯이 유학사에 길이 남을 성현이 될 수 있었다.

제
9
장

매월당 김시습과 서계 박세당

수락산이 맺어준 200년의 인연

┃ 매월당(梅月堂) 매화와 달을 사랑했던 광사(狂士)

김시습은 천재(天才)였다. 선비들 중에는 수많은 천재가 있었지만, 김
시습은 천재가 인정하는 유일한 천재였다. 아홉 번이나 과거 시험에서
장원을 차지한 '구도장원공(九度壯元公)' 천재 율곡 이이가 천재라는 기
록을 남긴 유일한 인물이 김시습이라는 이야기다. 율곡은 '시습(時習)'
이라는 이름 역시 김시습의 타고난 천재성에서 비롯되었다고 적었다.

> (김시습은) 태어날 때부터 천품(天稟)이 다른 사람과 달랐다. 세상에 나온 지
> 불과 8개월 만에 스스로 글을 알았다. 최치운(崔致雲)이 보고서 기이하게 여
> 겨 이름을 '시습(時習)'이라고 지어주었다. 시습은 말은 더디었으나 정신은 놀
> 라워서 글을 보면 입으로 읽지는 못했지만 뜻은 모두 알았다.
>
> ―『율곡전서』, 「김시습전(金時習傳)」

218
·
219

여기에서 최치운이라는 사람이 지어 줬다는 '시습(時習)'은 유학의 최고 경전인 『논어』의 첫 구절인 '학이시습지(學而時習之)'에서 취한 이름이다. 김시습의 타고난 자질을 보고 유학을 크게 빛낼 대학자가 될 것임을 예견하고 붙여준 이름인 것이다. 김시습은 세 살 때 시를 짓고, 다섯 살 때 『대학』과 『중용』을 통달하는 등 보통의 사람으로서는 이해하기 힘든 천재적 자질과 행적을 숱하게 보여주었다. 이 때문에 사람들이 신동(神童)이라고 극찬했다. 당시 이름 높은 명사들이 앞다퉈 이어린 천재를 보기 위해 찾아왔고, 급기야 세종대왕의 귀에까지 김시습의 명성이 전해졌다.

학문 잘하는 사람을 누구보다 아끼고 귀하게 여겼던 세종대왕은 김시습을 승정원으로 불러 시(詩)로 시험해보았다. 김시습의 시는 빠르면서도 아름다웠다. 김시습의 재주에 탄복한 세종대왕은 크게 칭찬하면서 훗날 나라의 재목으로 크게 쓰겠다는 말까지 했다. 그리고 비단을 하사하고 집으로 돌려보냈다.

> 내가 친히 보고 싶지만 세상의 풍속과 이목을 놀라게 할까 염려된다. 마땅히 그 집안에 권하여 재능을 감추어 드러내지 말고 잘 가르치고 기르게 하라. 그의 학업이 성취되기를 기다렸다가 장차 크게 쓸 것이다.
>
> — 『**율곡전서**』, 「**김시습전**」

이때 김시습의 나이 불과 다섯 살이었다. 일찍 핀 꽃이 일찍 지는 것처럼, 너무 일찍 세상에 이름이 알려지면 자칫 학업을 소홀히 하거나 헛된 명성을 쫓다 신세를 망치지 않을까 우려했던 세종대왕의 진심어린 충고에도 불구하고, 대궐을 다녀온 이후 김시습의 명성은 이미 온

나라에 퍼져 '오세(五歲)'라는 별명이 생겨날 정도였다. 김시습의 이름은 몰라도 '오세(五歲)' 하면 누구나 "아! 그 천재 아이." 하고 알아들었다. 어쨌든 임금의 칭찬과 훗날에 대한 약속까지 들은 김시습은 나라와 백성을 위해 자신의 재주를 펼칠 원대한 뜻을 품고 학업에 힘썼다고 한다.

그러나 '운명의 장난'이었을까? 아니면 '미인은 박복(薄福)'하다는 속담처럼 '천재는 박명(薄命)'한 것이었을까? 김시습이 스물한 살 때 발생한 한 '사건'이 천재의 운명을 '광인(狂人)의 삶'으로 바꾸어버렸다. 그 사건이란 다름 아닌 수양대군이 어린 조카 단종을 몰아내고 옥좌에 오른 '왕위 찬탈 사건'이었다. 당시 삼각산(三角山, 북한산)에서 글을 읽다가 이 소식을 들은 김시습은 즉시 방문을 닫아걸고 사흘 동안 바깥으로 나오지 않았다고 한다. 그리고 크게 울부짖고 통곡한 다음, 읽고 쓰던 서책들을 모조리 불살라버리고 광기를 일으켜 뒷간에 빠졌다가 도망 나와 곧바로 방랑길에 올랐다.

김시습은 권력을 빼앗기 위해 자신의 친조카를 죽인 것도 모자라 나라의 동량과 인재들이 모인 집현전의 학자들까지 몰살한 수양대군(세조)과 그 수하들의 패악(悖惡)에 분개하고, 불의(不義)한 권력에 침묵하는 세상에 분노했다. 그는 스스로 사람들과 어울려 살 수 없다는

김시습의 초상.

사실을 깨닫고 마침내 육신에 구애받지 않고 평생 세속 밖을 떠돌아 다녔는데, 우리나라 산천(山川)치고 그의 발자취가 닿지 않은 곳이 없을 정도였다. 명승지를 만나면 곧 그곳에 자리를 잡아 살고, 옛 도회지를 찾아가면 반드시 며칠 동안 발을 구르며 슬픈 노래를 불러 사람들을 놀라게 했다. 또한 헛된 명성이 너무 일찍 높아졌다고 생각해 일부러 광태(狂態)를 부리고 이성을 잃은 모양을 보여서 자신의 본모습을 가렸다. 율곡은 김시습의 기이하고 괴벽한 행동을 이렇게 적어놓았다.

산에 가면 나무를 벗겨낸 하얀 껍질에 시를 쓰는 것을 좋아했다. 그런데 한참 외우고 읊조리다가 별안간 통곡하고는 깎아버렸다. 더러는 종이에 썼지만 다른 사람에게 보이지 않고 물이나 불에 던져 버렸다. 또한 나무를 조각하여 농부가 밭을 갈고 김을 매는 형상을 만들어 책상 옆에 늘어놓고 하루 종일 골똘히 바라보다가 역시 통곡하고 태워버렸다. 더욱이 심은 벼가 자라 이삭이 패어 나와 볼만해질 때면 술에 취해 낫을 휘둘러 모두 쓰러뜨리고 나서 크게 소리 내어 통곡하기도 했다. 그 행동거지가 전혀 예측할 수 없었으므로 세상 사람들의 큰 웃음거리가 되었다.

산에 거처할 때 손님이 찾아오면 한양 도성 소식을 물어보고, 자신을 욕하고 비난하는 자가 있다고 들으면 반드시 희색(喜色)을 드러내며 기뻐하고, 거짓으로 미치광이 행세를 하면서 마음속에는 다른 무엇인가를 감추고 있다고 하는 이가 있더라고 하면 별안간 눈썹을 찌푸리며 기뻐하지 않았다. 높은 벼슬에 임명된 인물이 혹시 인망(人望)이 없는 자라는 것을 알게 되면 반드시 통곡하면서, '이 백성이 무슨 죄가 있다고 이러한 사람에게 이 임무를 맡겼는가?'라고 하였다.

당시 유명한 대신인 김수온(金守溫)과 서거정(徐居正)은 항상 그를 '국사(國士)'라고 칭찬하였다. 서거정이 바야흐로 조정에 참석하느라고 행인을 물리치며 가고 있었다. 그런데 때마침 김시습이 너덜너덜한 옷을 걸치고 새끼줄로 허리를 두른 채 패랭이를 쓰고 길을 가다가, 행차를 이끄는 자를 헤치고 그 앞을 가로막은 다음 머리를 들고서 '강중(剛中, 서거정의 자)은 평안하신가.'라고 하였다. 서거정이 웃으면서 응대하고 타고 가던 수레를 멈춰 대화를 나누자, 저잣거리의 사람들이 모두 놀란 눈으로 서로 쳐다보았다. 조정에서 벼슬하는 관리 중에 김시습에게 멸시를 당한 자가 분노를 참지 못하고 서거정에게 그 죄를 다스려 달라고 말하자, 서거정은 머리를 저으면서 '그만두게 그만둬. 미친 사람과 무엇을 따진다는 것인가? 지금 그 사람을 처벌한다면 백대(百代) 후까지 그대의 이름에 누(累)가 될 것이네.'라고 하였다.

- 『율곡전서』, 「김시습전」

　김시습은 마치 썩어빠진 세상과 더러운 권력의 유혹에서 달아나려고 작정이나 한 사람처럼, 자신의 타고난 천재성을 감추고 미치광이 행세를 하며 살았다. 말년에 출세(出世)를 권하는 이에게 보낸 김시습의 편지글을 보면, 천재의 운명을 버리고 광인의 삶을 살아야 했던 그의 속마음을 읽을 수 있다. "뜻을 얻지 못하여 세상에 사는 것보다는 소요(逍遙)하며 한평생을 보내는 편이 나으니 천년 후에 나의 속뜻을 알아주기 바라네."

　그러나 아무리 미치광이 행세를 한다고 하더라도 타고난 자질을 모두 버릴 수는 없었다. 그는 한 번 읽거나 보고 기억하면 평생 동안 잊지 않았기 때문에 평소 글을 읽거나 책을 가지고 다니지 않는데도, 고금(古今)의 문헌과 서적들을 꿰뚫지 않은 것이 없어 다른 사람의 질문을 받으면 대답하지 못하는 것이 없었다. 일찍이 유학은 물론 불교에도 해박했던 율곡은 김시습이 "유가(儒家)의 본뜻을 크게 잃지 않으면서도 선가(禪家, 불가)와 도가(道家)의 대의(大義)를 깨우쳐 그 병통의 근원을 탐구하였다. 선어(禪語, 선종(禪宗)의 가르침을 적은 말) 짓는 것을 좋아하여 그 현묘하고 은미한 뜻을 밝혀 드러냈는데 막히거나 걸리는 곳이 없었다. 비록 학문에 깊은 노스님과 명망 높은 승려들도 감히 그의 말에는 항거할 수 없었다."라고 밝히고 있다.

특히 김시습은 가슴에 가득 쌓인 비분강개(悲憤慷慨)한 마음을 풀어낼 길을 찾지 못하자, 풍월(風月), 운우(雲雨), 산림(山林), 천석(泉石), 궁실(宮室), 의식(衣食), 화과(花果), 조수(鳥獸) 등 세상 만물은 물론이고 인간사의 시비(是非), 득실(得失), 부귀(富貴), 빈천(貧賤), 사병(死病), 희로(喜怒), 애락(哀樂)이며 성명(性命), 이기(理氣), 음양(陰陽), 유현(幽顯)에 이르기까지 유형(有形)이든 무형(無形)이든 가리지 않고 말로 옮길 수 있는 것이면 모두 글로 나타냈다. 율곡은 이 때문에 김시습의 글은 "물이 용솟음치고 바람이 일어나는 것과 같고, 산이 감추는 듯 바다가 잠기는 듯하다가, 신(神)이 선창하고 귀신이 화답하는 듯해 보는 사람이 그 실마리를 종잡을 수 없게 하였다."라고 했다.

그런데 가슴의 울분을 풀기 위해 글로 드러낸 세상 만물 중에서 김시습이 특별히 좋아했던 것이 있었다. 그것은 바로 '매화(梅)'와 '달(月)'이다. 김시습은 이 두 가지 사물을 취해 우리가 잘 알고 있는 '매월당(梅月堂)'을 자신의 호로 삼았다. 그가 이 호를 사용한 때는 경주 금오산(金鰲山)에 정착하기로 마음을 정한 31세(1465년, 세조 11) 무렵으로 짐작된다.

'매화'와 '달'은 김시습의 삶과 사상 편력에서 남다른 의미를 갖고 있다. 초봄 찬바람과 추위 속에서 맑은 향기를 풍기며 홀로 꽃을 피우는 '매화'는 선비의 절개를 상징하는 유가(儒家)의 기호(嗜好)이고, '달'은 깨달음 혹은 해탈을 상징하는 불가(佛家)의 기호이자, 궁극적인 진리에 도달하는 도가(道家)의 대도(大道)를 표상하는 기호이기도 하다.

  앞서 율곡이 말했듯이, 김시습은 유가와 불가와 도가에 모두 통달한 사람이었다. 또한 율곡은 김시습이 "마음은 유교에 있고 행적은 불교를 따라 세상 사람들이 해괴하게 생각했다"고 적고 있다. 따라서 '매월당'이라는 호에서 필자는 유가와 불가와 도가를 통섭(統攝)했을 뿐만 아니라 자신의 내면과 행동에서 유가와 불가와 도가를 하나로 융합했던 김시습의 고고한 경지를 들여다보게 된다.

  '매화'에 대한 김시습의 남다른 사랑은 경주 금오산에 머물 때 적은 글을 엮은 「유금오록(遊金鰲錄)」에 실려 있는 '탐매(探梅)'라는 시를 통해 알 수 있다. '매화를 찾아서'라는 뜻의 이 시는 추위에도 굴하지 않고 홀로 깨끗하고 맑은 향기와 꽃을 피우는 매화의 본성을 다양한 표현을 통해 찾아나가는 절묘한 작품이다.

  모두 14수(首)로 이루어져 있는 이 시에서 김시습은 매화의 본성을 '정혼(貞魂)', '정백(貞白)', '정결(貞潔)', '청영(淸影)', '정신(精神)', '진취(眞趣)', '진미(眞味)', '청진(淸眞)', '고격(高格)', '대절(大節)', '정명(貞名)' 등의 시어(詩語)로 다채롭게 묘사하고 있다. 김시습의 '탐매'는 조선의 선비들이 '매화'를 소재로 지은 수많은 시 중에서도 단연 돋보이는 걸작이다.

큰 가지와 작은 가지에 눈이 일천(一千)이나 쌓였는데
온난(溫暖)하면 차례대로 개화(開花)할 줄 응당 아네

옥(玉)과 같은 뼈 곧은 혼(魂)은 비록 말은 없지만

남쪽 가지는 봄의 뜻을 가장 먼저 움 틔웠네

위자(魏紫)와 요황(姚黃) 같은 모란은 모두 유명할뿐더러

번성하고 화려함은 틀림없이 봄의 정(情)을 입었겠지만

어찌 매화의 마음이 곧고 깨끗함과 같겠는가

세상 사람들과 더불어 높고 낮음 평가하지 않네

일찍이 듣건대 곧고 깨끗하여 가장 다정(多情)하니

동풍(東風)에 피는 붉은 빛 보랏빛 꽃들과 다투지 않네

고산(孤山)을 한 번 보고 마음 이내 허락하니

이로 말미암아 시명(時名)을 얻어 잘못 행해지게 되었네

큰 가지는 둥그렇게 포개어 감아 굽고 작은 가지는 얽혔으니

한 줄기가 제비붓꽃〔杜若〕물가에 가로 비껴 있네

만약 맑은 그림자 보름달의 넋 아니라면

평생 묘사해도 분명코 얻지 못하리라

색(色)인가 향(香)인가 성인도 알기 어렵지만

달 아래 정신(精神)은 문득 기이하네

자세하게 분별하여 명백한 곳에 왔지만

무정(無精)한 맑은 빛깔이 향기에 속고 마네

눈 쌓인 길 그대 찾아 홀로 지팡이 짚고 가니

그 속에 참된 아취(雅趣) 깨닫는 듯 도로 아득한 듯

유심(有心)이 오히려 무심(無心)의 부림을 받아

곧바로 별빛에 도달하고 가로 비낀 달은 서쪽에 있네

떠들썩한 묵(墨)의 풍류 수도 없이 그대 칭찬했지만

그대의 진미(眞味) 아직 탐문(探聞)하지 못했네

쓸쓸하고 고요한 노간(老幹)에 서너 송이 피었지만

문득 무리를 초월하여 눈을 사로잡네

고산(孤山)의 두 구절은 정신(精神)을 얻어서

몇 마디 말에 가히 천고(千古)의 사람 놀라게 하네

언뜻 비치는 그림자와 그윽한 향기 비록 뼈를 얻어도

차가운 꽃술 홀로 청진(淸眞)한지 아직 모르겠네

세상 사람들 담병(膽甁) 속에 꽂아 가꾸고 기르니

종이 바른 밝은 창에 뜻은 온종일 같구나

자주 접해서 흔히 눈속임을 깨닫지 못하니

힘들게 눈 녹은 땅 찾아가면 어떠한가

내가 일찍이 남송(南宋)의 시인 육방옹(陸放翁)의 광기(狂氣)를 닮아

삼십 년 동안 물아(物我)를 잊고 지냈네

오늘 그대 보니 도리어 뜻이 있고

내일 아침 분명하게 신선이 마시는 술잔인 하상(霞觴)을 말하려네

한 가지는 말라 수척하나 한 가지는 번성하니

애끓는 봄의 마음 어찌하여 일어나는가

비와 이슬 참으로 무정(無情)한 물건이니

말라 시들어도 참고 보지만 형통함을 받지 못했네

절반이나 마르고 시든 잎 봄 가지에 붙었으니

곰곰이 생각하자 동풍(東風)이 불어옴을 깨닫지 못한 듯

자식 위해 오히려 먼저 꽃술을 붙였으니

잎이 없는 것을 막아주어 사람의 눈을 속이네

꽃이 필 때 높은 품격 꽃무리 중 빼어나고

매실(梅實)에서 신맛 낼 때 음식 맛이 향기롭네

꽃 지고 열매 맺어 끝날 때가 되어도 큰 절개 보존하니

수많은 다른 꽃 어찌 그 곁 엿볼 수나 있을까

간절하게 바람 따라 말발굽을 쫓지 마라

돌아갈 때는 비록 좋지만 끌고 올 때는 아니네

한 번 먼지와 진흙에 더럽혀진 뒤로부터는

부질없이 얻는 곧은 명성 세상 사람 비방하네

－『매월당집(梅月堂集)』, 「매화를 찾아서(探梅)」

'달'이란 존재는 불가에서 깨달음 혹은 속세의 번뇌를 해탈한 피안을
상징한다. 또한 '달'은 어둠을 몰아내고 온 누리를 환하게 비추는 불광
(佛光)이며, '달'이 떠서 질 때까지의 과정은 우리 안에 내재되어 있는

천하를 거닐었던 김시습의 기행(紀行)시가 담겨 있는 『매월당 사유록』.

불성(佛性)을 깨달아 가는 과정과 동일시되기도 한다.

더욱이 '달'은 조선의 개국을 도운 신승(神僧) 무학대사가 간월도(看月島)에서 어느 날 문득 '달을 보고 깨달음을 얻었다'는 해탈 설화의 주인공이기도 하고, 사람들은 달을 가리키는 손가락만 볼 뿐 정작 손가락이 가리키고 있는 달은 보지 못한다 해서 "손가락을 보지 말고 달을 보라."라는 선가(禪家)의 공안(公案)이 되기도 한다. 여기에서 손가락은 속세, 그리고 달은 깨달음(해탈)을 상징하는 용어로 비유되며 문학적 완성도를 높여준다.

도가(道家)에서 '달'은 궁극적으로 도달해야 할 진리를 찾아가는 본원(本源)의 대도(大道)를 의미하거나 이상향인 선계(仙界)를 상징하기도 한다. 김시습은 「탐매」 14수에 자신의 매화 사랑을 담았던 것처럼, '달〔月〕'을 큰 제목으로 한 『매월당집』 11편의 연작시에서는 달에 대한 자신의 속마음을 이렇게 새겨놓았다.

삼경(三更)의 이지러진 달 동쪽 산에 떠 있는데

성두(星斗)는 비껴 있고 옥 이슬이 맺혀 있네

가장 좋은 일은 밤 깊어도 꿈과 잠이 없는 것

벽오동 그림자 난간으로 올라오네

　　　　　　　　　-「이지러진 달이 동쪽 산에 올라오다(缺月上東山)」

높고 먼 하늘에 달빛이 순수하게 곱지만

기울어진 베개에 밤기운 서늘하여 사람 아직 잠 못 드네

애를 끊는 강 위의 피리 소리 어디에서 들리는가

한 곡조의 피리 소리 푸른 구름 하늘을 불어 깨뜨리네

　　　　　　　　　　　　　　　-「달빛(月色)」

산 높고 가파른 가을 저물 무렵 난간에 기대어

동봉(東峯)에 뜨는 달 기다리며 자세하게 바라보네

산이 이경(二更)에 토해내서 천리(千里)가 모두 같고

반쯤 어두운 밤에 바람 더하여 아주 차갑네

뜰과 마루 쓸쓸해도 소나무 소리는 웅장하고

바위 구멍 쓸쓸하고 서글프니 학의 꿈은 가냘프네

오랫동안 앉아 있어도 시 읊느라 이내 잠 못 자는데

은하수 맑고 얕아 방울방울 이슬 맺혔네

　　-「난간에 기대어 달을 기다리다가 달이 올라와 기뻐서 쓰다(倚欄待月月上喜題)」

뜰에 가득한 가을 달 흰빛이 빽빽한데

사람은 고요하고 외로운 등불에 밤은 이미 깊었구나

바람은 깨끗하고 서리는 맑아 꿈 못 이루지만

종이 창 발 그림자에 선심(禪心)이 움직이네

–「달밤에 우연히 쓰다(月夜偶題)」

높고 먼 하늘에 한 점 구름 없어 하늘빛이 맑은데

은하수 맑고 깨끗하여 서남쪽으로 기울었네

백옥(白玉) 소반이 크고 맑은 하늘에서 구르는데

달에 있는 계수나무 너울너울 쟁쟁 울리네

하늘에서 부는 바람 두꺼비의 요정(妖精) 쓸어버리니

별은 빛을 거두고 까막까치 놀라네

광한전(廣寒殿) 앞에는 서리 기운 비껴 있고

옥토끼는 약을 다 찧고 구름 꽃부리를 갈고 있네

내가 길게 노래하려고 섬돌 아래에서 거니는데

달 또한 배회하며 와서 내 옆을 비춰주네

곱디고운 천리(千里) 길 기나긴 등불 만들어서

사람 사이 세대(世代) 바뀌는 것 몇 번이나 보았는가?

떠들썩하고 시끄러운 티끌세상 서로 분지르고 다투는데

너는 홀로 무심하여 가는 곳마다 밝구나

내가 너와 더불어 한맹(寒盟)을 맺으려고 하나

천상과 인간 세상 함께하기 어렵구나

매년마다 가을밤 백옥경(白玉京)에서

빛을 나누어 길게 청산(靑山)의 기둥을 비춰주네

–「산중의 가을밤 달빛이 바다와 같이 나의 평상과 발에 비치니

기쁘다(山中秋夜月色如海照我床簾可喜也)」

반쯤 둥근 새 달이 산림(山林) 끄트머리에 올라오니

산사(山寺)의 해질 무렵 종소리 제일 먼저 울리네

맑은 그림자 점점 옮겨와 바람 불고 이슬 내리는데

뜰에 가득 차가운 기운 창틈 사이로 스며드네

맑은 이슬 방울방울 가을 달 어여쁜데

밤 벌레는 울어대며 평상 앞으로 다가오네

어찌하여 한가로운 내 마음을 태우는가?

일어나서 「구변(九辯)」 노래 한 편을 읽었네

-「중추 밤의 새 달(中秋夜新月) 2수(二首)」

여치가 평상 아래에서 베를 짜는데

닭은 밝아 맑은 밤이 길구나

마음은 깨끗하기가 물과 같은데

만 가지 형상 빽빽하고 또한 고요하네

바람이 움직여 새의 꿈은 흔들리고

이슬이 떨어지니 학이 놀라 움츠리네

사물의 누(累) 서로 침범하지 않으니

진실로 이것이 초제(招提, 수행 승려들이 머무는 객사)의 지경이네

-「달밤(月夜)」

중추(中秋)의 달빛이 분명히 어여쁜데

편향되게 동남쪽 왼편 경계 하늘에 비치네

한(漢)나라의 정원과 진(秦)나라의 궁궐에 경갑(鏡匣, 거울을 넣어두는 상자)을

열어보니

오(吳)나라의 강과 초(楚)나라의 물 위에서는 고깃배가 비치네

옥 항아리에는 처음으로 삼청(三淸, 도교의 삼신(三神))의 물이 펼쳐지고

붉은 계수나무 오야(午夜, 밤 열두 시) 전에 다시 개화했네

오늘 그대와 더불어 서로 마주하고 바라보니

창에 가득 찬 차가운 그림자 사랑해서 잠도 없네

흰 넋이 하늘에서 옥분(玉盆)을 씻었는데

가을 소리 계수나무 꽃 번성한 것 흔들어서 떨어뜨리네

구름은 자라 등에 삼천 장(丈)이나 거두었고

사람은 구슬 누각 몇 번째 처마에 기대었는가

이슬 머금은 계단 잔디에 벌레 소리 평온한데

바람은 뜰에 서 있는 나무 흔들어 잎새 소리 번잡하네

그대들은 우선 맑은 흥취 찾는 일을 멈추고

모름지기 얼음같이 맑고 밝은 달이 짧은 담에 떨어지는 것을 전송하게나

- 「중추에 호고(好古)와 더불어 달구경하며(中秋與好古翫月)」

해마다 바다의 달 동쪽에서 떠올라

내 평상 앞에 찾아와 나의 근심 달래주네

만 리 높고 먼 하늘에 다시 흐려서 막힌 것이 조금도 없으니

한 하늘은 온통 옥 항아리의 가을이네

진(秦)나라의 궁궐과 한(漢)나라의 정원에서 사람이 입 피리 불어대고

초(楚)나라의 물과 오(吳)나라의 강 위에서 나그네 배를 정박하네

헤어짐과 만남, 슬픔과 기쁨은 응당 함께하니

술잔을 멈추고 아직은 그 연유를 묻지 말라

– 「바다의 달(海月)」

가운데 마당 덩굴 사이로 보이는 달의 흰빛 가득한데

나의 방 동창(東窓) 뚫고 들어와 거문고를 비추네

월궁(月宮)의 항아(姮娥) 항상 홀로 잔다고 말하지 마라

매해마다 수많은 사람의 마음을 얻어 함께하네

– 「사 월 십사 일 밤의 달(四月十四日夜月)」

태백성이 동방(東方)에서 나와

번득번득 새벽녘 희미한 달과 짝을 짓네

내게 와서 의상(衣裳)을 비추지만

밝지도 않고 깨끗하지도 않네

어른어른 희미한 구름에 가려 있지만

빛살 끝이 뛰어넘으려고 하네

네가 능히 별빛과 달빛을 나란히 한다면

하늘의 운행(運行) 마음대로 나와 주고받으리

모름지기 조금 있다가 태양이 밝으면

작은 너는 종적도 없이 사라지리라

– 「태백성을 웃는다(笑太白)」

이렇듯 '매월당'은 선비의 절개를 상징하는 '매화'와 속세를 벗어난 해탈과 궁극적인 진리에 도달하는 대도(大道)의 삶을 상징하는 '달'처럼 살기 바랐던 김시습의 뜻과 마음을 담은 호였다. 그 때문인지 그는

죽을 때까지 자신의 뜻을 단 한 차례도 어기지 않았으며, 간혹 세속의 권력이나 이욕(利慾)에 몸담기를 권유하는 사람이라도 만날까 봐 더욱 미치광이 행세를 자처했다. 그의 기이하고 괴벽한 행동은 마치 세상이 미쳤는데도 멀쩡한 정신으로 사는 세상 사람들을 조롱하는 듯했다. 그러나 평생 '매화'와 '달'처럼 세상을 벗어나 지조 있는 삶을 살았던 김시습은 말년에 자신을 가리켜 "뜻은 높지만 행동이 따르지 못한다."라고 자조했다. 하루하루를 별다른 생각 없이 살아가는 우리에게 경종을 울리는 말이 아닐 수 없다.

(50세를 전후해) 벼슬하라고 권하는 사람들이 많았다. 그러나 김시습은 끝까지 뜻을 굽히지 않고 예전과 같이 마음이 가는 대로 살았다. 달밤을 만나면 기뻐서 「이소경(離騷經)」을 외우고 다 외우고 나면 반드시 통곡하였다. 더러는 송사(訟事)하는 곳에 들어가 잘못된 것을 옳은 것이라 주장하며 궤변을 늘어놓아 승소(勝訴)하고, 그 판결문이 이루어지면 크게 웃고 찢어버리곤 하였다. 저잣거리의 아이들과 어울려 놀다가 술에 취해 길가에 엎어져 드러눕는 일이 허다했다. 하루는 영의정 정창손(鄭昌孫)이 저잣거리를 지나가는 모습을 보고 크게 '이놈아. 그만 쉬어라.'라고 소리쳤다. 그러나 정창손은 못 들은 척했다. 이러한 일로 사람들이 모두 그를 위태롭다고 여겨 알고 지내던 이들도 절교(絶交)를 하였는데, 오직 종실(宗室)의 수천부정(秀川副正) 이정은 (李貞恩), 남효온(南孝溫), 안응세(安應世), 홍유손(洪裕孫) 등 몇 사람은 끝내 변하지 않았다. 한번은 남효온이 김시습에게 물었다. "나의 소견(所見)은 어떠한가?" 김시습은 "창에 구멍을 뚫고 하늘을 엿보는 것이네."라고 대답하였다. 소견이 좁다는 말이다. 그러자 남효온이 다시 물었다. "동봉(東峯, 김시습의 호)의 소견은 어떠한가?" 이에 김시습은 "넓은 마당에서 하늘을 우러러보는

것이네.''라고 답변했다. 소견은 높지만 행동이 미치지 못한다는 뜻이다.

-『율곡전서』, 「김시습전」

┃ 동봉(東峯) 수락산을 벗 삼아 일생을 마치려고 결심하다

앞서 밝혔듯, 조선의 산천(山川)치고 김시습의 발길이 닿지 않는 곳은 없었다. 김시습은 산수를 방랑하면서 좋은 경치를 만나 시를 읊조리는 삶을 즐겼던 자신의 취향을 이렇게 밝혔다.

> 나는 어렸을 때부터 호탕하여 명리(名利)를 즐거워하지 않고 생업(生業)을 돌아보지 않았다. 오직 청빈하게 뜻을 지키는 것을 마음에 품고 평소 산수를 방랑하면서 우연히 좋은 경치를 만나는 대로 시를 읊조리고 노닐었다. 일찍이 과거 공부를 하는 거자(擧子)였을 때 친구들이 지나가다가 종이와 붓을 가져와서 다시 과거 시험 볼 것을 힘써 권유했지만 오히려 마음에 관심을 두지 않았다. 그러다가 어느 날 갑자기 감개(感慨)한 일(수양대군의 왕위 찬탈 사건)을 만나게 되자, '사내로 이 세상에 태어나 도(道)를 행할 만한데 몸만 깨끗하게 하는 것은 인륜을 어지럽히는 부끄러운 짓이다. 그러나 만약 도를 행할 수 없다면 홀로 그 몸을 선(善)하게 하는 것이 옳다.'라고 생각했다. 둥둥 사물 바깥에 떠다니며 송(宋)나라 때 선술(仙術)을 수련한 도남(圖南)이나 천하를 유랑한 사막(思邈)의 풍모를 우러러 사모하고자 하였다. 그러나 우리나라의 풍속에는 또한 이와 같은 일이 드물어 오히려 결정을 내리지 못하고 있었다. 어느 날 저녁 홀연히 만약 옷을 검게 물들여 입고 산(山)사람이 된다면 소원을 이룰 수 있다는 사실을 깨우쳤다. 마침내 송도(松都)를 향해 나아

가 고성(古城)에 올라 보고 촌락을 배회했다.

– 『매월당집』, 「호탕하게 관서 지방을 유람한 기록 뒤에 쓴다(宕遊關西錄後志)」

이때부터 김시습은 관서(關西) 지방의 천마산·성거산·묘향산에서부터 관동(關東) 지방의 금강산·오대산·설악산은 물론 한양 도성 부근의 소요산·삼각산·도봉산·수락산과 호남(湖南) 지방의 능가산·진산·무등산·조계산, 영남(嶺南) 지방의 금오산 등 헤아릴 수 없이 많은 산을 두루 돌아다녔다. 특히 산을 좋아해 산사람으로 살기를 소망했고 산중 생활을 즐거워했던 김시습은 수많은 '산중 시'를 남겨 자신의 유별난 '산 사랑'을 과시했다.

산속 운수향(雲水鄕)은 더러운 세상과 멀리 있어
비록 오는 사람 있어도 세상 사람 아니네
평상에 가득한 흰 구름 한가로워도 쓸지 않고
작은 뜰에 돋은 풀 스스로 푸른 봄이네

백지산(栢旨山) 앞산과 물빛
천고(千古)를 노래하고 읊조려도 오히려 사람 없네
내가 와서 한번 구경하니 새로운 뜻이 일어나
구름과 달도 기뻐하며 나를 책망하지 않네

한번 산에 사니 세상 생각 멀어지고
이 생애 일 없이 보내며 사네
해 저물어 계곡 길로 사람 돌아가는데

여러 조각 흰 구름 초려(草廬)를 봉(封)하였네

바람 맑고 달 밝은데 누구에게 기대어 구경하나

물의 모양 구름 형용 단지 저절로 알 뿐이네

계곡가에 늦게 오니 산비 지나가는데

노란 꾀꼬리 소리 말라비틀어진 오동나무 가지에서 나네

객(客)은 드물고 산은 적막해 시끄러운 소리 없지만

땅은 궁벽하고 푸른 이끼 돌다리를 덮었네

『남화경(南華經)』『장자(莊子)』 다 읽고 나서 도로 책을 덮자

까닭 모를 산비가 파초를 때리네

작은 누각에 바람이 가득하니 여름도 가을인 듯

나무 그림자 솔 그늘이 사면에 빽빽하네

하루 종일 누워서 노는 건 오직 나 혼자

세상 사람 일 많아 와서 놀지 못한다네

- 『매월당집』, 「산중에서 멋대로 읊다(山中雜吟)」

　　조선의 수많은 산 가운데 김시습이 남달리 마음을 주고 오랜 세월 거처로 삼은 곳은 금오산(金鰲山)과 수락산(水落山)뿐이었다. 김시습은 31세(1465년, 세조 11) 때 경주 금오산에 금오산실(金鰲山室)을 짓고 거처하였다. 이곳에서 7년여를 거처하는 동안 그는 우리나라 최초의 한문 소설인 『금오신화(金鰲神話)』를 지었다. 이 책에서 김시습은 고루하고 편벽한 당시의 유학자들로서는 상상조차 할 수 없는 용궁·천상·저

승·귀신 등을 소재로 삼아 신비롭고 기이한 세계의 이야기를 자유롭게 펼쳐보였다. 그의 자유분방한 정신세계와 괴벽한 행적이 낳은 기이하고 독특한 창작물이 바로 『금오신화』였다.

그러나 김시습이 정말로 사랑했던 산은 수락산이었다. 이것은 그가 수락산 동쪽 봉우리인 만장봉(萬丈峰)을 애호하여 '동봉(東峯)'이라 부르는 것도 모자라 자신의 호를 '동봉(東峯)'으로 한 사실을 통해 쉽게 알 수 있다. 김시습은 금오산에서 지낼 때 지은 시들을 모아 엮은 「유금오록(遊金鰲錄)」의 끝부분에, 처음 수락산에 터를 잡아 집을 짓고 은둔하기로 결심한 배경에 대해 이렇게 적어놓았다.

금오산에 거처한 뒤로 멀리 유랑하는 것을 좋아하지 않았다. 이로 인해 차가운 기운 속에서 질병이 잇달아 발생했다. 다만 바닷가에서 하는 일 없이 한가롭게 지내며 시골 장터에서 거리낌 없이 놀다가 매화를 찾고 대나무를 물

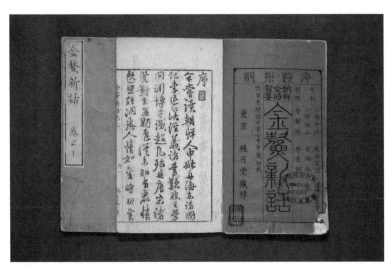

김시습의 자유분방함이 한껏 드러난 『금오신화』.

어 항상 시를 읊조리고 취해 스스로 즐거웠다. 신묘년(辛卯年, 1471년, 성종 2)
봄에 서울에 와 달라는 청을 따라 한양에 들어갔다가, 임진년(壬辰年, 1472
년, 성종 3) 가을에 도성(都城) 동쪽의 폭천정사(瀑泉亭舍)에 은둔해 터를 잡고
집을 지어 일생을 마칠 마음을 먹었다. 계사년(癸巳年, 1473년, 성종 4) 봄에
쓴다.

— 『매월당집』, 「유금오록」

수락산은 한양 도성에서 동쪽으로 30리쯤 떨어진 곳에 자리하고 있
다. 이 산은 삼각산(三角山, 북한산)과 도봉산(道峯山)과 정족(鼎足, 솥발)
의 형세를 이루고 있다. 비록 깎아지른 듯한 산세는 삼각산과 도봉산
보다 못하지만 수석(水石)의 아취는 두 산보다 더 빼어나다. 수락산이
라는 이름 또한 이 때문에 얻어진 것이라고 말하는 사람도 있다. 김시
습은 수락산 폭천(瀑泉) 부근에 '폭천정사'라 이름 붙인 거처를 짓고 직
접 농사를 일구며 살았다. 그리고 이곳에 유가(儒家)와 불가(佛家) 그리
고 제자백가서(諸子百家書) 등 5천여 권의 서책을 쌓아놓고 뒤적이며
지냈다. 그러다가 싫증이 나면 따뜻한 햇볕 아래 누워 한가롭게 낮잠
자는 것을 즐겼다.

또한 김시습은 자신의 호로 삼았던 '동봉', 즉 수락산의 만장봉에 자
신의 다른 호인 '매월당'이라는 이름을 붙인 처소를 짓고 거처하였다.
김시습이 세상을 떠나고 200년이 흐른 뒤에 수락산에 들어와 그의 유
지를 찾아 복원하는 데 힘을 쏟았던 서계(西溪) 박세당은 "수락산 동쪽
에는 예전에 매월당과 흥국사(興國寺), 은선암(隱仙庵) 등 몇 개의 절이
있었다. 매월당은 곧 김시습이 거처하던 곳이다. 그런데 세월이 오래
되어 이미 없어져 버렸다. 김시습은 '동봉'이라고 자호(自號)하였을 정

도로 이 산을 매우 사랑했다."라는 기록을 남겼다. 200년이라는 긴 세월이 흐른 뒤에도 후세 사람들에게 생생하게 전해졌을 만큼, 김시습의 '수락산 사랑'은 유별났던 것이다.

수락산을 아무리 사랑한다고 해도 김시습은 자신의 방랑벽을 완전히 버리지는 못했다. 수락산에 거처한 지 10여 년이 흐른 1483년(49세), 홀연히 두타(頭陀, 머리를 깎은 승려)의 행색을 하고 다시 관동 지방으로 떠나버렸다. 김시습은 동해안의 강릉과 양양 등지를 유람하고 설악·청계·청평 등의 산에 머물렀다. 특히 양양 부근의 바닷가 마을인 낙진촌(樂眞村)에 머무를 때 자전적인 시라고 할 수 있는 '동봉육가(東峯六歌)'를 지어 반평생(51세 무렵)을 지난 자신의 삶을 관조하고 성찰했다.

나그네 있어! 나그네 있어! 동봉(東峯)이라 부르는데

헝클어진 백발에 심하게 늙고 병들었구나

나이 약관도 되지 않아 글과 검을 배웠는데

사람됨이 케케묵은 선비 형용 짓는 것을 수치스러워하네

하루아침에 가업(家業)을 떠도는 구름인 양 팽개치고

물결치는 대로 흘러가니 누가 함께 따를까나

오호라! 첫 번째 노래여! 그 노래가 정히 슬프구나

창창한 하늘은 아득하기만 하구나

질률나무여! 질률나무여! 가지에 가시가 많아도

붙들어 의지하여 산 넘고 물 건너 사방을 유랑했네

북쪽 끝으로는 말갈(靺鞨)까지 남쪽 끝으로는 부상(扶桑)까지

어느 곳에 근심 어린 이 내 마음 묻을까

해는 저물고 길은 멀어 내 가야 할 길 머나머니

어떻게 회오리바람 타고 구만 리를 날아볼까

오호라! 두 번째 노래여! 그 노래가 낮았다가 높았다가

북풍(北風)이 나를 위해 처량히도 부는구나

외조부여! 외조부여! 어린 나를 사랑하여

돌 지나 소리 내니 기뻐도 하셨지

배움에 우뚝 솟아 글공부 가르치니

세종대왕 들으시고 궁궐로 부르셨네

커다란 붓 한번 휘둘러 용과 이무기 날아올랐네

오호라! 세 번째 노래여! 그 노래 정히 더디구나

뜻과 소원 못 이루고 신세만 어긋났네

어머니여! 어머니여! 맹씨(孟氏) 같은 어머니여

슬프고도 슬프구나, 기르고 가르치려 세 번이나 집 옮기셨지

나에게 일찍부터 공자의 학문 배우게 하였고

장차 경학(經學)의 학술로 요순시대 만들라고 하셨지

어찌 아셨겠는가! 유자(儒者)의 이름 그르칠 줄을

십 년 동안 관산(關山) 길에 분주하셨네

오호라! 네 번째 노래여! 그 노래 우울하고 답답하구나

자애로운 까마귀 먹이 물고 돌아와 산골짜기에서 우네

파란 하늘 쓸어낸 듯 구름 한 점 없고

매서운 바람 애절하게 마른 풀에 불어오네

시름 겨워 우두커니 창공을 바라보니

이 몸은 싸라기 같고 하늘은 어찌 늙었는가

내 평생 어찌하여 외로이 홀로 괴로워하고

사람들과 더불어 좋은 것 함께하지 못했네

오호라! 다섯 번째 노래여! 그 노래가 애를 끊네

혼이여! 돌아가자 어느 곳도 없네

내 활을 잡아당겨 천랑성(天狼星)을 쏘려 하니

태일(太一)이 바로 하늘 가운데에 있네

긴 칼 어루만지며 큰 여우 물리치려고 하니

백호(白虎)가 바로 산모퉁이를 등지고 있네

강개(慷慨)함도 끊어져서 그 뜻을 펴지 못하니

또렷하게 긴 휘파람 불어도 곁에 사람 아무도 없네

오호라! 여섯 번째 노래여! 그 노래에 탄식하네

웅장한 뜻 펴보지도 못하고 부질없이 수염만 매만지네

- 『매월당집』, 「동봉육가」

천재로 태어났지만 시대를 잘못 만나 광인 행세를 하며 평생 방랑의 삶을 살아야 했던 김시습의 고독과 번뇌가 구구절절 담겨 있다. 그러나 말년에 벼슬길에 나아가 출세할 것을 권하는 양양 군수(襄陽郡守)에게 김시습이 정중하게 거절하며 보낸 편지글 가운데 "천년 후에 나의 속뜻을 알아주리라."라고 말한 것처럼, 부정한 권력과 썩어빠진 세상을 풍자하고 조롱했던 그의 삶과 산천을 벗 삼아 살며 맑고 드높은 기상을 보여준 그의 행적은 오늘날 하나의 사표(師表)가 되어 사람들 사이에서 회자되고 있다.

▎ 서계(西溪) '수락산의 나뭇꾼'을 자처한 또 한 명의 기사(奇士)

김시습이 수락산을 떠난 후 이 산의 명성은 다시 삼각산(三角山)과 도봉산(道峯山)에 가려져 빛을 잃어버렸다. 그런데 200여 년의 세월이 흐른 17세기 중반 또 한 명의 기사(奇士)가 수락산을 찾아오면서, 이 산은 또다시 세상의 주목을 받게 된다. 그는 조선을 지배한 유일한 이념이라고 할 수 있는 주자학을 비판하고 유학에 대한 독자적인 견해를 밝힌 『사변록(思辨錄)』을 저술해 사문난적(斯文亂賊)이라는 낙인이 찍혀 죽음을 맞은 '조선 철학사의 이단자(異端子)' 박세당이다.

　서울 지하철 7호선의 종점인 의정부 장암역에서 내려 수락산 쪽으로 방향을 잡아 가다보면, 자그마한 개울을 끼고 있는 아담한 마을이 나타난다. 수락산 아래에 자리하고 있는 이 개울이 바로 박세당이 호로 삼은 '서계(西溪)'이고, 아담한 마을은 그가 석천동(石泉洞)으로 이름을 바꾼 장자곡(長者谷) 혹은 장자동(長者洞)이다.

　박세당은 1668년(현종 9) 40세 무렵 수락산에 들어가 은거할 결심을 하고 스스로 '서계의 나무꾼'이라는 뜻으로 '서계초수(西溪樵叟)'라는 호를 사용했다. 이때 옥당(玉堂, 홍문관)의 교리로 재직하던 박세당은 일부러 문신월과(文臣月課, 문신들에게 매월 시부(詩賦)를 지어 바치게 한 제도)에 세 번이나 제술(製述)하지 않아 파직을 자처했다. 그리고 마침내 수락산 석천동으로 들어왔다. 박세당이 수락산에 들어올 당시의 세태

와 그의 심정을 알 수 있는 기록이 「연보」에 자세하게 남아 전해지고
있다.

대개 이때 회천(懷川, 송시열)이 향리에 물러나 거처하면서 자신의 의견을 내세
워 조정의 논의를 결정했다. 당시 요직에 있던 모든 사람들이 서로 앞다퉈 그
의 의견을 따랐고, 일세(一世)의 인물에 대한 진퇴(進退) 여탈을 오로지 그의
의향을 보고 행하였다. 단 한마디 말이라도 조금만 거스르면 마치 연못에 떨
어뜨리는 듯하고, 뜻이 다 잘 맞으면 마치 무릎 위에 올려놓을 것처럼 했다.
선생(박세당)만 홀로 이치에 바른 말을 하고 곧은 도리를 지켜 그에게 굽신거
리지도 않고, 그를 우러러보지도 않고, 그의 뜻을 따르려고 하지도 않았다.
그러나 선생의 지위와 명망과 재주와 학식을 또한 쉽게 배척하거나 버릴 수
도 없었으므로, 이에 흘겨보며 시기하는 자들이 많았다. 그래서 서필원(徐必
遠), 김시진(金始振), 김석주(金錫胄)의 일로 말미암아 선생까지 함께 비방을
받자, 선생은 세상에서 할 수 있는 일이 없다는 것을 알고 단지 녹봉만 받으
려고 벼슬할 마음도 역시 없어서 마침내 '뜻을 굽히고 몸을 욕되게 하며 그를
따라 주장을 거두느니 차라리 내가 좋아하는 것을 좇아 밭이랑 사이에 몸을
마치는 것이 낫겠다.'라고 하였다.

- 『서계집(西溪集)』, 「연보」

박세당은 선비의 몸이지만 직접 농사짓기를 마다하지 않았고, 농사
철에는 농부나 야인(野人)들과 함께 어울려 하루 종일 밭에서 지내곤
했다. 더욱이 박세당은 자신의 농사 경험을 바탕으로 『색경(穡經)』이라
는 서책까지 저술했다. 『색경』은 유학자라고 할지라도 반드시 농업에
종사하고 또한 농업 기술 등 실용적인 지식을 익히는 데 힘써야 한다

박세당이 자주 찾으며 글씨를 새긴 취승대의 풍경.

는 사실을 몸소 보여준 살아 있는 사례로, 18세기에 만개했던 '실학 운동'의 선지자적 역할을 한 서책이다. 수락산 기슭 서계 석천동에 집터를 닦고 몸소 농사지으며 사는 즐거움을 박세당은 이렇게 노래했다.

> 다섯 칸 새집을 지어 완성할 때
> 숲의 제비와 산의 짐승도 함께 낙성(落成)을 기뻐했네
> 집을 끼고 그림 폭 같은 천 길 산봉우리 서 있는데
> 책상 두른 거문고처럼 샘물 하나 울어대네
> 문 앞 연못에는 물고기 구해 기를 수 있고
> 울타리 아래 밭에는 송아지 빌려 경작할 수 있네
> 세상사 풍족하지 않아도 은둔한 뜻은 만족스러워
> 다른 사람 어리석다 비웃어도 내 갈 길을 가네
>
> **－『서계집』, 「새집(新屋)」**

수락산을 사랑해 이곳을 거처로 삼아 농사짓고 살았던 박세당의 삶은 200년 전 김시습의 삶과 별반 다르지 않았다. 더욱이 권력과 타협하지 못하고 세상을 벗어나 사는 것을 좋아했던 점에서도 서로 닮았기 때문인지, 평소 김시습을 누구보다 염모했던 박세당은 수락산에 들어온 이후 김시습의 옛 자취를 직접 탐사하고 그가 남긴 뜻을 되살려야겠다는 마음을 먹는다.

불경은 읽지 않고 좌선(坐禪)도 하지 않으니
출가했지만 집에 있을 때와 같았네
광기 어린 노래와 통곡은 무뢰하지 않고
외로운 달과 서늘한 매화는 일찍이 인연 있었네
위태로운 산봉우리 속에 지금까지 자취 남아 있지만
막다른 벼랑 가에 예로부터 누대만 황량하네
누구에게 의지하여 동봉(東峯)이라는 글자 기억해 적으니
인간 세상과 더불어 남아 호사가(好事家)가 전하도록 하네

등나무 넝쿨은 섬돌을 감싸고 풀은 길을 덮었으니
깊은 숲 가을 저물어 사람 발길 끊어졌네
적막한 바위의 거처 남긴 자취 마주하고
쓸쓸히 천고(千古)의 맑은 풍모 생각하니 한탄스럽고 슬프구나

텅 빈 산 지는 해에 나그네 마음 서글픈데
누런 잎 푸른 이끼 옛적 누대 가득 덮었네
덧없는 세상 만 가지 인연 그대 이미 떠났는데

어찌하여 이곳에 이르러 다시 배회하는지

- 『서계집』, 「매월당의 옛 자취를 찾다(訪梅月堂舊跡)」

박세당은 김시습이 거처하던 옛터가 남아 있는 수락산 동봉 서쪽 석림사(石林寺) 곁에 사우(祠宇, 사당)를 세워 김시습의 삶과 남긴 뜻을 기리고자 하였다. 그러나 사우를 세울 재물이 없어서 '매월당 영당(影堂) 권연문(勸緣文)' 한 통을 지어 석림사의 승려들에게 보내 재물과 양식을 구해 공역을 일으키도록 하였다. 박세당은 김시습을 추모하는 사우를 세우려는 자신의 뜻을 이렇게 밝혔다.

방외(方外)를 유람하여 이 수락산에 당도한 사람들로 하여금 유석(儒釋, 유학자나 승려)에 구분 없이 모두 우러러보고 만 분의 일이라도 그 기상(氣像)을 얻어서, 나약한 사람은 이로써 뜻을 세우고, 완악(頑惡)한 사람은 이로써 청렴해질 수 있도록 한다.

- 『서계집』, 「매월당 영당 권연문」

박세당의 이러한 노력은 1686년(58세) '동봉사우(東峯祠宇)'를 세우고 이어서 충청도 홍산현(鴻山縣) 무량사(無量寺)에 있는 김시습의 자화상(自畫像)을 모사하여 봉안하는 것으로 결실을 맺었다. 박세당은 자신과 뜻을 함께하는 수십 명의 선비들과 석채례(釋菜禮, 새로 나는 나물과 생채소로 스승을 기리는 제사 의식)를 행했다. 그리고 4년 후에는 조정으로부터 '청절사(淸節祠)'라는 사액까지 받아 김시습의 '맑고 굳은 절개'를 추모하고 정성껏 섬겼다.

이렇듯 수락산을 사랑해 은둔처로 삼았던 김시습과 박세당은 200년이라는 시간을 초월한 '기이한 인연'으로 맺어졌다. 박세당은 진정 수락산을 알아본 사람은 자신 외에 김시습밖에 없었다면서, 이 산에 대한 김시습과 자신만의 남다른 감회를 진술하기도 했다.

> 오호라! 이 수락산은 천지와 더불어 나란히 서 있다. 그 경치가 애초 옛적이라고 해서 더 낫고 지금이라고 해서 덜하지 않다. 그러나 세상 사람들은 이 산을 사랑할 줄 모른다. 이 산을 좋아한 이는 홀로 김시습 한 사람뿐이었는데, 그 사람이 죽은 지 200년이나 되었다. 다시 그 사람을 이을 이가 있는가! 이에 암자를 지으니 김시습과 비교하여 그 뜻이 어떠한가.
>
> ─『서계집』, 「석림암기(石林庵記)」

아무리 승경(勝景)을 자랑하는 명산(名山)이라도 비로소 명사(名士)를 만나야 그 진가를 드러내는 법이다. 15세기 조선 사회를 뒤흔들었던 광사(狂士) 김시습과 17세기 조선의 사상계에 파란을 일으켰던 기사(奇士) 박세당이 있었기에, 수락산은 오늘날까지 맑고 드높은 선비의 기상이 서려 있는 산이 될 수 있었다.

수락산 아래 서계(西溪)가의 석천동에 거처하며 몸소 농사를 지으며 살면서도 박세당은 후학을 가르치는 일을 게을리하지 않았고, 1680년(52세) 무렵부터는 『대학(大學)』에서부터 『중용(中庸)』·『논어(論語)』·『맹자(孟子)』·『상서(尙書)』(『서경(書經)』)·『모시(毛詩)』(『시경(詩經)』) 등에 이르기까지 유학의 경전에 자신의 독자적인 견해와 주석을 단 『사변록』 시리즈를 본격적으로 저술하기 시작했다. 이는 20년 후에 '사문난적'으로 몰려 죽음을 맞는 빌미를 제공했다. 그런가 하면 당시 주자학자들이 금서(禁書)이자 요서(妖書)로 배척한 노자의 『도덕경(道德經)』과

박세당의 초상.

장자의 『장자(莊子)』에 주해(註解)를 다는 연구 작업도 했다. 당시 박세당을 잘 아는 사람들은 그가 입을 해악(害惡)을 염려하여 저술 활동을 중단할 것을 수차례 당부했지만, 그는 권력의 칼날도 세상의 비난도 전혀 두려워하지 않고 자신의 길을 묵묵히 걸어갔다.

그러다가 죽음을 맞기 1년 전 (1702년) 이경석의 '신도비명(神道碑銘)'을 지으면서 당시 권력을 장악하고 있던 노론 세력이 '조선의 주자(朱子)'라고 추앙하던 송시열을 '올빼미'에 비유해 비판한 일로 일대 파란을 일으켰다. 이 일이 빌미가 되어 다음 해(1703년) 조정 안의 노론 세력과 이들에게 아첨하는 사대부, 부화뇌동한 성균관의 유생들이 한패거리가 되어, 박세당이 주자의 장구(章句)와 주해(註解)를 불경하게도 함부로 고치는 이른바 '사문난적'의 중죄를 지었다면서 형벌에 처하라고 들고일어났다. 결국 박세당은 삭탈관직(削奪官職)을 당하고 전라도 옥과(玉果)로 유배형에 처해진다. 그러나 연로하다는 이유로 다행히 유배될 위기를 모면하고 수락산 석천동 집으로 돌아올 수 있었다. 하지만 집으로 돌아온 지 불과 석 달 후인 1703년(숙종 29) 75세의 나이로 죽음을 맞았다.

박세당은 일찍이 노론 세력이 여론 몰이를 하여 자신을 이단으로 단죄하고 죽이려고 할 것을 예견하고 70세 무렵 '서계'라는 호를 빌어서 직접 자찬묘지명(自讚墓誌銘)이라 할 수 있는 '서계초수묘표(西溪樵叟墓表)'를 짓고, 여기에서 "차라리 세상과 어울리지 못하고 홀로 쓸쓸하게 살아갈망정, 끝내 '이 세상에 나왔으니 이 세상에서 하라는 대로 하고 이 세상이 좋아하는 대로 하겠다'는 사람들에게 머리를 숙이거나 마음을 낮추려고 하지 않았다."라는 평생의 뜻과 의지를 분명하게 밝혀 두었다. 몸은 죽어도 정신은 남아 후세에 전해지기를 바랐기 때문이다.

서계초수(西溪樵叟)의 성(姓)은 박(朴)이고, 그 이름은 세당(世堂)이다. 선조(先朝) 가운데 정헌공(貞憲公) 박동선과 충숙공(忠肅公) 박정이 나란히 인조 치세 때 벼슬과 명망이 높았다. 서계초수는 네 살 때 아버지 충숙공이 세상을 떠났고, 여덟 살에 외적(外賊)의 난리를 만나 외롭고 가난해 공부할 때를 놓쳤다. 10여 세에 이르러서야 비로소 중형(仲兄)에게 처음 수업을 받았으나 스스로 노력하지 않았다. 현종이 즉위한 원년인 32세 때 과거에 급제해 벼슬길에 올랐다. 그러나 8~9년 동안 벼슬살이를 해보니, 스스로 재주가 짧고 힘이 모자라 세상에서 무엇인가를 하기에는 부족하다는 것을 깨닫게 되었다. 세상일도 날이 갈수록 무너지고 허물어졌지만 올바로 구제할 방법이 없었다. 이에 관직을 버리고 벗어나 동문(東門) 밖으로 물러 앉아 거처했다. 도성에서 30리 떨어진 수락산 서쪽 계곡 가운데 터를 잡고 그 골짜기를 석천동(石泉洞)이라고 이름하였다. 이로 말미암아 스스로 서계초수라고 일컬었다. 개울가에 집을 짓고 울타리도 두르지 않았다. 복숭아나무, 살구나무, 은행나무, 배나무, 밤나무를 심어 그 집을 빙 둘렀다. 오이를 심고 밭을 일구며 땔나무를 팔아서 생계로 삼았다. 농사지을 달이 되면 몸을 항상 밭고랑 사이에 두고, 호미와 가래를 둘러멘 농부들과 어울리며 함께 일을 했다. 처음에는 조정에서 명을 내려 부르면 나아갔으나 나중에는 여러 차례 불러도 일어나지 않았다. 30여 년을 그렇게 살다가 세상을 떠났다. 수명은 70세이다. 그가 살던 집의 뒤쪽 백 몇 십 보 떨어진 곳에 묻혔다. 일찍이 도리(道理)에 통달하고 조예가 깊은 논설(論說)을 지어 『시경』과 『서경』 그리고 『논어』·『맹자』·『대학』·『중용』 등 사서의 뜻을 밝혔고, 『노자(老子)』와 『장자(莊子)』 두 책에 주석을 달아 뜻을 드러냈다. 대개 맹자의 말을 깊이 좋아하여 차라리 세상과 어울리지 못하고 홀로 쓸쓸하게 살아갈망정, 끝내 '이 세상에 나왔으니 이 세상에서 하라는 대로 하고 이 세상이 좋아하는 대로 하겠다'는 사람들에게 머리를 숙이거나 마음을 낮추려고 하지 않았다. 이것은 그 뜻이 그러했기 때문이다.

- 『서계집』, 「서계초수묘표」

　그 어떤 권력과 사상도 '절대적인 존재'가 될 수는 없고 되어서도 안 된다. 역사적으로 볼 때 권력과 사상이 '절대적인 존재'가 되는 순간, 그것은 사람을 해치는 칼날이 된다. 17세기 조선에서는 '주자학'이 그랬다. 그러나 비록 '절대적인 존재'가 된 권력과 사상이 아무리 매서운 칼날을 휘둘러 사람들을 공포에 떨게 하고 굴복시킨다고 해도 자유를 향한 인간의 의지를 모두 말살할 수는 없었다. 그곳이 어떤 나라이든 혹은 어떤 시대이든 간에 절대적인 존재가 되어버린 권력과 사상에 저항하는 사람이 분명히 나오기 때문이다. 그런 점에서 박세당은 17세기 조선에 불어 닥친 '주자학'의 광풍(狂風)에 맞서 사상의 자유를 위해 싸운 지사(志士)이자 투사(鬪士)였다.

백사 이항복과 한음 이덕형

조선의 관포지교, 오성과 한음

▌ 백사(白沙) 이름 없는 강 나루터 노인의 호(號)를 탐하다

'관포지교(管鮑之交)'는 진정한 우정을 말할 때 사용하는 유명한 고사
성어다. 여기에서 관포(管鮑)는 중국의 춘추 전국 시대에 제(齊)나라 환
공(桓公)을 섬긴 관중(管仲)과 포숙(鮑叔)을 가리킨다. 조선에도 이 두
사람에 비견할 만한 우정을 나눈 두 사람이 있었다. '오성(鰲城)과 한음
(漢陰)'으로 유명한 이항복과 이덕형이다.

 어린이 책이나 만화의 단골 주인공으로 자주 등장한 탓에 이 두 사
람이 어렸을 때부터 친구 사이였던 것으로 알고 있는 이들이 많다. 그
러나 사실 이항복과 이덕형이 처음 만난 시기는 1578년(선조 11)으로
이항복의 나이 23세, 이덕형의 나이 18세 때였다고 한다. 이항복은
19세에 권율의 딸인 안동 권씨와 이미 혼인했고, 이덕형 역시 17세에
이산해의 딸인 한산 이씨와 혼인해 가정을 이루고 있었다. 다시 말해

우리가 알고 있는 '오성과 한음'의 이미지와는 다르게, 두 사람은 처음 만났을 때 이미 성년이었고 한 가정의 가장이었다는 얘기다. 이항복이 나고 자란 곳은 인왕산 아래 필운동이었고, 이덕형이 나고 자란 곳은 남대문 밖이었기 때문에 두 사람이 어렸을 때부터 알고 지냈을 가능성 또한 극히 적다. 두 사람이 처음 만난 장소 역시 감시(監試)를 치르는 과거 시험장이어서 함께 어울려 놀면서 장난쳤던 소꿉동무라는 통상의 이미지와는 전혀 다르다.

이항복과 이덕형은 1580년(선조 13) 같은 해에 과거에 급제해 벼슬길에 나섰다. 그런데 정승(政丞)의 반열에 먼저 오른 사람은 다섯 살 연상이었던 이항복이 아니라 다섯 살 어렸던 이덕형이었다. 요즘 사람들의 시각에서 보면, 아무리 가까운 친구라고 할지라도 자신보다 먼저 출세를 하면 시기나 질투를 하게 마련이다. 더욱이 나이가 더 어린 친구가 자신보다 일찍 출세하게 되면 그 같은 감정에 더욱 쉽게 휩싸일 수 있다. 그러나 이항복과 이덕형은 우정에 금이 가기는커녕 한 나라의 재상이라는 막중한 직책을 잘 수행할 수 있도록 서로 협조하고 격려해주었다. 자신의 공로를 뒤로 한 채 재상의 자리를 친구인 관중에게 양보한 포숙에 비견할 만한 우정이라고 하

이항복의 초상.

지 않을 수 없다.

 이 두 사람이 조정에 나아가 본격적으로 정치를 하던 시대에 조선은 당쟁(黨爭)과 전란(戰亂)의 소용돌이 한복판에 있었다. 이 때문에 정쟁(政爭)으로 갈라지고 파당(派黨)으로 나뉘어져 어제의 친구가 오늘의 적이 되고, 어제의 적이 오늘의 친구가 되는 일이 다반사였다. 아무리 가까운 친구였더라도 한 번 정치적 뜻과 입장을 달리하면 서로 멀리하는 것도 모자라 원수 보듯 하는 일 또한 빈번하게 발생했다. 그러나 이항복과 이덕형은 처음 만났을 때부터 죽을 때까지 서로 신의를 잃은 적이 단 한 번도 없었다.

 특히 임진왜란이라는 전대미문의 전란(戰亂)에 처해서는 서로 협력하여 이항복은 병권을 쥔 병조판서로, 이덕형은 외교 무대에서 큰 활약을 펼쳐 나라와 백성을 구했다. 더욱이 전란 이후 광해군 때에는 끝까지 정치적 뜻을 함께하다가 두 사람 모두 비극적인 죽음을 맞았다. 이로 인해 세상 사람들은 이항복 하면 이덕형을 떠올리고, 이덕형 하면 이항복을 떠올려 '오성과 한음'이라는 별호가 크게 명성을 얻었다.

 이 '오성과 한음'이라는 별호 때문에 많은 사람들이 이항복의 호가 '오성'이고 이덕형의 호는 '한음'이라고 생각한다. 그런데 '오성'은 선조가 임진왜란이 끝난 후 임금을 잘 모시고 전쟁의 위기에서 나라를 구한 공적을 높게 사 이항복을 호성일등공신으로 봉하면서 내린 작호(爵號)이자 군호(君號)였던 '오성부원군(鰲城府院君)'에서 비롯되었다. 이 때부터 세상 사람들은 이항복을 '오성 대감'으로 불렀다고 한다. 반면에 '한음'은 이덕형의 실제 호였다. 이덕형의 호에 대해서는 나중에 자세하게 살펴보기로 하고, 먼저 오늘날 우리가 익히 알고 있는 이항복의 호인 '백사(白沙)'에 대해서부터 알아보자.

'백사(白沙)'는 '흰 모래' 혹은 '하얀 모래사장' 정도로 이해할 수 있다. 여기에는 어떤 특별한 뜻이나 의미가 있지는 않았던 것 같다. 필자가 이항복이 남긴 글은 물론 그와 가깝게 지냈던 당대의 인사들이나 후대에 그를 기리고 글을 남겼던 문사들의 여러 기록과 문헌을 꼼꼼하게 살펴보았지만, '백사'에 대해 특별히 언급한 내용을 보지 못했다. 다만 소설가 이청준이 1991년 12월 29일자 〈경향신문〉에 남긴 '작호기(作號記)'를 통해 그 실마리를 확인할 수 있었을 따름이다. 소설가 이청준의 호는 '미백(未白)'이다. 이 호에는 '아직 센(흰) 머리가 아니다' 혹은 '절대로 세어서는(희어져서는) 안 되는 머리다'라는 뜻이 담겨 있다. 일찍 머리카락이 하얗게 세어버린 이청준이 노모(老母)에게 큰절을 올릴 때마다 "절하지 말고 그냥 앉거라. 에미보다 머리가 센 자식 절을 받으려니 민망스러 못 당할 꼴이다." 하며 절을 피해 한사코 손을 내저으며 만류하시는 것을 생각하고 지은 호였다. 이러한 사연을 담고 있는 이청준의 수필이 바로 '작호기(作號記)'인데, 이 글에는 그의 친구이자 후배인 백야(白也) 김연식의 호와 관련한 이야기를 하면서 이항복의 '백사(白沙)'에 대한 일화를 이렇게 소개하고 있다.[8]

진득한 친구는 허물어지기 십상인 우리살이를 슬쩍 메워준다. 그는 짐짓 아닌 듯 말을 던지지만 그 말 속에 얼마나 많은 배려와 마음씀이 담겨 있는지 지나보면 알게 된다. 그런 사람과 사귀다보면 내 삶도 절로 단단해져 가는 것 같다. 그 친구를 통해 뼈저린 모정과 우정을 다시금 느꼈다.
내 부질없는 나이 50에 가까워질 때부터 동향 지기(知己) 백야(白也) 김연식(金年植) 형은 연하자로서 내게 마땅히 부를 만한 명호(名號)가 없는 것을 자주 아쉬워하곤 하였다. 나보다 4년이 아래인 그로선 이때까지처럼 계속 '선배님'이라고 부르기도 편치 않고, 그렇다고 막 허교(許交)나 선생(先生) 격으로 대하기도 뭣하다는 게 그가 내게 별호(別號)를 구하는 소이였다.

거기에 또 하나 다른 이유가 있었다. 앞에서도 이미 드러난 일이지만 그에겐 연전부터 그 '백야(白也)'라는 자작의 단정한 아호가 있었다. 준거(準據)나 취득에 썩 재미있는 곡절을 담고 있는 호였다. 그의 고향 마을 앞바다에 백야도(白也島)라는 작고 아름다운 섬이 있었다. 나이를 먹은 뒤 그가 그 섬 이름을 아호로 취하려니 같은 마을의 한 동년배 친구가 한발 앞서 그것을 차지해 버린 뒤였다. 게다가 그 친구는 '백야'를 제 호로 취하고 곧 외국 생활을 나가 버린 탓에 아쉬운 푸념을 털어놓을 기회조차 없었다. 그는 애석한 심사 속에 혼자서 끙끙 몇 년을 기다렸다. 옛날 이항복(李恒福)이 강 나루터 노인의 호가 욕심나서 노인이 세상 뜨기를 기다렸다가, 연후에 그 '백사(白沙)'를 자기 호로 삼았다는 일화도 있었기 때문이다.

하여 3, 4년 뒤 그 친구가 휴가를 얻어 귀국했을 때 그는 그 친구를 다짜고짜 주점으로 끌고 가 다짜고짜 질탕한 주연을 마련한 뒤, 최고급 맞춤의 한

---

8 신병주 교수는 한국고전번역원의 2011년 12월 19일자 〈고전산책 고전산문 '북악(北岳)의 명소, 이항복의 백사실(白沙室)〉 편에서 '백사(白沙)'라는 호가 북악산 기슭 서울 종로구 부암동에 자리하고 있는 '백사실(白沙室)' 계곡에서 유래했다고 주장했다. "이항복의 호 중 대표적인 것이 필운(弼雲)과 백사(白沙)인데, 필운은 필운대(弼雲臺)와 관련이 깊으며, 백사는 백사실에서 유래한다. …(중략)… 백사실은 필운대에서 조금 떨어진 북악산 자락에 위치한 비경이었다. 이항복은 1611년 1월 꿈속에서 이곳을 찾았다. 그리고 이곳의 계곡과 흰 모래가 매우 인상이 깊어, 백사(白沙)라는 호를 쓰게 되었다. 『백사집』에는 그날의 꿈 이야기를 다음과 같이 기록하고 있다." 이러한 주장에 덧붙여 신병주 교수는 『백사집』에 실려 있는 '꿈을 기록하다[記夢]'를 소개하고 있다. 다시 말해 이항복의 글에 등장하는 꿈속 장소가 백사실이고, 백사라는 호 또한 이곳의 계곡과 흰 모래에서 취했다는 얘기다. 그러나 현재 백사실이나 이곳에 남아 있는 별서의 유적이 이항복과 관련이 있다는 것은 하나의 추정이자 가설일 뿐이다. 백사실과 이항복의 관련성에 대해서는 그 어떤 문헌적 증거와 증언도 찾을 수 없다. 따라서 백사라는 호가 백사실에서 유래했다는 주장의 사실 여부는 확인이 불가능하다. 더욱이 세상 사람들이 이곳을 '백사실(혹은 백사실 계곡)'이라 부르고 있지만, 실제 그곳 바위에 새겨져 있는 지명은 '백석동천(白石洞天)'이다. 이곳에 세워져 있는 표지판에 따르면, 백석동천의 뜻은 "백악(북악)의 아름다운 산천으로 둘러싸인 경치 좋은 곳"이라고 한다. 이 때문에 필자는 신병주 교수의 주장을 하나의 추정에 불과하다고 판단해 채택하지 않았다.

복까지 일습을 선물했다. 그리곤 어리둥절 영문을 몰라 하는 친구에게 그간의 간절한 소망을 털어놨다. '백야도는 자네한테도 뜻이 깊고 소중한 섬이지만, 자네는 늘 외국 생활로 늙어갈 사람이니 아호 같은 게 소용될 자리가 많지 않을 거 아닌가.' 그렇게 하여 백야를 제 것으로 취하게 된 그의 아호의 뒷사연이었다.

이 글에서 보자면, 이항복은 이름 없는 강 나루터 노인의 호였던 '백사'가 욕심이 났지만 차마 살아 있는 사람의 호를 자신의 것으로 취해 사용할 수는 없었던 까닭에, 그 노인이 세상을 떠난 뒤에야 비로소 '백사'를 자신의 호로 사용했다는 것이다. 대쪽같이 올곧은 선비 정신과 청렴결백한 벼슬살이로 명성 높았던 이항복이 강가의 한 노인의 호를 욕심냈다는 이야기도 흥미롭지만, 필자는 그가 그토록 '백사'라는 호를 탐낸 이유가 더 궁금하다. '백(白)'은 '맑고, 깨끗하고, 단정하고, 담백한' 뜻을 간직한 글자다. 이 '백(白)'이 무수하게 깔려 있는 것이 백사장(白沙場) 곧 흰 모래사장이다. 자신의 삶과 마음이 온통 '흰 백(白)'으로 뒤덮인 모래사장 같기를 소망했기 때문에 이항복은 '백사'라는 호를 그토록 간절히 원했던 것일까?

이항복은 임진왜란을 전후해 모두 다섯 차례나 병권을 쥔 병조판서로 전대미문의 대전란에서 나라를 구한 영웅이었다. 또한 일등공신으로서 오성부원군이라는 군호까지 얻었고, 그것도 모자라 '일인지상만인지하(一人之上 萬人之下)'의 자리라고 불리는 영의정에까지 올랐다. 이항복은 임금이 아닌 사람으로서 누릴 수 있는 가장 높은 명예와 지위와 출세를 모두 얻은 몇 안 되는 인물 중의 하나였다. 그러나 호사를 누려도 될 62세의 나이에 이항복은 여태까지 자신이 얻은 명예와 출세를 모두 포기하고 '인목대비 폐서인(廢庶人)'을 비롯한 광해군의 실정(失政)과 이이첨 등 간신배들의 횡포에 대해 직언을 올렸다가 머나먼 북녘땅 북청(北靑)으로 유배형을 당했다. 그리고 유배지에 도착한 지 불과 3개월째 되는 1618년 5월 13일, 63세의 나이로 비극적인 죽음을 맞고 만다. 비록 말년에는 끼니조차 잇기 어려운 생활을 하다 머나먼 유배지에서 쓸쓸하게 사망했지만, 그 죽음은 이항복의 호에 담긴 '백(白)'처럼 맑고 투명했고 또한 그지없이 담백하고 깨끗했다.

▌필운(弼雲) '경복궁을 보필하다'라는 산(山)의 뜻을 취하다

앞서 살펴보았듯이, 이항복은 말년에 들어와서야 비로소 '백사(白沙)'라는 호를 얻어 사용할 수 있었다. 오늘날 이항복하면 자연스럽게 '백사'라는 호를 떠올리지만, 사실 그가 이 호를 사용한 기간은 얼마 되지 않았을 것이라는 얘기다. 그렇다면 이항복 생전에 사람들이 즐겨 불렀던 그의 호는 무엇이었을까? 그것은 그가 어려서부터 살았던 인왕산(仁王山) 필운대(弼雲臺)에서 취한 '필운(弼雲)'이었다. 이항복은 1556년 한양 서부(西部) 양생방(養生坊)에서 태어났다. 이항복의 집은 인왕산 필운대 아래 있었는데, 오늘날 종로구 필운동 88번지 일대로 현재 배화여고가 들어서 있는 자리이다.

인왕산은 조선을 건국할 때 태조(太祖) 이성계의 스승이었던 무학대사가 주산(主山)으로 삼아 궁궐과 도성을 세울 생각을 했을 정도로 풍수지리상 길지였다. 특히 필운대 일대에 임금이 거처하며 나라를 다스리는 정궁을 세우려고 했다니까, 이항복이 살던 곳은 길지 중의 길지였던 셈이다. 비록 북악(北岳)을 주산(主山)으로 삼아야 한다는 정도전의 주장에 막혀 인왕산은 주산이 되지 못했지만, 오늘날까지 인왕산은 국가 수호의 상징인 토지신과 곡물신을 모시는 사직단(社稷壇)의 소재지이자 서울의 주산인 북악을 보좌하는 좌청룡(左靑龍) 우백호(右白虎) 중 우백호에 해당하는 역할을 하고 있다.

인왕산은 또한 필운산(弼雲山)이라는 별칭을 갖고 있었다. 필운산은 조선이 개국한 지 145년 뒤인 1537년(중종 32) 명나라에서 사신으로 온 오희맹(吳希孟)이라는 사람이 '우필운룡(右弼雲龍)', 곧 '인왕산이 임금이 거처하는 궁궐(경복궁)을 오른쪽에서 보필(輔弼)하고 있다'라고 해서 붙인 이름이다. 이항복이 일찍이 '필운(弼雲)'을 자호로 삼았던 이유 역시 여기에서 찾을 수 있다. 즉 경복궁을 보필하는 듯한 형세를 취하고 있는 필운산처럼, 임금을 보좌하여 나라와 백성을 위해 일하겠다는 뜻을 '필운'이라는 호에 새겼던 것이다.

명산 아래에서는 뛰어난 인물이 나오게 마련이다. 인왕산이 배출한 큰 인물은 수없이 많지만 그 가운데 단연 돋보이는 이는 이항복과 그의 장인이자 임진왜란 때 행주대첩을 승리로 이끈 전쟁 영웅 도원수 권율을 꼽을 수 있다. 이항복과 권율의 집은 인왕산 필운대 아래에 이웃하고 있었다.

이항복의 행적을 기록한 행장(行狀)을 보면, 그가 뛰어난 용모와 당당한 풍채에 호탕하고 활달한 성격을 지닌 인물이었다는 것을 쉽게 짐작해볼 수 있다. 그의 늠름한 기상과 타고난 자질은 어린 시절 지은 시를 통해서도 읽을 수 있다. "칼에는 장부의 기운이 깃들어 있고[劍有丈夫氣]/가야금에는 천고의 소리가 담겨 있네[琴藏千古音]", "아침 안개 남산을 삼키고[朝霧呑南山]/떠오르는 해는 남산을 토하네[旭日吐南山]"

어린 이항복의 남다른 기상과 자질을 눈여겨본 이가 권율의 아버지이자 선조 즉위 초기 영의정을 지낸 권철이었다. 장차 나라를 이끌 인재가 될 인물임을 알아챈 권철은 아들 권율에게 아직은 서생(書生)에 불과했던 이항복을 사위로 삼으라고 권했고, 권율 역시 이항복이 마음에 들어 흔쾌히 자신의 딸을 이항복과 맺어주었다. 권철과 권율은 아마도 인왕산의 당당하고 늠름한 기상을 닮았던 이항복의 풍모(風貌)와 필운산처럼 임금을 보필하며 나라와 백성을 위해 일하겠다는 높은 뜻이 마음에 들었을 것이다.

필운대는 또한 조선 시대 한양의 최고 명승지 가운데 하나였다. 『신증동국여지승람(新增東國輿地勝覽)』「한성부(漢城府)」의 「명승(名勝)」 편에서는 필운대를 이렇게 소개하고 있다.

필운대(弼雲臺)는 인왕산 아래에 있다. 백사(白沙) 이항복이 어렸을 적에 필운대 아래 원수(元帥) 권율의 집에서 처가살이를 하였다. 이로 인해 필운이라 불렀다. 석벽(石壁)에 새긴 '필운대(弼雲臺)' 세 글자는 곧 백사 이항복의 글씨이다. 필운대 옆 인가(人家)마다 꽃나무를 많이 심었다. 이 때문에 한양 사람들은 봄철 꽃구경으로 이곳을 가장 먼저 손꼽았다.

이항복이 직접 새긴 것으로 알려진 '필운대(弼雲臺)' 글씨.

이항복이 직접 새겼다는 '필운대(弼雲臺)' 세 글자는 현재 서울 종로구 필운동 배화여대 뒤편에 있는 거대한 바위에 뚜렷이 남아 있다. 이항복의 9대손으로 고종 시절 영의정을 지낸 이유원은 '필운대'라는 명칭 또한 이항복에게서 비롯되었다고 하면서, 이 바위가 이항복의 유적(遺蹟) 중 하나라고 밝혔다. 그리고 필운대에 직접 '백사선생필운대(白沙先生弼雲臺)'라 쓰고 자신이 지은 시 한 편까지 새겨 넣었다. 이항복이 '필운대의 주인'임을 만천하에 알리기 위해서였다. 1873년 당시 필운대를 방문한 이유원이 바위에 새긴 시는 다음과 같다.

나의 할아버지 살던 옛터 후손이 찾아보니
푸른 소나무와 바위 절벽 흰 구름 속에 묻혀 있네
남기신 풍모 백 년이 지나도 다함이 없어
어르신의 의관은 예나 지금이나 한가지네

오늘날 필운대는 사람들의 기억 속에서 사라진 채 옹색한 모양새만 보여주고 있지만, 이항복의 얼과 혼이 깃든 이곳은 조선 시대 내내 한양의 명승지로 이름이 높았다. 한양에서 나고 자란 수많은 문사들은 매년 봄이 되면 필운대를 찾아 서촌(西村), 북악(北岳), 궁궐, 그리고 북촌(北村)을 가득 덮은 살구꽃과 복사꽃을 한눈에 담아볼 수 있는 풍류를 누렸다. 특히 박지원, 정약용, 이덕무는 물론이고 정조에 이르기까지 조선의 문화 르네상스를 주도했던 이들이 하나같이 '필운대의 꽃구경'에 관한 시편을 남겼을 정도로 필운대의 산수 풍광은 빼어나고 아름다웠다.

나비가 꽃을 희롱함을 어찌 극성맞다 나무라는가

사람들이 오히려 나비 따라 꽃과 인연 맺으려고 달려드네

아지랑이 아롱대는 저 너머 한낮 봄은 푸르고

마을은 떠들썩하고 도성 큰길 앞에 먼지가 자욱하네

새 울음과 모양새 각각인 건 제 뜻이지만

도처에 만발한 꽃은 저 하늘 하고 싶은 대로네

이름난 정원에 앉아 둘러보니 어린애는 없고

백발의 노인들만 즐기니 작년과 달라진 게 가련하구나

— 박지원, 『연암집』, 「필운대의 꽃구경(弼雲臺賞花)」

대나무 사립문은 대낮에도 항상 아니 열어놓고

계곡의 다리 내버려두니 푸른 이끼 길게 자랐네

갑자기 성 밖에서 손님이 찾아와서

꽃구경 하려고 필운대로 간다네

— 정약용, 『다산시문집』, 「봄날 체천에서 지은 잡시(春日棣川雜詩)」

구름 개인 서쪽 성곽에 봄옷 차려입고 거니니

눈에 아른대는 아지랑이 백 길이나 날아오르네

연일 해 저물도록 늦어지는 것 사양 말라

꽃피어 이 놀이 얼마나 행복한가

물고기 비늘 같은 만(萬) 채의 가옥에 꽃향기 피어오르고

연꽃처럼 솟아 있는 세 봉우리 햇무리를 품었네

경복궁의 땅 밝아 백조(白鳥)가 날아오르니

내 마음 너희와 더불어 노닐며 모든 걸 잊었네

- 이덕무, 『청장관전서』, 「필운대(弼雲臺)」

특히 정조는 국도(國都) 한양의 승경(勝景) 여덟 가지를 시로 노래하면서 그중 '필운대의 꽃과 버드나무〔弼雲花柳〕'를 첫 번째로 꼽았다. 필운대와 더불어 정조가 꼽은 한양의 여덟 가지 아름다운 풍경이란 '압구정의 뱃놀이〔狎鷗泛舟〕', '삼청동의 녹음〔三淸綠陰〕', '자하각의 등불 관람〔紫閣觀燈〕', '청풍계의 단풍놀이〔淸溪看楓〕', '반지의 연꽃 감상〔盤池賞蓮〕', '세검정의 얼음 폭포〔洗劍氷瀑〕', '광통교의 비 갠 뒤 달〔通橋霽月〕'이다. 아래는 정조가 필운대의 꽃과 버드나무를 읊은 시다.

> 필운대 곳곳마다 번화함을 자랑하니
>
> 만 그루의 수양버들에 세상 온갖 꽃이네
>
> 아지랑이 살짝 끼여 좋은 비를 맞이하고
>
> 새로 지어 빤 비단은 밝은 노을 엮어놓고
>
> 백 겹으로 곱게 꾸민 이들 모두 시(詩)의 반려자고
>
> 푸른 깃대 비껴 솟은 곳 바로 술집이네
>
> 홀로 문 닫고 글 읽는 이 누구의 아들인가
>
> 춘방(春坊)에서 내일 아침 다시 조서 내리겠지
>
> — 정조,『홍재전서』,「국도팔영(國都八詠)」

　이항복은 꿈을 자주 그리고 많이 꾸었던 모양이다. 그의 문집인『백사집(白沙集)』을 읽어보면, 특이하게도 다른 문사들에게서는 쉽게 찾아볼 수 없는 '꿈'에 대한 글과 기록이 유달리 많다. 물론 이항복처럼 꿈을 자주 꾸는 사람은 흔하다. 그러나 그 꿈에 대해 이항복처럼 많은 글과 기록을 남긴 사람은 아주 드물다. 특히 이항복은 '꿈을 기록하다

〔記夢〕'라고 제목 붙인 글에서는 필운대 아래 자신의 집에서 꾸었던 꿈을 실제 겪은 일처럼 자세하게 묘사하면서, 평소 자신이 거처하고 싶었던 '필운(弼雲)'이라는 이름을 건 별장의 모습을 이렇게 소개하기도 했다. 때는 이항복이 막 나이 46세가 되던 해였다.

신축년(辛丑年, 1601년) 정월 11일 밤에 꿈을 꾸었다. 그런데 내가 마치 비를 무릅쓰고 공적인 사무를 보러 어딘가를 향해 가는 듯하였다. 말을 타고 나를 따르는 자가 두 사람이고 걸어서 따르는 자가 다시 4~5인 정도 되었다. 어느 곳인가를 찾아서 들어갔는데 산천(山川)이 기이하고 상쾌했다. 고개를 들어 길 옆 한 언덕을 쳐다보니, 새로 지은 정자가 날개를 펼친 듯 서 있었다. 그러나 지나가는 길인지라 올라가서 구경할 겨를이 없었다. 곧바로 막다른 협곡에 도달하자, 협곡 안에는 마치 절과 같은 큰 집이 있고 그 옆으로는 민가(民家)가 죽 늘어서 있었다. 이로 말미암아 큰 집에 들어가서 무슨 일인가를 한 것 같은데 기억이 나지 않아 적지 못한다. 일을 마치고 돌아오다가 이전에 지나왔던 언덕에 다시 이르러 보니, 언덕 아래로 시원스레 탁 트인 광장이 있고 하얀 모래가 펼쳐져 있었다. 그 주위를 돌아보니 가히 수 천 보나 되었다. 백 둘레나 되는 큰 나무 다섯 그루가 광장 가운데 늘어서 있어 그늘에 몸을 숨기고 편안히 쉬기에 알맞았다. 언덕 등성이를 타고 올라 마침내 새로 지은 정자에 올랐다. 정결하고 산뜻하기가 자못 인간 세상이 아닌 듯하였다. 정자 안에는 서실(書室)이 있는데, 가로 지은 회랑에는 모두 회백색 석회를 발랐지만 아직 단청을 입히지는 않은 모습이었다. 그 밖의 곁채 여러 칸은 아직 다 손을 보지 못하고 다만 기둥을 세우고 기와만 덮어놓았을 뿐이었다. 이에 주변 형세를 살펴보니, 사면에는 산이 병풍처럼 둘러싸고 있고 그 가운데에는 큰 들판이 펼쳐져 있었다. 들판 가운데에는 세 개의 석봉(石峯)이 우뚝 일어나서 그 모양새가 마치 나계(螺髻, 소라 조개 모양의 상두 혹은 부처 머리 모양)와 같았다. 그러다가 이리 구불 저리 구불 남쪽으로 내려가다가 중간에 꺾어져서 다시 솟아올라 언덕이 되었다. 그 언덕의 높이는 겨우 서너 길 정도 되는데, 정자가 언덕 위에 있었다.

언덕 오른쪽으로는 반듯이 넓고 비옥한 들판에 논이 크게 펼쳐져 있었다. 향기로운 벼에 이삭이 패어 바야흐로 바람에 흔들흔들 춤을 추는 파란 벼가 가히 수 백 경(頃)에 달했다. 정북쪽의 여러 산들은 빽빽하게 솟아올라 있고, 큰 골짜기는 깊고 험해 무성하고 울창한 기운이 은은하게 배어 나왔다. 정자 앞으로는 멀리 봉우리가 열을 지어 서서 두 개의 동천(洞天)을 이루고 있었다. 두 동천에서부터 나오는 물은 마치 흰 규룡(虯龍)이 구불구불 꿈틀거리며 한 가닥은 북쪽에서 남쪽으로, 또 한 가닥은 남쪽에서 북쪽으로 흐르다가 정자 아래에서 두 물줄기가 서로 합해 돌아나가서 하나의 물줄기를 이루었다. 그 넓이가 가히 수 백 보(步)에 달하고 그 깊이는 사람의 어깨까지 차올랐다. 깨끗한 모래가 밑바닥을 이루어 마치 능화경(菱花鏡)과 같이 맑아서 물고기가 오고 가는 모습이 허공에서 노니는 듯 보였다. 개울가에는 하얀 돌이 평평하고 넓게 깔려 있어 걸음을 옮길 때마다 자갈밭을 이루었고, 현(玄) 자 모양으로 흐르는 개울은 정자의 삼면(三面)을 빙 둘러 안고 돌아서 남쪽의 먼 들판으로 흘러갔다. 내가 평생 눈에 담은 풍경 가운데 일찍이 이와 같은 경계(境界)는 없었다. 이에 정자의 주인이 누구냐고 물어보니, 오음(梧陰, 윤두수의 호)의 별서(別墅)라고 했다. 이윽고 윤수찬(尹修撰)이 나와서 나를 맞이하며 '상공(相公)이 안에 계십니다.'라고 하였다. 내가 머뭇머뭇하며 문 밖에 서 있다가 우연히 '도원(桃源) 골짜기 안에는 일천(一千) 이랑이 펼쳐져 있고, 녹야(綠野)의 정원 가운데에는 팔룡(八龍)이 깃들었네.'라는 시 한 구절을 얻었다. 그런데 연이어 시를 미처 짓지도 못하고 하품하며 웅얼대다가 잠을 깼다. 종이 바른 창은 이미 환했지만 여전히 가슴속에는 상쾌한 여운이 남아 머리카락에 서늘한 바람과 이슬의 기운이 느껴졌다. 마지못해 몸을 일으키고 꿈속에서 본 풍경을 떠올려 화공(畫工)을 청해 그림을 그리게 하려고 했다. 덧붙여 그 위에 시를 쓰려고 하다가 갑자기 스스로 '무릉도원의 빼어난 경치에 천묘(千畝)의 부(富)까지 얻고 게다가 녹야원(綠野園)의 한가로움을 누리고 팔룡(八龍)의 복(福)까지 소유한다면, 이것이야말로 인간의 지극한 소원이라고 할 수 있다. 다행히 내가 이러한 기이한 꿈을 얻었으니, 어찌 구태여 오음(梧陰)에게 양보하고 스스로 옆에서 구경이나 하는 쓸쓸한 객(客)이 될 필요가 있겠는가. 그것은 푸줏간 문 앞에서 고기 씹는 시늉이나 하는 데에 불과하다. 차라리 비밀에 붙여 다른 사람에게 전하지 않고, 이로 말미암아 스스로 취해야겠다.'라고 생각하였다. 그 정자의 이름을 '필운별서(弼雲別墅)'라 고치고 절대로 윤씨(尹氏)의 집안사람들에게 천기(天機)를 누설하지 않았다. 다음 날 아침에 적는다.

– 『백사집』, 「꿈을 기록하다(記夢)」

이항복은 이로부터 16일 후인 27일 밤에 다시 이 별장에서 오음(梧陰) 윤두수와 더불어 즐겁게 농담하며 노는 꿈을 꾸었다. 산천의 빼어난 경치는 예전 꿈과 같았지만 정자의 모습이 좀 달라져 있었다. 잠에서 깬 이항복은 하늘에서 윤두수에게 내려준 곳을 자신이 사사로이 욕심을 내 훔쳐서 그렇게 되었나 보다 생각하고, 마침내 다시 이 정자의 이름을 '오음별서(梧陰別墅)'라고 되돌려 놓았다. 꿈속에서 본 풍경과 물건이라도 남의 것을 탐하지 않는 청렴결백한 이항복의 선비 정신을 엿볼 수 있는 재미난 일화다.

어쨌든 산수에 묻혀 사는 삶을 꿈꾸었으나 몸은 전란과 당쟁에 매여

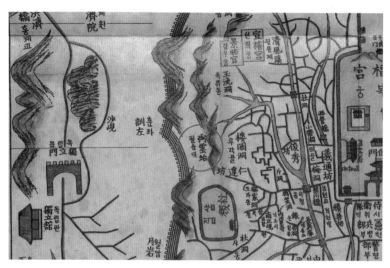
옛 지도에 표기된 필운대의 위치. 오른쪽에 경복궁이, 왼쪽에 독립문이 표기되어 있다.

쉽게 관직을 떠나지 못했던 이항복은 꿈속에서나마 산수 간에 노니는 자신을 볼 수 있었다. 그리고 평생 꿈꾸었지만 실제로는 갖지 못했던 별장을 꿈속에서나마 얻을 수 있었다. 그런데 이항복은 자신이 평생 꿈속에서나마 그렸던 그 별장에 '필운별서(弼雲別墅)'라고 이름 붙여 걸고 싶다고 했다. 그만큼 이항복은 '필운'이라는 자신의 호를 아꼈던 것이다. 또한 이항복은 '임금을 보필해 나라와 백성을 위해 일하겠다'는 필운(弼雲)의 뜻에 걸맞게, 나라가 위기에 빠졌을 때는 온몸을 던져 싸웠고, 간신들이 임금을 미혹(迷惑)에 빠뜨려 나라와 백성을 제대로 돌보지 못할 때는 죽음을 각오하고 직언을 올렸다. 이로 인해 말년에는 끼니조차 잇지 못할 정도로 곤궁하게 살아야 했고, 그것도 모자라 북풍한설(北風寒雪) 몰아치는 북청의 유배지에서 비참한 죽음을 맞아야 했다. 그렇지만 죽음을 눈앞에 둔 순간에도 이항복은 비록 누명을 쓰고 간힌 몸이지만 스스로 '호걸(豪傑)'의 삶을 살았다고 자부했다.

옛적 송패(松牌)에는 북청(北靑)이라고 적혀 있는데

판교(板橋)의 서쪽 밭두둑에서 맞이해주는 사람 적구나

겹겹이 쌓인 산들이 참으로 호걸(豪傑)을 가두려고 하는데

뒤돌아서 바라보니 일천 봉우리가 갈 길을 막고 있네

- 『백사집』, 「이 월 육 일에 북청에 당도하다(二月初六日到比靑)」

한음(漢陰) 한강(漢江) 북쪽은 한양(漢陽), 한강(漢江) 남쪽은 한음(漢陰)

현재 서울의 조선 때 지명인 한양(漢陽)은 아주 쉽게 풀어본다면, 한강의 북쪽 햇볕 드는 땅을 가리키는 말이다. 그렇다면 그 반대편 즉 한강의 남쪽은 당연히 한음(漢陰)이 될 것이다. 옛적에는 한강의 북쪽과 남쪽을 이렇게 불렀다고 한다. 한강 이남을 가리키는 말인 한음(漢陰)이 바로 '오성과 한음'의 한 주인공인 이덕형의 호다. 실제 이덕형의 태생과 죽음은 한강 이남과 밀접한 관련을 갖고 있다. 이덕형은 광주(廣州) 이씨(李氏)이다. 본관이 경기도 광주라는 얘기다. 또한 이덕형이 죽어 묻힌 묘소는 경기도 양근군 중은동 산등성이(지금의 경기도 양평군 양서면 목왕리 소재)에 있다. 이 두 곳은 모두 한강 이남에 자리하고 있다. 이덕형은 자신의 호처럼 '한음(漢陰)'에 뿌리를 두고 세상에 나왔으며, 또한 자신의 육신과 혼백을 '한음(漢陰)'에 묻고 세상을 떠났다.

이덕형의 조상은 원래 고려 말엽 광주 지방에 뿌리를 두고 있던 아전(衙前)이었다고 한다. 그런데 이덕형의 8대조가 되는 둔촌(遁村) 이집(李集)에 와서 문신이자 문사의 집안으로 크게 이름을 얻었다. 오늘날 서울 강동구 둔촌동(遁村洞)이 바로 이집의 호인 둔촌(遁村)에서 비

롯되었다고 한다. 공민왕 때 신돈이 바른 말을 간하는 그를 핍박하자, 이집이 정치적 박해를 피해 은둔했던 곳이 바로 지금의 둔촌동이 된 것이다. '서울시 지도'를 보면 알 수 있지만, 강동구 둔촌동 역시 한강 이남에 위치하고 있다.

조선에 들어와서도 이덕형의 가문은 정승을 배출하는 등 크게 현달했는데, 이집의 증손이자 이덕형의 5대조가 되는 이극균(李克均)에 이르러서 높은 벼슬뿐만 아니라 충절(忠節)로도 크게 이름을 떨쳤다. 이극균은 벼슬이 좌의정에 까지 올랐지만 연산군의 폭정과 패륜을 신랄하게 비판하다 미움을 사 끝내 사약을 받고 죽음을 맞았다. 그런데 그는 사약을 들고 온 이들에게 "나는 나라를 위하여 일한 공은 있으나 사약을 받을 만한 죄를 지은 일은 없다. 형리는 임금에게 이 말을 그대로 전하라."라고 호통을 칠 만큼 기개가 당당했다고 한다. 이덕형은 이러한 집안의 가풍을 자랑스러워했고, 자신이 평생 품고 살아야 할 큰 도리라고 여겨 조상의 혼백이 서린 '한음'을 자신의 호로 삼았던 것이다.

이덕형은 벼슬에 나선 이후 온갖 화려한 경력을 독차지하다시피 했다. 이미 1591년(선조 24) 31세 때 나라 안의 선비들을 통솔하고 학자들을 대표하는 문형(文衡, 예문관 대제학)에 올라 '최연소 문형'이라는 기록을 세웠다. 이듬해 임진왜란이 일어나 임금을 호종하고 북쪽으로 피난 가던 도중에는 뒤따라온 왜군에게 붙잡힐 급박한 상황에 봉착하자 스스로 조그마한 배를 타고 나아가 대동강 한가운데에서 적군과 담판을 지어 위기를 모면했다. 그뿐 아니라 직접 명나라에 들어가 원군(援軍)을 데려와 불리한 전쟁의 형세를 바꾸는 데 결정적인 역할도 했다. 이와 같은 공로가 인정되어, 그는 1598년(선조 31) 불과 38세의 나이에 정승(우의정)의 반열에 올랐다. 그리고 같은 나이에 좌의정을 거쳐 1602년(선조 35) 42세 때 '일인지하 만인지상'의 자리인 영의정이 되었다. 이렇듯 이덕형은 최연소의 나이로 요직(要職)을 두루 거쳤는데, 30여 년 관직 생활 동안 최고 관직인 영의정을 세 번, 또 나라 안의 선비와 학자들을 대표하는 문형을 세 번이나 지냈다. 임금이나 벼슬아치는 물론이거니와 유림과 문사들 사이에서 이덕형의 능력과 인품 그리고 덕망에 대한 절대적인 지지와 신뢰가 없었다면 진실로 불가능한 일이었다.

그러나 1608년 나이 48세 때 선조가 죽고 광해군이 즉위하면서 이덕형은 불운한 정치가의 길을 걸어야만 했다. 그는 광해군 즉위 후 정권을 움켜쥔 이이첨 등 일부 간신배 무리가 사림의 한 세력인 대북파(大北派)를 이용해 권력을 전횡하고 농단하다 못해 인목대비를 폐서인하려고 하자 이를 극력 반대하는 데 앞장섰다. 이 일로 말미암아 삼사(三司)의 탄핵을 받았는데, 이때 이덕형은 조정에 남아 있어도 더 이상 자신의 뜻을 이룰 수 없다는 것을 알고 북한강 가 용진(龍津)나루의 사제촌(莎堤村)으로 낙향해버렸다. 당시 이덕형이 몸을 맡긴 사제촌 또한 그의 호 '한음'과 관련이 있다. 현재까지 남아 있는 이덕형의 유적지는 경기도 양평군 양서면 양수리와 남양주시 주안면 진중리를 연결하던 옛 나루터인 용진나루를 거점으로 양쪽으로 나누어져 있다. 그 한쪽이 운길산 아

이덕형의 초상.

래 북한강 북쪽 동네인 사제촌(지금의 남양주시 조안면 송촌리)이고, 다른 한쪽은 사제촌의 강 건너편 북한강의 남쪽 동네인 양근군 중은동(지금의 양평군 양서면 목왕리)이다. 모두 '한음'의 연원이 되는 북한강 가에 자리한 곳이다. 북한강은 예전에 용진강(龍津江)이라고도 불렸는데, 용진나루라는 지명 역시 여기에서 유래했다고 한다.

먼저 운길산 아래 북한강 가 용진나루 부근에 자리한 사제촌은 이덕형이 말년에 별서(別墅)를 마련하고 부친을 모셔와 봉양하면서 관직에 나가지 않을 때에 거처했던 곳이다. 특히 이덕형은 임진왜란이 일어난 1592년 9월 강원도 안협(安峽)에 피난 중이다가 왜적이 접근하자 몸을 더럽힐까 두려워 28세의 꽃다운 나이에 순절한 부인 이씨와 1594년 5월 김포 통진에서 돌아가신 모친 유씨의 묘를 양근군 중은동으로 옮긴 후 묘소가 잘 보이는 강 건너편 사제촌을 은거지로 삼았다. 이 해가 1603년으로 이덕형의 나이 43세 때였다. 이때부터 죽음을 맞은 1613년까지 10여 년 동안 이덕형은 한양에 있지 않으면 이곳 북한강 가에 머물렀다. 이덕형은 이곳에 머물면서도 간신들에 둘러싸인 임금(광해군)과 나라의 앞날에 대한 걱정으로 밤잠을 설치곤 했다.

그 당시 사제촌에 은둔한 이덕형의 심정을 구구절절 묘사한 시가(詩歌) 한 편이 지금까지 전해온다. 이 시가는 송강(松江) 정철, 고산(孤山) 윤선도와 더불어 조선의 3대 가인(歌人)으로 일컬어지는 노계(蘆溪) 박인로의 작품이다. 박인로는 이덕형이 사제촌에 머문 10여 년 동안 가장 절친하게 지냈던 벗이었다. 박인로는 가사(歌辭)의 대가답게 북한강(용진강) 가 사제촌의 아름다운 풍경과 함께 시골에 물러나 앉았지만 나라와 임금에 대한 걱정으로 애를 끓는 이덕형의 심회를 때로는 서정적으로, 때로는 낭만적으로, 때로는 격정적으로 묘사하였다.

어리석고 못난 사람이 임금님의 지극한 총애로 온갖 영화를 다 누렸으니

머리 굽혀 침식을 잊고 죽기를 각오하고 나라 일을 생각해본들

꺼져가는 관솔불처럼 미약한 지식으로

어찌 햇볕 같은 임금님 생각을 도와드릴 수 있으랴

하는 일 없이 높은 자리를 얼마나 오래 동안 더럽혔던고

이제 늙고 병든 몸을 쉬도록 허락해주셨음에

한강 동쪽 땅의 경치 좋은 곳을 찾아

용진강을 거슬러 사제 마을에 올라와보니

천하제일의 경관이 임자 없이 버려져 있구나

평생 꿈에 오랫동안 그리워해서 그랬는지

이곳 경치들이 옛날에 본 것처럼 낯설지가 않구나

흰 모래 깔린 물가에 떨어지는 노을 비스듬히

삼삼오오 떼 지어 날며 노는 흰 새들아

네게 말 좀 물어보니 놀라지 말거라

경치 빼어난 이 동네 이름이 무엇이라 하더냐

푸른 물결이 넘실대니 위수나 이천은 아니라더냐

봉우리마다 빼어난 경관을 자랑하니 부춘산이나 기산은 아니라더냐

숲은 깊고 산길이 어두컴컴하니 주자가 살던 운곡은 아니라더냐

샘물은 맑고 땅은 기름지니 이원이 살던 반곡은 아니라더냐

세월이 흘러 인적은 끊기고 천년 전의 쓸쓸한 종적만 남았으니

돌아다니며 살펴봐도 나는 어디인 줄 모르겠노라

낭떠러지 풀들과 강가 난초들의 진동하는 향기가 온 동네에 퍼져 있고

남쪽, 동쪽 계곡들은 떨어진 꽃잎들로 가득한데

가시덩굴 헤치고 산속으로 들어와 초가삼간 몇 채 지어놓고

늙으신 아버님 돌아가실 때까지 효도를 다해보려고

이곳에 자리 잡고보니 내가 바로 이곳의 주인이 되었구나

어찌 삼정승 자리와 이 자리를 바꾸자고 하겠는가

나는 힘들이지 않고 쉽게도 얻었구나

늘 있는 경치를 남의 간섭 없이 나 혼자 즐길 수 있으니

날아다니는 기러기, 백로와 수많은 노루, 사슴들이

나 혼자 기르는 가축이요

값 치를 필요 없는 맑은 바람 밝은 달이 모두가 내 것이니

남 다른 부귀영화를 내 한 몸에 지녔구나

이렇게 부귀를 누리면서 다른 부귀를 더 탐내랴

인간 세상과 멀리 있으니 속세 일에 무슨 관심이 있을쏘냐

꽃 피고 잎 지는 일 아니면 절기를 어찌 알겠는가

중은암(목왕리 절)의 종소리가 바람 타고 날아와 매화 핀 창을 두드릴 때

낮잠에서 깨어나 병든 몸 눈을 떠보니

지난밤에 갓 핀 꽃가지가

은은한 향내를 뿜으며 봄이 왔음을 알리는구나

다 늦게 봄옷으로 갈아입고 봄 경치가 거의 끝날 무렵에야

명아주 지팡이 손에 잡고 아이들 불러내어

속잎 돋은 잔디 위를 천천히 밟으며 걸어 나가 맑은 강에 발을 씻고

바람 쐬며 강변을 거닐다가 흥에 겨워 돌아오니

무우에서 노래하며 돌아오는 사람도 부럽지가 않구나

봄의 흥취가 이렇거든 가을 흥취라고 이보나 못할쏘냐

가을바람이 솔솔 불어 뜰 갓을 돌아 들어오니

오동잎 떨어지는 소리에 가을임을 깨닫고 어두운 귀가 놀라는구나

때마침 불어오는 가을바람 소리가 마음속으로 반가워

낚싯대 둘러매고 붉은 여뀌 헤치며 강변으로 내려가서

작은 배 띄워놓고 바람으로 돛을 삼고 물결로 노를 삼아 가는 대로 놓아 두니

앞 여울로 흘러내려 얕은 강가에 이르렀구나

석양이 저물 무렵 강바람이 절로 불어

집으로 가는 배를 보고 있는 듯 아득하던 앞산이 어느새 뒤로 보이는구나

잠시 날개 달린 신선이 연꽃 배에 올라앉은 듯

소동파의 적벽놀이인들 나의 이런 흥취보다 더 좋을까

장한이 강동에 가서 느꼈던 흥이 이 내 흥에 비길쏘냐

물놀이가 이렇게 즐거운데 산에 사는 재미야 더 말해 무엇하리

깊은 산속 거처에 늦가을이 찾아오니 그윽한 회포를 가눌 길 없어

운길산 돌길을 지팡이 의지하여 쉬엄쉬엄 오르면서

내 맘대로 이리저리 거닐며 원숭이와 학들을 벗 삼으며

큰 소나무 사이로 사방을 돌아보니

조물주 솜씨가 참으로 정교하게도 산의 색을 꾸몄구나

흰 구름과 맑은 냇물을 조각조각 떼어내서

높은 곳 낮은 곳 봉우리 골짜기마다 곳곳에 널어놓았네

서리 내려 빨갛게 물든 단풍이 봄날의 꽃보다 더욱 붉게 아름다우니

비단에 수놓아 꾸민 병풍을 겹겹이 둘러친 듯

천태만상이 각각의 모습으로 제 모양을 뽐내고 있구나

남과 다투어야 얻을 수 있다면 어찌 내 차지가 될 수 있었으랴마는

아무도 갖고자 하지 않으니 내 것이 되어 즐길 수 있구나

더구나 남산이 뻗어내린 끝자락에 오곡을 골고루 갖추어 심고

먹고 남기지는 못해도 모자라지만 않으면 내 집에서 먹는 밥맛을 어디에 비

할까

산나물 캐고 물고기 낚아 땅이나 물에서 나는 음식을 잠시라도 모두 갖추니

맛있는 음식 아버님께 해드리는 것이 흡족하지는 못해도

까마귀가 늙은 어미 봉양하는 정도로 나도 효도를 하고 싶구나

내 생각이 이러하여 아쉽게 멀리 물러나 살고 있으나

망극한 임금의 은총을 어느 땐들 잊을쏘냐

나이가 들수록 신하의 작은 충성심은 더욱 깊어지고

가끔 머리 들어 임금 계신 북쪽을 우러러보면

이 눈물을 보면 임금 곁을 어찌 떠나 왔을까마는

재주 없는 몸에 병까지 얻었고

팔십 노령 부친이 계시거늘 어찌 탕약 올리고

조석 인사드림을 그칠 수 있으며

이 산 밖으로 나가 살 수 있겠는가

허유같이 속세를 멀리하고

노래자같이 아버님 좋아하시게 때때옷 갈아입고

앞산의 소나무들이 푸른 쇠같이 영원하게 되고

내가 백발이 되어 아무도 못 알아볼 때까지

연로하신 아버님과 함께 이곳에서 늙어 가겠노라[9]

이덕형이 말년에 거처로 삼았던 사제촌은 앞서 언급한 것처럼 운길산 남쪽 기슭에 자리하고 있었다. 운길산은 북한강과 남한강이 합류하여 한양을 향해 흘러가는 두물머리의 전경을 가장 잘 조망할 수 있는 명소였다. 그래서 이덕형은 운길산에 자주 올랐다. 한양을 향해 쉼 없이 흐르는 한강의 물결이, 사제촌에 물러나 있지만 나라와 임금의 앞날을 염려해 항상 궁궐로 향해 가는 자신의 마음과 같았기 때문이다.

특히 이덕형은 두물머리 전경이 가장 잘 보이는 운길산의 수종사를 아꼈다. 이 고즈넉한 옛 산길에 2010년 6월 이덕형의 후손들인 '광주이씨한음상공파종회(廣州李氏漢陰相公派宗會)'에서 '운길산 수종사와 한음 이덕형 선생'이라 제목 붙인 표지판을 세웠다. 그리고 운길산 수종사와 관련한 이덕형의 행적을 자세하게 기록해놓았다.

---

9 여기에서 소개하는 박인로의 「사제곡(莎堤曲)」은 한음의 15대 종손인 이시우(李時佑) 씨가 조금씩 달리 전해오는 여러 본(本)의 「사제곡」을 배제하고 '원본(原本)'이라고 칭한 「사제곡」을 현대문으로 풀이한 것을 그대로 옮겨 싣는다.

수종사에서 바라본 두물머리의 모습.

한음 이덕형(1561~1613) 선생은 산수가 빼어난 운길산을 사랑하시어 중앙
정치의 와중에도 여가를 내어 사제촌에서 수종사로 이어지는 돌길을 따라
자주 걸으셨다. 수종사의 주지가 되어 사제촌의 한음선생을 인사차 찾아온
덕인(德仁) 스님에게 준 시에서 선생과 스님과 사제촌을 둘러싼 겨울 풍광이
그대로 드러난다.

'운길산 스님이 사립문을 두드리네/앞개울 얼어붙고 온 산은 백설인데/만첩
청산에 상련대(雙練帶) 매었네/늘그막의 한가로움 누려봄즉 하련만'

선생은 7년여의 임진왜란을 수습하는 데 큰 공훈을 세웠으나 극심한 정쟁에
서 오는 국정의 혼미에 몹시 상심하셨다. 봄날이 가는 어느 초겨울 선생은 이
곳 수종사를 찾아 주지 스님에게 우국충정에서 오는 자신의 괴로운 심정을
드러내는 시를 지어주셨다.

'산들바람 일고 옅은 구름비는 개었건만/사립문 향하는 걸음걸이 다시금
더디네/구십 일의 봄날을 시름 속에 보내어/운길산 꽃구경은 시기를 또 놓

쳤구나'

오른편 사제촌(송촌리) 한음마을에는 500년 조선역사상 최연소로 31세에 대제학에 오르고 42세에 영의정에 오르신 선생이 정치 일선에서 물러난 후 삶을 마감하신 별서(別墅)터 및 하마석(下馬石) 등의 유적이 그대로 있어 아련한 선생의 발자취를 가늠해볼 수 있다.

　이덕형이 사제촌으로 물러난 이후에도 그에 대한 참소는 그치지 않았다. 결국 1613년 9월 이덕형은 삭탈관직(削奪官職)까지 당하는 수모를 겪었다. 이때부터 이덕형은 나라와 임금 그리고 백성에 대한 걱정 때문에 식음을 전폐한 채 오직 차디찬 술만 마시다가, 삭탈관직당한 지 불과 한 달 만인 10월 9일, 나이 53세로 세상을 떠나고 만다. 그리고 이덕형의 자손들은 자신이 죽으면 부인 이씨와 합장하라는 유언을 받들어 그를 사제촌의 강 건너편 북한강의 남쪽 동네인 양근군 중은동(지금의 경기도 양평군 양서면 목왕리) 산등성이에 묻었다. 자신의 호처럼 마침내 '한음(漢陰)'에 묻힌 것이다.

　이덕형이 죽고 난 후 150여 년이 흐른 18세기 중반, 북한강(용진강)과 운길산 그리고 수종사를 놀이터 삼아 이웃하고 자란 또 한 명의 걸출한 선비가 나왔다. 그는 바로 1762년 두물머리 부근 마재 마을에서 태어난 다산(茶山) 정약용이다.

　정약용은 이덕형의 7대 후손이면서 실학자였던 복암(茯菴) 이기양과 막역하게 지냈다고 한다. 이러한 인연 때문인지 아니면 이덕형처럼 덕망과 학식을 두루 갖춘 선비가 자신과 같은 땅을 밟고 같은 물을 마셨다는 사실에 감격해서인지는 몰라도, 정약용은 이덕형을 우러러 찬미하는 다음과 같은 시까지 남겼다.

젊은 나이에 재상의 지위에 올랐으나

백성들은 경험 많고 덕망 높은 노(老)선비를 대하듯 우러러보았네

임금의 은총 폐부(肺腑)를 맡긴 듯 친숙했으나

벗들은 유복(儒服) 입은 선비처럼 대했네

뼈를 깎는 듯한 유언비어(流言蜚語) 올라와도

임금은 밝게 보고 그의 본마음 의심하지 않았네

살가죽을 도려내는 듯한 쟁언(爭言) 일어났지만

혼군(昏君, 광해군)조차 멀리 내쫓지 못했네

드높은 충성심과 큰 절개가

모든 사람 마음 달래주고 감복시키지 못했다면

비록 하늘이 돌보고 귀신이 도와준다고 해도

누가 그에게 그런 복(福)을 내렸겠는가

선(善)하고 아름답구나! 풍성한 광대뼈에 윤기 나는 보조개

큰 체구에 엄숙함과 공손함까지 갖추었으니

훗날 세상 사람들이

그 누구인들 감히 공경하지 않겠는가

- 『다산시문집』, 「고영의정한음이공화상찬(故領議政漢陰李公畫像贊)」

화담 서경덕과 토정 이지함

송도삼절과 최초의 양반 상인

▌ **화담(花潭) 봄이 되면 바위틈 철쭉꽃이 만발하여 붉게 비추는 '꽃 못'**

박연 폭포와 황진이 그리고 서경덕을 일컬어 '송도삼절(松都三絶)'이라
고 한다는 사실을 모르는 사람은 거의 없다. 그런데 '송도삼절'이라는
말이 누구에 의해 어떻게 생겨났는지에 대한 질문에 이르면 대개 고
개를 갸우뚱한다. 이에 대한 답은 이덕무가 한·중·일의 한시(漢詩)들을
모아 엮은 시화집(詩話集)인 『청비록(淸脾錄)』과 이긍익의 역사서인 『연
려실기술(練藜室記述)』을 통해 확인할 수 있다.

> 본조(本朝)의 송도(松都) 기생 황진(黃眞, 황진이)은 얼굴이 절색인데다가 시
> (詩)를 잘 지었다. 스스로 말하기를 '화담선생과 박연 폭포와 내가 송도삼절
> (松都三絶)이다.'라고 하였다.
>
> ─이덕무, 『청비록』, 「시를 잘한 기생(詩妓)」

진랑(眞娘, 황진이)은 개성에 사는 눈먼 여자의 딸이었다. 성격이 활달하고 자유분방해서 남자들이 따랐다. 가야금을 잘 타고 노래를 잘해 일찍부터 산수(山水) 간을 유람하는 것을 좋아했다. 풍악산으로부터 태백산과 지리산을 거쳐 금성(錦城, 전라도 나주)에 다다랐는데, 그 고을 사또가 바야흐로 감사를 대접하느라 연회를 베풀고 있었다. 좌석 가득 소리 잘하는 기생이 자리하고 있었는데, 진랑이 누더기나 다름없는 떨어진 옷에다 지저분한 얼굴을 하고 곧바로 연회의 상좌(上座)에 앉아 이[蝨]를 잡으면서 태연자약하게 조금도 부끄러운 빛 없이 노래를 하고 가야금을 연주하자 모든 기생들이 두려워했다. 평생 화담(花潭) 서경덕의 사람됨을 사모하여 번번이 가야금을 지니고 술을 빚어서 화담을 찾아가 마음껏 노닐다가 돌아오곤 하였다. 늘 말하기를 '지족노선(知足老禪)은 30년 동안 면벽(面壁) 수도를 했어도 역시 나의 미색에 무너졌다. 오직 화담선생만은 여러 해 동안 가까이 지냈지만 끝내 흔들리지 않았다. 이 분이야말로 진실로 성인(聖人)이다.'라고 하였다. 항상 화담선생에게 '송도에 삼절(三絶)이 있습니다.'라고 말하였다. 화담선생이 '무엇이 삼절인가?'라고 물으면, 진랑은 '박연 폭포와 선생님과 나입니다.'라고 대답하였다. 그 대답에 화담선생은 웃었다.

- 이긍익, 『연려실기술』, 「중종조의 유일(遺逸)」

이러한 기록들을 통해 살펴보면, 서경덕의 인품과 절행(節行)을 사모했던 황진이가 그를 추앙하는 마음으로 박연 폭포와 자신을 포함해 '송도삼절(松都三絶)'이라는 말을 지었다는 사실을 알 수 있다. 황진이가 '진실로 성인'이라고 극찬하며 '송도삼절'이라고 치켜세웠지만, 실제 서경덕은 세상의 명성 따위는 아랑곳하지 않은 채 화담(花潭)가 조그마한 초가집에 거처하며 지극히 단순하면서 소박한 삶을 살았다. '궁리(窮理)'와 '격물(格物)'을 일삼아서 마음에 자득(自得)한 것이 있으면 만족스러워 스스로 즐거워했으며, 세상의 시비(是非)나 득실(得失)과 영욕(榮辱)에는 털끝만큼도 눈길을 주지 않았고, 집에 먹을거리가 자주 떨어졌으나 태연스럽게 지낼 뿐 굶주린 기색을 조금도 찾아볼 수 없었다. 또한 그는 평생 벼슬에 나가지 않은 채 간혹 산수 유람을 떠났던 때를 제외하고는 대부분의 시간을 화담에서 보냈다. 화담은 서경덕의 삶의 전부였다고 해도 과언이 아닐 만큼, 화담과 서경덕은 떼려야 뗄 수 없는 불가분의 관계였다.

사실 서경덕이 화담에 거처하기 이전에도, 화담과 그 주변 자연 풍경은 조선의 호사가(好事家)들이 반드시 유람해야 할 명승지로 유명세를 치렀다. 특히 봄이 되어 바위틈에 핀 철쭉꽃이 만발하여 물에 붉게 비추는 '화담'은 '꽃 못'이라는 말이 무색하지 않을 정도로 장관 중의 장관이었다고 한다.

오관산(五冠山)은 장단도호부의 서쪽 30리에 위치해 있다. 산의 정상에 다섯 개의 작은 봉우리가 마치 관(冠)처럼 둥그렇게 생겼다. 이로 말미암아 오관산이라고 이름하였다. …(중략)… 영통동(靈通洞)은 오관산 아래에 있다. 화담(花潭)에서부터 올라가면 산을 돌아 길이 구불구불한데, 계곡을 여러 차례 건너면 그 골짜기에 이른다. 골짜기 안은 평평하고 넓어서 인가(人家) 수십 채가 촌락을 이루고 있는데, 대대로 빨래하는 일을 업(業)으로 삼아 살아가고 있다. …(중략)… 화암(花巖)은 영통동 입구에 있고 화담(花潭)이라고도 부른다. 화담 왼쪽으로는 푸른 절벽이 가파르게 서 있어 마치 그림 병풍을 펼쳐놓은 것 같다. 바위틈에 철쭉꽃이 있어 봄이 되면 흐드러지게 피어 물 밑 못에 붉게 비친다. 화담 오른쪽으로는 작은 바위가 있어 마치 사면이 깎아지른 듯한데, 그 위 네 모퉁이에 장막을 치던 구멍이 있다.

- 『신증동국여지승람』, 「장단도호부(長湍都護府)」

화담(花潭)은 영통동(靈通洞) 입구에 있다. 못에는 푸른 절벽이 가파르게 서 있어 마치 그림 병풍을 펼쳐놓은 듯하다. 못에는 작은 바위가 있는데 사면이 마치 깎아지른 듯하다. 이곳에도 역시 장막을 쳤던 구멍이 있다. 화담에서부터 위로 산을 돌아 길이 구불구불한데 계곡을 여러 번 건너야 영통동에 이르게 된다. 영통동은 오관산 아래에 있다. 『여지승람』에는 장단(長湍)에 들어가 있다. 화담은 물과 바위가 기이하고 절묘하며, 서경덕이 거처하던 곳이다.

- 『연려실기술』, 「지리전고(地理典故)」, 「산천의 형승(形勝)」

개성과 그 인근 지역에는 오관산은 물론 송악산, 자남산, 천마산, 성거산, 용암산, 영취산 등 빼어난 산이 허다했고, 자남산의 화원(花園), 송악산 동쪽의 자하동, 성거산과 천마산 사이의 박연 폭포와 대흥동, 용암산 남쪽의 추암과 고암, 오관산 아래 면주동, 차일암 등 명승지는 헤아릴 수 없을 만큼 많았다. 화담이 제아무리 아름다운 자연 풍광을 가졌다고 해도, 그곳은 개성과 그 부근에 수없이 널려 있는 여러 명승지 중의 하나였을 뿐이었다. 그러나 서경덕이 화담가에 집을 짓고 거처하면서 그 지명을 취해 자호로 삼기 시작한 이후, 화담은 퇴계 이황의 안동, 남명 조식의 합천, 율곡 이이의 파주처럼 서경덕 사상의 본향으로 재탄생했다. 이제 화담은 아름다운 자연 풍광보다는 서경덕이라는 대학자가 거처하는 곳으로 더 이름을 얻었다. 자연 풍광을 보러 온 사람보다 '화담선생'이라고 불린 서경덕의 학식과 명망을 따라 찾아온 사람들이 더 많았기 때문이다.

송도삼절 가운데 하나로 꼽히는 박연 폭포.

『해동야언(海東野諺)』에서는 "18세에 처음으로 『대학(大學)』을 배웠다. 이때 문을 닫고 꿇어앉아 오로지 격물(格物)에 온 힘을 다했다. 그렇게 오랜 시간이 지난 뒤에 비로소 경전(經典)을 취해 읽었다. 마음속에 깨달음이 있는 것 같아 더욱 마음을 가라앉히고 연구에 몰두했다. 이에 제자가 되어 배우기를 청하는 자가 문에 끊이지 않았다."라고 하였다. 당시 그를 찾아온 문사(文士) 중 한 사람인 농암(聾巖) 이현보는 아예 '화담'이라는 제목의 시를 지어서, 저 높이 솟은 오관산에 견주어 서경덕의 드높은 학식과 덕망을 칭송하며 흠모의 정을 남김없이 드러내기도 했다.

맑은 계곡 발원(發源)하는 깊은 산골이라

백 번이나 꺾어져서 산모퉁이 지나가네

짙푸른 물 깊게 고여 못을 이루니

하얀 바위 옆 곱고 어여쁘네

위로는 창석대(蒼石臺) 서 있고

마치 평상과 안석 벌여 놓은 듯

듣건대 예전 우리 서화담(徐花潭)선생

이곳에서 소매 나부끼며 춤을 추고

밝은 지혜로 원기(元氣) 조화 꿰뚫어보니

어찌 진실로 즐겁지 않았겠는가

구슬 하나 희롱하듯 풍정(風霆)을 다스리고

금석(金石) 같은 큰 소리로 노래를 발산하네

비록 솥 안 먼지 나날이 쌓여 가도

마음은 절로 하늘의 기운 솟아났네

이로 인해 우리 동방의 선비들에게

오히려 서쪽 낙양의 소강절(邵康節)을 드러냈네

은둔하여 산수 간에 노닐며 즐기는 일 사모하여 노래하고

덕망 높은 사람 자취 길이 새기네

안개 낀 숲에서는 예쁜 새 지저귀고

구름 서린 절벽에는 봄 이끼 덮었네

증점의 비파 비록 울지 않아도

어른과 아이 또한 서로 시를 읊네

부끄럽구나! 아직 도(道)를 듣지 못하고

다시 오니 이미 머리카락 하얗게 세었네

우러러 그리워하는 마음 어느 곳에 기대볼까

저 높은 오관산처럼 우뚝 솟아 있네

– 이현보, 『농암집(聾巖集)』, 「화담」

서경덕은 독특한 학풍과 여러 기행(奇行)으로 이황, 조식, 이이와는
또 다른 학문 세계를 구축했다. 그는 정통 성리학과는 다소 거리를 둔
유학 해석과 학문 방법으로 명성을 떨쳤다. 먼저 서경덕은 성리학의
정통 학설인 이기이원론(理氣二元論)과는 다른 기(氣)를 중시하는 이기
일원론(理氣一元論)의 학설을 주장하였다. 서경덕은 하나의 원기(元氣)
를 철학의 근본 주제로 삼아, "기(氣)는 우주 공간에 충만해 있으며, 태
허(太虛)란 아무것도 없이 비어 있는 것(空無)이 아닌 기(氣)의 본체(本
體)를 말한다."라는 독특한 주장을 내놓았다. 또한 기(氣)로 충만한 우
주 공간에서 양기(陽氣)와 음기(陰氣)의 움직임을 주재(主宰)하는 것은
리(理)이고, 리(理)는 기(氣)의 바깥에 존재하지 않는다는 '이기일원론
(理氣一元論)'을 제시했다.

좀 더 단순하게 정리하자면, 성리학의 정통 학설인 '이기이원론'은
만물의 변화하지 않는 본질을 리(理), 변화하는 현 상태를 기(氣)로 나
누어서 보는 반면, 서경덕의 '이기일원론'은 기(氣)가 만물의 본체(本
體)이고 리(理)는 기(氣)와 떨어져서 존재하지 않는다고 본다. 좀 무리
는 있지만, 서양 철학의 관점에 따라 리(理)를 관념, 기(氣)를 물질로
정의해보자. 이때 '이기이원론'은 관념과 물질을 이분법적으로 구분
하면서 관념인 리(理)가 물질인 기(氣)의 주재자(主宰者)라고 보기 때문
에 관념보다 물질을 중시하는 '관념론' 철학이라고 한다면, 서경덕의
'이기일원론'은 물질인 기(氣)를 만물의 본체로 보고 이기(理氣)를 일체

(一體)로 본다는 점에서 '유물론' 철학에 가깝다고 해석할 수도 있겠다. 이 때문에 서경덕의 철학에 유물론적 요소가 개입되어 있다는 사실을 파악한 이황과 이이는 일찍부터 "그는 유학의 정통이 아니다."라거나 "서경덕의 학문은 (정자(程子)나 주자(朱子)가 아닌) 장횡거(張橫渠)에게서 나왔다."라며 경계했다. 어쨌든 서경덕은 조선의 철학사에서 유물론적 성향을 지녔던 아주 희귀한 유학자였다.

서경덕은 학문하는 방법에서도 정통 성리학과는 다른 길을 걸었다. 성리학의 태두인 주자의 학문 방법은 『대학(大學)』에 나오는 '격물치지(格物致知)', 즉 사물의 이치를 끝까지 파고들면 앎에 이른다는 것이다. 이 말은 독서를 통해 사물의 이치를 궁구(窮究)하면 마침내 깨닫게 된다는 뜻이다. 그러나 서경덕은 18세 때에 이미 독서를 통해 사물의 이치를 깨닫는 방법을 부정하고, 먼저 궁리와 사색을 통해 사물의 이치를 직접 탐구한 후 독서를 통해 확인하는 방법으로 학문을 했다. 이러한 서경덕의 독특한 학문 방법은 훗날 국가 차원에서 역대 임금의 업적 중 선정(善政)만을 모아 편찬한 편년체 사서인 『국조보감(國朝寶鑑)』에 자세하게 실릴 만큼, '서경덕식 공부법'으로 널리 알려져 있었다.

다시는 과거 시험을 보지 않고 화담(花潭)가에 집을 짓고 도의(道義) 공부에 온 마음을 쏟았다. 그 학문은 오직 궁리(窮理)와 격물(格物)로 하고 더러 묵묵히 여러 날 앉아 있곤 했다. 그가 궁리를 일삼아 하늘의 이치를 궁구할 때에는 벽에 '천(天)' 자를 써놓고 연구에 몰두했다. 이미 궁구한 다음에는 다시 다른 글자를 적어놓고 정성껏 생각하고 힘써 연구했는데 밤과 낮이 따로 없었다. 여러 해 동안 이렇게 하여 자신도 모르는 사이에 환하게 밝히고 꿰뚫은 후에야 독서하여 스스로 터득한 것을 증명했다. 항상 '나는 스승을 얻지 못했기 때문에 많은 공력(功力)을 소모해 지극히 깊은 곳에 이르렀다. 그러나 후세 사람들이 나의 말에 의거(依據)한다면 나와 같은 수고로움을 들이지 않아도 될 것이다.'라고 말하였다.

- 『국조보감』, 「선조조 3」 8년(을해년, 1575년)

서경덕이 화담가에 집을 짓고 살게 된 이유는 그의 부모님의 무덤이 그곳에 있었기 때문이라고 한다. 또한 그는 젊은 시절 삼남(三南) 지방의 명산을 두루 유람하고 다녔을 만큼 아름다운 산수를 좋아했다. 서경덕의 제자였던 초당(草堂) 허엽은 "화담선생은 아름다운 곳을 만나면 문득 일어나서 춤을 추곤 하셨다."라고까지 말했다. 아마도 서경덕이 화담가에 집을 짓고 평생을 거처한 까닭 역시 그만큼 화담의 자연 풍경이 아름다웠기 때문일 것이다. 빼어나고 화려한 산수를 뽐내는 화담 곁에서 살았지만, 서경덕의 삶은 고요하고 담박했다. 율곡 이이가 『석담일기(石潭日記)』에 적어놓은 화담가 '서경덕의 삶'은 이렇다.

재물(財物)에 전혀 마음을 두지 않아 여러 날 동안 끼니를 챙기지 못해도 굶주림을 견뎌내며 태연하게 거처했지만 다른 사람들은 감히 참아내지 못했다. 어느 날 그의 문하생인 강문우(姜文祐)가 쌀을 지니고 서경덕을 뵈러 가보니, 그는 화담(花潭)가에 앉아서 이미 한낮이 지나도록 의론(議論)해 사람들을 감동시키고 있었다. 그런데 그 얼굴에는 조금도 피곤하거나 굶주린 기색이 없었다. 강문우가 부엌으로 가서 그 집 사람에게 물어보니, '어제부터 양식이 떨어져서 밥을 짓지 못했다.'라고 하였다.

율곡은 서경덕의 삶을 두고 "항상 마음 가득 만족해하고 기뻐했기

강세황이 1757년 그린 『송도기행첩』 중 〈화담〉.

때문에 세상의 득실(得失)과 시비(是非)와 영욕(榮辱)이 모두 그의 마음 속으로 들어가지 못하였다."라고 했는데, 바로 그러한 이유 때문에 서경덕은 궁색한 살림살이와 궁핍한 생활 속에서도 태연자약하게 궁리와 사색을 즐기고 기쁜 마음으로 학문을 닦고 제자들을 가르칠 수 있었다. 허균의 아버지인 허엽이 전해주는 가난에 초연했던 스승 서경덕의 삶은 더욱 구체적이다.

허엽이 일찍이 7월에 공(公)이 거처하는 화담(花潭)에 갔다. 그런데 이미 엿새 동안이나 계속해서 가을비가 내리는 바람에 물이 넘쳐서 건널 수가 없었다. 날이 저물어 물이 조금 줄어들자 겨우 물을 건너 공이 거처하는 곳에 이를 수 있었다. 공은 이때 가야금을 연주하면서 소리 높여 시를 읊고 있었는데, 허엽이 저녁밥을 짓겠다고 말하자 공은 '나 또한 먹지 않았다. 함께 밥을 짓거라.'라고 하였다. 이에 하인이 부엌에 들어가보니 솥 안에 이끼가 가득하였다. 괴이하게 여긴 허엽이 그 까닭을 여쭙자 공은 '물이 가로막아 집안사람이 엿새 동안 오지 못했다. 내가 오랜 시간 음식을 먹지 않아서 솥에 이끼가 생겼나보구나.'라고 말하였다. 그런데 허엽이 공의 얼굴을 우러러 살펴보니 굶주린 기색을 전혀 찾아볼 수 없었다.

- 이긍익,『연려실기술』,「중종조의 유일」

서경덕이 직접 노래한 화담의 삶에서도 궁핍하고 소박하지만 여유롭고 즐거웠던 그의 산중 생활을 생생하게 느껴볼 수 있다.

구름 덮인 바위에 내가 복거(卜居)한 것은
성품이 게으르고 거칠기 때문이네
숲에 앉아 그윽이 산새와 벗하고
계곡을 걷다가 노니는 물고기와 벗하네
한가하면 빗자루로 화단을 쓸고
이따금 호미로 약초밭의 두렁을 매네
그 밖에 거의 일이 없어
여유롭게 차 마시고 고서(古書)를 뒤적일 뿐이네

화담(花潭)의 한 칸짜리 초가집
맑고 깨끗하여 신선이 사는 곳과 비슷하네
산의 무리는 마루에서 마주 대하여 펼쳐져 있고
샘의 소리는 베개 틈에 울려 퍼지네
골짜기 그윽하고 바람은 맑아 화창하니
땅은 외따로 떨어져 나무는 무성하고 가지런하네
그 속에서 소요(逍遙)하는 사람 있어

맑은 아침에 책 읽는 것 좋아하네

- 서경덕, 『화담집(花潭集)』, 「산에 살며(山居)」

　　그렇게 화담 곁에서 화담과 벗하며 화담선생이라고 불리기를 좋아했던 서경덕은 1546년 나이 58세에 죽음을 맞는다. 당시 죽음이 자신을 찾아왔다는 사실을 예감한 서경덕은 제자들의 부축을 받아 화담으로 간 다음 그 물에 몸을 깨끗이 씻고 서재로 돌아와 조용히 눈을 감았다. 그리고 화담 뒷산 언덕에 묻혔다. 무덤 앞에는 '생원서경덕지묘(生員徐敬德之墓)'라고 쓴 조그만 비석이 세워졌을 뿐이다.[10] 소박하고 깨끗하게 살았던 삶만큼이나 고요하고 담백한 죽음이었다. 뛰어난 학식과 높은 명망에 비해 초라하기까지 했던 그의 죽음과 묘소 풍경은 25년 뒤인 1571년(선조 4) 9월 이곳을 찾은 대학자 우계(牛溪) 성혼의 증언으로 남아 전해오고 있다.

　　신미년(辛未年) 9월 안습지(安習之)와 함께 천마산(天磨山)에 놀러 갔다가 영통사(靈通寺)에서 묵었다. 아침에 일어나서 계곡을 따라 아래로 내려가다가 산을 감싸고 골짜기를 굽이돌았더니 물과 바위가 맑고 그윽하였다. 화담(花潭)에 다다르자 초가집 몇 칸이 있었다. 그런데 황폐한 뜰과 작은 길을 거의 분별할 수조차 없었다. 걸어서 뒷산 기슭에 올라 화담선생의 묘소에 절하였다. 봉분은 겨우 몇 자에 불과했고, 흙으로 쌓은 계단에는 섬돌조차 없었다. 묘 앞에는 작은 돌 비석이 서 있는데 '생원서모지묘(生員徐某之墓)'라고 새겨져 있었다. 두 번 절하고 일어나 묘를 배회하다가 바라보고 살펴보며 마

---

10 이종묵, 『조선의 문화공간 2』, 휴머니스트, 2006, 139쪽 참조

음속으로 선생의 높은 풍모를 우러러 생각하니 쓸쓸하고 서글펐다가 한없는 사모의 정이 일어났다.

가랑비가 내려 초가집에 들어갔다. 그러나 이 초가집은 선생이 예전에 거처했던 곳이 아니고 허물어져서 뒤쪽 채마밭으로 옮겨 세운 것이었다. 벽 너머로 계집종 하나가 거처하며 그곳을 지키고 있었다. 내가 '선생에게는 아들이 몇 명이나 있는가?' 하고 물어보니, '정실부인과의 사이에서는 단지 아들 하나만을 보셨고, 첩에게서는 아들 두 명을 보았습니다.'라고 대답하였다. 또한 '선생님께서 세상을 떠난 때는 병오년(丙午年) 7월이었습니다. 병이 위독해지자 시자(侍者)들로 하여금 함께 맞들게 하고 못가로 나가서서 깨끗하게 목욕하고 돌아와 한 식경(食頃)이 지나자 이내 숨을 거두셨습니다.'라고 하였다. 내가 '어찌하여 목욕을 하셨는가?'라고 묻자, '현자(賢者)는 죽음을 맞을 때 반드시 이와 같이 해야 합니다. 이것이 올바른 죽음의 뜻입니다.'라고 대답하였다. 나와 안습지는 서로 쳐다보고 감탄하며 '하찮은 계집종도 오히려 이와 같은 뜻을 들어 마음에 새기고 있으니 선생의 유풍(流風)과 여운(餘韻)을 진실로 징험(徵驗)할 수 있다.'라고 하였다.

때마침 비가 개어 화담가로 나가보니, 모두 낚시터로 삼을 만한 돌들이 높이 못 주변에 꽂혀 있었다. 더러 못의 중심에 있는 것도 있었다. 물과 돌은 맑고 깨끗하며 작은 산이 빙 둘러 감싸고 있었는데 가을 낙엽이 쓸쓸하였다. 낚싯돌 위에는 돌구멍이 두 군데 있었다. 사람들은 '선생께서 우산을 펼쳤던 곳으로 호사가(好事家)들이 선생을 위해 이것을 뚫었다고 운운한다.'라고 말하고 있다. 돌 위에는 이끼가 심하게 끼었고 산은 텅 비고 물은 흐르는데 마음속으로 선생을 흠모할 뿐 다시 만날 수가 없다. 덕(德)을 되돌아보고 세상을 논하는 감회를 여기에서 그칠 수가 없었다.

선생은 세상에 높은 재주로 성현(聖賢)이 남긴 경전에서 도(道)를 구하여 익히고 즐거워하였다. 스스로 지킴이 있어서 바깥에서 구하지 않았다. 추위와 굶주림이 극심하여 수일 동안 먹지 못하고 베옷 한 벌로 몸을 가릴 지경에 이르렀다. 다른 사람들은 추위와 굶주림의 근심을 감당하지 못했지만 선생은 태연하게 거처하여 편안하게 여겼다. 도의(道義)의 진리에 잠겨 노닐었으므로 얼굴과 몸에 나타났고 집 안에 충만해 다른 사람의 고량진미(膏粱珍味)를 바라지 않았다. 그래서 깊은 조예와 자득(自得)의 공부가 흉중에 쌓여서 바깥으로 드러났다는 것을 알 수 있다. 어찌 절조(節操) 있는 한 선비의 이름을 듣고 사모하는 무리들이 가리켜 헤아리고 흉내 낸다고 얻을 수 있는 것이겠는가. 만약 선생의 도(道)에 대한 조예의 순수함과 잘못됨, 깨달음의 깊음과 얕음에 대해서라면 오히려 옛일을 감상하는 오늘만은 마땅히 잠깐 버려두어야 할 것이다.

스승의 자리를 거둔 지 아직 한 세대가 지나지 않았는데, 옛 초가집에는 사람이 없고 지나간 자취는 모두 묻혀서 서늘한 산과 들판에는 해만 떠 있으니 물을 곳조차 없게 되었다. 유람 왔다가 지나는 선비들이 황량한 산의 못가에서 선생의 유풍(遺風)을 굽어보고 우러러본다면 오히려 완악한 자는 청렴해지고 나태한 자는 뜻을 세울 것이다. 깨끗한 풍도(風度)와 탁월한 규범으로 후세 사람을 감동시켜 인심(人心)을 맑게 하심이 참으로 깊구나. 아아! 원대하도다. 창녕(昌寧) 성혼이 삼가 적다.

- 『우계집(牛溪集)』, 「잡기(雜記)」

서경덕이 세상을 떠난 후 황폐해져 쓸쓸한 기운마저 감도는 화담의 옛터를 찾은 또 다른 명사 오음(梧陰) 윤두수는 서글픈 심정을 가누지 못하고 '화담(花潭)을 지나다가 감회가 있어서'라는 시 한 편을 남기기도 했다.

봄은 가고 꽃조차 흔적 없고

토사는 무너져 못 또한 묻혔네

아름다운 이름이란 참으로 어떤 물건인가

세상사는 과연 누가 진실인가

옛집에는 주인 잃은 신발만 흩어져 있네

앞들에는 물만 저절로 새로 나고

이리저리 서성이며 떠나지를 못하는데

산에 내리는 비가 윤건(輪巾)을 적시네

— 『오음유고(梧陰遺稿)』, 「화담을 지나다가 감회가 있어서(過花潭有感)」

　　서경덕의 덕망과 행적을 사모해 화담을 찾아갔던 성혼과 윤두수는 쓸쓸하게 버려진 집터와 이리저리 흩어진 삶의 옛적 흔적만 보고 서러운 마음을 달래다 돌아왔다. 그렇지만 1601년(광해군 1) 이후 이곳을 찾은 사람들은 잘 가꾸어진 정자와 누대, 연못의 섬, 언덕 등 전혀 다른 모습의 화담을 볼 수 있었다. 1601년 홍이상이 지방의 선비들과 발의(發議)하여 화담의 옛터에 '화곡서원(花谷書院)'을 세우고 서경덕과 그의 제자인 박순, 허엽, 민순 등을 함께 배향했기 때문이다. 그래서 조선 중기의 4대 문장가라고 일컬어지는 월사(月沙) 이정구가 지은 「유화담기(遊花潭記)」에서는 성혼의 글과 윤두수의 시와는 전혀 다른 흥겹고 생동감이 넘치는 화담의 풍경을 만날 수 있다.

　　신숭(神崧)에서 내려와 자하동(紫霞洞)을 들렀다가 잠깐 쉬었다. 홍이상이 서찰을 보냈는데, '화담(花潭)은 물과 바위가 매우 맑고 빼어납니다. 산의 꽃이 바야흐로 한창입니다. 강인경 또한 오관산으로부터 온다고 약조했습니다. 속히 오셔서 함께 구경하고 한바탕 승경(勝景)을 유람하시기를 바랍니다. 나는 이미 먼저 와서 화담 부근에서 기다리고 있겠습니다.'라고 적혀 있었다. 나는 아직 여흥(餘興)이 다하지 않아서 이 서찰을 읽고 즐거워 견여(肩輿) 행렬을 재촉했다. 산기슭을 돌아 고성(古城)을 벗어나 탄현(炭峴)을 넘었다. 두 개의 산이 갈라져서 동문(洞門)을 이루고 있는 모습이 보였다. 너럭바위가 1리가량 이어져 있고, 큰 개울이 급하게 흐르고 있었다. 마치 위로 삼베를 하얗게 펼친 듯해 맑고 고운 광경에 눈이 번쩍 뜨였다. 가마를 멈추고 바라보고 있자니 한 유생(儒生)이 앞으로 다가와 절을 하면서, '마침 술이 있어서 계곡가에서 기다리고 있습니다. 공께서 잠깐 머물러주시기를 바랍니다.'라고 하였다. 갑자기 사냥하는 자가 호령을 하니 매가 날아갔다. 잠시 후 매가 앞 숲에서 꿩을 낚아챘다. 이윽고 사냥하는 자가 꿩을 우리에게 바쳤다. 내가 가마에서 내려 바위 위에 앉자 경력(經歷) 윤후가 따라서 앉았다. 내가 '여기가 어디인가? 송도의 기이한 경치가 여기에 다 있구나. 아까 유생이 나를 부르지 않았다면 이와 같이 맑고 고운 산과 계곡을 놓치고 지나쳐 평생 한(恨)을 짊어질 뻔했네.'라고 하였다. 이에 윤후가 '이곳은 귀법사(歸法寺)가 있던 옛터입니다. 계곡가에 돌기둥이 물 위에 걸터앉은 채 아직도 있습니다.'라고 답하였다. 나는 깜짝 놀라 '여기가 최충이 더위를 피한 곳이고, 이규보가 '옛 서울을 떠올리며(憶舊京)'라는 시에서 '옛적 나라가 황량하니 어찌 차마 생각할까/차라리 모두 잊고 짐짓 바보가 되는 편이 낫겠네/오로지 한 가지 남아 정(情)이 가는 곳이 있으니/귀법사 개울가에 웅크리고 앉아 술잔을 보내네.'라고 읊은 그곳인가?'라고 하였다. 옛사람도 이미 정(情)이 끌렸다니, 참으로 그 명성이 헛되이 얻어진 곳이 아니었다. 이에 옷을 벗고 맑게 흐르는 물에 발을 씻었다. 유생이 술과 안주를 벌여놓고 사냥하는 자가 꿩고기로 회를 쳤다. 흥취가 일어나 술잔 가득 술을 붓고 마시다보니 깨닫지 못하는 사이에 흠뻑 취해버렸다. 화담에 있던 홍이상이 여러 사람을 보내 빨리 오라고 재촉했지만 오히려 그곳을 쉽게 떠날 수가 없었다.

해질 무렵에야 비로소 화담에 다다랐다. 화담은 서경덕 선생의 옛 거처가 있는 곳이다. 홍이상이 많은 선비들과 뜻을 도모해 그 땅에다가 서원(書院)을 세우고 향사(享祀)하였다. 정자와 누대, 연못의 섬과 언덕 등은 모두 인공으로 예쁘게 꾸며 단장한 것이라고 하였다. 산에는 두견화(杜鵑花)가 많아서 못의 물에 붉게 비치니, 화담(花潭)이라는 이름은 이로 인해 얻게 된 것이라고 한다. 두 개의 산이 담벼락처럼 서 있고, 물은 원통사(圓通寺)에서부터 여러 골짜기로 나뉘어 흐르다가 큰 개울을 이루어 화담으로 떨어지는데 그 물소리가 우렁찼다. 못 위로는 바위들이 쭉 늘어서 있다. 그 가운데 우뚝 솟아 가장 높고 큰 것은 백 명의 사람이 앉아 있을 만했다. 화담의 서쪽에는 우묵한 구역이 있는데 땅이 그윽하고 맑았다. 여기에 흙을 쌓고 누대를 만들어 사람들이 연회를 열 수 있도록 했다. 앞의 좌우 절벽에는 아름드리나무들이 숲을 이루며 자라고 가느다란 샘물이 떨어져 내렸다. 누대의 아래로는 물이 또한 띠처럼 빙 둘러 있고, 겹겹의 모래톱을 만들어 얕은 여울을 이루고 굴곡진 물굽이를 이루었다. 어느 것 하나 기이하지 않는 것이 없었다. 주인이 자리를 설치해 여러 악기를 번갈아 연주하자 그 소리가 온 숲을 진동하였다. 나는 몹시 즐거워서 흐르는 물에 잔을 띄워 서로 주고받으면서 두 다리를 뻗고 앉아 술을 마셨다. 취한 후 돌을 베개 삼아 자다가 꿈을 꾸었는데 고인(古人)과 더불어 노닐었다. 이 고인(古人)이 어쩌면 서경덕 선생이 아닐까? 이러한 이야기를 글로 써서 기록한다.

－『월사집(月沙集)』, 「유화담기(遊花潭記)」

선조(宣祖)와 인조(仁祖) 연간에 '풍웅고화(豊雄高華)'한 시풍(詩風)으로 일세를 풍미한 오산(五山) 차천로는 송도십이경(松都十二景)의 하나로 '화담(花潭)의 송월(松月)'을 꼽으면서, 화담에 아로새겨져 있는 서경덕의 혼과 얼을 한 점 티 없이 맑게 비추는 '빙호(氷壺)'에 비유해 사모하는 마음을 표현하기도 했다.

> 백석암(白石巖) 사립문 푸른 이끼 길게 자라
>
> 산천은 옛 모습 그대로고 새들은 빙빙 날아도네
>
> 문 앞의 늙은 나무 선생의 버드나무요
>
> 울타리 아래 떨어진 꽃 처사(處士)의 매화이네
>
> 신선은 학을 타고 어느 곳으로 가버렸나
>
> 지금도 송월(松月)은 사람 찾아와서 비추는데
>
> 밝게 드러난 마음은 오직 맑은 못의 물에 있네
>
> 그 모습 보고 한 조각의 빙호(氷壺)를 상상하네
>
> — 『오산집(五山集)』, 「화담의 송월」

이렇듯 서경덕이 거처한 후 '사상의 본향' 중 하나로 변모했던 화담은 그가 세상을 떠난 이후에는 사림의 이름 높은 학자와 문사들이 즐겨 찾는 '사상과 시문학의 순례지'로 명성을 떨쳤다. 화담이라는 자연과 서경덕이라는 대학자가 결합되면서, 화담은 아름다운 자연 풍광을 넘어서 조선을 대표하는 사상과 문학의 산실 가운데 하나로 거듭난 것이다. 서경덕의 명성은 수백 년이 흐른 후에도 약해지기는커녕 더욱 빛을 발했다. 제왕이면서 동시에 한국사 최고의 학자 중 한 사람이었던 정조까지 나서 특별히 서경덕을 중국 북송(北宋) 때의 대사상가인 소강절(邵康節)과 비교해도 부족함이 없다고 극찬했기 때문이다.

우리나라의 유현(儒賢) 가운데 두루 쓰일 재능을 갖춘 이는 정암(靜菴) 조광
조와 율곡(栗谷) 이이뿐이다. 하서(河西) 김인후와 중봉(重峯) 조헌 같은 이는
절의(節義)가 도학(道學)보다 높고, 화담(花潭) 서경덕은 소강절(邵康節)과
비교해도 또한 불가하지 않다. 여기에서 가히 우리 열성조(列聖祖)께서 가꾸
고 기르신 교화를 볼 수 있고, 이러한 효과를 이룰 수 있었다는 사실을 알 수
있다.

- 『홍재전서(弘齋全書)』, 「일득록(日得錄)」, 「인물(人物)」

▌토정(土亭) 물산(物産)이 모여드는 마포나루에 '흙집'을 짓고 살다

화담(花潭)가의 서재에서 서경덕에게 가르침을 받은 제자들은 헤아
릴 수 없이 많다. 그렇지만 굳이 대표적인 제자들을 꼽아본다면, 명신
(名臣)으로 이름을 남긴 인물로는 선조 때 영의정에 오른 사암(思庵) 박
순, 사간원 대사간과 경상도 관찰사를 지낸 초당(草堂) 허엽, 우의정
을 역임한 남봉(南峰) 정지연, 사헌부 대사헌을 지낸 졸옹(拙翁) 홍성
민 등이 있고, 학문과 시문 그리고 행적으로 이름을 남긴 이로는 행촌
(杏村) 민순, 고청(孤靑) 서기, 곤재(困齋) 정개청, 연방(蓮坊) 이구, 동강
(東岡) 남언경 그리고 토정(土亭) 이지함 등을 꼽을 수 있다. 정계(政界)
와 학계(學界)에 두루 포진한 서경덕의 제자들은 하나의 학풍을 형성
하며 '목릉성세(穆陵盛世, '목릉'은 선조의 능으로, 수많은 인재가 등장해 조
선 문화를 꽃피웠다 하여 후대에 선조의 시대를 목릉성세라 일컬음)'를 주도했
다. 이러한 까닭에 '서울대철학사상연구소'에서는 서경덕의 제자와 후
학들이 조선 유학사에서 최초의 학파라고 할 수 있는 '화담학파(花潭學

派)'를 이루었다고 평가했다. 그러나 정통 성리학을 세운 정자나 주자보다는 장횡거와 소강절의 학문과 사상에 가까웠던 서경덕처럼, 특정 학문이나 학설에 구속당하지 않고 제자백가서(諸子百家書)는 물론이고 역학·의학·수학·천문·지리 등에 관한 해박한 지식을 습득하고 경제(經濟)에 밝아 수많은 기행(奇行)을 남겨 스승의 이름을 더욱 빛낸 제자로는 단연 토정 이지함을 꼽을 수 있다.

특히 이지함은 당시 조선의 사대부 사회에서 금기하다시피 한 '상업(商業)'과 '해상 교역(海上交易)'을 국부(國富)와 안민(安民)의 수단으로 삼아야 한다고 주장하고 몸소 이를 실천에 옮긴 기이한 인물이었다. 이지함의 행적을 살펴보면, 그가 평생 충청도 보령의 해안 지역과 한양의 마포나루를 무대로 삼아 활동했다는 것을 알 수 있다. 16세기 마포나루는 서해 뱃길을 거쳐 한강을 거슬러 올라온 전국 각지의 온갖 물산(物産)이 모여들던 상업과 경제 활동의 중심지였다. 상업을 가장 천시하던 유교 사회의 사대부가 결코 가까이할 수 없는 곳이고 가까이 해서도 안 될 곳이었다. 그런데 이지함은 이곳 마포나루에 거처할 집을 흙으로 쌓고 그 위를 평평하게 다져 정자를 지어 토정(土亭)이라고 이름 짓고, 이로 말미암아 '토정(土亭)'이라고 자호하였다. 자신의 뜻과 삶의 지향이 사대부들이 모여 사는 반촌(班村)에 있지 않고 천한 상인이나 온갖 장사꾼이 모여드는 나루터와 시장에 있다는 사실을 공공연하게 드러낸 것이다. 이러한 내력은 국가의 공식 문서라고 할 수 있는 『실록(實錄)』에서도 자세하게 밝혀놓았을 만큼 널리 알려져 있었다.

이지함은 일찍이 용산(龍山)의 마포 항구에 흙을 쌓아 언덕을 만들고 그 아래에는 굴을 파고 위에는 정사(亭舍)를 지었다. 이로 인해 토정(土亭)이라고 자호(自號)하였다. 그 후 비록 큰물이 사납게 할퀴고 지나가도 오히려 흙을 쌓은 언덕만은 그 원래 모습을 보존하고 있었다.

– 『선조수정실록』, 11년(1578년) 7월 1일, 「아산현감 이지함의 졸기(卒記)」

어쨌든 이지함의 이러한 행동은 당시 사회의 기준으로 볼 때, 세간의 시선 따위는 신경 쓰지 않는 남다른 기상과 높은 식견을 갖추지 않고서는 감히 시도할 수 없는 것이었다. 만약 양반 사대부 출신의 사람이 사대부답지 않은 삶을 살고 장사치나 다름없는 행동을 한다면 그 사람은 사회적인 매장을 피할 수 없었기 때문이다. 훗날 이지함을 '양반 상인의 모델'로 삼아 사회 개혁론을 주창한 박제가의 『북학의(北學議)』에는 사대부가 상업에 종사하거나 품팔이를 할 경우 당하게 되는 멸시와 수모를 이렇게 적고 있다.

사대부는 차라리 놀고먹을망정 들판에 나가서 농사를 짓지 않는다. 간혹 그러한 법도(法道)를 잘 알지 못하는 사대부가 있어서 짧은 저고리를 걸치고 대나무 삿갓을 쓴 채 물건을 팔려고 소리치며 시장을 지나가거나 먹줄을 지니고 칼과 끌을 품고 다니면서 다른 사람의 집에 품을 팔아 먹고살 경우, 부끄러워하지 않거나 비웃지 않고 또한 혼인을 단절하지 않는 자가 거의 드물 것이다. 그러한 까닭에 사대부라면 비록 집에 동전 한 푼 없는 자라도 모두 겉모양을 꾸미고 높은 갓을 쓰고 넓은 소맷자락을 펄럭이며 나라 안을 활보하고 고상한 말만 늘어놓는다.

– 박제가, 『북학의』, 「장사(商賈)」

이지함과 동시대를 살았던 율곡은 그를 일컬어 사물에 비유하자면,

300
·
301

"기이한 꽃〔奇花〕, 이상한 풀〔異草〕, 진기한 새〔珍禽〕, 괴상한 돌〔怪石〕"
이라고 했다. 특히 이지함은 마포나루의 '토정'을 근거지 삼아 몸소 상
인이 되어 내외(內外)의 강해(江海)와 산천(山川)을 누비고 다니면서 탁
월한 수완으로 막대한 재물을 모았다가 다시 가난한 백성이나 사정이
급한 사람들에게 나누어주는 기행을 일삼았다. 이지함의 친조카로 서
경덕의 학통을 이은 북인(北人)의 영수이자 선조 때 영의정까지 지냈
던 아계(鵝溪) 이산해는 자신의 숙부 이지함은 "배를 타는 것을 좋아하
셨다. 큰 바다를 마치 평지처럼 밟고 다니셨다. 나라 안의 산천 중 아
무리 멀다고 해도 가지 않은 곳이 없었고, 아무리 험하다고 해도 건너
지 못한 곳이 없었다."라고 했다. 또한 율곡은 『석담일기』에서 이지함
을 두고 "형제 사이에 재물을 함께 나누어 쓰고 사사로이 감추는 것이
없었다. 재물을 가볍게 여겨 다른 사람의 급한 사정을 잘 도왔다. 세
상 사람들이 바라는 높고 귀한
자리나 벼슬에는 관심이 없었
고, 맑고 깨끗해 음악이나 여
색을 좋아하지 않았다."라고
적었다.

그러나 다른 무엇보다 이지
함의 기행을 가장 잘 보여주고
있는 기록은 어우당(於于堂) 유
몽인이 지은 우리 역사 최초의
야담집(野談集) 『어우야담(於于
野談)』이다. 유몽인은 이지함
이 사망할 때 이미 20세의 나

이지함의 초상.

이였고, 당색도 북인인데다 이지함의 집안인 한산 이씨와도 절친한 관계여서 이지함의 알려지지 않은 기이한 행적에 관해 누구보다도 정확하고 많은 자료를 얻고 기록으로 남길 수 있었다.

> (이지함은) 손수 상인이 되어서 백성을 가르치고 맨손으로 생업에 힘써 몇 년 안에 수만 석에 이르는 곡식을 쌓았다. 그러나 모두 가난한 백성에게 나누어 준 다음 소매를 펄럭이며 떠나가버렸다. 바다 가운데 무인도에 들어가 박을 심었는데, 그 열매가 수만 개나 되었다. 그것을 갈라 바가지를 만들어 곡식을 사들였는데, 거의 1,000석에 이르렀다. 이 곡식을 한강변의 마포로 운송했다.
>
> **- 유몽인, 『어우야담』**

더욱이 이지함은 단순히 가난한 백성들에게 재물을 나누어주는 데 머무르지 않고, 그들이 일정한 생산 능력을 갖추도록 가르친 다음에 생산한 물건을 시장에 내다 팔아 생계를 꾸려 나갈 수 있도록 이끌어주었다. 이때에도 그는 사람들에게 각자의 능력과 수준에 맞도록 기술을 가르쳤고, 일종의 공장제 수공업이라고 할 수 있는 선진적인 경영 방식을 도입해 백성들이 스스로의 힘으로 가난에서 벗어날 수 있도록 했다. 이에 대한 자세한 이야기 역시 『어우야담』에 기록으로 남아 전해온다.

> 이지함은 백성이 떠돌아다니며 헤진 옷을 걸친 채 음식을 구걸하는 모습을 불쌍히 여겼다. 이에 가난하고 굶주린 백성을 위해 큰 움막을 지어 거처하도록 하고 수공업을 가르쳤다. 사농공상(士農工商) 가운데 일정한 직업을 선택

하도록 설득한 다음, 직접 얼굴을 맞대고 귀에다 대고 일일이 타일러 가르쳐 주었다. 이렇게 각자 그 의식을 마련할 수 있도록 했는데, 그 가운데 가장 능력이 뒤떨어진 사람에게는 볏짚을 주어서 짚신을 삼도록 했다. 몸소 그 작업의 결과를 따져서 하루에 열 켤레를 만들어내면 짚신을 시장에 내다 팔도록 했다. 하루의 작업으로 한 말의 쌀을 마련할 수 있었다. 또한 그 이익을 헤아려서 옷을 만들도록 했다. 이렇게 하자 두어 달 동안에 사람들의 의식이 모두 넉넉해졌다.

이지함은 자신이 마음먹은 대로 자유롭게 사는 삶을 추구했다. 그와 절친했던 율곡은 이지함이 과거 공부를 일삼지 않고 구속받지 않은 채 제멋대로 사는 것을 좋아했다고 했다. 한번은 율곡이 이지함의 자질이 아까워 성리학에 종사할 것을 권한 적이 있다. 그러자 이지함은 "나는 욕망이 많아 성리학을 할 수 없다."라고 대답했다. 이에 율곡이 "그대는 명예나 이익 그리고 음악과 여색을 좋아하지 않는데, 무슨 욕망이 있어서 학문에 방해가 되겠소?"라고 했다. 이지함은 담담히 "어찌 그것만이 욕망이겠는가. 마음이 가는 곳이 천하의 진리나 이치에 있지 않다면 모두 욕망인 것이다. 나는 스스로 마음대로 사는 것을 좋아하여 규칙으로 단속할 수 없다. 이 또한 물욕(物欲)이 아니겠는가."라고 했다. 이 대화를 통해 보건대, 이지함은 인간의 욕망을 부정적으로 보고 심성 수양을 통해 이것을 통제하려고 했던 율곡과 같은 정통 성리학자들과는 다르게 욕망을 인간 본연의 것으로 이해하고 긍정적으로 해석했다는 사실을 알 수 있다. 이렇듯 성리학에 종사하는 사대부를 도덕군자(道德君子)로 추앙하고 상업에 종사하는 상인이나 장사꾼을 물질적 이익만을 좇는 소인배 취급하던 당시의 사회 질서나 풍속에 정면으로 맞서며, 양반 사대부일지라도 나라를 부유하게 하고 백성을 이롭게 할 수 있다면 마땅히 재물(財物)과 재용(財用)에 힘쓰고 몸소 상업에 종사해야 한다고 주장한 독특한 철학의 소유자가 이지함이었다.

이러한 까닭에 이지함은 유학의 종조인 목은(牧隱) 이색의 6대손으로 양반 사대부 가운데에서도 손에 꼽을 만한 명문가의 출신이었지만 평생을 포의(布衣)로 지내며 성리학의 족쇄나 사회의 인습에 구속당하지 않는 자유분방한 삶을 살았다. 그러다가 1573년, 나이 57세 때 유일(遺逸)로 천거되고 다음해에 6품직을 제수받아 포천현감으로 나갔다. 이때 이지함은 포천현감으로 부임하며 임금에게 올린 상소문에서 그의 독창적인 사회 경제 사상이라고 할 수 있는 '본말상보론(本末相補論)'과 '삼대부고론(三大府庫論)'을 상세하게 밝히면서, 부국안민(富國安民)을 위해서는 농업뿐만 아니라 상공업과 광업을 적극 장려할 것을 건의했다. 명리(名利)나 현달(顯達) 따위에는 눈곱만큼도 관심이 없던 그가 뒤늦게 벼슬길에 나간 이유 역시 평생 자신이 추구한 사회 경제론과 정책의 시행을 임금에게 건의하고 목민관으로 직접 실천하기 위해서였다.

먼저 '본말상보론'은 본업(本業)인 농업과 말업(末業)인 상공업의 어느 한쪽도 폐지해서는 안 되고 오히려 말업으로 본업을 보완해야 한다는 주장이다.

> 대개 덕(德)이라는 것은 근본이라고 할 수 있고, 재물(財物)이라는 것은 말단이라고 할 수 있습니다. 그러나 근본과 말단은 어느 한쪽도 버릴 수 없는 것입니다. 근본으로 말단을 제어하고 말단으로 근본을 보충한 다음에야 사람

의 도리가 궁색하지 않게 됩니다. 재물을 생산하는 도리 역시 근본과 말단이 있습니다. 곡식을 생산하는 농업이 근본이라면 소금을 굽거나 철을 주조하는 일은 말단입니다. 그래서 근본인 농업으로 말단인 상공업을 제어하고 말업인 상공업으로 근본인 농업을 보충한 연후에야 모든 재용(財用)이 궁핍하지 않게 됩니다.

- 『토정유고(土亭遺稿)』, 「포천현에 부임할 때 올린 상소(莅抱川時上疏)」

'삼대부고론'은 상책(上策)을 도덕을 간직하는 창고이자 인심을 올바르게 하는 '도덕지부고(道德之府庫)'로, 중책(中策)을 시냇물이 바다로 흘러들어 대해를 이루듯이 어질고 현명한 인재들을 모아 적재적소에 배치해 능력을 발휘할 수 있도록 하는 '인재지부고(人才之府庫)'로, 하책(下策)을 땅과 바다를 이용해 온갖 재물을 생산하는 '백용지부고(百用之府庫)'로 본 것이다. 그리고 현실적으로 상책인 '도덕지부고'나 중책인 '인재지부고'는 열기 어렵다 하더라도 하책인 '백용지부고'는 임금과 사대부가 마음만 먹는다면 당장이라도 실시할 수 있다고 강조했다.

특히 '도덕지부고'나 '인재지부고'가 이전 시대나 당대의 여러 학자나 정치가들이 주장한 내용을 되풀이한 것에 불과한 반면 '백용지부고'는 이지함만의 독창적인 사회 경제 사상이었다. 다시 말해 '도덕지부고'나 '인재지부고'는 상소문의 격식에 맞추어 적은 내용이고 실제 이지함이 상소문을 통해 임금에게 적극 건의하고 싶었던 개혁 정책은 '백용지부고'였다고 하겠다. '백용지부고'가 비록 하책이지만 성인이 마땅히 행해야 할 권도(權道)라고 한 상소문의 내용만 보아도 이지함의 의도를 읽을 수 있다.

땅과 바다는 백 가지 재용을 간직하고 있는 창고입니다. 이것은 형이하(形以下)적인 것이지만 여기에 도움을 받지 않고서 능히 국가를 다스린 사람은 없습니다. 진실로 이것을 능숙하게 개발한다면 그 이로움과 혜택이 백성들에게 베풀어질 것입니다. 그러하니 어찌 그 끝이 있다고 하겠습니까? 만약 곡식을 생산하고 나무를 심는 일이 신실로 백성이 살아가는 근본이라면 또한 은(銀)은 가히 주조해야 하고, 옥(玉)은 가히 채굴해야 하고, 고기는 가히 잡아야 하고, 소금은 가히 구워야 합니다. 사사로이 경영하고 이익을 좋아하며 가득 찬 것을 탐하고 베푸는 것에 인색함은 비록 소인(小人)들이 기뻐하는 바이고 군자는 달갑게 여기지 않는 바이지만, 마땅히 취할 것을 취해 모든 백성을 구제하는 일 또한 바로 성인(聖人)이 행해야 할 권도(權道)입니다.

— 『토정유고』, 「포천현에 부임할 때 올린 상소」

1652년 이수경에 의해 편찬된 『토정유고』. 이지함의 다양한 글과 시가 실려 있다.

당시 이지함은 자신의 사회 경제 사상을 실행에 옮길 수 있는 구체적인 방법까지 제시했다. 주인 없는 섬인 전라도의 양초도와 황해도의 초도를 임시로 포천현에 소속시켜 관청과 민간이 협력하여 어업과 상업 활동을 시행한다면 나라의 재정을 풍족하게 하는 한편 백성의 삶을 풍요롭게 할 수 있다고 한 것이다.

> 어업(漁業)에 대해 말씀드리자면, 전라도 만경현(萬頃縣)에 양초도(洋草島)라고 부르는 섬이 있습니다. 관청도 개인도 소유하지 않은 섬입니다. 만약 이 섬을 잠시 포천현에 소속시켜 고기를 잡아 곡식과 거래한다면 몇 년 이내에 수천 섬의 곡식을 얻을 수 있습니다. 염업(鹽業)에 대해 말씀드리자면, 황해도 풍천부(豊川府)에 초도(椒島)라고 불리는 염전이 있습니다. 이곳 또한 관청도 개인도 소유한 적이 없습니다. 만약 이 섬을 잠시 포천현에 소속시켜 소금을 구워 곡식과 거래한다면 몇 년 안에 수천 섬의 곡식을 얻을 수 있습니다.
>
> – 『토정유고』, 「포천현에 부임할 때 올린 상소」

어업과 염업을 개발하고 상업 활동에 나서 백성의 가난을 구제할 수 있는 곡식을 마련하겠다는 이지함의 구체적인 정책을 확인할 수 있는 대목이다. 또한 이 내용을 보면, 이지함이 얼마나 조선의 바다 사정에 밝았는지를 알 수 있다. 삼면이 바다에 둘러싸여 있으면서도 외적의 침입에만 정신을 빼앗겨 바다를 감시하고 봉쇄할 줄만 알았지, 바다의 무궁무진한 재용(財用)을 전혀 활용할 줄 몰랐던 임금과 조정 그리고 사대부에게 경종을 울리는 상소문이었다. 바다에 대한 해박한 지식과 견문 그리고 그곳의 재용을 어떻게 활용해야 할 줄 알았던 이지함의 능력은 1578년, 그가 아산현감으로 재임할 때에도 유감없이 발휘되었다. 이와 관련해 야담으로 전해오는 이야기의 내력은 이렇다.

일찍이 아산현감으로 있을 때였다. 관례에 의해 충청감영에 소금을 조달하는 일은 아산현에서 담당했다. 담당 아전이 소금을 사자고 했으나 토정은 허락하지 않았다. 감영에 소금을 보내줄 기한이 거의 임박해서 토정은 관아에서 일하는 하인들을 동원하여 삽과 삼태기 등을 많이 지니게 하고 배를 띄워 남쪽을 향하여 갔다. 토정이 배의 키를 잡았는데, 배를 움직이는 법도가 있었다. 배가 나는 듯이 나아가더니 한 곳에 이르렀다. 그곳은 흰 산이 하늘에 닿을 듯하였다. 산 아래 배를 대놓고, 산 밑을 파보니 온 산이 모두 소금이었다. 그리하여 그 소금을 가득 싣고 돌아왔다.[11]

이러한 까닭에 이지함이 사망한 후 200여 년이 지난 정조 때, '양반 상인론'과 '해외 통상론'을 통해 부국 전략을 추구했던 박제가가 『북학의』에서 자신의 주장을 실천에 옮긴 역사적 모델로 제시한 유일한 인물이 다름 아닌 '이지함'이었다.

토정 이지함 선생이 일찍이 외국의 상선 여러 척과 통상하여 전라도의 가난을 구제하려고 한 적이 있다. 그분의 식견은 탁월하면서도 원대했다고 하겠다. 『시경(詩經)』에서는 이렇게 말했다. '내 옛사람을 그리워하네. 진실로 내 마음을 알고 있으니.'

　　　　　　　　　－『북학의』, 「강남의 절강성 상선과 통상하는 문제에 대한 논의」

11 신병주, 『이지함 평전』, 글항아리, 2008, 80쪽에서 재인용

이렇게 본다면, 상업과 경제 활동의 중심지였던 마포나루에 흙집을 짓고 거처하며 스스로를 '토정(土亭)'이라고 자처하면서 양반 사대부의 허울을 벗고 몸소 상인이 되어 나라의 부(富)를 늘리고 백성의 가난을 구제하는 데 힘썼던 이지함이야말로, 16세기에 이미 300년 이후 조선의 사대부가 어떻게 변신해야 개항과 근대화의 거센 물살 앞에서 생존할 수 있었는가를 보여준 선각자였다고 하겠다.

교산 허균과 죽도 정여립

만민평등과 천하공물을 부르짖은 두 혁명가

교산(蛟山) 이무기의 꿈

허균을 대표하는 호는 잘 알려져 있는 대로 '교산(蛟山)'이다. 교산이라는 호는 허균의 출생과 깊은 관련이 있다. 그가 태어난 강릉 외가의 뒷산 이름이 바로 교산이기 때문이다. 허균의 출생지는 강릉의 동해 바닷가 사천진(沙川津, 지금의 강원도 강릉시 사천면 사천진리)이다. 허균이 태어날 당시에는 사촌(沙村)이라고 불렀다. 오대산 줄기가 바다를 향해 이무기처럼 기어가는 듯한 형세를 취하고 있는 교산 아래에 자리한 허균의 외가 터는 예부터 삼신산(三神山, 금강산·지리산·한라산)과 더불어 조선 제일의 명산으로 손꼽힌 오대산의 정기를 이어받은 명당 중의 명당이라고 한다.

허균이 태어날 당시 교산 아래 외가 인근 마을에는 실화인지 설화인지 가늠하기 어려운 신이한 이야기 하나가 전해오고 있었다. 신유년

(辛酉年)인 1561년(명종 16) 어느 가을날, 이무기가 교산 아래에 있던 큰 바윗돌을 깨뜨리고 사라졌는데, 이때 두 동강 난 바위에 문처럼 구멍이 뚫려서 교문암(蛟門岩)이라고 부르게 되었다는 이야기였다.

허균은 이무기가 바위를 두 동강 내고 사라진 지 8년 뒤인 1569년(선조 2) 11월 3일, 세상에 나왔다. 어렸을 적 외갓집을 왕래할 때 허균은 분명 이 마을에 회자되는 '이무기 이야기'를 자주 전해 들었을 것이다. 이때 허균은 아마도 자신이 이야기 속 이무기의 정기를 받아 태어났다고 생각했지 않나 싶다. 이후 살펴보겠지만 허균의 삶을 추적하다 보면, 교산이라는 그의 호가 단순히 지명(地名)을 취한 것이 아니라 '이무기의 정기'를 뜻한다는 것을 어렵지 않게 확인할 수 있다. 자신이 이무기의 정기를 받아 태어났다는 허균의 생각은 먼저 그가 지은 「애일당기(愛日堂記)」를 통해 살펴볼 수 있다. 여기에서 허균은 자신이 태어난 강릉 외가의 집터를 아주 자세하게 묘사하고 있는데, 그 까닭은 이곳이 이무기의 정기와 전설이 서린 명당 중의 명당으로 특이하고 걸출한 인물이 많이 배출되었다는 사실을 밝히고 싶었기 때문이다.

> 강릉부(江陵府)에서 30리 정도 되는 곳에 사촌(沙村)이 있다. 동쪽으로는 큰 바다를 마주하고, 북쪽으로는 오대산·청학산·보현산 등 여러 산을 바라보고 있다. 큰 개울 한 줄기가 백병산에서 나와 촌락 가운데로 흘러든다. 이 개울을 빙 둘러서 거주하는 사람들이 위아래 수십 리에 걸쳐 거의 수백 가호(家戶)나 된다. 모두 양쪽 언덕에 기대어 있고 개울을 바라보며 문을 내었다. 개울 동쪽의 산은 북쪽으로부터 용처럼 꿈틀거리면서 내려오는데, 바닷가에 이르러 우뚝 솟아나와 사화산(沙火山)의 수(戍)자리가 되었다. 수자리 아래에는 예전에 큰 바위가 있었고, 개울이 무너졌을 때 그 밑바닥에 늙은 이무기가

엎드려 있었다. 가정(嘉靖) 신유년 가을, 늙은 이무기가 그 바위를 깨뜨리고 사라졌다. 두 동강이 난 바위에는 문처럼 구멍이 뚫려 있어서 후세 사람들이 교문암(蛟門岩)이라고 부르게 되었다.

여기에서 조금 남쪽으로 언덕 하나가 한가운데에 자리하고 있는데 쌍한정(雙閑亭)이라고 이름한다. 고을 사람인 박공달(朴公達)과 박수량(朴遂良)이 한가롭게 노닐던 곳이라고 해서 그렇게 부르게 되었다고 한다. 그 산수의 형세가 매우 울창하며 깊고 그윽해 기운이 일어나 용솟음치는 까닭에 그 가운데에서 특이한 인물이 많이 나왔다. …(중략)… 마침내 기록하여 후세 사람들에게 보이고자 한다.

– 허균, 『성소부부고(惺所覆瓿藁)』, 「애일당기」

허균의 나이 24세가 되는 1592년 임진왜란이 일어났다. 당시 허균은 어머니를 모시고 왜적을 피해 함경도로 갔다가 다시 북쪽에서부터

허균과 허난설헌이 나고 자란 강릉의 생가.

배를 타고 교산으로 들어왔다. 그리고 오랫동안 돌보지 않아 폐허나 다름없이 황량해진 외할아버지의 옛 집터인 애일당(愛日堂)을 깨끗이 청소하고 다시 일으켜 세운 후 거처로 삼았다. 마침내 오대산의 정기와 이무기의 정기가 합해 모인 바로 그 명당의 지맥(地脈)에 주인이 된 것이다. 아마도 교산을 뒷산 삼아 자리 잡은 애일당에서 허균은 장차 용이 되고자 한 '이무기의 꿈'을 꾸었으리라. 그 과정이 「애일당기」에 자세히 적혀 있다.

나의 외할아버지 참판공(參判公)께서는 바다에서 가장 가까운 땅을 골라 그 위에 당(堂)을 지었다. 새벽에 일어나서 창을 열어젖히면 일출(日出)을 볼 수 있었다. 참판공께서는 때마침 모친을 모시고 있었기 때문에 한편으로는 기쁘고 한편으로는 두려워하는 마음으로 이 당에 애일(愛日)이라고 편액(扁額)하였다. 황문(黃門) 오희맹(吳希孟)이 큰 액자를 써서 걸었고, 태사(太史) 공용경(龔用卿)이 시를 지어 읊었다. 잇달아 일시에 여러 명인(名人)들이 화답하지 않는 이가 없었다. 이로 말미암아 애일당은 강릉에서 명성을 떨쳤다.

임진년(壬辰年) 가을에 나는 어머니를 모시고 왜적을 피해 북쪽으로 갔다가 다시 배를 타고 교산에 정박하였다. 그리고 당(堂)을 청소하고 그곳에 거처하였다. 대개 외할아버지께서 세상을 떠나신 때로부터 지금까지 33년이 흘렀다. 뜰에는 풀을 제거하지 않아 버려진 들판처럼 덩굴이 엉키고 잡목들이 무성했고, 그물처럼 노송나무가 빽빽하게 자라나 있었다. 담은 허물어지거나 기울었고, 집은 장차 내려앉을 듯 보였고, 지붕은 벗겨져 있고 벽은 갈라져 있었다. 시가 적혀 있는 현판은 절반도 남아 있지 않고, 비가 새어 더럽혀진 들보와 서까래는 더러 썩은 것도 있었고, 창호와 지게문 역시 썩어서 허물어진 것이 있었다. 이 광경을 본 어머니는 통곡하며 울었다. 나는 하인들을 급하게 재촉하여 더러워진 곳은 쓸어내고 덩굴과 잡목들을 걷어내 말끔하게 청소한 다음 이곳에 거처하였다.

- 『성소부부고』, 「애일당기」

허균이 '교산'이라는 호를 처음 사용한 시기도 이 무렵부터였다. 허균이 호로 삼은 교산은 글자 뜻 그대로 '이무기 산'이다. 그렇다면 이무기를 자신의 호로 취한 허균의 뜻과 의도는 무엇이었을까? 허균은 자신을 용이 되고 싶지만 아직 용은 아닌 이무기라고 생각했다. 조선과 같은 왕조 체제에서 용은 제왕을 상징한다. 용과 관련한 모든 것은 제왕의 독점적 소유물이다. 만약 신하나 백성 된 자가 용과 관련한 무엇인가를 갖고 있거나 갖게 된다면, 그것이 물질적인 것이든 정신적인 것이든 상관없이 곧바로 반역자 혹은 역적의 신세를 면하기 어렵다. 그런데 상상 속에서건 아니면 현실에서건 세상에 존재하는 모든 동물 가운데 용이 될 수 있는 자격을 갖추고 있는 동물은 '이무기' 밖에 없다. 이무기는 잠재적인 용이다. 따라서 이무기로 자신의 뜻을 취했다는 것은 곧 장차 '용'이 되기를 꿈꾸고 있다는 얘기나 다름없다. 그리고 실제 허균은 용을 꿈꾸다가 역적으로 몰려 죽임을 당했다.

허균이 서얼을 비롯해 천한 신분의 사람들을 동원해 역성혁명(易姓革命)을 꾸몄다는 죄를 뒤집어쓴 채 역적으로 몰려 죽임을 당할 때 그와 관련된 주변 인물들을 심문한 기록을 보면, "허균이 스스로 왕이 되려고 했다."라는 증언이 나온다. 물론 이 증언의 진위(眞僞) 여부에 대해서는 논란이 있다. 필자는 이 말이 진실인지 거짓인지는 중요하지 않다고 생각한다. 그리고 필자는 허균이 스스로 왕이 되려고 했다고 생각한다. 그러나 그 왕은 당시 사람들이 생각했던 그런 왕은 아니었을 것이다. 그럼 허균이 생각한 왕이란 무엇이었을까? 그것은 신분 차별이 없고 만민이 평등한 나라에서, 그 백성들 위에 군림하는 제왕이 아니라 그들의 지지를 얻고 선택받아 나라를 다스리는 그 무엇인가였을 것이다. 제왕을 중심으로 양반 사대부가 권력을 독점하는 왕조 체제가 아닌 신분 차별이 없고 만민이 평등한 사회와 타고난 출신 배경이 아니라 각자의 재주와 능력에 따라 벼슬하고 출세하는 나라를 꿈꾸었던 허균의 생각을 단초나마 읽을 수 있는 글이 다름 아닌 「호민론(豪民論)」과 「유재론(遺才論)」이다.

먼저 허균은 「호민론」의 첫 구절에서부터 "천하에서 가장 두려워해야 할 존재는 오직 백성일 뿐이다."라고 선언했다. 이것은 유학의 민본(民本) 사상보다 진일보한 민권(民權)에 가까운 사상이라고 할 수 있다. 민본은 백성을 다스림의 대상으로 두고 그들을 위한 정치를 근본으로 삼아야 한다는 애민(愛民)과 위민(爲民)의 사상인데, 허균은 여기에서 더 나아가 '백성은 스스로의 힘으로 나라를 바꿀 수 있는 권리를 가지고 있다'고 볼 수 있는 입장을 피력하고 있기 때문이다. 전자의 정치사상에서 백성은 수동적·피동적 객체일 뿐이지만, 후자의 정치사상에서 백성은 능동적 주체가 된다. 어쨌든 「호민론」에서 허균은 백성을 항민(恒民)·원민(怨民)·호민(豪民)의 세 부류로 나누었는데, 이 가운데 호민(豪民)을 '시대적 변고를 만나면 자신들의 힘으로 세상을 바꾸려고 하는 존재'로 보았다.

천하에서 가장 두려워해야 할 존재는 오직 백성일 뿐이다. 백성은 물이나 불, 호랑이나 표범보다도 더 무서운 존재다. 그런데 위에 있는 사람들이 오히려 함부로 업신여기고 모질게 부려먹는데, 도대체 어떤 이유에서인가?

대개 얻거나 이룬 것만 즐거워하고, 눈앞에 보이는 것에 구속당하고, 순순히 법을 떠받들고, 위에 있는 사람들이 시키는 일이나 하는 백성을 '항상 같은 마음을 가지고 있다'고 해서 항민(恒民)이라고 한다. 항민(恒民)이란 두렵지 않은 존재다. 가혹하게 빼앗겨 살갗이 벗겨지고 골수가 부서지며 집안의 수입과 땅에서 나오는 곡식이 바닥을 드러내도 도대체 끝이 나지 않는 요구에 따라 갖다 바치느라 시름하고 탄식하면서 위에 있는 사람들을 미워하고 증오하는 백성을 '원망하는 마음을 가지고 있다'고 해서 원민(怨民)이라고 한다. 원민 역시 두려워할 필요가 없는 존재다. 자신의 종적을 푸줏간 속에 감추고 암암리에 다른 마음을 쌓고 천지간(天地間)을 흘겨보다가 다행히 시대적인 변고를 만나면 자신의 소원을 실현하려고 행동하는 백성을 '자신의 힘으로 세력을 일으키려고 한다'고 해서 '호민(豪民)'이라고 한다. 무릇 호민이란 가장 크게 두려워해야 할 존재다.

호민(豪民)은 나라의 틈을 엿보고 일의 기회를 살피다가 때가 되면 팔뚝을 걷어붙이고 밭두렁 위에서 한 차례 크게 소리를 지른다. 그러면 저 원민(怨民)들은 소리만 듣고도 모여들어 함께 도모하지 않았는데도 함께 소리를 외치게 된다. 저 항민(恒民)들 역시 살길을 찾느라 어쩔 수 없이 호미와 고무래와 창자루를 들고 따라와서 무도한 자들을 죽이기에 이른다.

중국 천하를 최초로 통일한 진(秦)나라의 멸망은 진승(陳勝)과 오광(吳廣) 때문이었다. 한(漢)나라의 혼란 또한 황건적(黃巾賊)에서 비롯되었다. 당(唐)나라가 쇠약해지자 왕선지(王仙芝)와 황소(黃巢)가 이 틈을 노려 일어섰고, 마침내 이로 인해 나라가 멸망하였다. 이러한 사변은 모두 백성을 괴롭히고 자기 배만 채운 죄과가 부른 재앙이다. 호민(豪民)은 바로 그와 같은 틈과 기회를 노려 자신의 뜻을 이루려고 한다.

무릇 하늘이 사목(司牧, 임금 혹은 관리)을 세운 이유는 백성을 잘 보살피라고 한 것이지, 어느 한 사람이 백성 위에 군림하며 방자하게 눈을 부릅뜨고 끝이 보이지 않는 골짜기 같은 욕심이나 채우게 하려고 한 것이 아니다. 그러므로 진(秦)나라와 한(漢)나라 이래로 호민(豪民)이 일어나 입은 화란(禍亂)은 당연한 일이지 불행한 일이 아니었다.

― 『성소부부고』, 「호민론」

진승과 오광, 황건적, 왕선지와 황소의 예까지 들면서, 이들 백성이 스스로의 힘으로 자신들을 괴롭히고 핍박한 나라와 제왕을 몰락하게 한 사건은 당연한 것이지 불행한 일이 아니라는 주장은 오늘날의 기준에서 보더라도 '밑으로부터의 민중 봉기나 혁명'을 부추기는 다분히 선동적인 언사가 아닐 수 없다. 또한 허균은 우리나라에서는 중국의 역사와는 다르게 호민들이 크게 힘을 일으키지 못한 것은 다행한 일이지만, 바로 그 이유 때문에 "위에 있는 사람들은 태평스럽게 여기고 백성을 두려워할 줄 모른다."라고 했다. 그러면서 당시 백성들이 겪고 있는 고통과 원망이 멸망 직전에 있던 고려 말엽보다 훨씬 심하다고 지적하면서, 만약 다시 "견훤(甄萱)과 궁예(弓裔) 같은 사람이 나와서 몽둥이를 휘두른다면, 고통 받고 원망하는 백성들이 들고 일어나 그들을 따르지 않으리라고 어떻게 보장할 수 있겠는가?"라고 경고했다. 「호민론」은 고통 받고 원망하는 백성이 없도록 정치를 해야 왕실과 사직 그리고 권력과 재물을 보존할 수 있을 것이라는 화법(話法)과 논법(論法)을 사용하고 있지만, 실제 글의 속뜻은 제왕이나 양반 사대부와 같은 지배 계층이 단지 백성에게 고통을 주고 핍박하는 존재에 불과하다면 호민이 스스로의 힘으로 나라를 바꾸고 윗자리에 있는 권력자들을 처단하는 것은 당연한 행동이지 반역이 아니라는 얘기나 다름없

허균의 사상이 오롯이 담겨 있는 저서 『성소부부고』. 1611년 허균이 직접 펴냈다.

었다. 맹자 이후 정도전에 이르기까지 한 왕조를 다른 왕조로 바꾸는 '역성혁명(易姓革命)'의 정당성을 주장하는 유학자는 많았다. 그러나 백성들이 스스로의 힘으로 나라를 바꾸는 일종의 '민중 혁명'의 정당성을 언급한 이는 찾아보기 어렵다. '호민론'의 정치 철학은 그만큼 급진적이다.

지금 우리나라는 그렇지 않다. 좁고 곤궁한 땅에 백성의 수도 얼마 되지 않는다. 또한 백성은 모두 나약하고 몹시 도량이 좁아 기절(奇節)이나 협기(俠氣)가 없다. 그러한 이유로 평소 비록 큰 인물이나 재능이 뛰어난 사람이 출현하여 세상을 다스린 일도 없었지만, 어지러운 시대를 만나도 호민(豪民)이나 사나운 병사들이 반란을 이끌고 앞장서서 나라의 우환(憂患)이 되는 자 또한 없었다. 그것은 다행이라고 하겠다.

비록 그렇다고 해도 지금의 시대는 고려 때와 같지 않다. 고려 때는 백성에게 세금을 부과하는데 한도가 있었고, 산천(山川)의 이익을 백성과 더불어 나누어 가졌다. 상업은 자유로이 통행되었고, 공인(工人)에게도 혜택이 돌아갔다. 또한 나라의 수입을 헤아려 지출을 하였으므로, 나라살림에는 여분의 저축이 있었다. 이에 갑작스럽게 큰 전쟁이 일어나고 국가 차원의 상사(喪事)가 발생해도 백성들에게 부과하는 세금을 증가하지 않았다. 고려 말기에 들어와서도 백성의 세 가지 어려움을 오히려 근심해주었다.

그런데 우리 조선은 그렇지 못하다. 얼마 되지 않고 변변하지도 못한 백성들에게 거둔 것으로 신(神)을 섬기고 위에 있는 사람들을 받드는 예절은 중국과 똑같이 하고 있다. 백성들이 5푼(分)의 세금을 내면 관청에 돌아오는 이익은 겨우 1푼(分) 남짓이고 그 나머지는 간사한 자들에게 어지러이 흩어져 버린다. 또한 관청의 창고에는 여분의 저축이 없어 일만 생겼다 하면 1년에 두 번씩이나 세금을 거두어들이고, 게다가 지방의 수령들은 이를 빙자하여 더욱 가혹하게 거두어들이는 데 그 탐욕이 끝이 없다. 그러한 이유로 백성의 시름과 원망이 고려 말기보다 더 심하다. 그러나 위에 있는 사람들은 태평스럽게 여기고 두려워할 줄 모르니, 우리나라에는 호민(豪民)이 없기 때문이라고 하겠다. 불행하게도 견훤(甄萱)과 궁예(弓裔) 같은 사람이 나와서 몽둥이를 휘두른다면, 고통 받고 원망하는 백성들이 들고 일어나 그들을 따르지 않으리라고 어떻게 보장할 수 있겠는가? …(중략)… 백성을 다스리는 사람들은 두려워해야 할 형세를 명확하게 알아서 다시 올바르게 바로잡고 고친다면 그런 대로 나라를 유지할 수는 있을 것이다.

-『성소부부고』, 「호민론」

「호민론」에서 백성은 스스로의 힘으로 나라를 바꿀 수도 있다는 민권(民權) 사상의 단초를 보여준 허균은, 「유재론(遺才論)」을 통해서는 모든 사람은 하늘로부터 같은 권리를 부여받아 태어났다는 '만민평등(萬民平等)의 사상'을 역설했다. 「유재론」에 따르면, 하늘은 사람을 세상에 내보낼 때 귀한 집안의 태생이라고 해서 재주를 넉넉하게 주고 미천한 집안의 태생이라고 해서 재주를 인색하게 주지는 않는다. 따라서 하늘이 평등하게 부여한 재주를 '문벌(門閥)로 단속하고 과거(科擧)로 제한하는 것'은 하늘이 사람에게 준 권리를 침해하는 불의(不義)한 일일 따름이다.

나라를 다스리는 사람은 하늘이 맡긴 직분을 임금과 더불어 행해야 하기 때문에 재능이 없으면 안 된다. 하늘이 재능이 있는 자를 세상에 보내는 것은 본래 한 시대의 쓰임을 위해서이다. 그래서 하늘이 사람을 세상에 내보낼 때 귀한 집안의 태생이라고 해서 재주를 넉넉하게 주고 미천한 집안의 태생이라고 해서 재주를 인색하게 주지는 않았다. 그러므로 옛날의 현철(賢哲)들은 분명하게 이러한 것을 알고 더러는 초야(草野)에서 재주 있는 사람을 구했고, 더러는 계급이 낮은 병졸 가운데에서 재주 있는 사람을 선발했고, 더러는 전쟁에서 패배해 항복한 적장(敵將)을 발탁했고, 더러는 도적의 무리 중에서 끌어올렸고, 더러는 창고를 지키는 하급 관리를 등용하기도 했다. 그렇게 등용한 사람은 모두 임무를 맡기기에 적당했고 또한 각자가 자신의 재능을 펼쳐 보였다. 나라가 큰 복을 받고 정치가 날로 융성해진 것은 이러한 방법을 사용했기 때문이다. 천하를 다스리는 큰 나라라도 오히려 그러한 재능 있는 자를 놓치게 될까 봐 염려하고 기대거나 앉거나 생각하거나 심지어 밥상 앞에서까지 탄식하였다. 그런데 어찌하여 산림과 초야에서 보배와 같은 뜻을 마음에 품고도 벼슬하지 않는 사람들이 그토록 흔하며, 영준(英俊)한 인재들이 하급 관료에 멈춰 끝내 자신의 포부를 시험할 기회조차 얻지 못하는 일이 또한 그토록 많은가! 진실로 인재를 모두 찾아내는 일은 어렵고, 등용하더라도 그 재능을 남김없이 쓸 수 있도록 하는 일 역시 어렵다.

우리나라는 땅이 좁아 인재가 드물게 나오기 때문에 예로부터 이를 근심으로 여겼다. 우리 조선에 들어와서는 인재를 등용하는 길이 더욱 좁아졌다. 대대로 벼슬하던 화려하고 명망 높은 집안 출신이 아니면 현달(顯達)한 벼슬에 오르지 못하고, 바위굴이나 초가집에 사는 선비는 비록 기이한 재주를 갖고 있다고 해도 억울하게 쓰이지 못한다. 과거에 급제한 신분이 아니면 높은 자리에 발도 디딜 수 없고 비록 덕업(德業)이 무성하게 드러난 사람이라고 할지라도 끝내 판서나 정승의 지위에 오르지 못한다. 하늘은 균등하게 재능을 부여했는데 문벌(門閥)로 단속하고 과거(科擧)로 제한하고 있으니, 항상 인재가 모자라다고 애태우는 것도 당연하다. 예로부터 지금까지는 시대가 멀고 오래되었다. 천하가 넓다고 해도 서얼(庶孼) 출신이라고 해서 어진 인재를 버리고, 어미가 개가(改嫁)했다고 해서 그 재능을 쓰지 않았다는 말은 들어보지 못했다. 그런데 우리나라는 그렇지 않다. 어미가 미천한 출신이거나 개가했다면 그 자손은 모두 벼슬길에 끼지도 못한다. 좁고 변변치 않은 나라로 양쪽의 오랑캐 사이에 끼여 있으니, 오히려 인재가 그 재주를 우리나라를 위해 쓰지 못할까 우려하고 걱정해도 나랏일을 제대로 예측할 수가 없다. 그런데 반대로 스스로 그 길을 막고서는 '인재가 없구나. 인재가 없어.'라고 탄식만 하고 있다.

-『성소부부고』, 「유재론」

이러한 허균의 주장과 논설은 서양의 '천부인권설(天賦人權說)'과 맥락을 같이 하는 만민평등의 사상이라고 하지 않을 수 없다. 필자는 허균이 교산이라는 호에 담은 '이무기의 꿈'이 바로 '호민론'과 '유재론'에서 보여준 민권과 만민평등의 사회 혹은 나라였다고 생각한다. 그것은 허균이 『홍길동전』을 통해 간접적으로나마 내비친 '신분 차별이 없고 만민이 평등한 새로운 나라', 즉 율도국을 통해서도 읽을 수 있다. 비록 거기에서 홍길동은 율도국의 왕이 되었다고 나오지만 분명 율도국은 하나의 성씨가 왕위를 세습하는 또 다른 왕조 체제나, 지배 계층과 피지배 계층이 자리만 바꾼 그런 나라는 아니었다. 또한 허균이 일

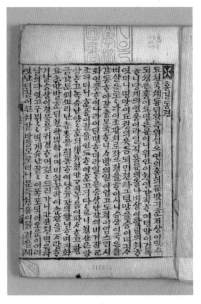

『홍길동전』의 첫 번째 장. 『홍길동전』은 광해군 때 허균이 지은 우리나라 최초의 한글 소설로, 소설의 주인공 길동이 백성을 이끌고 이상적인 왕국을 건설한다는 내용을 담고 있다. 허균은 광해군 때 반역죄로 능지처참되었다.

찍이 밝힌 대로, 그 나라의 백성들은 스스로의 힘으로 지배자나 지배 세력 혹은 지배 계층을 바꿀 수도 있는 그런 존재였으리라. 그리고 비록 왕이 존재한다고 할지라도, 그 나라는 왕의 권한보다 백성의 권한이 더 큰 나라였으리라. 그것은 허균이 이무기에서 용으로 환골탈태(換骨奪胎)하여 이루려고 했던 바로 그 꿈이었다.

대개 사람들은 허균의 비극적인 죽음에 빗대어 그를 '용이 되지 못한 이무기'라고 말한다. 그러나 필자는 그를 '용을 꿈꾼 이무기'라고 부르고 싶다. 전자가 실패한 인간으로 허균을 바라본다면, 후자는 더 나은 사회를 꿈꾼 사람으로 허균을 평가하기 때문이다. 모든 차별과 불평등을 없애고 만민이 평등한 사회를 만드는 것, 이러한 생각은 허균의

시대뿐만 아니라 신분 질서가 사라진 오늘날에도 여전히 유효한 정치적·경제적·사회적 가치이다. 정치적·경제적·사회적 차별과 불평등은 형태만 바뀌었을 뿐 여전히 우리 삶의 현실과 미래 모두를 위협하고 있기 때문이다. 따라서 지금도 용을 꿈꾸는 이무기, 곧 더 평등한 사회와 삶을 꿈꾸는 수많은 허균들이 끊임없이 나와야 한다. 이러한 이유 때문에라도 허균은 스스로의 힘으로 용이 되려고 하는 모든 피억압·피지배 계층의 영원한 아이콘일 수밖에 없다.

성소(惺所)·성옹(惺翁)·성성옹(惺惺翁) "세상 사람이 모두 잠들어도 홀로 깨어 있겠다!"

허균은 교산이라는 호 외에도 학산(鶴山), 백월거사(白月居士), 성소(惺所), 성옹(惺翁), 성성옹(惺惺翁) 등 다양한 호를 사용했다. 그런데 이들 호를 살펴보면, 허균이 유독 '성(惺)'이라는 글자를 매우 좋아했다는 사실을 알 수 있다. 실제 허균은 1611년(광해군 3) 나이 43세에 전라도 함열에서 유배 생활을 할 때 자신의 시문(詩文)이나 각종 논설과 비평 및 기록 등을 모아 엮은 문집의 이름을 『성소부부고(惺所覆瓿藁)』라고 붙였다. 『성소부부고』는 7년 후(1618년) 그가 역적으로 몰려 잡혀가기 직전 이미 죽음을 예감한 바로 그 순간에도 혹시 의금부에 압수당해 유실될 것을 두려워해 다른 무엇보다도 먼저 은밀하게 출가한 딸의 집으로 보낼 만큼 아꼈던 문집이었다. 자신의 삶의 흔적과 사상 편린이 모두 담긴 문집의 제목으로 삼았을 정도로, 허균에게 '성(惺)'이라는 한 글자는 각별하고도 중요한 의미를 갖고 있었다. 허균이 중년 무렵 스스로를 관찰하고 성찰한 자전적 기록이라고 할 수 있는 글의 제목 역시 '교산송(蛟山頌)'이 아닌 '성옹송(惺翁頌)'이었다.

성옹(惺翁)은 어떤 사람인가

감히 그 덕(德)을 기리네

그의 덕(德)이 어떠한가 하면

어리석고 무식하기 그지없네

무식하다 못해 못나기까지 하네

어리석다 못해 미련하기까지 하네

미련하고 또한 볼품없으니

무엇을 내세워 공(功)으로 삼을까

어리석은즉 조급하지 않고

미련한즉 화를 내지 않네

화를 내지 않고 조급하지 않으니

겉모양은 꾸물꾸물하네

온 세상 사람이 일어나 분주하게 쫓아다니지만

성옹(惺翁)은 따르지 않네

다른 사람은 고통으로 여기는 것을

성옹(惺翁)은 홀로 즐거워하네

마음은 편안하고 정신은 맑아서

미련하고 볼품없지만

정신은 모여 기운이 넘치네

어리석고 무식한 까닭에

형벌을 만나도 두려움이 없고

좌천을 당해도 슬퍼하지 않네

비방하든 매도하든 내버려두고

기뻐하고 즐거워하네

스스로 송(頌)을 짓지 않으면

누가 있어 너를 기릴 것인가

성옹(惺翁)이 누구인가

바로 허균(許筠) 단보(端甫)이네

－『성소부부고』, 「성옹송」

    허균은 화담(花潭) 서경덕의 수제자나 다름없었던 초당(草堂) 허엽의 막내아들로 태어났다. 서경덕의 학풍 탓인지는 몰라도 허엽의 집안은 당시 양반 사대부가에서는 유례를 찾아볼 수 없을 정도로 자유롭고 개방적인 가풍을 띠고 있었다. 허균의 둘째 형 허봉은 서얼 출신인 손곡(蓀谷) 이달과 절친한 사이로 지냈으며, 허균과 허난설헌은 이달을 스승으로 삼을 만큼 가문이나 신분에 구애받지 않았다. 또한 여성에게는 글을 가르치지 않았던 사대부가의 관례를 깨고 딸인 허난설헌이 자유롭게 시문을 짓고 유학을 공부할 수 있도록 도왔다. 이러한 사실만으로도, 허균의 집안이 얼마나 신분이나 성별에 따른 사회적 차별로부터 자유로운 개방적이고 진보적인 가풍을 지니고 있었는지 알 수 있다.

    독특하고도 남다른 가풍 속에서 성장한 탓에 허균은 장성하면서 유학이나 성리학 이외에도 불교·도교·노장(老莊) 사상을 두루 섭렵했다. 더욱이 그것으로도 못자라 마치 유가의 예법과 질서에 도전이라도 하는 듯 공공연하게 불가나 도가의 학설을 설파하고 그곳의 논리에 따라 파격적이고 기이한 행동을 일삼았다. 성리학을 이념으로 삼고 숭유억불(崇儒抑佛)을 삶의 지침으로 삼았던 사대부가의 예법을 깨고 '참선하고 부처에게 절하는 일'을 예사로 여겼고 승려들과 교류하는 일을 부끄러워하지 않았다. 더욱이 명나라에 갔을 때 접한 서학(西學)과 천주교에 관심을 갖고 조선에 도입했을 뿐만 아니라 유학사상 최대의 이단자로 지목당한 이탁오의 사상에도 심취했다. 유몽인은 『어우야담』에서 허균이 최초로 "명나라에 갔다가 천주교 선교사들의 지도와 게(偈, 가톨릭교회의 기도문) 12장을 가지고 왔다."라고 했고, 허균이 직접 엮은 『한정록(閑情錄)』에는 이단 서적이라고 하여 금서(禁書)로 엄격하게 다루어진 이탁오의 『분서(焚書)』가 등장한다.

허균의 자유롭고 개방적인 삶과 기이하고 파격적인 행동은 당연히 오직 성리학만이 정학(正學)이라는 미혹에 빠져 있던 당시 식자(識者)들로부터 온갖 비난과 비방을 샀다. 홍문관의 관원들은 임금에게 보낸 상소문에서 "천생일괴물허균(天生一怪物許筠)" 즉 '하늘이 보낸 하나의 괴물이 허균'이라거나 "균일생소위 만악구비(筠一生所爲 萬惡俱備)" 곧 '허균이 일생 동안 한 일이란 만 가지 악(惡)을 모두 갖춘 것'일 따름이라는 저주에 가까운 말을 적었다. 허균이 죽고 난 후 간행된 실록인 『광해군일기(光海君日記)』의 편찬자나 사관들은 허균을 가리켜 "글 쓰는 재주가 매우 뛰어나서 붓을 들면 수천 마디의 말을 써 내렸다. 그러나 허위로 꾸민 책을 짓는 것을 좋아하여 산수(山水)나 도참설(圖讖說)과 선가(仙家)나 불가(佛家)의 기이한 행적에서부터 모든 것을 거짓으로 지어냈다. 그 글이 평소 때 지은 것보다 뛰어났기 때문에 사람들이 진실인지 거짓인지 제대로 분별하지 못했다(광해군 6년(1614년) 10월 10일)."라는 혹평을 남기기까지 했다.

어쨌든 '성(惺)'이란 한 글자는 세상의 비난과 비방, 모욕과 지주 따위는 아랑곳하지 않은 채 평생토록 자유분방하고 개방적이며 진보적인 삶을 추구했던 허균이 사상적 편력 와중에 자득(自得)한 것이라고 할 수 있다. '성(惺)'이란 유가의 개념이기도 하지만 불가에 더 가까운 개념이다. 여기에서 '성(惺)'은 '고요하되 마음이 잠들지 않고 깨어 있는 것' 혹은 '고요하면서도 마음이 맑게 깨어 있는 상태'를 의미한다. 다시 말해, '성(惺)'은 깨어 있는 삶을 뜻한다.

또한 '성(惺)'이라는 글자에는 무엇인가를 맹목적으로 추종하지 않는다는 뜻과 함께 무엇인가에 미혹당하지 않는다는 의미가 담겨 있다. 즉 거기에는 성리학이든 혹은 불교이든 혹은 도교이든 혹은 천주교이든 혹은 양명학이든 그 어떤 학문과 사상도 절대적인 것으로 숭배하지 않는다는 뜻이 새겨져 있다. 진리나 천하의 이치라는 것은 특정 학문이나 사상의 전유물이 아니기 때문이다.

'성(惺)'과 비슷한 뜻을 가진 한자로는 '각(覺)' 자가 있다. '깨어 있다는 것'과 '깨닫다는 것'은 일맥상통하기 때문이다. 허균은 '성(惺)' 한 글자로는 모자랐는지 성옹(惺翁)이나 성소(惺所)가 아닌 '성성옹(惺惺翁)'이라 자신을 밝히고 지은 「각헌명(覺軒銘)」에서 깨어 있는 삶과 깨닫는 삶의 본질이 같다는 사실을 이렇게 적어놓았다.

여기에서 허균은 깨닫다는 것은 유학의 성인(聖人)도, 불교의 부처도, 도가의 신선도 아닌 오직 사람의 본성에 있을 뿐이라고 주창한다. 「호민론」에서 백성들이 스스로의 힘으로 권력을 얻고 나라를 만들 수 있다고 했듯이, 사람은 오직 태어날 때부터 누구나 간직하고 있는 본성의 힘으로 깨어 있는 삶과 깨달음의 경지에 도달할 수 있다는 논리다.

사람이란 오직 하나의 각성(覺性)일 뿐이다. 각(覺)이라는 한 글자로 의심과 감정을 끊을 수 있고, 사악(邪惡)과 망념(妄念)을 제거할 수 있고, 뒤죽박죽 뒤섞여 어지러운 것을 한가지로 가지런하게 할 수 있고, 진상(眞常)을 회복할 수 있다. 사람이 진실로 기개와 도량이 맑고 깨끗해 심신(心神)이 탁 트여 밝다면, 사악한 기운이 어느 곳으로 따라 들어오겠는가. 오직 그 어두움과 혼란스러움이 저절로 생겨나 견해(見解)를 전도(顚倒)시키기 때문에 바깥으로부터 사악하고 부정한 기운이 이 틈을 타고 침입하게 된다고 한다. 그러나 바깥의 사악하고 부정한 기운 또한 나의 견해가 전도된 것에 불과할 뿐 바깥으로부터 들어온 것은 아니다. 내 안에서 스스로 바르지 못하기 때문에 외사(外邪)라고 하고, 내 마음에 주장하는 것이 없기 때문에 객기(客氣)라고 한다. 마땅히 각성(覺性)이라는 것은 쉽게 흐려진다는 사실을 알아야 한다. 오로지 정성을 다해 길러야 밝아지고, 안정을 다해 유지해야만 맑아진다. 맑음과 밝음이 극한에 도달해야 가히 도(道)를 이룰 수 있다. 공경을 다해 신(神)을 섬기는 것은 오히려 그 타고난 본성(本性)을 섬기는 것만 못하다. 성성옹(惺惺翁)이 이와 같은 말에 가슴으로 감복하기 때문에 집의 이름을 '각헌(覺軒)'이라고 하였다. 이로 말미암아 명(銘)을 적는다.

'사람에게는 본성(本性)이 있어서/깨달으면 어둡지 않네/깨닫지 못한 사람은/물욕(物欲)이 어지러이 뒤섞여서/거울을 덮은 먼지와 같네/먼지를 털고 닦으면 맑아지듯/깨달은 다음에는 본성이 온전하네/크고 밝은 거울처럼/밖으로는 망령됨과 사악함을 막고/안으로는 맑음과 밝음을 보존하네/공경으로 행하고 정성으로 행하니/이 깨달음은 신선(神仙)도 아니고/이 깨달음은 부처도 아니며/이 깨달음은 또한 성인(聖人)도 아니고/오로지 마음이 본성과 마주 대하네'

- 『성소부부고』, 「각헌명」

그렇다면 허균은 왜 이토록 '깨어 있는 삶'과 '깨닫는 삶'을 중요하게 생각했던 것일까? 허균은 신분 차별이 사라진 만민이 평등한 사회를 꿈꾸었지만, 현실에서는 수만 겹의 신분 장벽과 신분 차별이 둘러쳐진 사회에서 살았다. 또한 성리학만이 정학(正學)이라고 여긴 이념적 구속과 사상적 통제 속에서 생활했다. 그곳은 숨을 쉬고 말을 하고 밥을 먹는 일상의 한순간까지도 신분 질서에 따른 예법과 행동과 규범이 옥죄는 사회였고, 책을 읽고 글을 쓰는 순간마다 성리학의 잣대로 검열하고 규제하던 시대였다. 그러한 사회와 시대를 살면서 허균이 자신의 꿈과 뜻을 지킬 수 있는 방법은 다름 아닌 '깨어 있는 것'과 '깨닫는 것' 그 이상도 이하도 아니었다. 깨어있지 않고 깨닫지 못하는 그 순간 허균은 양반 사대부 중에서도 단 1퍼센트 특권 계층에 속하는 명문가의 자제요 왕조 체제에 굴종하는 하나의 벼슬아치에 불과했고, 성리학만을 유일한 학문이자 진리로 숭배하던 그 시대의 그저 그런 보통의 지식인일 뿐이었다.

▎죽도(竹島) 죽도에서 '천하공물(天下公物)'을 외치다

대부분의 사람들은 왕조 체제의 전복을 꿈꾼 조선사 최초의 인물이 허균이라고 알고 있지만, 사실 허균이 죽음을 맞은 1618년보다 30여 년이나 이른 1580년대에 이미 '천하(天下)는 공물(公物)이므로 따로 주인이 있는 것이 아니다!'라고 외치면서 왕정(王政)을 부정한 사람이 있었다. 원로 정치학자인 신복룡 교수는 그를 가리켜 '우리나라 최초의 공화주의자'라고 했고, 재야 역사학자인 신정일 씨는 "영국의 올리버

크롬웰(Oliver Cromwell, 1599~1658)보다 50년 앞선 최초의 공화주의자"라고까지 평가했다. 이 사람은 바로 죽도(竹島)라고 자호했던 정여립이다.

정여립은 1544년(중종 39), 전라도 전주 남문 밖에서 태어났다고 한다. 나이 27세가 되는 1570년(선조 3) 대과(大科)인 식년문과(式年文科) 을과에 급제해 벼슬길에 나섰다. 또한 이 무렵 경기도 파주에 머물며 강학하던 율곡 이이와 우계 성혼의 문하에 들어갔다. 일찍부터 유학의 경서(經書)는 물론이고 제자백가서에 두루 통달했던 정여립은 대단히 명석한 두뇌의 소유자로 변론(辯論)에 능숙하고 박학다식해서 율곡과 우계의 신망을 얻었고 정치적 후원까지 받았다. 정여립의 앞날에는 정치적 출세 가도가 활짝 열려 있었다. 그러나 나라와 백성보다는 자신들의 당파를 더 중시하는 서인(西人)의 파당적 행태에 비판적이었던 정여립은 율곡이 사망한 후 서인을 떠나 동인(東人)이 되었고, 이듬해인 1585년(선조 18) 4월 경연(經筵) 석상에서는 한때 스승으로 모셨던 율곡과 우계를 공개적으로 비판했다. 이로 인해 조정과 사림 안에서 큰 논란이 일어났고, 선조가 나서 정여립을 크게 질책하자 미련 없이 벼슬을 버리고 낙향해버렸다.

낙향한 정여립은 고향집과 가까운 진안의 죽도(竹島)에 서실을 짓고 전국 각지에서 그의 명성을 따라 찾아온 사람들을 만났다. 또한 스스로 '죽도'라는 호를 썼기 때문에, 이때부터 제자들은 물론 호남 일대의 남녀노소가 모두 그를 '죽도선생(竹島先生)'이라고 불렀다고 한다. 죽도는 '육지 속의 섬'이다. 금강 상류의 두 물줄기가 만나 사방을 에워싸고 흐르기 때문에 마치 섬처럼 보인다. 죽도 앞에 자리한 천반산에 올라 내려다본 죽도의 모습은 절경 중의 절경이다. 또한 이곳에는 산

전북 진안에 위치한 죽도를 천반산에서 바라본 모습이다.

죽(山竹)이 무성하게 자라서 한겨울에도 하얀 눈 사이로 맑고 깨끗한 대나무 잎이 보인다고 한다. 죽도(竹島)라는 이름은 이러한 까닭에 붙여진 것이다. 눈보라 몰아치는 혹독한 겨울에 오히려 더욱 푸르른 기운을 발산하는 것이 '대나무'다. 아마도 벼슬을 버리고 낙향한 이후 정여립은 부러질망정 결코 굽히지 않는 자신의 기개와 기상을 대나무를 통해 드러내고 싶었기 때문에 더욱 죽도라고 자호했던 듯하다.

죽도를 주요 무대로 삼아 활동한 정여립은 단순히 학문을 닦고 제자들에게 강론하는 일보다는 일종의 사회 조직인 '대동계(大同契)'를 조직하고 훈련시키는 데 더 힘을 쏟았다. 그런데 그가 조직한 대동계는 당시 조선 사회를 지배하고 있던 신분 질서와 장벽을 깨뜨리는 매우 파격적인 형태를 띠고 있었다. 여기에는 양반 사대부와 사림의 선비는 물론 서얼, 무사, 무뢰배, 노비, 승려, 도사, 산적들까지 참여했다. 정여립의 대동계는 당시 재지사림들이 성리학의 이념과 풍속을 확산시키기 위해 지방에 구성한 '향약(鄕約)'과 같은 향촌 사회 조직들과는 근본적으로 달랐다. 대동계는 왕조 체제와 양반 사대부 중심의 신분 질서와 통치 때문에 굴곡진 삶을 살아야 했던 다양한 부류의 피지배 계층이 다수 참여하는 독특한 성격을 띠고 있었기 때문이다. '대동(大同)'이라는 조직의 명칭 자체가 이미 어떤 신분 차별이나 사회적 불평등도 용인하지 않겠다는 '만민평등의 사상'을 담고 있었다. 대동(大同)이라는 용어는 『예기(禮記)』「예운(禮運)」편에 나오는데, 많은 인문학자들은 (비록 유가의 경전에 실려 있지만) 이것을 유가의 인물이 아니라 춘추 전국 시대에 만민평등과 반전(反戰) 사상을 설파했던 묵가(墨家)의 창시자인 묵자(墨子)의 학설이라고 보고 있다.

큰 도(道)가 행해지니 천하는 공민(公民)의 것이 된다. 현명하고 유능한 자를 선출하여 이 믿음을 이루고 화목으로 다스린다. 이러한 까닭에 백성들은 자신의 부모만을 돌보지 않고 자신의 자식만을 사랑하지 않는다. 늙은이는 제 수명을 누리고, 젊은이는 자신의 재능을 마음껏 펼치고, 어린아이는 잘 자라날 수 있다. 홀아비, 과부, 고아, 외로운 장애자와 병자들 또한 모두 부양을 받는다. 남자들은 모두 각자의 재주와 능력에 따른 직분(職分)이 있고, 여자들은 모두 시집을 갈 수 있다. 재물이 땅에 버려지는 것을 싫어하지만, 반드시 자신만의 소유로 저장하지 않는다. 자신의 몸으로 일하지 않는 것을 미워하지만, 반드시 자기만을 위하여 일하지 않는다. 이러한 까닭에 몰래 모의하거나 어울리지 않으니, 도둑이나 난적(亂賊)이 생겨나지 않는다. 그러므로 문을 닫지 않고도 살 수 있다. 이것을 '대동(大同)'이라고 말한다.

여하튼 신분 차별이 없는 만민평등 사상에 의거해 조직된 정여립의 대동계는 호남 일대의 백성들로부터 절대적인 신뢰와 지지를 얻었다고 한다. 특히 대동계는 당시 전라도 해안 지역을 침탈해 백성들을 괴롭히고 살육했던 왜구(倭寇)들에 대한 무력행사까지 주저하지 않았기 때문에 정여립에 대한 신망과 존경심은 더욱 커질 수밖에 없었다. 더욱이 정여립은 '대동계'의 조직을 호남 주변 지역으로 제한하지 않았다. 그는 황해도 안악의 변숭복, 해주의 지함두, 운봉의 승려 의연 등을 대동계로 끌어들여 전국적인 규모의 세력을 갖추었다. 특히 그는 매월 15일에 대동계의 구성원들을 한자리에 모아 활쏘기·말 타기·칼쓰기 등 무술을 연마하는 한편 자신의 급진적인 사상을 강론했다고 한다. 당시 정여립이 대동계의 구성원들에게 강론한 급진 사상은 크게 두 가지로 요약할 수 있다. 그 하나가 "천하는 모든 사람의 소유물이므로 일정한 주인(임금)이 있을 수 없다"는 '천하공물설(天下公物說)'이다. 이에 대한 기록이 『선조수정실록』 22년(1589년) 10월 1일자 기사에 이렇게 실려 있다.

> 사마광은 『자치통감(資治通鑑)』에서 (유비가 세운 촉(蜀)나라가 아닌) 위(魏)나라를 정통으로 해 기년(紀年)을 삼았다. 이것이 바로 직필(直筆)이다. 그런데 주자(朱子)는 그것이 잘못되었다고 비난했다. 대현(大賢)의 견해라는 게 각자 이렇게 다르다. 천하는 공물(公物)인데 어찌 정해진 주인이 있겠는가. 요(堯)임금, 순(舜)임금, 우왕(禹王)은 서로 임금 자리를 전했는데, 이들은 성인이 아닌가?

여기에서 정여립은 비록 왕의 존재를 빌어서 누구나 임금이 될 수 있다고 했지만, 이것은 앞서 허균의 사상에서도 찾아볼 수 있었듯이 단지 하나의 왕을 다른 왕으로 바꾸는 '반정(反正)'이나 혹은 하나의 왕조를 다른 왕조로 교체하는 '역성혁명(易姓革命)'보다 더 급진적인 입장을 피력한 것으로 보아야 한다. 천하는 누군가 사적으로 독점할 수 있는 것이 아닌 공적인 것, 즉 제왕이나 양반 사대부의 소유물이 아닌 공민(公民, 백성)의 것이라고 주장하고 있기 때문이다. 따라서 백성이 천하를 차지하는 것은 본래의 주인이 자신의 것을 찾는 것일 뿐 역모나 반역이 아니다. 정여립이 강론한 또 하나의 급진 사상 역시 『선조수정실록』 22년 10월 1일자 기사에 나와 있다. 그것은 "누구를 섬긴들 임금이 아니겠느냐?"라는 이른바 '하사비군론(何事非君論)'이다.

> 두 임금을 섬기지 않는다는 말은 왕촉(王蠋)이 죽을 때 일시적으로 한 말이지 성현(聖賢)의 공통된 의견은 아니다. 유하혜(柳下惠)는 '누구를 섬긴들 임금이 아니겠느냐?'라고 했다. 맹자(孟子)는 제(齊)나라 선왕(宣王)과 양(梁)나라 혜왕(惠王)에게 왕도(王道)를 행하라고 권유하였다. 유하혜와 맹자는 성현이 아닌가.

여기에서 정여립은 앞선 주장보다 더 직접적이고 구체적인 언사로 조선이라는 왕조 국가를 부정한다. 어쨌건 정여립이 대동계의 구성원들에게 강론한 '천하공물설(天下公物說)'과 '하사비군론(何事非君論)'은 모두 조선의 지배 체제를 전면적으로 거부하는 혁명적인 발상이었다. 그가 신분의 장벽과 질서를 허물고 파괴하는 형태와 방식으로 대동계를 조직할 수 있었던 이유 역시 천하는 '왕과 양반 사대부의 사적 소유물'이 아닌 '만백성의 공적 소유물'이라는 급진 사상이 깔려 있었기 때문이다.

정여립이 대동계를 만들고 활동한 모악산의 모습. 조선 후기 동학 농민 운동을 이끈 전봉준과
증산교를 창시한 강증산 역시 모악산을 무대로 활동했다.

　정여립이 언제부터 이러한 생각을 갖고 있었는지는 알 방법이 없다.
조선 최대 역모 사건의 주범으로 몰려 죽었기 때문인지, 그의 글과 기
록은 물론 그와 관련한 정보 또한 정확하게 전해지는 것이 없기 때문
이다. 아마도 조정에서 벼슬살이를 했을 때부터 정여립이 이러한 생
각을 했을 수도 있다. 그러나 그보다는 정여립이 벼슬을 버리고 낙향
해 죽도를 본거지로 삼고 '죽도'라고 자호했던 시기를 전후해 자신의
사상을 세우고 그에 따라 대동계를 조직했다고 보는 것이 더 타당하
다. 여하튼 정여립은 허균보다 수십 년이나 앞서 왕조 체제의 전복을
꿈꾼 최초의 양반 사대부 출신 혁명가였다.
　그러나 대동계를 통해 자신의 정치적 신념과 이상을 현실화하려고
했던 정여립의 야심 찬 구상은 1589년(선조 22) 10월 '전주의 정여립이
반란을 모의하고 있다'는 황해감사 한준의 비밀장계가 조정에 접수되
고 토벌군이 급파되면서 처참하게 무너지고 만다. 황해도의 변숭복으

로부터 조정에서 토벌군을 파견했다는 소식을 전해들은 정여립은 형세의 불리함을 직감하고 곧바로 아들 정옥남, 박춘룡 등과 함께 죽도로 몸을 피했다. 그러나 토벌군이 죽도를 덮치자 정여립은 잡혀서 심한 고문을 받을 경우 동지들을 발설할까 봐, 먼저 변승복을 죽이고 다시 정옥남과 박춘룡을 죽이려고 하다 실패하자 자결하였다. 당시 상황은 『선조수정실록』 22년 10월 기사에 자세하게 소개되어 있다. 단 이 기록은 정여립을 스승을 배반한 패륜아이자 임금에게 불충한 역적으로 여긴 서인이 남긴 글이라는 점을 고려하고 읽어야 할 것이다. 정여립이 실제 어떻게 죽었는가에 대해서는 논란의 소지가 있다는 얘기다.

> 정여립이 도망하여 진안(鎭安)의 산골짜기에 숨어 있었다. (진안 죽도(竹島)에 정여립의 서사(書舍)가 있었다. 이러한 까닭에 그 근처에 몸을 숨긴 것이다.) 현감 민인백이 죽도를 샅샅이 뒤져서 찾아내 토벌했다. 정여립이 아들 정옥남 등 세 사람과 더불어 밭과 풀더미 속에 몸을 숨기고 있었다. 관군이 다가와 그들을 포위하자, 형세가 다한 것을 안 정여립은 칼로 먼저 변승복을 베고 다음에 정옥남을 베었다. 그런데 정옥남이 칼을 피해 죽지 못했다. 정여립은 즉시 칼을 땅에 거꾸로 꽂고 목을 늘여 찔러 죽었다. 그 소리가 마치 소가 울부짖는 듯했다. 민인백이 산 채로 잡으려고 군사들에게 핍박하지 못하게 하고 정여립의 자(字)를 부르며 '대보(大甫)! 내 말을 들어라. 조정에서 대보가 다른 마음이 없다는 것을 알고 있을 테니, 어명에 따라 나아가 스스로 변명하라.'라고 말하였다. 그러나 정여립은 응답하지 않고 이내 죽었다.

더 이상 자신의 뜻을 펼칠 방법이 없다는 사실을 깨달은 정여립은 토벌군의 '항복하면 살려줄 수도 있다'는 설득과 회유에 일체 반응하지 않고, 자신이 호로 삼았던 죽도의 대나무에 부끄럽지 않게 조금의 주저함도 없이 스스로 목숨을 끊었던 것이다. 이렇게 해서 왕조 체제와 신분 질서를 뒤엎고 만민이 평등한 대동(大同) 세상을 열려고 했던 정여립의 혁명적 사상은 물거품이 되어 사라지고 만다.

역모나 모반 사건에 무척이나 예민했던 선조는 정여립의 죽음 이후에도 피의 살육전을 멈추지 않았다. 그는 송강 정철을 필두로 서인 당파를 앞세워 정여립과 조금이라도 관련이 있는 사람들은 무조건 잡아들여 고문하고 처형했다. 서인 세력 역시 이 사건을 기회 삼아 자신들의 정치적 반대파인 동인을 대대적으로 탄압했다. 이로 인해 당시 '정여립 모반 사건'에 연루되어 처형당한 사람의 숫자가 1천여 명에 달했다고 한다. 정여립의 모반과 이 사건이 일으킨 여파는 곧 조선의 왕조와 양반 중심의 지배 체제가 근본적으로 위기에 이르렀다는 경고이자 가르침이었다.

제
13
장

고산 윤선도와 공재 윤두서
땅끝 마을 해남에서 꽃피운 예술혼

▌고산(孤山) '외롭게 홀로 서 있는 산'과 같은 삶

'사림의 전성시대'였던 16세기에 영남사림이 도학(道學, 성리학) 연구에
힘을 쏟았던 반면 호남사림은 문학 방면에서 큰 재능을 발휘했던 사
실은 앞서 '면앙정(俛仰亭) 송순과 송강(松江) 정철' 편에서 언급했다.
그런데 17세기에 들어와 또 한 명의 걸출한 스타 시인을 배출하면서
호남사림은 문학 분야에서 독보적인 존재감을 과시한다. 이 걸출한
스타 시인은 다름 아닌 고산(孤山) 윤선도이다.

　고전 평론가 고미숙 씨는 김소월과 윤동주에 견줄 만한 옛 시인으로
는 송강 정철과 고산 윤도선만 꼽을 수 있다면서, 이 두 사람을 한문
(漢文)이 '보편 문자'였던 시대에 우리말의 아름다움을 빛낸 '언어의 연
금술사'라고 칭송했다. 여기에다가 윤선도를 특별히 '자연미의 시인'
이라고 했는데, 그 까닭은 윤선도의 작품들이 주로 자연의 아름다움

을 노래했다는 것과 더불어 그 언어와 리듬이 지극히 부드럽고 서정적이기 때문이라고 밝히고 있다.[12] 게다가 윤선도는 사대부의 주류 문화였던 한시(漢詩)에 비해 홀대당하고 있던 시조에 우리말의 감성과 서정성의 숨결을 불어넣어 미학(美學)의 수준으로 끌어올린 유일무이한 시인이었다.

시인으로서 윤선도는 '최고'였지만, 그의 삶은 고산(孤山)이라는 호처럼 외롭고 고독했다. 필자는 호와 관련한 옛사람들의 자취와 행적을 탐구하면서, 호와 그 사람의 삶이 많이 닮아 있다는 사실을 자주 깨닫곤 한다. 그렇지만 윤선도처럼 자신의 호와 삶이 닮아 있는 사람은 찾기 어려웠다. 먼저 윤선도하면 떠오르는 고산이라는 호의 유래부터 알아보자.

현재 윤선도와 관련된 유적과 유물은 대부분 전남 해남과 그 주변 보길도에 남아 있지만, 사실 그는 한양 연화방(蓮花坊, 지금의 종로구 연지동)에서 태어났다. 그가 한양과 멀리 떨어져 있는 땅끝 마을 해남과 떼려야 뗄 수 없는 관계를 맺은 시기는 나이 8세 때인 1594년(선조 27), 백부(伯父)인 관찰공(觀察公) 윤유기의 양자로 들어가면서 해남 윤씨 대종가(大宗家)의 대를 잇는 종손(宗孫)이 되면서부터였다. 윤선도가 호남 제일의 명문가이자 대부호인 해남 윤씨 가문의 종손이 된 과정은 좀 복잡하다. 윤선도의 양부(養父)인 윤유기는 족보상으로는 백부였지만 실제로는 숙부(叔父)였다.

해남 윤씨 가문이 뛰어난 학문과 예술적 자질로 명성을 얻기 시작한 시기는 윤선도의 증조부인 귤정(橘亭) 윤구 때부터였다. 윤구는 중

12 고미숙, 『윤선도 평전』, 한겨레출판사, 2013, 25~26쪽 참조

종 때 문과에 급제해 벼슬길에 올랐는데, 당시 사림의 리더이자 개혁가였던 정암 조광조와 뜻을 같이하면서 낙향하는 비운을 겪었다. 그러나 이로 말미암아 윤구는 이후 명실상부 호남사림을 대표하는 거물이 되었다. 윤구는 슬하에 윤홍중·윤의중·윤공중의 세 아들을 두었는데, 큰아들인 윤홍중은 아들을 두지 못했다. 그래서 바로 아래 동생인 윤의중의 두 아들인 윤유심과 윤유기 중 차남인 윤유기를 양자로 들였다. 그런데 윤유기 또한 아들을 두지 못했다. 이에 형인 윤유심의 세 아들인 윤선언, 윤선도, 윤선계 중 차남인 윤선도를 양자로 들였다. 실제 관계로는 작은아버지였지만 족보상으로는 큰아버지였던 윤유기에게 양자로 들어가면서 윤선도는 호남 제일의 명문가이자 대부호였던 해남 윤씨의 대종손(大宗孫)이 되었던 것이다.

윤선도의 양부 윤유기는 선조 때 문과에 급제해 종2품 당상관인 강

해남 윤씨의 종택인 녹우당. 현재는 윤선도의 14대손인 윤형식 씨가 머물고 있다.

원도 관찰사까지 지냈다. 대부호에다가 고위 관료까지 지냈던 윤유기는 한양과 해남의 대저택 외에 경기도 양주(지금의 경기도 남양주시 수석동)에도 별장을 가지고 있었다. 이 때문에 윤선도는 어렸을 때부터 양주에 위치한 별장을 자주 왕래했고 거주하기도 했다. 윤선도는 22세(1608년, 선조 41) 때 양모(養母) 구씨를 잃고 다음 해(광해군 1) 생모(生母) 안씨의 상(喪)을 당한데다가 26세가 되는 1612년(광해군 4)에는 생부(生父)인 유심까지 떠나보내야 했다. 양어머니와 친부모를 연이어 잃은 충격에 크게 상심했던 윤선도가 슬픔을 달래기 위해 일부러 찾아갈 만큼 양주의 별장은 어린 시절과 청년 시절의 추억이 서린 정든 공간이었다.

파촌(坡村)의 옛집에 와보니

예전에 부모님 거처했던 곳이지

부엌에는 술 거르는 곳 남아 있고

벽에는 하인들 해야 할 일 써놓은 글 붙어 있네

나를 길러주신 부모님 장차 뵐 것만 같은데

우러러 뵙고 의지하려고 해도 끝내 헛일이네

우는 모양 부녀자와 같은 줄 알지만

나도 모르게 눈물이 흘러 옷깃을 적시네

예전 우리 아버지께서

집을 옮겨 바닷가에 이르렀지

항상 찾아서 좋은 일 이루었고

열에 여덟아홉은 좋은 이웃 만났네

뽕나무와 가래나무는 천연의 모습 예전 그대로인데

소나무와 개오동나무는 모두 새로울 뿐이네

어찌 차마 경사스러운 노인이라는 말을 듣겠는가

이미 무덤 속 사람이 되어버렸는데

생각하네 지나간 옛날

어릴 적 밖에서 돌아오면

국 끓이려고 어머니 바삐 움직이셨고

빨리 밥 하라고 아버지 재촉하셨네

생각하네 지나간 옛날

어릴 적 밖에서 돌아오면

추운지 따뜻한지 아버지 물으셨고

어머니 새 옷을 주셨네

생각하네 지나간 옛날

어릴 적 밖에서 돌아오면

기쁘고 즐겁게 집안의 경사 마치고 나서

어머니 모시고 앉아 있었지

- 『고산유고(孤山遺稿)』, 「을묘년(1615년) 섣달에 남양(南陽) 큰아버지의
옛집에 갔다가 감상에 젖어 율시 두 수를 짓다. 또한 옛날을 생각하며
세 수를 짓다(乙卯臘月往南陽伯父舊宅有感吟二律又賦記得昔年日三章)」

고산이라는 윤선도의 호 또한 별장이 있던 양주에서 비롯되었다. 한

강 주변에 위치한 이곳은 홍수가 나 강이 범람하면 사면이 물에 잠기곤 했는데, 유독 '퇴매재산'만 우뚝 솟아 남았다고 한다. 당시 사람들은 물바다에 외로운 섬처럼 솟아 있는 이 산을 가리켜 '고산(孤山)'이라고 했는데, 윤선도는 이 고산이 세상의 비난과 비방에 맞서 홀로 선 자신의 고고한 기상은 물론 외롭고 고독했던 자신의 인생과 닮았다고 해서 자호로 삼았다. 이러한 윤선도의 심정을 대변해주는 시 한 편이 『고산유고』에 남아 있다.

> 푸른 물결이 갑자기 푸른 바다로 변하니
>
> 넓은 들과 큰 강 구별할 수가 없네
>
> 무슨 일로 이 고산(孤山)만 물에 잠기지 않았는지
>
> 천 개의 언덕과 만 개의 구릉 돌연 모두 가라앉았는데
>
> **— 『고산유고』, 「고산만 홀로 잠기지 않았기에(孤山獨不降)」**

강물이 범람해 온통 물바다로 변한 세상에서 홀로 우뚝 솟아 있는 고산과도 같았던 윤선도의 삶은 그의 나이 30세(1616년, 광해군 8)에 권신(權臣) 이이첨을 탄핵하는 이른바 '병진소(丙辰疏)'를 올렸을 때부터 본격적으로 시작되었다. 당시 윤선도는 고작 진사시(進士試)에 급제했을 뿐 아직 관직에도 나가지 않은 포의(布衣)의 신분이었다.

신이 엎드려 보건대, 근래 전하의 팔과 다리, 귀와 눈, 입과 혀 노릇을 하는 관원(官員)들이나 나라를 다스리는 일을 의논하고 생각하며 규율과 법도를 세우고 관리를 선발하는 일을 맡은 이들 가운데 이이첨의 심복(心腹)이 아닌 자가 없습니다. 간혹 그 무리가 아니면서 그 사이에 뒤섞여 있는 이들이 한

제13장 ― 고산 윤선도와 공재 윤두서

두 사람 있지만 반드시 그 사람됨이 무르거나 유약하며 이미 줏대 없이 시속(時俗)에 아첨이나 하고 물결치는 대로 몸을 낮췄다가 높였다가 눈치나 보며 사는 자들입니다. 그러므로 무릇 대각(臺閣)인 사간원과 사헌부에서 올리는 글들을 전하께서는 반드시 대각에서 나왔다고 생각하시지만 사실은 이이첨에게서 나온 것입니다. 옥당(玉堂)인 홍문관에서 올리는 간략한 상소문 또한 전하께서는 반드시 옥당에서 나왔다고 생각하시지만 사실은 이이첨에게서 나온 것입니다. 전조(銓曹)인 이조(吏曹)와 병조(兵曹)에서 올리는 관리 임용 후보자의 명단 역시 전하께서는 반드시 전조에서 나왔다고 생각하시지만 사실은 이이첨에게서 나온 것입니다. 더러는 간접적으로 은근한 암시를 받아서 그렇게 하기도 하고, 더러는 직접적으로 그의 지휘를 받아서 그렇게 하기도 합니다. 간혹 일을 바르게 처리하는 자도 반드시 그에게 물어본 다음에야 그렇게 합니다. 관학(官學)인 성균관의 유생에 이르러서도 그의 무리가 아닌 자가 없습니다. 그러므로 관학의 소장(疏章) 또한 겉으로는 굳세고 과격하지만 실제 속뜻은 아부하거나 아름답게 꾸민 내용이 아닌 것이 없습니다. 대개 이와 같기 때문에 자신의 무리가 아닌 사람은 비록 명망이 높아 존경을 받는 사람이라고 해도 능히 배척하고, 자신과 뜻이 같은 자는 평판이 더럽고 추잡한 자라도 반드시 등용합니다. 모든 일을 이렇게 해서 비록 하나하나 거론하기는 어렵지만 미루어 짐작해보면, 이이첨이 오로지 자기 마음대로 결정하고 처리하며 권세를 부리고 있는 것이 역시 극도에 이르렀다고 할 수 있습니다.

― 『고산유고』, 「병진소(丙辰疏)」

12월 21일 상소를 올린 윤선도는 불과 이틀 후인 23일, 권신 이이첨을 모욕했다는 일종의 괘씸죄가 더해져 당시 가장 춥고 혹독한 유배지로 악명을 떨친 함경도 경원(慶源)으로 쫓겨 가야 했다. 이듬해 경상도 기장(機張)으로 유배지를 옮겼지만 그 다음 해 정신적 기둥이었던 양부(養父) 윤유기를 잃는 슬픔을 겪었다. 특히 양부는 자신이 올린 「병진소」로 말미암아 관직에서 물러나 쓸쓸히 노년을 보냈기 때문에 윤선도의 슬픔과 괴로움은 더 클 수밖에 없었다. 유배지에 묶인 몸이어서 그 슬픔을 다 쏟아낼 수도 없는 처지였다.

유배지에서 7년여 가까운 세월을 보낸 윤선도는 1623년(나이 37세) 3월에 인조반정(仁祖反正)이 일어나면서 비로소 자유의 몸이 될 수 있었다. 그러나 그의 정치적 고난은 여기에서 끝나지 않았다. 권신 이이첨의 탄압은 사라졌지만 새로이 등장한 서인(西人) 권력은 남인(南人) 명문가 출신인 윤선도의 벼슬길을 쉽게 열어주지 않았기 때문이다. 사방이 적으로 둘러싸인 형국이었다.

선조 시대 사림이 동인(東人)과 서인으로 분당(分黨)할 때 윤선도의 가문은 호남에서 몇 안 되는 동인이었다. 그래서 그의 가문과 직접적으로 관련이 있는 윤의중(윤선도의 할아버지), 이발(윤의중의 외조카), 정언신(윤선도의 사돈인 정세관의 조부) 등이 정여립 역모 사건과 정개청 옥사 사건에 연좌되어 희생당했다. 이들 사건은 서인이 동인을 탄압하고 참살한 일종의 사화(士禍)였다. 이들 사건 이후 다시 조정의 실권을 쥔 동인은 서인 세력을 어떻게 처리할 것인가를 둘러싸고 입장과 견해를 달리하면서 남인과 북인(北人)으로 갈라섰다. 이때 윤선도의 가문은 남인의 편에 서면서 호남 제일의 남인 명문가로 자리를 잡게 되었다. 이러한 까닭에 인조반정으로 권력을 장악한 서인 세력은 윤선도를 집중적으로 견제했다. 윤선도는 의금부 도사, 안기찰방, 사포서 제조 등의 관직에 연이어 임명되었지만 벼슬에 나아가지 않았다. 이들 관직은 사실상 조정 내에서 정치적 발언권이 거의 없었기 때문에 나라를 개혁하고 시무(時務)를 혁신할 큰 뜻을 품고 있던 윤선도에게는 만족스럽지 못했던 까닭이다.

그러다가 42세가 되는 1628년(인조 6)에 마침내 큰 기회가 찾아왔다. 그해 3월에 이조판서인 계곡(谿谷) 장유의 천거로 훗날 효종(孝宗)이 되는 봉림대군과 인평대군의 사부가 되었다. 이후 윤선도는 공조좌랑, 호조좌랑, 형조좌랑, 예조정랑 등에 제수되면서 인조의 두터운 신임을 얻었다. 그러나 서인의 핵심 인물인 우의정 강석기가 지나치게 빨리 승진한다는 트집을 잡고 윤선도에 관한 유언비어를 퍼뜨려 모함하자, 병을 이유로 관직을 모두 사임하고 낙향할 뜻을 품게 되었다. 이때가 1633년으로 윤선도의 나이 47세였다. 결국 윤선도는 다음 해 외직인 성산현감(星山縣監)으로 좌천당하고 만다.

성산현감으로 재직 중 양전(量田)에 큰 문제가 있다는 사실을 알고 이를 개혁할 상소문을 올렸지만 임금에게 보고조차 되지 않았다. 서인의 전횡과 농단에 더 이상 자신의 뜻을 펼 수 없다는 사실을 깨달은 윤선도는 1635년(나이 49세) 겨울 끝내 성산현감 직을 사임하고 해남으로 낙향한다. 정치가이자 경세가(經世家)로서의 뜻을 접고 해남의 자연 속에서 시인의 삶을 살기로 결심한 것이다.

고산이라는 호처럼 외롭고 고단했던 그의 정치 인생은 여기에서 끝나지 않았다. 해남으로 낙향한 지 채 1년이 되지 않아 병자호란(丙子胡亂)이 일어났기 때문이다. 땅끝 해남에서 청나라 군대가 쳐들어왔다는 소식을 들은 윤선도는 지방 사족(士族)들과 가복(家僕)들로 의병(義兵)을 구성해 배를 이끌고 강화도로 갔으나, 이미 강화도는 함락되어 다시 남해로 뱃길을 돌려야 했다. 그러다가 임금이 청나라에 굴욕적인 항복을 했다는 소식을 접하고 제주도로 들어가 세상을 등지고 살기로 마음을 굳힌다. 그런데 제주도로 가던 도중 뜻밖에 태풍을 만나 표류하다가 보길도를 발견하고 그곳에 터를 잡아 부용동(芙蓉洞)이라 이름 붙이고 낙서재(樂書齋)를 지어 은거하기에 이르렀다.

청나라 군대가 물러가자 조정의 서인 세력은 윤선도가 강화도까지 와서 한양을 지척에 두고서도 임금을 알현하지 않았다는 이른바 '불분문(不奔問, 달려와서 문안하지 않았다)'의 죄를 물어 경상도 영덕으로 유배형을 내렸다. 1년 가까이 유배 생활을 한 윤선도는 1639년(나이 53세) 2월, 유배지에서 풀려나 해남으로 돌아온다.

윤선도는 이때부터 왕자 시절 자신에게 학문을 배운 봉림대군이 새로이 임금으로 즉위한 지 3년이 되는 1652년(나이 66세)까지 무려 13년을 해남의 금쇄동(金鎖洞)과 보길도의 부용동(芙蓉洞)을 오가며 시인 묵객의 삶을 살았다. 이 기간 동안 윤선도는 '산중신곡(山中新曲)' 속의 「오우가(五友歌)」와 「어부사시사(漁父四時詞)」 등 우리 시조 문화의 최고 걸작들을 연이어 지었다. 정치에 끈을 끊자, '언어의 연금술사'이자 '자연미의 시인' 윤선도가 비로소 빛을 발하기 시작한 것이다.

하지만 이미 노년기에 접어들어 안락한 삶을 누릴 때도 되었건만, 외롭고 고단하기만 했던 정치 인생은 끝까지 그를 놓아주지 않았다.

1642년 윤선도가 지은 '산중신곡'. 모두 18수로 되어 있으며 『고산유고』에 실려 있다.

윤선도는 1652년 한때 제자였던 효종의 간곡한 부름을 끝내 물리치지
못하고 한양으로 올라갔다.

　그러나 조정을 장악한 서인 세력의 집중 견제로 양주 고산(孤山)의
별장으로 물러가 임금의 명을 기다려야 하는 간난신고(艱難辛苦)를 치
러야 했다. 이때 윤선도는 '처음 고산(孤山)에 도착해 우연히 읊다'라는
시를 지어 자신을 잔혹하게 모함하는 이들에 둘러싸인 채 홀로 외롭
게 서 있는 심정을 이렇게 노래했다.

　　　어찌하여 사람들은 모질게 터무니없는 말로 모함하고

　　　어찌하여 임금님은 분수에 넘친 은혜를 내리시나

　　　짚과 양식 이미 바닥나 어떻게 오래 머물겠나

　　　말을 몰 하인 모으기 어려워 떠나는 걸음 또한 느리네

　　　하인 묵는 숙소 틈새로 부는 바람에 머리와 얼굴 부르트고

　　　시골 부엌의 허름한 음식에 다리와 허리는 피곤하네

　　　남쪽 향해 가는 배는 며칠 지나 한양 어귀에 도착할까

　　　안개 낀 물결 일으켜 돛을 달 때 기다리네

　　　　　　　-『고산유고』,「처음 고산에 도착해 우연히 읊다(初到孤山偶吟)」

　이 와중에도 윤선도는 '진시무팔조소(陳時務八條疏)'를 임금에게 올
려 붕당을 혁파하고 인재를 고루 등용할 것을 강력하게 주장했고, 또
한 권신(權臣)인 원평부원군(原平府院君) 원두표의 비리 사실을 논한
상소문을 거듭해서 올렸다. 이로 인해 결국 효종이 내린 관직을 삭탈
당하고 해남으로 되돌아와야 했다. 젊은 시절 나는 새도 떨어뜨릴 정
도로 큰 권세를 휘두른 이이첨을 탄핵했던 패기와 강직하고 올곧은

성격은 나이가 들어서도 그대로 남아 있었던 것이다. 이러한 패기와 성격 때문에 평생 외롭고 고단한 삶을 살아야 했지만, 타고난 천성이 었을까 윤선도는 가시밭길을 걸을망정 불의(不義)한 권력과 타협하려 하지 않았다.

윤선도의 정치적 고난은 그나마 자신을 비호해주던 효종이 승하하면서 다시 그를 덮쳤다. 새로이 즉위한 현종은 1660년(나이 74세) 노년의 윤선도에게 한양으로 올라오라는 왕명을 보냈다. 그러나 이때 역시 서인의 방해에다가 병까지 겹쳐 양주의 고산으로 돌아오고 만다. 고산으로 돌아오는 배 위에서 윤선도는 '나라를 경영하고 백성을 구제할 뜻'을 갖고 있지만 시대를 잘못 만난 자신의 처지와 세상 안에서 '지기(知己)'를 만나지 못한 외롭고 고독한 신세를 한 편의 시로 남겼다.

내가 나라를 경영하고 백성을 구제할 뜻이 없지 않지만
선비의 행장(行藏)에는 때가 있는 것을 어찌하나
가는 곳 강과 산 모두 마음에 드니
석양에 돌아가는 배 느리게 노 저어도 싫지 않네

물고기와 새는 절로 서로 친하고
강과 산도 얼굴빛이 진실하네
사람의 마음이 이들의 뜻과 같다면
사해(四海)가 모두 봄날이겠지

인간 세계에는 지기(知己)가 적지만
세상 밖에는 우애 있는 형제 많네

우애 있는 형제는 또한 어떤 것이냐

산새와 산꽃이 그들이네

- 『고산유고』, 「병이 들어 고산으로 돌아오다가
배 위에서 감흥이 일어(病還孤山舡上感興)」

이 해에 윤선도는 효종의 산릉(山陵) 문제와 인조의 계비(繼妃)인 조대비(趙大妃)의 복제(服制) 문제로 서인 세력과 이른바 예송논쟁(禮訟論爭)을 벌이다가, "삼수갑산(三水甲山)을 가더라도 먹고나보자."라는 속담이 있을 정도로 멀고 험하고 춥고 혹독한 곳으로 유명한 함경도 삼수(三水)로 유배형에 처해졌다. 윤선도의 나이가 74세의 고령이었다는 사실을 감안하면, 당시 서인의 처사가 얼마나 잔혹했는지 새삼 느낄 수 있다. 더욱이 다음 해(1661년)에는 기년설(朞年說)을 주장한 송시열을 배척하고 삼년설(三年說)을 논리적으로 밝힌 '예설(禮說)'이 다시 문제가 되어 위리안치(圍籬安置, 유배된 죄인이 거처하는 집 둘레에 가시로 울타리를 치고 그 안에 가두어 두던 일)의 형벌까지 더해졌다.

삼수의 유배 생활은 5년이 지난 1665년(나이 79세) 전라도 광양으로 유배지가 옮겨지면서 비로소 끝이 났다. 광양으로 옮겨온 지 2년이 지난 1667년(나이 81세) 7월, 윤선도는 마침내 임금의 특명으로 해배(解配)되고 8월 해남으로 돌아왔다가 9월 보길도의 부용동으로 들어갔다. 그리고 1671년 6월 11일 보길도 부용동의 낙서재에서 눈을 감는다. 이때 윤선도의 나이 85세였다. 보통의 사람보다 곱절 가까운 세월을 살았지만, 그 삶은 30세에 이이첨을 탄핵한 일로 유배형에 처해진 후 죽을 때까지 장장 50여 년 동안 진실로 '외롭게 홀로 서 있는 산과 같은 삶이었다.

▌ 해옹(海翁) 제주도로 가다 우연히 보길도를 만나다

근기남인(近畿南人)의 영수로 윤선도와 동시대를 살았던 미수(眉叟) 허목은 윤선도 사후 '신도비(神道碑)'를 썼다. '해옹(海翁) 윤참의(尹參議) 비문(碑文)'이라는 제목의 이 글에서 허목은 "공(公, 윤선도)이 바다로 들어간 이후 내가 호(號)를 해옹(海翁)이라고 붙였다. 일시(一時)에 모두 그렇게 불렀다. 간혹 고산선생(孤山先生)이라고도 하였다. 고산(孤山)은 한양 동쪽 교외 강가의 옛집에 있는 산이다."라고 밝혔다. 오늘날 우리들은 윤선도 하면 당연히 '고산(孤山)'이라는 호를 자연스럽게 떠올리지만, 이 기록은 실제 당시 사람들 사이에서는 오히려 '해옹(海翁)'으로 더 많이 불렸다는 사실을 알려준다.

그렇다면 허목이 말한 "윤선도가 바다로 들어간 이후"란 도대체 언제를 말하는 것일까? 그것은 1637년 윤선도의 나이 51세에 인조가 청(淸)나라 군대에 항복했다는 소식을 듣고 세상을 등질 목적으로 제주도로 항해하던 중 풍랑을 만나 우연히 발견하게 된 보길도에 매료되어 그곳에 터를 잡고 은거할 결심을 한 때이다.

이때부터 윤선도는 임금의 부름을 받아 한양 혹은 양주의 고산(孤山)에 머물 때나 유배형에 처해졌을 때를 제외하고는 가장 많은 시간을 보길도에서 지냈다. 해남의 본가(本家)보다 보길도에 머문 시간이 더 많았고, 죽음을 맞이한 곳도 보길도 부용동의 낙서재(樂書齋)였다. 중년 이후 윤선도의 삶에서 가장 중요한 공간은 해남도 아니고 양주도 아닌 보길도였던 셈이다. 그곳은 윤선도의 문학에서도 큰 변곡점(變曲點)이었다. 조선의 강호미학(江湖美學)에 정점을 찍었다고 평가받는 최고의 걸작「어부사시사(漁父四時詞)」도 보길도에서 탄생했기 때문이다. 이곳에서 윤선도의 시문학이 비로소 만개했다고 해도 틀린 말이 아니다.

1637년 강화도에서 뱃머리를 돌려 제주도로 가던 중 태풍을 만난 윤선도가 잠시 쉬어 갈 생각에 닻을 내린 곳은 황원포(黃原浦)라는 포구였다. 그런데 포구에서 멀리 보이는 산의 모양이 마치 연꽃을 포개놓은 듯 수려했다. 애초 이름이 없던 이 산에 윤선도는 연꽃 모양을 닮았다고 해서 '부용동(芙蓉洞)'이라고 이름을 붙이고 마침내 집터를 닦아 은둔 생활을 하기로 마음을 굳혔다. 윤선도는 사람의 발길이 닿지 않는 듯 순수하고 맑은 부용동의 비경(秘景) 앞에 완전히 매료당했다. 일찍이 도산에 마음을 빼앗긴 이황이 시흥(詩興)을 주체할 수 없어 「도산잡영(陶山雜詠)」을 지은 것처럼, 보길도와 부용동에 완전히 마음을 빼앗긴 윤선도는 보길도의 앞바다인 황원포를 빌어 「황원잡영(黃原雜詠)」을 읊었다.

누가 이처럼 질박하고 공교롭게 만들었을까
호탕하고 거리낌 없는 조화옹의 작품이겠지
옥(玉)으로 빚은 물통 나르는 폭포는 향기로운 안개를 뚫고
돌로 만든 항아리 차가운 연못은 푸른 하늘에 비치네
십 리의 봉래산은 하늘이 내린 복록
비로소 나의 도(道)가 아주 궁색하지 않다는 것을 아네
봉래산으로 잘못 알고 들어와서 홀로 진경(眞景)을 찾았으니
산과 계곡, 나무와 숲, 돌과 바위 맑고 기이해 하나하나 신비롭네
가파른 절벽은 천고(千古)의 뜻을 묵묵히 간직하고
깊은 숲은 사계절의 봄을 한가롭게 품었네

어찌 알겠는가 지금 바위 가운데 나그네가

다른 날 그림 속의 사람이 되지 않을 줄을

더러운 세상의 시끄럽고 떠들썩함이야 말할 것이 있겠는가마는

발길 돌려 돌아갈 생각하니 신선들이 책망할까 두렵네

달팽이 집 같다고 그대들 웃지 말게

어느 곳을 둘러봐도 새로운 그림 이루었네

이미 장춘포(長春圃)를 얻었는데

어찌 불야성(不夜城)이 필요할까

우묵한 술통에는 옛 뜻이 머무르고

돌로 쌓은 방에는 그윽한 정취 유쾌하네

산이 오히려 낮아서 귀를 씻는 것보다

차라리 귀에 소리가 끊어지는 것이 낫겠네

- 『고산유고』, 「황원잡영」

윤선도는 가장 먼저 부용동에 수많은 책을 쌓아놓을 낙서재(樂書齋)를 짓고 우거(寓居)하기 시작했다. 그리고 동천석실(洞天石室)과 세연정(洗然亭) 등 여러 건물을 차례차례 짓고 부용동 이곳저곳의 산천에 하나하나 이름까지 붙였다.

한 줌 크기 모옥(茅屋) 비록 낮지만

다섯 수레 가득 책은 많네

어찌 단지 나의 근심만 달래겠는가

나의 잘못도 고쳐주기를 바라네

- 『고산유고』, 「낙서재」

윤선도는 이 시에 스스로 주석을 달기를 "낙서재는 부용동 격자봉(格紫峯) 아래에 있다."라고 적었다. 격자봉은 부용동 전체를 감싸고 있는 보길도의 주산(主山)인데, 윤선도는 이 격자봉 바로 아래에 자신의 거처이자 서재이기도 했던 낙서재를 지었던 것이다.

> 높은 파도 큰 물결 한가운데에
>
> 우뚝 선 채 나아가지도 물러나지도 못하네
>
> 자미궁(紫微宮)에 나아갈 마음이 있다면
>
> 먼저 부끄러워하고 또한 바르게 행해야지
>
> —『고산유고』, 「격자봉」

또한 동천석실은 부용동 서쪽에 자리하고 있는데 부용동의 아름다운 풍광을 가장 잘 볼 수 있는 곳이다. 윤선도는 자연 그대로의 기암괴석에 샘과 정자 그리고 연못을 고루 갖추어놓고 스스로 '신선이 사는 곳'이라고 부르며 썩어 빠진 더러운 권력과 번다한 세상사로부터 벗어나 유유자적하는 은둔의 즐거움을 만끽했다.

> 수레에는 소동파의 시 싣고
>
> 집에는 주문공(周文公)의 글 세웠지
>
> 어찌 여섯 겹의 문이 있겠는가
>
> 뜰에는 샘과 정자와 연못을 갖췄네
>
> —『고산유고』, 「석실(石室)」

그러나 앞서 살펴보았듯, 보길도 부용동에서 신선처럼 살려 했던 윤선도의 소박한 꿈은 불과 1년 만에 산산조각이 나고 말았다. 1638년 봄에 조정에서 '불분문(不奔問)'의 죄목을 들어 윤선도에게 경상도 영덕으로 유배형을 내렸기 때문이다. 다행히 다음 해 2월 유배지에서 풀려나 해남 본가로 돌아올 수 있었지만, 세상사에 대한 미련은 물론 집안일을 돌볼 기력조차 남아 있지 않았다. 집안일을 큰아들 윤인미에게 맡긴 윤선도는 본가 근처 해남현 남쪽에서 스스로 "귀신이 다듬고 하늘이 숨긴 비경"이라고 감탄한 금쇄동(金鎖洞)을 발견하고 그곳에 산중 별장을 짓고 우거처(寓居處)로 삼았다. 이때부터 1652년 나이 66세에 효종이 부를 때까지 윤선도는 금쇄동과 보길도의 부용동을 오가며 한시와 시조의 수많은 걸작들을 남겼다. 그들 시 중에서도 가장 압권은 나이 65세(1651년) 때 지은 「어부사시사(漁父四時詞)」였다. 「어부사시사」가 없었다면 윤선도도 없었고, 윤선도가 없었다면 「어부사시사」도 없었다고 할 정도로 이 시조는 우리 문학사에 거대한 족적(足跡)을 남겼다. 특히 「어부사시사」는 해옹(海翁)이라는 그의 호가 갖는 이미지와 매우 잘 맞아 떨어지는 탁월한 작품이라고 아니할 수 없다.

그런데 「어부사시사」는 윤선도가 새롭게 창작한 작품이 아니다. '어부사(漁父詞)'는 오랜 전통을 갖고 있는 시조의 한 장르였다. 고려 말기와 조선 초기 때부터 작자 미상의 '어부사'가 전해져 왔고, 이것을 농암(聾巖) 이현보가 '어부가(漁父歌)'로 개작했고, 또한 이황은 이것을 좋아해 즐겨 읽고 감탄을 아끼지 않았다. 윤선도는 이 '어부사'의 전통에 자신의 뜻을 보태고 우리말을 사용해서 다시 만들어, 사계절을 각 한 편으로 하고, 다시 한 편을 각 10장으로 구성하여 「어부사시사」를 지은 것이다. 요즘 식 표현으로 쓰자면, 고전 시가를 리라이팅(Rewriting)한 작품이 바로 「어부사시사」였던 것이다. 윤선도는 이러한 과정을 어부사시사의 '발문(跋文)'에 자세하게 밝혀놓았다.

우리나라에 예로부터 있었던 '어부사(漁父詞)'는 누가 지은 것인지 알 수 없으나 옛 시를 집구하여 곡을 붙인 것이다. 이것을 읊조리면 강바람과 바다의 비가 어금니와 뺨 사이에서 생겨 사람들로 하여금 표연히 세상을 버리고 홀로 설 뜻을 갖게 한다. 그러므로 농암 선생도 좋아하여 싫증을 느끼지 않았고, 퇴계 선생도 탄상을 그치지 않았다. 그러나 음향이 말에 상응하지 않고 뜻이 잘 갖추어져 있지 않은 것은 대저 옛것을 모으는 데 얽매인 탓이다. 따라서 옹색한 결함을 면하기 어려웠던 것이다.

내가 그 뜻을 더 보태고 우리말을 사용해서 '어부사'를 만들어, 사계절을 각 한 편으로 하고, 한 편을 각 10장으로 구성하였다.

나는 곡조와 음률에 대하여 망령되이 감히 논할 수 없는데다, 창주지도(滄洲之道)에 대해서도 사사로이 덧붙일 수 없지만, 맑은 못이나 넓은 호수에서 조각배를 띄우고 즐길 때면 사람들로 하여금 목청을 같이하여 노래 부르게 하고 서로 노를 젓게 한다면 이 또한 하나의 즐거움이 아니겠는가. 뒷날 창주에서 노니는 일사(逸士)는 반드시 내 마음과 기약되어 오래도록 서로 느끼지 않을 수 없을 것이다.

신묘년(1651년) 가을 9월에 부용동에 사는 조수(釣叟)는 세연정의 낙기란(樂飢欄)가에 있는 배 위에 이를 써놓고 아이들에게 읽도록 보이노라.[13]

「어부사시사」는 장편이므로 여기에 다 소개할 수는 없다. 그래서 춘사(春詞)·하사(夏詞)·추사(秋詞)·동사(冬詞)의 각 10수(首) 중 봄·여름·

---

13 고미숙, 『윤선도 평전』, 한겨레출판사, 2013, 184쪽에서 재인용

윤선도가 보길도에 머물면서 지은 세연정.

가을·겨울의 어촌 풍경과 어부의 정취를 가장 잘 묘사한 작품 각 1수
씩만 옮겨 적어보기로 하겠다.

우는 것이 뻐꾸기인가 푸른 것이 버들숲인가

노를 저어라 노를 저어라

어촌(漁村) 두어 집이 안개 속에서 들락날락 하네

찌거덩 찌거덩 어영차

맑고 깊은 소(沼)에 온갖 고기 뛰어노네

- 『고산유고』, 「어부사시사」 중 춘사(春詞) 4수

모래 위에 그물 널고 배 지붕 밑에 누워 쉬자

배 매어라 배 매어라

모기를 미워하랴 파리는 어떠한가

찌거덩 찌거덩 어영차

다만 한 가지 근심은 소인배가 들을까 두려울 뿐

－『고산유고』, 「어부사시사」 중 하사(夏詞) 8수

세상 밖 좋은 일이 어부(漁夫) 생애 아니더냐

배 띄워라 배 띄워라

어옹(漁翁)을 비웃지 마라 그림마다 그려져 있더라

찌거덩 찌거덩 어영차

사계절의 흥취 한가지이나 가을 강이 으뜸이라

－『고산유고』, 「어부사시사」 중 추사(秋詞) 1수

그물 낚시 잊어 두고 뱃전을 두드린다

노를 저어라 노를 저어라

앞바다 건너고자 몇 번이나 헤아렸던가

찌거덩 찌거덩 어영차

갑자기 불어온 센바람이 행여 아니 불어올까

－『고산유고』, 「어부사시사」 중 동사(冬詞) 5수

　필자는 앞서 '고산(孤山)'이라는 호에서 외롭고 고독했던 비운의 정치가 윤선도를 살펴보았고, 여기 '해옹(海翁)'이라는 호에서는 「어부사시사」를 지어 우리 문학사에 거대한 봉우리 하나를 쌓은 최고의 시인 윤선도를 알아보았다. 비운의 정치가와 최고의 시인, 이 둘 중 어떤 것이 윤선도의 진정한 모습일까? 이에 대한 평가는 독자의 몫으로 남기고, 필자는 다시 윤선도의 신도비를 썼던 허목이 남긴 '묘명(墓銘)'을 통해 그의 참 모습을 조명해본다.

비간(比干)은 심장을 갈랐고

백이(伯夷)는 굶어서 죽었고

굴원(屈原)은 강에 몸을 던졌지만

해옹(海翁)은 곤궁해질수록 더욱 굳세져

죽음에 이르러서도 변하지 않았으니

의로움을 보고 목숨을 건 것은 한가지네

― 『미수기언(眉叟記言)』, 「해옹윤참의비문(海翁尹參議碑文)」

공재(恭齋) 호와 자화상에 담긴 '군자의 길'과 '개성적 자아' 사이의 갈등과 모순

윤선도가 사망하기 3년 전인 1668년, 해남 윤씨 가문에는 또 한 명의 걸출한 예술가가 태어났다. 그는 우리나라 미술사에서 최고의 걸작 중 하나로 꼽히는 〈자화상〉을 그린 선비 화가 공재(恭齋) 윤두서이다. 윤선도에 뒤이은 윤두서의 등장으로 해남 윤씨 가문은 명실상부 호남 제일의 명문가이자 우리나라를 대표하는 예술가 집안으로 자리 잡게 된다. 한 집안에서 문학과 회화 양 분야에서 최고의 자리를 차지한 사람이 연이어 나온 곳은 해남 윤씨 가문 이외에는 찾아보기 힘들다고 해도 크게 틀린 말이 아니다. 윤선도와 윤두서가 대를 이어 땅끝 해남에서 꽃 피운 예술혼은 그만큼 위대하고 찬란한 것이었다.

윤두서의 명성이 얼마나 대단했는가에 대해서는 오세창이 『근역서화징(槿域書畫徵)』에서 『청죽화사(聽竹畫史)』를 인용해놓은 기록만 보아도 쉽게 알 수 있다. 여기에서는 "백 년 이래 처음으로 윤두서 한 사람만이 홀로 우뚝 솟아 그와 명성을 견줄 만한 사람이 없었다."라고 했다. 더욱이 오세창은 이긍익이 지은 『연려실기술(練藜室記述)』에 의거해서 윤두서가 '인물화(人物畵)' 분야에서 탁월한 재능과 독보적인 역량을 발휘했다는 사실을 분명하게 밝혔다.

대개 물건은 반드시 대적할 상대가 있다. 화가(畵家) 역시 그렇다. 대대로 종장(宗匠)이 있어서 한 시대의 예술계를 차지하면 또한 반드시 상대하는 사람이 나와서 이름을 혼자 차지하지 못하게 하였다. 그래서 강희안(姜希顔)이 출현하자 안견(安堅)과 최경(崔涇)이 나와 대적하였다. 신세림(申世霖)·석경(石敬)·이불해(李不害)·이상좌(李上佐)가 상호 대적하였고, 김시(金禔)가 출현하자 이정(李楨)과 학림정(鶴林正, 이경윤)이 대적하였다. 또한 어몽룡(魚夢龍)이 출현하자 석양정(石陽正, 이정)이 대적하였고, 김명국(金明國)이 출현하자 이징(李澄)이 대적하였다. 그러나 김명국과 이징이 죽은 뒤 백 년 이래 처음으로 윤두서 한 사람만이 홀로 우뚝 솟아 그와 명성을 견줄 만한 사람이 없었다. 더욱이 그 명성은 예전 사람들보다 더 성대했다. (『청죽화사(聽竹畵史)』)

대개 인물은 물론 동물과 식물을 그릴 때면 반드시 하루 종일 눈이 뚫어져라 쳐다보고서 그 진짜 형상을 얻은 다음에야 그렸다. 홍득구(洪得龜)라는 이가 윤두서의 용과 말 그림을 보고 깜짝 놀라면서 '공민왕(恭愍王) 이후 이러한 작품은 없었다.'라고 하였다. 이로 말미암아 세상에 그 명성이 더욱 높이 드러났다. 인물화는 지나치게 잘 그렸지만 산수화는 그의 장기(長技)가 아니었다. (『연려실기술(練藜室記述)』, 「별집(別集)」)

윤선도와 마찬가지로 윤두서 역시 태어날 때부터 해남 윤씨 대종가

(大宗家)의 대를 이을 종손(宗孫)은 아니었다. 윤선도는 17세에 남원 윤씨와 결혼해 윤인미·윤의미·윤예미 등 세 아들과 두 딸을 낳았다. 윤선도의 큰아들 윤인미는 윤이석을 두었는데, 불행히도 윤이석은 마흔이 넘도록 아들이 생기지 않았다. 대종가를 이을 후사가 태어나지 않자, 윤선도는 윤이석의 사촌동생인 윤이후의 아들 중에서 양자를 들이기로 결심한다. 그런데 윤이후는 이미 세 아들을 두고 있었지만 이상하게도 윤선도는 이들 중에서 양자를 들이지 않았다. 그러다가 넷째 아들인 윤두서가 태어나자 윤이석에게 그를 입양하라고 했다. 가장 좋은 점괘와 사주팔자를 가진 아이가 태어나기를 기다렸던 것이다. 결국 윤두서는 강보에 쌓인 채로 입양되었고, 이때부터 사망한 1715년까지 47년 동안 호남 제일의 명문 해남 윤씨 대종가를 이끄는 종손으로 살게 된다. 이렇게 해서 족보상으로 윤선도는 윤두서의 직계 증조부가 되었고, 윤두서는 윤선도의 직계 증손자가 되었다.

특히 윤선도와 윤두서의 사례에서 보듯이, 해남 윤씨 대종가는 종손이 될 아들이 매우 귀했다. 그런데 윤두서는 무려 10남 3녀를 낳아 대종가를 크게 번창시켰다. 또한 윤선도가 문학에서 최고봉의 자리에 도달했듯이, 윤두서는 문인화가(文人畵家)로서 독보적인 위치에 올라 해남 윤씨 가문의 명성을 크게 빛냈다. 윤두서가 태어나기를 기다렸다가 입양을 결심했던 윤선도의 뛰어난 선견지명을 칭찬하지 않을 수 없는 대목이다.

이쯤에서 윤선도와 윤두서의 관계에 대한 이야기는 접고, 이제 윤두서의 호, 공재(恭齋)가 담고 있는 의미를 살펴보자. 윤두서의 호를 살펴보려면 반드시 그가 남긴 〈자화상〉을 함께 보아야 한다. 필자가 조선 선비들의 호에 얽힌 사연과 이야기를 추적하는 까닭은 그들의 삶과 철학 혹은 사람됨과 행적을 호만큼 간단명료하게 드러내고 있는 것이 없기 때문이다. 그런데 호 이외에 그 사람의 인품과 감정까지 읽을 수 있는 드문 사례가 존재하는데, 윤두서와 같이 '자화상'을 남긴 경우가 그렇다. 아마도 이러한 경우는 윤두서를 제외하면 김홍도의 스승이었던 표암 강세황이 유일하지 않을까 싶다. 우리 미술사에서 최고의 인물화로 평가받는 윤두서의 〈자화상〉은 일찍부터 미술 교과서에 실렸던 만큼, 아마도 대한민국에서 중·고등학교를 다녔던 사람이라면 보고 싶지 않아도 반드시 한 번쯤은 보았을 그림이다. 필자 역시 윤두서의 〈자화상〉을 처음 보았을 때 느꼈던 전율을 새삼 생각해본다. 보는 사람의 마음을 꿰뚫

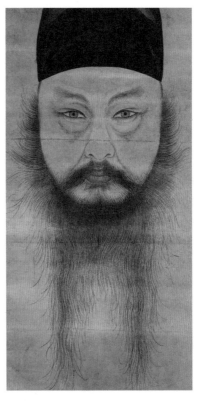

는 듯한 강렬한 눈빛과 멋들어지게 그려진 수염이 무척 인상적이었던 기억도 떠오른다. 지금까지도 필자는 윤두서의 〈자화상〉에서 느꼈던 눈빛만큼 강렬한 눈빛을 가진 사람을 만나보지 못했다. 그러나 그 강렬한 느낌과 인상을 말로 표현한다면 어떻게 해야 할 것인가는 오랫동안 풀지 못한 숙제로 남아 있었다.

이 숙제거리는 윤두서의 친구였던 담헌(澹軒) 이하곤이 〈자화상〉을 보고 쓴 글을 보는

윤두서의 기개와 개성이 드러나는 자화상.

순간 단번에 해결되었다. 300년의 시차(時差)가 존재함에도 〈자화상〉을 본 이하곤의 감상평은 필자가 오랜 시간 머릿속에서는 뱅뱅 돌지만 말로는 표현하지 못했던 것들을 한 치의 어긋남도 없이 보여주고 있기 때문이다.

> 육 척(尺)도 되지 못한 육신(肉身)으로 사해(四海)를 초월할 뜻을 지녔구나. 긴 수염을 나부끼고 얼굴은 붉고 윤기가 도니, 바라보고 있는 사람들은 도사(道士)나 검객(劍客)인가 하고 의심한다. 그러나 그 정성스럽고 진실되며 물러나고 겸양하는 풍모(風貌)는 또한 독행(篤行)하는 군자(君子)라고 하기에 부끄럽지 않구나.
>
> – 『두타초(頭陀草)』, 「잡저(雜著)」,
> 「윤두서의 자화상에 대한 찬문(尹孝彦自寫照小眞贊)」

이하곤의 글처럼 〈자화상〉 속의 윤두서는 도사나 검객에 가까운 외양을 띠고 있다. 그런데 이하곤은 윤두서의 인품과 풍모는 군자, 즉 선비라고 하기에 부끄럽지 않다는 말을 덧붙였다. 실제 공재(恭齋)라는 윤두서의 호를 살펴보면, '군자의 삶'을 살고자 한 그의 뜻과 의지를 읽을 수 있다. 윤두서는 공자의 손자인 자사(子思)가 지었다고 전해 오는 『중용(中庸)』 속에서 '공(恭)' 자를 취해 자신의 호로 삼았기 때문이다. 『중용』의 마지막 부분에는 '공(恭)'에 대해 이렇게 적혀 있다. "是故(시고)로 君子(군자)는 篤恭而天下平(독공이천하평)이니라." 이 말은 "이러한 까닭에 군자(선비)가 뜻을 두텁게 하고 공경(恭敬)스러우면 천하가 화평하다."라는 뜻이다. '공경(恭敬)'으로 사람을 대하면 모두가 온순해지고, '공경(恭敬)'으로 세상을 다스리면 온 천하가 태평하게 된다는 얘기다. 따라서 '공(恭)'은 군자(선비)가 평생 동안 갈고닦아야 할 최고의 덕목 중 하나라고 할 수 있다. 윤두서는 '공재(恭齋)'라는 호를 통해 자신의 삶을 꿰뚫는 철학은 다름 아니라 이 '공경(恭敬)'을 갈고닦는 군자(선비)의 길'이었다는 사실을 밝혔던 것이다.

 이렇듯 '공재(恭齋)'라는 호 속의 윤두서는 분명 군자(선비)의 이미지를 떠올리게 한다. 그러나 필자가 생각하기에 〈자화상〉 속의 윤두서는 군자(선비)의 전형적인 이미지와는 완전히 다른 파격적이고 개성미(個性美) 넘치는 모습으로 묘사되어 있다. 여기에서 윤두서는 선비가 아닌 도사나 검객과 같은, 다시 말해 선비와 어울릴 것 같지 않은 자신의 모습을 구태여 감추지 않고 오히려 당당하게 드러내 보였다. 군자(선비)라는 내면의 울타리로도 도저히 감출 수 없는 다른 무엇인가가 윤두서의 마음속에 존재했던 것일까? 이 의문을 풀기 위해 필자는 스스로에게 이러한 질문을 던져본다. "만약 윤두서가 17세기 말기에서 18세기 초기, 당시 조선에서 쉽게 만날 수 있는 보통의 선비였다면 자신의 모습을 어떻게 남겼을까? 자신의 손으로 자화상을 그렸을까 아니면 남의 손에 맡겨 초상화를 그렸을까?" 이 질문에 대한 필자의 답은 이렇다. "만약 윤두서가 보통의 선비였다면 '자화상'이 아니라 도사나 검객과 같은 외양은 최대한 감추고 군자의 내면을 강렬하게 풍길 수 있는 '초상화'를 그렸을 것이다." 왜 그런가?

 성리학이 선비의 정신세계를 지배하던 조선 시대에는 '자화상'이 존재할 정신적 공간이 없었다. 성리학이 이상으로 여긴 군자나 성현을 삶의 모델로 삼은 선비들은 내면적인 인품은 물론 외양적인 풍모까지 그들을 닮고 싶어 했다. 여기에서 군자나 성현이란 성리학에서 절대적 숭배 대상으로 섬기는 주공(周公)·공자(孔子)·맹자(孟子)·주자(朱子)

등을 말한다. 일찍이 조선 선비의 사표(師表)가 된 율곡 이이는 이렇게 말하지 않았던가. "성인(聖人)을 본보기로 삼아서 털끝만큼이라도 성인에 미치지 못하면 나의 일은 끝난 것이 아니다." 필자는 이러한 조선의 선비들을 가리켜 '성리학적 존재' 혹은 '성리학적 인간'이라고 부른다. 이러한 선비들은 성리학을 통해서만 자신을 바라볼 뿐이다. 다르게 표현하면 이들 선비에게 '나'란 존재는 성리학에 의해 '타자화된 나'이다.

조선 시대의 인물화(초상화)에 담겨 있는 사람들의 모습은 여기에서 크게 벗어나지 않는다. 그래서 조선의 인물화를 많이 보면 볼수록 개성미(個性美)보다는 인위적인 전형미(典型美)를 확인하게 된다. 즉 성리학이 이상으로 여긴 성현의 인품과 풍모에 가능한 한 가깝게 그려주는 것이 화가의 도리이자 의무였다고나 할까? 이러한 사상적 풍조나 사회적 환경에서 자신의 개성을 드러낸다는 것은 미덕(美德)이 아니라 일탈이다. 전문적인 화가는 말할 것도 없고 수많은 문인화가들이 있었지만, '자화상'다운 '자화상'을 남긴 사람은 윤두서와 강세황 밖에 없었다는 것만 보더라도 이러한 사실을 어렵지 않게 짐작할 수 있다.

이하곤이 윤두서의 〈자화상〉을 보고 "육 척(尺)도 되지 못한 육신(肉身)으로 사해(四海)를 초월할 뜻을 지녔구나."라고 품평한 이유 역시 윤두서가 당시 성리학이 지배하던 사상적 풍조나 사회적 환경을 벗어나 '개성적 자아'를 마음껏 드러냈다는 사실을 읽었기 때문일 것이다. 서양에서도 근대적 개인주의의 출현을 전후해 자화상이 유행했다는 사실을 보더라도, 자화상은 특정 종교나 사상이 숭배하는 '절대적인 존재'의 속박으로부터 벗어나 인간의 개성과 자아의식을 발견했을 때 비로소 나타난다는 것을 알 수 있다. 이러한 생각을 윤두서가 살던

17세기 조선으로 옮겨보면, 윤두서는 성리학을 통해 자신을 바라보는 이른바 '타자화된 나'가 아니라 자신의 눈으로 자신을 바라보는 '온전한 나'를 그렸던 것이다. 그래서 필자는 윤두서의 〈자화상〉이야말로 '근대적 자아'를 향해 막 발걸음을 뗀 조선의 표상이라고 말할 수 있다. 그만큼 윤두서는 시대를 초월한 예술가였던 것이다. 물론 자신의 눈을 통해 자신을 바라보면서도 여전히 내면은 군자(君子, 선비)에게 자리를 내어준 것만 보더라도, 성리학에 의해 '타자화된 나'와 '온전한 나' 사이의 갈등과 모순은 고스란히 남아 있다는 사실을 잊어서는 안 될 것이다. 즉 윤두서의 '자화상'은 근대적 자아의 단면 혹은 징후를 보여준 것일 뿐이어서 근대적 자아의 출현까지는 여전히 머나먼 길이 남아 있었다는 얘기다.

물론 필자의 생각에 동의하지 않는 사람도 있을 것이다. 그러나 〈자화상〉을 둘러싼 여러 논란에도 불구하고, 「어부사시사」가 없었다면 최고의 시인 윤선도가 존재할 수 없었듯이, 〈자화상〉이 없었다면 독보적인 문인화가 윤두서 또한 없었을 것이라는 점만은 분명하다. 「어부사시사」 한 편과 〈자화상〉 한 점 만으로도 윤선도와 윤두서는 우리 문학사와 예술사의 한 페이지를 충분히 장식하고도 남음이 있다고 하겠다.

제 14 장

우암 송시열과 백호 윤휴

조선의 주자 vs. 사문난적

▎보수의 세기, 주자학의 광기(狂氣)

조선의 유학사를 말할 때 대개 율곡 이이의 학통은 사계(沙溪) 김장생
→신독재(愼獨齋) 김집→동춘당(同春堂) 송준길→우암(尤庵) 송시열로
전승되었다고 한다. 그러나 필자는 이러한 학설이 심각한 역사 왜곡이
라고 생각한다. 왜냐하면 율곡은 '경장(更張)'과 '안민(安民)'을 정치의 최
우선적 가치로 여긴 개혁적 성향의 성리학자였던 반면, 김장생 이후 김
집과 송시열에 이르기까지 서인 (특히 노론 계열) 세력은 '신분 질서'와
'춘추의리(春秋義理, 중화를 숭상하고 오랑캐를 물리친다)'를 정치와 사상의
최고 가치로 삼은 보수적 성향의 주자학자였기 때문이다.

　율곡의 성리학 사상과 정치 철학이 집약되어 있는 『성학집요(聖學輯
要)』를 살펴보면, 그는 시무(時務)란 시대의 변화에 따라 마땅히 해야
할 일이 따로 있다고 지적하면서 그 큰 요체를 간추려보면 창업(創業)

과 수성(守城)과 경장(更張)의 세 가지뿐이라고 했다. 그리고 조선을 지은 지 이미 오래되어 재목이 낡아 곧 썩어 무너지려 하는 집에 비유하면서 폐정(弊政)과 낡은 인습 그리고 묵은 폐단을 바로잡아 고치는 경장 곧 '개혁'이 그 시대의 과제라고 주장했다. 또한 율곡은 임금은 나라에 의지하고 나라는 백성에 의지하기 때문에, 왕도정치(王道政治)란 곧 백성을 하늘로 삼고 백성은 생업을 하늘로 삼으니 만약 백성이 하늘로 삼는 것을 잃게 되면 나라는 의지할 데를 잃게 되므로 '안민'이야말로 왕도정치의 근본이라고 강조했다. 그래서 율곡에게 정치란 백성의 노역(勞役)을 덜어주고 백성의 생업을 충족해주어서 백성을 편안하고 이롭게 해주는 것, 그 이상도 이하도 아니었다.

그런데 율곡의 수제자라 자처한 김장생은 이러한 율곡의 개혁적 성향과 민본주의를 전승하기보다는 성리학에서도 가장 보수적이라고 할 수 있는 '예학(禮學)'을 일생 동안 연구하고 후학들에게 전해준 예학의 대가였다. 더욱이 김장생은 율곡이 아닌 구봉(龜峯) 송익필에게 예학을 배웠다. 김장생의 문집인 『사계전서(沙溪全書)』의 「연보」를 보면, 그는 나이 20세인 1567년(명종 22)에 율곡의 문하에 나아가 수업을 받았다. 그런데 이 「연보」에는 김장생이 이보다 7년 전인 나이 13세 때 이미 송익필에게 나아가 종학(從學)했다고 기록되어 있다. 율곡을 스승으로 모시기 훨씬 전부터 송익필을 스승으로 섬겼다는 얘기다.

송익필은 율곡과 우계 성혼 등과 교우한 사림의 인사였는데 성리학 중에서도 특히 예학을 깊이 연구하여 일가를 이루었다. 그런데 그는 신분상 약점이 있었다. 서출(庶出)이었기 때문이다. 송익필은 신분은 물론이고 사상에 있어서도 적통(嫡統)을 무엇보다 중요시했던 서인이 종조로 삼을 수 없는 치명적인 약점을 가진 사람이었다. 그런 의미에

송시열의 초상.

서 보자면, 김장생 이하 송시열에 이르기까지 서인 노론 계열은 송익필의 보수적 성향을 전승했으면서도 율곡의 권위를 빌어 자신들의 권력에 정치적 명분과 정당성을 입혔다고 하겠다.

어쨌든 송익필과 김장생에 의해 일가를 형성한 예학이란 신분 질서에 따라 지켜야 할 예법과 예절 혹은 규범과 관습 일체를 연구하고 실천하는 학문을 말한다. 조선의 신분 질서는 모두가 알다시피 왕을 정점으로 한 사(士)-농(農)-공(工)-상(商)의 위계에 더해 인간이 아닌 재물로 취급당한 노비로 구성되어 있었다. 쉽게 말해 예학은 제왕은 제왕답게, 사대부는 사대부답게, 농민은 농민답게, 공인은 공인답게, 상인은 상인답게, 노비는 노비답게 살아야 한다는 학설일 따름이다. 율곡이 개혁을 시대적 과제로 삼고 안민을 '바꾸지 않는 진리'라고 보았던 것처럼, 김장생은 사농공상의 신분 질서를 '하늘이 부여한 진리'로 여겨 조선이 개국 초기부터 유지해온 기존 체제는 결코 바꿀 수 없는 것이라고 생각했다.

이러한 가르침의 연장선상에서 송시열은 예(禮)를 정치의 근본이라고 주장했다. 즉 그는 세상의 모든 국가는 예(禮)가 위에서 다스리면 나라가 다스려지고, 예(禮)가 어지러우면 나라 또한 어지러워진다고 보았다. 또한 예(禮)를 중화와 오랑캐를 가르는 잣대로 삼아 임금이 예

(禮)에 조금이라도 밝지 못한다면 나라가 나라꼴이 되지 못한다고 주장하면서, 나라를 다스리는 사람은 예(禮)를 바로 세우는 일을 가장 우선시해야 한다고까지 했다. 그래서 "임금이 해야 할 일이란 오직 하늘이 부여한 (신분) 질서와 명령을 이행하는 데 불과하다."라는 극단적인 언사까지 서슴없이 했다.

김장생과 그를 이은 후학인 김집과 송시열 등이, 종주(宗主)로 섬긴 율곡의 철학이나 사상과 얼마나 거리가 멀었는가에 대해서는 '대동법 논쟁'만 살펴보아도 알 수 있다. 대동법은 방납의 폐단을 없애 백성의 고통을 덜어주기 위해 공납(세금)을 현물이나 토산물이 아닌 쌀로 통일해 거두자고 주장한 율곡의 수미법(收米法)을 차용한 개혁 정책이다. 그런데 대동법 시행을 둘러싸고 서인 세력이 대동법 실시를 적극 주장하는 한당(漢黨)과 대동법을 격렬하게 반대하는 산당(山堂)으로 갈라섰을 때, 산당을 이끈 이들이 다름 아닌 김집과 송시열 그리고 송준길이었다. 자신들이 종조로 추앙한 율곡의 뜻을 정면으로 위반한 정치 행보였다. 당시 이들은 대동법을 반대하는 대신 공납(세금)의 부담과 고통으로 말미암아 빈민이나 유랑민 심지어 도적의 신세로 전락한 백성들을 신분 질서로 더욱 강하게 옥죄어 단속해야 한다면서 호패법의 실시를 주장했다.

송시열의 정치적 보수성은 그래도 약과다. 정작 심각한 보수성은 주자학을 유일무이한 사상으로 삼아 주자(朱子)의 학설 이외의 모든 학문과 사상을 배척하고 탄압한 '학문적·사상적 보수성'에 있었다. 송시열은 『논어』·『맹자』·『대학』·『중용』 등 유학의 경전인 사서(四書)보다도 주자가 여기에 해석과 설명을 덧붙인 '사서집주(四書集註)'를 오히려 더 숭배했다. 그리고 마치 그리스 신화에 나오는 악당 프로크루스테

스(Prokrustes)가 사람을 잡아다가 자신의 침대에 눕히고는 그 침대의 길이보다 키가 작은 사람은 잡아당겨서 죽이고 침대의 길이보다 키가 큰 사람은 머리와 다리를 잘라 죽인 것처럼, 송시열은 주자의 경전 해석이나 학설에 모든 학문과 사상을 끼워 맞추고 여기에서 단 한 글자라도 어긋나거나 다른 의견을 내놓으면 사문난적(斯文亂賊)으로 몰아 정치적으로 핍박하고 심지어 사상적인 사형(死刑)을 가했다.

이후 자세히 설명하겠지만, 특히 주자학에 대한 맹신과 숭배는 중화(中華) 곧 오랑캐인 청나라에 멸망당한 명나라에 대한 '춘추의리'와도 연결되어 있었기 때문에 송시열은 더욱 잔혹하게 자신의 반대파들을 탄압했다. 이로 말미암아 송시열이 정치하던 시대에 유독 사문난적이라는 죄목을 뒤집어 쓴 사상범들이 속출했는데, 윤선도, 윤휴, 허목, 윤증, 박세당 등이 그들이다. 그중에서도 조선판 '매카시즘(McCarthyism, 극단적이고 초보수적인 반공주의 선풍)'이라고 할 수 있는 사문난적의 최대 피해자는 누가 뭐라고 해도 송시열의 정치적·학문적 라이벌이었던 윤휴였다.

▌우암(尤庵) 주자학의 수호신, 송자(宋子)로 살다

송시열은 1607년(선조 40)에 태어나 1689년(숙종 15)에 사망했다. 그는 조선의 유학자 중 유일하게 공자나 맹자 그리고 주자와 같은 반열인 '송자(宋子)'라는 극존칭을 얻은 인물이다. 조선의 주자라는 의미에서 자의 반 타의 반으로 송자라고 불린 송시열은 평생 자신이 주자학의 적통(嫡統)을 계승했다고 자부하면서 주자학의 수호신으로 살았다.

나이 24세(1628년) 때 김장생에게 취학해 10년 동안 주자학과 예학을 배운 송시열은 김장생 사후 그의 아들인 김집에게 가르침을 받았다. 이후 그는 김장생과 김집의 학통과 당파를 이은 서인 노론 계열의 정신적 지주이자 정치적 수장으로 일생을 보냈다. 특히 병자호란 이후 북벌(北伐)을 국시(國是)로 내건 효종이 즉위하면서, 반청척화론(反淸斥和論)을 주창한 송시열은 조정의 중심인물로 급부상한다. 오랑캐인 여진족이 세운 청나라에게 당한 치욕을 갚고 중화의 뿌리인 명나라에 대한 은혜를 갚는다는 요지의 반청척화론은 주자학의 정통성과 권위를 지키고자 한 송시열의 학문 세계와 밀접하게 연결되어 있었다.

공자와 주자를 성인(聖人)으로 여겨 종교적 숭배의 대상처럼 섬긴 송시열에게 명나라, 곧 한족(漢族)의 중국은 공자와 주자의 나라 그 자체였다. 따라서 명나라는 사대(事大)의 예(禮)로 섬겨야 할 나라였고 사상의 조국(祖國)이었다. 그런 명나라를 멸망시킨 여진족의 청나라는 성인의 도통(道統)을 끊어버리고 사상의 조국을 짓밟은 야만적인 오랑캐에 불과했다. 송시열은 명나라가 멸망한 이후 공자와 주자의 도통과 정통성은 조선의 주자학으로 넘어왔다고 여겼다. 그리고 그의 문하였던 서인 노론 세력은 그 도통과 정통성의 최고 정점에 조선의 주자인 송자(宋子) 곧 송시열이 존재한다고 믿었다. 유학과 성리학의 도통을 공자→주자→송자로 여길 정도였으니, 그들이 얼마만큼 송시열을 주자학의 권위와 정통성을 지키는 큰 스승으로 여겼는지를 짐작해볼 수 있다.

송시열의 반청척화론과 북벌사상은 공자와 주자의 나라인 명나라에 대한 춘추의리를 지키는 것이자, 명나라의 멸망으로 위기에 내몰린 주자학의 도통과 정통성을 지켜 나가겠다는 시대착오적인 사고의 산물이었다. 그런데 춘추의리를 지키고 주자학의 도통과 정통성을 잇겠다고 자임한 송시열이 주자의 절대적인 권위에 기대어 무소불위의 권력을 휘두르면서부터, 조선의 정치와 학문 및 사상은 크게 경색되고 공포 분위기 속으로 빠져들게 되었다.

송시열이 보기에 자신과 다른 정치적 주장을 하는 당파들은 모두 춘추의리를 배반한 친(親)오랑캐 세력이고, 자신과 다른 학설을 주장하고 경전 해석을 하는 유학자들은 모두 사문난적일 뿐이었다. 그는 자신의 주장과 학설에 문제 제기를 하거나 도전하는 그 어떤 행동도 결코 용납하지 않았다. 심지어 주자가 모든 학문의 이치를 이미 밝혀놓았다고 하면서, 사서삼경(四書三經)과 같은 유학의 원(原) 경전에 주자와 다른 학설과 의견을 내세우면 학문을 더럽힌 도적이나 역적으로 몰아 벽지로 내쫓거나 귀양 보내고 심지어 죽이기까지 했다. 특히 그는 매우 과격하고 전투적인 방식으로 자신의 정치적 신념과 주자학을 옹호했기 때문에, 송시열 생전에 조정과 사림은 그 어느 시대보다 격렬한 정치 투쟁과 사상 논쟁에 휩싸여야 했다.

'우암(尤庵)'이라는 송시열의 호 역시 이러한 전투적이고 비타협적이었던 사상 논쟁의 과정에서 탄생했다. 송시열은 원

1705년(숙종 31)에 지방 유림의 공의로 송시열의 학문과 덕행을 추모하기 위해 창건한 거제도의 반곡서원.

래 자호를 갖지 않았다. '우(尤)'라는 한자는 '잘못 혹은 허물'을 뜻한다. 주자학만이 올바른 학문이라는 신념으로 조선을 '주자학의 나라'로 바로 세우는 일을 평생의 과업으로 삼았던 송시열이 무엇 때문에 '잘못이나 허물'을 뜻하는 '우(尤)' 자가 들어간 호를 얻었던 것일까? 여기에 대한 에피소드가 송시열의 문집인『송자대전(宋子大全)』의「연보」에 자세하게 나온다.

(나이 80세) 10월 13일. 흥농(興農)에 있는 서재(書齋)로 옮겨 임시로 거처하였다. 흥농은 선생이 처음 도(道)를 강론하였던 곳인데, 학자들이 서당을 짓고 능인암(能仁菴)이라는 이름을 붙였다. 또한 선생이 수석(水石) 사이에 조그마한 서재를 짓고 여기에 남간정사(南澗亭舍)라고 쓴 현판을 달고 다시 주자(朱子)의 남간시(南澗詩) 한 구절을 적어 문 위에 걸었다.

선생은 일찍이 자호를 갖지 않았다. 언젠가 선생이 창주(滄洲) 김공(金公)과 더불어 시비(是非)를 논쟁한 적이 있었다. 그런데 선생은 자신의 의견을 견고하게 지키며 조금도 굽히지 않았다. 그러자 창주가 장난삼아 농담하기를 '그대가 이처럼 말이 많으니, 말에 허물(尤)이 적다고 할 수 없다. 이에 내가 마땅히 그대의 서실(書室)에 우(尤)라고 이름 붙여야겠다.' 라고 하였다. 선생은 웃으면서 '그대가 좋은 말로 내 서실의 이름을 지어준다면 내가 감당할 수 없을 것이다. 그런데 지금 좋지 않은 말로 이름을 지어주니, 별호(別號)는 비록 신재(愼齋, 김집)께서 경계하신 것이지만 내가 어찌 감히 사양하겠는가.' 라고 답했다. 그 뒤로 창주는 선생에게 편지를 보낼 때 항상 '우암(尤庵)'이라고 썼다. 그러나 선생은 일찍이 당(堂)에 현판을 적어 걸지 않았다. 오직 판교의 첨배재(瞻拜齋)와 이곳 조그마한 서재에 호를 걸었을 뿐이다. 이따금 작은 문자(文字)로 남간노부(南澗老父)라고 일컬었다.

여기에서 송시열에게 '우암(尤庵)'이라는 호를 지어준 창주(滄洲) 김공(金公)은 김익희를 말한다. 그는 송시열의 큰 스승인 김장생의 손자로 성균관 대사성과 사헌부 대사헌을 거쳐 예문관 대제학에 오른 당대 최고의 학자이자 문사였다. 송시열보다 3년 연하였던 김익희는 효종 7년인 1656년에 사망했다. 그런데 송시열의 나이 80세 때는 1686년으로, 위의 기록과는 무려 30년의 차이가 난다. 따라서 '우암'은 송시열이 80세 무렵 얻은 호가 아니라 최소한 30여 년 이전부터 자의 반 타의 반으로 불리게 된 호였다고 할 수 있다. 또한 송시열의 문인(門人) 최신(崔愼)은 스승을 모시면서 나눈 대화를 모아 엮은 '어록(語錄) – 최신(崔愼)의 기록'이라는 글에서 송시열이 '우암'이라는 호를 갖게 된 사연을 자세하게 소개하고 있다. 여기에는 송시열이 자발적으로(?) 우암이라는 호를 사용한 최초의 시기가 거제도에서 귀양살이를 하던 1679년 나이 73세 무렵이라는 흥미로운 증언이 나온다.

내가 '선생님의 당호(堂號)는 무슨 뜻입니까?'라고 여쭈었다. 선생께서는 '내가 스스로 짓지 않았다. 젊은 시절 판서(判書) 김익희와 서로 법도에 관해 논쟁을 한 적이 있었는데, 각자 자신의 생각이 옳다고 주장해 서로 굽히지 않았다. 김공이 '자네는 당호가 있는가?'라고 하기에 내가 '없다'고 대답하였다. 그러자 김공이 '말이란 마땅히 허물(尤)이 적어야 하거늘 자네의 말은 허물(尤)이 많다. 이제 내가 우(尤) 자로 자네의 호를 지어주겠다. 깨우치고 살펴서 허물을 고치게.'라고 하였다. 나는 '아름다운 호라면 사양하겠으나 아름답지 못한 호이니 내가 어찌 사양하겠는가.'라고 대답했다. 이렇듯 서로 장난삼아 농담하며 자리를 파했다. 그 뒤로 김판서는 편지를 보내면서 '우암(尤庵)'이라고 호칭하였다. 이때부터 사우(士友)들이 서찰 사이에 모두 우암이라고 썼다. 이른바 농담이 진담이 된 것이니, 가히 웃을 만한 일이다라고 하셨다.

그러나 선생께서는 평소 그 호를 자칭(自稱)하지 않으셨다. 다른 사람들이 호칭하는 것 역시 사양하지 않으셨다. 기미년(己未年, 1679년) 가을에 이르러, 거제(巨濟)의 유배지에서 소강절의 수미음(首尾吟)의 제 팔운(八韻)을 차운하여 회석(晦錫)에게 보낸 시에서 '우옹(尤翁)은 시를 읊는 것을 좋아하지 않는다'라고 했는데, 이때 '우(尤)' 자를 처음으로 사용하셨다.

- 『송자대전』, 「어록-최신의 기록」

김익희가 송시열과 논쟁을 하다가 워낙 고집이 세어 한 치도 자신의 의견을 굽히려고 하지 않는 송시열에게 희롱 삼아 지어준 호가 다름 아닌 '우암(尤庵)'이다. 공격적이고 비타협적이었던 송시열의 성정(性情) 때문에 농담 삼아 지어 부른 호가 진짜 호가 되어버렸다는 웃지 못할 해프닝이라고나 할까? 이렇듯 우암은 송시열이 스스로를 드러낸 호가 아니다. 그래서인지 우암이라는 호에서는 평생 주자학의 수호신으로 살면서 자신의 신념과 주장을 조금도 굽히지 않았던 보수 논객 송시열의 고집스러운 모습만이 연상될 뿐이다. 그런데 아이러니컬하게도 송시열

송시열의 마지막 유배지였던 제주도에 세워져 있는 송시열 유허비.

은 바로 이 고집 때문에 수많은 사람들을 유배지로 보내거나 죽음에 이르게 했고, 종국에는 자신도 사약을 받고 세상을 떠나는 비극적인 운명을 맞아야 했다.

송시열의 나이 82세가 되는 1688년 10월 28일 숙종은 그토록 바라던 첫 아들을 얻었다. 장희빈의 소생으로 훗날 경종이 되는 이다. 당시 송시열은 낙향해 주자(朱子)가 운곡의 남간에 거처한 뜻을 기리기 위해 이름 붙인 남간정사(南澗精舍)에 은거한 채 '조선의 주자'로 군림하면서 임금에 버금가는 권위와 위세를 누리고 있었다. 조정을 장악하고 있던 집권 세력도 송시열의 문하생이자 추종자들인 서인이었다. 그런데 숙종은 서인의 집권 세력이 어떻게 손을 써볼 틈도 주지 않고 남인의 비호를 받는 장희빈 소생의 아들을 원자로 정호(定號)하고 종묘(宗廟)에 고하는 절차까지 일사천리로 마무리해버렸다.

남인이 재집권할 위기에 처하자 송시열은 마침내 '원자의 작위와 정호' 그리고 '종묘 고묘'를 정면으로 반박하는 상소문을 올렸다. 그러나 이 상소문은 오히려 숙종의 분노를 사 집권 세력이 다시 남인으로 바뀌는 기사환국(己巳換局)을 불렀다. 숙종은 기사환국 직전, 나라를 어지럽게 만든 당사자라는 죄목을 물어 송시열을 제주도 유배형에 처했다. 1689년 2월 11일 유배지인 제주도로 가는 도중에 송시열은 스승 김장생의 묘소가 있던 고정(高井, 지금의 충남 논산시 연산면 고정리)에 이르러 한 편의 글을 적어 스승의 묘소에 바쳤다. 여기에서 송시열은 '주자학의 수호신'으로 살았던 자신의 일생을 이렇게 말했다.

선생님께서는 항상 '주자가 아니었다면 공자의 도(道)가 밝아지지 않았다. 공자의 도가 밝아지지 않았다면 후세에 전하지 못했을 것이다.'라고 말씀하셨습니다. 이에 소자(小子)는 오직 그 말씀을 깊이 귀에 익히고 가슴에 새겨서 '비록 성인이 다시 나온다고 해도 그 말씀을 바꿀 수 없다.'고 생각했습니다.

- 『송자대전』, 「사계선생의 묘에 고한 글(告沙溪先生墓文)」

송시열이 제주도에 도착해 귀양살이를 시작한 지 얼마 되지 않아, 그의 문하생과 추종자인 서인 세력이 조정에서 쫓겨나고 남인이 대거 관직에 중용되는 기사환국이 일어났다. 그리고 숙종은 국문(鞫問)을 해 죄의 실상을 낱낱이 묻겠다면서 송시열을 한양으로 압송하라는 어명을 내렸다. 한양으로 발길을 재촉하던 송시열은 1689년 6월 7일 전라도 정읍에 당도했다. 그런데 다음 날 아침 뜻밖에도 사약이 도착했다. 결국 송시열은 사약을 마시고 죽음을 맞았다. 그때 송시열의 나이 83세였다. 조선의 17세기를 '보수의 세기'로 장식하며 한 시대를 쥐고 흔들었던 노정객(老政客)이자 사상적 거두였던 송시열에게 걸맞지 않는 비극적인 최후였다.

그러나 송시열이 죽음으로 다져놓은 서인(노론) 세력의 정치적 명분과 사상적 권위는 이후 그들이 조선의 정치권력을 다시 장악하고 장기 집권에 성공할 수 있는 초석(礎石)으로 작용했다. 송시열은 분명 조선 사상계의 큰 별이었다. 그러나 그는 양대 전란(임진왜란과 병자호란) 이후의 사회 경제적 위기를 예학(禮學)을 근본으로 삼아 기존의 신분 질서와 지배 체제를 더 공고히 다지는 방식으로 타개하려고 한 정치적 보수주의자였고, 춘추의리와 주자학의 절대 권위를 앞세워 일체의 학문과 사상을 통제하려고 한 보수적인 이데올로그였다. 또한 그가 초석을 다져놓았다고밖에 말할 수 없는 노론 세력의 장기 집권은 훗날 조선을 '몰락의 구렁텅이'로 몰아넣는 결과를 낳았다. 영조의 즉위와 함께 노론 세력은 장기간의 권력 독점을 통해 조정을 부정과 부패로 곪게 만들었고, 피의 숙청을 통해 정치적 경쟁자나 비판세력의 씨를 말려 버렸고, 주자학의 권위와 정통성에 도전하는 그 어떤 사상적·학문적 움직임도 용납하지 않는 공포 정치를 일삼았기 때문이다. 송시열에게 성현(聖賢)의 반열에 올라야 허락되는 '송자(宋子)'라는 극존칭을 부여한 그의 후학들은 '주자와 송자'의 도통과 권위를 명분 삼아 숱한 정치적 탄압과 사상적 박해를 저질렀다. 그리고 그 영향으로 보다 자유롭고 개방적이며 개혁적이고 진보적인 성향의 정치가나 학자들은 미처 자신의 뜻을 다 펴보기도 전에 말살당해야 했다.

▎백호(白湖) "천하의 이치(진리)란 한 사람이 모두 알 수 있는 것이 아니다!"

윤휴는 아버지 윤효전이 경주부윤으로 재임하던 1617년 10월, 경주에서 태어났다. 송시열보다 10년 연하이다. 윤휴의 문집인 『백호전서(白湖全書)』의 「연보」를 보면, 윤휴와 송시열은 처음 좋은 인연으로 만나 두터운 교제를 나누었다는 사실을 알 수 있다. 병자호란 중이었던 1637년(나이 21세)에 윤휴는 속리산 복천사 앞에서 송시열을 만났는데, 이때 인조가 남한산성에서 나와 청나라에게 항복했다는 소식을 듣고는 서로 손을 부여잡고 통곡했다고 한다.

그런데 두 사람은 이보다 1년 전인 1636년에 첫 만남을 가졌던 듯하다. 「연보」의 1638년 기록을 보면, 애초에 윤휴가 삼산(三山)에 있을 때 송시열이 윤휴의 명성을 듣고 직접 찾아와서 교유하기를 청했다는 내용이 보이기 때문이다. 윤휴가 충북 보은(報恩) 삼산의 외가댁에 머문 때는 나이 11~12세, 15세, 20세 때였다. 송시열이 윤휴의 명성을 듣고 찾아가 담화를 나눈 후 높은 학문에 탄복했다고 한 것으로 보건대, 두 사람이 처음 만난 시기는 윤휴의 나이 20세 때인 1636년이라고 할 수 있다. 이때 윤휴를 만나고 돌아온 송시열은 동문(同門)의 대학자인 송준길에게 편지를 보내 "내가 삼산에 가서 윤휴를 만나, 그와 더불어 3일 동안 학문을 논하였다. 그런데 우리들이 30년 독서한 것이 진실로 가소로웠다."라고 하며 크게 탄식했다고 한다.

속리산 복천사 앞에서 송시열을 만나 청나라에 항복한 나라의 운명 앞에 비통한 심정을 금할 수 없어 크게 통곡하고 집으로 돌아온 윤휴는 다시는 과거에 응시하지 않고 문을 닫은 채 독서에만 몰두했다. 일찍 아버지를 잃고 홀로 남은 모친을 모신 윤휴는 속리산에서 돌아온 다음 해(1638년) 나이 22세 때 공주(公州) 유천(柳川)으로 이사하였다. 송시열이 감탄할 정도로 유학의 경서에 관한 풍부한 지식과 높은

윤휴가 송시열을 만나 크게 통곡했다고 알려진 속리산의 복천사.

식견을 드러낸 윤휴는 일찍부터 당시 성리학자(주자학자)들이 금과옥
조처럼 여긴 『성리대전(性理大典)』·『주자대전(朱子大典)』·『근사록(近思
錄)』·『주자어류(朱子語類)』에는 별반 관심을 두지 않고, 오히려 주자 이
전 시대의 원 유학(原儒學) 즉 선진(先秦)과 진(秦)·한(漢)·당(唐) 시대의
경서와 주석을 널리 읽고 참고해 주자의 학문 및 사상적 권위를 스스
로 넘어섰다. 공주 유천에서 머물 때 역시 『논어』에서 『춘추』에 이르기
까지 유학의 경전들을 반복하고 송독(誦讀)해 심신에 체험하면서, "앞
선 유학자들이 밝혀 드러낸 것을 참고하고 고금(古今)의 다스림과 어
지러움을 고증했는데, 밤낮으로 생각하고 탐구하느라 먹고 자는 것을
잊을 정도였다."

특히 윤휴는 특별히 스승을 따로 모시지 않고 오로지 자득(自得)과
체득(體得)의 방법으로 높은 학문적 경지에 올랐다. 그가 주자의 권위
를 넘어서 독자적인 경전 해석과 저술을 내놓을 수 있었던 이유 역시
스스로 탐구하고 사색하면서 얻은 결과가 있었기 때문이다. 공주 유
천에 머문 6년여 동안 윤휴의 학덕(學德)이 외부에 크게 드러났고 명성
이 자자해지자 수많은 유현(儒賢)들이 직접 찾아와 교유하기를 청하였
다. 이들 가운데 휴재(休齋) 권사성, 석호(石湖) 윤여망, 미촌(美村) 윤
길보, 월천(月川) 권수부 등과는 막역하게 교유하였고, 송시열과 송준
길 또한 교유한 이들 중에 있었다.

윤휴는 나이 25세가 되는 1641년, 자신의 이름을 고치고 '개명설(改
名說)'을 지어 그 뜻을 대내에 밝힌 적이 있다. 옛사람들이 자신의 이름
에 담긴 뜻을 글로 적어놓은 경우는 매우 드물기 때문에, 윤휴의 '개명
설'은 호에 대한 글 못지않게 흥미롭다. 윤휴의 원래 이름은 정(鋌)이
었다. 그런데 광해군 때 인목대비를 폐해 서인(庶人)으로 강등하라는

이른바 '폐모론(廢母論)'을 상소한 이정(李挺)이라는 사람이 있었다. 그래서 윤휴의 아버지는 정(鎭)과 정(挺)의 소리가 같다고 해서 항상 "우리 아이의 이름을 어떻게 그러한 자와 같게 할 수 있겠는가."하며 고치려고 했다고 한다. 그러나 일찍 세상을 떠나는 바람에 개명할 기회를 놓치고 말았다. 선친이 남겨준 이름을 쉽게 고칠 수 없었던 윤휴는 오랫동안 고심해 오다가 이때에 이르러 마침내 자신의 이름을 휴(鑴)로 고쳤다. 그리고 휴(鑴)란 글자는 대개 '큰 종'이나 '솥'의 의미를 갖고 있다면서, 그 무겁고 강하고 웅장하고 사람을 감동시키는 성질과 그 속이 텅 비어 환히 볼 수 있고 또한 포용할 수 있는 덕(德)을 취택하려고 한다는 뜻을 밝혔다.

내 이름이 정(鎭)인 것은 아버지의 뜻이 아니었다. 내가 세 살 때 아버지가 돌아가셨는데, 당시 아버지는 단지 나의 아명(兒名)을 지었을 뿐이다. 어렸을 때 아명(兒名)을 부르고, 관례(冠禮)를 치르고 나면 관명(冠名)이나 또는 자(字)를 짓는 것이 우리나라의 풍속이다. 어머니에게 들어보니, 아버지가 살아 계실 때 이름을 정할 뜻이 있어서 '경(鏗) 혹은 정(鎭)' 자를 골라서 어떤 사람에게 이렇게 말씀하셨다고 한다. '이 글자로 우리 아이의 이름을 지으려고 한다. 그런데 경은 본래 갱(鏗) 자로 음(音)이 맞지 않고, 만약 정(貞) 자의 음(音)으로 부르다면 괜찮겠지만 이 또한 이정(李挺)이라는 자의 이름과 소리가 같다. 우리 아이의 이름을 어떻게 그러한 자와 같게 할 수 있겠는가.' 이정(李挺)이라는 자는 당시 조정의 관리로 서궁(西宮, 인목대비)의 폐모론(廢母論)을 주장했다. 이 때문에 아버지는 그자를 미워하셨다. 아아! 아버지의 말씀이 이와 같으니 아버지의 뜻을 가히 알 수 있다. 그러나 아버지가 세상을 떠나셨을 때 나는 강보에 싸여 있던 갓난아기였다. 또한 여러 형제와 나이 많은 어르신은 아버지의 뜻을 알지 못했다. 이에 정(鎮)이라는 이름을 지니고 행세한 지가 지금 25년이나 되었다. 그런데 나는 그 이름을 고치지 못하고 있다. 우리 아버지의 환하게 밝은 마음이 나 자신에 와서 막혔으니, 아아! 이러한데도 오히려 아버지의 뜻을 계승했다고 하겠는가. 자식 된 몸으로 아버지의 뜻을 알지 못하는 것은 참으로 밝지 못한 일이고, 이미 알고서도 행하지 않는 것은 어질지 못한 일이다.

예전에 나의 벗 이상여(李相如)가 여러 차례 내게 말했지만, 내가 어리석고 어두워 살피지 못했다. 지금에 이르러 차츰 지식을 갖췄지만 또한 오히려 마음이 편안하지 않는 것을 알고 일찍이 몇 번이나 사람들에게 상의하고 깊이 헤아려보았다. 그렇지만 데면데면 말하고 취지가 명백하지 않아 아버지의 뜻을 드러낼 수가 없었다. 내 말을 들은 사람들 가운데 어떤 사람은 이름을 중요하게 여겨서 '만약 고쳤다가 상서롭지 못한 일이 있다면 또한 돌아가신 아버지의 본뜻을 잃게 될 것이다'라고 해 곧바로 행하지 못했다. 더욱이 내 마음에는 홀로 다시 이름을 고치는 것이 슬프고 두려운 일이 아닐 수 없었다. 이에 비록 일찍이 이름을 고쳐야겠다는 것을 잊은 적은 없었지만 지금까지 그대로 지니고 있었다. 그런데 오늘에 와서 누군가 나의 속마음을 일깨워주고, 더불어 생각이 감개(感慨)하고 애절해져서 스스로 그만둘 수가 없다. 이에 이름을 바르게 고쳐야겠다는 결심을 하고, 이로써 장차 여러 벗들에게 맹세했다.

자서(字書)를 고찰해보면, 휴(鑴)라는 글자는 '대종(大鍾, 큰 종)'이라고 하였다. 또한 '정(鼎, 솥)'이라고 하였다. 그 글자를 만든 뜻을 궁구해보면, 말과 같은 형상을 하고 하루에 천 리를 달리는 특이한 짐승을 '휴(鵂)'라 이름한다고 하였다. 대개 이 짐승은 매우 큰데, 휴(鑴)가 대종(大鍾, 큰 종)인 것도 이 때문이다. 그래서 정(鎮)이라는 이름을 바꿔서 휴(鑴)라고 부르니, 큰 종의 뜻을 따른 것이다. 또한 종은 무거운 기구이다. 그 물체가 무겁고, 성질이 강하고, 소리는 웅장하며, 용도가 신명(神明)과 통해 사람의 마음을 감동하게 한다. 그 뜻을 헤아려보면, 깊은 궁궐 안에서 치면 구문(九門) 밖까지 소리가 들려서 군자(君子)가 탄식하기를 '진실을 감출 수 없다는 것이 이와 같다'라고 하였다. 더욱이 그 속이 텅 비어 사람들이 환히 볼 수 있고 또한 진실로 포용할 수 있다. 이와 같은 것이 종이 덕(德)으로 삼고 있는 것이다. 그러나 나의 덕을 돌아보면 그러하지 못하니 참으로 그것을 취하는 데 있어 감당하기 어렵다고 할 것이다. 하지만 들어보건대, 옛사람의 말에 '자신의 이름을 돌아보고 거기에 새겨진 뜻을 생각한다'고 하였으니, 스스로 경계하는 법도로 삼은 것이다. 이상의 여러 가지 덕을 헤아리면 진정 불초한 내게 약석(藥石)이 된다. 이에 이름에 대해 자명(自銘)을 지어 옛사람이 패옥을 두르고 너럭바위에 새겨 경계한 것을 대신한다. 숭정(崇禎) 신사년(1641년, 인조 19) 11월 28일에 쓰다.

- 『백호전서』, 「개명설」

주자학의 권위에 정면으로 맞서 자신만의 독창적인 경전 해석을 내놓을 만큼 담대한 기개를 지녔던 윤휴에게 딱 어울리는 이름의 뜻이라고 할 만하다. 공주 유천에서 6년여의 세월을 보낸 윤휴는 1644년 나이 28세 때 마침내 아버지와 조상의 묘소가 있는 경기도 여주(驪州)로 이사해 백호(白湖)가에 거주지를 정하였다. 남한강이 관통하는 여주는 수로(水路)를 이용한 교통과 물류의 요충지로 예부터 비옥한 토지와 풍족한 물산의 고장으로 명성을 떨쳤던 곳이다. 백호(白湖)는 여주군 금사리에 있었는데, 이곳에 제방을 쌓기 전 금사천에 있던 호수였다고 한다.

윤휴가 아름다움을 노래한 백호 호수가 있던 자리. 지금은 작은 개울처럼 변했버렸다.

　백호가에 자리를 잡고 거처한 윤휴는 여기에서 일생을 마칠 계획을 정하고 자신의 호까지 '백호'로 삼았다. 그리고 토지를 관장하는 옛 관직의 명칭인 사토(司土)를 빌려 토지신(土地神)에게 고하는 축문까지 지어 올리며, 평생을 거처할 정착지를 찾은 큰 기쁨을 한없이 만끽했다.

　생각하건대 이곳 여구(驪丘)는 우리 선고(先考)께서 자리 잡으신 곳으로 이미 뽕나무와 가래나무가 있고 소나무와 잣나무도 심어 두었습니다. 세상이 혼란스러워 여기저기 떠돌아다니느라 집안을 제대로 돌보지 못했습니다. 이제 사토(司土)에 보답하려고 하니 이미 상서롭고 이내 모였습니다. 이 고을에 와보니 높고도 깊어서 바로 하늘이 주신 곳입니다. 이에 제 마음이 흡족합니다. 여주(驪州)의 산이 아득하고 여주의 강이 드넓은 이곳에 자리 잡아 침묘(寢廟)를 세웠습니다. 이미 침묘가 이루어져 비바람을 막을 수 있고, 노인은 봉양하고 어린아이는 기르며 시 외우고 책 읽을 수 있다면 제가 할 일 그것 뿐 어찌 다른 무엇을 구하겠습니까? 감히 의지하거나 매달리지 않고 부러움에 허둥대지도 않고 이미 진실로 만족해 오늘 이곳에 들어왔습니다. 앞으로 사토(司土)께서 보우(保佑)해주시고 붙잡아주셔야 하기에 여기 변변치 못한 재물로 감히 밝게 섬기고자 합니다. 지금부터 영원히 경건하게 모시겠습니다.

－『백호전서』, 「백호의 새로운 터전에서 사토에게 고하는 축문〔白湖新居告司土文〕」

아울러 윤휴는 '백호신거기(白湖新居記)'라는 장문의 글을 써 자신이 이곳에 은거한 까닭과 마음속에 품은 큰 뜻을 한껏 드러냈다. 백호 주변의 아름다운 자연 풍광과 그 속에 들어앉은 윤휴의 고고한 기상이 잘 묘사되어 있는 한 편의 걸작 산문이다.

여주(驪州)는 기성(箕星, 동쪽에 있는 별자리)의 한가운데에 자리하고 있다. 우리나라의 지형으로 보자면 등마루가 되니, 국토의 상류에 위치해 있다. 북성(北城)을 베개 삼고 장강(長江)을 옷깃 삼아 빼어난 경치를 이루었다. 강물은 출렁출렁 넘칠 듯 흐르고, 산은 높고 수려하며, 들판은 넓고 평탄하다. 강의 상류와 하류에 이곳을 버려두고 손꼽을 곳이 없다. 북성을 떠나 강을 따라 내려가면 또한 하늘이 내게 준 곳 백호(白湖)를 만나게 된다. 주치(州治)와의 거리는 백 리도 되지 않아 서로 바라보일 정도다. 강의 근원은 오대산과 태백산의 봉우리에서 시작하여 굽어 돌고 꺾어져서 수백 리를 달리다가 속리산의 물과 만난다. 여기에 이르러 충주, 원주, 음성, 이천 등 여러 고을의 물과 합해져 더욱 큰 물줄기를 이룬다. 이 물줄기가 큰 들판을 돌아서 천태(天台)를 물에 잠가 백호(白湖)를 만들었다. 천태의 시초는 진실로 원적산에서 나왔고, 원적산의 시초는 속리산에서 일어나 상당(上黨)을 거치고 태원(太原)을 경유하여 북쪽으로 상산의 서북쪽을 지나서 죽 연이어 오다가 황무(黃武)가 되었다. 다시 꺾여서 동쪽으로 달리다가 여기에 미쳐서 구불구불 뱀처럼 기어가는 지형을 이루고 백호(白湖)에 이르러 끝이 난다. 여주의 형세(形勢)가 대략 이와 같다. 남쪽으로는 충청도와 경상도를 바라보고 북쪽으로는 수도 한양을 가리키는데, 그 가운데 천태(天台)를 의지하고 백호(白湖)를 내려다보며 안은 깊숙하여 넓게 포용할 만하고 밖은 광활하여 큰 들판을 가로질러 마주하고 있는 곳에 바로 내가 거처하는 집이 있다.

갑신년(甲申年) 17년(1644년) 봄에 내가 처음 이 구역에 올라서 한숨 쉬고 감탄하면서, '아! 아름답구나! 이 어찌 하늘이 내게 주어 거처하게 한 곳이 아니겠는가. 어떻게 나보다 앞서 이곳을 얻은 사람이 없었단 말인가?'라고 하였다. 주위를 돌아보고 바라보니, 우뚝하게 솟아올라 험준한 봉우리가 하늘 끝까지 닿아서 동북을 가로지른 것은 용문산의 높은 고개이고, 아득하게 드러나고 넓고 크게 내려와서 더러 돌아 흐르고 더러 곧게 흐르다가 뻗어내고 받아들이고 삼키고 내뿜으면서 동남쪽으로 호탕하게 넘실대며 흘러오는 것은 여강(驪江, 남한강)의 물줄기이다. 둥그렇게 포개어 감아 화산(華山)이 되고, 우뚝하게 일어나 원적산(元積山)이 되어 여주로 들어오는 형세는 마치 머나먼 길을 향해 달려 나가는 준마나 천리마와 같다. 멀리 있는 것은 월악산(月岳山)이고 가까이 있는 것은 우수산(牛首山)이다. 치악산(雉岳山)과 운악산(雲岳山)은 마치 난새가 날아오르고 봉황이 일어났다가 모여 있는 듯 하고, 북성(北城)·오갑(烏甲)·가섭(迦葉) 등 여러 산으로부터 죽 달려 내려오다 구불구불 돌다가 깎아질러 상두산(象頭山)이 되는데 높이 솟아 우뚝한 산세가 마치 주변 산천이 모두 자세를 낮추고 예를 갖춰 고개를 숙이는 듯하다. 이에 수많은 산들이 나는 듯 떠 있는 듯 서로 한데 모여 합쳐서 수십, 수백 리 안에 푸른 숲이 무성하게 우거져서 보였다가 숨었다가 하지 않는 것이 없다. 왼쪽은 용문산(龍門山)이고 오른쪽은 원적산(元積山)이며 앞으로는 장호(長湖)를 두르고 죽 늘어선 봉우리들을 굽어본다.

가시덤불을 베어내고 무성한 수풀을 헤치고 집터를 잡아 내가 울타리를 치고 언덕을 쌓아서 무릎이나 간신히 넣을 만큼 작은 집 서너 칸을 짓고 겨우 비바람이나 막고 추위와 더위를 피할 곳으로 삼았다. 집자리는 햇볕 드는 쪽을 향하고 그늘진 곳을 등졌다. 그 샘물은 마실 만하고 그 토지는 곡식이 자랄 만하다. 소나무는 늙어서 어루만질 만하고 바위는 평평해서 앉을 만하다. 위로는 구름 이는 광대한 하늘을 바라보고 아래로는 넓고 깊은 호수를 마주본다. 구름과 안개가 열렸다 닫혔다 하고 안개비는 내뿜고, 눈과 달과 바람과 꽃은 해질녘과 아침 그리고 낮과 밤에 폈다가 움츠리고, 음양(陰陽)의 변화와 사계절의 기후, 나타났다가 사라지는 갈매기와 백로, 곤새와 두루미의 우짖는 소리, 사람들과 어부나 상인들의 오고 가며 배회하는 모습 등이 무릇 한눈에 들어와 움직이는 가운데 사람들의 기쁨과 즐거움은 물론 근심과 괴로움을 불러일으키고 느낄 수 있게 하는 것들이 또한 잠깐 동안에 수만 가지로 변화하여 끝을 알 수가 없다.

용이 되었다가 봉황이 되었다가 논밭이 있다가 연못이 있어서 만 가지 형상을 마주하고 만 가지 소리를 들으니, 그 산은 만 겹이고 그 물은 만 길이나 된다. 그러니 이곳에 깃들어 휴식할 만하고 이곳에 들어앉아 숨을 쉴 만하다. 어찌 이곳을 곁눈질한 이가 없었겠는가마는, 또한 아무도 그 땅을 만나지 못해 옛적부터 가려져 오다가 지금에서야 드러나게 되었으니, 혹시 이른바 '도(道)가 있는 사람'을 기다리고 있었던 것이 아닐까. 천명(天命)은 자못 기다림이 있다는 것으로 말미암아 나의 생애는 부족함이 없게 되었구나. 내가 무엇을 바라겠는가. 산에서는 고사리와 고비를 캐고, 물에서는 잉어와 쏘가리를 잡고, 무성한 나무를 어루만지며 큰 돌을 배회하기도 하고, 높은 곳에 올라서 먼 곳을 바라다보기도 한다. 이곳에서 노래하고 이곳에서 춤춘다. 이곳에서 누워 쉬고 이곳에 깃들어 마음껏 노닌다. 방 한구석에서 예(禮)를 외우고, 머리카락을 풀어헤치고 시를 읊다가, 거문고를 연주하고 글을 저술한다. 게다가 선왕(先王)의 도(道)를 노래하고 지내다보면 나의 괴로움을 풀어내고 나의 일생을 끝마치기에 충분할 것이다.

나는 동쪽의 작고 구석진 나라의 사람으로 삼묘(三畝)의 작은 집과 한 걸음 밖에 안 되는 좁은 방에 거처하면서 그 족적(足跡)이 마당 밖을 벗어난 적이 없었다. 15세 때 문자(文字)를 알았고, 20세 때에는 고인(古人)의 글을 읽었지만, 30세가 되어서도 소식을 얻지 못해 뜻은 잠기고 대도(大道)는 막혔다. 이에 마침내 책 상자를 열고 장막을 가린 채 책상이 뚫어지고 가죽끈이 끊어지도록 먹는 것과 근심거리조차 잊고서 분발하고 노력하였다. 천하의 글이란 글은 다 읽고 성현(聖賢)의 은미한 말들을 연구하며, 천지의 운행 조화를 관찰하고 고금의 정치와 전란(戰亂) 그리고 흥망성쇠의 자취를 발견하느라 천재(千載)의 기회를 기약하지도 못했다. 간혹 천하의 뛰어나고 기이한 영웅호걸이나 비분강개(悲憤慷慨)한 선비들을 만나 세도(世道)의 흥기(興起)와 패망, 보존과 멸망의 원인과 상하고금(上下古今)에 관한 의론들을 궁구하여 높다랗게 쌓이고 억눌려서 막힌 내 심정을 마음껏 발산하고 싶기도 하다.

돌이켜 보면 나는 이렇게 방황하다가 시나 읊고 탄식이나 하면서 황량하고 적막한 물가에 스스로를 방치한 채 고단하고 졸렬하고 무료하게 지내면서 오로지 전답 사이에 집이나 구하는 일로 세월을 보내고 홀로 잠잘 때나 깨어있을 때나 한탄이나 하고 있다. 영원히 이 동강(東岡)의 언덕이나 지키면서 조정의 출척(黜陟)에 귀 기울이지 않고, 세상사 치란(治亂)에 마음 쓰지 않는다. 영정(嬴政, 진시황)·유방(劉邦)·항우(項羽)의 변역(變易)과 진(晉)나라·한(漢)나라·주(周)나라의 쟁탈전에 대해서도 구태여 알려고 하지 않는다. 이에 대장부의 큰 소망과 사방 온 세상을 유람하고자 한 뜻이 더욱 쇠약해지니, 아! 슬프도다.

옛날 공자와 같은 성인은 위로는 황제(黃帝)·우순(虞舜)·하후(夏后)의 융성한 시대를 관찰하고 아래로는 은(殷)나라·주(周)나라·오패(五霸)의 시대를 상고한 다음, 진(晉)나라·초(楚)나라·제(齊)나라·양(梁)나라 등지를 두루 돌아다녔고 태산(泰山)에 올라서는 '천하가 작다'고 여겼다. 힘이 다해 되돌아왔지만 오히려 탄식한 것이 이와 같았다. 또한 바야흐로 장차 온 세상을 주유하려는 뜻을 높여 뗏목을 타고 대해(大海) 밖으로 나가 세상을 버리고 뜻을 펼치려고 했다. 하물며 보잘 것 없는 나는 작은 세상사에 매달려 악착같이 굽어보며 세월을 다 보내고 있으면서 종국에는 대방(大方, 높은 학문과 넓은 식견)을 밟아보지도 못했다. 저 한 자밖에 안 되는 메추라기가 펄쩍 날아오르려다가 땅에 곤두박질치는 데 만족하는 것에 비교될 뿐이니, 비록 먼 곳을 바라보지는 않는다 하더라도 어찌 정녕 슬프지 않겠는가. 대개 군자는 홀로 거처할 때 이전 세상의 일을 생각하고, 이로 인해 탄식한다. 예전 일을 어루만져 지금을 돌아보면 또한 어찌 탄식하지 않겠는가. 울적하고 답답한 나의 마음은 끝 모르게 길지만 날개가 없어서 높이 날아오를 수도 없다. 기세가 장대한 나의 말이 내달리지만 걱정스럽구나, 내가 세상의 누구와 더불어 달려갈까. 옛사람이 또한 말하기를, '만약 세상에서 구할 수 없다면 차라리 내가 좋아하는 것을 따르겠다'라고 하였다. 내가 듣건대, 비록 성인의 지혜를 지닌 사람이라고 해도 이와 같이 때를 제대로 만나지 못한다면 어찌 시대의 운명이 아니겠는가. 시대의 운명이 그러하다면 또한 어찌 탄식할 것이 있고 다시 어찌 마음에 슬퍼할 것이 있겠는가.

그러한 까닭에 내가 말하건대, 아름다운 것으로 논한다면 그 누추함을 달게 생각하고, 유유자적한 것으로 말한다면 누가 나를 앞서겠는가. 반찬 없는 거친 밥을 먹고 물 마시고 팔 베고 자도 즐거울 따름이고, 나무와 돌과 함께 살고 고라니와 사슴과 벗 삼아도 마음에 맞을 뿐이다. 도리에는 진실로 굽히고 펴는 것이 있고, 사물은 여러 가지를 겸해 취할 수 없는 것이다. 하늘에는 명(命)이 있고, 명(命)에는 때(時)가 있고, 때(時)에는 일(事)이 있다. 그러하니 하늘의 소리에 따라 명(命)에 맡기고 때(時)에 따라서 굳건히 나의 일을 할 뿐이다. 여주(驪州)의 산은 우뚝 솟아 나의 옷깃을 떨칠 수 있고, 여주의 강은 맑아서 나의 갓끈을 씻을 수 있다. 닭을 길러 번식시키고, 나무를 가꾸고, 자식을 가르쳐 키우고, 저 논밭을 내 쟁기로 갈아 경작한다면 비록 굶주리는 흉년이 닥친다고 해도 반드시 내게는 풍년이 될 것이다. 내가 경작한 기장과 벼로 오직 나의 노년을 보양하고, 글을 와우고 시를 읽어 또한 나의 뜻을 구하며, 내가 가꾼 박달나무에서 땔감을 취하고, 고기 잡고 사냥하며 길게 노래하고 느리게 춤을 추고, 홀로 술을 대작하고 스스로 시 읊조리면 나는 이것으로 만족할 뿐이다.

적막하고 먼 이 땅에 누가 와서 내 사는 곳 빼앗겠는가. 진실로 천명(天命)이 여기에 있는데 또한 누가 나의 일을 옮길 수 있겠는가. 중국(中國)에 간다 한들 내게 무엇이 더 보태지겠는가. 터럭 하나를 뽑아서 천하를 이롭게 할 수 있다고 해도 오히려 더욱 인색한 기색이 있을 뿐이다. 더욱이 옛사람은 마음으로 얻은 것을 소중하게 여겼으니, 바깥에서 구하는 것이 이와 같다면 호사스럽지 않은가. 나와 뜻을 함께하는 사람은 또한 내 말이 미치지 못한 것들을 드러내어 옛사람의 '생각을 다한다'는 경계의 말을 궁구해서 서로 끊임없이 나를 일깨워주기 바란다. 안개와 구름, 풀과 나무, 강과 산, 맑은 날과 흐린 날 등의 경관에 이르러서는 나 또한 다른 사람과 함께 즐거움을 나누고 싶다. 능력이 닿는 한 찬양의 말을 더욱 드러내고 떨쳐서 내가 거처하는 곳의 빼어난 경치를 넓게 퍼뜨린다면 그 역시 좋은 일이겠다.

– 『백호전서』, 「백호의 새로운 거처에 관한 기문(記文)」

여기에서 볼 수 있듯이, 백호(白湖)라는 윤휴의 호에는 누추한 집과 넉넉하지 못한 생활 속에서도 장대한 자연을 벗 삼아 웅장한 기상을 품고 거리낌 없이 살아가는 당당한 선비의 풍모가 새겨져 있다. 그러나 백호에 거처하며 은둔의 웅지(雄志, 웅대한 뜻)를 품었지만, 여주는 경강(京江)에서 가까워 뱃길로도 쉽게 올 수 있고 육로로도 오기가 편해 윤휴의 명성을 따라 수많은 명사들이 하루가 멀다하고 그를 찾아왔다. 그러다가 효종이 즉위한 지 7년째 되는 1656년(나이 40세)부터 현종에 이르기까지 시강원 자의(侍講院諮議), 종부시 주부(宗簿寺主簿), 공조 좌랑(工曹佐郎), 시강원 진선(侍講院進善), 사헌부 지평(司憲府 持平) 등에 번갈아 제수되었으나 사양하고 나아가지 않았다. 하지만 숙종이 즉위해 남인계 인사들을 대거 중용하고 십여 차례에 걸친 사직 상소에도 불구하고 계속 벼슬을 하사하자, 마침내 윤휴는 출사를 결심하고 가묘(家廟)에 나아가 뒤늦게 조정에 나아가게 된 이유를 고했다. 비록 자신의 생각을 현실에서 이룰 수 있을지 우려가 된다고 하면서도, '평소 품고 있던 뜻을 펼 기회'를 갖고자 한다는 비장한 각오가 서려 있는 고유문(告由文)이었다. 이때 윤휴의 나이 59세였다.

윤휴와 송시열의 관계는 윤휴가 포의(布衣)의 신분이었을 때에도 학문적으로는 물론 정치적으로도 숙명의 라이벌이었다. 특히 윤휴가 『대학(大學)』과 『중용(中庸)』 등에 주자의 해석과는 다른 독창적인 주석(註釋)을 담은 저술을 잇달아 내놓자 '주자학의 수호신'임을 자처한 송시열의 분노는 극에 달했다. 이와 관련해 윤휴의 '행장(行狀)'에 에피소드 하나가 기록되어 있다. 어느 날 송시열이 자신의 일가 사람인 송기후(宋基厚)의 집에 갔다. 그런데 송기후가 책상에 한 권의 책을 놓고 읽고 있었다. 송시열은 "그대가 읽고 있는 책이 무슨 책인가?"라고 물었고, 이에 송기후는 "이 책은 윤휴가 『중용(中庸)』에 대해서 논의한 책이다. 그런데 그 논설이 이전 사람이 미처 드러내 밝히지 못한 것을 확실하게 밝히고 있다고 할 만하다. 내 마음에 들어 책 읽는 것을 스스로 그만둘 수 없다."라고 대답했다. 송시열은 버럭 화를 내며 "이 책은 바로 주자(朱子)의 논의에 어긋나는 것이다. 후학(後學)을 그르치는 책인데 무엇 때문에 읽고 있는가!"라고 했다. 그리고 윤휴를 심하게 헐뜯고 자리를 떠났다. 그 후로 송시열은 늘 윤휴를 이단이라고 배척하고 다녔다는 얘기다. 윤휴가 『중용설(中庸說)』을 완성한 때는 여주의 백호에 거처를 마련하고 백호라는 호를 쓰기 시작하던 1644년 나이 28세 무렵이다.

이렇듯 젊은 시절부터 윤휴는 '천하의 이치란 한 사람이 모두 알 수 있는 것이 아니다'라는 자신만의 철학을 갖고서, 주자의 학설이 아니라 오직 진리만을 연구해야 한다고 주장했을 뿐만 아니라 주자는 비록 윤휴 자신의 학설과 주장을 인정하지 않을지 몰라도, 공자와 맹자는 반드시 인정할 것이라고 하며 공공연하게 '반주자학'의 입장을 피력했다. 주자의 권위를 정면으로 반박하고 주자학을 벗어나 독자적인 경전 연구와 해석의 길을 걷겠다는 윤휴의 입장에 대해 송시열은 자신의 심정을 이렇게 밝혔다. "윤휴라는 자가 처음에는 말로만 주자를 비난하다가 이제 문자를 지어서까지 주자를 공격했다. 내가 이것은 도저히 그대로 내버려 둘 수 없다고 생각해 마침내 드러내어 윤휴를 배척했다." 이에 송시열은 본격적으로 윤휴를 두고 성인인 주자의 사상과 학문을 그릇되게 어지럽히는 사문난적(斯文亂賊)이라고 공격하기 시작했다. 이렇게 보면, 송시열은 1644년 무렵 부터 수십 년 동안 윤휴를 이단으로 배척하고 사문난적으로 몰아 죽일 기회만 엿보고 있었다고 해도 틀린 말이 아니다.

　송시열의 거센 비난과 공격 앞에서도 윤휴는 의연하게 1667년(나이 51세)과 1668년(나이 52세)에 연이어 『대학설(大學說)』과 『중용장구보록서(中庸章句補錄序)』를 저술해 세상에 내놓았다. 천하의 이치는 결코 한 사람이 모두 알 수 없다는 윤휴의 확고한 견해와 끊임없는 저술 활동은 송시열의 분노와 윤휴에 대한 증오심을 더욱 가중시켰다. 성인(聖人)인 주자가 이미 모든 학문의 이치를 명명백백하게 밝혀놓았는데, 감히 윤휴 따위가 주자학을 더럽히고 모욕하고 있다는 게 바로 송시열의 생각이었다. 그래서 제주도로 귀양 가던 마지막 순간에도 송시열은 스승인 김장생의 묘소 앞에 나아가 "불행하게도 뒤틀리고 그릇된 기운이 뭉쳐서 세상에 나온 윤휴란 자가 있었습니다. 그 자가 감히 주자를 공격하고 배척하기에 전력(全力)을 기울였습니다. 그래서 소자가 제 자신을 돌보지 않고 온 힘을 다해 그 자를 배척하였습니다."라고 하면서, 마치 자기 일생의 최대 업적이자 중대사가 윤휴를 배척하고 죽인 일인 것처럼 자랑스럽게 고하기까지 했다. 주자의 화신이자 주자학의 수호신임을 자부하며 학계와 정계 모두를 장악한 채 모

윤휴의 초상.

든 사람들이 자신의 권위에 복종하기를 바랐던 송시열의 입장에서 윤휴는 학문적으로는 주자학의 법도와 질서를 어지럽히는 도적이고, 정치적으로는 자기 당파(서인)의 권력을 위협하는 역적 그 이상도 그 이하도 아니었다.

수십 년 동안 정치적·사상적 라이벌 관계를 유지해 오던 송시열과 윤휴의 갈등과 대립은 1674년(현종 15, 나이 58세) 벌어진 제2차 예송논쟁에서 윤휴의 주장이 받아들여져 송시열이 파면·유배당하고 서인 세력이 대거 실각하게 되자 회복 불가능한 상태로 접어들게 되었다. 그리고 송시열과 그를 추종하는 서인 세력의 윤휴에 대한 반감과 증오심은 결국 숙종 6년인 1680년 남인 세력을 조정에서 대거 축출한 경신환국(庚申換局) 때 노골적으로 드러났다. 이해 다시 조정으로 돌아와 권력을 거머쥔 서인의 영수 송시열은 윤휴를 사문난적으로 몰아 사사(賜死)했다. 5월 20일 오후, 유배지인 갑산으로 향하던 중 서대문 밖 여염집에 머물며 혹독한 국문 탓에 얻은 장독(杖毒)으로 신음하고 있던 윤휴 앞에 한 사발의 사약이 내려왔다. 그때 윤휴의 나이 64세였다. 송시열보다 10년 늦게 세상에 나왔지만 그보다 9년 앞서 세상을 떠난 셈이다. 그러나 송시열의 만행은 여기에서 끝나지 않았다. 국가 차원에서 윤휴를 사상적으로 매장하는 후속 작업이 이어졌다. 윤휴를 사문난적으로 몰아 죽음에 이르도록 한 송시열의 감정이 유감없이 드러나 있는 기록이, 윤휴의 죽음 7년 후인 1687년(숙종 13) 2월 4일자 『숙종실록(肅宗實錄)』에 실려 있다.

불행하게도 윤휴란 자가 처음부터 이황과 이이의 학설을 배척하고 또한 문간공 성혼은 아예 언급조차 하지 않았습니다. 그가 자신의 학설을 지어 신

(臣, 송시열)에게 보냈기에, 신은 깜짝 놀라 이를 나무랐습니다. 그는 하늘을 쳐다보고 웃으면서 신에게 '당신이 무엇을 알겠느냐?'라고 했습니다. 이미 주자의 주석과 해설을 옳지 않다면서 자신의 견해에 따라 바꾸었고, 『중용』에 이르러서는 장구(章句)를 없애버리고 새로운 주석까지 달아 자신을 따르는 무리에게 주었습니다. 또한 그 마지막에는 자신의 학설을 저술하여 스스로 공자에 견주고 염구(冉求, 공자의 제자)를 주자로 쳐놓았습니다. 처음부터 마지막까지 윤휴의 패류(悖謬)한 짓이 이에 이르러, 세상의 도리를 해침이 매우 심하였습니다. 한때 소위 고명(高明)하다는 사람들이 그에게 중독되었는데, 윤증의 아버지인 윤선거가 특히 심했습니다. …(중략)… 윤휴는 사문난적(斯文亂賊)이고, 윤선거는 당여(黨與)로 주자를 배반한 사람입니다. 춘추(春秋)의 법에 난신적자(亂臣賊子)를 다스리려면 먼저 당여부터 다스렸습니다. 왕자(王者)가 있다면 마땅히 윤선거가 윤휴보다 먼저 법의 처벌을 받게 될 것입니다.

- 『숙종실록』 13년 2월 4일

필자는 윤휴의 '반주자학 선언'은 16세기 종교개혁의 선봉장이었던 마르틴 루터(Martin Luther, 1483~1546)가 교황청과 다르게 성경을 해석한 사건에 비교할 만하다고 생각한다. 주자학의 광기(狂氣)가 지식사회를 휩쓴 조선의 17세기에 윤휴만큼 '사상계의 혁신'을 당당하고 용감하게 외친 선비는 없었기 때문이다. 언제가 장선충이라는 이가 윤휴에게 "온 세상 사람 모두가 선생을 비난하며 배척하는데, 선생은 어떻게 마음에 동요를 일으키지 않을 수 있는가?"라고 물었다. 이에 윤휴는 "무엇 때문에 내 마음이 동요하겠는가. 단지 이 시대를 위하여 개탄할 뿐이다."라고 대답했다. 이에 장선충이 맹자가 말한 '부동심(不

動心)'에 윤휴의 뜻을 비유하였다. 그러자 옆에 있던 황세충이라는 이가 "윤휴의 기상이 맹자의 기상과 같다. 이 때문에 우리 주자학도들이 매우 걱정하는 것이다."라고 대꾸했다고 한다.

윤휴의 죽음 이후 오늘날 '실학'이라고 일컫는 새로운 사상과 지식 경향이 재야 지식인들 사이에서 출현하기 이전까지 조선의 지식 사회는 주자학의 공포 정치에 굴복한 나약한 존재였을 뿐이다. 조선 후기 들어 서인 세력의 집권이 공고화되면서 주자학의 정통성을 부정하거나 그 권위에 도전하는 것은 일신(一身)을 망치는 일이 되었다. 그것은 서인 세력에 의해 권력에 대한 도전이자 체제에 대한 부정으로 해석되었기 때문이다. '침묵'과 '굴종'으로 얼룩진 오욕의 시대였다.

반계 유형원과 잠곡 김육

개혁을 설계한 땅, 부안 우반동과 가평 잠곡

▌ 반계(磻溪) 우반동에서 조선 최고의 개혁서
『반계수록(磻溪隧錄)』을 저술하다

전북 부안 변산(邊山)에 위치한 우반동(愚磻洞)은, 신분 차별이 사라진
새 세상을 꿈꾸다 죽임을 당한 풍운아 허균이 일찍이 마음을 빼앗겨
정착하려 했을 만큼 아름다운 산수와 풍요로운 물산을 자랑하는 곳이
다. 허균은 큰형 허성에게 보낸 글에서 "변산의 남쪽 기슭에는 우반곡
(愚磻谷)이 있습니다. 그곳은 땅이 기름지고 평탄하며 수석(水石)이 아
름다워 경치가 빼어납니다. 소나무와 대나무가 울창하고 개울과 골짜
기가 고요하고 아늑하여 참으로 은자(隱者)가 살 만한 곳입니다. 또한
바닷가여서 물고기와 조개의 생산이 풍부합니다. 소금을 굽고 곡식을
심으면 아무리 흉년이 든다고 해도 사람이 죽을 일은 없을 것입니다."
라고 하였다. 허균이 부안을 처음 찾은 때는 1601년으로 그의 나이 33

세 즈음이었다. 그는 훗날 「산월헌기(山月軒記)」에서 당시를 이렇게 회상했다. "내가 젊었을 때 전운판관(轉運判官)의 직무를 맡아 호남에서 조운(漕運)을 감독하여 해상을 왕래하는 일에 익숙했다. 그때 부안(扶安)의 봉산(蓬山, 변산)을 몹시 좋아하여 그 기슭에 오두막을 짓고 세상을 피해 내 마음대로 살고 싶은 마음이 있었다. 사람들이 말하기를, '산 가운데 골짜기가 있는데 우반(愚磻)이라고 합니다. 가장 거처할 만한 곳입니다'라고 하였다. 그러나 그곳에 직접 가서 보지는 못하고 단지 정신만 그곳을 향해 있었을 뿐이었다." 그러다가 1608년(선조 41, 나이 40세) 가을에 관직에서 해임되자, 허균은 가족들을 모두 이끌고 우반동으로 내려가 집을 짓고 평생을 마칠 결심을 하게 된다. 그리고 정사암(靜思庵)이 있던 곳에 집터를 잡아 중수하고 생계를 연명할 약간의 전장(田莊)까지 갖추었다. 허균은 이때의 일을 '정사암중수기(靜思庵重修記)'라는 글에서 자세히 밝혔는데, 이 글은 우반동의 풍경을 절묘한 필치로 아름답게 묘사한 걸작이다.

부안현 바닷가에 변산(邊山)이 있다. 변산의 남쪽에 골짜기가 있는데 우반동(愚磻洞)이라고 부른다. 부안현 사람인 부사(府使) 김청(金請)이 그 빼어나게 뛰어난 장소를 선택해서 암자를 짓고 정사암(靜思菴)이라고 이름 붙였다. 그리고 늙은 말년에 즐기고 쉴 만한 곳으로 삼았다. 내가 일찍이 나랏일을 맡아 호남을 왕래했는데, 그 빼어난 경치에 대해 귀가 닳도록 들었지만 미처 가서 보지는 못했다. 본래 나는 영예와 이익을 즐거워하지 않아서 항상 후한(後漢) 때의 은자(隱者)인 상자평(尙子平)의 뜻을 가슴에 품고 있었지만 오히려 그 소원을 이루지 못하고 있었다. 올해 공주부사(公主府使)에서 파직당하자, 남쪽 지방으로 돌아갈 결심을 하고 장차 이른바 우반동이라는 곳에 몸을 의탁해 복거(卜居)하였다. 김공(金公)의 아들인 진사 김등(金??)이 '제 선친이 남겨주신 낡은 오두막집이 있습니다. 그러나 저 혼자서는 도저히 지킬 수가 없습니다. 공께서 다시 고쳐서 거처하시기 바랍니다.'라고 하였다. 나는 그 말을 듣고 매우 기뻤다. 고달부(高達夫)와 두 이씨(李氏)와 더불어 말고삐를 나란히 잡고 그곳에 가서 보았다. 개펄과 나란히 작고 좁은 길이 나 있었다. 구불구불 돌아서 가다가 우반동으로 들어섰다. 우거진 풀숲에서 쏟아져 나오는 졸졸 흐르는 개울 물소리가 마치 옥이 부딪치는 듯한 소리를 냈다. 개울을 따라 몇 리를 가지 않았는데 산이 열리면서 드넓은 땅이 나타났다. 좌우의 높고 험한 봉우리는 마치 봉황새와 난새가 수를 헤아릴 수 없을 만큼 무수히 날아오르는 듯한 형상을 띠고 있었다. 동쪽의 산기슭에는 소나무와 전나무 만 그루가 하늘을 찌를 듯 빽빽하게 들어서 있었다.

나는 세 사람과 더불어 곧바로 내가 살 집터를 향해 나아갔다. 동서(東西)로 언덕이 셋 있었는데, 가운데 언덕이 가장 넓고 컸다. 대나무 수백 그루가 울창하게 들어서 파란빛을 싱싱하게 발산하고 있었다. 그래서 인가(人家)가 버려진 터라는 것을 오히려 분별할 수 있었다. 남쪽으로는 넓고 깊은 대해(大海)가 바라다보이고, 그 가운데 금수도(金水島)가 자리하고 있었다. 서쪽으로는 무성한 수풀이 울창한데, 그 속에 서림사(西林寺)가 있어서 승려 몇 명이 거처하고 있었다. 걸어서 개울 동쪽을 따라 올라가 옛적 당산나무를 지나치면 이른바 '정사암(靜事菴)'에 이르게 된다. 암자는 겨우 네 칸 정도인데 벼랑의 바위 위에 지어놓았다. 앞으로 고개를 숙이면 맑은 못이 내려다보이고, 마주 보면 우뚝 솟은 세 개의 봉우리가 서 있었다 날아오르는 듯한 폭포가 푸른 절벽에서 쏟아져 내리고, 마치 흰 무지개가 개울로 내려와 물을 마시는 듯 그윽했다. 나를 포함해 네 사람은 모두 상투를 풀고 옷을 벗고서 못의 바위 위에 걸터앉았다. 가을꽃이 막 피어나고 단풍은 반쯤 물이 들었다. 석양이 아직 산봉우리에 걸려 있어서 하늘의 그림자가 거꾸로 물에 비쳤다. 이곳을 내려다보고 저곳을 올려다보면서 시를 짓다가 읊조리곤 하였다. 홀쩍 세속을 벗어난 풍취(風趣)가 일어나 마치 신선(神仙)인 안기생(安期生), 선문자(羨門子)와 함께 삼도(三島)에서 노닐며 즐기는 것만 같았다. 나는 마음속으로 '다행하게도 건강할 때 벼슬에서 물러나 산수 간에 머물고 싶었던 오래 묵은 빚을 갚을 수 있게 되었다. 또한 숨어 살 곳을 얻어 내 몸을 편안하게 쉴 수 있겠다. 하늘의 나에 대한 보상 역시 풍성하다. 벼슬이 어떤 물건이기에 감히 사람을 조롱할 수 있겠는가.'라고 생각하였다. 고을 수령인 심덕현(沈德顯)이 암자가 폐허가 되어 돌보는 사람이 없다고 여겨 승려 세 사람을 모집하여 쌀과 소금 약간씩을 보태주고 나무를 베어 수리하게 하였다. 또한 관청의 부역(賦役)을 면제해주는 대신 이곳에 거처하며 지키도록 책임을 주었다. 이로 말미암아 암자가 예전 모습으로 복구되었다.

— 『성소부부고(惺所覆瓿藁)』, 「정사암중수기」

우반동을 터전 삼아 평생을 마치려고 했던 허균의 뜻은 오래가지 못했다. 허균의 기이하고 파격적인 행동을 탐탁하게 여기지 않았던 조정 관료와 사대부들이 그를 가만히 내버려두지 않았기 때문이다. 그들은 허균이 조정에서 벼슬하는 것도 마땅하지 않지만 태평세상을 만나 도원(桃源)의 뜻을 품는 것도 옳지 않다는 여론을 일으켰다. 그리고 1609년 1월, 허균을 끝내 서장관(書狀官)으로 임명해 우반동에서 한양으로 불러 올린 다음 명나라로 보내버렸다. 명나라에서 돌아온 이후 형조참의에 올랐다가 다시 유배형에 처해지고 또다시 관직에 복직되는 등 숱한 우여곡절을 겪으면서도 허균은 틈만 나면 우반동을 찾아 심신을 달래고 새 세상에 대한 의지를 다졌다. 그러다 1618년 역모를 꾸몄다는 죄를 뒤집어쓰고 죽임을 당했다.

  새로운 세상을 꿈꾸던 허균이 역적의 누명을 쓴 채 죽임을 당한 이후 우반동은 그렇게 역사의 시선에서 멀어지는 듯했다. 그러나 허균이 세상을 떠난 지 정확하게 35년이 지난 1653년, 허균을 능가하고도 남을 또 한 명의 풍운아가 우반동을 거처로 삼으면서 이곳은 우리 역사에서 가장 중요한 '혁명과 개혁의 땅'으로 화려하게 재등장한다. 실학의 대부인 성호 이익이 조선이 개국한 이래 나라와 백성을 다스리는 시무(時務)를 알았던 사람은 오직 율곡 이이와 이 사람뿐이라고 했던 인물. 북학파의 비조(鼻祖, 시조)인 담헌 홍대용이 우리나라 사람이 저술한 책 가운데 경세유용지학(經世有用之學)은 율곡 이이의『성학집요』와 이 사람이 지은 서책이 있을 뿐이라고 했던 인물. 그렇다. 그는 조선 최고의 개혁서로 평가받고 있는『반계수록(磻溪隧錄)』의 저자 유형원이다.

허균과 유형원이 거처로 삼으면서 '혁명과 개혁의 땅'의 역사에 기록된 전북 부안군 변산 남쪽의 우반동.

유형원은 임진왜란과 병자호란의 중간 정도에 해당하는 1622년(광해군 14)에 한양에서 태어났다. 조선 사회를 뿌리 채 뒤흔든 양대 전란의 한복판에 출생한 그에게는 이미 파란만장한 삶이 기다리고 있었다. 유형원이 태어난 지 불과 1년 만에 그의 아버지 유흠(柳欽)은 이른바 '유몽인의 옥사 사건'에 연루되어 감옥에서 자결하고 만다. 그 후 유형원은 외숙부 이원진과 고모부 김세렴의 보살핌을 받으면서 학문을 배우고 익혔다. 이원진은, 훗날 유형원의 학풍을 이어 남인 실학파의 산실 역할을 한 이익의 당숙이었다. 또한 김세렴은 중국 사정에 밝고 사신으로 일본에도 내왕한 적이 있는 박학다식한 인물이었다. 유형원은 이 두 사람의 영향으로 어려서부터 유학의 경전과 제자백가서는 물론 역사, 지리, 병법, 법률 등 다방면에 걸쳐 학문을 배우고 익히면서 높은 안목과 깊은 식견을 쌓을 수 있었다. 정치·경제·교육·국방·행정 등 모든 방면에서 조선의 현실을 분석하고 개혁 대책을 담은 방대한 규모의 『반계수록』을 저술할 수 있었던 학문적 기틀은 이때 이미 이루어졌다고 해도 과언이 아니다.

유형원은 과거 급제를 통한 입신양명에 크게 뜻을 두지 않았다. 14세 때 병자호란을 겪은 이후 원주→양평→여주 등지로 거처를 옮겨 다니면서 오로지 학문 연구와 양대 전란 이후에 불어 닥친 사회 변화에 대해서만 관심을 쏟았다. 유형원은 평생 진사(進士) 이상의 지위를 누리지 않았다. 진사라는 타이틀조차도 자신의 입신양명을 간절히 바라는 할아버지의 유명(遺命)을 저버리지 못해 과거에 마지못해 응시해 얻었을 뿐이다. 이 때문인지 33세나 되는 늦은 나이에 진사시(進士試)를 치렀고 이후 다시는 과거 시험장에 발걸음도 들여놓지 않았다. 그런데 이보다 1년 전인 1653년(효종 4) 나이 32세 겨울에 유형원은 "고

요하게 거처한 이후에야 안정을 찾을 수 있고 안정이 되어야 깊이 생
각할 수도 있다."라는 옛사람의 말대로 살 뜻을 세우고, 마침내 선조
(先祖)의 오래된 터전과 할아버지 유성민의 전장(田莊)이 있던 전북 부
안현 변산의 우반동으로 거처를 옮겼다. 당시 경기 과천에 살던 유형
원은 도연명의 '귀거래사(歸去來辭)'에 화답하는 글 한 편을 짓고 우반
동으로 들어가는 자신의 심경을 이렇게 밝혔다.

> 돌아가자! 한 해도 저물어 가는데 어찌 돌아가지 않겠는가? 진실로 스스로
> 터득하여 정성스럽게 살아간다면 어찌 바깥의 사물이 내게 슬픔이 될 수 있
> 겠나? 예전에 내가 처음 학문을 시작할 때 오로지 성인(聖人)이 되기를 기약
> 하였다. 강물의 맑음과 탁함을 살피며 털끝만큼이라도 잘못이 있을까 근심
> 하였다. 항상 꿈쩍도 하지 않고 마음을 한곳에 집중하여 똑바로 앉아 한 해
> 를 마치느라 아침에 밥 먹고 겨울에 옷 입는 것조차 잊었다. 번잡하게 사물
> 은 아주 많지만 이치란 예외 없이 조그마한 사물까지 드러내어 밝힌다. 분명
> 함과 드러남 사이에서 날아오르기도 하고 내달리기도 한다. 공경(恭敬)과 의
> 리(義理) 둘 다 지키는 것이 덕(德)에 들어가는 문이니, 물러나 고요한 곳에 숨
> 어도 나는 어두워지지 않을 것이다. 본성을 잃지 말고, 저 허상을 경계하고,
> 이치의 혼란을 다스린다. 고금(古今)의 역사를 바르게 증험(證驗)하고 맹자
> 의 글과 안자(顏子, 안회)의 행동에서 진리를 찾아낸다.
>
> **- 『반계잡고(磻溪雜稿)』,**
> **「도연명의 귀거래사에 화답하는 글(和陶靖節歸去來辭)」**

여기에는 비록 고요하고 궁벽한 곳에 몸을 숨기고 살아도 자신의 뜻
만은 어두워지거나 가려지지 않을 것이라는 드높은 기상과 함께 고금

의 역사를 연구하고 옛사람이 남긴 경전 속 말과 행동에서 진리를 찾아내 장차 세상에 크게 쓸 대책을 만들겠다는 당당한 포부가 담겨 있다. 그리고 부안에 도착하자마자 지은 '부안에 도착하여〔到扶安〕'라는 한 편의 시를 통해서는 백성과 더불어 사는 것에서 즐거움을 찾겠다는 여민동락(與民同樂)의 의지를 피력하기도 했다.

> 세상을 피해 남쪽 지방으로 내려와서
> 바닷가 옆에서 직접 농사지으려 하네
> 창문을 열면 어부들 노랫소리 울려오고
> 베개에 기대면 노 젓는 소리 들려오네
> 포구를 나서면 모두 바다와 통하고
> 멀리 있는 산은 구름에 반쯤 가렸네
> 모래 위 갈매기 놀라 날아오르지 않고
> 장차 그대들과 어울려 함께 살아야지

우반동에 몸을 맡긴 이후 유형원은 자신의 호를 '반계(磻溪)'로 삼았다. 반계라는 호를 풀이하자면 '우반동의 개울'이라는 뜻이다. 실제 우반동의 중앙으로 흐르는 개울의 이름이 반계이다. 그러나 반계는 단순하게 지명(地名)을 취해 호를 삼은 것이라고 해석할 수 없다. 여기에는 숨은 뜻이 있었다는 얘기다.

'강태공(姜太公)'이라는 별호로 더 잘 알려져 있는 여상(呂尙)이라는 인물은 중국의 고대 왕조인 은(殷)나라 말기 폭군인 주왕(紂王)이 다스리는 혼란스러운 세상을 피해 '미끼도 없이 세월을 낚는 일'을 벗삼아 지냈다. 주(周)나라의 국조(國祖)인 문왕(文王)이 책사를 얻기 위해 그를 찾아갔을 때에도 여상은 여전히 낚시질을 하고 있었다. 그런데 강태공이 낚시를 한 그곳의 이름이 다름 아닌 '반계(磻溪)'다. 반계에서 여상은 낚시를 하며 마냥 세월을 보냈던 것이 아니라 성군(聖君)이 자신을 찾아올 때를 기다리고 있었던 것이다. 결국 문왕을 따라 출사(出仕)한 여상은 이후 주나라 개국의 기반을 만들었고, 또한 문왕이 죽고 난 후에는 무왕(武王)을 도와 은나라를 멸망시키고 주나라를 세우는데 일등 공신의 역할을 했다. 이 공로로 여상은 중국 대륙의 가장 동쪽에 위치하고 있는 제(齊)나라를 분봉 받아, 제나라의 시조(始祖)가 되었다.

여상이 혼란스러운 세상을 피해 성군이 나타나 자신을 찾아오기를 기다렸던 것처럼 유형원은 우반동에서 조선을 크게 개혁할 성군이 나오기만을 기다렸을 것이다. 그때가 되면 자신의 경세지학(經世之學)을 크게 펼쳐볼 수 있으리라는 포부와 희망을 품고 말이다. 일찍이 우반동으로 거처를 옮기기 전 과천에서 지은 글에서도 유형원은 분명하게 "비록 세상에서 물러나 조용하고 궁벽한 곳에 몸을 숨기고 살아도 나의 뜻만은 어두워지거나 가려지지 않을 것이다."라고 자신의 의지를 밝힌 적이 있다. 유형원이 호로 삼은 '반계'에는 이렇듯 혼란스러운 세상을 피해 몸은 숨겼지만 자신의 뜻을 펼칠 때가 오면 세상에 나아가 '나라와 백성을 구제할 대책'을 실천하겠다는 깊은 의미가 담겨 있었다. 그리고 실제 유형원은 우반동에 거처한 첫해부터 49세가 되는 1670년까지 무려 18년에 걸쳐 나라와 백성을 구제할 체제 개혁 대책을 연구했고 그 성과를 집대성한 『반계수록』을 저술했다. 이러한 유형원의 우반동 생활에 대해서는 이익이 지은 「반계유선생전(磻溪柳先生傳)」에 아주 잘 나타나 있다.

마침내 남쪽 지방으로 돌아가 부안(扶安)의 변산(邊山) 아래에 거처하였다. 몇 칸 안 되는 작은 오두막집에 서적 만 권을 간직한 채 마음을 다해 깊이 생각하느라 먹고 자는 것조차 잊기에 이르렀다. 항상 고인(古人)에게 한 걸음 미치지 못한 것을 매우 부끄럽게 여겼다. 일찍이 한가롭게 지낼 때 깊게 생각하여 천하의 모든 것을 자신의 소임(所任)으로 삼았다. 또한 세상의 학자들이 시무(時務)에는 통달하지 못한 채 한갓 경전이나 입으로 와우고 눈으로 읽는 것만을 숭상하여 그 말하는 것이 모두 구차할 뿐임을 병통(病通)으로 여겼다. 그 까닭에 집안이나 나라에서 일을 당하게 되면 그릇되고 어긋나서 결국 큰소리만 칠 뿐 실질(實質)은 없는데, 그로 인한 재앙은 백성들이 받는 것을 가슴 아파했다. 이에 선왕(先王)의 법을 가져다가 그 시작과 변천의 내력과 역사를 상세하게 고찰하고 국가의 전적(典籍)을 참고하여 하나의 책을 저술하였다. 그 규모가 광대하고 절목(節目)은 상세하며, 인정(人情)에 증험하고 천리(天理)를 헤아려서 근육과 맥박이 서로 잇대어져 있고 기혈(氣血)이 두루 통하였다. 여기에 『반계수록(磻溪隧錄)』이라고 제목을 붙였으니, 요컨대 오늘날 시행할 만한 것들이다.

- 『성호전집(星湖全集)』, 「반계유선생전」

『반계수록』은 토지 제도 개혁을 다룬 '전제(田制)', 재정 및 상공업 개혁을 다룬 '전제후록(田制後錄)', 교육 개혁을 담은 '교선제(敎選制)', 관료 제도의 개혁을 다룬 '직관제(職官制)', 녹봉제 개혁을 담은 '녹제(祿制)', 국방 개혁을 담은 '병제(兵制)', 지방 체제와 행정 개혁을 다룬 '군현제(郡縣制)' 등에 이르기까지, 일찍이 어느 누구도 감히 시도하지 못했던 정치·경제·사회·교육·국방·행정 등 모든 방면을 두루 다룬 방대한 규모의 개혁서(改革書)였다. 여기에는 현실적인 국가 개혁 방안과 함께 미래 조선 사회에 대한 총체적인 전망이 담겨 있었다. 그러나 이 책이 '조선 최고의 개혁서'라고 불리는 까닭은 무엇보다 경자유전 (耕者有田)과 토지 공유제(土地公有制)를 근간으로 하는 농민 중심의 토 지 개혁을 최초로 제기했다는 점 때문이다. 조선과 같이 농업이 경제 의 근본인 사회에서 개혁의 핵심 과제는 무엇보다 '토지 개혁'이라고 할 수 있다. 토지의 소유 여부에 따라 정치적·경제적 권력의 향방이 결정되기 때문이다.

토지 제도가 허물어지고 사적으로 무제한 토지를 겸병(兼倂)함에 따라 나라 의 모든 폐단이 생겨났다. 아무리 훌륭한 임금이라고 할지라도 토지 제도를 올바르게 하지 못한다면 나라와 백성을 제대로 다스릴 수 없다. 그렇다면 그 원인은 어디에 있는가?

토지는 천하의 근본이다. 근본이 제대로 서면 모든 일이 저절로 잘된다. 그

조선 시대의 사회·경제, 특히 전제(田制)를 연구하는 데 귀중한 자료가 되는 『반계수록』.

러나 근본이 제대로 서지 못하면 모든 일이 혼란에 빠지고 만다. 정치의 기본 요체를 깨우치지 못하면 하늘의 이치와 사람이 하는 일의 이로움과 해로움 그리고 얻음과 잃음이 모두 토지로부터 나온다는 사실을 알지 못한다.

- 『반계수록』, 「서문(序文)」

유형원은 토지 개혁을 통해 자신의 경작지를 소유한 자영농이 나라의 재정과 국방을 담당하는 부강한 조선의 미래를 그렸다. 토지 개혁으로 농민을 수탈하고 국가 재정을 좀먹는 양반 지주 계층을 근절시키고 자영농을 육성해 병농(兵農)을 일치시킨다면 백성의 생업과 나라의 정치는 안정되고, 재정은 풍부해지고 국방은 튼튼해져서 왜란과 호란 같은 외침(外侵)을 능히 물리칠 수 있다는 것이 그의 생각이었다.

그러나 우반동의 반계가에서 세상을 개혁할 방향과 대책을 연구하고 집대성하는 동시에 성군이 자신을 찾아오기만을 기다렸던 유형원은 죽을 때까지 세상에 나오지 않고 초야에 묻힌 채 재야 지식인의 삶을 살았다. 유형원을 조정에 출사하도록 하기 위한 여러 시도들이 있었다. 단적인 예로 현종 6년(1665년, 나이 44세)에 조정의 정승들이 합의해 그를 벼슬자리에 추천한 일이 있었다. 하지만 유형원은 끝내 출사를 거부했다. 그러면서 이렇게 말했다. "내가 재상들을 알지 못하는데, 어떻게 재상들이 나를 안다고 하겠느냐?" 자신이 품은 개혁의 뜻을 펼칠 수 있는 세상이 아니라고 판단한 것이다. 유형원은 자신의 뜻을 저버리면서 벼슬을 하느니 차라리 재야 지식인으로 살다 죽는 것이 낫다고 생각했다. 유형원과 같은 현인(賢人)이 나왔지만 이 현인을 중용해 나라와 백성을 위해 일할 수 있도록 이끌어줄 성군은 출현하지 않았던 것이다. 이것이 필자가 '보수의 시대'라고 정의한 17세기 조선의 '비극'이다.

 비록 유형원은 초야에 묻힌 재야 지식인으로 살다 죽었지만, 그의 개혁 사상은 다음 세기까지 이어져 빛을 발했다. 18세기 들어 우후죽순처럼 등장한 토지 개혁론, 즉 이익의 '한전론(限田論)'과 박지원의 '한전론(限田論)' 그리고 정약용의 '여전론(閭田論)'과 '정전론(井田論)' 등은 모두 유형원의 토지 개혁 사상에 뿌리를 두고 있기 때문이다. 특히 유형원처럼 정치·경제·사회·문화·행정·교육·국방 등 다방면에 걸친 학문 연구와 개혁 사상을 펼친 정약용은 누구보다 『반계수록』을 숙독하고 깊이 탐구했다. 이러한 까닭에 정약용은 유형원이 뛰어난 식견과 경륜을 지녔음에도 산림 속에 묻혀 세상에 쓰이지 못한 것을 크게 한탄하기도 했다. 그런 정약용의 안타까운 심정을 보여주는 한 편의 시가 『다산시문집』에 남아 있다. 유형원이 우반동의 반계가 거처에서 갈고닦았을 큰 뜻과 원대한 목표를 엿볼 수 있는 시편이다.

　　세상을 다스리는 뜻이 진지하기로는

　　반계 유형원을 보았을 뿐이네

　　세상을 구할 큰 목표는 균전법에 있었고

　　천만 개의 그물눈이 서로 통했네

　　정확하고 세밀한 생각으로 틈새를 기워 가면서

　　뼈를 깎아 고치고 다듬고 가늠하려 애를 썼네

　　임금을 보좌할 만한 찬란한 재목이었지만

　　산림에 묻힌 채 늙어 죽으니

　　남긴 글 세상에 가득하지만

　　백성에게 혜택을 끼친 공적 이루지 못해

비명에다 그 사적 새길 만한데

말년에 모진 비난 한 몸에 받고

자손까지 아울러 고난을 겪네

– 『다산시문집』,「고시 이십사 수(古詩二十四首)」 중에서

잠곡(潛谷) 잠곡에서 조선 최고의
개혁 정책 '대동법(大同法)'을 구상하다

조선의 16세기가 '사림의 시대'였다면, 조선의 17세기는 '보수의 시대'였다. 사계 김장생→신독재 김집→우암 송시열로 계보를 잇는 보수적 성리학자들이 정치와 경제 권력을 독점한 것은 물론, 사상과 지식 권력까지 장악한 채 자신들에게 반대하거나 저항하는 사람들을 공격하고 핍박했기 때문이다. 여기에다가 양대 전란으로 인한 혼란까지 겹쳐 이 세기에는 정치적 위기와 사회 경제적 모순이 그 어떤 시대보다 두드러지게 나타났다.

특히 병자호란의 후유증으로 농촌 경제가 피폐해지고 민생이 파탄 나면서 가혹한 공역(公役)과 조세에 대한 부담 탓에 각지에서 백성들이 자신의 터전을 떠나 유랑하거나 심하게는 도적으로 변해 살아가는 현상이 크게 번져 사회 문제가 되었다. 결국 이 문제는 조정 내에서 공론화되었고 '보수파'와 '개혁파' 관료 사이에 대논쟁을 촉발하게 되었다. 비록 서인(西人)으로 대표되는 보수 세력에 몸담고 있었지만 '백성이 편안해야 나라에 이롭다'는 안민익국론(安民益國論)을 주장하면서, 민생을 모든 정책의 최우선에 둔 개혁적인 관료들이 존재했기 때문에 가능

한 일이었다. 당시 개혁파 관료들을 대표했던 사람이 김육이었다. 김육은 신분 질서와 사회 통제의 강화를 목적으로 하는 '호패법(號牌法)'을 통해 사회 경제적 문제를 해결하려는 보수파 관료들에 맞섰다. 그가 들고 나선 것은 과중한 공물(貢物)에 따른 백성들의 세금 부담을 획기적으로 덜어주어 민생을 개선하려는 목적을 지닌 '대동법(大同法)'의 시행이었다.

김육의 초상.

호패법과 대동법을 둘러싼 보수파와 개혁파 간의 최초 논쟁은 김육이 경기도 가평 잠곡(潛谷)에서 다시 중앙 정계로 돌아온 직후인 1623년(인조 원년)에 일어났다. 당시 최명길, 유공량 등 보수파 관료들은 백성의 유랑민화나 도적화를 방지하기 위해서는 호패법을 실시해야 한다고 주장했다. 반면 김육, 조익과 같은 개혁파 관료들은 호패법은 사회 정치적 불안과 위기감을 한층 더 고조시킬 뿐이므로 먼저 민생을 안정시켜야 한다면서 대동법의 시행을 주장했다. 특히 김육은 호패법을 철폐하자는 주장에 그치지 않고 호패를 지니고 다니는 자에게 죄를 주자는 급진적인 주장까지 내세웠다. 백성을 감시하고 사회를 통제하는 방식으로는 결코 민생 안정과 나라 재정을 복원할 수 없다고 생각했기 때문이다. 그러나 당시 김육의 의견은 받아들여지지 않았다. 결국 이 논쟁은 김육이 충청도 관찰사로 나가 대동법의 시행을 다시 건의한 1638년으로 연기되고 만다.

대동법은 사회를 통제하고 감시하며 과중한 공역과 세금으로 백성들의 고혈을 짜내는 데 혈안이 되었던 관리들이 판을 치는 암흑의 시대에 백성들에게는 한 줄기 빛과 같은 역할을 한 개혁 정책이었다. 그렇다면 김육은 어떻게 해서 '대동법'과 같이 민생을 최우선에 두는 정책을 입안하고 시종일관 그 시행을 주장할 수 있었던 것일까? 그 답은 김육이 34세 때 벼슬에 대한 뜻을 접고 한양을 떠난 후 10여 년 동안 몸소 농민들과 더불어 농사짓고 살았던 경기도 가평 잠곡(潛谷) 시절에서 찾을 수 있다.

선조 13년인 1580년 한양의 서부 마포리에서 태어난 김육은 퇴계 이황의 제자였던 지산(芝山) 조호익에게 처음 가르침을 받다가, 15세 때 해주에 가서 율곡 사후 서인(西人)의 큰 스승이자 정신적 지주나 다름없던 우계 성혼에게 학문을 배웠다. 이로 인해 김육은 당색(黨色)으로 보면 서인의 정통에 속했다. 김육을 가르친 성혼은 그의 남다른 자질을 눈여겨보고 "이 아이는 반드시 크게 될 재목이니, 가르칠 만하구나."라고 칭찬했는가 하면, 그 일기(日記)에서는 "학문의 이치를 크게 통달하였다. 시와 문장이 모두 맑고 원만하며 기묘하고 흥취가 있다. 지혜와 재주가 뛰어난 기동(奇童)이라고 할 만하다."라고 썼다. 대학자 성혼의 예견대로 김육은 26세(1605년, 선조 38) 때 사마시(司馬試)에 합격하고 연이어 성균관시(成均館試)에서 장원을 차지하며 문명(文名)을 떨쳤다.

그러나 승승장구할 것 같던 김육의 인생은 광해군이 즉위하면서 큰 격랑을 만나게 된다. 광해군이 즉위한 지 2년 째 되는 해(1610년)에 김육은 태학생(太學生)의 신분으로 정여창·김굉필·조광조·이언적·이황 등 이른바 '오현(五賢)을 문묘(文廟)에 종사해 달라'는 상소문을 올려 이를 성사시켰다. 그런데 당시 정권을 잡고 있던 대북파(大北派)의 영수 정인홍이 이언적과 이황을 문묘에 종사하는 것은 온당치 않는 일이라는 상소문을 올려 반대하고 나섰다. 조식의 직전 제자였던 정인홍은 자신의 스승은 제외시키고 이황만 문묘에 종사하는 것을 용납하기 힘들었던 것이다. 당시 김육은 성균관의 학생회장 격인 재임(齋任)이었는데, 이 소식을 듣고 몹시 분노하여 성균관 유생들과 상의한 끝에 유학자의 명부인 청금록(靑襟錄)에서 정인홍의 이름을 삭제해버렸다. 이 일로 말미암아 김육은 정치 생명에 치명적인 타격을 입게 된다. 대북파의 힘에 의지해 권력을 유지하던 광해군은 청금록에서 정인홍의 이름을 지워버린 김육을 엄하게 처벌하려고 했다. 그나마 다행하게도 이항복과 이덕형의 간청으로 사건이 무마되면서 김육은 간신히 처벌만은 면할 수 있었다.

김육은 벼슬에 나가보았자 자신의 뜻을 펼칠 수 없다는 사실을 깨닫고 일찍이 전란(임진왜란) 중이던 17세 때 고모부를 따라 가본 적이 있는 경기도 가평 잠곡의 청덕동(淸德洞)에 홀로 들어가 우거할 결심을 한다. 이때가 광해군 5년(1613년)으로 김육의 나이 34세였다. 그리고 김육은 잠곡의 지명을 취해 자신의 호로 삼으면서 오직 은둔에 뜻이 있을 뿐임을 내외에 밝혔다. 그의 문집인 『잠곡유고(潛谷遺稿)』에 남아 전해오는 「역사서를 보고 느낌이 있어서(觀史有感)」라는 시를 읽어보면, 한양 도성을 떠나 궁벽한 시골인 잠곡에 은둔할 결심을 했던 당시 그의 심정이 어떠했을지 짐작해볼 수 있다.

옛 역사서 보고 싶지 않으니

읽다보면 매양 눈물이 나기 때문이네

군자는 반드시 곤란을 겪고 재앙을 당하나

소인배는 자신의 뜻 많이 얻었네

일이 성공할 만하면 문득 패망이 싹트고

안정을 이루고자 하면 이미 위험에 이르렀네

하(夏)·은(殷)·주(周)의 삼대(三代) 아래로는

하루라도 다스려진 것 보지 못했네

백성은 또한 무슨 죄인가

저 푸른 하늘의 뜻 까마득해 알 길 없네

이미 지난 일이 오히려 이와 같은데

하물며 오늘날의 일이야 어쩌하겠나

   아무런 생계 수단 없이 무작정 잠곡으로 옮겨 온 김육은 처음 토굴을 파서 거처를 꾸미고 살았다. 몸소 화전(火田)을 일구고 농사짓다가, 그것으로도 연명할 수 없으면 숯을 구워 한양까지 무려 130여 리의 길을 걸어가 팔기도 했다. 이렇듯 농부의 삶을 살면서 김육은 (자신이 타고난 신분의 운명대로 벼슬길에 올랐다면 평생 겪어보지 않았을) 백성의 곤란과 고통을 몸소 뼈저리게 체험했다. 특히 김육은 다음 해에 가족들까지 모두 잠곡으로 데려오면서 한양을 향한 한 가닥 마음까지 끊어버렸다.

   그런데 잠곡에 은둔한 김육은 비록 벼슬의 뜻을 버렸을지는 몰라도 잘못된 세상을 향한 비분강개한 뜻까지 접은 것은 아니었다. 이러한 사실은 김육이 잠곡에 들어간 지 2년 만에 지은 '회정당(晦靜堂)'이라 이름 붙인 작은 집의 대들보에 올린 상량문(上樑文)과, 당대 최고의 문장가였던 계곡(谿谷) 장유가 쓴 「회정당기(晦靜堂記)」에 고스란히 남아 있다. 여기에서 회정당(晦靜堂)은 '군자이회처정사(君子以晦處靜俟)', 곧 '군자는 숨어 살면서 고요하게 기다린다.'라는 옛글에서 뜻을 취한 것이다.

어진 사람은 산을 좋아하고, 지혜로운 사람은 물을 좋아한다. 이에 감히 군자의 참된 앎을 말하고 등용되면 나아가 행하고 버려지면 물러나 은거하는 것이니, 공자의 밝은 가르침을 따르기를 소원한다. 이미 몸을 의탁할 곳이 있으니 바라건대 무릎 펴고 편안하게 쉴 만하다. 이 집 짓는 사람은 태어날 때부터 어리석고 어두워서 인간사에는 모두 졸렬하다. 어려서는 학문을 좋아해 항상 다른 사람보다 뒤떨어지지 않을 것을 기약했지만, 나이 들어서는 능력이 되지 않아 오히려 속된 선비들에게 비웃음만 받았다. 대범하고 솔직해 시속(時俗)과 어울리기 어려웠고, 세속을 떠나 이리저리 떠돌며 멀리 유람하였다. 비바람 불어 닭이 우니 북쪽의 문에 나아가 걱정하며 술에 취했고, 구름 뚫고 하늘 속으로 기러기 날아가니 동쪽의 언덕 향해 슬픈 노래 불렀다. 저 근평(斤平, 가평)의 서쪽을 돌아다보니 청덕동(清德洞)이라 부르는 곳이 있는데, 땅은 넓어 농사짓기 마땅하고 샘물은 맑아 생활하기 알맞다. 푸른 산의 절벽은 만 길이나 높이 솟아 늠름하기가 마치 당당한 고인(高人)과 같고, 짙푸른 못은 천 척(尺)이나 맑게 모여 그 속에 신물(神物)이 잠기고 서려 있다. 탁 트인 들판과 적막한 물가는 이른바 광대하고도 심오하다. 고라니와 사슴은 무리 되고 푸른 소나무는 벗이 되니 가히 넉넉하고 누릴 만하다. 굽이굽이 이끼 덮인 바위는 모두 엄자릉(嚴子陵)이 낚시하기에 마땅하고, 가꾸고 일군 벌판과 진펄은 진실로 장저(長沮)와 걸닉(桀溺)이 경작하기에 알맞다. 처자식과 의논하니 모두 좋다 하고 거북점을 쳐보니 길하다고 하였다. 이에 세 칸 모옥(茅屋) 짓고 백 년 은둔처로 삼으려고 하였다. 대강 짓고 대강 이루었으나 오히려 신도반(申屠蟠)의 나무집보다 낫고, 여기에 거처하고 여기에 머무르니 제갈량(諸葛亮)의 초려(草廬)보다 덜하지 않다. 회정당(晦靜堂)이라고 이름 붙여 문 위에 걸고 거처와 은둔의 뜻을 부친다. 겉으로 드러내지 않고 안으로 품는다는 함장(含章)의 때와 뜻을 살피니 어찌 문장으로 꾸미겠는가. 거정(居貞)의 효사(爻辭)를 완미하여 스스로 즐거워할 따름이다. 부족하나마 그대로 누워서 쉬고 여기에서 소요(逍遙)한다. 몇 길이나 높은 당(堂)은 내가 뜻을 얻어도 짓지 않고, 천 칸의 커다란 집 또한 추위나 가리는 데 마음이 있을 뿐이다. 이곳 두 대들보에 떡을 던져서 육위(六偉)의 움직임을 미력하나마 돕는다.

'동쪽 대들보에 떡 던져라/큰 계곡 가운데에 폭포가 날아오르듯 걸려 있네/계곡 입구 소나무 숲 바윗돌 위에/차가운 소리에 푸른빛은 사계절이 똑같구나/서쪽 대들보에 떡 던져라/멀고도 먼 역참(驛站) 가는 길 빙 돈 개울 접해 있네/다리 건너는 나그네 어찌 그리 다급한가/오고 가고 오고 가니 해는 서산에 떨어지네/남쪽 대들보에 떡 던져라/말산 높이 솟아 깊은 못에 꽂혔네/천 그루 고목이 빽빽하고 울창하게 얽혀 있네/한 줄기 가벼운 연기 어두운 새벽 끼어 있네/북쪽 대들보에 떡 던져라/망망하게 먼 들판 산등성이 연이어 있네/밭두둑 끝 바라보니 마치 풀이 자리 편 듯하네/이따금 농부 노래 목동 피리 소리 들려오네/위쪽 대들보에 떡 던져라/흰 구름은 조각조각 바람 타고 날아가네/무심하게 펴다가 말다가 푸른 하늘에 떠 있네/개울가에서 두건 벗고 하루 종일 바라보네/아래 대들보에 떡 던져라/세상 피해 사는 사람 집에 한 점 티끌 떨어지지 않네/앞마당은 시원하게 뚫려 있어 산골짜기 시냇물 굽어보네/울타리는 기울고 듬성듬성하니 맑고 깨끗하게 고쳤네'

엎드려 바라건대, 상량(上樑)한 후에 구름 숲이 색깔 바꾸고 산과 물이 빛을 더해 희미하고 푸르스름하게 떠다니는 안개를 항상 마루 창문 통해 마주 대하게 하소서. 계절 따라 달라지는 경치 더욱 빼어나고 호랑이와 표범, 뱀과 이무기 숲속에서 자취 감춰 환란과 재해 모두 없애소서. 집안은 안녕하고 이웃 마을이 화목하면 곳곳마다 꽃과 버들 저절로 피니 어찌 무례하게 지휘함이 방해가 될 것이며, 가는 곳마다 즐겁게 논매고 밭을 가니 유사(有事)의 징발을 볼 수 없고, 산중(山中)의 지극한 즐거움을 영원히 보존하고, 세상 밖 번잡한 말을 듣지 않게 하소서.

－『잠곡유고』,「회정당상량문」

김육은 잠곡에 새로이 지은 집에 '회정당'이라는 편액을 걸고 상량문까지 지어 '숨어서 고요하게 살아가는 뜻'을 붙이고, 구석구석 밭을 갈고 김을 매며 산중에서 살아가는 즐거움을 누리고 세상 바깥의 번잡한 말에는 신경 쓰지 않겠다고 했다.

그렇지만 대문장가 장유는 회정당에 새긴 뜻이 사실 '숨어 살면서 고요하게 때를 기다리는 것'이라는 점을 온전히 밝히면서, "숨어 사는 것이 막바지에 도달하면 반드시 드러나게 마련이고, 고요하게 거처하는 것이 극치에 이르면 반드시 움직이게 된다. 저 우레와 번개가 잠복해 있는 것만 보아도 알 수 있지 않은가."라고 했다. 김육이 비록 지금은 어쩔 수 없이 잠곡의 산중에서 조용하게 숨어 지내지만 때가 오면 천둥과 번개처럼 천하를 뒤흔들며 등장할 것임을 장유는 예견하고 있었던 것이다.

김백후(金伯厚, 김육의 자)가 가평의 화개산(華蓋山) 양지바른 곳에 터를 골라 집을 지은 다음 『황극내편(皇極內篇)』의 '범수(範數)'에 의탁하여 점괘를 보았다. 이에 일지삼(一之三)의 수(守)를 얻었는데 그 점괘에 '군자는 이로써 숨어 살면서 고요하게 기다린다'라고 하였다. 마침내 그 말을 취해 자신이 거처하는 당(堂)에 회정(晦靜)이라고 이름 붙였다.

드러내고 감추고 움직이고 고요하게 머무는 것은 바로 하늘의 도(道)이다. 하늘의 도는 밤에 감추었다가 낮에 드러내고, 겨울에 고요하게 머물렀다가 봄에 활발하게 움직인다. 이렇게 보면 고요함은 움직임의 근본이 되고, 감추는 것은 드러내는 것의 기본이 된다. 비록 그렇다고 해도 몸을 감추고 숨어 사는 것이 진실로 좋다고 하지만 자신을 닦는 것이 없어서는 안 된다. 고요하게 거처하면서 때를 기다리는 것이 진실로 좋다고 하지만 자신을 기르는 일이 없어서는 안 된다. 자신을 닦지 않고 숨어 살기만 한다면 어둡고 캄캄해져서 흐리멍덩해질 뿐이고, 자신을 기르는 일 없이 고요하게 거처하기만 한다면 메마르고 적막해져서 몰락할 따름이다.

또한 일찍이 나는 『중용(中庸)』에서 그러한 논설을 얻은 적이 있다. 거기에는 '비단옷 위에 오히려 겉옷을 입은 것처럼 도(道)는 은은하게 날로 드러나야 한다. 은미하게 드러나는 것을 안다면 덕(德)에 들어갈 수 있다.'라고 적혀 있었다. 이 말은 숨어 살면서 자신을 닦는 도리이다. 또한 거기에는 '다른 사람이 보지 않을 때 경계하고 삼가며 다른 사람이 듣지 않는 곳에서 몹시 두려워한다.'라고 적혀 있고, '움직이지 않아도 공경하고 말을 하지 않아도 믿게 되면 사람의 눈에 띄지 않는 곳에 있어도 부끄럽지 않다.'라고 하였다. 이 말은 고요하게 거처하면서 자신을 기르는 도리이다. 이렇게 보면 몸을 숨기고 사는 것과 고요하게 거처하며 기다리는 것은 두 가지 도(道)가 아니고, 자신을 닦는 것과 자신을 기르는 일 역시 두 가지 방법이 아니다.

옛날 군자는 편안하게 거처하는 것으로서 하늘의 명(命)을 기다렸을 뿐 그밖의 것은 바라지도 않았다. 그래서 험악한 상황에 처하더라도 천하를 경륜

할 포부와 계획을 축적하면서 소쿠리 밥과 표주박 물도 달게 여기고 고관대작이 누리는 즐거움도 뿌리칠 수 있었던 것이다. 시동처럼 가만히 있어도 용의 기상이 드러나고 깊은 못처럼 잠잠하지만 우레 소리가 난다. 그윽하고 깊숙한 곳에 거처하며 떠나지 않아도 중화(中和)를 이루어서 천지 만물의 지위를 바르게 하고 융성하게 길러 준다.

김백후는 집안에서 시(詩)와 예(禮)를 전수받아 학문이 이루어지고 행동이 갖추어졌다. 태학(太學, 성균관)에서 노닐 때는 우뚝하게 높은 인품으로 명망을 쌓았다. 그러나 영예를 좇아 벼슬에 나아갈 뜻이 없어서 과장(科場)을 피한 채 먼 곳에 가서 살고자 했다. 스스로 궁벽하고 적막한 산골짜기 속으로 들어가 바위굴에 거처하며 개울물을 마셨다. 마치 장차 이러한 생활로 세상을 끝마치려는 듯했다. 그러나 또한 회정(晦靜)의 가르침을 늘 마음에 두고 잊지 않아서 문 위에 걸어 두고 좌우명으로 삼아 아침저녁으로 바라보고 살폈다. 이와 같이 그의 뜻은 나날이 높고 밝아져 광대한 경지로 나아가지 않는 한 멈추지 않을 것이다.

그러나 숨어 사는 것이 막바지에 도달하면 반드시 드러나게 마련이고, 고요하게 거처하는 것이 극치에 이르면 반드시 움직이게 된다. 저 우레와 번개가 잠복해 있는 것만 보아도 알 수 있지 않은가. 소리를 거두고 빛을 갈무리하여 아무런 조짐도 볼 수 없을 때는 그 존재를 알지 못하다가 급기야 기운이 이르고 계기가 드러나 움직이면 순식간에 번쩍이며 빛을 발하고 산악을 울리며 하늘을 환히 밝히는데 어느 누구도 막을 수가 없다. 이것이 회정(晦靜)의 작용이다. 장차 도(道)가 폐해지게 될지 어떤지는 참으로 간치 알 수가 없다. 만약 그렇지 않다면, 나는 김백후가 회정(晦靜) 속에서 끝내 자신의 빛을 감추고만 있을 수는 없으리라고 생각한다.

- 『계곡집(谿谷集)』, 「회정당기」

인조반정(仁祖反正)으로 광해군이 임금의 자리에서 쫓겨나고 새로이 인조가 즉위한 직후 중앙 정계에 복귀한 김육이 마치 때를 기다렸다는 듯이 '대동법을 시행하라'고 일갈한 것을 보면 장유의 말이 허장성세가 아니었음을 알 수 있다. 또한 김육은 1619년(광해군 11) 나이 40세 때에는 '귀신 이강(贏羌)'과 '늙은 여우(老狐)'에 빗대어 당시 권력에 눈이 멀어 나라를 망치고 자신의 배를 불리려고 백성의 고혈을 쥐어짜는 권신(權臣)과 간신배들을 풍자하기도 해 자신의 뜻이 단지 산중에 숨어서 조용하게 사는 데만 있지 않음을 온 세상에 알리기도 했다.

　　옥황상제 곁에는 조그마한 귀신이 있는데
　　그 이름을 이강(贏羌)이라고 하네
　　비쩍 말라서 날카롭기가 마치 바늘과 같고
　　형체는 가늘고도 길쭉하네

경기도 평택에 세워진 대동법 시행비. 1605년 영의정으로 있던 김육이 직접 세웠다.

대보름날 밤 컴컴한 어둠을 타고

머리를 풀어 헤치고 웃옷과 아랫도리를 걷어 올리고

하늘에서 스스로 사뿐히 내려오네

뜻과 기운 어찌 그리 양양(揚揚)한지

바람과 구름을 말과 수레 삼고

해와 달빛이 나지 않아 좋아하네

인간 세상 두루 주행(周行)하며

이 나라 저 바다 아무 곳이나 마구 가네

구중(九重)으로 둘러친 궁궐 대문도 오히려 밀어젖히는데

어찌 몇 길 높이 담장으로 막겠는가

부호(富豪)의 집은 건너뛰고

가난하고 천한 사람 사는 마을 두루 도네

주인이 잠들기를 가만히 엿보다가

신발을 훔치고 불행과 재앙을 내리네

집집마다 의심하고 두려운 마음에

대문 닫아걸고 깊숙이 몸 감추네

아이들은 감히 나오지 못하고

부녀자들은 서로 놀라고 두려워 허둥대고

조화(造化)의 권세 제 맘대로 부리고

생(生)과 사(死)의 그물망 잡고 있네

오랜 옛날부터 전해오는 이 이야기는

그 말이 참으로 허황되고 황당하네

사람의 삶에는 정해진 분수가 있어서

대명(大命)은 높고 푸른 하늘에 걸려 있는데

작고 하찮은 한 마리 요사한 귀신이

비록 독을 내뿜은들 어찌 상하게 할 수 있겠나

하물며 밝은 옥황상제가

아래 세상 구석구석 비춰 보시고

온갖 신(神)들 자기 자리 지키며

성신(星辰)은 밝은 정기 쏘아 대니

어찌 이런 괴상한 귀신 용납해서

망령되게 기세 떨치게 하리

다만 생각하건대 천도(天道)는 멀리 있고

작은 뜻으로는 헤아리기 어려워서

사악한 것이 참으로 바른 것을 해치고

이치가 더러 그 상도(常道)와 어긋나기도 하니

까마득히 넓은 하늘 속에서

어찌 요사한 기운이 창성함이 없겠는가

깊이 생각하건대 온갖 감회 일어나

아마도 역시 맹랑하지는 않는데

어찌하면 의천검(倚天劍)을 얻어서

구름 베고 그놈 내장 도려낼까

－『잠곡유고』, 「이강」

우리 집의 남쪽 산 북쪽 골짜기에

짙게 그늘 드리운 큰 나무 마치 묶어놓은 듯 빽빽하네

등나무와 담쟁이덩굴 감기고 엉켜 대낮에도 어두운데

그 속에 여우 살아 바위 아래 엎드려 있네

옛 노인들 서로 전하기를 자호(紫狐)의 정(精)이

능숙하게 모습 변해 사람 속여 홀린다네

더러 사람 사는 집을 향해 손에 불을 들고 있는 모습하고

더러 북두성에 절을 하고 머리에 해골 이고 있는 모습하고

어둠을 틈타 산에서 나와 요사스런 행태 부리며

온갖 아양 떨며 춘정(春情)을 일으켜 사람 눈을 현혹하네

연지와 분 발라 가볍게 화장하고 진주와 비취로 장식하고

환한 눈에 새하얀 이 마치 옥(玉)과 같은 얼굴에

생긋 웃어 때때로 보조개를 만들고

갑자기 토라져 수심 가득한 듯 미간을 찡그리다가

달콤한 말로 다시 속삭이는 것이 마치 피리를 다루듯이

미혹되어 어두운데 그 누가 진실과 거짓 환히 밝히겠나

예로부터 젊은이들 수도 없이 빠졌으니

그 누가 목석(木石) 같은 심장을 가졌겠는가

장차 재빠르게 금(金)과 옥(玉)으로 정표를 만들어서

밤마다 성 주변을 경쟁하듯 뒤쫓아 가니

혼을 잃고 정기는 상해 죽을 조짐 나타나도

막적(莫赤)이 치명적인 짐독(鴆毒)이라는 것을 깨닫지 못하네

여우가 아양 떨며 사람을 홀린다는 이야기는 옛 역사에도 실려 있어

괴이한 사건 예전부터 더러 있었지

내가 듣건대 천 년을 산 여우가 음부(淫婦)로 변화한다는데

이런 요물을 어찌하여 재빨리 죽이지 않는가

또한 듣건대 꼬리 아홉 달린 여우가 우리나라에 있다는데

이런 요물이 어찌하여 내 집 가까이에 있는가

원하건대 굳세고 강한 활에 백 개의 금 화살을 구해

여우 무리 전부 쏘아 일시에 쓸어버리고 싶네

－『잠곡유고』, 「늙은 여우」

1613년 나이 34세에 시작된 김육의 잠곡 생활은 인조반정이 일어나 광해군이 임금의 자리에서 쫓겨난 1623년 나이 44세 때까지 계속되었다. 햇수로 따지면 강산이 한 번 변할 세월이었다. 그런데 이 10년 동안 백성들과 더불어 살면서 실제 농부의 삶을 살았던 김육은 중앙 정계에 있었으면 도저히 알 수 없었을 '민생 현장'을 뼈저리게 체험했다. 강상윤리(綱常倫理)와 사농공상(士農工商)의 엄격한 신분 질서를 강조하며 양반 사대부 계층과 자기 당파의 기득권을 지키는 일에 온 힘을 쏟았던 서인에 속했으면서도, 만약 백성과 나라와 임금과 관리의 이해관계가 달랐을 경우 먼저 '백성의 뜻'을 따라야 한다고 주장한 김육의 민본 사상과 개혁 성향은 다름 아닌 잠곡의 10년 생활을 통해 자각(自覺)하고 자득(自得)한 것이었다.

앞서 여러 사례에서 보았듯이, 한양을 떠나 궁벽한 시골에 우거한 선비들은 많다. 그러나 그들은 한양에 있을 때나 시골에 있을 때나 여전히 백성 위에 군림하던 사대부였다. 그들은 김육처럼 농부로 살지도 않았지만, 김육과 같이 민생 현장에 대한 뼈저린 자각도 백성이 편안해야 나라에 이롭다는 안민익국의 자득도 구하지 않았다. 아마도 잠곡에서 농부로 살면서 김육은 '대동법'과 관련한 정책 구상을 이미 마무리했을 것이다. 만약 그렇지 않았다면, 어떻게 10여 년 동안이나 중앙 정계를 떠나 있던 사람이 조정에 나오자마자 곧바로 대동법의 시행을 주장할 수 있었겠는가? 이렇듯 잠곡과 대동법은 결코 떼어놓고 생각할 수 없는 관계를 맺고 있었다.

그렇다면, 대동법이 도대체 무엇이기에 백성의 삶을 안정시킨 조선 최고의 개혁 정책이라고 하는 것인가? 대동법은 기존의 조세 수취 체제에서 두 가지를 근본적으로 바꾸어놓는 경제 개혁 정책이었다. 그 하나는 지방 군현의 가구 단위로 부과하던 공물을 토지 소유 면적을 기준으로 부과하도록 바꾼 것이다. 가구 단위로 조세를 부과하는 방식은 토지의 소유 여부 또는 많고 적음에 관계없이 일정하게 공물을 납부하도록 했기 때문에 토지를 많이 소유할수록 이익을 얻는 폐단을 낳았다. 다른 하나는 지방 토산물을 거두어들이는 조세 방식을 일정한 수량의 베나 쌀로 통일해 납부하도록 바꾼 것이다. 이것은 지방 토산물(현물)의 납부에 따른 점퇴(點退, 받은 물건을 살펴보아 마음에 들지 아니한 것은 도로 물리침)와 방납의 폐단을 근본적으로 차단해 백성들의 조세 부담을 획기적으로 덜어주었다.

이와 같은 이유로 대동법은 토지가 없거나 또는 적은 토지를 소유한 일반 백성의 삶과 생업을 안정시키는 효과를 낳았다. 반면에 그동안 많은 토지를 보유하고 있으면서도 공물 납부의 부담을 일반 백성에게 전가시켰던 부호나 지주, 방납 활동으로 막대한 이득을 누렸던 상인, 공물 수납 과정에서 부정한 이득을 취했던 지방 관리들에게는 얻을 것은 하나도 없고 잃을 것밖에 없는 개혁 정책이었다. 특히 지방의 부호나 지주 그리고 관리의 이익을 대변해주는 한편 자신들이 바로 대토지 소유자였던 중앙의 고위 관료들 역시 대동법이 자신들에게 이로울 것이 전혀 없다고 여겼다. 이들은 거대한 정치 사회 세력을 이루어 김육이 내세운 대동법을 적극 반대하고 나섰다. 이로 인해 김육을 중심으로 한 개혁파와 이를 반대하는 보수파 간에 대논쟁이 벌어지게 된 것이다.

앞서 말한 대로 1623년 첫 번째 논쟁에서 참패한 김육은 충청도 관찰사가 된 1638년(인조 16, 나이 59세)에 다시 대동법 시행을 임금에게 건의하면서 이 논쟁에 재차 불을 지폈다. 김육의 건의는 지방 토호 세력과 양반 계층 그리고 방납 활동을 하는 상인들과 관리들이 중앙의 보수파 관료들과 결탁해 완강하게 저항하면서 또다시 좌절되고 만다. 그로부터 8년이 지난 1646년(인조 24) 나이 67세에 대동법 시행을 둘러싸고 다시 논쟁이 붙었지만, 보수파 관료들의 반대와 세수입의 감소를 염려한 인조의 우유부단함 때문에 대동법은 끝내 시행되지 못했다. 결국 인조 재위 기간 동안 대동법에 관한 논의는 전혀 진전되지 못했다.

인조가 사망하고 효종이 새로이 즉위하자 김육을 중심으로 한 개혁파 관료들은 또다시 삼남(충청도·경상도·전라도) 지방에 대동법을 실시하자는 의견을 올렸다. 조정은 다시 개혁파 대 보수파로 나뉘어 대논쟁을 벌였다. 이때 보수파 관료의 수장은 김집이었다. 조정은 공납제를 개혁해 대동법을 시행하자는 김육의 개혁파(한당)와 대동법을 반대하고 공납제의 일부 개선과 호패법의 실시를 주장하는 김집의 보수파(산당)로 분열되었다. 온 조선을 뒤흔든 대논쟁의 결말은 '호서 지역(충청도) 실시, 호남 지역 불가'라는 절충안으로 매듭지어졌다. 그 후 5년이 지난 1657년(효종 8, 나이 78세) 김육은 다시 효종에게 호남 지역에도 대동법을 실시해야 한다고 주청했고, 다음 해 비록 전라도 해안 주변의 마을에서나마 대동법이 시행되었다. 그리고 이해 김육은 79세의 나이로 세상을 떠났다. 잠곡에서 다시 세상으로 나온 이후 평생 대동법 시행에 목숨을 걸었다고 해도 틀리지 않는 김육의 삶이었다.

경기도 남양주시 삼패동에 있는 김육의 묘. 김육은 대동법 시행을 평생의 업으로 삼았다.

김육의 고군분투로 뿌리를 내리게 된 대동법은 단순히 조세 체제의 개혁에 그치지 않았다. 대동법은 조선 후기 상공업과 시장 경제 발달에 막대한 영향을 끼쳤다. 지방 토산물을 현물로 납부하던 공납제 시절에는 중앙 관청에서 필요로 하는 물품을 만드는 관영 수공업 이외의 민간 수공업은 발달할 수 없었다. 그러나 베와 쌀만 조세로 수취하는 대동법이 실시되면서 중앙 관청은 필요한 물품을 구입할 때 공인(貢人)이라는 민간 상인에게 일정 비용을 지불하고 물품을 조달하도록 했다. 그래서 공인 계층은 관청과 민간 수공업을 중계하는 역할을 했다. 이들은 관청에 납품할 물건을 주로 한양의 시전(市廛)이나 지방의 장시(場市)들을 통해 조달했다. 한편으로는 민간 수공업자들과 거래하거나 직접 수공업장을 개설하기도 했다. 이로 인해 시장 경제가 크게 성장했고 상공업 활동은 활발해졌다. 일반 백성들 역시 쌀이나 베를 마련해 조세를 납부해야 했기 때문에 자신들이 생산한 다른 여러 농산물이나 물품을 시장에 내다 팔았다. 이 과정에서 백성들은 상업적 농업을 경험하거나 상품 교환 경제에 참여하게 되었다. 그리고 이것은 다시 시장 경제를 활성화시키는 계기가 되었다.

대동법은 이렇듯 조선 후기 농업, 수공업, 상업의 생산 및 교환 활동을 자극하면서 상품과 시장 경제의 싹을 틔웠다. 대동법 같은 개혁 정책으로 양대 전란의 후유증을 말끔히 털어내고 새롭게 사회 경제적 활력과 성장 동력을 찾았기 때문에, 조선은 18세기 영·정조 시대에 들어와 경제 부흥과 문화 융성을 맞이할 수 있었다. 필자가 대동법을 가리켜 '조선 최고의 개혁 정책'이라고 치켜세우는 이유가 바로 여기에 있다. 대동법은 100년 앞을 내다본 정책이었다. 그리고 그 정책은 김육이 평생 호로 삼았던 잠곡에서의 삶이 준 위대한 선물이었다.

성호 이익과 순암 안정복

실학의 산실(產室), '성호학파'

지식 혁명, 학문과 지식에 대한 사고의 대전환(大轉換)

인문학을 공부하다보면, 역사에는 일세(一世)를 지배하는 시대적 추세와 정신 사조가 있다는 생각이 든다. 조선사도 마찬가지다. 이와 관련해 필자는 율곡 이이가 산 16세기를 '사림의 시대', 우암 송시열이 산 17세기를 '보수의 시대'라고 언급한 적이 있다. 그렇다면 18세기는 어떻게 말할 수 있을까? 필자는 이 시기를 '혁신의 시대'라고 부르고 싶다. 18세기 100년 동안 정치·경제·사회·문화·예술 등 모든 방면에서 최대의 화두는 단연 개혁(改革) 혹은 혁신(革新)이었기 때문이다. 특히 지성사의 측면에서 볼 때, 18세기 조선은 가히 '지식 혁명'이라고 불러도 좋을 만큼 기존의 학문과 지식에 대한 사고의 대전환이 일어났다. 이러한 시대적 추세와 정신 사조는 세 가지 차원에서 고찰해볼 수 있다.

첫째는 성리학(주자학)만이 유일한 가치이자 학문이라고 여겼던 전통적인 개념의 지식인(사대부)들이, 중인 이하의 계층이나 배우고 다루는 '잡학(雜學)'이라 외면하며 배척한 영역들에 새롭게 학문적 가치를 부여하고 공부와 탐구의 중요한 대상으로 삼았다는 점이다. 성리학 세계에서 학문과 지식의 정통은 경학(經學)과 사서(史書)였다. 경학과 사서 이외의 학문은 주변 지식 혹은 사소하고 하찮고 보잘것없는 잡학에 불과했다. 사대부는 유학의 경전이나 성리학서만을 읽고 배우고 연마하고 수행해야 하며 그 밖의 다른 무엇에도 마음을 두어서는 안 된다. 이들 외에 읽어도 될 만한 서책은 역사서가 허용될 뿐이다. 그런데 성호(星湖) 이익은 "나는 사람과 만나 대화할 때 일찍이 유학의 학술을 갖고 말하지 않았다. 아무런 이익이 없기 때문이다."라고 했는가 하면, 자신의 조카이자 제자인 이병휴에게 보낸 편지에서는 "너는 이미 실학(實學)에 종사하고 있으므로 마땅히 실무에 뜻을 두고 헛된 일을 해서는 안 된다."라는 충고까지 했다. 다시 말해 사람들의 실제 생활에 아무런 이로움도 없는 유학이나 성리학의 고담준론보다는 일상생활에 유용하고 사회 현실에 필요한 학문과 지식을 추구해야 한다고 한 것이다.

실용적인 사고와 현실적인 용도에 바탕을 두고 학문을 해야 한다는 이익의 철학은 유학과 성리학의 경계를 뛰어넘어 당시 사대부들이 외면하고 배척했던 경제·풍속·천문·지리·문화·공예·종교·음악·산학(算學)·과학 기술 등 모든 분야로 학문과 지식의 영역을 확장시켰다. 평생을 경학과 사서에 파묻혀 사는 것보다는 오히려 세상에 유용하고 백성에 이로운 학문을 공부하고 지식을 탐구하며 정보를 검색하는 것이 더 가치 있다는 사고가 바로 오늘날 우리가 '실학'이라고 부르는 이익의 철학이었다.

이익은 이러한 자신의 철학을 담은 학문을 가리켜 '사설(僿說)', 곧 '자질구레한 혹은 하찮은 학설이나 이론'이라고 부르기를 주저하지 않았다. 더욱이 이익의 수제자였던 안정복은 이러한 학문을 가리켜 '하학(下學)'이라고까지 불렀다. 하학은 공자의 '하학(下學)하고 상달(上達)한다'는 말에서 뜻을 취한 것으로, 안정복은 하학에 대해서 "주변에서 흔하게 보거나 들을 수 있고 실제 생활에 가까운 것을 말한다. 흔하게 보거나 들을 수 있고 가까이 있어서 쉽게 알 수 있다는 것은 일상생활에서 유용한 도리가 아니고 무엇이겠는가. 이러한 용도와 공업을 거듭 쌓는 데 그치지 않을 뿐이다."라고 밝혔다. 또한 하학을 저속하고 천박하다고 업신여기면서 '천인성명(天人性命)'이니 '이기사칠(理氣四七)'이니 하는 담론이나 학설만을 고상하다고 여기는 이들을 가리켜 끝내 재기(才器)를 성취하지 못해 학문하지 않은 사람보다 못하다고 힐난했고, 심지어 심학(心學)이나 이학(理學)은 모두 '허공에 매달려 있는 빈말(懸空說話)'에 불과하다고 비판했다.

　둘째는 성리학(주자학)을 성학(聖學)이자 정학(正學)이라고 숭배하면서 중화(中華) 이외 외부 세계의 학문과 지식을 사학(邪學)이라고 비난하는 것으로도 모자라 탄압하기까지 했던 폐쇄적·보수적 주자학자들과는 다르게 이익은 서양의 학문과 지식은 물론 종교(천주교)에 대해서도 매우 자유롭고 개방적인 태도를 보였다. 시대의 변화에도 불구하고 여전히 화이론적(華夷論的) 세계관에 사로잡혀 있던 주자학자들은, 자신들이 중화로 숭상하고 섬긴 명나라가 오랑캐인 여진족의 청나라에 멸망당하자, 중화의 적통이 조선으로 옮겨왔다는 소중화(小中華)의 이념을 만들어냈다. 그리고 청나라와 서양의 사상과 문화를 오랑캐의 것에 지나지 않는다면서 배척과 증오의 대상으로 삼았다. 특히 서양

이익의 초상.

의 종교인 천주교에 대해서는 사문(斯文, 주자학)을 어지럽히는 사학(邪學)의 근원이라고 보아 크게 탄압했고, 덩달아 천주교에 뿌리를 두고 있다고 해서 서양의 지식과 과학 기술의 도입까지 거부했다.

그러나 이익은 서양의 천문지리학을 공부하고 수용하면서 오히려 세계를 '중화와 오랑캐'로 구분하는 주자학의 화이론적 세계관이 얼마나 황당하고 어처구니없는 논리인지를 깨달았다. 화이론적 세계관이 깨지면서 청나라는 선진 학문과 문물의 관문(關門)이고, 서양은 선진 과학 기술과 문명을 배울 수 있는 보고(寶庫)가 되었다. 이러한 까닭에 이익은 신후담 등 제자들에게 '서태(西泰, 이탈리아의 예수회 선교사로, 중국에 가톨릭 포교의 기초를 쌓고 『기하학 원론』 등의 서양 학술을 소개한 마테오 리치(Matteo Ricci, 1552~1610)의 자)의 학문은 소홀히 여길 수 없다'고 거듭해서 강조했다.

실제 18세기 조선에는 명나라 말기부터 청나라에 이르기까지 중국에서 활동한 유럽 출신의 선교사와 학자들이 서양의 학문과 지식을 한문으로 번역해 소개한 다양한 종류의 서적들이 들어와 있었다. 한 연구에 따르면, 서양의 선교사들이 중국에 들어와 한문으로 번역한 서양 서적은 437종이나 된다. 이를 주제별로 살펴보면 종교서가 251종,

지리·지도·언어 문자·철학·교육 등 인문 과학서가 55종, 수학·천문·생물·의학 등 자연 과학서가 131종이다. 종교 서적을 제외한 인문·자연 과학서가 186종이나 되는데, 이 가운데 100여 종이 조선에 유입되었다고 한다.[14]

이익은 이들 서학서(西學書)를 거의 열람하고 탐독하고 기록으로 남겼다는 점에서 독보적인 서양 전문가였다. 특히 그는 당시 동아시아 지식인들의 새로운 세계관 형성에 결정적인 영향을 미친 예수회 신부 애유략(艾儒略, 줄리오 알레니(Giulio Aleni, 1582~1649)의 중국 이름)의 『직방외기(職方外紀)』에 발문(跋文)을 썼는가 하면, 중국에 최초로 천주교를 선교한 이마두(利瑪竇, 마테오 리치의 중국 이름)가 쓴 종교 교리서인 『천주실의(天主實義)』에 대한 발문(跋文)까지 지었다. 이 글들을 읽어보면, 이익이 서양의 최신 학문과 종교를 단순히 독서하는 데 그치지 않고 독자적이고 비판적인 해석을 통해 그것의 수용 여부를 따져보고 가늠했다는 것을 알 수 있다. 실학의 양대 산맥으로 어깨를 나란히 했던 북학파에 대비하여 성호학파(星湖學派)를 서학파(西學派)라고 부르는 까닭 역시 바로 모든 방면에 걸쳐 서양의 학문과 지식을 적극적으로 탐독하고 비판적으로 해석하면서 새로운 학풍을 불러일으켰던 이익의 지적 탐구와 작업이 존재했기 때문이다.

마지막으로 필자가 조선의 18세기를 혁신의 시대 특히 '지식 혁명의 시대'라고 부르는 가장 큰 이유는 세상의 모든 지식과 정보를 섭렵하고 집대성하겠다는 인류 역사상 가장 위대한 지적 모험과 여정을 행동에 옮긴 이른바 '백과전서파'가 출현했기 때문이다. 여기에서 잠깐

---

14 정옥자 외, 『정조 시대의 문화와 사상』, 돌베개, 1999, 208쪽에서 인용

시선을 세계사로 돌려보자. 18세기에 인류의 지성사가 이룩한 가장 위대한 지적 작업과 그 성과물은 프랑스 계몽사상가들이 편찬한 『백과전서』(정확한 제목은 '백과전서 또는 과학, 기술, 공예에 관한 합리적 사전')라고 할 수 있다. 그리고 현재까지도 세계 백과사전의 대명사로 불리는 영국의 『브리태니커 백과사전』 역시 18세기 중후반인 1768년에 초판이 발행되었다. 동아시아의 역사를 살펴보면, 일본에서는 『화한삼재도회(和漢三才圖會)』라는 백과사전이 1713년에 나왔다. 중국에서는 1728년에 모든 분야의 학문과 지식을 총망라한 백과사전이자 고금의 도서를 집대성한 총서인 『고금도서집성(古今圖書集成)』이 간행되었고, 다시 이 『고금도서집성』을 저본(底本)으로 하여 1785년에는 『사고전서(四庫全書)』라는 역사상 최고·최대 규모의 총서를 완성하였다.

그렇다면 동서양을 막론하고 왜 18세기에 이렇듯 백과사전이 대거 등장하고 대유행을 이루었을까? 그것은 18세기에 들어와 이전까지 지식인들을 강력하게 지배했던 전통적인 세계관이 몰락하고 기존의 정치-지식 권력이 급속하게 쇠퇴하거나 붕괴하면서 새로운 학문과 지식을 추구하는 거대한 흐름이 출현했기 때문이다. 예를 들어 동아시아에서는 '화이론적 세계관'이 몰락하면서 유학 혹은 성리학이라는 정치-지식 권력이 쇠퇴했고, 유럽에서는 '기독교적 세계관'이 붕괴되면서 종교와 신학의 정치-지식 권력이 힘을 잃었다. 그리고 이 폐허 속에서 새롭게 등장한 학문과 사상 그리고 최신의 지식과 정보, 특히 일상생활과 관련된 실용적인 지식과 혁신적인 산업 및 과학 기술을 모두 아울러 집대성하기에 가장 적합한 저술 형태가 바로 '백과사전'이었다.

이익은 40세를 전후한 시기부터 책을 읽고 사색을 통해 얻거나 제자들과 질문하고 답변한 수많은 내용들을 기록해 두었다. 이익의 나이 80세가 되었을 때 집안의 조카이자 제자들이 이 기록들을 정리해 책으로 편찬했고, 이익은 여기에다가 『성호사설(星湖僿說)』이라는 제목을 붙였다. 이 책은 앞서 언급한 이익의 새로운 철학을 담은 학문과 지식인 '사설(僿說)'을 종합하고 집대성해놓은 백과사전이었다. 여기에는 천지(天地, 천문·지리·강역)와 만물(萬物, 의식주·곤충 및 동식물)에서부터 인사(人事, 인간 사회 및 학문·사상)와 경사(經史, 경학과 역사서)와 시문(詩文, 시와 문장 비평) 등에 이르기까지 총 3,007개 항목의 학문 및 지식에 관한 이익의 해석과 설명이 실려 있다. 『성호사설』은 고대로부터 18세기 중반까지 조선의 학문과 지식은 물론 외부 세계로부터 조선에 들어온 모든 지식과 정보를 집대성한 백과사전의 결정체였다.

안정복 역시 '백과사전파'의 일원이었다. 안정복은 스승 이익의 뜻을 받들어 『성호사설』에서 가장 중요한 내용을 다시 뽑아 엮은 『성호사설유선(星湖僿說類選)』을 편찬했을 뿐만 아니라, 그 자신 또한 백과사전류의 서책을 남겼다. 잡동사니와 같은 잡다한 지식과 정보를 모아놓았다고 해서 스스로 '잡동산이(雜同散異)'라고 이름 붙인 안정복의 책에는, 경학(經學)과 조선 및 중국의 각종 제도·기록 및 문헌, 사물의 명칭이나 도수(度數), 백성의 일상생활이나 야담 및 야화 등이 실려 있다. 이익의 '사설(僿說)'에 견줄 수 있는 안정복의 '하학(下學)'의 성과물이 다름 아닌 『잡동산이』였다. 이렇듯 이익과 안정복은 사제지간으로 18세기 '지식 혁명'을 선도한 새로운 유형의 지식인이었다.

이익이 이룩한 거대한 지적 탐구와 작업의 결과물은 그의 직전 제자와 그를 사숙(私淑)한 제자들에게 전승되어 실학의 최대 학파라고 할 수 있는 이른바 '성호학파'를 형성했다. 남인 계열이 중추를 이룬 성호학파는 그 인적 규모와 역량 면에서 노론 계열의 북학파를 능가했고, 소론 계열의 실학파를 대표하는 달성(達城) 서씨(徐氏) 가문(서명응·서호수·서유구 등)을 압도했다. 이익을 따라 배운 제자들의 구성은 혈족인 여주(驪州) 이씨 가문 출신의 제자들, 안정복과 같은 가계(家系) 이외의 제자들, 정약용처럼 이익이 사망한 후 사숙한 제자들로 나누어 살펴보아야 할 만큼 그 수가 많다. 정약용이 쓴 이가환의 묘지명인 '정헌묘지명(貞軒墓誌銘)'에 따르면, 이익의 아들인 이맹휴는 실용적인 학문에 뛰어났고 조카인 이용휴와 이만휴는 각각 천문학과 문학 그리고 경제학에 밝았다. 그리고 손자뻘인 이중환은 지리학, 이가환은 역사학과 서학, 이철환은 박물학(백과사전)으로 이름을 날렸다. 이외에 안정복은 역사학, 황운대는 천문학, 윤동규는 지리학, 신후담은 문학, 권철신은 경학으로 명성을 떨쳤다. 마지막으로 이익을 사숙한 제자로는 실학을 집대성했다고 평가받는 대학자 정약용과 그의 형 정약전 그리고 사실주의 문학을 창달했다고 평가받는 이학규 등이 있다. 하나같이 당대는 물론 사후까지 실학의 각 분야에서 대가의 반열에 오른 인물들이다. 학자들이 이익을 가리켜 '실학의 마르지 않는 샘' 혹은 '실학의 무수한 별들을 길러낸 거대한 호수'라고 한 말이 결코 허장성세가 아님을 알 수 있다.

▎성호(星湖) 실학의 큰 별들을 품은 성호장(星湖莊)과 육영재(六楹齋)

이익의 집안은 남인의 명문가였다. 그러나 이 때문에 그는 태어날 때부터 당쟁의 피바람을 온몸으로 겪어야 했다. 그의 아버지 이하진은 숙종 때 사헌부의 수장인 대사헌(大司憲)을 지낼 만큼 남인을 대표하는 거물급 인사였다. 이하진은 이익이 태어나기 2년 전인 1679년에 당시 남인 청남파(淸南派)의 영수였던 허목이 사직하고 조정을 떠날 때, 이를 적극 만류하고 나섰다가 정쟁에 휘말려 외직인 진주목사로 좌천되어 나갔다.

그런데 1680년(숙종 6) 남인이 대거 숙청당하고 서인이 다시 집권하는 경신환국(庚申換局)이 일어났다. 이때 이하진은 진주목사에서 파직을 당했고 얼마 지나지 않아 평안도 운산(雲山)으로 유배형에 처해졌다. 이익은 1681년 10월 18일 아버지가 귀양살이하던 운산에서 출생했다. 불행한 탄생이었다. 게다가 이익이 태어난 지 채 1년이 되지 않은 1682년 6월 14일 아버지 이하진은 유배지에서 한 많은 생을 마감했다.

아버지가 사망하자 이익은 강보에 쌓여 어머니의 품에 안긴 채 선대로부터 집안의 터전이 되어온 광주(廣州, 지금의 경기도 안산)의 첨성촌(瞻星村)으로 돌아왔다. 이때부터 죽을 때까지 이익은 평생토록 첨성촌에서 지냈다. 특히 이익은 친족인 모보(某甫)라는 이에게 지어준 '육오소와기(恧烏小窩記)'라는 글에서, 자신이 살고 있는 첨성촌의 집이 '성호지빈(星湖之濱)' 곧 성호라고 불리는 호수가에 자리하고 있다고 언급했다. 그리고 잘 알려져 있다시피, 이익은 바로 안산 첨성촌의 집 옆에 있던 별빛이 아름답게 비추는 호수인 이 '성호(星湖)'를 자호로 삼았다. 이익이 평생 거처했던 곳의 지명을 취해 호로 삼고 또한 성호 이외에 다른 호를 사용하지 않았다는 사실은, 그가 사망한 후 기록을 남긴 조카 이병휴와 제자 윤동규 그리고 정조 시대 남인의 영수였던 채제공 등 여러 사람의 신뢰할 만한 증언을 통해서 확인할 수 있다.

선생의 성은 이씨(李氏)이고 이름은 익(瀷)이며 자(字)는 자신(子新)이다. 광주(廣州)의 첨성(瞻星)에 살았다. 이러한 까닭에 성호(星湖)라고 자호(自號)하였다.

- 이병휴, 『성호전집』, 「가장(家狀)」

선생의 성은 이씨(李氏)이고 이름은 익(瀷)이며 자는 자신(子新)이다. 광주(廣州)에 자리한 선조(先祖)의 묘소 아래 첨성리(瞻星里)에서 살았다. 그래서 성호(星湖)라고 자호(自號)하였다.

- 윤동규, 『성호전집』, 「행장(行狀)」

선생의 이름은 익(瀷)이고 자(字)는 자신(子新)이며 성은 이씨(李氏)이다. 광주(廣州)의 첨성리(瞻星里)에 은거하면서 도리를 닦으셨다. 이 때문에 성호(星湖)라고 자호(自號)하였다.

- 채제공, 『성호전집』, 「묘갈명(墓碣銘) 병서(幷序)」

태어나자마자 아버지를 잃은 이익에게 정신적으로나 학문적으로나 가장 큰 영향을 끼친 사람은 둘째 형 이잠(李潛)이었다. 11세가 되는 1692년(숙종 17) 무렵부터 이잠에게 글을 배우기 시작한 이익은 입신양명에 뜻을 두고 온 힘을 쏟아 경학(經學)과 과거 공부에 매달렸다고 한다. 그러나 26세가 되는 1706년(숙종 32) 9월 아버지의 죽음에 이어 다시 찾아온 큰 불행이 청년 이익의 꿈을 처절하게 짓밟아버렸다. 어렸을 때부터 이익에게 아버지이자 스승 역할을 했던 이잠은 이때 예전에 세자(장희빈 소생으로 훗날의 경종) 책봉을 격렬하게 반대했던 노론의 영수 송시열의 태도를 다시 논박하고 김춘택 등 권·척신(權戚臣)이 임금의 위세를 업고 조정을 장악한 채 신하들을 협박하여 사방에서 세자에게 칼날을 겨누고 있다는 요지의 상소(上疏)를 했다. 그러나 이미 남인을 내친 숙종은 이잠의 상소가 남인의 잔당이 노론의 대신을 모함하여 죄망(罪網)에 몰아넣는 것이라 여기고 이잠을 잡아들인 다음 친히 국문했다. 당시 이잠이 벼슬하지 않은 유학자의 신분이었음에도 불구하고 대역 죄인을 다룰 때나 하는 친국(親鞫)을 한 사실로만 보아도, 숙종과 노론의 대신들이 얼마나 이성을 잃고 분노했는가를 알 수 있다. 이잠은 무려 18차례에 걸친 혹독한 고신(拷訊)을 당했지만 자신의 뜻을 굽히지 않고 버티다가 끝내 장살(杖殺)당하고 만다.

아버지에 이어 자신이 가장 존경하고 따랐던 둘째 형마저 당쟁의 칼바람 앞에 무참하게 살육당하자 이익은 엄청난 충격을 받았다. 과거 공부나 벼슬에 나갈 뜻을 버린 것도 이때였다. 이때부터 죽음을 맞는 1763년까지 무려 57년간 이익은 성호가의 집 성호장(星湖莊)에 몸을 의탁한 채 독서와 사색과 저술을 일생의 소임으로 알고 살았다. 그리고 이곳에서 이익은 이전 시대 조선의 어떤 지식인도 밟지 않은 학문의 영역을 섭렵했고, 그 누구도 도달하지 못했던 지식의 경지에 올랐다. 성호장에서 이익은 시간적으로는 고대와 당대, 공간적으로는 동양과 서양을 아우르는 학문과 사상을 연구했고 모든 방면에 걸친 백과사전적인 지식 탐구와 전방위적인 정보 검색을 통해 명실상부한 실학의 일인자이자 큰 스승으로 우뚝 솟았다. 반세기에 걸친 이익의 지적 작업은 앞서 언급했듯이, 나이 80세 때 집안이 조카이지 제지들이 정리해 편찬한 『성호사설』에 고스란히 남아 오늘날까지 전해지고 있다. 훗날 안정복이 '천해지심광야(天海之深廣也, 하늘과 바다처럼 깊고 넓다는 뜻)'라고 밝혔을 만큼, 이 책은 18세기 조선의 지식인이 도달한 학

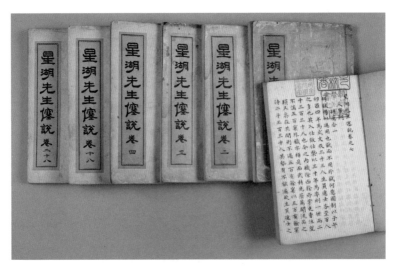

이익이 평소에 지은 글을 모아 엮은 『성호사설』.

문과 지식의 넓이와 높이 그리고 깊이를 보여주는 명저 중의 명저다. 이익은 이 책에 스스로 '서문(序文)'을 지어 자신이 학문하는 뜻을 이렇게 밝혔다.

『성호사설』은 성호 노인의 희필(戱筆)이다. 성호 노인이 이 책을 지은 것은 무슨 뜻에서일까? 특별한 뜻은 없다. 뜻이 없었다면 왜 이 책이 만들어졌을까? 성호 노인은 한가로운 사람이다. 독서의 여가를 틈타 전기, 제자백가서, 문집, 문학, 해학이나 웃고 즐길 만한 것들을 붓이 가는 대로 적었다. 이렇게 많이 쌓였다는 것을 미처 깨닫지 못했다. 처음에 잊어버리지 않으려고 기록하게 되었는데, 훗날 제목별로 나란히 늘어놓고 보니 다시 열람할 수 없었다. 그래서 다시 문별(文別, 「천지문」・「만물문」・「인사문」・「경사문」・「시문문」 등)로 분류해 드디어 한 질의 책을 만들었다. 이에 이름이 없을 수 없어서 '사설(僿說)'이라고 이름을 붙였다.

또한 이익은 '육영재(六楹齋)'라고 명명한 성호장의 바깥채에서 집안의 조카들과 제자들을 가르치는 일을 한시도 게을리하지 않았다고 한다. 정약용은 1801년 신유사옥 때 천주학의 수괴이자 역적으로 몰려 처형당한 이익의 종손(從孫)이자 제자였던 이가환의 전기라고 할 수 있는 일명 '정헌묘지명'을 비밀리에 썼다. 여기에서 정약용은 이가환의 학문이 모두 이익의 가학(家學)에서 나왔다고 소개하면서, "우리 성호선생은 하늘이 보내신 특출한 호걸이다. 도덕과 학문이 고금(古今)을 초월했고, 집안의 자제와 제자들 모두 대학자가 되었다. 일찍이 한 사람의 문하에서 학문의 융성함이 이러한 사례는 없었다."라고 밝혔다. 안정복은 '함장록(函丈錄)'이라는 글에서 당시 안산 첨성리 성호가의 성호장과 육영재에 거처하며 학문을 연구하고 지식을 탐구하며 제자들을 가르친 이익의 모습을 생생하게 보여주고 있다. 안정복이 이익을 처음 찾아간 시기는 1746년(영조 22) 10월 17일이었다. 이때 이익은 나이 66세로 비록 재야의 지식인이었지만 이미 대학자로서 큰 명성을 누리고 있었다. 그럼에도 불구하고 자신보다 서른한 살이나 어린 35세의 젊은 안정복을 마치 벗을 대하듯 친근하면서도 공손하게 맞이했다고 한다.

나는 어렸을 때 낙향했는데, 중간에 몸에 병이 나서 배울 기회를 놓쳤다. 그래서 성호선생을 찾아가 뵙고 스승으로 모시고 싶은 것이 항상 소원이었다. 나이 26세 때 비로소 무주(茂朱)에서 광주(廣州) 경안면(慶安面) 덕곡(德谷)의 선산 아래로 옮겨와서 우거(寓居)하게 되었지만, 가난의 폐해와 질병의 근심으로 항상 편안하지 못했다. 그러다가 병인년(丙寅年, 1746년, 영조 22) 10월 17일에 비로소 처음 선생을 찾아가 뵙고 하룻밤을 묵고 돌아왔다. 정묘년

(丁卯年, 1747년) 9월 20일에 다시 찾아가 뵙고 하룻밤을 잔 다음 인사를 올리고 물러나 돌아왔다. 그 다음 해인 무진년(戊辰年) 12월 14일 또 찾아가 뵙고 하루 동안 머문 다음 16일 작별 인사를 드리고 돌아왔다. 이렇게 전후해서 선생께 가르침을 받은 날은 모두 4일 남짓 된다. 그 뒤 신미년(辛未年, 1751년) 7월에 선생을 찾아가 병문안을 드렸지만, 때마침 종묘(宗廟)의 대향(大享)에 제관(祭官)으로 차출되는 바람에 이튿날 돌아올 수밖에 없었다. 또한 계유년(癸酉年, 1753년) 3월에 아산(牙山)에서 올 때 선생을 찾아가 뵙고자 진위(振威)의 주막까지 갔다. 그런데 나와 함께 간 하인이 심하게 병을 앓았다. 그때 흉악한 전염병이 돌아 길을 막았고, 하인의 증세 역시 의심스러워서 발길을 돌려 돌아오고 말았다. 그 후로는 한양의 관사(官司)에 있으면서 번다한 나랏일에 시간을 빼앗겨 선생을 찾아뵙지 못했다. 갑술년(甲戌年, 1754년)에 상(喪)을 당해 낙향했지만 그만 병이 들어 폐인이 되다시피 하여 10년 간 문밖출입을 못하게 되었다. 이에 아침저녁으로 선생의 가르침을 받고자 한 계획이 끝내 모두 허사가 되었는데, 뜻밖에 선생께서 세상을 떠나시고 말았다. 평생 선생에게 받았던 깊은 사랑을 곰곰이 생각해보면 은혜와 의리가 모두 소중해서 마치 대들보가 꺾여 쓰러지는 듯한 감회가 세월이 가면 갈수록 더욱 절실하다. 그래서 옛 상자를 뒤져 선생을 찾아가 직접 뵙고 묵었던 4일 간의 일록(日錄)을 손에 쥐고 여기에 따로 기록하는 것으로 작은 정성이나마 올린다.

병인년(1746년) 10월 16일 집에서 출발하여 17일 오후 점염(占剡)에 도착했다. 작은 산자락을 하나 넘자 그 산기슭이 끝나는 지점에 모사(茅舍) 한 채가 있었다. 집 마당에 있던 하인 하나가 찾아온 손님을 보고 앞에까지 와서 절을 하였다. 나는 하인에게 물어보고 그곳이 성호선생의 집이라는 것을 알았다. 그래서 말에서 내려 하인에게 선생을 찾아뵙기를 청한다는 말을 알리도록 하였다. 곧바로 안으로 들어오라는 명을 전해왔다. 바깥채는 세 칸으로 앞의 한 칸은 토청(土廳)이고 뒤의 두 칸은 방이었다. 규모가 매우 소박하고 누추했는데, 이곳이 성호선생의 중형(仲兄) 옥동공(玉洞公)이 육영재(六楹齋)라고 명명(命名)하신 곳이다.

마침내 방으로 들어가 선생께 절을 올렸다. 선생께서는 일어나 답례를 했는데, 사람을 대하는 모습이 매우 공손하셨다. 눈을 들어 선생의 모습을 바라보았더니, 보통 사람보다 키가 크시고 수염이 아름답게 나셨으며 눈빛은 사람의 마음을 헤아리는 듯하였다. 머리에는 당건(唐巾)을 썼는데 검은 명주로 만든 두 가닥 끈이 뒤로 몇 자 남짓 드리워져 있었다. 당건 위에는 포건(布巾)을 겹쳐서 쓰고 계셨는데, 그 까닭은 지나간 5월에 선생의 부인께서 돌아가시는 상(喪)을 당했기 때문이었다. 선생께서 예전에 서로 만난 적이 있느냐고 물으시기에 나는 처음 뵌 것이라고 대답하고 드디어 성과 이름을 말씀드렸다. 선생께서는 나의 말을 한참 듣고 계시다가 우리 집안의 일에 대해 말씀하시기를 '내가 어렸을 때 일찍이 안전부(安典簿) 어른을 뵌 적이 있네. 그대와는 어떤 관계이신가?'라고 하셨다. 그래서 내가 증조할아버지께서 일찍이 그와 같은 벼슬을 지내셨다고 대답하였다. 선생께서 다시 말씀하시기를 '나의 외숙께서 그대의 사촌 대부(大父)인 진사 어르신과 동서(同壻)지간이네. 곧 제4위(位)인 도동대부(桃洞大父)이시네. 그 때문에 그대 집안을 익히 알고 있는데, 각자 다른 고장에 살다보니 일체 소식을 듣지 못해 생사존멸(生死存滅)을 서로 전혀 모르고 지냈구만. 우리 무리가 가난하고 피폐하여 산산이 흩어진 형세가 대개 이렇다네.'라고 탄식하셨다. 다시 나에게 무주(茂朱)에서 우거(寓居)하던 일에 대해 물으셨고, 나는 그 본말(本末)을 대강이나마 말씀드렸다.

당시 방 안에는 한 동자(童子)가 있었는데 나이는 15~16세쯤 되어 보였다.

단정하고 기품 있는 사랑스러운 얼굴에 『소학(小學)』을 펼쳐놓고 읽고 있었다. 선생의 손자인가 하여 여쭤 보았더니 과연 그러하였다. 아명(兒名)은 여달(如達)이고 신해생(辛亥生, 1731년)으로 만경(萬頃)의 아들이었다. 만경은 이름이 맹휴(孟休)이고 자(字)는 순수(醇叟)인데 계사생(癸巳生, 1713년)이다. 이때 만경현령(萬頃縣令)을 지내다가 모친상을 당해 복중(服中)에 있었던 터라 그 자리에 없었던 것이다. 선생께서 드디어 '그대는 어떤 이유로 이곳까지 오셨는가?'라고 물으셨다. 내가 몸을 굽히고 나서 '제 나이가 거의 40이 되어 갑니다. 그런데 아직도 학문의 방법을 알지 못하고 있습니다. 선생님께서 학문의 도(道)를 강론하고 계신 곳이 제가 사는 곳과 멀리 떨어져 있지 않다고 듣고 있으면서도 선(善)을 향한 정성이 얕아 10년 동안 마음속으로만 우러르다가 오늘에야 비로소 찾아뵈었습니다.'라고 대답하였다. 그런데 선생께서는 이에 대해 아무런 말씀이 없으셨다. 다만 즐겁고 편안하게 웃으시며 말씀하는 모습을 보였는데 전혀 수렴(收斂)하는 태도가 없으셨고 행동거지가 다 법도에 맞았다. 이것을 보고 나는 첫눈에 이분이 선생장자(先生長子)라는 것을 알 수 있었다.

- 『순암집(順庵集)』, 「함장록」

도(道)를 닦는 도사나 승려는 깨달음의 경지에 이르면 말이 없어진다고 한다. 깨달음에 이른 순간 깨달음이란 말로 옮기거나 전해질 수 없다는 것을 깨닫기 때문이다. 그러므로 도(道)의 길은 오직 자득(自得)과 체득(體得)에 있을 뿐이다. 학문과 지식도 마찬가지다. 가르치는 사람이 아무리 많은 것을 전수해주려고 해도 배우는 사람이 담을 수 있는 학문과 지식의 양과 질은 자신이 간직하고 있는 '그릇(역량)의 크기와 모양새'만큼일 뿐이다. 그래서 이익은 10년 동안 마음에 품고 있다가 하루 반나절이나 걸려 '학문의 방법'을 묻고자 자신을 찾아온 안정복에게 아무런 말도 하지 않았던 것이다. 학문과 지식 역시 스스로의 힘으로 얻는 것, 곧 자득과 체득 이외에 다른 길이 없다는 것을 가르쳐주고 싶었기 때문이다. 그리고 이익은 하룻밤을 묵고 아침상을 받은 후 집으로 돌아가는 안정복에게 자신이 평생에 걸쳐 깨달은 학문과 지식의 방법을 한마디 진언(眞言)에 담아 건네준다.

그대는 나이도 젊고 기력도 튼튼하니 마땅히 지식을 탐구하는 데 힘써야 하네. 지식이 밝아진 다음에야 가는 길이 평탄해져 걸리는 것이 없게 되네.

안정복은 이 한마디에 자신이 10여 년 동안 고민하고 번뇌했던 '학문의 방법'에 대한 깨달음을 얻었다. 안정복이 이익을 직접 만나서 가르침을 받은 일수(日數)는 평생에 걸쳐 모두 합해 봐야 4일에 지나지 않았다. 더욱이 이익이 세상을 떠나기 전 10여 년 동안에는 단 한 번의 만남도 갖지 못했다. 다만 편지 왕래를 통해 서로의 안부를 묻고 가르침을 주고 배움을 받았을 따름이다. 그럼에도 안정복은 오늘날까지 이익의 학문을 전수한 수제자 중의 한 사람으로 인정받고 있다. 학문과 지식의 도는 많은 말과 가르침에 있는 것이 아니라 오직 자득과 체득에 있을 뿐이라는 이익의 뜻을 안정복이 잘 알고 실천했기 때문이다.

안정복이 이익의 학풍을 따르면서도 『동사강목(東史綱目)』을 저술해 역사학 방면에서 대가의 반열에 올랐던 것이나 이익이 세상을 떠나기 1년 전인 1762년에 태어난 정약용이 훗날 "나의 큰 꿈은 성호선생을 따라 사숙하면서 크게 깨달은 것이다."라고 말했던 것에서 알 수 있

경기도 안산에 있는 이익 사당. 이익의 집안은 대대손손 안산 지역에 거주하고 있다.

듯이, 이익의 학문과 지식은 제자나 후학(後學)들에게 '절대적인 가치
나 존재'가 아닌 새로운 생명이 자라나도록 끊임없이 물을 공급해주는
'마르지 않는 호수'였을 따름이다. 우암 송시열의 제자나 후학들이 그
가 남긴 글과 기록을 절대적인 가치이자 숭배의 대상으로 삼았던 반
면 성호 이익을 따른 사람들은 그가 남긴 글과 기록을 새로운 학문과
미래의 지식으로 가는 나침반으로 여겼을 뿐이다.

　이러한 까닭에 이익과 그의 제자들로 이루어진 성호학파는 정통 유
학에 가까운 경학(經學)과 예학(禮學)에서부터 경제·사회·문화·풍속·
역사·문학과 자연 과학 및 과학 기술에 이르기까지 실로 다양한 방면
에서 대가들을 배출했고, 이익의 글과 기록은 현재까지 모든 분야에
서 무궁무진한 지식의 보고(寶庫)로 큰 영향력을 행사하고 있다. 한국
사 최고의 학자라고 할 수 있는 다산 정약용이 자발적으로 찬문(讚文)
을 지어 "참으로 위대하시도다. 참으로 위대하시도다."라고 거듭 탄복

할 정도로 이익이 남긴 학문과 지식의 족적(足跡)은 거대했다. 이 찬문의 시구(詩句)는 현재 경기도 안산시 '성호기념관'에 있는 이익의 흉상바로 뒤에 새겨져 전시되고 있다.

참으로 위대하시도다

참으로 위대하시도다

문호(門戶)는 지극히 바르고

법도(法度)는 지극히 엄격하시며

길은 지극히 가깝고

경지는 지극히 깊으시니

어리석은 사람이라도 행할 수 있는 것이나

후배들과 학문이 얕은 사람들은 그 경지를 엿볼 수 없네

근래 나이 많고 덕을 갖춘 사람들도 모두 진심으로

일대의 큰 스승으로 떠받들지 않는 사람이 없으니

참으로 위대하시도다

참으로 위대하시도다

순암(順菴) "천하의 일은 순리(順理)뿐이다!"

『동사강목』의 저자로 널리 알려져 있는 안정복은 이익의 수제자로 이익 사후 성호학파를 이끈 인물이다. 이익은 안정복을 평생 제자이자 벗으로 대했고, 필생의 역작(力作)인 『성호사설』을 특별히 부탁할 만큼 그를 신뢰하고 아꼈다. 안정복이 이익이 세상을 떠난 직후 올린 제문

(祭文)에는 남달랐지만 각별했던 사제지간의 정이 이렇게 남아 있다.

아아! 슬프도다. 소자(小子)가 선생님의 문하에 이름을 의탁한 18년 동안 비록 얼굴을 뵙고 가르침을 받은 적은 드물었지만 손수 편지를 써서 깨우쳐주신 것은 빈번하였습니다. 『소학』과 『시경』과 『예기』를 부지런히 읽으라고 권해주셨고, 재주와 재능을 안으로 갈무리하고 이름과 명예를 함부로 드러내지 말며 실질에 힘쓰는 공부를 해야 한다는 경계의 말씀을 주셨습니다. 비록 선생님께서는 부지런히 가르치고 이끌어주셨지만 소자는 오히려 아직도 어리석음을 깨우치지 못하고 있습니다. 그러나 선생님의 은혜가 깊고 사제 간의 의리는 무거워서 두려운 마음을 간직하고 몸가짐을 가다듬고 있습니다. 소자가 『동사강목』을 편찬할 때에 이르러서는 조금의 여분도 남기지 않고 헤아려 지도해주셨습니다. 강역(疆域)이 혼란스럽게 뒤섞여 미처 확정하지 못했을 때나 의리(義理)가 은밀해 제대로 드러나지 않았던 문제에 대해서까

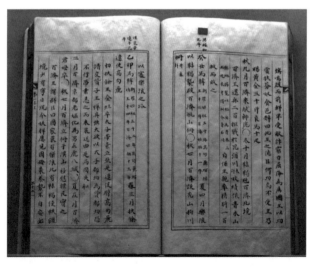

단군 조선에서부터 고려 말에 이르기까지의 역사를 주희의 『통감강목(通鑑綱目)』을 참고로 하여 기록한 『동사강목』. 1778년에 안정복이 지었다.

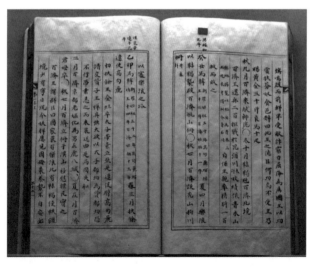

지 모두 선생님의 가르침을 받지 않은 것이 없습니다. 『성호사설』에 대해서는 어리석고 어두운 소자가 외람되이 부탁을 받았으니, 땅을 짊어진 것처럼 무겁고 바닷물을 담고 있는 것처럼 크며 의리는 끝이 없습니다. 비록 가리고 뽑아서 간행하라는 가르침을 주셨지만 소자의 좁은 소견으로 어찌 하늘과 바다처럼 깊고 넓은 선생님의 학문과 식견을 들여다보고 헤아릴 수 있겠습니까? 열 권의 책을 만들고 단장해서 장차 선생님께 올리려고 했는데, 책이 미처 이루어지기도 전에 부음을 받고 말았습니다. 이제 남기신 책을 부둥켜안고 슬픔만 더할 뿐입니다.

- 『순암집』, 「성호선생에게 올리는 제문(祭星湖先生文)」

안정복이 25세 되는 1736년(영조 12)에 처음 사용한 호는 순암(順菴)이다. 나이 15세 때 관직에서 물러난 할아버지를 따라 전라도 무주(茂朱)에서 살았던 안정복은 24세 때 할아버지가 돌아가시자 다음 해(1736년), 10월 조상의 선영이 자리하고 있는 경기도 광주(廣州) 경안면(慶安面) 덕곡리(德谷里)로 이주했다. 이때 안정복은 '암(菴)' 자 모양으로 집을 짓고 '순암(順菴)'이라고 이름 붙였다. '천하의 일은 오직 순리(順理)일 뿐이다'라는 뜻을 취한 이름이었다. 그의 제자 황덕길이 쓴 「순암선생행장(順菴先生行狀)」에는 이러한 사실이 자세하게 기록되어 있다.

광주(廣州)의 덕곡(德谷)은 골짜기가 그윽하고 숲이 우거진데다 산의 물이 빙빙 휘감고 돌아 흘러서 은자(隱者)가 터를 잡아 거처할 만한 곳이다. 더욱이 그곳에는 선대(先代)부터 가꾸고 기른 소나무와 가래나무가 무성한 땅이 있었다. 선생은 마침내 그 땅에 복거(卜居)할 뜻을 정하고 조그마하게 집을 세웠다. 집은 '암(菴)' 자 형상으로 지었고 '순암(順菴)'이라는 편액을 내걸었다.

무릇 '천하의 일은 오직 순리(順理)일 뿐이다'는 뜻을 취해 그렇게 이름 지은 것이다. 이에 과거 공부를 그만두고 오로지 옛사람의 학문하는 뜻에 따라 온 힘을 쏟았다.

1746년 나이 35세 때 안산 첨성촌 성호가의 성호장으로 이익을 찾아가 사제의 인연을 맺은 안정복은, 중년에 접어든 1757년(나이 46세) 스승에게 '순암'이라 이름 붙인 집의 모양새와 그 뜻을 설명한 다음 그곳에 걸어놓고 죽을 때까지 외우면서 자신을 성찰할 수 있도록 '기문(記文)'과 '암명(菴銘)'을 지어 달라고 청했다.

집의 제도와 모양은 '암(菴)' 자의 형상에 따라 지었습니다. '암(菴)' 자를 살펴보면, '초(艸)'는 띠풀로 지붕을 이은 것을 뜻하고, '일(一)'은 가로지른 대들보를 뜻하고, '인(人)'은 빙 두른 기둥을 뜻하고, '전(屯)'은 가운데 기둥 하나를 세우고 네 칸의 방을 이루고 있는 형상입니다. 기둥이 두 개이면 여섯 칸이 되고, 기둥이 세 개이면 여덟 칸이 되어 그 쓰임새가 더욱 넓어지게 됩니다. 앞쪽의 두 칸은 방으로 만들어 거처하면서 '순암(順菴)'이라고 이름 붙였습니다. 이것은 대개 그 글자를 취해 이름을 붙인 것이고, 천하의 모든 일은 오직 순리일 뿐이라는 뜻을 새긴 것입니다. 가운데 한 칸은 당(堂)으로 꾸며 일을 보는 곳으로 삼았습니다. 띠풀로 지붕을 잇고 흙으로 만든 집에서 밭을 갈고 나무를 하고 베옷을 입고 거친 밥을 먹으면서 시를 외우고 책을 읽고 지냅니다. 제분수에 맞지 않는 일은 하나도 없습니다. 그러한 까닭에 당(堂)의 이름을 '분의당(分宜堂)'이라고 붙였습니다. 또한 하나의 문을 막아 방으로 꾸미고 이름을 '담숙실(湛肅室)'이라고 하였는데, 제사 지낼 때 재계(齋戒)하는 곳으로 삼았습니다. 뒤쪽으로는 세 칸을 넓혀서 기물(器物)을 거두어 저장하는 곳으로 삼았습니다. 그리고 동북쪽의 한 칸은 가묘(家廟)를 봉안하였습니다. 선생님께 당기(堂記)와 암명(菴銘)을 얻어 죽을 때까지 마음속으로 외우고 생각할 자료로 삼고자 합니다.

-『순암집』, 「순암선생연보(順菴先生年譜)」

제자 안정복의 간곡한 청을 받은 이익은 그 즉시 "암기(菴記)를 지어서 보내주었다."고 한다. 그런데 이후 자세하게 소개하겠지만, 안정복은 이익이 세상을 떠난 후 유학의 경전 해석과 서학 및 천주교의 수용 여부를 둘러싸고 성호학파가 우파와 좌파로 갈라설 때 우파의 수장 역할을 했다. 우파는 경전 해석에 보수적이었고, 서학과 천주교에 대해서는 비판적이다 못해 배타적이었다. 일찍이 안정복은 스승 이익에게 보낸 편지에서도 서양의 학술을 가리켜 이단(異端)의 학문이라고 맹렬히 비난한 적이 있다. 서태(西太, 마테오 리치)의 학문을 소홀히 여길 수 없다고 했던 이익의 유지(遺志)와는 어울리지 않는 보수적이고 폐쇄적인 태도였다.

최근 서양의 서적을 보았습니다. 비록 그 말이 정밀하고 학설은 확실했지만, 종국에는 역시 이단(異端)의 학문이었습니다. 우리 유학자들이 자신의 몸을 닦고 본성을 기르며 선(善)을 행하고 악(惡)을 제거하는 것은 당연히 해야 할 일을 하는 것에 불과합니다. 그래서 털끝만치도 이 몸이 죽은 후에 복(福)을 바라는 마음이 없습니다. 반면 서학(西學)은 자신의 몸을 닦는 목적이 오로지 죽은 후 천당의 심판을 받는 데 있습니다. 이것은 우리 유학과 서로 함께할 수 없는 큰 이유가 됩니다.

-『순암집』, 「순암선생연보」

이렇게 보면, 안정복은 스스로 '하늘과 바다처럼 깊고 넓다'고 한 이익의 학문과 지식 세계 중 가장 보수적이고 폐쇄적인 성향을 전수받아 계승했다고 하겠다. '순암'이라는 그의 호에서는 이렇듯 서학에 대해 배타적이면서 유학의 여러 분야 중 가장 보수적인 성격을 띠는 예학(禮學)의 가르침에 충실했던 삶과 철학을 엿볼 수 있다. 이익이 앞서 안정복의 요청에 따라 써준 「순암기」를 읽어보면 그러한 사실을 더욱 확연하게 느낄 수 있다. 이익은 '순암'의 뜻을 헤아리면서 제자의 마음이 어느 곳에 가 있는지를 간파했고, 그 뜻에 걸맞게 기문(記文)을 써서 보내주면서, "성인(聖人)이 어찌 '내가 제사를 지내면 복을 받을 것이다'라고 말하였겠는가? 대개 정성스럽게 제사를 지내면 반드시 그렇게 되는 이치를 밝힌 것일 따름이다."라는 경계의 말을 덧붙였다. 예학을 배우고 닦되 지나치게 그것에 빠져 미혹(迷惑)에 이르러서는 안 된다는 가르침이었다.

나에게는 예(禮)를 공부하는 안 씨(安氏) 아무개라는 벗이 있다. 그는 부지런하고 행실이 독실하다. 그는 '사람의 행실 중 조상을 추모하여 제사를 올리는 일보다 중대한 것은 없습니다. 그래서 효자의 제사는 복(福)이 오는 도리라고 하였습니다. 복(福)이라는 것은 갖추어졌다는 것입니다. 갖추어졌다는 것은 모든 것이 순리(順理)에 따른다는 것을 말합니다. 그래서 그 덕(德)을 겉으로 드러내는 것을 순(順)이라고 하고, 또한 그 집의 이름을 순암(順菴)이라고 한 것입니다. 정성과 믿음이 움직이는 가운데 바깥으로 드러나야 살아 계실 때와 같이 나타나셔서 잊지 않을 수 있습니다.'라고 하였다.
내가 그의 말을 듣고 기뻐하면서 '복(福)이란 진짜도 있고 가짜도 있다. 이른바 부귀영달(富貴榮達)과 같은 부류는 참으로 마음에 있어서는 안 되며, 구한다고 해서 반드시 얻는 것도 아니고, 얻는다고 해서 반드시 편안한 것도 아니다. 가령 기도하고 제사를 지내 그것을 이루었다고 하더라도 잡귀(雜鬼)나 역귀(疫鬼)의 부정함이 더해지는 것에 불과하다. 어찌 취하겠는가. 어질고 의롭고 충성스럽고 공경함은 하늘에서 부여받은 것이고 부모의 손에서 이루어지는 성품이다. 가장 귀중한 것은 내 안에 있다. 더러 그것을 얻지 못한 자가 있다면, 사람의 노력이 미치지 못한 것이지 하늘 때문은 아니다. 사람은 통하지 않는데 귀신은 반드시 통하는 것을 신명(神明)의 힘이라고 말한다. 성인(聖人)이 어찌 '내가 제사를 지내면 복을 받을 것이다'라고 말하였겠는가? 대개 정성스럽게 제사를 지내면 반드시 그렇게 되는 이치를 밝힌 것일 따름이다.'라고 적어주었다.

-『성호전집』, 「순암기」

    여기에는 안정복의 삶과 내면을 지배했다고 할 수 있는 '예(禮)의 철학'이 잘 나타나 있다. 안정복은 '사람의 행실 중 조상을 추모하여 제사를 올리는 일보다 중대한 것'은 없고, '효자의 제사는 복이 오는 도리'이고, '복(福)이라는 것은 갖추어졌다는 것'이고, '갖추어졌다는 것은 모든 것이 순리(順理)에 따른다는 것'을 형용하므로, 그 덕(德)을 겉으로 드러내는 것을 '순(順)'이라고 여겼다. 그리하여 자신이 거처하는 집의 이름은 물론 호까지 '순암(順菴)'이라고 지은 것이다. 이러한 사람이 천주(天主)를 숭배하면서 조상에게 올리는 제사를 비판하거나 배척하기까지 한 천주교의 교리나 학설을 받아들일 수 있었겠는가? 더욱이 서양의 학문을 모두 천주교에서 나온다고 여겨 이단의 학문일 뿐이라고 비난했던 사람이 어떻게 종교와 학문─지식을 분리시켜서 생각하고 판단할 수 있었겠는가? 안정복은 이익을 따라 배웠다고 하지만, 새롭고 자유롭고 개방적인 학풍보다는 보수적이고 폐쇄적인 유학이나 주자학의 그늘 속에 여전히 갇혀 있던 사람이었다. 그것은 주자학과 천주학 또는 유학과 서학 사이에서 갈 길을 찾지 못한 18세기 지식인의 일그러진 자화상이었다.

그러나 이익의 학풍은 서학을 비롯해 천주교와 양명학 등 당시 성리학자(주자학자)들이 배척한 이단과 사설(邪說)의 학문에 대해서도 매우 개방적이고 포용적인 입장과 태도를 보였기 때문에, 이익이 살아 있을 때 성호학파 내부에는 예학에서부터 천주학에 이르기까지 실로 다양한 학문과 지식 경향이 크게 대립하지 않고 공존할 수 있었다. 18세기 조선의 지식혁명을 이끈 성호학파의 힘은 바로 거기에서 나왔다. 그러나 이익이 세상을 떠나자 성호학파는 크게 갈등을 겪고 분열하게 된다. 이 문제는 나중에 다시 거론하기로 하고, 먼저 안정복이 순암 이외에 사용했던 또 다른 호인 '영장산객(靈長山客)'에 대해 살펴보자. 안정복의 생애를 살펴볼 때, 이 호가 중요한 까닭은 그가 자전적 기록이라고 할 수 있는 「영장산객전(靈長山客傳)」을 통해 반평생을 갓 넘은 자신의 삶을 깊이 성찰하고 있기 때문이다. 광주 덕곡리에 있던 영장산은 안정복이 '순암'이라는 호에 특별히 뜻을 새길 만큼 정성을 다해 모신 조상의 선영이 있던 성지(聖地)였다.

객(客)은 광주(廣州) 사람이다. 성(姓)은 아무개이고, 이름은 아무개이며, 자(字)는 아무개이다. 그 자(字)인 백순(百順)으로 말미암아 거처하는 집에 순(順)이라고 편액하고, '천하의 일은 순리(順理)일 뿐이다!'라고 말하였다. 영장(靈長)은 산의 이름이다. 영장산 속에서 독서하며 '영장산객(靈長山客)'이라고 자호(自號)하였다.

어려서는 병을 안고 살아 괴로웠지만 장성해서는 배움을 좋아하여 읽지 않은 책이 없었다. 배움에 스승과 벗이 없어서 오직 마음이 가는 대로 백가(百家)의 서책을 두루 보았다. 관중(管仲)과 상앙(商鞅)에서부터 손자(孫子)·오기(吳起)·감공(甘公)·석신부(石申夫)·경방(京房)·곽박(郭璞)·순우의(淳于意)·편작(扁鵲) 등에 이르기까지 그 서책을 다 연구하느라 몇 년의 세월을 보냈지만 소득이 없었다. 뒤늦게 그것이 잘못되었다는 사실을 깨달았지만 오히려 시원하게 버리지 못하였다. 그러다가 26세 때 『성리대전(性理大典)』을 얻어 읽었고, 비로소 이 학문이야말로 귀한 것임을 알고, '자신의 집에 무진장(無盡藏) 있는 것은 버려두거나 잊어버린 채 그릇을 들고 남의 대문 앞에서 비렁뱅이 짓을 하였으니, 옛사람이 먼저 내 마음을 알아버린 말이 아니겠는가!'라며 탄식하였다. 마침내 그 학문을 손수 베끼고 입으로 외웠다.

성리학을 배우는 한편으로는 역대의 사서(史書)를 다스려 치란(治亂)의 자취를 연구하고, 안위(安危)의 조짐을 살펴보고, 제작(制作)의 근원을 분별하고, 시비(是非)의 단서를 가려보았다. 이렇게 하기를 또한 여러 해 동안 그치지 않았다. 이로 말미암아 내면(內面)을 향한 공부가 또한 전일(專一)하지 않았다. 두루 널리 보는 바람에 비록 얻은 것은 없었지만 말과 글로 드러내면 더러 볼 만한 것도 있고 더러 들을 만한 것도 있었다. 이러한 까닭에 뜻을 함께한 선비들은 간혹 실질을 갖추었다고 했지만 대개 그 속에는 아무것도 없었다. 이로 인해 허명(虛名)으로 세상을 속이게 되고 말았다.

기사년(己巳年, 1749년) 여름, 천거되어 후릉참봉(厚陵參奉)에 제수되었지만 나아가지 않았다. 겨울에 다시 만녕전참봉(萬寧殿參奉)에 제수되자 헛되게 이름을 탐하는 것으로 보일까 두려워 임금의 명에 따랐다. 그러나 좋아서 그런 것은 아니었다. 신미년(辛未年, 1751년) 2월 의영고봉사(義盈庫奉事)로 승진하고, 임신년(壬申年, 1752년) 2월에는 정릉직장(靖陵直長)으로 승진하고,

계유년(癸酉年, 1753년) 10월에는 귀후서별제(歸厚署別提)로 승진하고, 갑술년(甲戌年, 1754년) 2월에는 사헌부감찰(司憲府監察)로 자리를 옮겨 품계가 통훈대부(通訓大夫)에 이르렀다. 모두 순서에 따라 벼슬이 오른 것이었다. 그해 6월 부친상을 당해 영장산의 옛집으로 돌아와서 여막을 지켰다. 그런데 병이 나자 죽음을 맞을 뜻을 품고서 문을 닫아걸고 교류를 끊은 채 한마음으로 운명만을 기다렸다. 이때 나이 43세였다.

영장산객은 평소 제갈량(諸葛亮)과 도연명(陶淵明)의 사람됨을 사모하였다. 그러나 진수(陳壽)가 저술한 『삼국지(三國志)』와 진송(晉宋) 시대의 전기(傳記)는 상세함과 간략함이 서로 겹쳐 있고 빠진 것과 어긋난 것이 실제로 많다고 여겨 마침내 두루 채집해 두 사람의 전기(傳記)를 새로 지었다. 항상 암송하고 읽으면서 마치 그들을 만나기나 한 듯이 기뻐하며 즐거워했다. 그들의 자취를 본받아 뽕나무 팔백 그루와 버드나무 다섯 그루를 집의 오른편과 왼편에 심었다. 그런데 뽕나무 육백 그루가 말라 죽고 버드나무도 한 그루가 시들어버렸다. 일찍이 웃으면서 다른 사람에게 '망령되게도 옛사람이나 된 것처럼 행동했는데 사물도 다르다는 것을 아는 모양이다. 제갈량에게는 4분의 3이나 미치지 못하고, 도연명에게는 5분의 1이나 미치지 못한다. 이러한데 내가 누구를 속이겠는가.'라고 말하였다. 글을 읽을 때는 항상 큰 뜻을 볼 뿐 깊게 해석하려고 하지 않았다. 이 역시 제갈량과 도연명을 사모한 것이다.

자질과 성품은 보잘것없고 어두우며 허술하고 우활하여 백 가지 중에 한 가지도 능숙한 것이 없다. 다만 한 가지 스스로 허여(許與)한 것은 다른 사람의 선한 것을 보면 좋아하고, 다른 사람의 능숙한 것을 보면 자신을 굽혀 배우기를 소원하는 것이었다. 사물을 대하면 거스르지 않고 다른 사람을 지나치게 나무라지 않았기 때문에 일찍이 다른 사람과 얼굴빛을 붉힌 적이 없었다.

벼슬살이한 5년 동안에도 주어진 임무와 본분을 지키느라 분주(奔走)했지만 단 한 사람도 때린 적이 없었다. 또한 개인적인 이익이나 욕심을 위해 공(公)적인 것을 해치지 않았고, 옛것을 고집해 세상의 풍속과 어긋나는 행동도 하지 않았기 때문에 아랫사람들은 그 간편함을 즐거워했고 다른 사람들은 그 평이함을 좋아했다. 잘 알지 못하는 사람들은 처세를 잘한다고 비난했지만 역시 마음에 두지 않았다. 집이 빈곤해 서책은 없었지만 기록하고 서술하는 것을 즐겨 사라지거나 잊어버리는 것에 대비했다. 그러나 문장을 짓는 것만은 좋아하지 않았다. 이 또한 문사(文辭)에 자신의 단점이 있다는 것을 알았기 때문에 그런 것이다. 저술이 대바구니에 가득 찼지만 미처 다 탈고(脫藁)하지 못한 것들이다. 비록 연석(燕石)처럼 스스로는 진귀하다고 하지만 있어도 되고 없어도 되는 것들로 심력(心力)만 낭비했을 뿐 요긴(要緊)하지도 않은 것이 어지럽게 많기만 하다.

야사씨(野史氏, 안정복)는 말한다.

내가 영장산객의 마을 사람들을 따라가 그의 사람됨에 대해 자세하게 들어보았다. 깊숙한 곳에 거처하며 드물게 세상에 나오는 것은 수련(修鍊)하는 자와 유사하다. 향리(鄕里)에 머무르면서 세상 풍속에 따르는 것은 향원(鄕愿)과 유사하다. 마음에 큰 뜻을 품었다고 자부하면서 옛사람을 말하는 것은 미치광이와 유사하다. 다른 사람에게 구하는 것이 없는 것은 절개가 있는 사람과 유사하다. 항상 종일토록 서책을 보는 것은 학문하는 사람과 유사하다. 더러 눈을 감고 고요하게 앉아 있는 것은 선(禪)을 배우는 사람과 유사하다. 미천하고 나약한 것처럼 다른 사람에게 몸을 굽히는 것은 노씨(老氏, 노자)에게서 얻는 사람과 유사하다. 운수에 미루어 짐작하고 운명에 자신을 맡기는 것은 장주(莊周)에게서 깨달음을 얻는 사람과 유사하다. 그 말이 박식하고 잡다해서 요령을 얻기가 어렵다. 그 박식한 것을 요약해 한 가지로 귀결시킨다면 거의 어긋나지 않게 될 것임을 믿을 수 있다. 그러나 성품이 간략하고 졸렬하여 일찍이 다른 사람과 교유하지 않았다. 그러면서 말하기를, '한 사람을 사귀는 것은 한 사람을 끊는 것만 같지 못하다'라고 하였다. 이에 서로 왕래하는 사람이 없어서 오솔길에 풀만 무성하게 자라 그늘이 질 지경이 되었다. 이렇게 삶을 마쳤으니, 어쩌면 숨어 지낸 선비의 풍도(風道)를 들은 사람이 아니겠는가!

－『순암집』, 「영장산객전」

'영장산객'이라는 호는 안정복이 43세 때인 1754년에 지었다. 그런데 앞서 살펴보았듯이, 안정복은 이보다 3년 후인 46세 때 스승 이익에게 「순암기」를 지어 달라고 청했다. 안정복이 순암이라는 자호를 처음 사용한 것은 나이 25세 때였다. 이렇게 보면, 안정복은 '영장산객'이라는 호를 지은 이후에도 '순암'이라는 호를 계속해서 사용했다는

관직에서 물러난 안정복은 '이택재'라는 재실을 짓고 제자들을 지도했다.

사실을 알 수 있다. 안정복의 삶에서 '순(順)'이라는 글자에 새긴 뜻이 얼마나 컸는가에 대해서는 그의 자(字)가 '백순(百順)'이라는 사실만 보아도 쉽게 알 수 있다. 여기에서 '백(百)'이란 '일백'이 아닌 '모든'이라는 뜻을 갖는다. 세상의 모든 일을 오로지 '순(順)'이라는 글자의 뜻 속에서 찾으려고 한 안정복의 강렬한 의지를 느낄 수 있다.

여하튼 「영장산객전」은 성리학의 그늘 속에서 하학(下學)과 박학(博學)을 추구했던 안정복의 학문 세계를 여실히 보여준다. 일찍이 하학(下學)에 뜻을 두었지만 『성리대전(性理大典)』을 얻어 읽은 다음에는 성리학이야말로 진실로 귀한 학문임을 알고 평생 손으로 베끼고 입으로 외웠다는 이 자전적 기록을 통해, 이익 사후 그가 서학과 천주교 그리고 양명학에 심취했던 성호학파의 좌파와 왜 그토록 극심하게 갈등과 대립을 빚었는가를 이해할 수 있다. 이익의 가르침을 받았지만 안정복의 정신세계에 자리하고 있던 성리학의 뿌리는 그토록 깊고 질겼던 것이다. 특히 안정복은 관직에서 물러난 이후 영장산 아래에 이택재(麗澤齋)라는 재실(齋室)을 짓고 조상을 정성껏 모시는 한편으로 제자들을 가르치는 강학(講學)의 공간으로 삼았다고 한다. 이러한 사실과 "영장산 속에서 독서하며 '영장산객'이라고 자호하였다."는 안정복의 말을 비교해보면, 그의 학문과 삶의 지향점이 무엇이었는지 다시금 깨달을 수 있다. 그는 성호학파를 일컫는 서학파(西學派)의 일원이 아니라 유학자로 살다가 유학자로 죽기를 바랐던 것이다.

안정복은 이익에게 가학(家學)을 전수받은 가계(家系) 측의 수제자인 이병휴가 타계한 1776년 나이 65세 이후부터 실질적으로 성호학파를 이끌었다. 그러나 안정복은 스승의 빈자리를 대신하지는 못했다. 1780년대에 들어와 성호학파는 유학의 경전 해석과 서양 문물을 수용하는 태도와 방식을 둘러싸고 의견을 달리하면서 우파(보수파)와 좌파(진보파)로 분열되었다. 당시 안정복은 우파의 수장으로 좌파를 맹렬하게 비난하고 공격했다. 심지어 1786년에는 남인의 영수인 채제공에게 편지까지 보내 함께 힘을 합해 '천주교의 확산과 전염'을 막자고 주장하기까지 했다. 서양의 학문과 지식을 적극적으로 받아들이고, 천주교에 대해서도 비판적으로 수용하거나 때로는 동조하기까지 했던 이익의 높고 깊고 넓은 학문 세계와 정신세계를 따라가기에는, 안정복의 삶과 철학에 드리운 유학과 성리학의 그늘이 너무도 짙고 어두웠다.

말년에 접어들수록 안정복은 녹암 권철신을 따르는 성호학파의 젊은 세대들이 천주교나 양명학에 심취하는 상황에 대해 이해하려고 하기보다는 오히려 몹시 분개했다고 한다. 이로 말미암아 주자학이 사학(邪學)이나 이단이라고 배척한 학문과 사상까지 포용할 정도로 자유롭고 개방적이었던 이익의 학풍은 크나큰 위기를 맞을 수밖에 없었다. 그것은 곧 주자학과 서학, 폐쇄와 개방, 보수와 진보 사이에서 갈팡질팡했던 18세기 조선 지식 사회의 위기이기도 했다.

연암 박지원과 담헌 홍대용

북학파의 비조(鼻祖)

▎ 박지원과 홍대용의 도의지교(道義之交)와 북학파(北學派)

18세기 조선의 문예 부흥과 지식 혁명을 이끈 두 개의 재야 지식인 그룹이 있었다. 그 하나가 성호 이익에게 직접적 혹은 간접적으로 학문을 배우고 사상의 영향을 받은 성호학파라면, 다른 하나는 연암(燕巖) 박지원과 담헌(湛軒) 홍대용을 비조(鼻祖, 시조)로 하여 사제(師弟) 혹은 사우(師友) 관계를 형성한 북학파라고 할 수 있다. 이들은 17세기 이후 급속하게 교조화·권력화된 성리학의 폐쇄주의와 보수주의에 맞서 보다 자유롭고 개방적이며 진보적인 학문과 실용적이고 실증적인 지식을 추구했다. 특히 북학파는 자신들이 추구했던 신학문과 지식 경향을 가리켜 '이용후생학(利用厚生學)·경세치용학(經世致用學)·경세제민학(經世濟民學)·경세제국학(經世濟國學)·명물도수학(名物度數學)'이라고 불렀다.

'이용후생학'이란 나라 경제와 백성의 삶을 이롭게 하는 실용적인 지식과 기술 및 생활 도구나 생산 기구의 제작 등을 다루는 학문으로, 과학 기술이나 농업·공업 기술 등이 여기에 해당한다. '경세치용학·경세제민학·경세제국학'은 세상을 경영하고 나라와 백성을 구제하는 방법을 연구하는 학문으로, 오늘날의 기준으로 보자면 정치학, 경제학, 경영학, 사회학 혹은 사회 복지학 등을 꼽을 수 있다. 또한 '명물도수학'은 세상 만물을 고증·변증하거나 그 법칙을 분석하고 수량(數量)과 도량(度量) 등을 연구하는 학문으로 산학(算學, 수학), 물리학, 기하학, 천문 지리학, 생물학 등 자연 과학 일체를 포괄한다고 할 수 있다.

　여기에서는 이 북학파를 실질적으로 창시하고 이끌었던 박지원과 홍대용의 호에 얽힌 이야기를 추적해 그들의 삶과 철학의 자취를 밝혀보려고 한다. 그런데 '북학파'란 용어는 어떻게 생겨났을까? 이 용어는 박지원의 제자였던 박제가가 1778년(정조 2) 청나라를 여행하고 돌아와서 저술한 『북학의(北學議)』에 연원을 두고 있다. 이 책에서 박제가는 이렇게 말했다.

　　그리하여 청나라의 풍속 가운데 우리나라에서 시행하여 일상생활에 유용할 만한 것은 붓을 들어 글로 남겨 두었다. 더불어 그렇게 했을 경우 얻을 수 있는 이로움과 그렇게 하지 않았을 경우 일어나게 되는 폐단을 첨부하여 학설을 만들었다. 그리고 『맹자(孟子)』에 등장하는 진량(陳良)의 말을 취해 책의 이름을 『북학의』라고 붙였다.

　　　　　　　　　　　　　　　　　－『북학의』, 「자서(自序)」

진량의 말이란 『맹자』의 「등문공상(滕文公上)」 편에 나오는 "陳良 楚

産也 悅周公仲尼之道 北學於
中國(진량 초산야 열주공중니지도
북학어중국)", 즉 "진량은 초나
라 출신이다. 주공과 중니(공
자)의 도를 좋아하여 북쪽의 중
국으로 가서 공부하였다."라는
내용을 가리킨다. 박제가는 춘
추 전국 시대 남쪽 초나라 출
신의 진량이 북쪽에 위치하고
있는 노나라를 찾아가 선진 학
문인 유학을 배웠던 역사적 사
실에 비유하여, '부국강병(富國

박지원의 초상.

強兵)'과 '부국안민(富國安民)'을 위해 조선은 청나라의 선진 문물과 제
도를 배워야 한다는 자신의 주장을 사대부들에게 강하게 각인시킬 목
적으로 '북학'이라는 용어를 차용했던 것이다.

 사실 북학파의 역사는 박제가가 '북학'이라는 용어를 사용한 1778년
보다 훨씬 이전, 즉 박지원과 홍대용이 사변적이고 보수적인 성리학
의 굴레와 족쇄에서 벗어나 새로운 학문과 실용적인 지식을 추구하기
로 '도의지교'를 맺은 때부터 이미 시작되었다고 보아야 한다. 박지원
과 홍대용이 처음 만난 때는 1755년(영조 31) 무렵이다. 박지원은 한
양 근교 양주군 석실리(지금의 경기도 남양주시 수석1동 서원마을)에 있던
석실서원을 찾아가 홍대용의 스승인 미호(渼湖) 김원행에게 인사를 드
렸는데, 이때 홍대용을 만나 사귀게 된 것으로 보인다. 당시 박지원은
19세였고 그보다 6살 연상인 홍대용은 25세였다. 따라서 북학파의 역

사는 박제가가 『북학의』에서 '북학'이라는 용어를 처음 사용한 때보다 빠르면 23년이나 앞서 시작된 셈이다. 이러한 북학파의 면모와 주요 구성원들에 대해서는 박지원의 아들 박종채가 아버지의 평생 언행(言行)을 모아 기록해놓은 『과정록(過庭錄)』에 아주 자세하게 나와 있다.

선군(先君, 아버지)께서는 타고난 성품과 자질이 호탕하고 고매(高邁)하였다. 그래서 명예나 이익에 행여 몸과 마음을 더럽히지나 않을까 항상 경계하고 삼가셨다. 중년에 과거 시험장에 나가는 것을 그만두자 교유하는 사람들 또한 간소해졌다. 오직 담헌 홍대용과 석치 정철조와 강산(薑山) 이서구가 수시로 서로 오고 갔고, 이덕무와 박제가와 유득공이 항상 따라서 어울렸다.

담헌 홍대용은 아버지보다 여섯 살 많았는데 학식이 정밀하고 심오했다. 담헌공 역시 아버지처럼 과거 시험을 위한 공부를 그만둔 채 한가롭게 지내셨다. 담헌공은 아버지와 더불어 도의(道義)의 교제를 맺었는데, 두 분은 서로를 가장 친하고 독실한 벗으로 생각했다. 그러나 두 분은 서로 공경하여 말하거나 부를 때 마치 처음 교제를 맺었을 때와 같이 했다. 아버지는 항상 우리나라의 사대부들이 대부분 이용(利用)과 후생(厚生), 경제(經濟)와 명물(名物) 등의 학문을 소홀하게 여긴 탓에 그릇된 지식을 답습하는 일이 많아 그 학문이 매우 거칠고 우둔하다는 것을 병통으로 생각하였다. 담헌공이 평소 변함없이 간직하고 있던 의견 또한 이와 같았다.

이에 두 분은 서로 만날 때마다 며칠을 함께 머무르며 위로는 고금(古今)의 치란(治亂)과 흥망(興亡)의 연고(緣故)에서부터 옛사람의 출처(出處)와 절의(節義), 제도의 연혁(沿革), 농업과 공업의 이로움과 병통, 재산과 재물을 관리하는 방법과 더불어 지리, 국방, 천문, 음악, 법률뿐만 아니라 나아가 초목이나 조수(鳥獸), 육서(六書, 상형(象形) · 지사(指事) · 회의(會意) · 형성(形聲) · 전주(轉注) · 가차(假借) 등의 문자학)와 산학(算學)에 이르기까지 구멍을 꿰뚫어 동여매거나 논의(論議)를 하지 않는 것이 없었다. 모두 기록하거나 외울 만했다.

이 글을 통해 우리는 북학파의 주요 멤버가 박지원, 홍대용, 정철조, 이덕무, 유득공, 박제가, 이서구 등이었다는 사실을 확인할 수 있다. 1731년생인 홍대용과 1730년생인 정철조는 스승 김원행의 문하에서 함께 공부한 동문 사이였다. 그들은 1737년생으로 자신들보다 예닐곱 살이나 연하인 박지원과는 평생 동지이자 친구로 만났다. 또한 1741년생인 이덕무와 1748년생인 유득공, 1750년생인 박제가와 1754년생인 이서구는 사상적으로는 북학에 뜻을 함께한 동지였고 문학적으로는 백탑시사(白塔詩社)를 맺어 함께 활동한 시동인(詩同人)이었다. 이들은 신분과 나이를 떠나 모두 박지원을 스승으로 모셨다. 이때 홍대용은 이들 그룹의 고문이자 후견인 역할을 자처했다.

그런데 박지원와 홍대용의 글과 기록을 뒤지다보면, 흥미롭게도 그들이 이덕무, 유득공, 박제가, 이서구 등을 단순히 제자 혹은 후학으로 여겼다기보다는 사상적 동지이자 학문적 벗으로 교유했다는 사실을 알 수 있다. 그 관계는 '우정'이라는 개념으로 설명하는 게 더 타당할 만큼, 이들은 나이와 경륜 그리고 신분의 귀천(貴賤)과 벼슬의 고하(高下)를 떠나 진정으로 마음을 나누었다. 익히 잘 알려져 있다시피 박지원, 홍대용, 정철조, 이서구가 당시 권세를 누린 노론 명문가의 자제였던 반면 이덕무, 유득공, 박제가는 사회적 냉대와 멸시를 감내해야 했던 서얼 출신이지 않는가? 이러한 사실만 보더라도, 당시 북학파 사람들이 얼마나 자유롭고 개방적이며 진보적 사고를 갖고 행동했는가를 확인할 수 있다. 그리고 그러한 모든 것이 가능했던 이유는 '세상의 모든 사물은 다 동일한 가치를 지니고 있다'는 만물 평등 사상을 바탕으로 젊은 시절에 일찍이 기득권을 내팽개치고 오로지 이용후생과 경세제국과 명물도수의 학문과 그 실천에 평생을 바쳤던 박지원과 홍대용의 삶과 철학이 있었기 때문이다.

▎ 연암(燕巖) 입신출세의 길을 버리고 선택한 '제비바위 협곡(燕巖峽)'

박지원은 1737년(영조 13) 2월 5일 새벽에 한양의 서부(西部) 반송방(盤松坊) 야동(冶洞, 서소문 밖 풀무골)에서 태어났다. 그의 집안은 영조 때 경기도 관찰사, 대사간, 지돈령부사 등 최고위 관직에 올랐던 할아버지 박필균으로 인해 한양의 명문가로 이름을 떨쳤다. 이 때문에 박지원은 젊은 시절 여느 명문가의 자제들처럼 과거 공부를 했고 과거 시험용 문장을 익혔다. 그런데 일찍부터 호방한 기상과 포부를 지녔던 박지원은 과거 공부를 하면서도 정작 과거 시험의 합격 여부에는 별로 관심을 두지 않았다. 성균관의 과거 시험장에 들어가면 한유나 두보의 고체시(古體詩)를 본떠 지은 시가 매우 뛰어나 주변 사람들이 그 특이하고 빼어난 시구절을 외워 전할 정도였지만, 오히려 그는 한 편의 글을 다 짓지도 않은 채 빈 답안지를 내고 나와버리곤 했다. 과거 시험을 통한 입신과 권세가에 빌붙어 출세하는 것에 전혀 마음을 주지 않았던 박지원의 뜻은 30대로 접어들면서 더욱 확고해졌다. 당시 그가 품었던 이러한 뜻은 『과정록』에 소개되어 있는 두 가지 사례를 통해 확인할 수 있다.

첫 번째 사례는 1767년 박지원의 나이 31세 때 세 들어 살던 삼청동 백련봉(白蓮峯) 아래 집에서 있었던 일이다. 당시 박지원이 산 셋집은 대장(大將) 이장오의 별장이었다. 이 때문에 날마다 이장오를 찾아온 수많은 손님들이 또한 문장을 잘 짓고 언변과 화술이 뛰어난 박지원을 즐겨 찾아오곤 했다. 눈 오는 아침이나 비 오는 저녁에도 말을 나란히 타고 술병을 들고 찾아와 빈자리가 없을 지경이었다. 글을 짓고 사람을 사귀는 일을 좋아했던 박지원은 항상 기쁜 마음으로 이들을 맞이했는데, 시간이 지나자 조정의 벼슬아치들이 자신을 자기 당파(黨派)로 끌어들이려 한다는 사실을 알게 되었다. 박지원은 자신을 찾아온 이들의 목적이 따로 있다는 것을 깨닫게 되자 몹시 불쾌하게 여겼고 이후 더욱 사람들과의 왕래를 끊고 초연히 세상을 벗어나려는 뜻을 확고히 했다고 한다.

　두 번째 사례는 이보다 3년 후인 1770년 나이 34세 때 과거 시험장에서 일어난 일이다. 당시 박지원은 소과(小科)인 감시(監試)에 응시해 초장(初場)과 종장(終場)에서 모두 장원을 차지했다. 박지원의 문재(文才)에 탄복한 영조는 특별히 침전(寢殿)으로 입시하라는 어명을 내리고 도승지로 하여금 시험 답안지를 읽게 하였다. 이때 영조는 손으로 책상을 두드리며 장단을 맞춰가며 듣고 나서 박지원에게 크게 격려하는 말까지 남겼다. 그래서 당시 시험을 주관하던 벼슬아치들은 박지원을 반드시 대과(大科)인 회시(會試)에 합격시켜 자신의 공적으로 삼고자 했다. 이러한 상황을 감지한 박지원은 아예 회시에 응시하지 않으려고 했다. 자신의 처신이 자칫 임금의 찬사와 이에 편승하는 벼슬아치들에 의지해 과거 급제하고 입신출세하는 모습으로 보이는 것을 경계했기 때문이다. 그러나 친구들의 강력한 권유를 차마 뿌리칠 수 없어 억지로 회시에 응시할 수밖에 없었다고 한다. 그런데 시험장에 들어간 박지원은 정작 답안지는 제출하지 않고 나와버렸다. 이 일로 사람들은 박지원이 구차하게 벼슬하려 하지 않는다는 사실을 비로소 인정하게 되었다.

과거 시험장의 해프닝 이후 박지원은 과거를 볼 마음을 완전히 접어 버렸다. 그리고 나라 안의 명산과 명승지를 두루 돌아다니며 호방한 기운과 고매한 기상을 길렀다. 훗날 박지원은 이때의 심정을 이렇게 말했다. "나는 과거 공부를 일찍 그만두었기 때문에 마음이 한가로웠고 행동에 거리낌이 없었다. 대신 산수 유람을 많이 했다."라고. 오늘날까지도 박지원의 이름 앞에 늘 따라 다니는 '연암(燕巖)'을 자호로 삼은 것도 이 무렵이었다.

과거에 대한 뜻을 깨끗이 버리고 거리낌 없이 산천이나 돌아다닐 마음을 먹은 박지원은 다음 해인 1771년 곧바로 개성 유람에 나섰다. 그러던 어느 날 개성 부근의 장단 보봉산에 있던 화장사(華藏寺)에 올랐다. 이때 동쪽으로 아침 해를 바라보다가 마치 산봉우리가 하늘에 꽂힌 듯한 곳이 눈에 들어왔다. 별천지가 있겠다는 생각에 박지원은 동행한 백동수와 한달음에 그곳으로 가보았다. 초목이 우거지고 길도 나있지 않아 겨우 골짜기에 흐르는 개울을 따라 거슬러 올라가보니 짐작한 대로 기이한 땅이 나타났다.

박종채는 『과정록』에서 그곳의 풍경을 "언덕은 평탄했고 산기슭은 빼어나게 아름다웠다. 바위는 희고 모래흙은 환하게 빛났다. 깎아지른 듯 서 있는 푸른 절벽은 마치 그림 병풍을 벌려 놓은 것과 같은 형세를 하고 있었다. 개울에 흐르는 물은 깨끗하고 맑아서 그 속이 들여다보이고 너럭바위는 평평하게 펼쳐져 있었는데 그 한가운데는 반듯하고 잡풀이 무성한 빈 땅은 널찍했다."라고 묘사했다. 물 맑고 산세 수려한 길지에 마땅히 집을 지어 살 만한 널찍한 땅까지 발견한 박지원의 기쁨은 말로 다 할 수 없이 컸다.

당시 박지원이 발견한 곳은 개성에서 30리 떨어져 있는 두메산골인 황해도 금천군의 일명 '제비바위 협곡', 곧 '연암협(燕巖峽)'이었다. 박지원은 이 수려하고 기이한 땅에 완전히 매료되었다. 그래서 장차 이

박지원이 청나라의 수도 연경을 방문했을 때 찾았던 남천주당. 박지원은 천주당을 보고 지붕의 머리가 종을 덮어놓은 것처럼 보인다고 묘사했다.

곳에 집터를 닦아 살겠다는 마음을 먹고 마침내 그곳에 우뚝하고 단단하게 자리하고 있던 '제비바위' 즉 '연암(燕巖)'을 취해 자호로 삼았다. 박지원은 연암협에 집을 짓고 형제들과 함께 모여 살면서 손수 농사짓고 독서하며 저술하는 삶을 꿈꾸었다. 박지원은 자신이 꿈꾸었던 연암협에서의 삶을 훗날 큰형수가 사망한 후 지은 「백수공인이씨묘지명(伯嫂恭人李氏墓誌銘)」에 이렇게 남겨놓았다.

내가 화장산 속에 자리하고 있는 연암 골짜기에 새로이 집을 지어 거치힐 곳을 정하였다. 그곳의 수석(水石)을 좋아하여 손수 무성한 가시덤불을 베어내고 나무에 의지하여 집을 지었다. 일찍이 큰형수를 마주하고 '우리 큰 형님은 이미 늙었습니다. 마땅히 아우와 함께 은거하셔야 합니다. 담장에는 빙 둘러

서 천 그루의 뽕나무를 심고, 집 뒤편에는 천 그루의 밤나무를 심고, 문 앞에
는 천 그루의 배나무를 접붙이고, 개울의 위와 아래에는 천 그루의 복숭아나
무와 은행나무를 심겠습니다. 삼 무(三畝)나 되는 연못에는 한 말이나 되는
어린 물고기를 기르고, 바위 벼랑에는 백 개의 벌통을 놓고, 울타리 사이에는
뿔 여섯 달린 소 세 마리를 매어 두고, 아내는 길쌈하고 형수님은 단지 여종
에게 들기름을 짜도록 재촉이나 하시면 됩니다. 그리고 밤에는 제가 옛사람
의 글을 읽을 수 있도록 돌봐주십시오'라고 말씀드렸다.

– 『연암집』, 「백수공인이씨묘지명」

　연암협을 처음 발견할 때만 해도 박지원은 이곳에서 살 엄두를 쉽게
내지 못했던 듯하다. 워낙 길도 없는 두메산골인데다가 집터를 살펴
준 백동수를 비롯해 주변 사람들이 박지원에게 한양을 떠나 연암협에
거처하는 것은 백 년도 되지 못하는 인생을 답답하게 갇혀 지내는 일
이라면서 만류했기 때문이다.

　영숙(永叔, 백동수의 자)이 일찍이 나를 위해 금천의 연암협에 함께 가서 집을
짓고 살 만한 터를 보아주었다. 그곳은 산이 깊고 길이 험해 하루 종일 걸어
도 사람 하나 만날 수 없었다. 함께 갈대밭 속에 말을 세워놓고 채찍을 휘둘
러 높은 언덕을 나누어 정리하다가 말하였다. '저곳은 울타리를 치고 뽕나무
를 심을 만하네. 불을 질러 갈대를 태우고 밭을 가꾸면 한 해 동안 곡식 천 석
은 얻을 수 있겠구만.' 시험 삼아 쇠를 두드리고 바람이 부는 방향에 따라 불
을 질렀다. 꿩이 '꺼겅 꺼겅' 울면서 놀라 날아오르고, 어린 노루가 눈앞에서
달아났다. 팔뚝을 걷어붙이고 뒤쫓아 갔지만 어린 노루가 개울을 건너자 돌
아왔다. 이에 서로 보고 웃다가 '인생은 백 년도 되지 못한다. 어찌 답답하게

나무와 바위로 둘러싸인 곳에 살면서 곡식 부스러기나 주워 먹는 꿩이나 토끼처럼 살 수 있겠는가?'라고 말하였다.

— 『연암집』, 「기린협으로 들어가는 백영숙에게 주는 글(贈白永叔入麒麟峽序)」

연암협을 발견한 지 7년이 지난 1778년, 박지원은 뜻밖의 악연(惡緣)으로 말미암아 쫓기다시피 한양을 떠나 연암협에 터를 잡아야 했다. 정조가 즉위한 지 2년이 지난 이 해에 권신(權臣) 홍국영이 박지원을 해치려는 마음을 먹고 일을 도모했기 때문이다.

이러한 사정을 알려준 이는 유언호인데, 그는 정조의 총애를 받아 당시 이조참의에 있었다. 박지원의 아주 절친한 벗이었던 유언호는 평소 권세가(權勢家)를 과격하고 준엄하게 비판하는 박지원의 언행에 대해 행여 몸을 상하지 않을까 염려했다. 그러던 그가 어느 날 조정에서 퇴청하면서 박지원을 찾아왔다. 이날 유언호는 박지원의 손을 잡고 깊이 탄식하면서 이렇게 말했다.

"자네는 어떻게 하려고 홍국영의 심기를 그렇게 크게 거슬렀는가? 자네를 미워해 깊이 독을 품고 있으니 닥쳐올 재앙을 예측할 수 없네. 그가 자네를 도모하려고 틈을 노린 것이 오래되었네. 자네가 조정에서 벼슬하는 사람이 아니어서 그 때를 늦추었을 뿐이네. 지금 흘겨보는 눈초리가 때가 다한 것 같으니 장차 자네에게 재앙이 미칠 것이네. 자네에 대한 말에 이르면 매양 눈초리가 몹시 악랄해지니 반드시 화를 모면하기 어려울 것이네. 어찌해야 하겠는가? 가능한 빨리 한양을 떠나게."

진심으로 자신을 걱정해주는 유언호의 말을 들은 박지원은 스스로 '평소 뜻과 말이 곧고 바르며 헛된 이름이 세상에 너무 높게 드러난 것이 재앙을 부른 원인'이라고 생각했다. 그리고 마침내 가족들을 이끌고 연암협에 들어가기로 결심하고 그 즉시 한양을 떠났다. 그런데 박지원이 걱정되었던 유언호가 뒤이어 외직(外職)을 자청해 연암협 부근의 개성유수로 부임해 왔다. 부임하자마자 연암협으로 박지원을 찾아온 유언호는 "수석(水石)은 참으로 아름답네. 그렇지만 흰 돌을 삶아먹을 수는 없지 않는가. 개성부(開城府) 안에 자네를 위해 애를 써줄 만한 친지는 있는가? 성곽 근처에도 세를 얻어 살 만한 집이 많다네. 왜 생각해보지 않았는가? 내가 개성부에 재직하면서 날마다 자네와 더불어 지낸다면 이 역시 기쁜 일이 아닌가."라고 했다. 두메산골인 연암협까지 찾아와 간곡하게 설득하는 유언호의 말을 차마 뿌리치지 못한 박지원은 개성부 안 금학동(琴鶴洞) 양호맹의 별장으로 거처를 옮겼다. 이로 인해 연암협에서의 생활은 잠시 뒤로 미루어지게 되었다.

그러나 유언호가 얼마 지나지 않아 다시 이조참판에 임명되어 조정으로 복귀하자 연암협으로 돌아온 박지원은 마침내 터를 잡아 집을 짓고 오랫동안 마음속 깊이 품어온 농사짓고 독서하며 저술하는 삶을 살 수 있었다. 특히 큰형수가 사망하고 연암협의 집 뒷산에 묻힌 이후부터 박지원은 이곳을 가리켜 '다시 옮길 수 없는 땅'이라고까지 말하였다. 일찍부터 큰형수를 어머니처럼 의지하고 살았기 때문에 큰형수의 묏자리로 삼은 다음 연암협에 대한 박지원의 애정은 더욱 각별해질 수밖에 없었다. 연암협에서의 생활과 그곳의 자연 풍경에 대해서는 박지원이 평생 가장 가까운 벗이자 동지로 여겼던 홍대용에게 보낸 편지에 자세하게 나와 있다. 이 편지를 읽다보면, 그가 다른 사람에게 쉽게 꺼내놓기 힘든 심중(心中)의 말을 아무 거리낌 없이 털어놓을 수 있었던 사람이 다름 아닌 홍대용이었다는 것을 쉽게 알 수 있다.

아우가 연암협으로 들어와 언덕 하나와 골짜기 하나를 경영하며 살려고 마음먹은 지가 이미 9년이나 지났습니다. 물가에서 잠자고 바람을 맞은 채 밥을 먹으면서도 맨손으로 두 주먹만 쥐었을 뿐 마음은 지치고 재주는 서툴렀으니 무엇을 성취했겠습니까? 그저 자갈밭 몇 이랑에 초가삼간을 마련했을 뿐입니다. 허공에 매달려있는 듯한 비좁은 협곡에는 풀과 나무가 무성하여 애초 오솔길조차 없었습니다. 그러나 골짜기 안으로 들어가면 산기슭은 모두 숨어버리고 갑자기 형세가 바뀌어서, 언덕은 평평하고 기슭은 어여쁘며 흙은 하얗고 모래는 환히 빛납니다. 확 트여 넓은 곳에다 남쪽을 향해 집을 지을 형국(形局)을 잡았습니다. 그 집터가 지극히 작지만 천천히 걷거나 노닐면서 쉴 만한 장소가 그 가운데 갖추어져 있었습니다.

앞쪽 외편에는 푸른 절벽이 깎아지른 듯 서 있어서 마치 그림 병풍을 펼쳐놓은 것과 같습니다. 바위틈은 깊숙이 입을 벌려 저절로 동굴을 만들고 제비가 그 속에 둥지를 틀었으니, 이곳이 바로 연암(燕巖, 제비바위)입니다. 집 앞으로 백여 걸음 떨어진 곳에 평평한 대(臺)가 있는데 모두 바위가 층층이 쌓여 우뚝 솟아 있습니다. 개울이 그 아래로 굽이돌고 있으니 바로 조대(釣臺)입니다. 개울을 따라 올라가면 하얀 바위가 평탄하게 펼쳐져 있어서 마치 먹줄을 대고 잘라 놓은 것 같습니다. 더러 평평한 호수를 만들고 더러 맑은 못을 이루었는데 노니는 물고기들이 아주 많습니다. 매일 서쪽에 석양이 비쳐 띠를 두르면 그림자가 바위 위까지 어른거립니다. 이곳이 바로 엄화계(罨畵溪)입니다. 산이 휘감아 돌아들고 물길이 겹겹이 감싸 사방으로 촌락과 단절되어 있습니다. 큰길로 나가 7~8리 정도 걸어야 비로소 닭이 울고 개가 짖는 소리를 들을 수 있습니다. 이 때문에 지난 가을부터 불러 모은 이웃이라고 해 봐야 불과 서너 가구일 따름이고, 그나마 모두 다 떨어진 옷에다 귀신같은 몰골을 하고 소란스럽게 떠들면서 오로지 숯을 굽는 일만 할 뿐 농사는 일절 짓지 않습니다. 깊은 골짜기에 사는 오랑캐가 호랑이나 표범을 이웃으로 삼고 족제비나 다람쥐를 친구로 삼는 것과 무엇이 다르겠습니까.

그 험악하고 외따로 떨어진 것이 이와 같아도, 마음으로 이곳을 이미 좋아하게 되자 다른 무엇과도 바꿀 수 없게 되고 말았습니다. 더구나 형수님을 집 뒤에다 장사 지낸 다음에는 다시 옮길 수 없는 땅이 되었습니다. 띠풀로 지붕을 이고 소나무로 처마를 만든 집은 겨울에는 따뜻하고 여름에는 시원합니다. 조와 보리를 먹으며 평생을 지낼 수 있고, 채소와 고사리는 매우 잘 자라 한 번 캐면 대광주리를 가득 채웁니다.”

– 『연암집』, 「홍덕보에게 답하는 글(答洪德保書)」

  찾아오는 이 없는 두메산골 연암협에서 손수 집을 짓고 먹을거리를 장만하며 근근이 생계를 연명하는 외롭고 궁핍한 삶 속에서도 박지원은 '사색하며 글을 쓰는 일'을 단 한순간도 놓지 않았다. 이러한 모습은 아버지 박지원을 회상하며 한 줄 한 줄 그 언행을 기록한 박종채의 『과정록』에 자세하게 나와 있다.

  아버지는 타고난 품성(稟性)이 재물에 대해 욕심이 없고 명리를 좇지 않으셨기 때문에, 한가로이 지내며 고요히 앉아 이치를 궁구하고 관찰하는 것을 가장 좋아하셨다. 아버지는 연암협에 계실 때 간혹 하루 종일 대청 아래로 내려오시지 않기도 했고, 간혹 사물을 뚫어져라 쳐다보며 한참을 말없이 묵묵하게 계시다가 자리를 뜨시곤 하셨다. 당시 아버지는 이렇게 말씀하셨다. '비록 지극히 미미한 사물, 예를 들자면 풀과 꽃과 새와 벌레도 모두 지극한 경지를 갖추고 있어서 하늘과 자연의 묘한 이치를 볼 수 있다.' 매양 개울가 바위에 앉아 나지막한 소리로 읊조리거나 천천히 거니시다가 갑자기 멍하니 서서 마치 모든 것을 잊은 듯한 모습을 하셨다. 그러다가 때때로 묘한 생각이 일어나면 반드시 붓을 잡아 글로 적어 두셨기 때문에 잘게 쓴 글씨의 종잇조각들이 상자를 가득 채웠다. 아버지께서는 개울가 집에 그 종잇조각들을 잘 간직해 두셨다. 그리고 말씀하시기를 '훗날 다시 살펴서 고치고 다듬어 조리를 갖추고 조목별로 엮은 다음에 책으로 만들어야겠다.'라고 하셨다.

그런데 불행인지 다행인지 연암협에서의 생활은 오래가지 않았다. 1780년 홍국영이 정조의 노여움을 사 권세를 잃었기 때문이다. 한양으로 돌아온 박지원은 서대문 밖 평동(平洞)에 있던 처남 이재성의 집에 거처하였다. 그리고 얼마 지나지 않아 삼종형(三從兄, 팔촌형)인 금성위(錦城尉, 영조의 셋째 딸인 화평옹주와 혼인해 얻은 부마 칭호) 박명원을 따라가는 자제군관 자격으로 그토록 열망했던 청나라에 가는 기회를

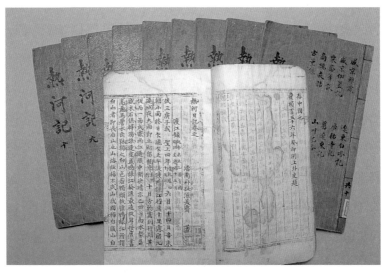

『열하일기』는 박지원이 중국 청나라에 가는 사신을 따라 갔을 때의 기행문으로, 신학문에 대한 소개와 「허생전」, 「호질」 등의 단편 소설이 실려 있다.

얻게 된다. 5월에 길을 떠난 박지원은 6월 압록강을 건너 8월에 청나라의 수도인 연경(燕京, 베이징)에 들어섰다. 그러나 당시 황제가 열하(熱河)에 있었기 때문에 곧바로 그곳에 갔다가 다시 연경으로 돌아왔고, 10월에 귀국하였다. 이때의 여행 체험을 기록한 책이 잘 알려져 있는 것처럼, 우리나라 고전의 역사에 길이 남을 불후의 걸작 『열하일기(熱河日記)』다.

청나라에서 돌아온 이후 박지원은 삼종형인 박명원이 소유하고 있던 삼포(三浦, 마포)의 세심정(洗心亭)에 거처하는 한편 혼자 연암협에 들어가 지내곤 했는데, 때로는 해를 넘기기도 하고 혹은 반년이 지나 돌아오기도 했다. 그렇게 한양과 연암협을 오가며 지내던 박지원은 1783년과 1787년 세 차례에 걸쳐 큰 슬픔을 겪게 된다. 세속의 이욕을 벗어나 서로 마음을 허락하는 우정을 나누었던 절친한 벗이자 동지였던 홍대용이 1783년에 사망했고, 또한 1787년 정월에 아내 전주 이씨를 잃은 것도 모자라 7월에는 아버지처럼 의지하고 지냈던 큰형 박희원마저 세상을 등졌기 때문이다. 박지원은 예전 연암협에 장사 지냈던 큰형수 곁에 나란히 큰형의 묘를 장만했다. 그 후 연암협에 들어갈 때마다 박지원은 슬픔과 상실감을 이기지 못해 개울가에 앉아 스스로 시를 지어 읊조리곤 했다. 당시 박지원이 지은 '연암에서 선형(先兄)을 생각하며'라는 시를 보면, 세상을 뒤엎을 만한 기개와 나라를 이롭게 하고 백성을 구제할 큰 포부를 품었던 그가 혈육에 대해서도 얼마나 깊은 정을 간직하고 있었는지 가늠해볼 수 있다.

우리 형님 얼굴과 수염 누구를 닮았는가
매양 돌아가신 아버님 떠오르면 우리 형님 바라보았지

이제 형님 생각나면 어느 곳에서 보겠는가

두건 쓰고 옷 입고 개울로 가서 내 모습 비춰볼 뿐

  어머니처럼 여겼던 큰형수를 묻은 후 박지원은 연암협을 가리켜 '다시 옮길 수 없는 땅'이라고 언급한 적이 있다. 그런데 아버지처럼 의지했던 큰형까지 이곳에 묻었다. 이제 박지원에게 연암협은 잊고 싶어도 잊을 수 없는 땅이 되어버렸다. 그러나 박지원은 이때부터 1800년까지 무려 10여 년이 넘게 연암협을 마음대로 밟지 못했다. 평생 권세와 명리를 멀리한 채 가난하게 살았던 박지원은 50이 다 된 늦은 나이에 음관(蔭官)으로 벼슬길에 나갔다. 큰형까지 세상을 떠난 뒤 가족들의 생계를 책임지지 않을 수 없었기 때문이다. 선공감 감역(종9품)에서 시작해 평시서 주부(종6품), 사복시 주부(종6품), 한성부 판관(종5품) 등 여러 관직을 거친 다음 박지원은 1791년 나이 55세 때 한 고을을 직접

박지원이 직접 맡아 다스렸던 안의현(지금 경남 함안군 안의면)의 풍경.

맡아 다스릴 수 있는 기회를 얻게 된다. 그해 겨울 경상도 안의현(安義縣)의 현감(縣監)이 된 것이다. 박지원은 안의현감 직을 자신이 평생 품었던 '이용후생학, 경세제국학, 명물도수학'을 민생 현장에서 직접 펼쳐볼 수 있는 다시없는 기회로 여겼다. 당시 안의현에서 박지원이 행한 사업에 관한 내용은 『과정록』에 다음과 같이 기록되어 있다.

아버지께서는 연경에 들어가셨을 때, 농기구와 베틀 등 백성들의 실생활에 이롭고 편리한 기구들을 자세하게 관찰하셨다. 그리고 조선에 돌아와서는 이 기구들을 모방해 제작하여, 널리 나라 안에서 쓰일 수 있기를 바라셨다. 그러나 생활이 어려운 탓에 정작 엄두를 내지 못하고 계셨다. 마침내 안의현에 부임해서서 재주와 기술이 있는 공장(工匠)들을 가려 뽑아 손수 가르치며 양선(颺扇, 풍력을 이용해 겨 따위를 없애는 농기구), 베틀, 용골차(龍骨車, 논에 물을 끌어들이기 위해 사용하는 수차), 용미차(龍尾車, 관개용 수차), 물레방아 등 여러 기구들을 제조하여 시험하셨다. 모두 힘을 많이 사용하지 않으면서도 민첩하게 일을 처리할 수 있는 기능을 갖추어 한 사람이 수십 명이하는 일을 능히 감당할 수 있었다. 그러나 그 후 그것들을 모방해 제작하는 사람이 없었다. 그래서 결국 나라 안에서 쓰임을 얻지 못했으니, 어찌 한스럽지 않겠는가.

당시 수차(水車)와 베틀 그리고 물레방아 등을 손수 제작해 이른바 '산업과 경제를 잘 다스려 나라와 백성의 삶을 풍요롭게 한다'는 이용후생에 힘썼던 박지원의 자취는 오늘날에도 전해지고 있다. 안의현은 오늘날 경상남도 함양군 안의면인데, 이곳에는 현재 안의현감 시절 박지원이 제작했던 우리나라 최초의 물레방아를 기념하는 '연암 물레방아 공원'이 세워져 있다.

1796년 안의현감에서 물러난 박지원은 이후 충청도 면천군수(1797년)로 나갔다가 다시 강원도 양양부사(1800년) 직을 맡았다. 그는 가는 곳마다 일찍이 홍대용과 도의지교를 맺고 평생을 함께하기로 다짐했던 이용후생과 경세제국의 학문과 철학을 실천하는 데 온 힘을 쏟았다. 면천군수 시절에는 농업 및 토지 개혁과 상업적 농업 및 과학적 영농기술에 대한 자신의 사상과 견해를 담은 『과농소초(課農小抄)』와 『한민명전의(限民名田議)』를 지어 정조에게 올렸다. 더욱이 양양부사로 부임해서는 환곡(還穀)의 방출과 수납을 조작해 백성들을 착취하는 아전들의 부정비리를 바로잡는 한편, 역대 임금들의 필적을 봉안한다는 명분으로 궁속(宮屬)들과 결탁해 관리를 구타하고 사람을 죽이는 일까지 예사로 벌인 천후산(天吼山) 신흥사(新興寺) 승려들의 횡포를 뿌리 뽑으려고 했다. 그러나 당시 감사가 조정의 권세가와 연결되어 있던 승려들을 처벌하려고 하지 않고 이리저리 눈치를 보며 얼버무리기만 하자, 박지원은 아무런 미련 없이 관직을 사직하고 한양으로 돌아와 버렸다. 정조가 사망한 후 권력을 장악한 노론의 권신과 세도가문 아래에서는 더 이상 자신이 품은 개혁의 뜻을 이룰 수 없다는 사실을 깨달았기 때문이다. 이해가 1801년이다. 박지원은 더 이상 생계를 위해 벼슬을 하고 녹봉을 받는 것은 구차한 짓일 뿐이라고 생각했다.

벼슬에서 물러난 박지원은 말년을 어떻게 보냈을까? 그는 지난날 입신출세의 길을 버리고 선택했던 땅 연암협을 다시 찾아갔다. 더럽고 썩은 세상에 영합해 사는 것보다는 차라리 지난날 자신이 품었던 '농사짓고, 독서하며, 저술하는 삶'으로 돌아가려고 마음먹었기 때문이다. 당시 박지원의 심정을 일부나마 읽을 수 있는 단서가 『과정록』

에 이렇게 적혀 있다.

관직을 버리고 다시 연암협으로 들어온 다음 아버지는 지난날 개울가의 집에 간직해 두었던 글들을 꺼내 보셨다. 그러나 이때는 눈이 이미 심하게 어두워져서 잘게 쓴 글씨를 살펴볼 수 없으셨다. 아버지는 슬퍼하면서 탄식하시기를, '아깝구나! 벼슬살이 10여 년에 훌륭한 책 한 부를 잃어버렸구나.'라고 하셨다. 이윽고 또한 이렇게 말씀하셨다. '종국에는 세상에 무용(無用)하고 사람의 마음만 어지럽힐 뿐이네.' 이에 마침내 개울물에 그 원고들을 세초(洗草)해 없애버리게 하셨다.

이렇듯 박지원은 죽기 직전까지 연암협과 함께했다. 평생을 따라다닌 자신의 호 '연암'처럼 박지원에게 '연암협'은 잊으려고 해도 잊을 수 없는 땅이었던 셈이다.

▌ 담헌(湛軒) 과학자를 꿈꾼 선비의 집

홍대용의 호 '담헌(湛軒)'은 그가 태어나고 자란 충청도 천원군 수신면(修身面) 장산리(長山里) 수촌(壽村) 마을에 있던 집에 붙여진 이름이다. '담헌'이란 집의 이름은 홍대용이 12살 때부터 스승으로 섬겼던 미호(渼湖) 김원행이 지어 줬는데, '담(湛)'이라는 글자에 담긴 대의(大意)를 훗날 홍대용은 '텅 비고 밝으며 넓어서 바깥 사물에 연루되지 않는 것'이라고 밝혔다. 나중에 자세하게 소개하겠지만, 홍대용이 1765년 청나라의 수도 연경에 가서 사귄 중국의 지식인 반정균은 '담(湛)'이란 글자에 담긴 의미를 두 가지로 해석하면서 홍대용의 사람됨과 행동이 그 뜻에 적합하다고 하였다. 여기에서 먼저 반정균은 군자의 도(道)란 마음에 잡된 생각이나 재물을 탐하는 욕심이 없는 것인데, 홍대용의 몸가짐이 맑고 밝으며 집은 텅 비어 깨끗하니 '담(湛)'이라는 글자의 뜻에 합당하다고 하였다. 또한 사람의 천성(天性)과 천명(天命)을 다루는 성명(性

청나라 학자 엄성이 그린 홍대용의 초상.

命)의 학문을 강론할 때 그 말이 크게 순수하고 진실하여서 또한 '담(湛)'이라는 글자의 뜻에 적합하다고 하였다.

　이러한 사실들로 미루어 볼 때, 스승 김원행이 홍대용에게 지어준 '담헌'이라는 호는 욕망과 이욕(利慾)에 마음을 빼앗겨 재물이나 권력을 탐하는 것을 경계하는 뜻임을 알 수 있다. 일찍이 박지원과 교제하며 명문가의 자제라는 기득권을 과감하게 버리고 과거 시험을 통한 입신출세를 거부한 채, 이용후생과 경세제국의 학문에 온 마음과 온 힘을 쏟았던 홍대용의 순수하고 담박했던 삶과 닮아 있는 호라고 하겠다. 그렇다면 여느 사대부가의 자제라면 과거 급제를 통한 입신양명에 심혈을 기울였을 20대와 30대 초중반의 나이에, 과거 시험을 위해 공부할 뜻을 완전히 접어버린 홍대용은 '담헌'이라고 이름 붙인 시골집에서 도대체 무엇을 하고 지냈던 것일까? 그가 이곳에서 무엇을 했는가를 온전히 알았을 때 비로소 '담헌'이라는 호에 담긴 홍대용의 꿈과 포부를 알 수 있지 않을까? 이러한 궁금증을 풀기 위해서는 홍대용이 청나라 사신단의 서장관(書狀官)이 된 계부(季父) 홍억을 따라 청나라 연경에 갔던 1765년(영조 41) 그의 나이 35세 때로 시간을 되돌려 보아야 한다.

조선의 지식인들이 청나라를 여행하고 돌아온 체험을 기록으로 남긴 연행록(燕行錄)은 오늘날까지 수백 권이 전해지고 있을 만큼 그 숫자가 많다. 대개 사람들은 박지원의 『열하일기』를 연행록의 백미(白眉)로 알고 있지만, 사실 홍대용의 연행록인 『을병연행록(乙丙燕行錄)』 역시 박지원의 『열하일기』와 노가재(老稼齋) 김창업의 『노가재연행록(老稼齋燕行錄)』과 더불어 조선을 대표하는 3대 연행록 중 하나로 일컬어질 정도로 걸작이다. 『을병연행록』이라는 제목은 홍대용이 을유년(乙酉年)인 1765년 11월 2일 한양을 떠나 연경에 도착한 후 병술년(丙戌年)인 다음 해 5월 2일 고향집으로 돌아왔기 때문에 붙여졌다. 을유년과 병술년에서 머리글자를 따와 『을병연행록』이라고 지은 것이다.

특히 『을병연행록』에서 우리의 눈길을 사로잡는 대목은 홍대용이 당시 동아시아 인문학의 중심지이자 새로운 지식과 정보의 보고(寶庫)요, '책의 바다'로 크게 유명세를 떨쳤던 연경의 서점가 유리창(琉璃廠)의 한 골목인 건정동(乾淨衕)에서, 청나라 항주(杭州) 출신의 지식인 세 사람과 개인적인 만남을 갖고 천애지기(天涯知己)를 맺은 일이다. 이들은 당시 나눈 교류와 우정에 만족하지 않고 홍대용이 귀국한 후부터 죽을 때까지 수십 년 동안 서신과 인적 왕래를 통해 조선과 청나라를 오고 가는 친교를 맺었다. 이러한 일은 청나라는 물론이고 이전 왕조인 명나라에 갔던 조선의 어떤 지식인에게서도 그 사례를 찾아보기 힘든 전무후무한 지성사적 사건이었다.

어쨌든 홍대용은 1766년 2월 초2일 첫 만남을 가진 후 한 달 동안에 무려 일곱 차례나 이들 청나라의 지식인들을 만났다. 이 일곱 번의 만남에서 홍대용은 당시 자신이 거처하고 있던 수촌 마을의 집 '담헌'을 청나라의 벗들에게 자세히 소개하면서 평소 자신이 꿈꾸었던 삶과 철학을 가감 없이 드러냈다. 이때가 첫 만남을 가진 지 불과 사흘이 지난 2월 초5일 이었으니까, 이들이 얼마나 급속하게 가까워졌고 서로에게 깊이 빠져들었는가를 짐작해볼 수 있다. 말은 비록 통하지 않았지만 모두 당시 동아시아 지식인들의 공용 문자였던 한자(漢字)에 능통했기 때문에 의사소통에는 아무런 장애가 없었다. 이러한 까닭에 홍대용과 청나라의 지식인들은 짧은 시간 안에 그토록 가까워질 수 있었던 것이다. 여기에서 홍대용은 자신이 담헌에 머물면서 한 일을 '여덟 가지'로 정리해 청나라의 벗들에게 보여주었다. '팔경소지(八景小識)'라고 제목을 붙인 여덟 가지 일은 다음과 같다.

향산루(響山樓)에서 거문고를 탄다〔山樓鼓琴〕

농수각(籠水閣)에서 자명종이 울린다〔島閣鳴鐘〕

일감소(一鑑沼)에서 물고기를 본다〔鑑沼觀魚〕

보허교(步虛橋)에서 달을 희롱한다〔虛橋弄月〕

태을연(太乙蓮)을 타고 신선을 배운다〔蓮舫學仙〕

선기옥형(璇璣玉衡, 혼천의)으로 하늘을 엿본다〔玉衡窺天〕

영조감(靈照龕)에서 시초(蓍草)를 점친다〔靈龕占蓍〕

지구단(志穀壇)에서 화살을 쏜다〔穀壇射鵠〕

- 『을병연행록』, 1766년 2월 초5일

이어진 글에서 홍대용은 담헌이라는 집의 제도(制度)와 함께 마치 눈앞에서 보고 있는 것처럼 이들 팔경을 하나하나 자세하고 정밀하게 묘사했고, 아울러 그곳에 담긴 자신의 뜻까지 설명했다. 여기에서 우리는 일찍이 스스로 "과거에 대한 뜻을 버리고 명예와 이욕의 마음을 끊은 채 한가롭게 들어앉아 향을 피우고 거문고를 타면서 속세를 벗어난 삶"을 살았던 은사(隱士) 홍대용과 더불어 세계와 천체의 원리를 직접 배우고 익히는 것으로도 모자라 몸소 과학 기구를 제작하고 실험했던 과학자 홍대용의 행적을 엿볼 수 있다.

집의 제도는 사면 두 칸입니다. 가운데가 한 칸 방이고, 북쪽으로 반 칸 작은 방이고, 동쪽으로 반 칸 다락은 두 칸 길이고, 서남쪽 두 편은 모두 반 칸으로 마루를 만들었습니다. 이 집이 바로 담헌(湛軒)입니다. 서쪽으로는 두 칸 길이고, 남쪽으로는 다락 아래에서 그쳤습니다. 사면에 두어 칸 뜰이 있고 남쪽으로 네모난 모양의 연못이 있는데, 사방이 여남은 걸음에 이릅니다. 연못의 깊이는 가히 배를 띄울 수 있는데 그 가운데에 둥근 섬을 쌓았으니 둘레가 여남은 걸음입니다. 연못 위 둥근 섬에는 작은 집을 세워 혼천의(渾天儀)를 감추었습니다. 연못가에는 약간의 꽃과 나무를 심고 사면으로 담을 둘렀습니다. 이것이 집 제도의 대강입니다.

동편 다락에는 두어 폭 산수 그림을 붙이고 책상 위에는 두어 장의 거문고를 놓았으니, 주인이 스스로 타는 악기입니다. 다락의 이름을 '향산루(響山樓)'라고 붙였는데, 이것은 종소문(宗少文)의 '거문고를 타 그림 가운데 산을 울리게 한다'는 말에서 취한 것입니다. 이러한 까닭에 '산루고금(山樓鼓琴, 향산루에서 거문고를 탄다)'이라 적은 것입니다. 연못 가운데 섬 위의 집은 '농수각(籠水閣)'이라고 이름하였는데, 이것은 두보(杜甫)의 '해와 달은 우리 가운데 새요, 하늘과 땅은 물 위의 영취(靈趣)이네'라는 글귀를 취한 것입니다. 이 농수각에 감춘 혼천의에는 시각을 알리는 종이 있고 또한 자명종이 있어 때를 따라 스스로 우는 까닭에 '도각명종(島閣鳴鐘, 농수각에서 자명종이 울린다)'이라고 적은 것입니다. 연못은 산을 인도하여 밤낮으로 끊이지 않고, 산과 수풀이 물 가운데 비쳐 온갖 형상이 짐짓 면목을 감추지 아니했으니, '일감호(一鑑湖)'라고 이름을 붙였습니다. 이것은 주자(朱子)의 '반 이랑 연못이 한 거울에 열리다'라는 글귀에서 취한 것입니다. 물고기를 길러 연못에 가득해 꼬리를 흔들고 물결을 뿜어 수초(水草) 사이에서 뛰노니, 이 모습을 즐겨 구경하다 보면 혼탁한 세상의 기틀을 잊기에 족합니다. 그래서 '감소관어(鑑沼觀魚, 일감소에서 물고기를 본다)'라고 적은 것입니다. 연못의 북쪽 언덕에 남쪽으로 다리를 만들어서 섬과 통하게 하고 '보허교(步虛橋)'라고 이름하였습니다. 매양 바람이 자고 물결이 고요하여 하늘과 구름의 기운이 물속에서 날아오르는 듯하고, 밤이 되면 달빛이 그림자를 떨쳐 기이한 물결이 하늘과 한 빛이 되곤 합니다. 사람이 다리 위에 올라 아래를 굽어보면 환하게 밝아 웅장한 무지개를 타고 하늘 위를 오르는 듯합니다. 이러한 까닭에 '허교농월(虛橋弄月, 보허교에서 달을 희롱한다)'이라 적은 것입니다. 나무를 깎아 배를 만들었지만 겨우 두 사람을 용납할 뿐입니다. 한 머리는 둥글고 높아서 약간 채색을 베풀어 연꽃 형상을 만듭니다. 그래서 '태을연(太乙蓮)'이라고 이름을 붙였습니다. 이것은 신선인 태을진인(太乙眞人)의 연엽주(蓮葉舟)를 모방한 것입니다. 그러므로 '연방학선(蓮舫學仙, 태을연을 타고 신선을 배운다)'이라고 적은 것입니다. 혼천의 제도는 근본적으로 선기옥형(璇璣玉衡)의 제도를 모빙하였고, 일월(日月)이 다니는 길과 성신(星辰)의 도수(度數)를 앉아서 상고할 만합니다. 그래서 '옥형규천(玉衡窺天, 선기옥형으로 하늘을 엿본다)'이라고 적은 것입니다. 다락 북편에 조그만 감실(龕室)을 만들어 시초(蓍草, 점 칠 때 쓰는 톱풀)를 넣어 두는 곳으로 삼고 '영조감(靈照龕)'이라는 이름을 붙였습니다. 이것은 옛글의 '영명(靈明)이 위에 있어 비친다'는 글귀에서 취한 것입니다. 당초 의심을 끊어내고자 하면 반드시 마음을 깨끗이 하고 경계하며 점(占)하는 법에 의지하여 『주역(周易)』의 괘사(卦辭)를 구합니다. 그러므로 '영감점시(靈龕占蓍, 영조감에서 시초를 점친다)'라고 적은 것입니다. 연못 동편에 돌을 쌓아 단(壇)을 올리고 활을 쏘는 곳으로 삼아 '지구단(志彀壇)'이라는 이름을 붙였습니다. 이것은 맹자의 말씀에서 취한 것입니다. 글을 읽고 농사를 짓는 일에 틈이 생기면 사람들과 더불어 짝을 나누고 승부를 다투어 서로 즐깁니다. 이러한 까닭에 '구단사곡(彀壇射鵠, 지구단에서 화살을 쏜다)'이라고 적은 것입니다.

— 『을병연행록』, 1766년 2월 초5일

아울러 당시 홍대용은 청나라의 벗들에게 자신의 집이자 호인 '담헌'에 관한 글을 각각 하나씩 지어 달라고 청했는데, 엄성에게는 '담헌팔경시(湛軒八景詩)'를, 반정균에게는 '담헌기(湛軒記)'를 부탁했다. 홍대용은 두 사람에게 글을 부탁하면서 정침(頂針, 경계)으로 삼고자 한다면서 절대 "빈 과장이나 지나친 칭찬 그리고 문인들이 흔히 쓰는 상투적인 표현이나 글을 꾸미는 일 따위는 하지 말아 달라."라고 특별하게 요청하기도 했다. 이 때문에 엄성이 쓴 시와 반정균의 기문은 '담헌'에 살면서 홍대용이 어떤 일을 했는지를 알 수 있는 중요하고도 정확한 자료가 된다. 엄성의 시는 생략하고 반정균의 기문만 읽어보도록 하겠다.

연경(燕京) 동쪽에 방외(方外)의 나라가 있다. 그 이름을 조선(朝鮮)이라 일컫는데, 그 나라의 풍속이 예절을 숭상하고 시율(詩律)을 일삼아 당나라 때부터 지금에 이르기까지 시율을 모으는 사람이 왕왕 있어서 다른 외국에 비할 바가 아니다. 병술년(丙戌年, 1766년) 봄 사이에 내가 일이 있어서 북경에 이르렀더니, 마침 담헌 홍군이 조공하는 사신을 따라 들어와 있었다. 대개 중국 성인의 학문을 흠모하고 한번 중국의 기이하고 특출한 선비를 사귀고자 하여 수천 리 먼 곳을 찾아오는 어려움을 돌아보지 않았다. 내 이름을 듣게 되자 즉시 나의 객관(客館)에 이르러 주인과 손님이 각각 붓을 들어 뜻을 통하고 도리와 의리로 서로 경계하여 군자가 벗을 사귀는 도를 이루었다. 이러한 일은 진실로 기이하다고 할 만하다.

홍군은 기상이 높고 문선(文選)이 넓어서 중국의 서적을 열어보지 않은 것이 없고, 율력(律曆)과 병법(兵法)과 도학(道學)의 종지(宗旨)를 궁구하지 않는 것이 없다. 시문(詩文)으로부터 산수(算數)에 이르기까지 능숙하지 못한 것이 없고, 의론(議論)을 듣게 되면 옛사람을 일컫고, 의리를 근본으로 하여 짐짓 유자(儒者)의 기상이 있다. 이것은 중국에서도 쉽게 볼 수 없는 인품이거늘 어찌 진한(辰韓)의 멀고 황량한 지경에서 얻을 줄 알았겠는가. 홍군이 일찍이 나에게 말하기를, '나는 왕도(王都)에 사는 사람이지만 평생에 벼슬을 원하지 아니하여 물러나 청주(淸州)의 수촌(壽村)에 거처하면서 농사짓는 백성들과 더불어 한가로이 살았습니다. 몇 칸 초옥을 지어 방과 다락을 갖추고, 집 앞에는 연못을 파서 못 위에 다리를 놓고, 못 가운데에는 조그만 배를 물결에 띄우고, 다락 밖으로는 나무 그림자가 뜰에 가득하고, 당(堂)에 오르게 되면 혼천의로 천문(天文)을 상고하고 자명종으로 시각을 살피고, 거문고로 흥치(興致)를 돋우며, 일이 있으면 시초(蓍草)를 전하여 의심을 끊어내고 결정하며, 겨를을 얻게 되면 활과 화살을 다스려 승부를 다툽니다. 진실로 즐거움이 이 가운데 있으므로 외물(外物)에 의지하여 구하지 않았습니다. 미호(渼湖)선생은 나의 스승으로 그 집을 이름하여 담헌(湛軒)이라 일컬었습니다. 이로 말미암아 내가 스스로 별호(別號)를 삼았습니다. 그대가 나를 위하여 그 사적(事跡)을 기록해주십시오'라고 하였다.

내가 이미 그 사람을 높이 여기고 다시 그 연못과 정자의 경치를 듣게 되었으니, 한 번 그곳에 가서 한가지로 계절에 따라 달라지는 풍경을 의논하려고 하지만 몸이 만 리 밖에 있어 마침내 얻지 못할 것이다. 옛적에 외국 사신이 중국에 들어와 예씨(倪氏)의 고사(高士)가 청비각(淸閟閣)을 지은 일을 듣고 보기를 원했으나 얻지 못하게 되자 두 번 절하고 탄식하며 돌아갔다고 하니, 나의 오늘이 가장 가깝고 또한 서로 반대가 된다. 그러나 그 집 이름을 듣게 되었으니 어찌 그 뜻과 마음을 일컫는 것이 없겠는가. 일찍이 들으니, '군자의 도는 마음이 어지럽지 아니하고 바깥 사물이 더럽히지 아니하니 그 몸이 맑고 밝으며 그 집은 텅 비어 깨끗하다'고 하였다. 이것이 어찌 '담(湛)'이라는 글자의 뜻에 들어맞지 않겠는가. 홍군이 매양 나와 더불어 성리(性理)의 학문을 의논하였는데 그 말이 지극히 순박하고 두터우며 참되니, 대개 '담(湛)'이라는 글자의 뜻에 깊이 얻는 것이 있다. 내가 비록 재주는 없지만 당초 스스로 군자의 도를 힘써 착한 벗을 저버리지 아니하였다. 이로 말미암아 홍군의 글과 행실(行實)로 중국 선비를 뵙고자 하니, 어찌 두어 줄 기문을 사양할 수 있겠는가. 다만 미호선생이 내 말을 듣게 되면 마땅히 어찌 여길 줄을 알지 못하겠다.

—『을병연행록』, 1766년 2월 19일

연경 유리창 건정동의 만남에서 홍대용과 청나라 지식인들이 나눈 필담(筆談)과 기록을 읽다보면, 필자는 '담헌'이라고 이름 붙인 집에 거처하면서 세속의 명성과 이욕에 초연했던 은사(隱士) 홍대용의 모습과, 직접 혼천의를 제작해 집에 설치한 다음 매일 천문을 상고하면서 세계와 우주의 원리를 탐구했던 '과학자 선비' 홍대용의 모습이 자꾸 겹쳐 떠오른다. 그렇다면 당시 과학이나 공업 기술 등을 잡학(雜學)이나 잡술(雜術)이라고 업신여기며 중인 신분 이하의 천한 사람이나 취급하는 것이라고 생각한 양반 사대부 계급 출신의 홍대용은 어떻게 과학에 대해 관심을 갖고 그토록 높은 수준의 지식과 견해 그리고 기술에 도달할 수 있었던 것일까? 홍대용의 과학에 대한 남다른 관심과 지식은 특정한 스승에 연원을 두지 않고 스스로 공부하거나 직접 각종 과학 기구를 제작해 실험해보는 과정을 통해 터득한 '자득(自得)'에 있었다고 보인다. 특히 그는 과학적 식견을 갖춘 기사(畸士)들을 직접 찾아가 만나서 교제를 맺는 방식으로 과학 지식과 기술들을 하나하나씩 쌓아나갔다.

　이러한 과학자 선비 홍대용의 면모를 볼 수 있는 가장 이른 시기의 기록은 그의 나이 29세 무렵인 1759년으로 거슬러 올라가 찾아볼 수 있다. 이해에 홍대용은 전라도 나주목사(羅州牧使)로 부임한 아버지를 따라 나주관아에 머무르고 있었다. 당시 그는 근처 동복(同福, 전라도

홍대용이 직접 연구하고 제작한 혼천의.

화순) 땅 물염정(勿染亭)에 은거하고 있던 석당(石塘) 나경적을 친히 찾아가 과학 기술에 관한 지식을 얻었다. 그리고 다음 해에는 나경적과 그의 제자 안처인(安處仁)을 나주관아로 초청해 가르침을 받고 3년여 가까이 공을 들여 과학 기구와 도구 등을 직접 제작하기에 이르렀다. 이들과 함께 연구하고 작업한 결과물이 천체 관측 기구인 혼천의와 자명종이었다. 홍대용은 수촌 마을의 집 담헌에 사설 천문대라고 할 수 있는 농수각을 세워 이들 기구들을 설치하고 천체 관측과 과학 연구에 활용했다. 앞서 홍대용이 '담헌팔경' 중의 하나로 소개했던 '도각명종(島閣鳴鐘, 농수각에서 자명종이 울린다)'과 '옥형규천(玉衡窺天, 선기옥형으로 하늘을 엿본다)'이 바로 이러한 사실을 가리키고 있다.

기묘년(己卯年, 1759년) 봄 사이에 금성의 관아에 머물다가 동쪽으로 서석산을 구경하고 물염정에 이르러 기이한 선비 한 사람을 만났는데 성은 나(羅)요 이름은 경적(景績)이었다. 세상을 멀리한 채 숨어 지내며 옛일을 좋아하고 나이는 이미 70세가 넘었다. 친히 자명종을 만들어 집에 감추었는데 정교하고 치밀한 제도와 모양이 서양의 기술을 깊이 얻었다고 할 수 있다. 내가 그 신묘하고 뛰어난 재주를 특별하게 여겨서 더불어 말하며 고금(古今)의 기이한 기계를 의논하니, 용미거(龍尾車)로 높은 곳에 물을 올리고 맷돌을 저절로 굴려 움직여 사람의 공을 베풀지 아니한 것이 다 극진히 묘한 이치를 깨치고 있었다. 나중에 말하기를 '선기옥형(혼천의)은 요순(堯舜) 때의 귀중한 기물이다. 역대의 제도를 모방하여 기이한 법이 끊어지지 않았지만 우리나라는 멀리 바다 밖에 있어서 기이한 제도를 상상할 곳이 없었다. 내가 분수에 넘치게도 옛 제도에 의지하고 서양의 학설과 기술을 참작하여 우러러 천문(天文)을 상고하고 엎드려 마음으로 생각하였다. 비록 몇 년이 지난 후에 마음속에 대강의 제도를 갖추었지만 집이 가난한 탓에 재물과 노역의 비용을 감당할 수 없어서 마침내 뜻을 이루지 못했다. 이것이 내 평생의 한(恨)이다'라고 하였다.

대개 선기옥형은 후세에 제도를 전하지 못하고 당송(唐宋) 시대 이후로는 각각 혼천의를 만들었다. 그 남은 제도를 모방하되 우리나라는 전할 것이 없으니, 내가 또한 뜻이 있어도 끝내 이루지 못하였다. 이에 나생(羅生)과 더불어 한가지로 이룰 것을 언약하고 다음 해 여름에 그를 초청하여 금성 관아에 이르도록 하였다. 그리고 재물과 공력을 소비하고 재주가 좋은 장인을 불러 두 해를 지나자 대강을 이룰 수 있었다. 다만 도수(度數)에 잘못된 곳이 있고 기물이 뒤섞여 잡된 것이 많았다. 이에 망령된 소견으로 잘못된 곳을 고치고 뒤섞여 잡된 것을 떨쳐내 오직 천문(天文)에 부합하기를 취하였다. 또한 자명종 제도를 모방하여 해와 달로 하여금 하늘의 도수(度數)를 따라 밤낮으로 돌아가게 하였다. 한 해를 지난 다음에야 이렇게 하기를 마쳤다.

나생의 제자 가운데 성은 안(安)이고 이름은 처인(處仁)이라는 사람이 있었다. 그 정밀한 사고와 공교(工巧)한 기술이 깊이 나생의 재주를 얻었다. 무릇 대강의 제도는 오직 나생의 소견을 따르고, 공교한 제작은 오직 안생의 수단으로 이루어졌다. 그 제도의 대강은 쇠로 만들고 안팎에 두 층이 있으니, 각각 세 고리를 만들고 서로 맺어 하늘의 둥근 제도와 모양을 이루었다. 또한 가운데에 둥근 쇠를 걸어 땅의 모양을 형상하고, 사방의 24방위와 사계절에 따라 해와 달이 다니는 길을 표시하고, 둥근 쇠를 붙여 해와 달의 형상을 짐짓 만들어 하루의 길고 짧음과 한 달의 현망회삭(弦望晦朔, 상현 하현·보름·그믐·초하루)의 대강을 상고하게 하였다. 또한 따로 하나의 제도를 만들었는데, 세 고리로 서로 맺어 큰 제도의 모양과 다름이 없고, 안층에는 종이를 발라 닭의 알 형상을 이루고, 위에는 자미원(紫薇垣)·태미원(太薇垣)·천시원(天

市垣)의 삼원(三垣)과 이십팔수(二十八宿)의 형상을 그리고, 돌리는 법은 큰 제도와 또한 같았다. 여기에는 비록 진짜 해와 달은 없지만, 성신도수(星辰度數)를 환히 밝혀 상고함은 큰 제도가 미치지 못할 것이었다.

- 『을병연행록』, 1766년 2월 24일

홍대용은 엄성과 반정균보다 뒤늦게 합류해 친교를 맺은 또 다른 청나라의 벗 육비(陸飛)에게는 (앞서 두 사람에게 시나 기문을 부탁했던 것처럼) 따로 자신이 직접 제작한 혼천의와 자명종을 설치해놓은 '농수각'에 관한 글을 써 달라고 요청했다. 담헌팔경 중 유독 농수각을 따로 뽑아 글을 써 달라고 한 까닭은 홍대용이 청나라의 벗들에게 다른 무엇보다 자신의 과학 지식과 기술을 자랑하고 싶었기 때문이 아니었을까? 어쨌든 홍대용의 과학적 식견과 정교한 기술에 탄복한 육비는 두말하지 않고 '농수각기(籠水閣記)' 한 편을 선뜻 지어주었다.

『서전(書傳)』에서 말하기를, '선기옥형을 살펴 칠정(七政, 일월(日月)과 화(火)·수(水)·금(金)·목(木)·토(土)의 오성(五星)을 말함)을 바로잡는다'고 하였다. 그렇지만 그것을 만든 사람은 말하지 않았다. 후세에 하늘을 의론하는 사람에게 반드시 공교(工巧)한 제작이 있으니, 『한서(漢書)』에 적혀 있는 평자(平子)의 묘한 기술이란 이것을 일컫는 말이다. 다만 별을 측량함에 있어서 당우(唐虞, 요순) 시대로부터 주(周)나라에 이르러 이미 여러 도수(度數)를 모으니, 당(唐)나라의 중일행(中一行)이 비로소 해로 변하는 법을 정하여 그 말이 더욱 정교하고 치밀해졌다. 청나라의 책력법(冊曆法)이 이전 시대보다 뛰어나지만, 정확하고 자세한 산법(算法)을 의논하여 높고 큰 천문(天文)을 살핀 사람은 모두 바다 밖으로부터 왔다. 이것은 천문과 성신(星辰)의 도수(度

數)에는 각각 온 마음과 온 힘을 다해 시행하는 사람이 있어서 중국 사람만이 홀로 얻을 수 있는 것이 아니기 때문이다. 동국(東國)에서 온 담헌 홍처사(洪處士)는 궁구(窮究)하지 않은 서적이 없고, 그 밖에 재주와 술업(術業, 산술(算術)과 역법(曆法)에 미쳐서도 각각 미묘한 곳을 얻었다. 그 나라에 나경적이라는 사람이 있어 전라도 동복 땅에 숨어 살면서 천문도수(天文度數)를 깊이 알았다. 그의 제자인 안처인은 스승이 전해준 것을 얻어 공교(工巧)한 생각이 겨룰 사람이 없었다. 두 사람은 모두 기이한 선비이다.

담헌이 찾아가서 초청하고 서로 강론하여 옛 제도를 변통(變通)하고, 여러 장인들을 모아서 3년이 지나 혼천의 하나를 만들었다. 그리고 그 혼천의를 농수각 가운데 감추고 아침저녁으로 구경하는 것으로 일삼았다. 진실로 두 아름다움이 반드시 합할 것이다. 부지런히 구하고 다스리기를 이와 같이 오로지 한가지로 또한 오래하였다. 대개 나생과 안생이 담헌을 얻지 못하였다면 그 기이하고 특별한 재주를 펼쳐보지 못하였을 것이고, 담헌이 나생과 안생을 얻지 못하였다면 큰 제도를 마침내 이루지 못하였을 것이다. 내가 담헌과 더불어 객관(客館)에서 서로 사귐의 도리를 정하지 않았다면 세상에 담헌이 있음을 알지 못할 것인데, 또한 어찌 나생과 안생을 알 수 있을 것인가? 이러한 사실로 보자면, 천하의 기이하고 특별한 일은 드러나지 않을 수 없고 썩지 않을 사업은 반드시 멀리 전해진다. 한갓 두 사람이 담헌을 만난 것을 다행으로 여길 뿐 아니라 나 또한 세 사람에게 한가지로 한이 없다.

-『을병연행록』, 1766년 2월 27일

이렇듯 혼천의와 같은 천체 관측 도구 등을 직접 제작하고 집 안에 설치한 다음 이를 적극 활용해 각종 과학 실험과 연구를 했던 홍대용은 1773년 나이 43세 무렵, 그 내용을 종합하고 정리한 『의산문답(毉

山問答)』이라는 과학 서적을 세상에 내놓았다. 『의산문답』에서 홍대용은 실옹(實翁)이라는 가상의 인물을 통해 지구설(地球說), 지전설(地轉說), 무한우주설(無限宇宙說)과 같은 자신의 과학 지식과 사상을 한껏 펼쳐보였다. 특히 지구는 둥글다는 지구설에 근거해 '중화(中華)와 오랑캐가 따로 있지 않다'고 논하면서 모든 나라가 세상의 중심이 될 수 있다는 당시로서는 너무나도 파격적인 주장을 했다. 이것은 중국이 천하의 중심이라는 '화이론적(華夷論的) 세계관'에 빠져 있던 조선의 사대부나 지식인들의 편협한 사고와 시대에 뒤떨어진 낡은 인식에 일대 경종을 울린 지성사적 쾌거였다. 세계는 둥글고 자전(自轉)하기 때문에 어떻게 기준을 삼느냐에 따라 어느 곳이나 세상의 중심이 될 수

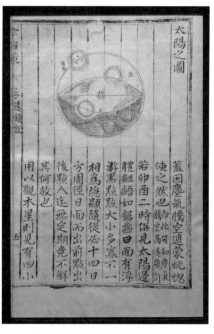

홍대용이 『담헌연기(湛軒燕記)』에 기록한 태양 지도. 시대를 앞서간 홍대용의 과학 지식이 엿보인다.

있다는 혁신적인 사고는 18세기 조선에 등장한 새로운 세계관과 지식 혁명의 원동력이었기 때문이다. 이러한 까닭에서인지 박지원은 1783년 홍대용이 사망한 직후 지은 「홍덕보묘지명(洪德保墓誌銘)」에서 홍대용의 과학 지식과 탁견(卓見)을 높이 사 과학자로 살았던 그의 모습을 다른 무엇보다 도드라지게 조명했다.

> 아! 덕보(德保, 홍대용의 자)는 두루 통달하고 민첩하고 겸손하고 단정하며 높은 식견과 정밀한 견해를 갖추었다. 더욱이 음률(音律)과 역법(曆法)에 탁월한 재주가 있어서 그가 만든 혼천의 등 여러 기구는 오랫동안 생각하고 연구한 것이 쌓여 새롭게 기지(機智)를 발휘한 것이다. 처음에 서양 사람들이 '땅이 둥글다는 것(地球)'을 깨우쳤지만 '땅이 돈다(地轉)'는 말은 하지 않았다. 그런데 덕보는 일찍이 의론하기를, '땅이 한 번 돌면 1일이 된다(地一轉爲一日)'고 하였다. 그 설이 지극히 미묘하고 심오했으나 돌이켜 보건대 미처 저서(著書)로 남겨놓지 못했다. 그러나 만년에 들어서는 더욱 땅이 돈다는 학설을 자신하고 조금도 의심하지 않았다.
>
> - 『연암집』, 「홍덕보묘지명」

그리고 홍대용은 오늘날 자타가 공인하는 '조선 최고의 과학자이자 과학 사상가'로 인정받고 있다. '담헌(湛軒)'에서 과학자를 꿈꾸었던 선비의 꿈이 현실이 된 것이다.

제18장

홍재 정조 이산

'임금은 모든 신하와 백성의 스승'이라는
군사(君師)라고 자처한 제왕

▌ 홍재(弘齋) "군자는 도량이 넓어야 한다!"

한 가지 궁금증과 질문으로 글을 시작해보겠다. 조선의 선비들처럼 임금도 호(號)가 있었을까? 이에 대한 답은 '그렇다'이다. 유학의 나라였던 조선에서 임금은 제왕인 동시에 한 사람의 유학자였기 때문에 호를 지어 자신의 뜻을 드러내는 선비 문화에 영향을 받지 않을 수 없었을 것이다. 역대 임금의 호에 관해 간략하게 살펴보면, 인조는 송창(松窓), 효종은 죽오(竹塢), 영조는 양성헌(養性軒), 순조는 순재(純齋), 헌종은 원헌(元軒), 고종은 성헌(誠軒) 등의 호를 사용했다.

그러나 일찍이 호학군주(好學君主)였던 정조만큼 스스로 다양한 호를 지어 자신의 뜻과 철학을 세상에 드러낸 제왕은 없었다. 홍재(弘齋), 탕탕평평실(蕩蕩平平室), 만천명월주인옹(萬川明月主人翁), 홍우일인재(弘于一人齋) 등 정조가 남긴 호는 다른 어떤 선비들의 호보다 독

특하고 다채롭다. 더욱이 이
호들을 사용했던 시기를 살펴
보면, 왕세손과 임금으로서의
삶뿐만 아니라 당시 조선의 정
치적 상황과 판도까지 읽을 수
있다. 정조는 임금이면서도 자
신의 정체성을 학자에서 찾았
던 사람이다. 아마도 이 때문
에 임금으로서는 유례를 찾기
어려울 만큼 많은 호를 남겼지
않았을까 싶다.

정조의 초상.

　그럼 이제 본격적으로 호에
담긴 정조의 삶과 뜻을 찾아 떠나보자. 정조가 가장 먼저 사용한 호는
왕세손 시절 자신이 거처하던 동궁의 연침(燕寢, 침소 혹은 침전)에 이름
붙인 '홍재(弘齋)'였다. 홍재는 『논어(論語)』「태백(泰伯)」편에 나오는 다
음과 같은 구절에서 그 뜻을 취한 것이다.

　　증자왈(曾子曰) 사불가이불홍의(士不可以不弘毅)니 임중이도원(任重而道遠)이
　　니라. 인이위기임(仁以爲己任)이니 불역중호(不亦重乎)아 사이후이(死而後已)
　　니 불역원호(不亦遠乎)아!

　　: 증자가 말하였다. '선비는 가히 도량(度量)이 넓고 마음이 군세지 않으면 인
　　된다. 그 맡은 소임이 중대(重大)하고 나아갈 길은 원대(遠大)하기 때문이다.
　　어진 것으로써 자신의 소임을 삼으니, 이 또한 중대하지 아니한가. 죽은 다음
　　에야 그치니, 이 또한 원대하지 아니한가!'

정조는 증자가 선비가 갖추어야 할 자질로 언급한 '홍(弘)'과 '의(毅)' 중 홍(弘)을 취해 자신의 생애 첫 호로 삼았다. 여기에서 홍(弘)은 '관대하다 혹은 넓다'는 뜻으로 도량이 넓은 것을 말하고, 의(毅)는 '굳세다'는 뜻으로 마음이 굳센 것을 가리킨다. 따라서 '홍(弘)' 자를 취했다는 것은 정조가 장차 자신이 나아가야 할 길로 마음이 굳센 것보다는 도량이 넓은 것을 선택한 것이라고 볼 수 있다. 그런데 필자는 동궁(왕세손) 시절 '홍재'라는 호를 취한 정조의 내면 심리가 무척 궁금하다. 아버지 사도세자를 죽였던 것도 모자라 자신과 할아버지 영조 사이를 이간질하고 음해해 왕세손의 지위를 박탈하려고 했고, 심지어 암살 시도까지 서슴지 않았던 정적(政敵)들에 둘러싸여 하루하루를 불안과 공포 속에서 보내야 했던 그가 '굳센 마음'이 아닌 '넓은 도량'을 자신의 길로 선택했다는 것이 쉽게 납득이 가지 않기 때문이다. 정조가 왕세손 시절 얼마나 위급하고 위태로운 처지에 놓여 있었는지에 대해서는 죽음을 앞둔 영조가 정조에게 대리청정을 맡긴 1775년(영조 51) 11월 20일을 전후한 『영조실록(英祖實錄)』의 내용만 보아도 어렵지 않게 짐작해볼 수 있다.

대리청정(代理聽政)에 대한 의론이 일어나자 홍인한 등이 크게 두려워하였다. 모든 방법을 동원해 이를 저지시켰으며, 더욱 긴박하게는 안으로는 자신들의 눈과 귀를 배치하고 밖으로는 당여(黨輿)를 끌어들여서 혹은 말을 지어내 협박하고 더러는 떠도는 말로 탐지하거나 시험하였다. …(중략)… 왕실의 인척으로 이미 부귀가 극도에 이르렀지만 스스로 극악(極惡)한 죄에 빠지는 것을 달갑게 여겼으니, 어찌 하루아침 하루저녁의 일로 이러했겠는가? 오직 우리 왕세손(정조)께서 타고난 재주와 덕망이 영특하고 밝아서 화를 내지 않는데도 위엄이 있었기 때문에 두 역적이 평소 이를 두려워했던 것이다. 또한 왕세손께서는 고금(古今)의 치란(治亂)을 환하게 꿰뚫고 계셨고 내척(內戚)과 외척(外戚)의 정치 간섭을 매우 증오하셨기 때문에 두 역적은 마음속으로 이를 우려했던 것이다. …(중략)… 두 역적이 역적이 된 이유를 살펴보면 그 원인이 오래되었으니, 이는 유독 법령과 형벌을 다루는 사사(士師)가 된 사람만이 주벌(誅罰)할 수 있는 것은 아니었다. 당시 흉악한 역적 무리가 근거 없이 떠도는 소문을 만들어내 혹은 왕세손이 미행(微行)을 다닌다고 하고 혹은 왕세손이 술을 즐겨 마신다고 하였다. 김중득과 하익룡과 같은 무리는 홍인한의 흉악한 계략을 비밀리에 받아서 진서(眞書)와 언문(諺文)으로 쓴 익명의 글을 존현각(尊賢閣)에 투서했는데, 그 언사가 흉악하고 패악했다. …(중략)… 홍인한은 정후겸과 더불어 내간(內間)에서 한목소리를 일으켜 말하기를 '동궁은 처지가 외롭고 위태롭다. 만약 외가(外家)를 후하게 대우하지 않는다면 어찌 위태롭지 않겠는가?'라고 하였다. 또한 윤양후와 윤태연과 같은 무리는 이들의 뒤를 따라 설득하고 회유하여 불령(不逞)한 무리들에게 소개하여 세력을 형성하고 위엄을 세우니, 그 뿌리와 기반이 단단하게 이루어졌다. 그렇게 하고서 왕세손이 자신들의 손아귀에 들어 있다고 생각했지만 왕세손은 그들의 상황과 세력을 환히 굽어 살피고 계셨다. 이에 왕세손께서는 그들의 소행을 매우 증오하고 몹시 번민하셨기 때문에 더러 언어(言語)나 안색(顏色) 사이에 드러나곤 하셨다. 이러한 까닭에 이 무리들은 흉악한 계획을 오랫동안 쌓고 있으면서 뉘우칠 줄 몰랐다. …(중략)… 왕세손께서 더러 연침(燕寢)에서 편안하게 쉬고 있으면 정후겸이 어미 되는 화완옹주는 반드시 사람을 시켜 왕세손을 정탐(偵探)하게 하고 좌우에서 엿보게 하였다. 왕세손께서 혹시 동궁의 벼슬아치들을 불러 무슨 말이나 하지 않는지 살펴보기 위해서였다. 대개 이러한 행동은 정후겸이 종용(慫慂)하여서 한 것으로 자신들의 행동과 자취를 말할까 두려워했기 때문이다. …(중략)… 더욱이 이들 역적 무리는 머리를 감추고 그림자를 숨긴 채 궁중 안에서부터 농간을 부렸는데, 그 허다한 죄악은 하늘을 속이고 세상을 속일 수 있었지만 털끝만큼도 속일 수 없었던 사람은 오직 왕세손뿐이었다. 이러한 까닭에 저들 무리가 왕세손에 대해 처음에는 자신들의 일을 방해한다고 미워하다가 중도에는 자신들의 간사함을 환히 알고 있다고 염려하였다. 이렇게 저들 무리가 왕세손과 각을 세우고 대립하는 형세가 이미 이루어지자 위태롭게 여겨 계략을 꾸미는 흔적이 점차 생겨났고 자신들의 세력을 보전하려는 모의가 더욱 깊어졌다. 이에 왕세손을 핍박하려는 계략이 점점 긴박해져서 마침내 목숨을 걸고 왕세손을 적(敵)으로 삼았으니, 이것은 진실로 일의 정세가 반드시 그렇게 된 것이다.

　　　　　　　　　　　　　　　　　－『영조실록』, 51년(1775년) 11월 30일

　이러한 위급하고 위태로운 상황 속에서 천신만고 끝에 정조는 다음 해(1776년) 3월 10일 경희궁의 숭정문(崇正門)에서 즉위식을 치르고 왕위에 올랐다. 이때 그는 왕세손 시절 자신의 처지와 심정을 일컬어 '두렵고 불안하여 살고 싶은 마음이 없을 정도였다'고 회고했다. 그로부터 8개월이 조금 지난 11월 18일 정조는 측근인 공조참판 김종수를 소견하는 자리에서 그동안 깊숙이 감추고 있던『존현각일기(尊賢閣日記)』를 보여주면서 마음속 깊은 곳에 숨겨 두었던 동궁 시절의 어려움과 두려움을 이렇게 토로했다.『존현각일기』는 정조가 왕세손 시절 남몰래 기록해 비밀리에 간직하고 있던 일기 형식의 비망록(備忘錄)이다.

　공조참판 김종수를 불러 친히 깊숙이 감추고 있던『존현각일기』를 꺼내 보여주셨다. 임금께서는 말씀하시기를, '예로부터 내척(內戚)과 외척(外戚)의 화변

(禍變)과 흉악한 무리의 역모(逆謀)를 어찌 다 헤아릴 수 있겠는가? 그러나 내가 겪었던 일은 지난 사첩(史牒)에서 찾아보아도 어찌 비교할 만한 것이 있겠는가?'라고 하셨다. 이에 김종수가 울면서 말하기를, '신들은 오히려 흉악한 역모가 이와 같이 극도에 이르렀는지 몰랐습니다. 지금 엎드려 일기를 살펴보니, 그들이 궁궐의 안과 밖에서 화란(禍亂)을 만들어내고 거짓을 과장하여 사람들을 현혹시키기 위해 하지 못할 짓이 없었습니다. 당시의 일을 돌이켜 생각해보니, 깨닫지 못하는 사이에 마음이 떨리고 간담이 서늘해집니다'라고 하였다. 임금께서 말씀하시기를, '흉악한 무리가 함부로 의심과 두려움을 자아내어 혹은 유혹하거나 협박하고 혹은 위태롭게 핍박하기도 했다. 마침내 재앙의 기미가 점점 급박해지자 반드시 먼저 동궁의 관리들을 제거한 다음 나를 해치려고 모의하였다. 지금 생각해보아도 두려움이 아직 마음속에 남아 있다'고 하였다. 김종수가 말하기를, '분란(紛亂)의 발단이 외척에게서 일어났고 화란(禍亂)이 궁궐에서 선동되었기 때문에 세상 사람들은 모두 흉악한 역적 무리가 이와 같은 지경에 이르렀는 줄은 모르고 있었습니다'라고 하였다. 이에 임금께서 말씀하시기를, '이 일기를 보게 되면 세상 사람들이 일의 전말(顚末)을 알 수 있다. 그러나 손이 가는 대로 기록하고 실었기 때문에 말의 뜻이 많이 통하지 않는다. 대략 교정(校正)을 가해야 널리 퍼뜨려 보일 수 있을 것이다'라고 하셨다.

- 『정조실록』, 즉위년(1776년) 11월 18일

아버지 사도세자를 죽음으로 내몬 정적들은 왕세손을 모함하고 무고해 내쫓으려고 했고, 심지어는 동궁의 관리들을 매수하거나 제거한 다음 왕세손을 암살하려는 음모까지 꾸몄다. 그러한 정치적 핍박과 목숨이 경각에 달린 위태로운 상황 속에서 살고 있었는데도, 왕세손 정조는 '넓은 도량'을 뜻하는 '홍(弘)' 자를 취해 자호로 삼았다. 아마도 보통의 사람이었다면 '홍(弘)' 자보다는 '굳센 의지'를 뜻하는 '의(毅)' 자를 취해 자신의 마음을 다잡으려 하지 않았을까? 그렇다면 정조가 왕세손 시절 만천하가 알 수 있도록 '홍(弘)' 자를 취해 자신의 호로 삼은 행동을 어떻게 해석해야 할까?

먼저 '홍재'라는 호를 통해 왕세손 정조는 훗날 자신이 왕위에 오르더라도 '넓은 도량'을 정치의 근본으로 삼아 정적을 대하겠다는 뜻을 은연중에 내비친 것이라고 단순하게 해석할 수 있다. 그러나 필자는 '홍재'라는 왕세손 시절 정조의 호를 볼 때마다 진실과 가면이 혼재되어 있는 불안한 그의 내면 심리가 보인다. 아무리 정조가 성군(聖君)의 자질을 타고 났다고 하더라도, 어떻게 아버지 사도세자를 죽이는 것도 모자라 끝없이 자신을 해치려고 음모를 꾸미는 정적들에게 넓은 도량만 품을 수 있었겠는가? 그것도 아직 인격적으로 완숙(完熟)했다고 보기 어려운 10대와 20대 초반의 나이에 말이다. 이 때문에 필자의 눈에는 이 호가 죄인의 아들이라는 굴레를 쓴 채 자신의 목숨을 노리는 정적들에 둘러싸여 불안과 공포 속에서 하루하루를 버텨내야 했던 정조가 살아남기 위해 절박한 심정으로 선택한 일종의 처세술로 보인다. 우리가 성군의 표상으로 여기는 정조는 학자 군주였지만 또한 왕세손 시절부터 예리한 안목으로 상황을 파악하고 정치적 계책을 능숙하게 다룰 줄 알았던 노련한 정치가이기도 했다.

그런데 정작 놀라운 사실은 왕위에 오른 정조는 왕세손 시절 호에 새긴 '홍(弘)' 자의 뜻처럼 넓은 도량으로 정적들을 상대했다는 점이다. 정조는 임금이 되자 가장 먼저 자신이 일찍이 노론 세력이 역적으로 몰아 죽인 '사도세자의 아들'이라는 사실을 분명하게 밝혔음에도 불구하고, 예전에 자신의 어머니를 죽였다고 왕실과 조정의 대신들을 몰살하다시피 한 연산군처럼 피의 복수를 가하지는 않았다. 물론 화완옹주, 정후겸, 홍인한, 김구주 등 자신을 직접적으로 해치려고 모의한 역적들과 그 추종 세력에 대해서는 일벌백계 차원에서 중형(重刑)을 가했다. 그러나 이들의 뿌리이자 최대 정적이었던 노론(老論)이라는 붕당에 대해서는 국정 운영의 파트너로 대우했다. 일찍이 왕세손 시절 '홍재'라는 자호에 담았던 뜻처럼 넓은 도량으로 정적인 노론의 신하들을 대우했던 것이다. 그렇다면 정조가 폭군 연산군의 전철을 밟지 않고 오히려 세종과 더불어 조선사를 빛낸 최고의 성군으로 자신의 치세(治世)를 이끌 수 있었던 이유는 어디에 있는 것일까?

필자는 그 이유를 한국사의 역대 임금 중 어느 누구에게서도 찾아볼

정조가 창덕궁 안에 건립한 중희당의 실내 그림. 애초 문희세자를 위한 세자궁으로 지어졌으나 세자가 일찍 요절하는 바람에 정조의 편전으로 사용되었다.

수 없는 정조의 제왕론(帝王論)인 '군사(君師)', 즉 '임금은 모든 신하와 백성의 스승'이라는 독특한 철학에 있다고 생각한다. 유학(혹은 성리학)을 국가 이념으로 삼았던 조선은 임금에게 죽을 때까지 학문적 자질과 능력을 요구한 역사상 그 유례를 찾아보기 힘든 문치(文治)의 나라였다. '경연제도(經筵制度)'를 통해 알 수 있듯이 비록 신분은 더할 나위 없이 고귀한 지존(至尊)이지만, 조선의 임금은 끊임없이 학문을 닦고 가르침을 받아야 할 학생에 다름없었다. 이때 임금은 제자였고 유학과 성리학에 능숙했던 엘리트 집단 출신의 신하들은 스승이었다. 유학과 성리학의 경전을 텍스트 삼아 높은 학문과 식견을 지녔다고 인정받은 조정의 대신들이 임금에게 그 내용을 설명하거나 강의하는 것이 경연의 일반적인 풍경이었다.

그런데 정조는 이러한 관계를 역전시켜 버렸다. 그는 '군사(君師)'라고 자처하며 오히려 신하들을 가르쳤다. 경연의 자리에서도 시험 대상은 정조가 아니라 신하들이었다. 정조는 권력이 아니라 자신의 학문적 혹은 지적 능력으로 신하들을 다스린 임금이었다. 세종 이외에 이러한 임금은 없었다. 그것은 정조가 조정 안의 신하들은 물론이고 조정 밖의 유학자(성리학자)들을 압도할 만큼 높은 수준의 학문적·지적 경지에 도달했다는 사실을 반증해준다. 만약 그렇지 않았다면 '군사(君師)'라고 자처한 정조는 세상의 웃음거리이자 조롱거리로 남았을 것이다. 로마의 네로 황제를 예로 들어보자. 그는 자신을 역사상 '최고의 시인'이라고 불렀다. 사람들은 그가 가진 권력에 대한 공포와 두려움 때문에 어쩔 수 없이 최고의 시인이라고 추켜세웠다. 그러나 네로가 우쭐대면 우쭐댈수록 세상 사람들은 그를 비웃고 조롱거리로 삼았다. 그리고 그가 죽고 난 후 네로는 역사상 가장 어리석고 무지한 제왕으로 기록되었다.

무치(武治), 곧 칼과 군사로 사람들을 굴복시키기는 쉽지만 문치(文治), 곧 붓과 글로 사람들을 감복시키기는 어렵다. 정조는 연암 박지원이나 다산 정약용과 같은 당대 최고의 학자와 지식인들이 스스럼없이 '임금이자 스승'이라고 여길 만큼 높은 학문과 깊은 식견을 갖고 있었기 때문에, 당대는 물론이고 오늘날까지 '군사(君師)'라고 자처한 정조를 비난하거나 조롱하는 사람은 없다. 정조의 '넓은 도량'은 바로 여기에서 나왔다고 할 수 있다. 정조는 왕세손 시절부터 학문과 독서를 통해 스스로의 힘으로 당대의 어떤 지식인이나 학자들보다 높고 넓은 정신세계에 도달했기 때문에, 정적들을 제거의 대상이 아니라 자신이 가르쳐서 올바른 길로 인도해야 하는 교화의 대상으로 보았던 것이다. '임금은 모든 신하와 백성의 스승'이라는 논리는 정적들을 복수의 대상이 아니라 교화의 대상으로 보겠다는 것, 그 이상도 아니고 이하도 아니다.

연산군은 '죄인의 아들'로 더러운 피가 흐른다는 콤플렉스를 극복하지 못한 채 끝내 폭군이 되었고, 광해군은 정비(正妃)의 출생이 아닌 후궁의 소생이라는 콤플렉스로 말미암아 뛰어난 자질과 능력을 지녔음에도 암군(暗君)의 신세를 모면하지 못했던 반면, 정조는 자신을 죄인의 아들로 만든 정적들을 초월해 넓고 깊은 학문 세계와 높고 당당한 정신세계를 구축하면서 오히려 그들을 스승이 제자를 대하듯 혹은 아버지가 자식을 대하듯 다스렸던 셈이다. 정조처럼 어린 시절부터 학문과 독서를 통해 넓은 학문과 깊은 식견을 갖추면서 독보적인 정신세계를 구축한 사람은 구태여 남과 자신의 우열을 비교하지 않기 때문에 콤플렉스가 없게 마련이다. 따라서 정조 나름의 독창적인 정치 철학이라고 할 수 있는 '군사론(君師論)'은 아버지 사도세자를 죽이고 자신까지 음해하고 암살하려고 한 정적조차 교화하여 올바른 길로 인도하려고 한 높고 깊은 뜻이 새겨져 있다고 볼 수 있다.

정조가 도달한 높고 거대한 학문 세계와 정신세계는 일찍이 어떤 임금에게서도 찾아볼 수 없는 184권 100책에 달하는 방대한 분량의 개인 문집(文集)인 『홍재전서(弘齋全書)』를 남긴 사실만으로도 쉽게 알 수 있다. 『송자대전(宋子大典)』의 우암 송시열이나 『성호사설(星湖僿說)』과 『성호전집(星湖全集)』의 성호 이익 그리고 『여유당전서(與猶堂全書)』의 다산 정약용에 견줄 만한 저술 분량이다. 더욱이 송시열과 이익은 83세까지 장수했고, 정약용 역시 75세까지 살았던 반면 정조는 49세의 나이로 단명(短命)했다. 송시열과 이익 보다는 34년, 정약용보다도 26년이나 덜 살았다. 70세까지만 살았더라도 정조는 평생 500여 권의 서적을 저술한 정약용을 넘어서는 서책을 남겼을 것이다. 그런 점에서 정조는 '군사(君師)'라는 칭호가 어울리는 단 한 사람의 제왕이었다고 해도 과언이 아니다.

탕탕평평실(蕩蕩平平室) "붕당(朋黨)과 신분을 따지지 않고 오직 인재만을 취해 온 세상이 협력하도록 하겠다!"

임금의 자리에 오른 이후에도 정조는 정적들의 암살 시도와 역모 사건에 시달려야 했다. 정조의 넓은 도량에도 아랑곳 않고 자신들의 권력을 지키려는 목적 때문에 정적 노론 세력은 흉악무도한 짓을 멈추지 않았다. 정조에 대한 첫 번째 암살 시도는 즉위한 지 1년이 조금 지난 1777

년 7월 28일과 8월 11일 밤 침소에까지 찾아든 자객에 의해 일어났다. 당시 수포군에 붙잡힌 자객은 전흥문이라는 자였는데, 심문 과정에서 그는 "홍삼범은 임금이 즉위하자마자 자신의 아버지 홍술해와 홍지해를 섬으로 유배 보내고 다시 홍인한과 정후겸을 사사(賜死)하자 임금을 시해하기로 결심한 다음 자객을 불러 모았다."라고 실토했다. 더욱 충격적인 일은 이 사건에 연루된 자들을 체포해 조사하면서 나온 다음과 같은 말이었다. "지금의 임금은 나라를 잘못 다스리고 있는 것이 많다. 새로운 임금을 추대하지 않을 수 없다. 인조반정 때와 같이 해야 한다." 자신들이 속했던 노론의 전신인 서인(西人)들이 반정을 명분 삼아 광해군을 몰아내고 권력을 거머쥔 사례를 본받아 계획을 꾸미고 행동하려 했다는 의지를 노골적으로 피력한 사건이었다.

이 사건을 시작으로 즉위 2년을 넘긴 1778년 7월 18일에는 서명완의 고변으로 역모 사건이 일어났고, 1782년(정조 6) 11월 20일에는 참언(讖言)으로 민심을 뒤흔든 술사(術士)들이 개입한 전국적 규모의 역모 사건이 발생했다. 1785년(정조 9) 2월 29일에도 고변에 의해 역모를 꾸민 일당을 토벌하는 일이 있었고, 1786년(정조 10)과 1787년(정조 11) 역시 연이어서 크고 작은 역모 사건이 일어났다. 정조 스스로 임금에 오른 지 12년이 되어서야 비로소 정국이 안정됐다고 말한 것처럼, 1788년(정조 12)에 들어와서야 즉위 초부터 그를 끊임없이 괴롭혔던 암살 음모와 역모 사건이 잠잠해졌다.

한 해 건너 한 해 꼴로 일어난 역모 사건을 처리할 때마다 정조는 넓은 도량과 피의 복수 사이에서 고민하고 번뇌했을 것이다. 또한 그의 마음은 성군과 현군 그리고 폭군과 암군 사이를 수없이 오고 갔을 것이다. 임금의 자리에 오른 후 12년 동안이나 암살과 역모 사건에 시달렸다는 것은 영조 재위 50여 년 동안 조정 안은 물론이고 사회 구석구석까지 단단하게 뿌리를 내린 노론 세력의 힘과 영향력이 그만큼 거대하다는 사실을 반증했다. 정적들의 끝없는 도발과 저항 앞에 정조는 과거 연산군과 광해군의 전철을 밟을 수도 있었을 위기와 피의 복수를 하고 싶은 유혹의 순간을 숱하게 넘겼을 것이다. 그러나 여기에서도 정조는 독보적이고 독창적인 정책으로 정적들을 압도했다.

정국이 안정기에 접어들자, 정조는 드디어 자신이 오랜 세월 구상했던 개혁 정책들을 추진하기 시작했다. 이때 정조는 누구도 상상하지 못한 방식으로 전격적이고 과감한 인사 조치를 단행했다. 남인(南人)인 번암(樊巖) 채제공을 우의정에 임명한 것이다. 80년 만에 나온 남인 출신의 정승이었다. 『정조실록』에도 채제공을 '특별히' 우의정에 임명했다고 언급하고 있는 것처럼, 정조의 행동은 숙종 이후 80여 년 가까이 조정에서 배척당한 남인을 노론을 견제할 정치 세력이자 개혁 정치의 파트너로 삼겠다는 선언이었다. 이러한 정치적 상황과 세력 판도의 변화와 더불어 정조는 『서경(書經)』에서 또 다른 뜻을 취해 자호를 지었다. 재위 14년이 되는 1790년 자신의 침실에 새로이 '탕탕평평실(蕩蕩平平室)'이라는 이름을 붙였다. 여기에는 "붕당과 신분을 따지지 않고 오직 인재만을 취해 온 세상이 협력하도록 하겠다."라는 '탕평(蕩平)'의 정치 철학이 담겨 있었다. '탕탕평평'은 유학의 3경(三經) 중 하나인 『서경』 「홍범(洪範)」편에 나오는 유명한 구절이다.

무편무당(無偏無黨)하면 왕도탕탕(王道蕩蕩)하며 무당무편(無黨無偏)하면 왕도평평(王道平平)하며 무반무측(無反無側)하면 왕도정직(王道正直)하리니 회기유극(會其有極)하여 귀기유극(歸其有極)하리라.

: 어느 한쪽으로 치우치지 않고 어느 한쪽 당파(黨派)에 치우치지 않으면 왕도(王道)가 넓고 넓을 것이다. 어느 한쪽 당파에 치우치지 않고 어느 한쪽 의견에 치우치지 않으면 왕도(王道)가 평탄하고 평탄할 것이다. 항상 지켜야 할 도리에 어긋나지 않고 기울지 않는다면 왕도(王道)가 바르고 곧을 것이니, 그것이 모여 극(極)이 있고 그것이 돌아와 극(極)이 있을 것이다.

정조는 평소 자신의 말과 행동과 생각을 글로 적어 기록해 두었는데, 이 글을 모아 엮은 것이 『일득록(日得錄)』이다. 여기에는 제왕이면서 철학자였던 정조의 진면목이 잘 나타나 있다. 필자는 『일득록』을 처음 읽고 난 후, 자신에 대한 끊임없는 성찰과 치열한 사색의 기록이라는 점에서 오늘날 최고의 명저이자 고전으로 널리 읽히고 있는 로마제국의 황제 마르쿠스 아우렐리우스의 『명상록』과 견줄 만한 책이어서 감탄을 금치 못했다. 그런데 『명상록』은 유명한 반면 『일득록』은 그 이름조차 알지 못하는 사람이 대다수이니, 진실로 안타까운 일이다. 어쨌든, 이 『일득록』의

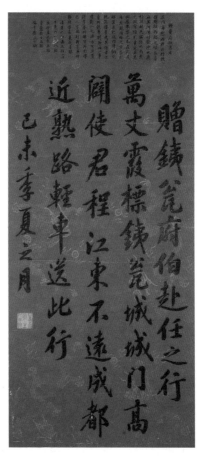

정조가 직접 쓴 글씨. 간결하면서도 힘이 느껴지는 글씨체다.

「정사(政事)」편에서 정조는 침실의 이름을 '탕탕평평실'이라고 하게 된 배경을 이렇게 설명하고 있다.

> 경연의 신하에게 말씀하시기를, '내가 새롭게 침실에 탕탕평평실(蕩蕩平平室) 이라고 이름을 붙였다. 탕평(蕩平)이라는 두 글자는 곧 우리 성조(聖祖, 영조) 50년 동안의 성대한 덕업(德業)이다. 내가 밤낮으로 생각하는 한 가지는 오 직 선열(先烈)을 추념(追念)하고 계승하는 것이다. 동인(東人)과 서인(西人)과 남인(南人)과 북인(北人) 그리고 신맛과 짠맛 또 관대한 것과 엄격한 것을 막 론하고 오직 인재만을 취해 세상으로 하여금 함께 협력하고 공경하여 모두 대도(大道)에 이르도록 해 영구히 화평(和平)의 복을 누리게 할 것이다. 특별 히 당(堂)에 편액(扁額)을 거는 이유는 대개 오늘날 조정의 신하들로 하여금 내가 표준(標準)을 세운 뜻을 알게 하려고 한 것이다.'라고 하셨다.

탕평정치(蕩平政治)는 정조가 아닌 영조 때 처음 나왔다. 이때 탕평 책의 핵심은 '쌍거호대(雙擧互對)'였다. 이것은 한 당파의 인물을 등용 하면 반드시 대등한 직위에 상대 당파의 인물을 등용하는 인사 정책 이다. 그러나 영조의 탕평책은 나쁘게 말하자면 붕당의 머릿수를 맞 춰 채우는 형식적인 정책에 불과했다. 결과적으로 말하자면, 영조의 이 정책은 노론의 세력을 더욱 키워줬을 뿐이다. 남인을 등용하면서 노론을 등용하고, 소론을 등용하면서도 노론을 등용한다면, 다른 당 파와 비교해 노론은 2~3배 이상의 세력으로 커질 수밖에 없다. 더욱 이 조정을 장악한 노론은 자기 당파의 사람들끼리 서로 밀어주고 끌 어주면서 요직을 독차지하다시피 했다. 정조 16년인 1792년 채제공 이 우의정에 임명되기 이전 80여 년 동안 남인 출신으로 정승의 자리에 오른 인물이 단 한 사람도 없었다는 사실만 보더라도, 영조 시대 내내 집권 세력이었던 노론이 얼마나 거대한 집단을 형성할 수 있었는가를 알 수 있다. 이러한 문제점 때문에 정조는 영조 시대의 탕평책을 획기적으로 개혁한 새로운 탕평책을 추진했다. 정조는 탕평책의 핵심 취지와 기본 철학을 완전히 새롭게 바꾸었다. '붕당을 따지지 않고 오직 능력 있는 인재를 취해 나라와 백성을 위해 일하도록 하겠다'는 것이 정조 탕평책의 근본정신이었다.

영조 시대와 다른 정조 시대 탕평 정치의 가장 큰 특징은 세 가지 차원에서 살펴볼 수 있다. 첫 번째는 붕당을 초월해 그동안 조정에서 배척당한 채 재야에 묻혀 있던 인재들을 과감하게 중용했다는 것이다. 그 대표적인 인물이 남인 실학파의 거목인 성호 이익의 종손(從孫) 금대(金帶) 이가환이다. 공조판서, 병조판서, 형조판서 등 조정의 요직을 두루 역임했던 이가환은 특히 정조 개혁 정치의 파트너였던 남인의 상징적인 존재이자 실질적 리더였다. 이가환은 이익의 가풍(家風)과 가학(家學)에 힘입어 서양의 학문 및 과학 기술에 대해 해박한 지식을 갖추고 있었고, 천주교에 대해서도 개방적인 입장을 보였을 뿐만 아니라 아버지 혜환거사 이용휴를 따라 고문체를 모방하거나 답습하기보다는 '기궤첨신(奇詭尖新)'의 새로운 문풍(文風)을 개척하는 등 일세를 풍미하고도 남을 천재였다. 이 때문에 노론의 간관(諫官)들로부터 서학(西學)의 수괴이자 괴벽한 문체를 일삼아 정학(正學)인 성리학을 어지럽히는 난적(亂賊)이라는 비난과 공격을 수없이 받았다. 그런데 이때마다 정조는 이가환과 같은 사람이 기이한 학문과 괴이한 문장에 빠진 까닭은 그 자신의 잘못이 아니라 그러한 사람들을 당파가 다르다고 배척해 올바르게 재주와 능력을 쓸 기회조차 주지 않은 조정 혹은 집권 세력에게 잘못이 있다고 두둔했다. 이와 관련한 기록이 『정조 실록』에 남아 있다. 당시 정조는 노론 당파의 홍문관 부교리 이동직이 이가환을 탄핵하자 적극적으로 변호하면서, 신하들에게 일찍이 자신이 자호로 삼은 '탕탕평평실'의 정신과 철학을 다시 한 번 명확하게 일깨워주었다.

저 가환(家煥)은 일찍이 좋은 가문의 사람이 아닌 것도 아니다. 그렇지만 100년 동안 조정에서 밀려나 수레바퀴나 깎고 염주알이나 꿰면서 정처 없이 떠도는 사람이나 초야에 묻혀 지내는 백성이라고 자처하고 살았던 것이다. 이렇다보니 그 입에서 나오는 소리는 비분강개한 언사였고, 뜻을 함께해 모이는 사람들은 해학을 일삼고 괴벽한 행동을 하며 숨어 지내는 무리였다. 주변이 외로우면 외로울수록 말은 더욱 치우치거나 비뚤어진 것이고, 말이 치우치고 비뚤어질수록 문장 역시 더욱 기궤(奇詭)해진 것이다. 그래서 다섯 색채로 수놓은 아름다운 문장은 당대에 빛을 본 자들에게 양보한 채 굴원의 『이소(離騷)』나 『구가(九歌)』에 가탁(假託)해 스스로 노래한 것인데, 그것이 어찌 가환이 좋아서 한 일이겠는가. 조정이 그렇게 만든 것이다.

마침내 내가 '복을 모아 백성에게 나누어준다'는 기자(箕子)의 홍범(洪範)을 모범으로 삼고 성대한 공적과 신이한 조화의 단서를 남긴 선왕을 계승하여 특별히 연침(燕寢)에 탕탕평평실(蕩蕩平平室)이라는 편액을 걸고 '온 세상 구석구석에까지 미친다'는 뜻의 '정구팔황(庭衢八荒)' 네 글자를 크게 써서 여덟 개의 창문 위에다 걸어 두고 아침저녁으로 돌아보고 살피면서 끝없는 가르침으로 삼고 있다. 이에 가시덤불 길에 놓여 있고 누더기를 걸치며 사는 사람들을 초야에서 뽑아 조정으로 불러올렸다. 가환은 그 사람들 가운데 한 사람일 뿐이다. 그대는 가환에 대하여 더 이상 말하지 말라. 가환은 바야흐로 골짜기로부터 나와 교목(喬木, 곧고 굵으며 높이 자란 나무)이 된 것이고, 부패한 것이 변화하여 새롭게 된 것이다. 그의 마음에서 나오는 소리가 어찌하여 점차 아름다운 경지로 들어가지 않는다고 근심하는가. 가환의 재주가 우둔(愚鈍)하여 사흘 동안에 괄목할 만한 변화가 없다고 하더라도, 그의 아들과 손자가 또한 어찌 번번이 반드시 양보만 하고 스스로 자신의 소리를 융성하게 드러내지 않겠는가.

－『정조실록』, 16년(1792년) 11월 6일

당파를 가리지 않고 초야와 시골에 묻혀 있는 인재를 발굴해 나라와 백성을 위해 자신의 재주와 역량을 올바르게 발휘할 수 있도록 도와주는 것이야말로 조정과 집권 세력의 의무라는 얘기다. 이렇듯 영조의 탕평책이 당파적 안배를 고려한 소극적인 정책이었다면, 정조의 탕평책은 당파를 초월해 조정 안팎에서 능력 있는 사람을 발굴해 중용하는 적극적인 정책이었다.

정조 탕평책의 두 번째 특징은 '초계문신(抄啓文臣)' 제도에서 찾아볼 수 있다. "붕당을 따지지 않고 오직 인재만을 취하여 온 세상이 협력하도록 하겠다!"라는 '탕탕평평'의 철학은 붕당의 입장과 이익에 얽매이지 않는 새로운 인재들을 육성하는 정책을 낳았다. 그것이 바로 '초계문신'이다. 초계(抄啓)란 본래 의정부(議政府)에서 학문적 재능을 갖춘 젊은 인재들을 선발해 임금에게 보고하는 제도이다. 그런데 정조는 37세 이하의 당하관(堂下官) 가운데 참신하고 유능한 관료들을 선발해 초계문신이라고 부르도록 하고, 규장각(奎章閣)에서 학문 연마 및 연구를 하도록 했다. 그리고 매월 두 차례의 구술 고사와 한 차례의 필답 고사를 통해 성적을 평가하고 상벌을 내렸다. 이곳을 통해 장차 조선의 앞날을 짊어지고 나갈 젊은 개혁 인재들을 양성하고자 했던 정조는 몸소 초계문신들에 대한 강론에 나서는 한편 직접 시험 감독이 되어 채점을 하기도 했다. 다시 말하자면, 규장각이라는 공간과 초계문신이라는 제도를 통해 정조는 한 사람의 스승이 되어 제자나 다름없는 젊은 개혁 인재들을 가르쳤다고 하겠다.

이 때문에 규장각은 국왕과 조정의 중신 그리고 유능하고 전도유망한 젊은 관료들이 모여 학문을 연구·토론하고 나라의 정책과 발전 방향을 의논하는 실질적인 정치의 중심 무대로 자리 잡게 되었다. 정조 즉위 6년째인 1781년부터 정조가 사망한 1800년까지 20여 년 동안 초계문신에 선발된 관료들이 138명에 이르렀다고 한다. 정조가 길러 낸 개혁 관료라고 할 수 있는 이들은 정조의 뜻대로 새로운 정치 세력의 역할을 톡톡히 해냈다. 잘 알려져 있다시피 이들 초계문신 가운데 정약용은 정조가 가장 총애한 '최우등 개혁 인재'였다. 특히 정조는 붕당을 초월해 인재를 발굴하고 육성해 중용한다는 '탕탕평평'의 원칙에 따라 초계문신을 선발했기에 남인 출신의 정약용은 물론 정조 시대 내내 최대의 정적이었던 노론 벽파의 서영보, 노론 시파의 김조순, 소론의 서유구 등 다양한 당파에서 수많은 인재들이 배출될 수 있었다.

마지막으로 정조 탕평책의 세 번째 특징이자 가장 혁신적인 정책은 '서얼허통(庶孽許通)'이다. 조선 시대에 차별과 배제는 붕당 사이에만 존재하지 않았다. 정작 더 중요하고 심각한 정치적·사회적 문제는 신분 특히 서얼에 대한 차별과 배제였다. 정조는 붕당뿐만 아니라 신분과 출신 배경을 초월해 인재들이 나라와 백성에게 보탬이 되도록 자신의 재주와 역량을 펼칠 수 있는 길을 열어주었다. 정조는 즉위 초인 1777년 3월 21일에 이조와 병조에 명을 내려 서얼 출신의 관직 진출을 위한 절목(節目)을 상세하게 마련하도록 하라고 하면서 이렇게 말했다. "저들 서류(庶類)도 나의 신하요 자식이다. 그런데 그들이 제자리를 얻지 못하고 또한 그들이 자신의 포부도 펴보지 못하게 한다면 이것 또한 과인의 허물이 된다." 이 서얼허통 정책의 가장 큰 수혜자가 다름 아닌 이덕무·유득공·박제가·서이수 등 서얼 출신의 규장각 '4검서관'이다. 1779년(정조 3) 이덕무를 시작으로 차례로 검서관에 발탁된 이들 4검서관은 정조 시대 '문치와 문예 부흥'에 큰 공을 세웠다. 연암 박지원은 당시의 일을 가리켜 뛰어난 학문과 높은 식견에도 불구하고 '여항(閭巷)의 이름 없는 사람으로 일생을 마칠 뻔한 이들'이 성군을 만나 크게 이름을 빛낼 수 있었다고 했다.

탕평 정치는 정조가 사망한 후 안동 김씨나 풍양 조씨와 같은 집권 노론 가문의 '세도정치(世道政治)'에 의해 철저하게 파괴당하고 말았지만, 그가 '탕탕평평실'이라는 자호에 새긴 '붕당과 신분을 따지지 않고 오직 인재만을 취해 온 세상을 협력하게 하겠다'는 그 뜻은 오늘날에도 여전히 유효한 정치 철학이자 리더가 반드시 갖추어야 할 덕목(德目)이라고 하겠다.

만천명월주인옹(萬川明月主人翁) "달빛이 비추는 개울은 만(萬) 개이지만 밝은 달은 하나(一)일 뿐이다!"

정조는 사망하기 2년 전인 1798년에 다시 새로운 호를 지었다. '만천명월주인옹(萬川明月主人翁)'이라는 무척 길고도 독특한 호였다. 그리고 수상록(隨想錄)인 『일득록』에 이렇게 적어놓았다.

내가 춘저(春邸, 동궁)에 있을 때 연침에다가 '홍재'라고 편액을 설었다. 이 것은 대개 '군자는 도량이 넓고 마음이 굳세야 한다'는 뜻을 취한 것이다. 그리고 10여 년 전에 문 위 가로 댄 나무에다가 '탕탕평평실'이라는 편액을 걸었다. 또 근래에 와서는 벽에 '만천명월주인(萬千明月主人)'이라고 적어놓 았다. 바라건대 여러 신하들이 그 속에 담긴 나의 은미(隱微)한 뜻을 알았 으면 한다.

-『일득록』, 「훈어(訓語)」

여기에서 정조가 말한 '그 속에 담긴 은미한 뜻'이란, 하늘에 떠 있는 달이 만 개의 개울을 비추듯이 자신의 다스림이 일부 특권 계층이 아 닌 만백성에게 두루 혜택이 미치기를 바라는 마음이다. 특히 다른 호 와는 달리 정조는 '만천명월주인옹'에 담은 자신의 간절한 뜻과 의지 를 조정의 모든 신하와 백성들이 알 수 있도록 '만천명월주인옹자서 (萬川明月主人翁自序)'라는 글까지 지어 발표했다.

만천명월주인옹(萬千明月主人翁)은 말한다. …(중략)… 달은 하나이고 물의 종류는 만 개나 된다. 그렇지만 물이 달빛을 받을 때 앞개울도 달이고 뒷개 울도 달이다. 그래서 달과 개울의 수가 동일하게 된다. 개울이 만 개면 달 역 시 만 개가 되는 것이다. 물론 하늘에 있는 달은 진실로 하나일 뿐이다. … (중략)… 나는 수많은 사람을 겪어보았다. 아침에 들어왔다가 저녁에 나가 고, 무리지어 다니며 재빠르게 움직이며 오는 듯한 자도 있고 가는 듯한 자도 있었다. 형상이 안색과 다르고, 눈이 마음과 다르고, 통하는 자와 막힌 자, 강인한 자와 유약한 자, 멍청한 자와 어리석은 자, 소견이 좁은 자와 천박한 자, 용감한 자와 겁이 많은 자, 현명한 자와 교활한 자, 미친 자와 성급한 자,

모난 자와 원만한 자, 탁 트여 통달한 자와 무게가 있는 자, 함부로 말하지 않는 자와 말을 꾸며서 잘하는 자, 험악하고 드센 자, 멀리 바깥에 있는 자, 명예를 좋아하는 자, 실질에 힘쓰는 자 등 그 유형을 따로 구분한다면 백 가지 천 가지가 될 것이다. 처음 내가 그들을 내 마음으로 미루어보고, 나의 뜻으로 믿어보고, 재주와 역량을 시험해 돌아보고, 화로 속에서 주조하듯 단련시키고, 일어나도록 북돋아주고, 일을 만들도록 진작시키고, 바로 잡으려고 규제하고, 어긋난 것은 교정하여서 도와주고 곧게 한 것이 마치 맹주(盟主)가 규장(奎章)으로 제후들을 모아 다스리는 듯했다. 그 응대하고 수작하고 오르고 내려가는 과정에 피로함을 느낀 지 어언 20여 년이나 되었다.

근래에 다행하게도 태극(太極)과 음양(陰陽)의 이치를 깨우치고 또한 사람은 각자 그 생김새에 따라 다루어야 한다는 기술을 얻게 되었다. 대들보와 기둥은 그 용도에 맞춰 준비하고, 오리와 학은 그 태생에 따라 살게 하여 각각 사물의 이치에 맞게 대응하고 이치에 맞춰 순응(順應)하였다. 단 그 가운데 단점은 버리고 장점은 취하며, 그 선한 것은 드러내고 그 악한 것은 숨겨주고, 그 좋은 것은 안정시키고 그 잘못한 것은 제압하고, 그 큰 것은 나아가게 하고 그 작은 것은 포용하였다. 그 뜻을 오히려 높게 사고 그 재주를 뒷전으로 미루어 양 극단을 잡고서 중도(中道)를 취하였다. …(중략)… 그런 다음에 두루 통달한 자를 대하면 규모가 크고 주밀하게 살피고, 꽉 막힌 자를 대하면 여유를 가지고 너그럽게 행동하고, 강한 자를 대하면 부드럽게 하고, 유약한 자를 대하면 강하게 하고, 멍청한 자를 대하면 환히 밝게 하고, 어리석은 자를 대하면 두루 슬기롭게 하고, 협소한 자를 대하면 넓게 하고, 천박한 사를 대하면 깊게 하였다. …(중략)… 모가 난 자는 수레바퀴처럼 둥글게 대하고, 원만한 자는 규각(圭角)처럼 모나게 대하고, 통달하여 탁 트인 자에게는 나의 깊은 뜻을 보여주고, 말과 행동에 무게가 있는 자에게는 나의 온화한 마음을 보여준다. 말을 아끼는 자에게는 민첩하게 행동하도록 경계하고, 말을 꾸며서 하는 자에게는 물러나 드러내지 않도록 누그러뜨리고, 험악하고 드센 자는 산과 못처럼 포용하고, 멀리 바깥에 있는 자에게는 옷자락과 장막처럼 감싸 주고, 명예를 좋아하는 자에게는 실질에 힘쓰도록 권유하고, 실질에 힘쓰는 자에게는 두루 지식에 통달하도록 권한다. …(중략)… 태극에서부터 미루어 가다보면 그것이 각각 나뉘어서 만물(萬物)이 된다. 그 만물에서부터 궁구해 오다보면 다시 되돌아와 하나의 이치(一理)로 귀결된다. …(중략)… 내가 원하는 것은 성인을 배우는 것이다. 비유하자면 달은 수없이 많은 물속에 있어도 하늘에 있는 달은 참으로 밝다. 그 달이 아래를 환하게 비치면 물은 그 빛을 얻게 된다. 용문(龍門)의 물은 넓고 빠르고, 안탕(雁宕)의 물은 맑아 잔물결이 일고, 염계(濂溪)의 물은 푸르다 못해 검푸르고, 무이(武夷)의 물은 거세게 흘러 소리가 나고, 양자강(揚子江)의 물은 차갑고, 탕천(湯泉)의 물은 따뜻하다. 강물은 담담하고 바닷물은 짜다. 경수(涇水)는 흐리고 위수(渭水)는 맑다. 이렇듯 물은 제각각이지만 달은 각기 그 형태에 따라 비춰준다. 물이 흐르면 달도 함께 흐르고, 물이 머무르면 달도 함께 머무른다. 물이 거슬러 올라가면 달도 함께 거슬러 올라가고, 물이 돌아 흐르면 달도 함께 돌아 흐른다. 그러나 그 물의 큰 근본은 모두 달의 정기(精氣)이다. 나는 물이 세상 사람들이라면 달이 비춰서 그 상태를 드러내는 것은 사람들의 형상이고, 달은 태극이며 그 태극은 나 자신이라는 것을 알고 있다. 이것이 바로 옛사람이 만 개의 개울을 밝게 비춘 달에 태극의 신비로운 작용을 비유하여 말한 것이 아니고 무엇이겠는가. 나는 또한 그 달빛이 반드시 비춰 포용하는 것을 만약 태극의 테두리로 헤아리는 자가 있다면, 그것은 물속에 뛰어들어 달을 잡아보려고 수고하는 것과 다를 것이 없는 아무 소용이 없는 짓임도 알고 있다. 이에 마침내 내가 한가롭게 거처하는 곳에 '만천명월주인옹(萬千明

月主人翁)'이라고 적어 자호(自號)로 삼았다. 때는 무오년(戊午年, 1798년) 2월 3일이다.

- 『홍재전서』, 「만천명월주인옹자서」

모든 학문에 통달한 대학자답게 철학적 어법을 빌어 '달〔月〕'과 '개울〔川〕'에 비유해 백성과 자신의 관계를 설명하고 국정과 세상의 운영 원리를 해석한 뛰어난 작호기(作號記)다. '군사(君師)'라는 호칭에 걸맞은 정조의 당당한 기상과 고고한 기품을 느낄 수 있는 좋은 글이다.

앞서 소개한 대로 '탕탕평평실'이 붕당과 적서 차별 등 양반 지배 계층의 폐단과 문제를 시정하고 개혁하겠다는 뜻과 철학을 담고 있다면, 필자가 보기에 '만천명월주인옹'이라는 호에는 노비와 같은 최하층민이나 가난하고 힘없는 소상인 등 피지배 계층이 겪고 있는 고통과 어려움까지 해결하겠다는 정조의 뜻과 의지가 담겨 있다. 하나의 달이 만 개의 개울을 비추는 것처럼 한 사람의 제왕으로서 만백성에게 두루 은택(恩澤)을 베풀겠다는 정조의 뜻과 의지가 반영된 대표적인 개혁 정책은 다름 아닌 '노비 제도의 혁파'와 '신해통공(辛亥通共)'에서 찾을 수 있다.

정조가 직접 그린 〈파초도〉. 서화와 학문을 사랑한 정조의 면모가 잘 드러나는 작품이다.

당시 사회에서 노비는 인간이 아닌 물건으로 취급되었다. 이러한 사고는 임금이라고 해서 다르지 않았다. 임금이 은택을 베풀어야 할 '민(民)' 즉 '백성'의 범주에 노비는 포함되지 않았다. 그들은 노비를 하나의 재산으로 보았기 때문에, 후손에게 토지와 재물을 상속하듯 노비 또한 물려주었다. 더욱이 노비는 하나의 상품처럼 매매되기도 했다. 마치 고대 그리스의 민주주의가 실제 (노예는 제외하고) 시민권을 가진 '남자'에게만 적용되는 제한된 민주주의였던 것처럼, 유학에서 정치의 대의명분으로 주창한 '민본(民本)'에 노비는 포함되지 않는다.

그런데 정조는 노비 역시 자신이 다스리는 나라의 신민(臣民)이라고 주장하면서, "인간으로 태어나서 어찌 귀한 자가 있고 천한 자가 있겠느냐?"라고 역설했다. 정조의 이러한 사고는 유학의 '민본주의' 사상보다 한발 더 나아간 근대적 개념의 '인본주의' 사상이라고 평가할 수 있다.

'신해통공'은 시전 상인들의 독점적 상업 특권과 횡포 때문에 큰 피해를 입고 있던 소상인, 행상(行商) 그리고 노점상 등의 자유로운 상업 활동을 보장해주는 경제 조치였다. 통공 정책은 정조 개혁의 선봉장이나 다름없는 채제공이 주도했는데, 당시 그가 이 정책에 크게 반발해 '통공 정책을 폐지하라'고 시위를 한 시전 상인들에게 한 말은 정조의 '인본주의' 철학을 다시 한 번 확인해주고 있다.

도성 안에서 사는 사람과 도성 주변에서 사는 사람은 모두 똑같이 나라의 백성이다. 행상이든 점포를 갖고 있는 상인이든, 또 물품이 많든 적든 장사를 하는 행위는 모두 떳떳하다. 그런데 시전에 소속되어 있지 않다고 하여 자기 물건을 가지고 장사하는 사람을 단속하고 내쫓아 도성 안에 발을 붙일 수 없게 만드는 일은 참으로 사람으로서 할 도리가 아니다. 이 사람도 백성이고 저 사람도 백성인데, 어찌 차별을 둘 수 있겠는가!

- 『정조실록』, 정조 17년(1793년) 3월 10일

양반이나 특권 계층의 이익을 대변하고 보호해주는 임금이 아니라 일반 백성 심지어 사람 취급도 받지 못하던 노비에게까지 은택을 베푸는 제왕이 되겠다는 뜻과 철학은 정조 재위 24년 동안 여러 가지 개혁 정책으로 나타났다.

그러나 정조의 개혁 정책은 노론 벽파를 중심으로 한 기득권 세력의 끊임없는 저항과 반발에 부딪쳤다. 그래서 개혁은 부분적인 성과를 내는 데 그치거나 혹은 유명무실해지기 일쑤였고 심지어 좌초당하기까지 했다. 이러한 까닭에 정조는 즉위 이후 자신이 추진해온 개혁 정책을 끝까지 지키겠다는 강력한 뜻과 의지를 담아 '만천명월주인옹'이라는 호를 지었을 것이다. 만백성의 주인이자 보호자로서 그들에게 혜택이 미치는 일이라면 결코 기득권 세력의 저항과 반발에 양보하거나 물러서지 않겠다는 의지의 선언이었다.

이렇듯 정조가 말년(1798년)에 자호로 삼은 '만천명월주인옹'의 뜻을 보더라도, 그의 개혁 정치가 누구를 위한 일이었는가를 쉽게 알 수 있다. 정조의 개혁 정치가 성공했느냐 실패했느냐의 여부를 떠나 그 속에 담겨 있는 '인본주의' 철학만은 결코 평가절하 되어서는 안 될 이유가 바로 여기에 있다.

홍우일인재(弘于一人齋) "해와 달의 광화(光華)가 한 사람에 의해 널리 퍼져 나간다!"

앞서 언급했지만, 정조는 184권 100책에 달하는 방대한 분량의 저작집인 『홍재전서(弘齋全書)』를 남겼다. 『홍재전서』의 편찬 작업은 2차에 걸쳐 진행되었는데, 제1차는 정조가 살아있던 1799년(정조 23) 12월에 이루어졌다. 1798년 가을 정조는 규장각의 각신인 서호수에게 자신의 어제(御製)를 편찬하도록 명했다. 그러나 얼마 지나지 않아 서호수가 사망하자, 다시 어제의 편집과 교정 작업의 지휘를 서영보에게 맡겼다. 그리고 1799년 12월 21일 규장각에서는 2본의 필사본을 완성해 정조에게 올렸다.

이때 정조가 자신의 어제 필사본에 붙인 이름이 『홍우일인재전서(弘于一人齋全書)』였다. 그런데 현재 전해지고 있는 정조의 저작집 이름은 『홍재전서』다. 이렇게 된 까닭은 정조가 사망한 직후에 규장각에서 다시 정조의 어제를 정리해 편찬하는 2차 작업을 하여 이듬해(1801년, 순조 1) 12월 11일에 완성된 필사본을 순조에게 올렸고, 그 이름을 동궁(왕세손) 시절 정조가 처음으로 자호한 홍재(弘齋)를 취해 『홍재전서』라고 했기 때문이다.

어쨌든 정조가 생전에 간행한 자신의 문집에 이름 붙인 '홍우일인재(弘于一人齋)'는 그가 사용한 마지막 호라고 할 수 있다. 이 호는 『상서대전(尙書大傳)』 「우하전(虞夏傳)」에 나오는 '일월광화(日月光華) 홍우일인(弘于一人)'에서 의미를 취한 것이다. "해와 달의 광화(光華, 빛)가 한 사람에 의해 널리 퍼져 나간다."라는 뜻으로, 정조는 이전 '만천명월주인옹'에서 달을 빌렸듯이 여기에서는 달은 물론 해까지 빌려 밤낮없이 만백성에게 빛을 비추는 것이야말로 제왕이 마땅히 해야 할 도리라고 밝혔다. 당시 정조는 3단으로 된 보관함을 따로 만들어 '홍우일인재전서'라고 이름 붙인 문집을 간직했고, 다시 여기에 한 편의 글과 명문(銘文)을 지어 자신의 뜻을 밝혔다.

『홍우일인재전서』는 곧 나의 저술(著述)이다. 나는 세 살 때부터 글을 배워서 대강 군자의 대도(大道)를 들었지만 말을 꾸미거나 글을 잘 짓는다고 스스로 생각해본 적은 없다. 그러나 근본이 되는 의론을 주고받거나 나랏일을 경영하면서 그 언어를 형용(形容)하고 그 명성과 공적을 꾸미고 다듬다보니 공교롭게 하지 않아도 저절로 공교로워졌다. 이것은 어찌 보면 내가 문자를 좋아하기 때문에 그런 것이 아닐까? 학문은 노(魯)나라의 공자와 추(鄒)나라의 맹자를 종주(宗主)로 삼고, 정치는 하(夏)·은(殷)·주(周) 삼대(三代)를 숭상하였다. 격물치지(格物致知)와 성의정심(誠意正心)을 일컬어 덕목(德目)으로 삼고, 예의와 염치를 일컬어 세속의 규범으로 삼았다. 그리고 글과 문장은 의사(意思)를 전달하면 그뿐이었다. 본래 무엇을 모으거나 취하는 것을 좋아하지 않아서 흩어져 없어지더라도 내버려 두었지만 입 밖으로 나오는 것은 문장을 이루는 것이 적지 않았다. 일찍이 재잘거리거나 홍얼대거나 시끄럽게 떠들어대는 풍속이 내 마음에 거슬리는 것이 있어서 마침내 시(詩)의 초고(草稿)는 불살라버리고 문장만 몇 편을 남겨놓았다.

내각(內閣, 규장각)을 설립하고 관청을 세워서 춘저(春邸, 동궁) 시절의 작품을 취해 1집(一集)이라고 이름 붙였다. 마름을 좋아하여 자신이 죽고 난 뒤 마름을 가지고 제사 지내달라고 한 굴도(屈到)와 양조(羊棗, 대추)를 좋아한 증석(曾晳)처럼 다만 한 차례 제삿밥을 올리는 것일 따름이다. 그러나 종묘나 사직단에 올리는 제기(祭器)나 조정에서 임금을 배알할 때 입는 관복(官服)도

원래 그 시작은 들판의 나무나 누에고치에서 나왔다. 여기에 실린 나의 글 또한 그러한 것이다. 이른바 2집(二集), 3집(三集), 4집(四集)은 곧 각신(閣臣)이 저보(邸報)에 반포한 것과 사람들의 이목(耳目)에 흩어져 있던 것을 유형별로 모으고 부목(部目)을 나눈 것이다. 내가 일찍이 책상을 가깝게 두지 않고 하찮게 여긴 것이 지금까지 20여 년이나 되었다. 또한 미처 보고 듣지 못하거나 기록하여 싣지 못한 것은 나의 성급한 성격 탓에 문자로 세상을 희롱하거나 때때로 괴기(魁氣)를 부린 것이 있어서 그 글을 묶어 둔 보자기를 풀고 싶지 않았기 때문이다. 그러나 그 가운데 다른 사람을 대면해 말할 수 없는 것은 없으니 약간 시간을 두고 기다렸다가 의리가 더욱 밝아지고 규모가 더욱 정해지면 비로소 함께 편찬하더라도 늦지 않을 것이다. 지난해 겨울에 각신들이 유형별로 나누고 부목을 취한 초본을 또한 이미 정리하여 120권을 만들고 잘못을 바로잡아 다시 고쳐 베껴서 올렸는데 각각의 체제가 잘 구비되고 보존되어 있었다. 대악(大樂)을 완성하려면 한 가지 음악만 취해서는 안 되고, 훌륭한 요리를 만들려면 한 가지 맛만 취해서는 안 된다. 이것이 어찌 회옹(晦翁, 주자)이 스스로 『목재고(牧齋稿)』를 편찬한 뜻이 아니겠는가. 스승이 있으면 도(道) 역시 있다는 말이 그러하지 아니한가. 마침내 종이를 발라 만든 보관함에 넣고 쌓아 두게 하였다. 3층으로 된 보관함의 넓이는 겨우 세 권의 책을 넣을 수 있다. 길이 역시 넓이와 비슷하다. …(중략)… 옛날 대부(大夫) 거백옥(遽伯玉)은 자신의 잘못을 줄이려고 노력한 사람이다. 나이 50세가 되자 지난 49년간의 잘못된 것을 알았다고 한다. 명년(明年)이면 내 나이 50세가 되는데, 만약 잘못된 것임을 알게 되면 이 문집을 다시 고쳐서 편집해야 할지 어찌 알겠는가. 하지만 그 가운데 제각각 다른 것을 의뢰하는 것은 이미 의혹이 없다. '어진 자는 근심하지 않고, 지혜로운 자는 현혹되지 않고, 용기가 있는 자는 두려워하지 않는다'는 군자의 도리 세 가지란 바로 자신의 도(道)가 그렇다고 말하는 것이 아니겠는가. 다만 총명함은 젊은 시절에 미치지 못하고 학문과 지식의 조예는 초심(初心)에 부끄러움이 있다. 이러하니 내가 어찌 여러 가지 학문을 높이 쌓아 우뚝하게 자립하였다고 할 수 있겠는가. 돌아보건대 내가 상제(上帝)를 대해 그 복을 백성들에게 내리고자 하는 생각으로 어렵고 큰일을 이어받아 부지런히 백성을 보호하고 긴급하게 어질고 현명한 인재를 구하였다. 어진(仁) 것이 아닌 집에는 거처하지 않고 의(義)로운 것이 아닌 길은 밟지 않았다. 이러한 것을 문자로 기록하였으니, 내 몸 속의 피가 흘러나온 것임을 자연히 속일 수 없다.

- 『홍재전서』, 「홍우일인재전서의 장명(檣銘) 병서(幷序)」

그리고 정조는 이 글의 마지막에 명문을 새겨 성군(聖君)과 현자(賢者)의 도리와 단서를 터득해 나라와 백성을 구제하려고 노력했던 자신의 일생을 노래했다. 임금이기에 앞서 한 사람의 학자로서 한 시대를

정조가 잠들어 있는 경기도 화성의 건릉. 훗날 장조로 추존된 장헌세자, 즉 사도세자와 혜경궁 홍씨의 융릉 옆에 있다.

풍미했던 '철학자 군주' 정조의 자부심과 더불어 그가 도달했던 높은 정신세계를 엿볼 수 있는 글이다.

내 일찍이 듣건대

덕이 있는 사람은 반드시 말이 있다

풍운(風雲)의 바같에서 활달하게 움직이고

우주 가운데 충만(充滿)하여

탁월한 그 문장이여

텅 비고 넓은 그 공정함이여

아득히 깊고 엄숙한 곳에 올라 바라보면

권세(權勢)란 대개 만물을 변화시키는 봄의 공교로움과 비슷하네

내가 오로지 정밀하고 깊고 넓게 생각해 모으고 머무르니

비록 감히 도통(道通)의 전수에는 견줄 수 없겠지만

경서(經書)를 씨줄로 삼고 사서(史書)를 날줄로 엮어

생각하건대 성군(聖君)인 복희씨·신농씨·요임금·순임금·우왕·탕왕·문왕·무왕과 성현(聖賢)인 공자·맹자·주자의 단서와 여분을 스스로 터득한 사람은

구태여 묻지 않더라도 만천명월주인옹(萬千明月主人翁)이라는 것을 알 수 있으리라

제
19
장

청장관 이덕무와 초정 박제가

'기호(記號)'와 '소전(小傳)', 글로 그린 자화상

백탑파(白塔派)와 백탑시사(白塔詩社)

북학파의 1세대를 이끈 사람이 박지원과 홍대용이라면, 북학파의 2세대를 주도한 인물은 청장관(靑莊館) 이덕무와 초정(楚亭) 박제가였다. 특히 북학파의 2세대 그룹을 가리켜 '백탑파(白塔派)'라고도 하는데, 그 까닭은 이들이 현재 서울 종로2가 탑골공원 안에 자리하고 있는 백탑(白塔, 원각사지 10층 석탑)을 중심으로 모여 살면서 학문적·문학적 교류를 나누었기 때문이다. 박제가는 「백탑청연집(白塔淸緣集) 서문(序文)」에서 당시 백탑 주변에 모여 살면서 사우(師友) 관계를 맺었던 자신들의 모습을 이렇게 적고 있다.

한양을 빙 두른 성곽의 중앙에 탑이 있다. 멀리서 바라보면 마치 눈 속에서 죽순이 뾰죽이 나온 듯한데, 그곳이 바로 원각사의 옛터다. 지난 무자년(戊

子年, 1768년)과 기축년(己丑年, 1769년) 사이, 내가 18~19세 때쯤 박지원 선생이 문장에 조예가 깊어서 당대에 이름이 높다는 소문을 듣고, 탑의 북쪽으로 선생을 찾아뵈러 갔다.

박지원 선생은 내가 자신을 찾아왔다는 말을 듣고 의복을 갖추고 나와서 맞아주셨다. 오랫동안 사귄 친구를 다시 만난 듯 손을 맞잡아주셨고, 지은 글을 모두 꺼내어 읽어볼 수 있게 해주셨다. 이윽고 몸소 쌀을 씻어서 다관(茶罐)에 밥을 해 맑은 사발에 퍼서 옥 소반에 받쳐 내오셨다. 그리고 술잔을 들어 나를 격려해주셨다. 너무나 뜻밖의 따뜻한 대접에 놀라고 기뻤던 나는 오랜 세월 아름다운 일로 여겨 문장을 지어서 응답했다. 내가 선생의 인품과 학식에 빠져든 상황과 지기(知己)에 대한 감동이 이러했다.

당시 형암(炯菴) 이덕무의 사립문이 그 북쪽에 마주 대하고 있었고, 낙서(洛瑞) 이서구의 사랑이 그 서쪽에 우뚝 솟아 있었다. 또한 수십 걸음 가다보면 관재 서상수의 서재가 있고, 북동쪽으로 꺾여져서는 유금과 유득공이 살고 있었다. 그래서 한번 그곳을 찾아가면 집에 돌아가는 것을 까마득히 잊고 열흘이고 한 달이고 머물러 지냈다. 곧잘 서로 지어 읽은 글들이 한 질의 책을 만들 정도가 되었고, 술과 음식을 구하며 꼬박 밤을 새우곤 했다.

내가 아내를 맞이하던 날 저녁에도 처가의 건장한 말을 가져다 안장을 벗기고 올라타고서 시동 한 명만 따르게 하고 홀로 바깥으로 나왔다. 당시 달빛이 길에 가득했는데, 이현궁 앞을 지나서 말을 채찍질해 서쪽으로 내달렸다. 이윽고 철교의 주막에 이르러 술을 마시고, 삼경을 알리는 북소리가 울린 후 여러 벗들의 집에 들렀다가 탑을 빙 돌아 나왔다. 그때 호사가들은 이 일을 두고, 왕양명이 철주관도인을 찾아가 돌아오는 것조차 잊었던 일에 빗대 말하곤 했다.

그 이후 6~7년이 지나 백탑의 벗들이 제각각 흩어졌고, 가난과 병이 날로 심해져 간혹 만나면 서로 아무 탈 없음을 다행으로 여기곤 했다. 그러나 풍류는 지난날보다 못하고, 얼굴빛은 그때로 돌아갈 수 없었다. 그때에 이르러서야 벗과의 교유에도 피할 수 없는 흥망성쇠가 있어서 한때가 있다는 걸 깨달았다.

중원의 사람들은 벗을 자신의 목숨처럼 생각한다. 그래서 어양 왕사진은 '빙수와 우장이 달 밝은 밤에 모자를 벗고 맨발로 나를 찾아와서는'이라는 시를 지었고, 소장형은 문집에서 왕사진과 이웃해 살면서 나눈 아름다운 일을 회상하고 기록했다. 벗들의 만남과 헤어짐을 적은 것이다. 나는 그 글들을 들여다볼 때마다 비록 다른 곳에서 태어나도 마음은 같을 수 있음을 느낀다. 백탑의 벗들과 더불어 감탄하며 즐거워한 일이 너무나 오래되었다.

벗 이희경이 박지원 선생과 이덕무 그리고 여러 사람들과 나의 글을 베껴 몇 권의 책을 만들었다. 내가 그곳에 '백탑에서의 맑은 인연'이라는 뜻을 담아 '백탑청연집'이라고 제목을 붙이고 이렇게 서문을 지었다. 이 글을 통해 나와 벗들이 당시 얼마나 융성하게 교유했는가를 보여주고 또한 내 평생의 한두 가지 일을 밝혀 둔다.

　　　　　　　　　　　 -『정유각집(貞蕤閣集)』, 「백탑청연집 서문」

더욱이 이덕무와 박제가는 일찍이 유득공, 이서구 등과 (오늘날의 표현을 빌자면) 시문학 동인이라고 할 수 있는 '백탑시사(白塔詩社)'를 결성해 활동했는데, 이들의 시는 유득공의 숙부인 유금에 의해 청나라에까지 소개되어 그 문명(文名)을 알렸다. 이로 말미암아 이들은 조선 후기를 대표하는 '한시(漢詩) 4가(四家)'로 불리게 되었다. 특히 조선 말기 유명한 문장가이자 비평가였던 김택영은 「신자하시집(申紫霞詩集) 서문(序文)」에서 이들 4가의 시풍(詩風)을 '기궤첨신(奇詭尖新, 기이하고 괴이하고 날카롭고 새롭다는 뜻)'의 네 글자로 압축해 평가하면서, 이전 시대인 고려나 조선의 시사(詩史)에서는 결코 찾아볼 수 없었던 시풍을 새롭게 열었다고 극찬했다.

> 우리나라의 시는 고려의 익재(益齋) 이제현을 종주(宗主)로 삼는다. 조선에 들어와서는 선조와 인조 연간에 시인들이 이를 계승하여 최고의 전성기를 구가했다. 옥봉(玉峯) 백광훈, 오산(五山) 차천로, 허난설헌, 석주(石洲) 권필, 청음(淸陰) 김상헌, 동명(東溟) 정두경 등 여러 시인들은 모두 '풍웅고화(豊雄高華)'의 취향을 띠었다. 영조 이래로 시풍(詩風)이 크게 한 번 변모해 혜환(惠寰) 이용휴와 금대(錦帶) 이가환 부자(父子) 그리고 형암 이덕무, 영재(泠齋) 유득공, 초정 박제가, 강산 이서구 등의 시인들은 혹은 '기궤(奇詭)'를 주된 것으로 하고 혹은 '첨신(尖新)'을 주된 것으로 삼았다.

> – 『소호당집(韶濩堂集)』, 「신자하시집 서문」

이렇듯 이덕무와 박제가가 전무후무한 시풍으로 청나라에까지 명성을 떨친 시기는 1776년 무렵이다. 이들이 서자 출신의 '규장각 4검서관'으로 이름을 알리기 시작한 때가 1779년이었으니, 정조가 알아보기 이전에도 조선은 물론 청나라의 안목 높은 문사들은 그들의 실력을 알아보았던 것이다.

▎'기호(記號)', 글로 그린 자화상

북학파의 지식인들은 북쪽의 청나라를 통해 외부의 선진 문물과 제도를 받아들여 조선을 크게 개혁해 부국안민을 이루고자 하는 대의(大義)를 공유하면서도 각자 특정 분야에서 독자적으로 일가를 이루었다. 예를 들면 『의산문답』을 저술한 홍대용은 천문 지리 과학에서, 『열하일기』를 지은 박지원은 문장으로, 『발해고』를 저술한 유득공은 역사 방면에서 큰 업적을 남겼다. 그리고 박제가는 북학파의 사회 개혁론을 집약해놓은 『북학의』의 저자로 유명하다. 그렇다면 이덕무는 어떠했는가? 그는 『청장관전서(靑莊館全書)』라는 백과사전적 저술과 기록을 통해 18세기 당시 신학문이었던 '고증학과 변증론'에서 독보적인 역량을 펼쳐보였다.

그런데 흥미롭게도 이덕무는 한국사를 통틀어도 전례(前例)를 찾아보기 어려울 만큼, 다양한 호를 통해 자신을 강렬하게 드러냈다. 그는 호에 관한 한 생전에 수백 여 개의 호를 사용했던 추사(秋史) 김정희와 견줄 수 있는 유일한 인물이라고 해도 과언이 아니다. 김정희는 박제가의 제자였으니까, 김정희가 나오기 이전 가장 많은 호를 사용하고 남겼던 사람은 이덕무라고 할 수 있다.

이덕무는 타의 추종을 불허할 만큼 수많은 호를 사용했다. 스스로 고백하기를 매번 글을 지을 때마다 새로운 호를 만들었다고 할 정도였다. 이덕무는 왜 이토록 많은 호를 사용했던 것일까? 그것은 왕성한 호기심과 지식욕 때문에 공간적으로는 동양과 서양, 시간적으로는 고대와 당대(18세기)를 넘나들며 백과사전적 지식을 탐구하고 기록으로 남겼던 그의 삶과 무관하지 않다. 즉 한곳에 머무르지 않고 끊임없이 이동하며 변신을 모색한 그의 호기심과 지식욕에 따라 끊임없이 새로운 호가 만들어졌던 것이다.

특히 이덕무는 젊은 시절 자신의 호에 대해 직접 설명한 '기호(記號)'

라는 글을 지은 적이 있다. 이 글은 필자의 눈길을 단박에 사로잡았다. 이덕무가 수많은 호를 통해 선비의 '내면세계'를 아주 다채롭고 강렬하게 보여주고 있는 까닭이다.

삼호거사(三湖居士)는 약관(弱冠)에 호기(豪氣)가 있었다. 엄숙하고 공경하면 나날이 학문이 강해진다는 말에 뜻을 두어 일찍이 호를 '경재(敬齋)'라 하였다. 뜻이 있으면 바로 지향하는 목표가 있으니, 여기에 도달하고자 하여 또 호를 '팔분당(八分堂)'이라 하였다. 팔분(八分)이란 사마광(司馬光)이 성인(聖人)을 십분(十分)이라고 할 때 구분(九分)이면 대현(大賢)이라고 할 수 있다는 말에 가까운 것이다. 가난해서 집은 한 말[斗] 정도의 부피만큼 작았지만 또한 즐거워하였다. 이에 매미의 허물과 귤의 껍질처럼 구부정하다고 하여 호를 '선귤헌(蟬橘軒)'이라 하였다. 처지에 따라 행실을 닦고자 해서 또한 호를 '정암(亭巖)'이라고 하였다. 세상을 피해 숨어 사는 것을 편안하게 여겨 또 '을엄(乙广)'을 호로 삼아서 구부러지고 조그마한 석실(石室)에 뜻을 두어 은둔하려 하였다. 마음을 수경(水鏡)처럼 잔잔하고 맑게 하고자 해서 다시 호를 '형암(炯菴)'이라고 하였다. 대저 일마다 공경하여 닦으면 고인(古人)에 가깝고, 마음을 물과 같이 맑게 하고 작은 집에 누워 세상을 피해 숨어 살면서 비록 부엌 연기가 쓸쓸하여도 붓을 잡아 문장을 지으면 아침에 피는 꽃과 같이 빛이 난다. 이 사람은 이것으로도 오히려 편안하지 않아 빙긋이 웃으면서 말하였다. '이는 어린아이가 재롱을 좋아하는 것과 다름없다. 장차 처녀와 같이 지키려고 함이다.'라고 하며, 그 원고의 제목을 '영처(嬰處)'라고 하였다. 여러 사람들과 함께 있을 때면 자신의 학식과 재능을 감추고는 어리석고 미련한 척하였다. 단정한 사람이나 장중한 선비에게도 기뻐하고 저잣거리의 장사군에게도 기뻐하였으니, 대개 빈 배를 홀로 띄워 어디를 가나 유유자적하지 않음이 없었다. 이 때문에 사람들이 또 호를 '감감자(憨憨子)' 혹은 '범재거사(汎齋居士)'라고 부르기도 하였다. 일찍이 삼호(三湖)에 거주했기 때문에 스스로 '삼호거사(三湖居士)'라 하였는데, 이것이 호의 시초이다.

- 『청장관전서』, 「기호」

필자는 학창 시절 미술 교과서에 실려 있는 공재(恭齋) 윤두서의 〈자화상〉을 보면서 전율을 느꼈던 적이 있다. 그 '자화상'은 인물의 '전신(全身)'을 그렸던 조선 시대의 여느 초상화와는 완전히 다르게 '얼굴'만을 유독 도드라지게 그린 아주 독창적이면서 독특한 아주 파격적인 그림이었다. 거기에는 화가가 초상화를 그릴 때 인물의 권세와 위엄을 한껏 높일 목적으로 전형적으로 등장시키는 어떤 인위적인 표정도 가식적인 꾸밈도 없었다. 단지 남인(南人) 명문가의 자제로 태어났지만 벼슬길이 막혀 폐족(廢族)의 신세나 다름없으나 세상을 뒤흔들 웅지와 기백만은 결코 감출 수 없었던 '불안하지만 강렬한' 지식인의 모습이 존재할 뿐이었다. 그런 의미에서 윤두서는 〈자화상〉을 통해 자신의 내면세계(자의식)를 '있는 그대로' 표출한 최초의 선비가 아닐까 싶다.

그리고 수십 년이 지나 이덕무의 「기호」를 읽게 되었을 때 필자는 윤두서의 〈자화상〉을 볼 때 느꼈던 감정을 새삼 떠올리게 되었다. 이 글에는 서자(庶子) 출신이라는 장벽과 가난이라는 굴레 때문에 고통 받고 있지만 타고난 문장, 뛰어난 학문, 탁월한 식견을 숨길 수 없었던 '불운한' 지식인의 내면세계(자의식)가 아주 잘 표현되어 있다. 여기에는 삼호거사(三湖居士)·경재(敬齋)·팔분당(八分堂)·선귤헌(蟬橘軒)·정암(亭巖)·을엄(乙广)·형암(炯菴)·영처(嬰處)·감감자(憨憨子)·범재거사(汎齋

居士) 등 10여 개의 호가 등장한다. 그러나 이들 호를 하나로 관통하고 있는 철학이 존재하는데, 그것은 '영처지심(嬰處之心)'이다. 이덕무는 「영처고(嬰處稿) 자서(自序)」라는 글에서 "어린아이의 재롱은 천진(天眞) 그대로의 것이요, 처녀의 부끄러워하여 감추는 것은 순수한 진정 그대로이다. 이것이 어찌 억지로 힘써서 되는 일이겠는가?"라고 하였다. 영처지심이란 '어린아이'의 천진함과 '처녀'의 순수함을 간직한 '자연스러움' 그 자체를 말한다. 여기에는 어떤 가식과 작위도 용납하지 않는 '있는 그대로'의 자신만이 존재할 뿐이다. 공재 윤두서의 〈자화상〉과 이덕무의 「기호」는 바로 그 지점에서 서로 닮았다. 필자가 아주 다른 두 가지 작품에서 비슷한 감정을 느꼈던 까닭 역시 이 때문이 아니었을까? 따라서 「기호」는 이덕무가 글로 그린 자화상이다.

▌ 선귤당(蟬橘堂)과 청장관(靑莊館) 매미와 귤 그리고 해오라기

이덕무의 삶에는 '가난'이 숙명처럼 따라다녔다. 이덕무의 스승이자 가장 절친한 벗이기도 한 연암 박지원은 그의 '궁핍한 삶'에 대해 "때로는 해가 저물도록 먹을거리를 마련하지 못한 적도 있고, 때로는 추운 겨울인데도 방구들을 덥힐 불을 때지 못하기도 했다."라고 증언하고 있다. 그럼에도 불구하고 박지원은 이덕무가 "젊은 시절부터 가난을 편안히 여겼고, 벼슬길에 나간 후에도 거처와 의복이 예전과 다르지 않았을 뿐더러 '기(飢, 굶주림)'와 '한(寒, 추위)' 두 글자를 결코 입 밖에 낸 적이 없었다."라고 덧붙여 말했다. 또한 규장각의 검서관이 된 이후 죽을 때까지 "임금을 가까이 모시고 총애를 받았지만 쓸쓸한 오두막집에서 살며 빈천(貧賤)을 감내할망정 권세 있는 사람들과 어울리지 않았고 부귀와 권력을 탐하지도 않았다."라고 했다. 심지어 이덕무는 가난에 관한 자신만의 '철학'을 갖고 있었다.

> 최상(最上)의 사람은 가난을 편안하게 여긴다. 그 다음 사람은 가난을 잊어버린다. 최하등(最下等)의 사람은 가난을 부끄럽게 생각해 감추거나 숨기고, 다른 사람들에게 가난을 호소하다가 가난에 짓눌려 끝내 가난의 노예가 되고 만다. 또한 최하등보다 못난 사람은 가난을 원수처럼 여기다가 그 가난 속에서 죽어 간다.
>
> **- 『청장관전서』, 「이목구심서(耳目口心書)』**

이덕무의 '가난의 철학'은 가난에도 '품격'과 '품위'가 있다는 사실을 깨닫게 해준다. 이처럼 가난을 편안하게 여기며 부귀와 권력을 쫓아다니지 않았던 이덕무의 삶은 '선귤당'과 '청장관'이라는 당호(堂號)에 고스란히 담겨 있다. 당호는 자신이 거처하는 곳에 붙이는 호를 말한다. 이 때문에 다른 어떤 호보다 상징성이 강하다. 먼저 '선귤당'은 젊은 시절 이덕무가 '영처'와 더불어 가장 좋아했던 호였다. 그래서 그는 '선귤'에 관한 많은 글을 남겼다.

'세제(歲題)'라는 글에서는 "내가 예전 남산 부근에 살고 있을 때 집의 이름을 선귤(蟬橘)이라고 하였다. 집이 작아서 매미(蟬)의 허물이나 귤(橘)의 껍질과 같다는 뜻에서였다."라고 적었다. 짧은 글이지만 작은 집에 살면서도 부끄러워하기보다는 오히려 당당했던 이덕무의 기백이 잘 드러나 있다. 또한 '11월 14일 술에 취해(十一月十四日醉)'라는 시에서는 깨끗하고 향기로운 마음가짐을 '선귤'에 비유해 노래하기도 했다.

깨끗한 매미와 향기로운 귤 마음에 간직하니

세상사 시끄러운 일 내 이미 잊었노라

불을 공중에 살라 본들 저절로 꺼질 것이고

칼로 물을 벤다한들 다시 무슨 흔적이 있겠는가

'어리석다'는 한 글자를 어찌 모면하겠냐마는

온갖 서적 널리 읽어 입에 담을 뿐이네

넓고 넓은 천지간 모옥(茅屋)에 살며

맑은 소리 연주하며 밤낮을 즐기네

- 『청장관전서』, 「11월 14일 술에 취해」

세상 사람들이 죽자 살자 덤벼들어 얻으려고 하는 부귀나 명예나 출세 따위는 이덕무에게 그냥 세상사 시끄러운 일일 따름이다. 이러한 것들은 불로 허공을 사르거나 칼로 물을 베는 것처럼 허무하고 망령된 일이다. 그에게는 오로지 '매미의 깨끗함'과 '귤의 향기로움'을 간직하려는 맑고 맑은 마음이 존재할 뿐이다. 그리고 '자신을 말하다'는 뜻의 '자언(自言)'이라는 글에서는 세속의 관심사인 이욕(利慾)에 맞춰 살아보려고 했지만 스스로 용납할 수 없어 다시 처음의 본모습으로 되돌아갈 수밖에 없다고 하면서, 가난하지만 '매미[蟬]'처럼 마땅히 자신이 거처할 곳을 알아 깨끗함을 지키고, 남루하지만 '귤[橘]'처럼 자신을 갈고닦아 추하지 않는 향기로움을 잃지 않겠다는 뜻을 밝혔다.

사람은 변할 수 있는가? 변할 수 있는 사람도 있지만 변할 수 없는 사람도 있다. 어떤 사람이 어렸을 때부터 오락도 즐기지 않고, 가볍거나 제멋대로 행동하지 않으며, 성실하고 신중하며, 단정하고 정성스러웠다. 그런데 성장한 후 어떤 사람이 그에게 세상 풍속과 어울려 조화를 이루지 못하니, 세상 사람들은 너를 받아들이지 못할 것이라고 말했다.

그 자신도 그렇게 생각하여, 그 후부터 입은 천박하고 상스러운 말을 내뱉고, 몸은 가볍고 덧없이 행동했다. 이렇게 사흘을 보내고 난 후 도저히 편하고 즐겁지 않자, '내 마음은 변할 수 없다. 사흘 전에는 내 마음이 가득 차 모든 일이 형통한 듯했는데, 그 후 사흘 동안은 공허하기만 했다.'라고 말했다. 그리고는 결국 처음으로 되돌아갔다. 이기적인 욕심에 대해 말하면 기운이 빠지고, 산림(山林)에 대해 말하면 정신이 맑아지며, 문장에 대해 말하면 마음이 즐겁고, 학문에 대해 말하면 뜻이 가지런해졌다.

완산 이자(李子, 이덕무)는 옛 학문과 문장에 그 뜻을 두었기 때문에, 지금 세상에는 어둡고 사리가 밝지 못하다. 그래서 산림이나 문장, 학문에 대해 이야기하기 좋아하고, 그 밖의 세상사에 대해서는 듣고 싶어 하지 않았다. 또한 세상사에 관해 들어도 별반 대수롭지 않게 여겼다. 자신의 바탕을 오로지 한가지로 삼고자 했다. 이 때문에 선귤(蟬橘)을 취하고, 말은 고요하고 담백했다.

- 『청장관전서』, 「자언」

'청장관(靑莊館)'은 이덕무가 죽음을 맞이한 곳이기도 하면서, 그의 글과 기록을 모두 모아 엮은 전서(全書)의 제목이 될 정도로 생전과 사후 모두 항상 따라다녔던 이덕무를 대표하는 호이다. 그가 '청장관'을 호로 삼은 까닭 역시 박지원의 증언을 통해 확인할 수 있다. 여기에는 이덕무의 욕심 없는 순박한 삶 자체가 담겨 있다.

청장(靑莊)은 해오라기의 별명이다. 이 새는 강이나 호수에 사는데, 먹이를 뒤

쫓지 않고 제 앞을 지나가는 물고기만 쪼아 먹는다. 그래서 신천옹(信天翁)

이라고도 한다. 이덕무가 '청장'을 자신의 호로 삼은 것은 이 때문이다.

— 『청장관전서』, 「형암행장(炯菴行狀)」

앞서 밝혔던 호 이외에도 이덕무는 청음관(靑飮館), 탑좌인(塔左人),
재래도인(髀睞道人), 매탕(槑宕), 단좌헌(端坐軒), 학초목당(學草木堂),
주충어재(注蟲魚齋) 등 다채롭게 호를 사용했다. 이 가운데 탑좌인(塔
左人)은 이덕무가 앞서 말했던 것처럼 백탑(白塔) 주변에 거처했던 사
실을 표현한 호이다. 또한 학초목당(學草木堂)과 주충어재(注蟲魚齋)에
서는 인문학의 범위를 뛰어넘어 풀과 나무, 곤충과 벌레 등 식물과 동
물에 관한 지식까지 검색하고 탐구했던 이덕무의 백과사전적 호기심
과 지식욕을 쉽게 떠올릴 수 있다.

▌ 매탕(槑宕) "나는 매화에 미친 바보다."

이덕무의 수많은 호 가운데 가장 개성 넘치는 호는 단연 '매탕(槑宕)'이
다. 이 호는 쉽게 풀자면 '매화에 미친 바보'라는 뜻이다. '매(槑)'는 '매
화 매(梅)'의 고자(古字)이고, '탕(宕)'은 '어리석다'는 뜻을 갖고 있는 한
자이기 때문이다. 그런데 재미있는 사실은 북학파 지식인들이 남긴
글과 기록을 읽다보면, 이들이 여타의 사람들에게서는 찾아보기 힘든
독특한 호를 갖고 있었음을 발견하게 된다는 것이다. 그들은 당시 사
람들이 부정적으로 여긴 '바보 혹은 멍청이'라는 뜻의 한자를 자신의
호로 즐겨 사용했다.

이덕무는 '매탕'이라는 호 이외에도 10대 시절 '간서치(看書痴)'라는 별호(別號)를 썼다. 이 별호의 뜻은 '책만 보는 바보 혹은 책에 미친 멍청이'다. 그리고 북학파의 1세대 그룹에 속했던 정철조는 '석치(石痴)' 곧 '돌에 미친 바보'를 자신의 호로 삼았다. 어떤 돌이든 깎아 벼루를 만드는 자신의 못 말리는 버릇을 자랑하듯이 호로 삼은 것이다. 매월당 김시습처럼 '미치광이'를 자처한 선비는 종종 있었다. 세속의 권력과 이욕으로부터 벗어나 자유롭게 살고 싶었던 선비들이 세상의 유혹으로부터 자신의 뜻을 지킬 목적으로 '미치광이' 행세를 한 경우도 적지 않았다. 그러나 스스럼없이 자신을 무엇에 미친 '바보 혹은 멍청이'라고 하면서 호까지 지어 자신의 상징처럼 삼은 태도는 북학파가 등장하기 이전 시대에서는 결코 찾아볼 수 없는 독특한 현상이다.

유학과 성리학이 하나의 이념으로 자리 잡은 조선 사회에서 선비들은 성현(聖賢)의 언행(言行)을 배우고 그들의 삶을 본받아 사는 것을 지고지순한 가치로 여겼다. 이러한 사회에서는 자신이 하고 싶은 혹은 자신이 좋아하는, 다시 말해 자신만의 개성을 추구하는 삶을 살고자 하면 그 사람은 필경 비난과 멸시의 대상이 되기 십상이다. 그런데 이덕무는 오히려 '바보 혹은 멍청이'라고 자처하며 매화에 흠뻑 빠진 자신을 당당하게 표현했고, 정철조는 선비라면 수치스럽게 여겨야 할 만한 벼루 깎는 기술과 취미에 탐닉하는 자신을 가리켜 '돌에 미친 바보'라 불렀다. 자유롭고 개방적이다 못해 개성미가 넘쳐흐르는 호가 아닐 수 없다.

어쨌든 스스로를 가리켜 '매화에 미친 바보'라고 한 이덕무의 끔찍했던(?) 매화 탐닉은 '윤회매(輪回梅)'와 '윤회매십전(輪回梅十箋)'이라는 글에 남아 오늘날까지 전해지고 있다. 매화는 1년 중 기껏해야 한 달

남짓 핀다. 1년 내내 언제 어느 곳에서나 매화의 풍모(風貌)를 느끼고 그 아취를 즐기고 싶던 이덕무는 견딜 수가 없었다. 이덕무는 어떻게 했을까? 그는 밀랍(蜜蠟)으로 인조 매화를 만드는 방법을 창안했고 마침내 인조 매화 제조에 성공한다. "내가 17~18세 때 삼호(三湖)의 수명정(水明亭)에서 고요하게 거처하면서 대개 3년 동안 매화를 주조하여 독서하던 등불에 비쳐 그림자를 취하였다. 세속과는 어울리지 않는 운치였지만 조금이나마 마음을 붙일 즐거움이 있었다." 그리고 이덕무는 인조 매화에다 '윤회매(輪回梅)'라는 이름을 붙이고 그 까닭을 이렇게 밝혔다.

내가 뜻을 갖고 창안(創案)하여 밀랍을 주조해 매화를 만들었다. 매화의 꽃술은 털로 만들고 꽃받침은 종이로 만들었다. 그리고 푸른 가지에 붙여 맸는데 맑고 아름다워 매우 사랑스러웠다. …(중략)… 윤회매(輪回梅)라고 이름

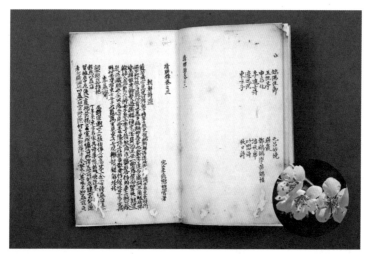

『청장관전서』 가운데 제32권~제35권인 『청비록』. 여기에서 이덕무는 윤회매의 아름다움을 노래했다.

붙인 것은 벌이 꽃을 채취하여 꿀을 만들고 꿀이 밀랍이 되었다가 다시 밀랍이 꽃이 되는 섭리가 마땅히 불가(佛家)의 윤회설(輪回說)과 전생후생설(前生後生說)과 같았기 때문이다

―『청비록(淸脾錄)』, 「윤회매」

이덕무는 편리하게 윤회매를 만들 수 있는 방법을 엮어서 '윤회매십전'이라는 글을 저술해 세상 사람들에게 공개하기까지 했다. 누구나 쉽게 윤회매를 만들어 (자신이 탐닉하는 것처럼) 언제 어느 곳에서나 매화의 풍모와 아취를 즐길 수 있도록 하기 위해서였다. 그런 의미에서 이덕무는 '매화의 미학(美學)'을 본격적으로 전파한 최초의 '매화 문화 전도사'였다고 하겠다.

벌이 꽃의 정기를 채취하여 꿀을 빚고 꿀에서 밀랍이 생기고 밀랍은 다시 매화가 된다. 그래서 이것을 윤회매(輪回梅)라고 하였다. 대개 살아 있는 꽃이 살아 있는 나무 위에 피는데, 어떻게 그것이 밀랍이 될 줄 알았겠는가. 꿀과 밀랍이 벌집 속에 있는데, 어떻게 그것이 윤회매가 될 줄 알았겠는가. 이에 매화는 밀랍을 생각하지 못하고 밀랍은 꿀을 생각하지 못하며 꿀은 꽃을 생각하지 못한다. 그러나 윤회매로 저 나무 위에 핀 꽃을 조명해보면, 말이 없는 가운데 따뜻한 윤기(倫氣)가 있다. 그 모습이 마치 할아버지를 닮은 손자와 같다.

세상의 장인(匠人)들이 종이를 잘라 만든 꽃도 아름답지 않지는 않지만 천연(天然)의 아담하고 깨끗한 자태가 없어서 때때로 계집종이 부인의 기상을 꾸민 것처럼 어색함이 드러나고 만다. 윤회매는 물론 가짜 꽃이다. 그러나 그 혈통은 꽃다운 향기를 노출해 반드시 법외(法外)의 미묘한 아취가 있으니, 진

542
·
543

짜 매화를 만들지 못한다면 차라리 윤회매를 만들어야지 종이를 잘라 매화를 만들지 말라. 종이를 잘라 만든 매화가 화려하게 꾸미거나 겉치레에 치중한 소인(小人)이라면 윤회매는 환골탈태(換骨奪胎)한 도인(道人)의 풍모를 갖추었다. 윤회매는 매화가 되기 전에는 밀랍일 뿐 꽃은 아니다. 그렇지만 매화에서 벗어나지 않는 이유는 그것이 밀랍의 전신(前身)이 꽃이기 때문이다. 이로써 가히 문장(文章)을 깨우칠 수 있고 또한 이치를 배우는 사람이 연구한다면 기질(氣質)을 변화시키는 법을 얻을 수도 있다.

- 『청장관전서』, 「윤회매십전」

이덕무는 특히 「윤회매십전」에서 인조 매화(윤회매)의 꽃잎과 꽃받침, 꽃술과 꽃, 가지 등의 구체적인 제조 방법을 그림까지 그려서 자세하게 설명했다. 그리고 그것도 모자라 동병식(銅甁式)·자두식(磁斗式)·가요식(哥窯式)·필통식(筆筒式) 등 무려 네 가지에 달하는 화병(花甁)의 제작과 꽃꽂이 방식까지 상세하게 밝혀놓았다. 자신이 창안한 윤회매가 화사(花史), 즉 꽃의 역사에 '밀랍으로 만든 매화'를 하나 추가했다는 이덕무의 재치 넘치는 농담처럼, 무엇인가에 미치려면 이 정도는 되어야 진실로 미쳤다고 할 수 있지 않을까?

▌마지막 호, 아정(雅亭) 군사(君師) 정조대왕과의 인연

'아정(雅亭)'은 이덕무가 만년에 마지막으로 지은 자호이다. 이 자호는 이덕무와 정조의 각별했던 인연을 담고 있다. 서자 출신의 가난한 선비였던 이덕무는 정조가 즉위한 지 3년째 되는 1779년 나이 39세 때

인생의 커다란 전환점을 만나게 된다. 정조는 즉위하자마자 문치(文治)를 표방하고 새로운 인재를 발탁할 방법을 고심한 끝에, 세종대왕 때의 집현전(集賢殿)을 모방하여 규장각를 세우고 각신(閣臣)을 두었다. 그리고 교서관(校書館)을 창덕궁 단봉문(丹鳳門) 밖으로 옮겨 설치하고 규장각의 외각(外閣)으로 삼았다. 또한 규장각의 각신들에게 하교해 벼슬하지 못한 여항(閭巷)의 선비들 중에 학문과 지식을 갖추고 문학에 능숙한 사람들을 뽑아 외각의 관원을 채우게 하고 처음으로 '검서(檢書)'라는 관명(官名)을 하사했다. 이때 이덕무가 첫 번째 서얼 출신 검서관으로 발탁되었으며, 그 뒤를 이어 박제가, 유득공, 서이수 등이 뽑혔다. 정조 시대 '문치와 문예 부흥'에 크나큰 족적을 남긴 서자 출신의 이른바 '규장각 4검서관'은 이렇게 탄생했다.

호학 군주이자 당대 최고의 학자였던 정조는 '군사(君師)'라 자처하며 임금이면서 동시에 스승의 입장으로 신하들을 대했다. 이 때문에 정조는 스승이 제자들을 가르치는 것처럼 신하들의 학문을 시험하고 시문(詩文)을 평가하는 데 엄격하고 단호했다. 이덕무 역시 예외가 아니었다. 이덕무가 검서관이 된 지 겨우 한 달이 지났을 때, 정조는 모든 검서관들에게 '규장각 팔경(八景)'을 제목으로 하는 근체시(近體詩)를 짓게 했다. 이때 이덕무는 장원으로 뽑혔다. 또한 다음 날 정조는 다시 '영주(瀛洲)에 오르다'라는 제목으로 20운(韻)의 시를 짓게 했는데, 이때 역시 이덕무가 장원을 차지했다. 박지원은 이 두 번의 장원을 가리켜 "다른 사람들에게 받지 못했던 인정을 비로소 임금에게시 빈게 된 것"이라고 기뻐했다.

이덕무가 죽기 한 해 전인 1792년 4월, 정조는 수도 한양을 그린 지도인 〈성시전도(城市全圖)〉를 시제(詩題)로 하여 칠언고시(七言古詩) 1백운(韻)을 짓게 했다. 여기에는 이덕무를 비롯한 검서관은 물론 여러 조정 대신들까지 참여했다. 이때 정조는 우등(優等)으로 여섯 사람을 뽑아 그들의 시권(詩卷)에 각각 어평(御評)을 했는데, 이덕무의 시권에는 어필(御筆)로 친히 '아(雅)' 자를 썼다. 이덕무가 제출한 '성시전도 시(詩)'는 '우아하다'는 최고의 찬사였다. 지존인 임금이기에 앞서 당대 최고의 학자이자 문장가였던 정조에게 받은 극찬이었기 때문에 이덕무는 '아(雅)'라는 어평을 가문의 영광으로 여겼고, 이를 후손들이 두고두고 기억하도록 하기 위해 자호를 '아정(雅亭)'이라 하였다. 필자가 생각하기에 '아정'은 이덕무의 수많은 호 가운데 유일하게 호사스러운 호다. 또한 가장 짧은 시간 동안 이덕무와 함께한 호이기도 하다.

  '아정'이라는 호에 얽힌 이덕무와 정조의 인연은 여기에서 끝나지 않았다. 「성시전도」를 지은 다음 해(1793년) 1월 25일에 이덕무는 청장관의 정침(正寢, 거처하는 곳이 아니라 주로 일을 보는 곳으로 쓰는 몸채의 방)에서 죽음을 맞는다. 그리고 정조는 이덕무가 사망한 3년 후 그의 아들 이광규에게 친히 내탕금(內帑金, 조선 시대에 내탕고에 넣어 두고 임금이 개인적으로 쓰던 돈)을 하사하고 어명을 내려 이덕무의 유고(遺稿)를 문집으로 엮어 출간하도록 했는데, 이 유고집의 이름이 다름 아닌 '아정유고(雅亭遺稿)'이다. '아정'이라는 호는 이 때문에 가장 짧은 시간 동안 이덕무와 함께했지만 역설적이게도 가장 오랜 시간 동안 또 가장 많은 사람들이 기억하는 호가 되었다. 이렇듯 '아정'이라는 호는 이덕무와 정조의 인연이 결코 간단하지 않았음을 알려주는 흥미로운 호다. 이덕무가 지은 시가 어떠했기에 정조는 최고의 찬사를 아끼지 않았던 것일까? 이덕무의 「성시전도」는 장편의 시이기 때문에 여기에 모두 소개할 수는 없다. 다만 시의 일부분을 통해 18세기 말 당시 한양의

이덕무가 죽은 뒤 정조가 명을 내려 간행된 『아정유고』.

풍경을 감상해보는 시간을 갖는 것도 괜찮은 일인 듯해 간략하게 옮겨본다.

…(상략)…

한성(漢城) 가운데 태어나고 자랐으니

직접 보고 어찌 기쁘지 않겠는가

한 번 보고 한 번 펼칠 때마다 한 잔씩 마시니

하늘은 청명(淸明)하고 해는 길어 다시 반복하네

구천구백칠십 보의

하얀 성벽 띠처럼 둘러 있네

별을 벌여 놓은 듯 바둑을 늘어놓은 듯 단단하게 다졌으니

범이 웅크린 듯 용이 서린 듯 수려하기 그지없네

북쪽 산은 백악(白岳)보다 빼어난 것이 없고

오른쪽으로 인왕산(仁王山)을 끼고 있으니 백중(伯仲)과 같네

산천의 정기 모여 여러 돌 빛 푸르니

산 아래 기이한 선비 왕왕(往往) 태어났네

남쪽 산은 자각(紫閣, 남산)보다 수려한 것 없고

푸른 기운 하늘로 솟아올라 하늘도 지척(咫尺)이네

빠르게 내닫는 말이 안장을 벗는 형세라고 말하니

평안도(平安道)의 봉화가 남쪽 변방까지 통하네

…(중략)…

원각사(圓覺寺)에 우뚝 솟은 백탑(白塔)은

열네 층을 겹겹이 공중에 포개었네

운종가(雲從街)에 있는 흥천사(興天寺)의 대종(大鍾)은

아주 큰 누각(樓閣) 가운데 날듯이 있네

오고 가고 또 갔다 왔다 하는 사람들

바다 같은 사람 물결 멀고 아득해 끝이 보이지 않네

…(중략)…

거리 좌우에 상점이 천 보(步)나 늘어서 있고

온갖 물화(物貨) 산처럼 쌓여 셀 수조차 없네

비단 가게에 울긋불긋 벌여 있는 것은

모두 능라(綾羅)와 금수(錦繡)로 아름답기 그지없네

어물 가게에 신선한 생선 맛나게 살이 올랐으니

갈치·노어·준치·쏘가리·숭어·붕어·잉어이네

…(중략)…

한양 안 물건과 경치 이미 다 적었으니

다시 교외로 내달려 한번 비교해보세

숭례문(崇禮門) 밖에서는 무엇을 볼 수 있는가

십리(十里) 강가의 창고에는 곡식이 억만(億萬) 섬인데

안개와 물결 사이로 끝이 보이지 않는 삼남(三南)의 선박

빽빽하게 들어선 돛대 만 척이나 정박하고

…(중략)…

흥인문(興仁門) 밖에서는 무엇을 볼 수 있는가

적묘(籍畝)의 농부가 푸른 따비를 쥐고서

화양정(華陽亭)은 빛나고 석책(石柵)은 높은데

푸르른 풀빛은 하늘에 맞붙었고 녹이(騄駬, 준마)가 뛰어노네

혜화문(惠化門) 밖에서는 무엇을 볼 수 있는가

푸른 숲이 하얀 모래밭에 연이어 있네

북쪽 언덕의 복숭아꽃 천하에서 가장 붉고

푸른 물빛의 시냇가에는 울타리 짧은 집들

성은 견고하고 땅은 기름지니 아름답기 그지없고

태평한 세월이라 또한 즐겁기 그지없네

…(하략)…

-『청장관전서』, 「성시전도」

초정(楚亭) 초(楚)나라의 시인 굴원을 흠모하고
'초사(楚辭)'를 좋아한 까닭은

이덕무는 박제가보다 9년 연상이다. 그러나 두 사람은 북학파 그룹에
서도 가장 절친한 사이였다. 박제가는 이덕무의 박학다식함을 존경했
고, 이덕무는 박제가의 강개한 기상과 마음속 깊이 간직한 웅장한 뜻

을 높게 샀다. 이덕무는 박제가에 대해 "인품이 의롭고 정의심이 강했다. 옛사람을 사모하고 중국을 선망했기 때문에 누구보다 식견이 뛰어나고 현명했다. 또한 세속의 명예나 이욕에 초탈해서 말하거나 생각하는 것이 기이하고 웅장했다."라고 했다. 박제가는 북학파 지식인 중에서 가장 급진적인 주장을 펼쳤던 사회 개혁가였다. 그는 항상 세상을 크게 한번 개혁하겠다는 마음을 품고 다녔다. 그는 앞서 이덕무가 말했던 것처럼, 신라 때의 고운(孤雲) 최치원과 선조(先朝) 임금 때의 중봉(重峯) 조헌과 같은 옛사람을 사모했다. 심지어 최치원과 조헌이 탄 말을 모는 마부가 되어 그들을 모시고 싶은 것이 자신의 간절한 소망이라고까지 고백할 정도였다.

박제가의 초상.

박제가가 최치원과 조헌을 사모한 까닭은 무엇인가? 그것은 그가 자신의 사회 개혁론을 집약해놓은 『북학의(北學議)』「자서(自序)」에서 밝혔듯이, "압록강 동쪽의 우리나라가 천년의 세월을 지나오는 동안 작고 구석진 이 나라를 한번 변화시켜 중국의 수준에 오르도록 하고자 한 이는 오직 이 두 사람이 있을 뿐이다."라고 생각했기 때문이다. 박제가가 중국을 선망한 까닭 역시 명명백백하다. 그는 중화론적 세계관에 사로잡혀 중국에 대한 사대(事大)를 조선이 나아가야 할 유일한 길이라고 여겼던 '사대주의자(事大主義者)'들과는 다르게 오로지 조선을 크게 한번 개혁할 목적으로 중국(당시 청나라)의 선진 문물과 제도를 선망했던 것이다. 이러한 까닭에 오늘날 전해오는 박제가의 말과 글은 '기운이 강하고 사리가 명백하고 기상이 장렬하며', 생각과 뜻은 '기이하고 웅장하여' 아무도 당해낼 수 없는 힘이 서려 있다.

박제가는 당시 '소중화(小中華)'를 자처하며 청나라를 미개한 오랑캐라고 취급하는 조선의 사대부와 학자들에게, 청나라는 매우 발달한 문물과 제도를 갖춘 선진국인 것에 반해 조선은 그에 한참 뒤떨어져 있는 후진국이라는 사실을 깨달아야 한다고 목소리를 높였다. 그는 냉철하게 현실을 바라보지 못하고 오랑캐라는 한마디 말과 허울뿐인 소중화 의식에 사로잡혀 청나라를 외면하거나 배척하려고만 한다면, 조선의 후진성과 백성의 가난을 구제할 길은 없다고 생각했다. 박제가는 당시 개혁과 변화를 거부하는 조선의 참담한 현실에 비분강개하면서 자신의 절절하고 피 끓는 심정을 이렇게 밝혔다.

> 오늘날 백성의 삶은 날이 갈수록 곤궁해지고 나라의 살림살이는 날이 갈수록 고갈되고 있다. 현실이 이러한데도 사대부라는 사람들이 팔짱만 낀 채 바라보고 있을 뿐, 나라와 백성을 구제하지 않을 것인가? 혹은 과거의 인습과 풍속에 갇힌 채 편안한 생활을 누리면서 현실을 외면만 할 것인가?
>
> —『북학의』, 「자서」

박제가가 '초정(楚亭)'이라는 호에 새긴 뜻 역시 이렇듯 나라와 백성을 구제하기 위해 조선을 크게 개혁하겠다는 평생의 각오와 무관하지 않다. 더욱이 이 호에는 자신의 뜻을 위해서라면 목숨이라도 바칠 각오가 되어 있다는 비장함이 서려 있다. '초정'이라는 호는 중국의 전국시대(戰國時代)에 초(楚)나라의 정치가이자 시인이었던 굴원(屈原)이 당시 최고의 강대국인 진(秦)나라에 맞서 나라를 지킬 수 있는 부국강병책을 건의했다가 정적(政敵)들의 중상모략으로 실각한 후 자신의 비분강개한 심정을 읊은 「이소(離騷)」에서 뜻을 취한 것이다. 바람 앞에 촛불 같은 초나라의 운명을 구하려고 애썼지만 끝내 간신들의 이간질과 중상모략으로 쫓겨난 굴원은 분통한 마음에다, 자신의 충성심과 결백함을 끝내 보여줄 수 없자 돌을 안은 채 멱라강에 몸을 던져 생을 마쳤다. 그 후 초나라는 날로 쇠약해졌고 수십 년 뒤 진나라에 멸망당하고 만다. 굴원이 지은 「이소」는 초나라의 노래라고 해서 '초사(楚辭)'라고도 하는데, 박제가는 여기에서 '초(楚)' 자를 따와 초정(楚亭)이라는 호를 지었던 것이다.

특히 박제가는 『북학의』를 세상에 내놓기 2년 전인 1776년, 27세 때 지은 '소전(小傳)'이라는 제목의 자전적인 기록을 통해, 초정이라는 호에 담긴 자신의 비장한 각오와 나라를 올바르게 경영하고 백성을 제도하고 구제할 학문과 기술을 좋아했던 평생의 뜻을 자세하게 적어놓았다.

앞서 필자는 이덕무의 작호기(作號記)라고 할 수 있는 「기호(記號)」를 가리켜 '글로 그린 자화상'이라 소개한 적이 있다. 박제가의 「소전」 역시 이덕무의 「기호」처럼, 마치 자화상을 보는 듯 그 외모는 물론 내면세계까지 (비록 짧은 문장이지만) 매우 강렬한 색채와 기운을 담아 표현해내고 있다. '글은 곧 그림이고, 그림은 곧 글'이라는 북학파의 문장 미학이 잘 드러나 있는 한 편의 걸작 소품문(小品文)이다.

나는 조선이 일어난 지 384년째 되는 해에 압록강 동쪽으로 1천여 리 떨어진 곳에서 태어났다. 나의 조상은 신라에서 나왔고 밀양이 본관이다. 『대학(大學)』의 한 구절인 '수신제가치국평천하(修身齊家治國平天下)'의 뜻을 취해 이름을 '제가(齊家)'라고 하였다. 또한 '초사(楚辭)'라고 부르는 「이소(離騷)」의 노래에 의탁하여 '초정(楚亭)'이라고 자호하였다.

그 사람됨은 이렇다. 물소 같은 이마와 칼 같은 눈썹에 초록빛 눈동자와 하얀 귀를 갖추었다. 유독 고고(孤高)함을 가려서 더욱 가까이하고, 번잡함과 화려함은 더욱 멀리하였다. 이러한 까닭에 세상과 맞지 않아서 항상 가난함을 면치 못했다. 어렸을 때는 문장가의 글을 배웠고, 장성해서는 나라를 경영하고 백성을 구제할 학문과 기술을 좋아했다. 수개월 동안 집에 들어가지 않았지만 당시 사람들은 알지 못했다. 마음은 고명(高明)한 것만 좋아해 세상사에 대해서는 무관심했다. 수만 가지 사물의 명칭과 이치의 그윽하고 미묘한 곳을 깊이 연구하였다. 오로지 시간적으로는 백세(百世) 이전의 사람들과 대화하고 공간적으로는 만 리를 넘나들며 훨훨 날아다녔다. 구름과 안개의 기이한 자태를 분별하고, 온갖 새의 신선한 소리에 귀 기울였다. 대체로 머나먼 산과 개울과 해와 달과 별자리 그리고 지극히 작은 풀과 나무와 벌레와 물고기와 서리와 이슬은 하루하루 변화하는데 그 이유를 알지 못하는 것들을 흉중(胸中)에서 빼곡하게 깨달았다. 그러나 말을 가지고서는 그 정상(情狀)을 모두 드러낼 수 없고, 입과 혀를 가지고서는 그 맛을 설명하기에 부족하다. 스스로 홀로 얻었을 뿐 세상 사람들은 그 즐거움을 알지 못한다고 생각했다. 아! 형체만 남기고 가는 것은 정신이고, 뼈는 썩는다 해도 영원히 남는 것은 마음이다. 이 말을 아는 사람은 생사(生死)와 성명(姓名)의 밖에서 그를 거의 만날 수 있을 것이다. 다음과 같이 찬(贊)한다.
'대나무와 비단에 기록하고 단청으로 모사(模寫)하지만/해와 달은 도도히 흘러 그 사람은 멀어지는구나/하물며 자연(自然)에 정화(精華)를 남겨 두고/남들과 같은 진부(陳腐)한 말만 모은다면/어찌 영원히 남게 하겠는가/무릇 전기(傳記)는 전하는 것이니/비록 그 조예(造詣)를 지극히 드러내거나 그 인품을 다 드러낼 수는 없다고 해도/오히려 아주 뚜렷하게 그 한 사람을 알고/천(千) 사람 만(萬) 사람과 다름을 알게 해야/머나먼 세상 하늘 끝이나 아득한 세월이 흐른 뒤에도/사람들은 나를 만나보게 될 것이네'

– 『정유각집』, 「소전」

일종의 자서전이라고 할 수 있는 「소전」을 지은 지 2년이 되는 1778년(정조 2) 3월, 박제가는 이덕무와 함께 그토록 간절히 소망했던 청나라를 방문할 기회를 얻었다. 번암(樊巖) 채제공을 수행해 청나라 사신 길에 따라 나선 것이다.

당시 박제가는 몇 개월 동안 자신이 직접 보고, 듣고, 조사한 청나라의 경제와 풍속 그리고 문물과 제도 중 조선에서 시행하면 이로움과 편리함을 얻을 만한 것들을 모두 기록하였다. 나라를 부강하게 만들고 백성을 이롭고 편리하게 할 수 있는 각종 사회 개혁책의 자료로 활용하기 위해서였다. 그리고 다시 조선으로 돌아온 박제가는 불과 3개월 만인 그해 9월 청나라에서 얻은 견문을 하나의 학설(學說)로 만들고 자신의 사회 개혁 구상을 총 정리해 『북학의(北學議)』를 1차 완성한 다음 저자 서문까지 썼다. 1차로 『북학의』를 세상에 내놓은 다음에도 박제가는 수년 동안 내용을 수정·보완하는 작업을 했고, 마침내 내편과 외편의 체계를 갖추어 책을 완성했다. 그리고 10여 년이 지난 1798년(정조 22)에는 다시 『북학의』의 핵심 내용을 간추리고 새롭게 보완하여 정조에게 『북학의』「진소본(進疏本)」을 올렸다. 여기에서 박제가는 조선이 개국 초기부터 유지해온 '농본상말(農本商末, 농업을 근본으로 삼고 상업을 말단으로 하는 경제 체제)'과 '해금책(海禁策, 바다를 통한 외국과의 각종 교역과 교류를 금지하는 정책)'이 시대에 뒤떨어져 무용(無用)하다고 주장하는 한편, '상공업을 장려하고 바닷길과 선박을 이용한 외국과의 통상을 추진할 것'을 강력하게 건의했다. 이러한 주장과 건의는 조선의 경제 체제를 농업 중심에서 상공업과 해상 교역을 근간으로 하는 경제로 바꾸어야 한다는 참으로 혁신적인 개혁책이었다.

박제가는 이보다 12년 전인 병오년(丙午年, 1786년) 1월 정조의 요청에 따라 지은 '병오소회(丙午所懷)'라는 글에서는, 당시 사학(邪學)이라고 핍박받던 천주학의 뿌리인 서학(西學)을 도입하려고 한다는 비난과 공격을 당할 수도 있는 위험을 무릅쓰고 '서양인 선교사와 학자들을 초빙해 나라의 우수한 인재들을 교육시키자'는 혁신적인 의견을 정조에

박제가가 직접 그린 〈목우도〉. 박제가는 글과 그림에도 뛰어난 재능을 발휘했다.

게 상소하기까지 했다. 이때 정조의 명에 따라 '소회(所懷)'를 올린 조정의 대소 신료가 370여 명에 달했는데, 국가 차원에서 서학(西學)을 도입하고 서양인 선교사에 대해서도 필요하다면 유화적인 정책을 펴야 한다고 주장한 사람은 박제가가 유일했다. 초정이라는 호에 담은 초나라 굴원의 뜻과 정신처럼, 나라와 백성을 위해서라면 목숨이라도 기꺼이 버릴 비장한 각오를 품고 있지 않았다면 이러한 행동이 가능했을까 싶다. 특히 19세기 중반 이후 동아시아에 불어 닥친 근대화의 길이 '상공업 육성과 개항 및 해외 통상'에 있었다는 역사적 사실을 감안할 때, 박제가의 주장과 건의는 100여 년을 앞서 조선의 미래와 세계사의 흐름을 읽은 탁견(卓見) 중의 탁견이라고 하지 않을 수 없다.

그러나 안타깝게도 역사의 흐름은 박제가의 꿈을 짓밟아버렸다. 조선의 19세기는 정조의 죽음(1800년)과 함께 시작되었다. 박제가에게 자신과 같은 서얼 출신을 중용해 정치적·학문적으로 후원해준 정조의 죽음은 곧 비극의 시작을 의미했다. 정조의 죽음으로 다시 권력을 장악한 노론 벽파 세력은 남인 출신의 개혁 관료들은 물론 자유롭고 개방적이며 개혁적인 성향을 띤 모든 사람을 적으로 보고 탄압했다. 1801년(순조 1), 네 번째이자 마지막으로 청나라에 갔다 돌아오자마자 박제가는 사돈 윤가기의 '동남 성문 밖 흉서 사건'에 연루되어 죄를 뒤집어쓴 채 유배형에 처해졌다. 4년이 지난 1805년 죄인의 신분에서 풀려났지만, 박제가는 이미 자신의 뜻과 크게 어긋나 버린 역사의 흐름을 지켜볼 수밖에 없었다. 개혁에 대한 불타는 열정이 사라지자 목숨 또한 오래가지 못했다. 유배에서 풀려난 지 얼마 되지 않아 박제가는 죽음을 맞이했다. 그러나 죽음을 앞둔 마지막 순간까지 차마 '조선을 크게 한번 개혁하겠다'는 평생의 뜻을 버리지 못했던 박제가는 훗날 나라와 백성이 맞이하게 될 비극적인 운명을 예견하며 한탄했다.

> 선왕(先王, 정조)의 뜻은 낡은 제도를 개혁하여 새롭게 하는 데 있었네
>
> 악의 뿌리를 씻어내고 나라의 기강을 회복하고자 하셨네
>
> 선왕의 향기가 중도에서 끊겨버렸으니
>
> 수척하고 나약해진 나라의 운명을 누가 다시 일으켜 세울까
>
> 나를 부르실 때마다 왕안석에 비유하셨는데
>
> 선왕의 그 목소리가 아직도 귓가에 맴도네
>
> — 『정유각집』, 「이원(利原)에서」

그렇지만 박제가가 '소전(小傳)'에서 '뼈는 썩는다 해도 영원히 남는 것이 마음'이라고 말한 것처럼, 비록 그는 자신이 품은 웅대한 뜻을 미처 펴보지도 못하고 불운한 죽음을 맞았지만 조선을 한번 크게 개혁하여 (당시 세계 최강대국이었던) 중국(청나라)과 어깨를 나란히 하는 부국(富國)과 강국(强國)으로 만들어 백성들이 편안한 삶을 누릴 수 있도록 하겠다는 그의 마음만은 영원히 남아 지금까지 전해지고 있다.

추사 김정희

추사(秋史)인가? 완당(阮堂)인가?

| 100개가 넘는 호의 주인공

김정희는 정확한 숫자를 다 셀 수 없을 정도로 수많은 호를 사용했다. 그가 평생 사용했다는 호는 주장하는 사람에 따라 적게는 100여 개에서부터 많게는 500여 개나 된다. 최근에는 김정희의 명호(名號)만을 조사하고 연구해 그 숫자가 정확하게 343개라고 주장하는 책까지 나왔다. 어쨌든 김정희의 호가 몇 백 개에 달한다는 사실만은 누구도 부정할 수 없을 만큼, 그는 호에 관한 한 어느 누구도 넘볼 수 없는 독보적인 존재라고 할 수 있다.

김정희는 평생 수백여 개의 호를 썼지만, 그를 대표하는 호를 든다면 단연 추사(秋史)와 완당(阮堂) 두 가지를 꼽을 수 있다. 대부분의 사람들은 김정희 하면 '추사'를 가장 먼저, 그리고 '추사체(秋史體)'를 가장 쉽게 떠올릴 것이다. 반면에 완당이라는 호는 좀 낯선 느낌이 들 것이다. 그런데 유홍준 교수는 김정희의 평전을 출간할 때 그 책의 제목을 '추사평전'이 아닌 '완당평전'이라고 붙였다. 김정희의 삶과 학문의 궤적을 추적해보면, 그를 대표하는 호는 추사가 아니라 완당이기 때문에 '완당평전'이 맞다는 얘기다. 심지어 김정희가 청나라의 수도 연경(베이징)에 다녀온 이후부터는 "이제 김정희를 추사라고 부르는 것보다 완당이라고 부르는 것이 그의 행적에 더 어울린다. 실제로 김정희는 중년에 들어서면 추사라는 낙관은 거의 쓰지 않고 주로 완당이라고 했다."[15]고까지 적었다. 필자는 '추사'와 '완당'이라는 호를 본격적으로 탐사해보면서, 김정희를 대표할 호가 과연 추사인지 아니면 완당인지에 대해 가늠해보고자 한다. 먼저 '추사'에 관한 기록과 이야기부터 뒤져보자.

▌추사(秋史) 고증학(考證學)과 금석학(金石學)과 역사학(歷史學)의 독보적 권위자

오늘날 김정희를 대표하는 호로 가장 널리 알려져 있는 '추사(秋史)'는 역설적이게도 그 연원과 뜻을 정확하게 확인할 수 있는 자료나 기록이 없다. 반면에 완당(阮堂)이라는 호는 김정희가 스승으로 섬겼던 청나라의 대학자 완원(阮元)의 이름에서 따왔다는 사실이 비교적 널리 알려져 있다. 그렇다면 추사라는 호는 어떻게 해서야 할까? 또한 그 속에 담긴 의미는 어떻게 찾아야 할까? 여기에서는 김정희가 평생

15 유홍준, 『완당평전 1』, 학고재, 2002, 104쪽

김정희의 초상.

343개의 명호(名號)를 사용했다고 주장하면서 그것을 다시 13가지 유형으로 나누어 정리한『추사, 명호처럼 살다』의 저자 최준호 씨의 학설을 소개하는 것에서부터 앞선 의문의 해답을 찾아 나가려고 한다. 최준호 씨의 학설은 '추사'를 어떻게 해석하고 의미 부여해야 할지에 대한 하나의 근거가 될 수 있기 때문이다.

  최준호 씨는 무엇보다 먼저 '추(秋)'와 '사(史)'라는 글자의 뜻과 의미부터 고찰한다. 그는 '추(秋)'라는 한자를 해석하면서, "추에는 '가을', '훨훨 날아오르는 모양', '추상(秋霜)같다', '오행(五行) 중 금(金)을 의미한다' 등의 뜻이 있다. 필자는 이 중에서 '추상같다'를 추의 직접적인 의미로 보았고, '오행 중 금을 의미한다'를 추의 간접적인 의미로 보았다. 추의 직간접적인 의미를 다시 보충 설명하면 이런 말이다. 먼저, '추상같다'는 '가을 서리같이 엄정하다'란 의미로 곧 '엄정함' 또는 '준엄함'에 비유되는 말이다. 다음, '오행 중 금을 의미한다'는 우주 만물을 이루는 다섯 가지 원소(금·수·목·화·토) 중 금(金)을 이른다는 말이다. 이렇듯 추에는 심오한 의미가 담겨 있다. 두 의미 중 추의 간접적인 의미인 '오행 중 금을 의미한다'가 명호 추사를 이해하는 데 있어 중요한 역할을 하고, 아울러 이 의미는 추사의 사를 풀이할 때 보조 수식 역할을 하기도 한다. 이를 종합하여 추사의 추를 '추상같다'로 풀이하고 그 내면에 '오행 중 금을 의미한다'가 담겨 있는 것으로 보았다."¹⁶라고 밝히고 있다.

또한 '사(史)'라는 글자에 대해서는 "사에는 '사관(史官)', '문장가(文章家)', '서화가(書畫家)' 등의 뜻이 있다. '사관'은 역사의 편찬을 맡아 초고(草稿)를 쓰는 일을 맡아보던 벼슬이고, '문장가'는 글을 뛰어나게 잘 짓는 사람이며, '서화가'는 글씨와 그림에 능한 사람이다. 필자는 이 중에서 추사의 '사'에 가장 적합한 의미로 '서화가'를 꼽았다. 이때 추와 사 두 글자는 상호 보완 작용을 한다. 곧 추의 간접적인 의미 '오행 중 금을 의미한다'가 사의 의미 '서화가'를 보조 수식하는 역할을 하는 것이다. 이를 종합하여 추사의 사를 '금석서화가'로 풀이했다."¹⁷라고 밝혔다.

이렇게 추(秋)와 사(史)라는 글자에 대해 뜻을 분석하고 의미를 고찰한 것을 바탕 삼아 최준호 씨는 '추사(秋史)'의 총체적 의미에 대해 이런 결론을 내렸다. "추사(秋史)는 추상(秋霜)같이 엄정한 금석서화가(金石書畫家)란 의미로 자신을 이른 명호이다. 추사는 가을 서리같이 엄정한 금석학자이자 서화가란 의미이다." 최준호 씨 주장과 학설에 따르면 '추사(秋史)'라는 호에는 금석서화가, 즉 금석학자이자 서화가였던 김정희가 새겨져 있다.

필자는 이에 대해 절반은 동의하고, 절반은 동의하지 않는다. 무슨 말인가 하면 추사라는 호에 '금석학자'라는 의미가 담겨 있다는 주장에는 동의하지만, '서화가'라는 의미가 담겨 있다는 것에는 동의하지

---

16 최준호, 『추사, 명호처럼 살다』, 아미재, 2012, 94~95쪽
17 최준호, 『추사, 명호처럼 살다』, 아미재, 2012, 94쪽

않는다는 얘기다. 필자가 볼 때 추사는 '금석서화가'보다는 '금석역사가'로 해석해야 한다. 먼저 필자는 '추상(秋霜)같다'에서 '추(秋)'의 의미를 찾는 것은 다소 무리가 있다고 생각한다. 이러한 의미보다 '추(秋)'는 '춘추(春秋)'의 의미로 해석하는 것이 더 타당하다. 춘추는 공자가 쓴 춘추 전국 시대 노(魯)나라의 편년체 역사서인 『춘추(春秋)』에서 연원한 말이다. 현존하는 동아시아 최초의 역사서가 다름 아닌 『춘추』다. 따라서 유학에서 춘추는 역사와 같은 뜻과 의미를 지니고 있다. 금석학은 고동기(古銅器, 구리로 만든 옛날의 그릇이나 물건)나 비석(碑石)에 새겨진 명문(銘文)을 실증과 고증, 해독과 해석의 방법을 통해 연구하는 학문으로 고고학과 역사학의 한 분야이다. 즉 금석학은 곧 역사학이라고 봐도 크게 틀리지 않다.

  김정희가 추사라는 호를 처음 사용한 시기만 보더라도, 여기에는 서화가 김정희보다는 역사가 김정희가 더 뚜렷하게 드러나 있다. 글씨를 잘 쓴다는 명성을 천하에 떨치게 된 때는 김정희의 생애를 살펴볼 때 중년 이후부터였다고 한다면, 금석역사가 김정희의 모습은 추사라는 호를 처음 사용했던 시기와 거의 정확하게 겹쳐 있다. 최준호 씨는 김정희가 '추사'라는 호를 처음 사용했던 때를 이렇게 밝히고 있다. "추사 바로 전에 썼던 명호가 현란(玄蘭)이다. 즉, 김정희는 최소한 1808년(23세) 여름에서 1809년(24세) 중국 연경에 가기 얼마 전까지 현란을 사용하다가 추사로 바꾸었다."[18] 이 시기, 즉 20대 중반에서 30대 초반에 걸쳐 김정희는 금석역사가로서의 재능과 역량을 한껏 과시했다. 즉 김정희는 서화가로서 명성을 얻은 훨씬 이전에 이미 금석역사가로 이름을 날렸던 것이다.

  금석학은 청나라에 들어와 등장한 신학문인 고증학으로 인해 크게 번성했다. 고증학은 명나라 때 유행한 성리학의 형이상학적 고담준론에 반발해 학문 연구의 방법을 실증(實證)과 고증(考證)과 변증(辨證)에서 찾았다. 고증학의 이러한 학문 연구 방법은 문헌과 기록이 적어 그 역사적 실체를 밝히기 어려워 논란이 끊이지 않았던 고대 역사의 비밀과 수수께끼를 금석(金石)에 남겨진 명문을 찾아 실증하고 고증하며 해석하는 금석학에 꼭 들어맞았다. 유홍준 교수의 말을 빌려보면, "추사는 누구도 부정할 수 없는 금석학과 고증학의 대가"였고 "이 분야에 관한 한 추사는 전무후무한 권위"였다. 다시 말해 김정희에게 고증학과 금석학은 동일한 개념이었다. 그리고 고증학의 연구 방법과 금석학은 고대사의 역사적 실체를 규명하는 데 있어 결정적인 역할을 했다. 그 구체적인 예는 '한양 북한산의 비봉과 함경도 함흥 함초령의 진흥왕 순수비'에 대한 김정희의 고증과 해석에서 찾을 수 있다. 여기에서 고증학과 금석학과 역사학은 마치 하나의 학문처럼 융합되어 있다.

먼저 북한산 비봉의 진흥왕 순수비에 대해 알아보자. 김정희는 31세가 되는 1816년 7월 김경연과 함께 북한산 승가사를 유람하다가 비문을 발견해 이끼를 벗겨내고 오랜 세월이 지나 이지러지거나 마멸되어 희미해진 글자들을 수차례에 걸쳐 탁본을 반복해 확인했다. 그 다음 해인 1817년 6월 8일에는 조인영과 함께 다시 그곳을 찾아가 비문 속의 글자를 하나하나 낱낱이 조사하여 68자를 구해 돌아왔고, 그 후 다시 두 자를 더해 모두 70자의 글자를 얻었다. 그리고 "마침내 이것을 진흥왕의 옛 비석으로 단정하고 나자, 1천 2백 년의 고적(古蹟)이 하루아침에 환히 밝혀져서 무학대사의 비(碑)라는 황당하고 기궤한 설이 변파(辨

---

18 최준호, 『추사, 명호처럼 살다』, 아미재, 2012, 87쪽

562
·
563

破)되었다. 금석학(金石學)이 세상에 도움이 된다는 것이 바로 이와 같다. 이것이 어찌 우리들이 밝혀낸 일개 금석의 인연에서 그치겠는가."라고 하면서, 역사적 사실에 접근하는 데 금석학이 얼마나 귀중하고 가치 있는 학문인지를 새삼 강조했다. 김정희가 금석학적 연구를 통해 비로소 무학대사비로 잘못 전해져 온 북한산 비봉의 비석이 신라 때 세운 진흥왕 순수비라는 사실을 밝힌 것은 역사학적으로 볼 때 하나의 중대한 사건이었다.

북한산 진흥왕 순수비 발문 탁본. 북한산 순수비를 발견한 김정희가 북한산 순수비 좌측에 새긴 발문이다. 1816년 7월에 김경연과 함께 와서 읽어보고, 1817년 6월 8일 다시 조인영과 와서 상세하게 살펴보았다는 내용이 새겨져 있다.

이상 신라 진흥왕 순수비는 지금 한양 도성의 북쪽으로 20리쯤 떨어져 있는 북한산 승가사(僧伽寺) 옆에 자리한 비봉(碑峯) 정상에 있다. 이 비석의 길이는 6척 2촌 3푼이고, 넓이는 3척에다 두께는 7촌이다. 바위를 깎고 뚫어서 밑받침으로 삼았고, 위에는 방첨(方簷)을 덮었는데, 지금 그 방첨은 벗겨져 아래로 떨어져 있다. 전자(篆字)로 쓴 비석의 전액(篆額)도 없고, 비석 뒷면에 새긴 음기(陰記)도 없다. 대개 비문은 12행(十二行)으로 글자가 희미하거나 명확하지 않아서 매 행(行)마다 몇 자인지도 분별하기 어려웠다. …(중략)… 전체 비문 가운데 분별해 낸 것이 70자(字)이다. 제1행이 12자, 제2행이 3자,

제3행이 4자, 제4행이 3자, 제5행이 7자, 제6행이 4자, 제7행이 3자, 제8행이 11자, 제9행이 11자, 제10행이 8자, 제11행이 4자이고, 제12행은 희미하고 명확하지 않아 한 글자도 얻을 수가 없었다. 북한산은 한사군(漢四郡)의 강역이었으나 뒤에 고구려의 소유가 되었다가 진흥왕 시대에 이르러 신라에 소속되었다. 김부식의 『삼국사기』 「본기(本紀)」에 의거하면, 진흥왕 16년에 왕이 북한산에 순행(巡幸)하여 영토의 경계를 획정하였고, 18년에는 북한산주(北漢山州)를 설치하였다. 곧 진흥왕이 새롭게 획득한 땅이었다. …(중략)…이러한 것으로 본다면, 북한산은 신라와 고구려의 경계인데, 이 비석으로 곧 경계를 정하였다고 하겠다. 비문에는 연월(年月)이 닳아 없어져서 어느 해에 세워졌는지 알 수가 없다. …(중략)… 이 비석은 아는 사람이 아무도 없어 '요승(妖僧) 무학(無學)이 잘못 찾아 이곳에 이른 비(碑)'라고 그릇되게 일컬어져 왔다. 그런데 병자년(丙子年, 1816년) 가을에 내가 김경연과 함께 승가사에서 유람하다가 이 비석을 보게 되었다. 비면(碑面)에는 이끼가 두껍게 덮여 있어서 마치 아무런 글자도 없는 것 같았다. 그런데 손으로 비면을 문지르자 글자의 형태와 비슷한 것이 있었는데 더럽혀지고 이지러진 흔적만으로 그치지 않았다. 더욱이 그때 해가 이끼가 덮인 비면에 닿아서 비춰 보자, 이끼가 글자 획을 따라 들어가 '파임'은 꺾어지고 '삐침'은 더럽혀져 있었다. 이에 희미하게나마 글자를 찾아서 시험 삼아 종이를 대고 탁본을 떴는데, 글자의 형체가 황초령비와 매우 비슷하였다. 제1행에 있는 진흥(眞興)의 진(眞) 자는 약간 닳아 희미했으나 여러 차례에 걸쳐 탁본을 떠서 살펴보니, 진(眞) 자라는 것을 의심할 까닭이 없었다. 이에 마침내 이것을 진흥왕의 옛 비석으로 단정하고 나자, 1천 2백 년의 고적(古蹟)이 하루아침에 환히 밝혀져서 무학대사의 비(碑)라는 황당하고 기궤한 설이 변파(辨破)되었다. 금석학(金石學)이 세상에 도움이 된다는 것이 바로 이와 같다. 이것이 어찌 우리들이 밝혀낸 일개 금석의 인연에서 그치겠는가. 그 다음 해인 정축년(丁丑年, 1817년) 여름에 또한 조인영과 함께 비봉에 올라 68자를 살피고 정한 다음 돌아왔고, 그 뒤 다시 두 글자를 얻어서 모두 합해 70자가 되었다. 비의 좌측에 '이것은 신라 진흥대왕의 순수비이다. 병자년 7월에 김정희와 김경연이 와서 읽다.'라고 새기고, 또한 예자(隸字)로 '정축년 6월 8일 김정희와 조인영이 와서 남은 글자 68자를 살피고 정했다.'라고 새겼다.

— 『완당전집』, 「진흥왕의 두 순수비를 상고한다(眞興二碑攷)」

　젊은 시절 북한산 비봉에 세워져 있던 비가 무학대사비가 아니라 진흥왕의 순수비라는 사실을 처음 밝힌 김정희는 47세가 되는 1832년, 함경도 관찰사로 나가는 절친한 벗 권돈인에게 또 다른 진흥왕 순수비인 함경도 함흥의 황초령비를 찾아가 탁본한 다음 자신에게 보내달라고 특별히 부탁했다. 예전에 외가 쪽 친척을 통해 구한 황초령비 탁본이 있었지만, 실제 직접 현장에 가서 구한 탁본의 필요성이 절실했기 때문이다. 금석학에 대한 김정희의 열정을 누구보다 잘 이해했던 권돈인은 함경도 관찰사로 부임하자마자 황초령비를 다시 찾아내 탁본해서 김정희에게 보내주었다. 이후 김정희는 다시 진흥왕 순수비와 삼국사 관련 기록과 문헌을 깊이 연구했고, 마침내 '진흥왕의 두 순수비를 상고한다'는 뜻의 이른바 「진흥이비고(眞興二碑攷)」 혹은 「예당금석과안록(禮堂金石過眼錄)」이라고 부르는 걸출한 금석역사학 논문을 썼다. 20대 중반부터 20여 년 넘게 지속적으로 이어져 온 김정희의 금석학과 역사학 연구가 비로소 큰 열매를 맺게 되는 순간이었다.

　여기에서 김정희는 자신이 소장하고 있는 황초령 진흥왕 순수비의 여러 탁본을 자세하게 소개한 다음 거기에 새겨진 글자를 해독하고 각종 역사서 및 문헌과 비교 대조해 고증·해석했다. 그리고 "법흥(法興)이나 진흥(眞興)이라는 칭호는 왕이 사망하고 장사 지낸 뒤에 칭한 시호(諡號)가 아니다. 이는 살아 있을 때 부른 칭호였다."라고 하거나 "지금 안변에서부터 함흥에 이르기까지 거리가 3백 10리이고, 함흥에서부터 단천에 이르기까지가 3백 80리이니, 거리를 논한 것 역시 잘못되었다. 더욱이 단천에 진흥왕비가 있다는 명확한 증거를 보지 못했으니, 단천 이남의 땅이 신라로 꺾여 들어왔다는 말 역시 잘못되었다고 하겠다."라는 자신만의 독창적인 견해를 밝혀 하나의 역사 학설을 만들기까지 했다.

이상의 신라 진흥왕 순수비는 함경도 함흥부(咸興府) 북쪽으로 1백 10리쯤 떨어져 있는 황초령 아래에 있었는데, 지금은 비가 없어져 버렸다. 나는 단지 이단(二段)으로 되어 있는 탁본만을 얻었을 뿐이다. 이를 합해서 살펴보니, 12행으로 되어 있고 길이와 넓이는 알 방법이 없었다. …(중략)… 이상 대개 12행인데, 글자가 완전한 것이 2백 39자이고 불완전한 것이 13자였다. 또한 깎인 글자가 17자이고 빈 칸은 셋으로 총 2백 72자였다. 비석의 상단은 이미 사라져 버렸으니 그 규수(圭首)와 전자(篆字)로 쓴 비석의 전액(篆額)은 상세하게 알 수 없다. 그러나 북한산의 진흥왕 순수비 또한 이 황초령의 진흥왕 순수비와 동시에 세워진 것이지만 규수를 만들지 않았다. 이 황초령비 역시 북한산비와 동일한 사례일 것이다. …(중략)… 신라왕의 시호(諡號)는 중엽부터 일어났고, 처음에는 모두 방언(方言)으로 호칭하였다. 그러므로 거서간(居西干)이라고 호칭한 것이 하나이고, 차차웅(次次雄)이라고 호칭한 것이 하나이고, 이사금(尼師今)이라고 호칭한 것이 열여섯이고, 마립간(麻立干)이라고 호칭한 것이 넷이다. 김부식의 『삼국사기』에 의거하면, 지증마립간(智證

麻立干) 15년에 '왕이 사망하였다. 시호를 지증(智證)이라고 하였다. 신라의 시법(諡法)은 여기에서 시작되었다.'라고 하였다. 이로부터 왕이 사망한 뒤에는 반드시 시호를 썼다. 그러므로 진흥왕 본기(本紀)에도 역시 37년에 '왕이 사망하였다. 시호를 진흥(眞興)이라고 하였다.'고 기록하였다. 그러나 이 비석은 진흥왕이 스스로 만들어 세웠는데 그 제액(題額)에 엄연히 '진흥대왕(眞興大王)'이라고 호칭했고, 북한산 비문에도 역시 '진흥(眞興)'이라는 두 글자가 있다. 이러한 것으로 살펴본다면, 법흥(法興)이나 진흥(眞興)이라는 칭호는 왕이 사망하고 장사 지낸 뒤에 칭한 시호(諡號)가 아니다. 이는 살아 있을 때 부른 칭호였다. …(중략)… 진흥왕 16년에 과연 북한산에 순수(巡狩)한 사실이 있다. 그러나 이것은 영토의 경계를 정한 일과는 아무 관련이 없다. 역사서에서 빠뜨리고 기록하지 않는 것도 아닌데 어찌하여 이같이 누누이 여러 말을 잘못되게 늘어놓았는가. 지금 안변에서부터 함흥에 이르기까지 거리가 3백 10리이고, 함흥에서부터 단천에 이르기까지가 3백 80리이니, 거리를 논한 것 역시 잘못되었다. 더욱이 단천에 진흥왕비가 있다는 명확한 증거를 보지 못했으니, 단천 이남의 땅이 신라로 꺾여 들어왔다는 말 역시 잘못되었다고 하겠다.

- 『완당전집』, 「진흥왕의 두 순수비를 상고한다」

금석학과 역사학의 떼려야 뗄 수 없는 관계는 대학에서 역사학을 공부한 경험이 있는 사람이라면 누구나 쉽게 공감할 것이다. 오늘날에도 금석(金石)에 새겨진 문자나 문양을 탁본하고 다시 그것을 고증하고 해독·해석하는 일은 역사학도가 갖추어야 할 가장 기본적인 교양 중의 하나이기 때문이다. 김정희가 학문적으로는 '금석문과 역사'에서, 또한 예술적으로는 '그림과 서예'에서 탁월한 대가였다는 사실은,

그가 사망한 1856년(철종 7) 10월 10일자 『철종실록(哲宗實錄)』에 실려 있는 '김정희의 졸기(卒記)'를 통해서도 확인할 수 있다.

전 참판 김정희가 사망하였다. 김정희는 이조판서 김노경의 아들이다. 그는 총명하고 기억력이 뛰어나 여러 가지 책을 널리 읽었다. '금석도사(金石圖史)' 곧 금석문과 그림과 역사에 깊이 통달했고, '초서(草書)·해서(楷書)·전서(篆書)·예서(隸書)' 등 서예에 있어서 참다운 경지를 신기하게 깨달았다.

－『철종실록』, 철종 7년(1856년) 10월 10일

더욱이 김정희가 31세 때 지은 「실사구시설(實事求是說)」은 젊은 시절부터 금석학과 고증학과 역사학을 하나로 융합했던 김정희의 면모를 명확하게 보여주는 살아 있는 증거이다. 김정희의 학문 연구 방법이 실증과 고증과 변증이었다면, '사실에 의거하여 진리를 찾는다'는 실사구시(實事求是)는 그의 학문의 근저에 자리하고 있던 철학적 모티프라고 할 수 있다. 심지어 김정희는 어떤 학문과 사상이 올바르다거나 잘못되었다고 다툴 필요도 없이 학문하는 사람은 오로지 널리 배우고 견실하게 행동하면서 '사실에 의거하여 진리를 찾는다'는 말만을 주장하고 실천해야 한다고까지 주장했다.

『한서(漢書)』 「하간헌왕전(河間獻王傳)」에서 말하기를, '실사구시(實事求是)' 곧 사실에 의거하여 진리를 찾는다고 하였다. 이 말은 학문의 가장 중요한 도리이다. 만약 사실에 의거하지 않고 단지 공허하고 허술한 방도를 편리하다고 생각하거나, 그 진리를 추구하지 않고 단지 선입견(先入見)을 주된 것으로 삼는다면 성현(聖賢)의 도리에 배치(背馳)되지 않는 것이 없게 된다. …

(중략)… 학문하는 도리는 마땅히 사실에 의거하여 진리를 찾는 것에 있으니, 헛된 논설에 기대어 잘못된 곳에 숨어서는 안 된다. …(중략)… 대체로 성현의 도리는 몸소 실천하면서 공론(空論)을 숭상하지 않는 것이다. 마땅히 진실한 것을 추구하고 헛된 것에 의거해서는 안 된다. 만약 아득하거나 어두운 속에서 이것을 찾거나 공허하고 광활한 가운데에서 이것을 방치한다면 옳은 것과 그릇된 것을 변별(辨別)할 수 없고 본의(本意)를 완전히 잃어버리게 될 것이다. 이러한 까닭에 학문하는 도리는 한(漢)나라와 송(宋)나라의 경계를 구분할 필요가 없고, 또한 구태여 정현(鄭玄)과 왕숙(王肅) 그리고 정자(程子)와 주자(朱子)의 장점과 단점을 따질 필요가 없다. 더욱이 주희(朱熹)와 육구연(陸九淵) 그리고 설선(薛瑄)과 왕수인(王守仁)의 문호를 다툴 필요가 없다. 다만 마음을 평온하게 하고 기운을 고요하게 다스려 널리 배우고 독실하게 행동하면서 사실에 의거하여 진리를 찾는다는 '실사구시(實事求是)' 이 말만을 오로지 주장하며 실천해나가는 것이 옳다.

－『완당전집』, 「실사구시설」

필자가 앞서 언급했던 공자의 『춘추』가 추구한 역사 철학은 한마디로 표현한다면 '술이부작(述而不作)' 즉 '서술하되 창작하지 않는다'는 것이다. 이 말은 '사실대로 기록할 뿐 임의로 지어내지 않는다'는 뜻이다. 이 '술이부작'의 철학은 김정희가 역사적 실체와 진실에 접근할 때 철학적 모티프로 삼은 '사실에 의거하여 진리를 찾는다'는 이른바 '실사구시(實事求是)'와 맥락을 같이한다고 보아도 크게 틀리지 않는다. 실사구시의 역사 철학은 특히 근대 역사학의 새 장을 연 '실증주의 역사학'과 닮아 있다. 금석학과 역사학에 이 '실사구시'의 철학을 적용했던 김정희는 금석문에 남겨진 글자에 의거하여 역사의 실체를 찾고 또한 진실을 밝히려고 했다.

다시 말해 필자는 '추(秋)'라는 글자에는 '춘추(春秋)'라는 의미가 담겨 있고, 다시 '춘추'에는 김정희의 역사 철학이라고 할 수 있는 '술이부작'과 '실사구시'의 정신이 새겨져 있다고 본다. 따라서 '추(秋)'에는 진흥왕 순수비와 같은 금석문(金石文)의 옛 기록을 고증하고 해석하면서 그 시대의 역사적 실체에 다가가는 금석역사가 김정희의 모습이 뚜렷하게 각인되어 있다. '사(史)'에는 별다른 해석을 달 필요도 없이 '역사 혹은 역사가'의 뜻과 의미가 담겨져 있다. '추사'라는 호를 통해 우리는 금석학과 고증학과 역사학을 한가지로 융합했던 김정희를 엿볼 수 있다. 따라서 '추사'가 담고 있는 의미는 곧 '금석서화가'보다는 '금석역사가'에 더 가깝다고 보아야 한다.

완당(阮堂) '청조학(淸朝學)의 제1인자', 완원(阮元)과 옹방강(翁方綱)을 스승으로 삼다

앞서 소개한 책에서 최준호 씨는 "흔히 말하길 사람은 그 이름이나 명호의 의미대로 산다고 한다."라고 밝히면서, 김정희의 삶은 "추사의 의미를 따라 살았다."라고 했다. 김정희를 대표할 호는 '추사'라는 주장이다. 이 때문에 그는 김정희의 명호를 총 정리한 책의 제목을 『추사, 명호처럼 살다』라고 붙였다. 반면 유홍준 교수는 김정희의 삶과 학문을 대표할 호는 추사가 아니라고 주장한다. 이러한 까닭에 그는 김정희의 삶과 학문을 총체적으로 조명한 평전의 제목을 『완당평전』이라고 붙였다. 그렇다면 김정희는 언제부터 또 어떻게 완당(阮堂)이라는 호를 쓰게 되었던 것일까?

　김정희의 삶과 철학, 학문과 예술 세계에서 분수령이 되는 시기는 24세가 되는 1809년(순조 6)에 동지겸사은부사(冬至兼私恩副使)가 되어 청나라에 가는 아버지 김노경을 따라 자제군관 자격으로 연경에 다녀온 때이다. 청나라에 가기 이전 모든 학문과 예술 분야에서 천재적 기질을 보였던 김정희가 스승으로 모신 사람은 바로 북학파의 두뇌나 다름없던 초정 박제가였다. 박제가만 한 포부와 학식과 경륜을 갖춘 대학자가 아니었다면 아마도 어렸을 때부터 자존심과 자부심이 남달랐던 천재 김정희를 가르치기 쉽지 않았을 것이다. 그런데 이 때문에 불행하게도 1805년 나이 20세 때 스승 박제가가 갑자기 사망하자 김정희는 나라 안에서 가르침을 받을 만한 스승을 결코 만날 수 없었다.

　어쨌든 김정희는 박제가를 스승으로 모신 덕분에 일찍부터 북학에 뜻을 두고 학문을 익히고 지식을 쌓았을 뿐만 아니라, 또한 청나라의 학계와 문예계에 관한 소식과 주요 학자와 문사들에 관한 정보를 자주 접할 수 있었다. 그래서 박제가가 세상을 떠난 후 오직 연경에 가서 예전에 스승과 교류했던 청나라의 대학자들을 직접 만나 교제를 맺고 가르침을 받겠다는 소망을 간직한 채 하루하루를 보내다시피 했다. 그러한 소망을 실현할 기회가 스승 박제가가 사망한 지 4년이 지난 1809년에 마침내 찾아온 것이다.

　그해 10월 28일 한양을 떠난 김정희가 연경에 도착한 후 가장 먼저 만났던 사람은 스승 박제가가 세 번째 연행(燕行) 때 사귄 조강(曹江)이라는 상해 출신의 지식인이었다. 그리고 이 조강을 통해 서송(徐松)이라는 학자를 소개받았고, 다시 서송을 통해 당대 최고의 대학자였던 옹방강과 완원을 만나게 된다. 옹방강과 완원, 이 두 사람과의 만남은 앞서 언급했듯이 김정희의 삶과 학문 및 예술에서 중대한 분수령이 되었다.

김정희 연구의 권위자인 일본인 동양 철학자 후지츠카 치카시(藤塚鄰)는 이들의 만남이 19세기 조선의 지성사에서 차지하는 결정적인 역할을 이렇게 평가했다. "특히 박제가의 제자로 조선 500년 역사상 보기 드문 영재(英材) 완당 김정희가 출현하여 연경에 가서 옹방강(翁方綱)과 완원(阮元), 두 경사(經師)를 알게 되고, 여러 명현들과 왕래하여 청조 학문의 핵심을 잡아 귀국하자 조선의 학계는 실사구시의 학문으로 빠른 진전을 보여 500년 내로 보지 못했던 진전을 보게 되었다."[19] 김정희 이전 18세기 조선 지식인들의 활약상을 감안해보면 약간 지나치다고밖에 볼 수 없는 미화와 찬사이지만, 어쨌든 후지츠카가 내린 결론대로 김정희는 옹방강과 완원을 만난 이후 지속된 교류를 통해 명실상부 '청조학(淸朝學) 연구의 제일인자'로 거듭날 수 있었다고 해도 과언이 아니다.

옹방강과 완원 중 김정희가 먼저 찾아가 만난 사람은 당시 47세의 나이로 청조학(淸朝學)이라 일컫는 청나라의 학술계를 실질적으로 이끌고 있던 대학자 완원이었다. 연경에 도착한 후 해를 넘긴 김정희는 1810년 1월 태화쌍비지관(太華雙碑之館)으로 완원을 찾아가 사제(師弟)의 도의를 맺었다. 김정희를 만난 완원은 비록 자신보다 22년이나 연하였지만, 김정희가 천재적인 자질을 갖추고 있는데다 이미 높은 학문적 수준에 도달해 있다는 사실을 엿보고 그게 놀라는 한편 신심으로 기뻐했다고 한다. 그리고 자신이 편찬의 책임자로 참여해 각

19 유홍준, 「알기 쉽게 간추린 완당평전 김정희」, 학고재, 2006, 43쪽에서 재인용

권마다 서문까지 썼을 만큼 정성을 기울인 『13경주소교감기(十三經注 疏校勘記)』한 질을 선물로 주었다. 모두 245권으로 구성되어 있는 이 방대한 규모의 서적은 유학의 13경(十三經)에 대해 한(漢)나라에서부 터 명(明)나라에 이르기까지 역대 학자들의 저술을 총정리하고 종합해 놓은 경전 연구의 최고 대작(大作)이었다. 그 밖에도 완원은 청조학 즉 고증학과 금석학의 수많은 이론과 학설을 전해주었는데, 김정희는 그 것들을 모두 기록으로 남겨 조선으로 돌아온 후 평생 학문의 지침서 로 삼았다고 한다.

완당(阮堂)이라는 호 역시 이때 김정희가 완원과 맺은 사제의 인연으 로 탄생했다. 완원(阮元)에서 '완(阮)' 자를 따와 김정희가 마침내 자신 의 당호를 '완당'이라고 한 것이다. 그런데 완당이라는 호의 탄생 배경 에 대해서는 크게 이론이 없지만, 이 호가 완원이 김정희에게 주어 사 제의 인증을 확실히 하였다는 주장과 함께 김정희의 자작(自作)이라는 의견 역시 제기되고 있다.

여하튼 완원의 이름에서 따와 자신의 호를 삼았을 정도로 김정희의 삶과 철학, 학문과 예술 세계에서 완원이 차지하는 비중은 절대적이 었다. 첫 번째 스승 박제가와의 인연은 15세 무렵부터 20세까지 불 과 5년 정도였던 것에 반해 완원과의 교류는 이때부터 완원이 사망한 1849년까지 무려 40여 년 가까이 이어졌기 때문이다. 김정희가 당시 연경에서 만났던 또 한 명의 스승인 옹방강은 이미 나이가 많아 1818 년에 사망했기 때문에 완원이 김정희의 삶과 학문에 끼친 영향력은 더욱 클 수밖에 없었다.

완원을 만나 배움의 기쁨을 한껏 만끽했던 김정희는 그 흥분이 미처 가라앉기도 전인 1월 29일 청나라의 원로학자인 옹방강을 찾아가 또한 사제의 도의를 맺었다. 당시 나이 78세였던 옹방강은 명실상부 청나라 학계를 대표하는 원로학자였다. 특히 옹방강은 고서화와 희귀 금석문(탁본)과 전적 수집에 남다른 관심과 탁월한 수완을 보여 '석묵서루(石墨書樓)'라고 이름 붙인 자신의 서고에 무려 8만 점에 달하는 수장품을 보관하고 이를 학문 연구의 자료로 활용했다고 한다. 옹방강은 김정희에게 이 서고를 마음껏 둘러보도록 허락했고, 김정희는 조선에서는 평생 구경할 수 없는 진귀한 서적과 금석학의 자료들을 직접 보고 기록으로 남겼다. 또한 완원이 그랬던 것처럼 옹방강 역시 김정희에게 자신이 소장하고 있던 여러 서적과 서화는 물론 귀중한 금석문의 탁본까지 선물로 주었다.

더욱이 완원과의 만남에서 '완당'이라는 호를 얻었던 것처럼, 김정희는 옹방강과의 만남을 통해 '보담재(寶覃齋)'라는 호를 얻었다. 즉 소동파를 흠모했던 옹방강이 자신의 서재 이름을 '소동파를 보배롭게 여기는 서재'라는 의미로 '보소재(寶蘇齋)'라고 한 뜻을 좇아 김정희는 '담계(覃溪) 옹방강을 보배롭게 여기고 받드는 서재'라는 뜻으로 자신의 서재 이름을 '보담재(寶覃齋)'라고 하고 또 하나의 자호로 사용했다.

이 '보담재'라는 호는 오늘날 사람들에게는 잘 알려져 있지 않지만, 사실 당대의 사람들에게는 추사나 완당과 더불어 김정희를 대표하는 또 다른 호로 크게 대접받았다. 심지어 최준호 씨는 "사실 추사가 중국 북경에 갈 때까지 사용한 명호는 이름과 자를 제외하곤 한두 개가 고작이었는데 중국 연경에서 보담주인(寶覃主人)이란 명호를 새롭게 얻게 되었다. 이는 추사가 귀국한 후 보담재주인, 보담재, 보담재인 등의 명호를 쓰게 된 직접적인 계기가 되었다. 바야흐로 명호 보담주인으로부터 추사의 명호벽(名號癖)이 시작된 것이다. 이후 추사의 명호는 전 세계에서 으뜸이자 온갖 호화찬란한 면모를 지니게 되었다."[20]라고까지 주장하고 있다. 평생 수백 개의 호를 사용한 김정희의 이른바 명호벽(名號癖) 즉 명호에 대한 애정과 집착은 '담계 옹방강을 보배롭게 여기고 섬긴다'는 뜻의 보담(寶覃)의 작호(作號)에서부터 시작되었다는 것이다. 김정희의 명호 인생에서 보담재가 차지하는 비중이 (추사나 완당 못지않게) 그만큼 컸다는 얘기다.

이렇듯 청조학의 일인자이자 최고 권위자였던 완원과 옹방강을 만나 평생에 두 번 다시 얻기 힘든 소중한 인연을 맺고 조선으로 돌아온 김정희는 이후 누구도 넘볼 수 없는 학문과 예술의 경지를 성취할 수 있었다. 이러한 까닭에 김정희는 훗날 제주도에서 유배 생활을 하던 시절 자신의 초상에 붙인 글에서 옹방강과 완원과 자신의 관계를 이렇게 표현하기까지 했다.

> 담계(覃溪) 옹방강은 '옛 경전을 탐닉한다'고 말했고, 운대(雲臺) 완원은 '다른 사람이 그렇다고 말하더라도 나 역시 그렇다고 말하지 않겠다'고 하였다. 이 두 분의 말씀을 좇아 나의 평생을 다 바쳤다.
>
> **— 『완당전집』, 「또한 소조(小照)에 스스로 붙여(自題小照又)」**

그래서 앞서 언급했던 것처럼 유홍준 교수는 청나라에서 조선으로 돌아온 이후부터 이제 김정희는 '추사에서 완당'으로 탈바꿈했다고 하면서, "30대로 들어서면 김정희의 호는 추사보다도 완당으로 더 널리 불리게 된다"고 주장하였다. 30대 이후 김정희가 완원의 청조학을 익

---

20 최준호, 『추사, 명호처럼 살다』, 아미재, 2012, 121쪽

제자 이상적에게 선물한 〈세한도〉에서 김정희는 '완당'이라는 호를 적었다. 그만큼 자신을 대표하는 호로 완당을 꼽았다는 증거다.

히고 연구하여 가히 '청조학의 제일인자'로 거듭났기 때문에 '완당'이라는 호에서 그의 정체성과 진면목을 찾아야 한다는 것이다. 김정희의 여러 기록과 서화 작품들을 살펴보더라도, 그가 '추사'라는 호보다는 '완당'이라는 호를 더 애호(愛好)했다는 사실을 확인할 수 있다.

김정희가 완당이라는 호를 얼마나 아꼈는가를 확인할 수 있는 구체적인 사례가 다름 아닌 〈세한도(歲寒圖)〉이다. 김정희의 고고한 기상과 정신세계를 집약해놓았다고 평가받는 〈세한도〉는 그의 생애 최고 걸작품이었다. 제주도에 유배 온 지 5년째 되는 1844년 김정희가 나이 59세 때 제자인 우선(藕船) 이상적에게 그림을 그려주고 화제(畵題)를 써준 〈세한도〉는 이미 최고의 경지에 오른 대학자이자 예술가였던 김정희의 학문 세계와 예술의 미학을 가감 없이 들여다볼 수 있는 명작이다.

그런데 여기에서 김정희는 수많은 호를 제쳐 두고 '완당' 혹은 '완당노인'이라는 호를 사용했다. 먼저 그림의 제목에 해당하는 화세(畵題)에서 김정희는 '歲寒圖 藕船是賞 阮堂(세한도. 우선시상. 완당)'이라고 썼다. 이 화제를 풀이하면 '세한도. 우선(藕船) 이 그림을 감상해보게. 완당'이라는 뜻이다. 이상적의 호(號)가 우선(藕船)인데, 김정희는 이를 우선(藕船)이라 바꿔 쓴 것이다. 그림의 제목에 '완당'이라고 쓰고 낙관을 찍은 김정희는 그림에 붙이는 글, 즉 '발문(跋文)'에서는 '완당노인'이라는 호를 사용했다.

지난해에 『만학(晚學)』과 『대운(大雲)』 두 책을 보내주고 올해에는 우경(藕畊)의 『문편(文編)』을 보내오니, 이러한 일은 모두 세상에서 흔히 있는 일이 아니다. 천만 리 머나먼 곳에서 구입해 오고, 그것도 여러 해가 걸려서 얻은 것으로 일시에 얻을 수 있는 것이 아니다.

더욱이 세상은 도도히 흐르는 물결처럼 오직 권세와 이익만을 좇아 따라가서 마음을 기울이고 공력을 쏟아붓는 것이 상례인데, 권세와 이익에 붙지 않고 바다 밖에 있는 초췌하고 메마른 나 같은 사람에게 돌아왔도다. 태사공(太史公, 사마천)이 말하기를, '권세와 이익으로 합한 자는 권세와 이익이 다하면 서로 멀어진다'고 하였다. 그대 역시 세상의 도도한 흐름 가운데 있는 한 사람인데 도도히 권세와 이익의 바깥에서 초연히 스스로 분발하니, 권세와 이익으로 나를 보지 않는 것인가 아니면 태사공의 말이 잘못된 것인가?

공자가 말하기를, '날이 차가워진[歲寒] 다음에야 소나무와 잣나무가 여전히 푸르다는 것을 알 수 있다'고 했다. 소나무와 잣나무는 사계절 내내 시들지 않는 것이니, 날이 차가워지기[歲寒] 이전에도 한결같이 소나무와 잣나무이고 날이 차가워진[歲寒] 다음에도 한결같이 소나무와 잣나무이다. 그러나 특별히 성인(聖人)은 날이 차가워진[歲寒] 다음을 칭찬하였는데, 지금 그대가 나를 대하는 것이 이전이라고 해서 더한 것이 없고 이후라고 해서 덜한 것이 없다. 이전에 나를 대한 것으로 말미암아 그대를 칭찬할 만한 것은 없다고 해도 이후로 나를 대하는 것으로 말미암아 그대는 성인이 칭찬한 것으로 역시 칭찬할 수 있지 않겠는가. 성인이 특별히 칭찬한 것은 단지 날이 차가워진 다음에 시드는 것이 아니라 정조(貞操)와 굴하지 않는 절개에 있을 뿐이다. 아! 쓸쓸하고 슬픈 이 마음이여! 완당노인(阮堂老人)이 쓰다.

〈세한도〉를 그릴 당시 김정희는 비록 유배객의 불운한 신세였지만, 이미 조선과 청나라 두 나라에서 '최고의 청조학자(淸朝學者)이자 서화가(書畫家)'라는 평가를 받고 있었다. 59세였던 김정희의 학문과 예술은 완숙의 수준을 넘어서 어느 누구도 넘겨볼 수 없는 독보적인 경지에 도달해 있었다. 이 때문에 이상적이 스승이 그려준 〈세한도〉를 가지고 청나라를 방문해 그곳의 이름 높은 학자와 문사들에게 보여주자 아낌없는 환호와 찬사가 쏟아졌고, 그것으로도 모자라던지 무려 16명이 앞다투어 〈세한도〉에 제찬(題贊)을 썼다는 사실만 보더라도, 당시 김정희의 국제적 명성과 권위가 어느 정도였는지 쉽게 확인할 수 있다.

그런 김정희가 일생의 명작으로 남긴 〈세한도〉에 완당이라는 호를 사용했다. 그렇게 한 뜻이 무엇일까? 그것은 다른 어떤 호보다 자신의 삶과 학문 및 예술 세계를 대변해주는 호가 다름 아닌 완당이라는 것을 만천하에 표현한 것이 아니고 무엇이겠는가?

이렇게 본다면, 김정희의 생애 전체를 살펴볼 때, 추사라는 호보다는 완당이라는 호가 그의 뜻과 철학에 더 부합하지 않나 하는 결론을 조심스럽게 내릴 수 있을 것 같다. 비록 일반 사람들에게 익숙한 호는 '추사'이지만, 김정희를 대변히고 대표하는 호는 '완당'이 더 합당하다는 얘기다. 따라서 '추사인가 아니면 완당인가?'라는 호 대결은 '완당'의 판정승이라고 하겠다.

삼연노인(三硯老人)·연도암(研圖庵)·승설도인(勝雪道人)·고다암(苦茶庵)
조선의 서예와 차 문화의 선도자(先導者)

김정희가 학문에 있어서 고증학과 금석학과 역사학의 독보적인 권위자였다면, 문화 예술 분야에서는 조선의 서예(書藝)와 차(茶) 문화를 최고의 수준으로 끌어올리는 한편 사대부와 지식인들 사이에 큰 유행과 융성을 불러일으킨 대가였다고 할 수 있다. 따라서 김정희의 삶에서 서예나 차와 관련한 호가 큰 비중을 차지하고 있는 것은 너무나 당연하다고 하겠다. 위대한 제국 로마가 하루아침에 이루어지지 않았듯이, 김정희가 창안한 '추사체(秋史體)'는 하루아침에 이루어지지 않았다. 이에 대해 환재(瓛齋) 박규수는 김정희가 제주도 귀양살이에서 돌아온 만년에 이르러서야 비로소 독창적인 서체를 얻을 수 있었다고 증언해주고 있다.

완옹(阮翁)의 서체(書體)는 어렸을 때부터 늙을 때까지 그 서법(書法)이 여러 차례에 걸쳐 변화했다. 어렸을 때에는 오로지 명

김정희가 쓴 「호고유시(好古有時)」. 큰 글씨는 "옛것을 좋아해 때때로 부서진 비석을 찾았으며/경전을 연구하느라 며칠 동안 시를 짓지도 못했다"는 뜻이고, 작은 글씨는 중국 서예가들의 서법을 비평한 내용이다.

나라의 서예가 동현재(董玄宰, 동기창)에 뜻을 두었고, 중년에는 담계(覃溪)
옹방강을 따라 노닐면서 온 힘을 쏟아 그 서체를 본받았다. 그래서 서체가
농후(濃厚)하고 골기(骨氣)가 적다는 단점이 있었다. 그러나 소동파와 미불
(米芾)을 따라 당나라 때의 서예가 이북해(李北海, 이옹)로 바뀌어서 더욱 왕
성하고 굳세졌고, 마침내 다시 구양순의 진수(眞髓)를 얻게 되었다.

만년(晚年)에 바다를 건너갔다 돌아온 이후부터 다시는 다른 사람에게 구속
받거나 남을 따라다니는 경향을 보이지 않게 되었다. 여러 대가(大家)들의
장점을 모아서 스스로 하나의 서법을 이루었는데 신기(神氣)가 오는 듯해 마
치 바다의 조수가 밀려오는 것과 같았다. 단지 문장가들만이 그렇게 여긴 것
이 아니다. 그러나 간혹 잘 알지 못하는 사람들은 그 서체가 거리낌이 없고
제멋대로 썼다고 생각하는데, 그것은 오히려 신중함과 엄격함의 극치라는 것
을 알지 못하는 것이다. 이러한 까닭에 나는 일찍이 후생(後生)의 소년들에게
완옹의 서체를 가볍다고 여겨 쉽게 배우려고 하는 것은 마땅하지 않다고 말
하였다.

- 『환재집(瓛齋集)』, 「유요선이 소장하고 있는
추사의 유묵(遺墨)에 쓰다(題兪堯仙所藏秋史遺墨)」

　박규수의 증언대로 김정희는 평생에 걸쳐 뼈를 깎는 듯한 각고(刻苦)
의 노력을 기울인 다음에야 추사체를 자득할 수 있었다. 김정희는 절
친한 벗 권돈인에게 보낸 편지에서 자신이 평생 서예에 쏟아붓은 공
력을 이렇게까지 표현했다. "70년을 살아오면서 열 개의 벼루를 갈아
구멍을 내고 천여 자루의 붓을 닳게 했다(七十年 磨穿十研 禿盡千毫)."
라고. 특히 김정희는 서예가는 묵(墨)을 가장 중요하게 다루기 때문에
반드시 먼저 좋은 벼루를 얻은 다음에야 좋은 글씨를 쓸 수 있다고 주

장했다. 또한 벼루와 종이와 붓의 관계를 논할 때 역시 벼루가 첫 번째이고, 그 다음은 종이이며, 또 그 다음이 붓이라고 했다.

> 서예가들은 묵(墨)을 제일로 삼는다. 대개 글씨를 쓸 때 붓을 부리는 것은 즉 붓으로 하여금 묵을 따라가게 하는 데 불과할 뿐이다. 종이와 벼루는 모두 묵을 도와서 서로 쓰임을 드러내는 것이므로 종이가 아니면 묵을 수용할 수 없고 벼루가 아니면 묵을 발산시킬 수 없다. 묵이 발산된 것은 묵의 화려함이 날아오르는 채색이니, 문장의 묵을 잘 거두는 데 그치지 않는다. 묵을 거두는 데 능숙하나 묵을 발산시키는 데 능숙하지 못한 것은 또한 훌륭한 벼루가 아니다. 그러므로 반드시 먼저 벼루를 얻은 연후에야 글씨를 쓸 수 있다. 벼루가 아니면 묵을 둘 곳이 없기 때문이다. 묵에 대한 종이의 관계 역시 벼루와 서로 비슷하다. 모름지기 반드시 좋은 종이여야 비로소 묵이 따라 내려갈 수 있다. 이 때문에 묵과 징심당지(澄心堂紙)·옥판지(玉版紙)와 동전(桐箋)·선전(宣牋) 등의 종이를 보배로 삼는다. 붓은 또한 그 다음일 뿐이다. 그러나 우리나라 사람들은 오로지 필치(筆致)에만 힘을 쏟을 뿐 묵법(墨法)에 대해서는 전혀 알지 못한다. 시험 삼아 종이 위의 글자를 보면, 오로지 묵만 있을 뿐인데, 이러한 일은 백성들이 날마다 쓰면서도 알고 있지 못한 것이다.

> 『완당전집』, 「묵법변(墨法辨)」

이러한 까닭에 김정희는 평생에 갖고 싶은 세 가지를 말하면서, 그 첫 번째로 중국의 단계 지방에서 나는 돌로 만든 단연(端研)이라는 벼루를 꼽았을 만큼 벼루에 대한 관심과 애착이 컸다. 김정희는 이러한 자신의 벼루벽(癖)을 호를 통해서도 고스란히 드러냈다. '세 개의 벼루'를 뜻하는 삼연재(三硏齋)나 삼연노인(三硯老人), '벼루의 뒷면에 새겨져 있는 그림'에서 의미를 취한 연도암(研圖庵), '임금이 하사한 벼루를 기린다'는 뜻의 사연당(賜研堂), '벼루를 갈고 다듬는다'는 뜻의 마연도인(摩研道人), '오래된 벼루'에 빗대어 지은 호인 '고연재(古硯齋)' 등이 바로 그것이다. 또한 『철종실록』에 실려 있는 「김정희의 졸기(卒記)」에서 밝혔듯이, 김정희는 초서(草書)·해서(楷書)·전서(篆書)·예서(隸書)에 모두 뛰어났지만 그 가운데 전서(篆書)에 대해 특별한 애착을 갖고 끊임없는 탐구를 통해 자신의 서예 실력을 길렀다고 한다. 그리하여 '청구(靑丘, 조선)에서 전서를 쓰며 지내는 산사람'이라는 뜻의 청전산인(靑篆山人), '전서를 탐구하는 집'이라는 의미를 지닌 전암(篆盦) 등을 통해 전서에 대한 남다른 애정을 과시하기도 했다.

서예 문화와 함께 김정희가 유행시킨 또 다른 문화는 '차(茶)'였다. 앞서 '여유당(與猶堂) 정약용' 편에서 필자는 조선에 들어와 사라지다시피 한 차 문화를 다시 일으킨 사람이 다산 정약용이라는 사실을 언급한 적이 있다. 그러나 정약용의 뒤를 이어 19세기 조선에서 차 문화를 본격적으로 발전·융성시킨 사람은 바로 김정희였다. 이에 대해 정민 교수는 "조선 후기 차 문화사에서 다산이 중흥조였다면, 초의는 이를 든든히 뒷받침해 새길을 연 전다박사였다. 하지만 추사가 없었다면 초의의 존재는 그렇게까지 빛날 수는 없었을 것이다."[21]라고 밝혔다. 김정희가 '처음 차의 참맛을 느꼈다'고 해석할 수 있는 최초의 기록은 태화쌍비지관으로 완원을 찾아갔던 1810년(나이 25세) 1월 무렵에서 찾을 수 있다. 당시 완원은 조선에서 찾아온 젊은 천재에게 당대 최고의 명차(名茶)였던 '용단승설(龍丹勝雪)'을 달여 대접했다. 김정희는 이

---

21 정민, 『새로 쓰는 조선의 차 문화』, 김영사, 2011, 377쪽

전 조선에서 간혹 차를 마셔보았지만 이토록 훌륭한 차는 아니었다. 당시 맛본 용달승설이 얼마나 김정희의 기억 속에 강렬하게 남아 있었는가에 대해서는, 훗날 그가 권돈인에게 보낸 편지의 내용을 통해서도 쉽게 확인할 수 있다.

> 다품(茶品)은 과연 승설(勝雪)의 남은 향기라고 할 수 있지만 그보다 향기가 더합니다. 일찍이 쌍비관(雙碑館)에서 이와 같은 것을 보았습니다. 우리나라에 돌아온 후 40년 동안 다시는 이러한 것을 보지 못했습니다.
>
> ─『완당전집』,「권이재(돈인)에게 보내다(與權彝齋(敦仁)) 열일곱 번째(十七)」

이 때문에 차와 관련한 김정희의 호 역시 용단승설에서 기인한 것이 많다. 승설도인(勝雪道人), 승설학인(勝雪學人), 승설노인(勝雪老人) 등이 그렇다. 완원과의 만남에서 차의 참맛을 체험한 김정희는 조선으로 돌아온 이후 본격적으로 차를 즐겨 마셨던 듯하다. 그러나 차 문화가 존재하지 않았던 당시 조선에서 차를 구하는 일은 어려웠고, 청나라에 간 사신 편에 들어오는 차는 그다지 품질이 좋은 차가 아니었으며 수량도 많지 않았다. 차에 대한 갈증을 해소할 방법을 찾지 못하던 김정희는 뜻밖에 차의 명인(名人) 초의선사를 만나 다시 차와 마주할 수 있었다. 김정희와 초의선사는 차를 매개로 깊은 교류를 맺었다.

현재『완당전집』에 남아 전해오는 김정희의 편지글을 살펴보면, 젊었을 적부터 절친한 벗이었던 권돈인에게 보낸 편지 35통보다 초의선사에게 보낸 편지가 3통이나 더 많다. 이외에도 김정희가 초의선사에게 보낸 편지는 12통이 더 남아 있어 모두 50여 통에 이른다. 그런데 이들 50여 통의 편지 중 무려 15통 정도가 차와 관련된 내용으로 되어 있다. 차로 맺어진 초의선사와의 인연은 다시 다산 정약용과의 인연으로 확장되었다.

김정희의 나이 33세 때인 1818년 8월, 정약용은 기나긴 강진 유배생활을 끝내고 고향 마을로 돌아올 수 있었다. 정약용의 고향 마을 근처에 자리하고 있는 운길산의 수종사에 가보면, 정약용과 초의선사와 김정희가 함께 모여 이곳의 샘물로 차를 달여 마셨다는 전설 같은 이야기와 함께 그것을 기리기 위해 다실(茶室)이 차려져 운영되고 있다. 특히 김정희는 초의선사가 만든 차를 매우 즐겨 마셨던 듯하다. 평상시에는 물론 제주도에서 귀양살이하던 참혹한 순간과 죽음을 맞을 때를 준비한 말년의 과천 시절에도 끊임없이 서신을 통해 초의선사에게 이른바 '걸명(乞茗)' 곧 차를 보내 달라는 청을 했기 때문이다.

예전에 보내준 다병(茶餠, 떡차)은 이미 다 먹고 떨어졌습니다. 물리지도 않고 요구만 하는 사람이 많이 보내주실 것을 어찌 바라겠습니까. 모두 뒤로 미루고 이만 줄입니다.

－『완당전집』, 「초의에게 보내다(與草衣) 기이십육(其二十六)」

베풀어주신 차는 병든 위(胃)를 쾌히 낫게 해주니 감사한 마음이 뼈에 사무치도록 간절합니다. 하물며 이와 같이 기력(氣力)이 약해져 몸이 가라앉는 속에서이겠습니까!

－『완당전집』, 「초의에게 보내다(與草衣) 기이십구(其二十九)」

나는 선사(禪師)를 보고 싶지도 않고 또한 선사의 편지도 보고 싶지 않습니다. 다만 오로지 차(茶)의 인연만은 차마 끊어내지도 없애지도 못하고 부수어버릴 수도 없어서 다시 차를 보내 달라고 재촉합니다.

-『완당전집』, 「초의에게 보내다(與草衣) 기삼십사(其三十四)」

다만 이가 욱신거리도록 참으로 답답하지만 홀로 좋은 차를 마십니다. 다른 사람과 더불어 같지 못한데, 이는 감실(龕室) 속 부처 역시 자못 영험(靈驗)하여 계율을 베푼 것일 뿐입니다. 이와 같은 상황에도 차(茶)를 마시지 못해 병을 얻었는데, 지금 보내주신 차(茶)를 보니 병이 나아버렸습니다. 웃을 만한 일입니다.

-『완당전집』, 「초의에게 보내다(與草衣) 기삼십오(其三十五)」

가을이 지난 이후에도 계속 부쳐주길 바라지만, 이것은 물리지도 않는 욕심이 아니겠습니까. 향훈 스님이 만든 차도 인편(人便)에 따라 즉시 보내주셨으면 합니다. 때마침 그곳에 가는 인편으로 말미암아 간략하게 적을 뿐 장황하게 쓰지 못합니다.

-『완당전집』, 초의에게 보내다(與草衣) 기삼십칠(其三十七)」

물론 김정희가 답례 없이 '걸명(乞茗)'만 한 것은 아니다. 김정희는 글씨를 써서 답례로 초의선사에게 보내주곤 했는데, '명선(茗禪)' 즉 '차(茗)가 곧 선(禪)'이라는 명작을 써준 것이 그 대표적 예이다. 그렇다면 차와 관계되는 김정희의 호에는 어떤 것이 있었을까? 먼저 '차의 갓 돋아난 어린 싹을 따서 만든 맛이 쓴 차'를 뜻하는 고차(苦茶)에 빗대어 고다암(苦茶庵), 고다노인(苦茶老人)이라는 호를 지어 썼고, 다시 자신의 서실을 가리켜 '차를 달이는 화로'에 비유하여 다로경권지실(茶爐經卷之室)과 경향다로실(經香茶爐室)이라 부르고 또한 호로 사용하기도 했다.

한국사 최고의 '작호(作號) 달인'

김정희에 관한 인문학자나 미술사가들의 의견을 종합해보면, 김정희의 생애는 크게 다섯 시기로 구분해 살펴볼 수 있다. 그것은 ① 15세(1800년) 무렵 박제가를 만나 북학의 뜻을 배우고 익힌 때부터 청나라에 다녀온 25세(1810년) 때까지, ② 청나라에서 돌아온 25세 때부터 대과(大科)에 급제해 벼슬길에 오른 34세(1819년) 때까지, ③ 과거 급제한 34세 때부터 제주도로 유배 간 55세(1840년) 때까지, ④ 55세(1840년) 때부터 63세(1848년) 때까지의 제주 유배 생활 8년 3개월, ⑤ 제주도 유배에서 풀려난 63세부터 사망한 71세(1856년)까지의 말년 생활 등이다.

 김정희는 삶의 중요한 변곡점마다 자신이 처한 상황과 자신이 추구한 뜻을 한껏 드러낸 수많은 호를 지어 사용했다. 수백여 개에 달하는 김정희의 호 하나하나를 살펴보면, 그가 얼마나 탁월한 '작호(作號)의 달인'이었는지를 새록새록 깨닫게 된다. 그는 어떠한 구속에도 따르지 않고 또한 어떤 장애에도 굴복하지 않는 자유롭고 개방적인 '작호의 세계'를 우리에게 보여주었다. 호는 그저 자신의 뜻이 향하고 마음이 가는 대로 지으면 된다는 것이 김정희의 '작호관(作號觀)'이라고 해야 할까? 다시 말해, 호는 지식인의 고상한 취향도 아니고, 남에게 과시하기 위한 권위의 수단도 아니며, 특정한 계층의 사람만이 가질 수 있는 것도 아니고, 일정한 법칙이 존재하는 것도 아니다. 누구나 자유롭게 지어 사용할 수 있는 것이 호다. 자신의 삶과 뜻만 진실되게 담고 있다면 어떻게 짓더라도 상관없는 것이 다름 아닌 호라는 얘기다.

 그럼, 이제 본격적으로 김정희가 삶의 변곡점이 되는 각각의 시기마다 어떻게 호를 짓고 그것을 사용했는가에 대해 알아보자. 김정희가 처음 사용한 호는 앞서 잠깐 언급했지만 '현란(玄蘭)'이었다. 현란은 묵란(墨蘭)과 같은 의미로 볼 수 있는데, 묵(墨)은 선비가 갖추어야 할 문방사우(文房四友) 중의 하나이고 난(蘭)은 선비를 상징하는 사군자(四君子) 가운데 하나이다. 따라서 '현란'이라는 호는 자신이 선비임을 나타낸 것으로 해석할 수 있겠다. 청나라 연경에 가기 이전 김정희는 현란과 추사라는 호를 썼고, 연경에 도착해서는 완원과 옹방강을 만나 교류하면서 완당과 보담주인 등의 호를 얻었다. 그리고 조선으로 돌아온 이후에는 보담주인과 비슷한 뜻을 갖는 보담재(寶覃齋) 혹은 담재(覃齋)라는 호를 썼다. 완당이라는 호 또한 완수(阮叟), 노완(老阮), 완당노인(阮堂老人), 완암(阮盦), 완방(阮舫), 경완(庚阮), 완당노숙(阮堂老叔), 완당학사(阮堂學士), 병완(病阮) 등으로 자유롭게 변형되어 사용되었다. 완원과 함께 소동파(蘇東坡)를 흠모하는 마음을 담아 '완파(阮坡)'라고 하기도 했다. 청나라를 다녀온 지 2년이 지난 1812년 무렵에는 옹방강이 써서 보내준 '시암(詩盦)'이라는 글씨를 호로 사용했는데, 이것은 '시가 있는 집' 정도로 해석할 수 있겠다.

특히 김정희는 청나라 학자들과 글과 편지 등을 통해 교류할 때 '자신은 조선 사람이다'라고 자부하는 의미를 갖는 여러 가지 호를 사용했는데, 동해제일통유(東海第一通儒)·해동추사(海東秋史)·동해순리(東海循吏)·동해둔사(東海遁士)·동해서생(東海書生)·고계림인(古鷄林人)·천동(天東)·동방유일사(東方有一士) 등이 그것이다. 그러나 청나라에서 돌아온 이후 고증학과 금석학의 독보적인 권위자로 거듭난 김정희가 자신만만하게 스스로를 드러낸 호를 들자면, 단연 '실사구시재(實事求是齋)'와 '상하삼천년종횡십만리지실(上下三千年縱橫十萬里之室)'을 꼽을 수 있다. 이 중 '상하삼천년종횡십만리지실'은 김정희의 호 중 가장 긴 호다. 여기에는 '시간적으로는 3천 년, 공간적으로는 10만 리에 걸쳐 있는 학문과 지식의 경지'에 도달했다는 김정희의 남다른 자부심이 가득 담겨 있다. 이 호는 옹방강이 직접 새겨 보내준 인장에 적혀 있던 '동해제일통유(東海第一通儒)'라는 호와 함께 당당하다 못해 거만하기까지(?) 했던 김정희의 내면세계가 잘 드러나 있다.

과거에 급제한 이후 승승장구하며 탄탄대로일 것만 같았던 김정희의 관직 생활은 나이 55세인 1840년(헌종 6)에 큰 위기를 맞게 된다. 당시 조정 안팎의 권력을 틀어쥐고 있던 세도가문인 안동 김씨들이 앞장서 이미 세상을 떠난 김정희의 아버지 김노경의 사건을 다시 들춰내 그 배후로 김정희를 지목해 누명을 씌운 다음 제주도 대정현으로 유배 보냈기 때문이다. 최완수 선생은 이때의 일을 두고 우의정 조인영, 형조판서 권돈인, 병조참판 김정희로 대표되는 반(反) 안동 김씨 세력에 대한 안동 김씨의 공격으로 보았다. 특히 안동 김씨의 칼날은 잠재적으로 정치적 경쟁 세력인 명문가 경주 김씨의 종손이었던 김정희를 정면으로 겨냥하고 있었다. 당시 김정희는 국문을 받던 중 목숨을 잃을 뻔했는데, 다행히 옛적에 함께 북한산 비봉의 진흥왕 순수비를 탐문하기도 했던 절친한 벗 조인영이 우의정으로 있으면서 간곡한 상소를 올려 그나마 목숨을 건질 수 있었다고 한다.

그런데 김정희는 오히려 육신의 자유를 구속당한 제주도 유배 생활 도중 〈세한도〉와 같은 우리 예술사에서 길이 빛날 위대한 길작을 남겼다. 추운 겨울이 되어서야 소나무의 푸르름이 더욱 빛을 발하듯이, 김정희의 예술혼은 혹독한 환경을 만나자 오히려 활짝 만개했던 것이다. 그렇다면 김정희는 당시 어떤 호를 지어 사용했을까? 이 시기에 김정희는 자신이 귀양살이하던 대정현(大靜縣) 포구(浦口)에서 글자를 취해 지은 '정포(靜浦)'라는 호를 많이 사용했다. 또한 귀양살이 도중 회갑을 맞아서는 자신이 태어난 1786년과 회갑 연도인 1846년의 병오년(丙午年)에 빗대어 '병오노인(丙午老人)'이라는 호를 쓰기도 했다.

나이 63세가 되던 1848년 12월 6일 비로소 유배지에서 풀려나 다음 해 1월 한양으로 올라온 김정희는 다시 함경도 북청으로 유배를 떠난 1851년 7월까지 한강변에 거처를 마련해 생활했다. 그리고 1년이 조금 넘는 북청의 유배 생활에서 풀려난 이후에는 과천에 머물며 말년을 보냈다. 이미 늙고 병든 몸에다가 편안하게 머물 곳조차 찾지 못해 이곳저곳으로 옮겨 다닌 이 참담하고 암울한 시기 동안 역설적이게도 김정희는 가장 다채롭고 흥미로운 작호(作號) 활동을 했다. 이러한 사실은 육신은 비록 죽음을 향해 다가가고 있었지만 정신만은 여전히 푸르른 젊음에 머물렀던 김정희의 정신세계를 잘 보여준다.

김정희가 제주도에 유배되었을 때 머문 적거지. 김정희는 이곳에서 추사체를 완성하고, 많은 서화를 그렸으며, 제주 지방 유생들에게 학문과 서예를 가르쳤다.

먼저 김정희는 자신이 거처하던 금호(琴湖, 지금의 서울시 성동구 금호동의 동호(東湖) 인근을 지칭)의 지명에서 취해 '금강(琴江)'이라는 호를 사용했다. 또한 노량진 앞 한강 부근을 일컫는 노호(鷺湖)의 아름다운 풍경을 뜻하는 '삼묘(三泖)·삼묘노어(三泖老漁)'라는 호를 썼다. 그리고 지금의 마포를 가리키는 삼호(三湖)를 취해서는 '삼호의 어부'라는 뜻으로 '삼호어수(三湖漁叟)'라는 호를 사용하기도 했다. 호(號)의 옛 글자인 고(沽)를 취해 '삼고(三沽)'라는 호를 짓는 기지를 발휘한 때도 이 무렵이다. 이 밖에도 김정희는 노호(老湖), 노호(鷺湖), 강상(江上), 금상(琴上), 용산(蓉山, 서울 마포구 용산 부근에 연꽃 피는 곳이 있어 생겨난 별칭), 용정(蓉井) 등 한강변에 살던 자신을 때와 장소에 따라 여러 가지 다른 호로 드러냈다.

그리고 남은 삶 동안 그냥 이름 없는 강변의 늙은 어부나 나무꾼처럼 살고 싶다면서 '노어초(老漁樵)'라는 호를 사용하는 한편, 매화의 고결한 품격을 자신의 인격에 비유하여 '매화구주(梅花舊主)'라는 호를 짓거나, 생명이 막 깨어나 움직이기 시작하는 봄날과 동틀 무렵의 새벽을 빗대어 '춘효거사(春曉居士)'라는 호를 쓰기도 했다. 심지어 한강변을 정처 없이 날아다니는 갈매기를 자신과 동일시하여 '갈매기 구(鷗)' 자가 들어가는 '삼십육구주인(三十六鷗主人)·칠십이구당(七十二鷗堂)·노구(老鷗)·동해한구(東海閒鷗)' 등의 호를 짓기도 했다. 생애 마지막 4년을 보낸 과천에서는 유독 그 지명에서 취한 '과(果)' 자가 들어가는 호를 많이 사용했다. '과노(果老)나 노과(老果, 과천의 늙은이) 과농(果農, 과천의 농부)·과도인(果道人, 과천의 도인)·과정(果丁, 과천의 문지기)·남충(南充, 과천의 옛 지명)·과남(果南, 과천의 남쪽)·과월(果月, 과천의 달)·과전(果田, 과천의 밭)' 등이 그것이다. 또한 과천 시절 거처한 과지초당(瓜地草堂)에 비유하여 '과우(果寓, 과천의 집)'라는 호를 쓰기도 했다.

　그런가 하면 김정희는 유(儒)·불(佛)·선(仙)을 두루 섭렵하며 자유로운 정신세계를 구가했던 자신을 한껏 드러내는 다채로운 호를 사용했다. 먼저 불가와 관련해서는 '부처'라는 뜻의 '나가(那迦)'라는 호를 썼고, 여기에서 파생되었다고 할 수 있는 '나산노인(那山老人)·나옹(那翁)·염나(髥那)·노가(老迦)·나가산인(那伽山人)·나수(那叟)·염나(髥那)' 등을 사용했다. 또한 불교 용어인 '정혜쌍수(定慧雙修)'에서 유래한 '쌍수(雙脩)·쌍수도인(雙修道人)', 부처가 되기 위해 수도하는 '바라밀(婆羅密)'에서 연원한 '단파거사(檀波居士)·찬제(羼提)·찬제거사(羼提居士)·찬제각(羼提閣)·과파(果波)·노파(老波)·밀암(密庵)' 등의 호를 지어 썼다. 비로자나불이 거처한다는 연화세계(蓮花世界)에 비유해 '승련노인(勝蓮老人)·화지(華之)'라고 하거나, 고기를 먹으면서 두타행(頭陀行, 불교의 승려가 닦는 수행 방법)을 한다고 해서 '육식두타(肉食頭陀)'라고 하는가 하면, '부처의 노예'라는 뜻으로 '불노(佛奴)'라고 하고, 다시 부처가 고행(苦行)한 곳이라고 알려진 설산(雪山)의 소에 비유해 자신을 '설우도인(雪牛道人)'이라고 하기도 했다.

　선가와 관련해서는 신선들이 모여 산다는 삼신산(三神山) 중 하나인 봉래산(蓬萊山)에 빗대어 '봉래산의 나무꾼'이라는 뜻의 '봉래산초(蓬萊山樵)'와 '소봉래(小蓬萊)·소봉래학인(小蓬萊學人)'이라는 호를 지어 사용했다. 또한 신선들이 사는 선경(仙境)이자 신화에서 천제(天帝)의 장서(藏書)가 있는 서고(書庫)라고 전해오는 '낭환(琅嬛)'에서 유래한 '동해낭환(東海琅嬛)·낭경인(琅嬛人)·우낭환선관(又琅嬛僊館)' 등의 호도 썼다.[22]

---

22 최준호, 『추사, 명호처럼 살다』, 아미재, 2012, 523~615쪽 참조

그렇다면 한국사 최고의 작호 달인 김정희가 마지막으로 지었던 호는 무엇이었을까? 그것은 '과칠십(果七十)'과 '칠십일과노인(七十一果老人)·칠십일과(七十一果)'였다. 70세가 되는 1855년에는 '과천의 칠십세 늙은이'라는 뜻으로 과칠십(果七十)이라고 했고, 사망한 71세에는 '칠십일 세의 과천 늙은이'라는 뜻의 칠십일과노인(七十一果老人)이나 칠십일과(七十一果)를 자호로 삼았다. 참으로 친근하고 간결하고 단순하면서도 담박한 호가 아닐 수 없다. 이렇듯 마지막 순간 김정희가 자득한 '작호(作號)의 미학(美學)'은 특별함과 기이함과 고상함과 우아함이 아닌 바로 평범함 속에 있었던 것이다.

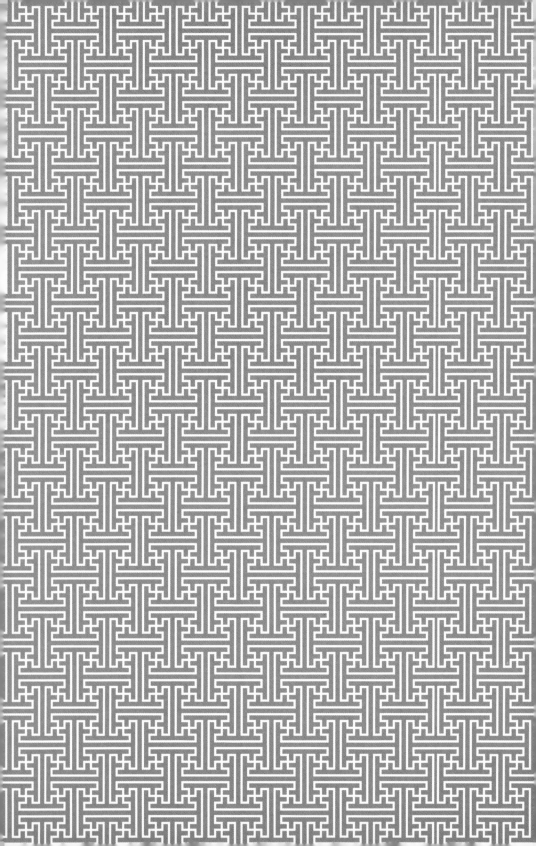

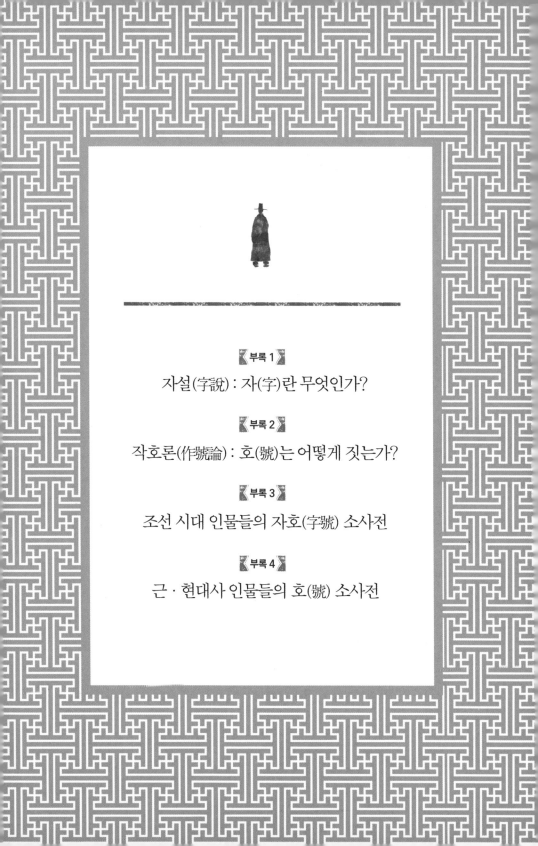

자설(字說)
: 자(字)란 무엇인가?

이름(名) 이외에 자(字)를 지은 까닭은?

옛사람들도 오늘날과 같이 태어난 후 가장 먼저 갖게 되는 것은 다름 아닌 '이름(名)'이었다. 어렸을 때 이름인 아명(兒名)을 사용하다가 장성해서 본명을 갖는 경우도 있었지만, 그렇지 않을 경우 태어날 때 갖게 되는 이름은 생전뿐 아니라 사후에도 그 사람을 나타내는 대명사가 된다. 그만큼 이름은 중요하고 귀중한 것이다. 이러한 까닭에 유학의 경서(經書)인 『예기(禮記)』에서는 사람의 이름으로 지어서는 안 되는 경우를 아주 구체적으로 밝히기까지 했다.

> 자식의 이름을 지을 때 나라의 이름으로 짓지 않고, 해와 달 혹은 간지(干支)로 짓지 않고, 다른 사람이 모르는 흠집으로 짓지 않고, 산과 하천의 이름으로 짓지 않는다.
>
> – 『예기』, 「곡례 상(曲禮上)」

이렇듯 옛사람들은 이름을 귀중하게 생각했기 때문에, 그 이름을 함부로 부르는 것 역시 금기로 여겼다. 이름에 대한 금기 문화가 만들어낸 대표적인 경우가 바로 '기휘(忌諱, 임금이나 성현의 이름을 피해 쓰도록 함)'니 '피휘(避諱, 문장에서 임금이나 높은 이의 이름자가 나타나는 경우 뜻이 통하는 다른 글자로 바꾸거나 획의 일부를 생략함)'니 하는 관습들이다. 자(字)는 이러한 관념적·문화적 배경 속에서 탄생했다. 즉 이름을 귀중하게 여기고 공경했기에, 성인이 되는 관문인 관례(冠禮)를 치르고 나면 함부로 이름을 부르지 못하고 자(字)를 지어 부르도록 한 것이다.

관례는 대개 15세~20세 때 행해졌다. 자(字) 역시 이름과 마찬가지로 대부분 부모나 친척 혹은 어른이나 스승이 지어주는 것으로 자기 마음대로 지어 사용할 수 없었다. 그래도 흔하지는 않지만 본인이 직접 자(字)를 짓는 경우도 전혀 없지는 않았다. 어쨌든 관례를 치르고 자(字)를 갖게 되는 것은 곧 성년이 되었다는 징표나 다름없었기 때문에, 옛사람들에게 자(字)는 이름 못지않게 중요했다. 특히 이때부터 이름 대신 자(字)를 불렀기 때문에, 자(字)는 곧 특정한 어떤 사람을 가리키는 가장 일반적인 호칭이었다고 할 수 있다.

자(字)는 이름(名)과 연관 지어 짓는다!

흥미롭게도 조선 시대 말기인 1871년(고종 8)에 이유원이 저술한 『임하필기(林下筆記)』를 보면, 당시 관례를 치르고 자(字)를 받는 성년식의 풍경이 매우 자세하게 묘사되어 있다.

> 『의례(儀禮)』「사관례(士冠禮)」에 따르면, 관례를 치를 때 세 차례 가관례(加冠禮, 관을 씌워주는 의식)를, 또한 세 차례 초례(醮禮, 술을 나시는 의식)를 베푼다. 그리고 나서 자사(字辭)를 지어 읽는다. 후세 사람들이 이로 말미암아 마침내 자설(字說)이나 자서(字序) 또는 자해(字解) 등과 같은 작품이 있게 되었는데, 이것들이 모두 자사(字辭)의 기원이다. 비록 그 문장은 옛날의 그것과

매우 거리가 있지만 자상하게 가르치고 경계하는 뜻은 크게 다른 것이 없다. 자사(字辭)와 축사(祝辭)는 곧 고사(古辭)를 모방하여 지었다. 그러나 근세 (近世)에 들어와서는 대부분 자설(字說)을 숭상한다.

- 『임하필기』, 「자설(字說)」

이 기록을 보면 관례의 의식을 치르고 자(字)를 받을 때는, 그렇게 '자(字)' 를 지은 뜻과 의미 혹은 이유 등을 밝히는 글을 꼭 함께 지어줬다. 그런데 자(字)를 지을 때는 지켜야 할 일종의 불문율이 있었다. 그것은 자(字)는 반 드시 이름(名)과 연관 지어 짓는다는 점이다. 따라서 대개 '자설(字說)'은 '이름(名)과 자(字)의 상호 연관성 혹은 상호 보완성'을 밝히는 내용으로 이 루어졌다. 그 대표적인 글이 조선 초기 문신이자 학자인 춘정(春亭) 변계량 이 태종의 둘째 아들이자 세종의 둘째 형 효령대군의 자(字)에 대해 쓴 「효 령대군자설(孝寧大君字說)」이다. 이 글은 일찍이 서거정이 고려와 조선 시 대의 명문만을 가려 뽑아 엮은 『동문선(東文選)』에 당당히 실릴 만큼 명문 장이기도 하다.

효령대군이 나 계량에게 말하기를, '이름이 있으면 반드시 자(字)가 있는 것은 옛적부터 그렇습니다. 나의 이름이 '보(補)'이니, 그대가 자(字)를 짓고 아울러 자설(字說)을 지어주십시오. 내가 그 글을 보고 스스로 경계하려고 합니다.' 라고 하였다. 이에 나 계량이 감히 사양하지 못하였다. 일찍이 『주역(周易)』 의 「계사(繫辭)」를 보니 거기에서 말하기를 '허물을 깁는 일을 잘하는 자로다 〔善補過也者矣〕.'라고 했고, 『시경(詩經)』의 「대아(大雅)」 편에서 말하기를 '임 금에게 잘못이 있으면 오직 중산보(仲山甫)가 이를 기웠다〔袞職有闕維仲山甫 補之者矣〕.'라고 하였다. 능히 자신의 허물을 기운〔補〕 다음에야 능히 임금의 허물을 기울〔補〕 수 있으니, 그 순서가 혼란스러울 수 없는 것이다. 이에 '선숙(善叔)'이라고 자(字)를 지을 것을 청한다. 대개 선(善)이라는 것은 천명(天命)의 본연(本然)이고 사람에게 고유한 것이다. 밖에서 내게 오는 것으로 말미암아 없어지지 않는 것은 요순(堯舜)과 같은 성인이나 평범한 사람이나 다르지 않다. 비록 그러하나 타고난 기품이 앞에서 구속하고 물욕(物欲)은 뒤에서 가리니, 이에 그 행하는 것이 더러 허물과 사치가 없을 수 없다. 이것은 또한 사람들이 벗어나지 못하는 바이다. 공자(孔子)가 이를 안타깝게 여겨서 정성을 다해 『주역』을 저술하니, 후세 사람들에 대한 염려가 지극하였다. 아! 비록 허물〔過〕이 없는 사람은 없지만 선(善)으로 이를 기우면〔補〕 되는 것이다. 이러한 까닭에 탕왕(湯王)의 덕을 칭송하면서 '허물을 고치는 일에 인색하지 않았다'고 했고, 주공(周公) 또한 허물에서 벗어나지 못하였고, 공자는 사람들이 자신의 허물을 알 수 있기를 바랐다. 아울러 스스로 말하기를 『주역』을 배운다면 큰 허물이 없을 것이다'라고 하였다. 성인(聖人)이 도리어 이러하거늘 하물며 그 나머지 사람에 있어서이겠는가. 처음에 선(善)으로 허물을 깁는다면〔補〕 마지막에 가서는 허물이 없는 경지에 서게 될 것이다. 그러한 다음에야 임금의 허물을 깁고〔補〕 밝은 명(命)을 부여받아 처하는 곳마다 마땅하지 않는 것이 없게 되고, 가는 곳마다 도달하지 못하는 곳이 없게 된다. 온 세상을 모두 선(善)하게 하는 데 이르니, 그 신화(神化)의 오묘함이 곧바로 상하(上下)와 천지(天地)와 더불어 함께 흐르게 된다. 내가 생각하건대 대군은 온화하고 우아한 문장과 밝은 자질을 갖추고 있으며 효제충신(孝悌忠信)의 행실이 돈독하다. 또한 모든 사람이 우러러보는 높은 지위에 처해 있으면서도 학문을 좋아해 게을리하지 않고, 자신을 낮추고 스스로 덕을 길러 털끝만큼도 교만하거나 과장하는 얼굴빛이 없다. 아! 어질고 현명하도다. 그런데 오히려 또한 스스로 만족하지 않고 내게 말을 구해 스스로 경계하고자 한다.

옛사람의 이른바 '높은 곳에 있는 사람이 겸손하니 다시 빛이 난다' 하고 '아랫사람에게 묻는 것을 부끄럽게 여기지 않는다'고 하는 것은 바로 대군을 두고 이르는 말이다. 대군의 나이 아직 30세가 되지 않는데 그 학문과 덕성(德性)의 아름다움이 이와 같다. 그러니 훗날 성취할 것을 어찌 헤아릴 수나 있겠는가. …(중략)… 내가 성인(聖人)이 『주역』을 찬미한 일에 대해 비록 일찍이 배우고 익혔지만 능히 그 변화무쌍함을 엿보지 못하였다. 어찌 감히 한마디 말일지라도 그 뜻을 덧붙일 수 있겠는가. 다만 다른 사람과 더불어 선(善)을 행하도록 돕겠다는 심정만은 하늘로부터 부여받은 본래의 것이기 때문에 대군의 물음에 감격한 마음을 억누르지 못하고 삼가 자(字)와 함께 자설(字說)을 드리고 시(詩)로 그 뜻을 잇는다. 시는 다음과 같다.

'사람이 진실로 허물이 있다면 선(善)으로 깁고[補]/허물을 이미 기웠다면[補] 임금의 잘못을 바로 잡으라/체용(體用)은 한 가지에서 근원하나 선후(先後)가 마땅히 있으니/큰 공적의 성대함은 성현(聖賢)과 함께 돌아갈 것이고/하늘로부터 복록(福祿)이 아래로 내려오고 이에 이룰 것이네/어질도다! 대군이여. 오직 선(善)을 스승 삼고/오직 충(忠)과 효(孝)만 여기에서 생각하고 여기에 있네/학문에 부지런해 날로 힘쓰니/마음으로 사랑함은 본래 타고난 성품에서 나오지만/사랑해도 도울 수 없어 시(詩)로서 맹서하네'

- 『동문선』, 「효령대군자설」

효령대군의 이름인 '보(補)'는 '깁다', 즉 '떨어진 곳이나 해진 곳을 꿰매다 (또는 고치다)'는 뜻을 지닌 글자다. 변계량은 이 '보(補)'와 상호 연관성이 있는 글자로 '선(善)' 자를 취했는데, 그 이유는 두 가지다. 하나는 허물을 깁는[補] 일을 잘하는[善] 것이고, 다른 하나는 허물을 저질렀다면 선(善)으로 이를 기우면[補] 된다는 것이다. 여기에서 '선(善)'은 '잘하다' 또는 '착하다'

는 두 가지 의미를 갖는다. 변계량은 '보(補)와 선(善)'의 이러한 상호 연관성을 이유로 들면서, 효령대군의 자(字)를 '선숙(善叔)'이라 지어준 것이다.

아울러 1568년(선조 1) 6월 사림의 지사이자 문장가인 한강(寒岡) 정구가 친구인 이섭(李涉)에게 써준 '자설(字說)' 또한 '이름(名)과 자(字)의 상호 보완성'을 밝혀주는 훌륭한 글이다. 이 글에서 정구는 '물을 건너다'는 뜻을 갖고 있는 '섭(涉)'이라는 이름을 가리켜 "물을 건너가는 것은 위험한 일"이므로, 경계하고 삼간다는 뜻의 '긍(兢)' 자를 넣어 이섭의 자(字)를 '중긍(仲兢)'이라 지어준다. 평생 깊고 위험한 물을 건너듯이 조심하고 신중하게 처신한다면 위험이나 재앙을 피할 수 있고, 또한 장차 온 천하를 위험 속에서 건질 수도 있다는 철학적 의미까지 함께 새겨 넣은 자설(字說)이다.

> 중긍(仲兢)은 내 친구 이섭의 자(字)다. 그가 일찍이 내게 자(字)를 지어 달라고 했는데, 나는 감히 사양하지 못했다. 생각해보면, 물을 건너는(涉) 것은 위험한 일이다. 그의 아버지가 이름을 지으면서 '섭(涉)'이라고 하였으니, 어찌 그 깊은 뜻이 위태로운 곳을 건너가는 데에 있지 않았겠는가. 위태로운 곳을 건너가면서 삼가지 않는다면, 나는 무사히 건널 수 있을 것이라고 생각하지 않는다. 옛사람이 말하기를 '두려워하고 조심하기를 마치 깊은 물가를 건너듯이, 마치 얇은 얼음을 밟듯이 하라.'라고 하였다. 나는 물을 건너는 도리는 마땅히 이와 같아야 한다고 생각한다. 이러한 까닭에 삼가 중긍(仲兢)이라고 지었다. 여기에서 긍(兢) 자는 경계하고 삼간다는 뜻이다. 중긍이여! 그대의 아버지가 지어준 이름의 뜻을 항상 생각하라. 또한 군자는 상차 위험에 처한 세상을 무사히 건너게 해주는 것을 삶의 목표로 삼으니, 어찌 자신 한 몸만 건지는 데 있겠는가. 그러므로 더욱 삼가지 않으면 안 된다.

－『한강집(寒岡集)』,「이섭의 자설(李君涉字說)」

'이름(名)과 연관 지어 자(字)를 짓는다'는 불문율이 조선 시대 내내 지켜졌다는 사실은 효령대군보다 300여 년, 정구보다는 200여 년 이후 사람인 이덕무를 통해서 더욱 명확하게 살펴볼 수 있다. 특히 재미나게도 이덕무는 스스로 자신의 자(字)인 '명숙(明叔)'은 너무나 흔해 마음에 들지 않기 때문에 다시 '무관(懋官)'으로 고친다고 밝히면서 직접 「자무관설(字懋官說)」까지 지었다.[23] 이덕무의 글은 '자설(字說)'이라기보다는 '개자설(改字說)'이라고 할 수 있어서 더욱 우리의 눈길을 끈다.

덕무(德懋)가 16세 때 관(冠)을 쓰고 자(字)를 명숙(明叔)이라고 지었다. 명숙이라는 자(字)를 사용한 지가 12년이나 되었다. 본래 자(字)란 다른 사람과 다르게 지어 서로 혼동을 일으키지 않고, 또한 하나의 자(字)로 서로 나누어서는 안 된다. 자(字)가 동일하면 혼란을 일으키고, 혼란을 일으키면 꺼리게 되며, 꺼리게 되면 어긋나게 된다. 옛적 이름난 현인과 존귀한 재상과 내가 알고 지내는 친구들과 신분이 낮은 아전들은 말할 것도 없고 열 가구 정도 사는 동네나 친족들이 모였을 때에도 자(字)가 명숙(明叔)인 사람이 매우 많다. 일찍이 과거 시험장에 들어갔을 때 '명숙!'하고 부르는 사람이 있어 불현듯 대답을 했지만 나를 찾는 것이 아니었다. 저잣거리를 지나갈 때 또한 '명숙!'하고 부르는 사람이 있어서 뒤를 돌아보았지만 역시 나를 찾는 것이 아니었다. 간혹 여러 차례 불러도 아무런 대꾸도 하지 않았는데 오히려 진짜로 나를 부르는 것이었다. 대답해도 어긋나고 대답하지 않아도 잘못 되니, '다른 사람과 다르게 지어 서로 혼동을 일으키지 않는다'는 그 뜻은 어디에 있는가? 더욱이 일가 친족이나 오랫동안 알고 지낸 사람들은 자신의 부형(父兄)이나 선

23 안대회, 『고전산문산책』, 휴머니스트, 2008, 675~676쪽 참조

조의 자(字)를 부르는 것을 꺼려서, 나를 부를 때 반드시 지(之)나 보(普)나 중(仲)과 같은 글자와 함께 부른다. 이로 인해 명(明) 자를 앞에 넣었다가 뒤에 넣었다가 하니, 내 자(字)가 대여섯 개나 되고 말았다. 사정이 이러한데도 나를 부르는 사람은 주저주저하게 되고 대답하는 나 또한 어색하기는 마찬가지이니, '하나의 자(字)로 서로 나누어서는 안 된다'는 그 뜻은 어디에 있는가? 따라서 어떻게 나의 자(字)를 고치지 않을 수 있겠는가! 『서경(書經)』에서 말하기를 덕무무관(德懋懋官)이라 하였다. 그러므로 무관(懋官)이 나의 자(字)이다. 장차 족보에 쓰고 도장도 새길 것이다. 무릇 나의 친족과 친구들 역시 앞으로는 마땅히 나를 무관(懋官)이라고 불러야 한다. 무자년(戊子年, 1768년) 설날에 이무관(李懋官)이 쓰다.

-「자무관설」

　이덕무는 16세에 관례를 치르고 지었던 명숙(明叔)이라는 자(字)가 너무나 흔해 자(字)를 짓는 본래의 뜻과 맞지 않았기 때문에 28세 때 이를 고쳤다. 이때 그는 자신의 이름인 덕무(德懋)와 상호 관련성이 있는 자(字)를 『서경(書經)』의 '덕무무관(德懋懋官)'이라는 구절에서 찾아냈다. 『서경』은 잘 알려져 있다시피 『시경(詩經)』 및 『역경(易經)』(『주역』)과 더불어 유학의 3대 경전 중 하나이다. 여기에 나오는 '덕무무관(德懋懋官)'은 『서경』 「상서(商書)」 편의 '중훼지고(仲虺之誥)'에 실려 있다. 그 유래를 살펴보면, 중국의 고대국가 하(夏)나라의 폭군 걸왕(桀王)을 정벌하고 새로이 상(商, 은(殷)나라)을 세운 탕왕(湯王)의 신하 가운데 한 사람인 중훼(仲虺)가 천하의 민심이 탕왕에게 있는 일곱 가지 이유를 밝히면서 그 가운데 세 번째로 든 것이 다름 아닌 '덕무무관(德懋懋官)'이다. 그 뜻을 해석하자면 '덕(德)이 많은(懋) 사람에게는 벼슬(官)을 성대하게(懋) 내려주었다'는 것이다. 지금은 비록 서얼이라는 신분 굴레에 매여 있지만, 어진 임금이 나와 서얼에 대한 차별을 두지 않고 인재를 널리 구한다면 자신을 알아보고 등용할 것이라는 이덕무의 뜻과 소망까지 담고 있는 듯한 '자설(字說)'이 아닐 수 없다. 훗날 정조대왕이 즉위하고 나서 그가 규장각 검서관으로 뽑혀 자신의 뜻과 재주를 미력하나마 펼칠 수 있었던 것으로 보면, 스스로 명숙(明叔)에서 무관(懋官)으로 자(字)를 고친 것은 앞날을 예견한 일이라고 하겠다.

이렇듯 자(字)는 이름의 뜻과 의미를 더욱 강조하기도 하고, 혹은 그 이름의 결점을 보완해주기도 하고, 혹은 이름이 지닌 기운을 북돋아주기 위해 짓기도 한다. 따라서 어떤 경우든 이름(名)과 '상호 연관성'이나 '상호 보완성'을 갖도록 짓는 것이, 좋은 자(字)라는 사실을 알 수 있다.

자(字)를 반드시 알아야 하는 이유는?

명(名)과 자(字)와 호(號)로 대표되는 호칭은 (오늘날의 시각에서 보면 번잡한 일인 것처럼 보이지만) 제각각 그 나름 알맞은 용도가 있었다. 먼저 명(名)은 족보나 관직(官職)과 같은 공식 문서나 기록에 사용되었다. 그리고 자(字)가 윗사람이나 친구들 사이에서 사용되었다면, 호(號)는 누구나 사용할 수 있었다. 즉, 자(字)는 아랫사람이나 나이가 어린 사람들은 함부로 부를 수 없었던 반면, 호(號)는 아랫사람이든 어린 사람이든 상관없이 자유롭게 부를 수 있었다는 얘기다. 예를 들어보자면, 이황은 이이보다 35세 연상이다. 이 두 사람은 1558년(명종 13) 이황의 나이 58세, 이이의 나이 23세에 처음 만난 이후 이황이 사망한 1570년까지 12여 년 동안 십여 차례의 서신을 주고받았다. 이때 이이는 편지의 말미에 '상퇴계선생(上退溪先生)' 즉 '퇴계선생에게 올리다'라고 이황의 호(號)를 적은 반면, 이황은 '답이숙헌(答李叔獻)' 곧 '이숙헌에게 답하다'라고 이이의 자(字)를 사용해 편지를 보냈다. 또한 이황은 동갑내기였던 조식에게 보낸 편지에서 '여조건중(與曹 楗仲, 조건중에게 보내다)'이라며 자(字)로 불렀고, 조식은 이에 대해 답장을 보내면서 '답퇴계서(答退溪書, 퇴계에게 답하는 글)'라고 해 호(號)를 썼다.

이렇듯 윗사람이나 동년배 혹은 친구들과 글을 주고받을 때는 대부분 자 (字)를 사용했기 때문에, 옛사람들의 글을 읽을 때 자(字)를 모를 경우 그 사람이 누구인지 모르게 되는 웃지 못할 일이 일어나게 된다. 앞서 소개한 이황과 이이와 조식의 경우를 예로 들자면, 이황의 문집(文集)에 실려 있는 편지에 등장하는 '숙헌(叔獻)'과 '건중(健仲)'이 도대체 누구인지 알지 못하 는 황당한 일을 겪게 될 수도 있다는 얘기다. 이러한 이유로, 필자는 정약 용에서 김정희에 이르기까지 본문에서 소개하지 못했던 그들의 자(字)를 독자들의 편의를 위해 여기에 간략하게 소개하려 한다.

(1) 정약용의 자(字) : 미용(美庸)
(2) 이이의 자(字) : 숙헌(叔獻)
(3) 송순의 자(字) : 수초(遂初), 성지(誠之)
(4) 정철의 자(字) : 계함(季涵)
(5) 김홍도의 자(字) : 사능(士能)
(6) 신윤복의 자(字) : 입부(笠夫)
(7) 장승업의 자(字) : 경유(景猷)
(8) 조식의 자(字) : 건중(楗仲)
(9) 정도전의 자(字) : 종지(宗之)
(10) 이황의 자(字) : 경호(景浩)
(11) 정여창의 자(字) : 백욱(伯勗)
(12) 김굉필의 자(字) : 대유(大猷)
(13) 조광조의 자(字) : 효직(孝直)
(14) 이언적의 자(字) : 복고(復古)
(15) 김시습의 자(字) : 열경(悅卿)
(16) 박세당의 자(字) : 계긍(季肯)
(17) 이항복의 자(字) : 자상(子常)
(18) 이덕형의 자(字) : 명보(明甫)
(19) 서경덕의 자(字) : 가구(可久)
(20) 이지함의 자(字) : 형백(馨伯)
(21) 허균의 자(字) : 단보(端甫)
(22) 정여립의 자(字) : 인백(仁伯), 대보(大輔)
(23) 윤선도의 자(字) : 약이(約而)
(24) 윤두서의 자(字) : 효언(孝彦)
(25) 송시열의 자(字) : 영보(英甫)
(26) 윤휴의 자(字) : 희중(希仲)
(27) 유형원의 자(字) : 덕부(德夫)
(28) 김육의 자(字) : 백후(伯厚)
(29) 이익의 자(字) : 자신(子新)
(30) 안정복의 자(字) : 백순(百順)
(31) 박지원의 자(字) : 미중(美仲), 중미(仲美)
(32) 홍대용의 사(字) : 덕보(德保)
(33) 정조 이산의 자(字) : 형운(亨運)
(34) 이덕무의 자(字) : 무관(懋官)
(35) 박제가의 자(字) : 재선(在先)
(36) 김정희의 자(字) : 원춘(元春)

작호론(作號論)
: 호(號)는 어떻게 짓는가?

작호(作號)에는 정해진 방법도 특정한 법칙도 존재하지 않는다!

누군가 필자가 생각하는 작호론(作號論)을 말하라고 한다면, 필자는 "호를 지을 때는 정해진 방법도 특정한 법칙도 없다!"라고 대답할 것이다. 다만 우리 역사에서 호(號)를 체계적으로 정리한 최초의 기록이라 할 수 있는 고려 중기의 문인 이규보의 「백운거사어록(白雲居士語錄)」을 살펴보면, 호는 그 유래나 기원 혹은 뜻과 의미에 따라 몇 가지 유형으로 나눌 수 있다.

나는 이름을 감추고 싶어서 이름을 대신할 수 있는 것에 대해 생각해보았다. 옛사람들은 호(號)를 지어서 이름을 대신한 경우가 많았다. '자신이 거처하는 곳(所居)'의 이름을 취해 호로 삼은 사람도 있고, '자신이 간직하고 있는 것(所畜)'으로 호를 지은 사람도 있고, '사는 동안 깨달아 얻은 것(所得)'을 가져와 호로 삼은 사람도 있다. 예를 들면 왕적(王績)의 동고자(東皐子, 동쪽 언덕에 거처하는 사람), 두보(杜甫)의 초당선생(草堂先生, 초가집의 선생), 하지장(賀知章)의 사명광객(四明狂客, 사명의 미치광이 손님), 백낙천(白樂天)의 향산거사(香山居士, 향산에 은둔한 선비)는 자신이 거처하는 곳을 취해 호로 삼은 것이다. 또한 도잠(陶潛)의 오류선생(五柳先生, 다섯 그루 버드나무와 함께 사는 선생), 정훈(鄭熏)의 칠송처사(七松處士, 일곱 그루 소나무와 더불어 거처하는 선비), 구양수

(歐陽脩)의 육일거사(六一居士, 서책·금석문·거문고·바둑판·술·육체 등 여섯 가지를 간직하며 은둔해 사는 선비)는 자신이 간직하고 있는 것을 취해 호로 삼은 것이다. 아울러 장지화(張志和)의 현진자(玄眞子, 현묘하고 참된 사람), 원결(元結)의 만랑수(漫浪叟, 마음 내키는 대로 사는 늙은이)는 사는 동안 깨달아 얻은 것을 호로 삼은 것이다.

-『동국이상국집(東國李相國集)』,「백운거사어록」

여기에서 이규보는 옛사람 가운데 이름을 대신하기 위해 호를 지은 경우를 세 가지로 나누어 살펴보고 있다. 그 하나가 '소거(所居)' 즉 '자신이 거처하는 곳의 이름을 취해 호를 지은 경우'이고, 다른 하나는 '소축(所畜)' 곧 '자신이 간직하고 있거나 좋아하는 사물을 빌어 호를 지은 경우', 또 다른 하나는 '소득(所得)' 혹은 '소지(所志)' 즉 '자신이 살아오면서 깨달아 얻은 것이나 자신이 지향하는 뜻과 의지를 호로 드러낸 경우'이다. 이 세 가지에 신용호 씨는 '그 사람이 처한 상황이나 처지'에 빗대어 호를 짓는 '소우(所遇)'를 더해 작호(作號)의 유형을 네 가지로 정리하였다.[24]

그러나 필자는 이 네 가지에 다시 네 가지를 더해 모두 여덟 가지로 나누어 호(號)의 유형을 살펴볼 수 있다고 생각한다. 자신의 용모나 신체적 특징을 빌어 호를 삼은 '소용(所容)', 자신이 존경하거나 본받고자 하는 인물에서 호를 찾은 '소인(所人)', 자신이 하는 일이나 직업을 빗대 호로 삼은 '소직(所職)', 옛 서적이나 문헌·기록인 고전(古典)에서 호를 취한 '소전(所典)'이 그에 해당한다. 이제 필자는 이 여덟 가지 유형별로 나누어 옛사람들이 보여주는 '작호(作號)의 세계'를 본격적으로 탐색해보겠다.

---

24 신용호·강헌규,『선현들의 자(字)와 호(號)』전통문화연구회, 1997, 88쪽

여덟 가지 유형으로 살펴보는 작호(作號)의 세계

첫째, 자신과 인연이 있거나 거처하는 곳의 지명(地名)을 취해 호로 삼은 '소거(所居)'는 옛사람의 작호 가운데 가장 큰 비율을 차지하고 있다. 필자가 본문에서 다룬 인물들의 호 가운데 다산(茶山, 정약용), 율곡(栗谷, 이이), 송강(松江, 정철), 삼봉(三峰, 정도전), 화담(花潭, 서경덕), 고산(孤山, 윤선도), 성호(星湖, 이익), 연암(燕巖, 박지원) 등이 여기에 해당한다. 이외에도 우리 역사 속 유명 인물 가운데 많은 이가 자신과 인연이 있거나 사는 곳을 호로 삼았다. 경기도 금천 석봉산(石峰山) 아래 거처하면서 '석봉(石峰)'을 호로 삼은 한호, 임진왜란 이후 서울 동대문 밖 낙산 동쪽 봉우리인 지봉(芝峯) 아래에 살면서 우리 역사 최초의 백과사전인 『지봉유설(芝峯類說)』을 저술한 지봉(芝峯) 이수광, 낙동강이 마을을 감싸고 굽이 도는 형상을 띠고 있어서 하회(河回)라는 지명을 얻은 고향 안동 하회 마을의 서쪽 강가 언덕인 '서애(西厓, 일명 상봉대(翔鳳臺))'를 자신의 호로 삼은 유성룡 등이 그렇다. 호를 지을 때 소거(所居)의 작호(作號)를 선호하는 경향은 근현대에 들어와서도 크게 달라지지 않았다. 서울 남산 아래 도동 우수현(雩守峴)에서 어린 시절을 보낸 이승만은 자신의 호를 '우수현 남쪽'이라는 뜻의 '우남(雩南)'이라 했고, 강원도 통천군 송전면 아산리(峨山里)에서 가난한 농군의 6남2녀 중 장남으로 태어난 현대그룹의 창업자 정주영은 자신의 고향 마을에서 호를 취해 '아산(峨山)'이라 했다. 김대중 전 대통령 역시 고향인 전남 신안군 하의면 후광리(後廣里)에서 호를 따와 자신의 호를 '후광'이라 했는가 하면, 그의 정치적 라이벌이었던 김영삼 전 대통령 또한 고향인 거제(巨濟)와 제2의 고향 부산(釜山)에서 두 글자를 딴 '거산(巨山)'이라는 호를 사용하고 있다.

둘째, 자신이 간직하고 있거나 좋아하는 사물을 빌어 호를 지은 경우인

'소축(所畜)'의 사례로는 매월당(梅月堂) 김시습, 선귤당(蟬橘堂)·매탕(槑宕) 이덕무, 승설도인(勝雪道人)·고다노인(苦茶老人) 김정희 등이 있고, 앞서 소개한 「백운거사어록」의 작자 이규보 역시 '거문고와 술과 시'를 몹시 좋아하는 자신을 가리켜 '삼혹호(三酷好)'라 했다. 이 밖에도 매화(梅)나 대나무(竹) 같은 올곧고 강직한 군자(선비)의 기질을 흠모하여 호를 매죽헌(梅竹軒)이라고 한 성삼문, 평소 가야금을 타는 것을 즐겨 스스로 '가야금에 취하다'는 뜻으로 '취금헌(醉琴軒)'이란 호를 지은 박팽년, 자신의 집 정원에 섬돌을 쌓고 그 위에 단풍나무 10여 그루를 심은 다음 '풍석(楓石)'이라고 자호한 서유구, 고대 중국의 천문·산술뿐 아니라 서양의 유클리드 기하학을 좋아해 '기하(幾何)'라는 별호(別號)를 지었던 유득공의 숙부 유금, 어떤 돌이든 깎아 벼루로 만들기를 좋아해 '돌에 미친 바보'라는 뜻의 '석치(石痴)'라는 호를 썼던 정철조 등이 여기에 해당한다.

셋째, 살아오면서 얻은 깨달음이나 자신이 지향하는 뜻과 의지를 호로 드러낸 경우인 '소득(所得)' 혹은 '소지(所志)'의 작호관은 일두(一蠹, 정여창), 퇴계(退溪, 이황), 순암(順菴, 안정복), 초정(楚亭, 박제가) 등에서 살펴볼 수 있다. 또한 은일(隱逸)의 뜻을 담아 '은(隱)' 자를 넣어 호를 지은 목은(牧隱, 이색)을 비롯하여 그 제자와 후학인 포은(圃隱, 정몽주), 도은(陶隱, 이숭인), 야은(冶隱, 길재) 등도 그 대표적 사례다. 이들 외에도 『주역(周易)』의 이치를 배우고 깨달아 세상을 밝히겠다는 뜻을 세워 호를 '학역재(學易齋)'라고 한 정인지, 자신은 '나라의 국운이 떨치지 못하는 것, 공자의 학문이 제대로 서지 못하는 것, 자신의 도가 바로 서지 못하는 것', 이 세 가지를 항상 근심한다고 해서 '삼우거사(三憂居士)'라고 자호한 문익점도 여기에 해당한다. '게으름을 조롱함(嘲慵)'이라는 제목의 글을 통해 우의적·역설적으로 세속적인 삶과 거리를 두며 살겠다는 뜻을 담아 '게으를 용(慵)' 자를 취해

'용재(慵齋)'라고 자호한 성현, 세계(지구)를 크게 다섯 개 주로 나눈 서양의 세계 지리관을 수용한다는 뜻으로 '오주(五洲)'라고 자호한 이규경 등의 경우도 모두 '소득(所得)'과 '소지(所志)'의 작호 범주에 포함된다 할 수 있다.

넷째, 자신이 처한 상황이나 처지에서 호를 취한 '소우(所遇)'의 사례로는 사암(俟菴, 정약용), 취명거사(醉暝居士, 장승업), 도산병일수(陶山病逸叟, 이황), 서계초수(西溪樵叟, 박세당), 토정(土亭, 이지함), 해옹(海翁, 윤선도), 영장산객(靈長山客, 안정복), 만천명월주인옹(萬川明月主人翁, 정조 이산), 칠십일과노인(七十一果老人, 김정희), 칠십일과(七十一果, 김정희) 등을 꼽을 수 있다. 또한 '탄식하다' 혹은 '근심하다'는 뜻의 '우(吁)' 자를 취해 고려 말기 혼돈한 세상사를 근심하는 심정을 담아 '우재(吁齋)'라고 한 조준, 임진왜란 이후 전라도 영암으로 귀양 갔다 돌아와 낙동강가 창암진에 '망우정(忘憂亭)'을 짓고 살면서 근심을 잊고 살겠다는 의미의 망우(忘憂)를 취해 자신을 '망우당(忘憂堂)'이라고 한 곽재우, 자신의 집에 자리한 '귀머거리 바위'에서 뜻을 취해 번잡하고 시끄러운 세상사에 귀를 닫은 채 은자로 살겠다며 '농암(聾巖)'이라 자호한 이현보, 늙어 기력이 쇠한 자신의 처지를 비관하기보다는 만년에 오히려 더욱 푸름을 발산하겠다는 뜻으로 '만취당(晚翠堂)'이라고 한 권율 장군도 대표적인 경우다. 일제 강점기에 독립운동을 하다 일본 경찰에 체포되어 참혹한 고문을 당한 끝에 앉은뱅이 신세가 되자 호탕하게 '벽옹(躄翁, 앉은뱅이 늙은이)'이라 일컬은 김창숙의 작호(作號) 역시 여기에 해당한다고 할 수 있다.

다섯째, 자신의 용모나 신체적 특징을 빌어 호로 삼은 '소용(所容)'의 경우로는 표암(豹菴, 강세황)을 대표적으로 꼽을 수 있다. 그는 '표옹자지(豹翁自誌)'라는 자전적 기록에서 "스스로 표옹(豹翁)을 호로 삼았다. 나는 어려서부터 표범처럼 등에 흰 얼룩무늬가 있었다. 이러한 까닭에 표옹을 호로 삼았으니, 스스로 장난삼아 그렇게 한 것이다."라고 밝혔다. 허목 또한 '자명비(自銘碑)'라는 글에서 자신의 호가 미수(眉叟)인 까닭을 "늙은이의 눈썹이 길어서 눈을 덮었다. 그래서 자호(自號)를 미수(眉叟)라고 하였다."라고 했다. 나중에 자세하게 소개하겠지만, 조선의 개국 공신 권근은 자신의 얼굴을 두고 사람들이 검다고 놀리자 아예 '작은 까마귀'라는 뜻의 '소오자(小烏子)'라는 호를 썼고, 그의 벗 김진양은 '대머리'라는 뜻의 '동두(童頭)'를 자신의 호로 삼기도 했다. 어렸을 때 천연두를 앓고 난 뒤 남은 마마 자국 때문에 눈썹이 세 마디로 나뉘자 아예 자신의 호를 '삼미자(三眉子)'라고 한 정약용의 경우처럼, '소용'의 작호는 자신의 용모는 물론 신체적 약점까지도 긍정적으로 넘길 줄 알던 옛사람들의 넉넉한 인품을 엿볼 수 있게 한다.

여섯째, 자신이 존경하거나 본받고자 하는 인물에서 호를 찾은 '소인(所人)'의 경우로는 단원(檀園, 김홍도), 오원(吾園, 장승업), 회재(晦齋, 이언적), 완당(阮堂, 김정희), 보담재(寶覃齋, 김정희) 등을 대표적으로 꼽을 수 있다. 또한 유학자들의 이상 국가 주(周)나라를 세운 문왕(文王)의 어머니 태임(太任)을 스승 삼아 본받는다는 뜻으로 '사임당(師任堂)'이란 당호(堂號)를 지은 신사임당, 마찬가지로 태임을 본받고자 태임이 태어난 고향 마을인 '지(摯)'를 취해 '윤지당(允摯堂)'이라는 당호를 쓴 여성 유학자 임윤지당도 여기에 해당한다. 그런가 하면 우리나라에 성리학(주자학)을 최초로 도입한 학자였던 안향은 주자의 호인 회암(晦庵)에서 따와 자신의 호를 '회헌(晦軒)'이라 하였다. 포항제철(현재 포스코의 전신)의 창업자인 박태준의 호 '청암(靑巖)'도 이러한 경우에 든다. 박태준은 평소 삼성그룹의 창업자 이병철을 존경했는데, 이병철은 박태준에게 자신의 호인 '호암(湖巖)'에 빗대어 '청암(靑巖)'이라는 호를 지어줬다고 한다.

일곱째, 자신이 하는 일이나 직업을 빗대 호로 삼은 '소직(所職)'의 예로는 '금석역사가'라는 뜻의 호인 추사(秋史)를 썼던 김정희가 대표적이다. 또한 화가 최북은 '붓으로 먹고 사는 사람'이라는 뜻의 '호생자(毫生子)'라는 호를 사용했고, 그보다 훨씬 더 거슬러 올라가 세종 시대의 안견은 '인주(印朱) 농사' 곧 '그림을 그리고 도장을 찍어서 먹고 산다'는 뜻의 '주경(朱耕)'을 호로 삼았다. 세상의 모든 산천과 강해(江海)를 두루 돌아다니며 〈대동여지도〉 제작에 평생을 바친 김정호의 '고산자(古山子, 옛 산을 찾아 돌아다니는 사람)' 역시 그가 무엇을 하고 다니는 사람인지를 알 수 있게 하는 호라고 하겠다.

여덟째, 옛 서적이나 문헌 혹은 기록인 고전에서 호를 취한 '소전(所典)'의 경우로는 『노자(老子)』를 취한 여유당(與猶堂, 정약용), 『맹자(孟子)』를 취한 면앙정(俛仰亭, 송순), 『장자(莊子)』를 취한 남명(南冥, 조식), 『중용(中庸)』을 취한 공재(恭齋, 윤두서), 『논어(論語)』를 취한 홍재(弘齋, 정조 이산) 등을 꼽을 수 있다. 또한 『장자』 「천지(天地)」 편의 '어우이개중(於于而蓋衆)', 즉 '쓸데없는 소리로 뭇사람들을 현혹케 한다'는 구절에서 호를 취해 '어우당(於于堂)'이라 자호한 유몽인, 『논어』 「자로(子路)」 편에 나오는 '강의목눌근인(剛毅木訥近仁, 강직하고 굳세며 질박하고 어눌함은 인(仁)에 가깝다.)'에서 뜻을 취한 '눌재(訥齋)' 양성지, 초(楚)나라의 대시인 굴원이 지은 「어부사(漁父詞)」 창랑가(滄浪歌)에 나오는 "창랑의 물이 맑으면 나의 갓끈을 씻고(滄浪之水淸兮 可以濯吾纓)/창랑의 물이 흐리면 나의 발을 씻으리(滄浪之水濁兮 可以濯吾足)"라는 구절에서 따와 '탁영(濯纓)'이라는 호를 썼던 김일손도 여기에 해당한다. 『대학(大學)』에 나오는 '군자(君子)는 필신기독야(必愼其獨也)니라.' 곧 '군자는 반드시 홀로 있을 때 삼가 한다'는 구절에서 '신독(愼獨)'을 취해 '신독재(愼獨齋)'라고 한 김집, 『주역』 「이괘(頤卦)」의 「대상전(大象傳)」에서 뜻을 취해 아들 황윤석의 호를 이재(頤齋)라고 지어준 황전 등도 그렇다.

　이상 여덟 가지 유형의 호만 살펴보더라도, 작호(作號)의 세계는 참으로 무궁무진하다는 사실을 깨달을 수 있을 것이다. 이 세상의 모든 존재는 말할 것도 없고 상상할 수 있는 그 어떤 것도 호(號)의 원천이 될 수 있으며, 또한 호(號)로 짓지 못할 것은 존재하지 않는다고 해도 크게 틀린 말이 아니다. 필자는 편의상 여덟 가지로 나누어 작호의 세계를 살펴보았다. 이것을 '호는 반드시 이 여덟 가지 유형에 걸맞게 지어야한다'라고 오해하거나 곡해한다면, 그 사람은 필자에게 참으로 어리석은 사람이라는 비난을 모면하기 어려울 것이다.

　물론 호를 유형별로 나누어 살펴볼 때 옛사람들이 선호했던 작호관을 조금은 엿볼 수 있다. 예를 들어 첫째와 셋째, 여섯째와 여덟째 유형에 속하는 호(號)가 상대적으로 다른 유형의 호보다 많이 발견된다. 그러나 시대가 변했고 더욱이 세계관이나 사고방식에 큰 변화를 겪고 있는 오늘날의 사람들은 천편일률적인 유형의 호보다는 자신의 용모나 직업을 호로 드러낸 다섯째나 일곱째 유형처럼 자신의 개성을 한껏 드러내는 독특하고 참신한 호를 짓는 것이 더 낫지 않을까? 특히 20세기에 들어와서는 한힌샘 주시경, 외솔 최현배, 가람 이병기, 바보새 함석헌, 늦봄 문익환, 옹기 김수환 등 순우리말 호를 짓는 경향도 두드러지게 나타났다. 이 또한 아주 새롭고 독창적인 작호(作號)의 미학(美學)이라고 할 수 있겠다.

호(號)는 누구나 자유롭게 마음 가는 대로 지을 수 있다!

이렇게 본다면, 호는 권위의 상징도 아니고 과시의 수단도 될 수 없다. 따라서 고상한 뜻과 우아한 멋을 담아 지은 호가 반드시 좋은 것은 아니다. 오히려 간결하고 소박하며 평범하더라도 자연스러움과 진실한 마음이 담겨 있는 호가 더 좋은 호라고 할 수 있다. 아직도 호는 권위나 지위가 있는 사람이나 갖는 것이고, 고상하고 우아하게 지어야 한다는 편견 아닌 편견에 사로잡혀 있는 사람들에게, 필자는 호는 누구나 그리고 어느 곳에서나 자신의 마음 가는 대로 자유롭게 짓고 거리낌 없이 사용할 수 있다는 하나의 좋은 증거를 제시해 반박의 근거로 삼고자 한다. 그래서 '대머리'를 뜻하는 '동두(童頭)'를 호로 삼은 김진양에게 자신도 얼굴이 검어 '작은 까마귀'라는 뜻의 '소오자(小烏子)'라고 한 사실을 당당하게 밝히며 아주 해학적인 글을 써준 권근의 「동두설(童頭說)」을 소개하는 것으로 〈작호론(作號論) : 호(號)는 어떻게 짓는가?〉에 대한 의문의 답을 마무리 지으려 한다. 이 글 역시 우리 역사의 명문을 가려 뽑아 엮은 『동문선』에 실려 있는 명문장이다(글의 제목만 보고 혹시나 이 글을 평가 절하하지나 않을까 하는 노파심에서 덧붙이는 말이다).

계림(鷄林, 경주)에 사는 김진양이 땅을 사고 집을 지어 띠풀로 지붕을 이고서 동두(童頭, 대머리)라고 자호(自號)하였다. 사람들이 그 까닭을 묻자, '나는 얼굴이 번들거리고 머리숱이 본래부터 적었다. 내 비록 술을 잘 마시지는 못하지만 진실로 술이 있으면 진하거나, 묽거나, 맑거나, 탁하거나를 따져 묻지 않고 사양하지 않았다. 술에 취하면 갓을 벗고 머리를 드러내는 버릇이 있는데, 내 머리를 보는 사람들은 모두 나를 동두(童頭)라고 불렀다. 이러한 까닭에 내가 그렇게 호를 삼은 것이다. 무릇 호로 부르는 것은 나를 부르는 것이다. 나는 동두이다. 따라서 나를 동두라고 부르는 것이 또한 옳지 않은가. 사람들이 나의 모습 그대로 부르고, 나 또한 이를 받아들이는 것이 마땅하다. 옛적에 공자가 태어날 때부터 이마가 움푹 들어가서 이에 명(名)과 자(字)를 지었다고 하였다. 자신의 생긴 모습 그대로 거기에 맞게 부른 것이

다. 곱사등이의 모습을 한 사람이 낙타(駱駝)라고 부른 것이 그렇다. 옛 성현 (聖賢) 역시 자신의 모습 그대로 호를 삼은 것이 또한 많다. 내 어찌 홀로 사양하고 마다하겠는가. 더욱이 속담에 '동두인 사람치고 걸식(乞食)하는 사람은 없다'라고 하였다. 어찌 복(福)의 징조가 아니라고 하겠는가. 또한 사람은 늙으면 반드시 동두가 되니, 이 역시 어찌 장수(長壽)의 징조가 아니라고 하겠는가. 내가 가난으로 걸식하지 않고 오래도록 살다가 편안하게 죽음을 맞는다면 곧 동두가 내게 덕(德)을 준 것이 아니고 무엇이겠는가. 누군들 부귀와 장수를 바라지 않겠는가. 그러나 하늘이 만물을 낳을 때 날카로운 이빨을 준 자에게는 굳센 뿔을 주지 않았고, 날개를 달고 있는 자에게는 네 다리를 주지 않았다. 사람에게도 역시 그렇게 했으니, 부귀와 장수를 겸비한 사람은 매우 드물다. 부귀하지만 그것을 보전하지 못하는 사람을 내가 또한 많이 보았는데 어찌 부귀를 바라겠는가. 초가집이 있어서 내 몸을 가릴 수 있고 거친 음식이지만 나의 배고픔을 채워준다. 이렇게 살면서 나의 타고난 수명을 다할 따름이다. 사람들이 나를 동두라 부르고, 나 역시 동두라 자칭하고 다니니, 이것은 내가 동두인 것을 즐겁게 여기기 때문이다.' 라고 하였다. 내가 그의 말을 듣고 '맞다. 그대의 생각이 나와 같다. 나 역시 안색(顏色)이 검어서 사람들이 소오(小烏, 작은 까마귀)라 지목했는데, 일찍이 이러한 별호를 받아들인 적이 있다. 동두(童頭)와 소오(小烏)는 겉모습을 그렇게 꾸민 것은 아니지만 또한 외모로 말미암아 지목당한 것이다. 만약 그 내면적인 인격에 대해 말한다면 내가 어떻게 수양하는가에 달려 있을 뿐이다. 세상에는 악단(渥丹)과 같이 겉모습은 아름답지만 속마음은 늑대와 같이 악랄한지가 있으니, 어찌 용모를 가지고 그 진실함과 사악함의 여부를 단정할 수 있겠는가!'라고 하였다. 김진양은 웅대하고 박식한 학문과 민첩한 재능을 갖추고 조정에서 벼슬한 지 여러 해가 되었다. 대간(臺諫)의 요직을 역임하고 시종(侍從)의 관직에도 오랫동안 머물렀다. 이에 빛나는 명성을 크게 떨쳐 사람들의 기대가 모두 원대했으나, 그 마음이 겸손하고 또 겸손하여 부귀를 좋아하지 않고 장차 초가집에서 몸을 마칠 생각을 하였다. 이에 그가 평생 수양한 것이 어느 정도 수준인지 알 수 있다. 이른바 '내가 흠을 잡아 비난할 것이 없다'는 말은 바로 이 사람에게 해당하는 말이 아니겠는가. 창룡(蒼龍) 임자년(壬子年) 가을 8월 12일 소오자(小烏子)가 쓰다.

-『동문선』, 「동두설김진양자호(童頭說金震陽自號)」

남들이 비하하거나 놀림감으로 부르는 '대머리'를 뜻하는 '동두', 얼굴이 검어서 까마귀와 같다는 의미의 '소오자'조차 호(號)로 삼을 수 있다면, 도대체 세상 그 무엇을 호로 삼지 못하겠는가? 그러므로 필자는 가장 훌륭한 작호(作號)란 인위적이거나 작위적이지 않는 '자연스러움'과 그 무엇에도 구속받지 않는 '자유로움'에서 찾아야 한다고 감히 말할 수 있다.

조선 시대 인물들의 자호(字號) 소사전

목은(牧隱) 이색(1328~1396) 자(字)는 영숙(穎叔). 고려 말기 유학의 종주(宗主)이자 신진 사대부의 스승. 고려 말, 조선 초의 이름난 문사와 공신들이 모두 그의 문하에서 나왔다. 정몽주, 이숭인, 정도전, 조준, 권근, 하륜 등이 대표적 인물들이다. 그의 호 '목은'은 '소나 양을 치는 목자(牧者)로 숨어 살고 싶다'는 뜻을 담고 있다. 이색이 이렇게 입신양명이나 출세보다는 은일(隱逸)하는 삶을 더 가치 있다고 여겨 자신의 호에 그 뜻을 새긴 이후, 여러 제자와 후학이 '은(隱)' 자를 자신의 호에 담았다. 그 대표적인 예가 목은(牧隱)과 더불어 고려에 끝까지 충절을 지켰다고 하여 삼은(三隱)이라 불리는 '포은(圃隱)', '야은(冶隱)' 혹은 '도은(陶隱)' 등이다.

삼우거사(三憂居士) 문익점(1329~1398) 자(字)는 일신(日新). 원나라에서 목화씨를 들여와 목화를 재배하고 면포의 생산과 보급에 헌신한 고려 말기의 문신이자 학자. 조선 건국에 반대해 낙향한 뒤 은둔해 살았다. 그는 항상 "나는 세 가지를 근심한다!"면서 '삼우거사'라고 자호하였다. 문익점이 '근심한 세 가지'란 첫째 나라의 국운이 떨치지 못하는 것, 둘째 공자의 학문이 제대로 전해지지 못하는 것, 셋째 스스로의 도(道)가 서지 못하는 것이었다. 이러한 뜻을 담아 고향인 경남 산청군 단성면 **동쪽**에 있는 집현신 기슭에 '삼우당(三憂堂)'이라 이름 붙인 집을 짓고, 스스로 '삼우당 또는 삼우거사'라 부르면서 은둔의 삶을 살다가 조선이 개국한 지 7년째 되는 1398년(태조 7), 70세의 나이로 세상을 떠났다.

포은(圃隱) 정몽주(1337~1392) 자(字)는 달가(達可). 이색의 수제자로 고려 왕조의 개혁을 이끈 신진 사대부의 수장이었으나 조선의 개국을 끝까지 반대하다 이방원의 수하에게 살해당했다. 그러나 사후 고려에 절의를 지킨 충신이자 동방 성리학과 사림파의 조종(祖宗)으로 추대되는 영광을 누렸다. 그는 스승 이색의 호에 담긴 은일(隱逸)의 뜻을 좇아 '포은(圃隱)'을 호로 삼았다. 이 호는 '채마밭에서 채소나 가꾸며 숨어 살고 싶다'는 뜻으로 해석할 수 있다.

우재(吁齋) 조준(1346~1405) 자(字)는 명중(明仲). 이색의 제자로 고려 말 전제 개혁(田制改革)을 단행해 조선 개국의 기틀을 마련했고, 정도전과 더불어 조선 개국의 최대 공신이라고 할 수 있다. 그는 '우재(吁齋)' 또는 '송당(松堂)'이라는 호를 썼다. '우(吁)'라는 한자에는 '탄식하다' 혹은 '근심하다'라는 뜻이 있다. 따라서 우재(吁齋)는 '근심하는 혹은 탄식하는 집'으로 풀이할 수 있다. 이 호에는 고려 말기 혼돈한 세상사를 근심했던 조준이 심정이 잘 담겨 있다. 그의 또 다른 호인 '송당(松堂)'은 개성의 용수산이 바라다 보이는 '소나무 소리가 넉넉한 서재'를 가리킨다. '우재'라는 호로 많이 알려져 있지만, 그가 남긴 문집의 제목은 『송당집(松堂集)』이다. 송당의 풍경은 문집에 실려 있는 조준의 시 두 편, 즉 「송당(松堂)」에 나오는 "밤이 깊어 갈수록 소나무 소리는 넉넉하고〔夜久松聲足〕"와 「송당의 즐거움〔松堂樂〕」에 나오는 "송당에 누워 용만(龍巒, 용수산)에 떠 있는 구름을 바라보네〔臥看龍巒出岫雲〕"라는 구절에 잘 나타나 있다.

도은(陶隱) 이숭인(1347~1392) 자(子)는 자안(子安). 이색의 제자 중에서도 높은 학문과 뛰어난 문장으로 명성을 떨쳤다. 고려의 개혁을 주도한 신진 사대부의 일원이었다. 조선의 개국을 반대하다 유배형에 처해졌고 장살(杖殺)당했다. 그의 호 '도은(陶隱)'은 '질그릇을 굽는 도공으로 숨어 살고 싶다'라는 뜻을 담고 있다.

호정(浩亭) 하륜(1347~1416) 자(字)는 대림(大臨). 고려 말 권신(權臣) 이인임의 조카 사위로 큰 권세를 누렸다. 조선이 개국한 이후에는 태종 이방원을 왕위에 옹립하고 왕권 강화에 크게 공헌했다. 이 공로를 인정받아 네 차례나 영의정에 올랐다. 그의 호 '호정(浩亭)'에서 '호(浩)' 자는 '넓다' 혹은 '광대하다'라는 뜻을 지니고 있다. 참고로 '호호(浩浩)'는 '끝없이 드넓은 하늘'을 가리키는 말이다. 공민왕 때 벼슬길에 나간 뒤 조선의 태종 때까지 권력의 핵심부를 맴돌다가, 결국 무력을 동원해 '왕자의 난'을 일으키고 이방원을 임금의 자리에 올린 후 무려 네 차례나 영의정을 지냈던 하륜의 포부와 야심이 잘 드러나 있는 호이다.

양촌(陽村) 권근(1352~1409) 자(字)는 가원(可遠) 또는 사숙(思叔). 고려 말 조선 초의 문신이자 학자. 이색의 제자였으나 조선의 개국 공신이 되었다. 처음 조선의 개국에 반대했던 권근은 충북 충주시 소태면 양촌(陽村) 마을에 은둔해 살다가 태조 2년(1393년)에 다시 벼슬길에 나섰다. 권근의 출생지에 대해서는 논란이 없지 않지만, 그가 개경에서 벼슬하는 동안에도 틈만 나면 이곳을 자주 찾았고 또한 '양촌(陽村)'을 자호로 삼았던 것을 보면, 이곳은 그의 탄생 및 성장과 밀접한 관련이 있는 것으로 보인다. 저서로 『양촌집(陽村集)』이 있다.

야은(冶隱) 길재(1353~1419) 자(字)는 재보(再父). 고려 말 이색과 정몽주의 문하에서 유학을 배워 벼슬길에 나섰으나, 조선이 개국하자 경북 구미에 물러나 은둔한 채 죽을 때까지 고려에 대한 충절을 지켰다. 그가 구미에서 가르친 제자 김숙자의 학통이 김종직, 김굉필, 조광조 등으로 이어져 사림파를 형성했다. 그리하여 정몽주와 더불어 조선 성리학과 사림파의 시조(始祖)로 추앙받고 있다. 그의 호 역시 은일(隱逸)의 뜻을 담고 있는데, '야은(冶隱)'은 '풀무질이나 하며 대장간에서 대장장이로 숨어 살고 싶다'라는 뜻으로 해석할 수 있다. 또한 그는 경북 구미 금오산에 은둔해 살면서 제자들을 가르쳤기에 '금오산인(金鰲山人)'이라 자호하기도 했다.

고불(古佛) 맹사성(1360~1438) 자(字)는 자명(自明). 황희 정승과 더불어 세종 시대 문치(文治)를 빛낸 명재상이자 청백리(淸白吏). 특히 그는 음률에 밝아 우리나라 고유의 음악인 향악(鄕樂)을 정리하고 직접 악기를 만들기까지 했다. 그의 호 '고불(古佛)'은 고불심(古佛心)에서 비롯되었다. 고불심(古佛心)은 순수하고 참된 도인(道人)의 마음을 의미한다. 옛적에 노자(老子)가 소를 타고 세상을 떠난 고사에서 비롯되었는데, 맹사성이 풍류 삼아 소를 타고 다니는 것을 즐겼기 때문에 생겨난 호라고 한다.

난계(蘭溪) 박연(1378~1458) 자(字)는 탄부(坦夫). 박연은 고구려의 왕산악, 신라의 우륵과 함께 3대 악성(樂聖)이라 불린다. 세종 때 기존의 악기를 조율하고 악보를 편찬하였으며 새로운 아악기를 제작하는 등 조선 초기 음악 이론을 정리하고 궁중 음악을 정비했다. 박연은 고려 말기인 1378년(우왕 4)에 충북 영동군 심천면 고당리에서 태어나 1458년(세조 4) 81세의 나이로 고향 집에서 사망했다. 자신이 태어나고 자란 고향 집을 누구보다 사랑했던 박연은 관직에 머무를 때를 제외하고는 대부분의 시간을 그곳에서 보냈다고 한다. 박연의 호 '난계(蘭溪)' 역시 그의 남달랐던 고향 사랑과 깊게 관련되어 있다. 고향 집에 머물던 어느 날 박연은 부근에 위치한 옥계 폭포(충북 영동군 심천면 마곡리 소재)를 찾아가 폭포수 아래에서 피리를 연주했는데, 그때 바위틈에 핀 난초가 무척이나 아름다워 자신의 호를 '난계(蘭溪)'라 지었다고 한다. 한편 그의 집 정원에 난초가 유난히 많아서 '난계(蘭溪)'라고 했다는 설도 있다.

강호산인(江湖散人) 김숙자(1389~1456) 자(字)는 자배(子培). 길재의 수제자이자 김종직의 아버지로 사림파의 적통을 이은 조선 초기의 문신이자 학자. 그의 호 '강호산인(江湖散人)'은 '세상사를 잊고 자유롭고 한가롭게 사는 사람' 혹은 '세상의 어떤 것에도 얽매이지 않은 채 마음 가는 대로 사는 사람'을 뜻한다. 당나라 말기의 시인 육구몽(陸龜蒙)의 별호(別號)도 '강호산인(江湖散人)'이었다.

학역재(學易齋) 정인지(1396~1478) 자(字)는 백저(伯雎). 세종과 문종 시대의 문치(文治)를 주도한 대표적인 문신이자 학자. 특히 집현전의 훈민정음 창제를 앞장서 이끌었다. 우리가 익히 알고 있는 훈민정음 서문은 "나랏 말쓰미 듕귁에 달아 문쭹와로 서르 스뭇디 아니홀씨"로 시작하는 세종대왕의 서문인데, 정인지 역시 서문을 썼을 만큼 그의 역할은 컸다. 그는 여기에서 훈민정음은 사람들이 말을 하고자 하면 "갖추어지지 않은 것"이 없고, 글을 쓰고자 하면 "통하지 않는 글"이 없다고 하면서 훈민정음 창제에 참여한 자부심과 자긍심을 만천하에 드러내기도 했다. 그의 호에도 학문에 대한 그의 남달랐던 자부심과 자긍심이 배어 있다. '학역재(學易齋)'라는 호에는 『주역(周易)』의 이치를 배우고 익히고 깨달아 세상을 밝히겠다.'라는 뜻이 담겨 있기 때문이다.

단계(丹溪) 하위지(1412~1456) 자(字)는 천장(天章) 또는 중장(仲章). 단종에 대한 충의를 지키다 세조에게 죽임을 당한 사육신의 한 사람이다. 그의 고향은 경북 구미시 선산읍 이문리(영봉리)인데, 그가 태어날 때 집 앞을 지나가는 개울이 사흘 동안이나 붉은 빛을 띠었다고 한다. 이로 말미암아 이 개울은 단계천(丹溪川)이라 불렸는데, 하위지는 장성한 후 자신의 탄생에 얽힌 이야기를 듣고 상서롭게 여겨 이곳의 이름을 자신의 호로 삼아 '단계(丹溪)'라고 하였다. 선산읍 도심을 지나가는 단계천은 지금은 대부분 복개되어 일부 구간만이 남아 있다.

눌재(訥齋) 양성지(1415~1482) 자(字)는 순부(純夫). 세조가 '나의 제갈량'이라고 부를 만큼 뛰어난 지략과 경륜을 갖춘 문신이자 학자. 집현전 출신으로 세조의 왕위 찬탈에 동조해 출세 가도를 달렸다는 비난을 받기도 했다. '눌재(訥齋)'는 『논어(論語)』「자로(子路)」편에 나오는 '강의목눌근인(剛毅木訥近仁, 강직하고 굳세며 질박하고 어눌함은 인(仁)에 가깝다.)'에서 뜻을 취한 것이다. 여기에서 '눌(訥)'의 의미는 '말이 서툴거나 어눌하다'이다. 실제 양성지는 말을 잘하지는 못했지만 글을 써서 자신의 생각과 의견을 개진하는 데 힘을 쏟았기 때문에, 당시 어느 누구보다도 뛰어난 학식과 경륜을 갖추었다는 평가를 얻었다고 한다. 자신의 단점을 호(號)로 취해 극복한 인물이라 할 수 있겠다.

압구정(鴨鷗亭) 한명회(1415~1487) 자(字)는 자준(子濬). 세조의 왕위 찬탈을 실질적으로 설계하고 지휘한 장본인. 세조 즉위 이후 성종에 이르기까지 수십 년 동안 자신의 두 딸을 모두 왕비로 만들고 세 차례나 영의정에 오른 권신(權臣)이다. '압구(狎鷗)'는 '갈매기(鷗)와 친압(親狎, 친하게 지내다)한다'라는 뜻이다. '세상일을 모두 잊고 강가에서 갈매기를 벗하며 산다'는 뜻으로 한명회가 한강 가에 세운 정자인 '압구정(狎鷗亭)'에서 취한 호이다. 중국 북송(北宋) 시대의 정치가 한기(韓琦)는 백성에게 헌신적이었을 뿐만 아니라 성품이 겸손해 명성이 높았다. 그의 집 이름이 '압구정'이었는데, 당송팔대가(唐宋八大家)의 한 사람인 대문호 구양수(歐陽修)가 그 뜻을 기려 시를 지어주었다고 한다. 거기에는 나라와 백성에 헌신하는 한편 자연을 벗 삼아 한가롭게 즐기라는 위로와 당부의 마음이 담겨 있었다. 한명회는 한기와 구양수의 옛이야기가 담겨 있는 '압구정'이라는 이름을 명(明)나라의 한림학사 예겸(倪謙)에게 직접 받아와 정자에 걸고 자신의 호로 삼았다. 그러나 권력욕으로 가득 찬 권신 한명회의 삶은 '압구정'이라는 이름만 취했을 뿐 거기에 담긴 뜻과는 거리가 멀었다.

취금헌(醉琴軒) 박팽년(1417~1456) 자(字)는 인수(仁叟). 집현전의 젊은 학사(學士)로 세종의 큰 총애를 받았다. 단종 복위 사건에 연루되어 세조의 손에 죽임을 당한 사육신의 한 사람이다. 충의를 위해 목숨을 던질 만큼 강단 있는 선비였지만, 평소 가야금 타는 것을 좋아해 스스로 '가야금에 취하다'라는 뜻의 호 '취금헌(醉琴軒)'을 사용했을 정도로 악기와 음률에 능통했던 풍류지사(風流之士)이기도 했다.

희현당(希賢堂)·보한재(保閑齋) 신숙주(1417~1475) 자(字)는 범옹(泛翁). 성삼문과 함께 집현전을 빛낸 학사로 세종의 총애를 받았다. 그러나 세조의 왕위 찬탈에 적극 가담해 세종의 기대를 저버렸고 집현전의 친구들을 배신했다. 세종의 훈민정음 창제에 큰 공적을 남긴 인물 중 하나다. 특히 그는 요동으로 유배당한 명(明)나라 학자 황찬(黃瓚)을 무려 열세 차례나 찾아가 언어와 문자에 대한 해박한 지식을 얻었고, 이를 훈민정음 창제에 적극 활용했다. 그가 처음 사용한 호인 '희현당(希賢堂)' 역시 황찬과 깊은 인연이 있다. 그의 문집에 전해오는 「연보」에 따르면, 그는 나이 29세인 1445년 4월 8일 황찬에게 당액(堂額)을 지어 달라 청했고, 황찬은 '현인(賢人)을 희구(希求)하라'는 뜻을 담아 신숙주에게 '희현당(希賢堂)'이라는 호를 지어주었다고 한다. 그러다 보한재(保閑齋)라는 호를 썼는데, 여기에는 '한가함을 보존한다'는 뜻 그대로 명리(名利)를 멀리하고 한가롭게 살고 싶다는 신숙주의 소망이 담겨 있다. 현재 전해오는 신숙주 문집 이름은 『보한재집(保閑齋集)』으로 되어 있다. 이로 미루어 보건대, 그는 희현당보다는 보한재라는 호를 더 선호했던 것 같다.

비해당(匪懈堂) 안평대군(1418∼1453) 자(字)는 청지(淸之). 세종의 셋째 아들로 시문(詩文)은 물론 서예와 그림, 음률에 능숙했던 당대 최고의 예술가였다. 1453년 계유정난 때 형인 수양대군에 의해 김종서·황보인 등과 결탁해 단종을 몰아내고 왕위에 오르려 했다는 누명을 뒤집어쓴 채 죽임을 당했다. 그의 아버지 세종이 인왕산 수성동 계곡에 있던 안평대군의 집에 '게으리하지 않고 임금을 섬기라'는 뜻으로 내린 당호(堂號)가 '비해당(匪懈堂)'이었다. 훗날 임금이 될 큰형 문종을 잘 섬기라는 의미가 담겨 있었다. 군호(君號)인 '안평(安平)'이 편안하고 태평하다는 뜻이었기 때문에, 혹시나 안이하고 게으른 마음을 가지지 않을까 염려한 아버지 세종이 내려준 호였던 것이다. 세종은 유학의 경전인 『시경(詩經)』의 「증민(蒸民)」에 나오는 "숙야비해(夙夜匪解)하여 이사일인(以事一人)이로다"라는 시구(詩句)에 근거하여 '비해당'이라는 당호를 내렸다고 한다. 이 시구의 뜻은 "밤낮으로 게으리하지 않고 한 분 임금만을 섬기네."이다.

주경(朱耕)·현동자(玄洞子) 안견(?∼?) 자(字)는 가도(可度) 또는 득수(得守). 조선 전기를 대표하는 화가. 정선, 김홍도와 더불어 조선 미술을 대표하는 3대 거장(巨匠)으로 불리기도 한다. 안평대군이 꿈에서 본 도원의 풍경을 그린 그의 〈몽유도원도(夢遊桃園圖)〉는 우리 미술사 최고의 걸작 중 하나로 손꼽힌다. 그의 호 '주경(朱耕)'은 '인주(印朱, 붉은색의 안료)로 짓는 농사' 혹은 '인주로 농사를 짓다'라는 뜻으로, 자신이 그림을 그리는 화가임을 밝히고 있다. 그리고 '현동자(玄洞子)'라는 호는 다분히 도가(道家)적인 의미를 담고 있다. '현동(玄洞)'이란 용어는 도가에서 말하는 신선이 산다는 삼신산(三神山) 중의 하나인 방호(方壺)와 유사한 의미로 해석할 수 있기 때문이다. 안견은 〈몽유도원도〉에서 보이듯, 도가의 이상향을 평소 사모하였다. 따라서 '현동자'는 도가의 이상향에서 살고 싶었던 안견의 소망이 담겨 있는 호라고 볼 수 있다.

매죽헌(梅竹軒) 성삼문(1418∼1456) 자(字)는 근보(謹甫). 집현전이 학사(學士)로 학문적 재능과 실력이 출중해 세종으로부터 각별한 총애를 받았다. 왕위를 찬탈한 세조에 맞서 단종의 복위를 도모하다 처형당한 사육신의 한 사람이다. 올곧고 강직한 군자(선비)의 기질과 품격을 상징하는 매화(梅)와 대나무(竹)를 취해 호로 삼은 '매죽헌(梅竹

軒)'의 뜻 그대로, 그는 조선 제일의 충의지사(忠義志士)였다. 서거정이 지은 시 「매죽헌」을 보면, 성삼문의 호에 담긴 뜻과 의미를 더욱 명확하게 알 수 있다. "대나무는 성인(聖人)의 맑은 기상이고/매화는 선인(仙人)의 뼈대이네/그 맑고 깨끗한 품격은 우열을 가릴 수 없고/천지(天地)간의 한 가지 청백(淸白)이네/올곧고 욕심 없는 것은 그 마음이고/그윽한 향기는 그 덕성(德性)이네/고고한 선비의 아치(雅致) 있어서/나 홀로 지나칠 만큼 좋아하네/어찌 봄바람의 자태가 없겠는가/아리따운 모습 내 눈을 기쁘게 하네/담백한 성품 내가 즐거워하는 것이고/부귀는 내가 바라는 것 아니네/눈과 서리같이 밝고 깨끗한 얼굴/안개와 비 같은 자질 씻고 또 씻어/방 안 구석진 곳에서 마주 대하고 있노라면/얽매이지 않는 모습 모두 속되지 않네/가만히 앉아 보고 있으면 한 줄기 기운 흘러나와/기개와 도량 한없이 크고 넓어서/드높은 매죽헌(梅竹軒) 이 가운데 아취(雅趣)를/아는 이 단지 하늘과 그대뿐이네"

사가정(四佳亭) · 정정정(亭亭亭) 서거정(1420~1488) 자(字)는 자원(子元) 또는 강중(剛中). 45년 동안 세종 · 문종 · 단종 · 세조 · 예종 · 성종에 이르는 여섯 왕을 섬기면서 당대 최고의 문장가이자 서예가, 학자로 인정받았다. 『경국대전(經國大典)』, 『동국통감(東國通鑑)』, 『동국여지승람(東國輿地勝覽)』등 국가적 편찬 사업에 주도적으로 참여했고, 『향약집성방(鄕藥集成方)』을 국역했으며, 우리나라의 역대 명문장을 모아 『동문선(東文選)』을 엮는 등 조선 전기 국가 제도와 학문 및 문장의 정비에 큰 공적을 남겼다. 그의 호 '사가정(四佳亭)'에서 '사가(四佳)'는 '네 가지의 아름다움' 혹은 '네 가지를 좋아함' 등으로 풀이할 수 있다. 여기에서 네 가지는 서거정이 좋아했던 '매화, 대나무, 연꽃, 해당화'를 가리킨다. 그는 집 안에 이 네 가지 꽃과 식물을 심어 놓고 즐겨 감상하면서 자신의 호를 '사가정(四佳亭)'이라 하였다. 이러한 사실은 그의 친구였던 박팽년의 '강중(剛中)'의 집 안에 심어 있는 매화, 대나무, 연꽃, 해당화 네 가지를 소재로 읊다[題剛中家梅竹蓮海棠四詠]'라는 시에 잘 나타나 있다. 한편 '정정정(亭亭亭)'이라는 좀 별스런 호는 『국조인물고(國朝人物考)』에 그 유래가 자세히 소개되어 있다. 즉 서거정이 조용하고 인적이 드문 곳에 별장 두어 칸을 짓고서 연못을 파고 연꽃을 심은 다음, 좌우로 서책을 쌓아놓고 지내다가 더러 손님이 찾아오면 술상을 차려놓고 시가(詩歌)를 읊는 담박한 생활을 즐기며 '정정정'이라 자호하였다는 것이다. 여기에서 '정정(亭亭)'은 '늙었으나 허리가 굽지 않고 꼿꼿한 모양'을 가리키거나 '산이나 나무가 높이 우뚝 솟아 있는 모양'을 뜻한다.

사숙재(私淑齋) 강희맹(1424~1483) 자(字)는 경순(景醇). 세조와 성종 연간 서거정과 쌍벽을 이룬 문장가이자 좌찬성(종1품)에까지 오른 문신. 특히 형 강희안과 함께 조선 전기의 최고 형제 문장가이자 문인화가로 명성이 높았다. 강희맹은 송죽도(松竹圖)와 산수화를 잘 그렸고, 강희안은 인물 산수화에 능숙했다. 강희맹의 호 '사숙재(私淑齋)' 는 맹자가 자신의 학문은 공자를 '사숙(私淑)'하면서 이룬 것이라 말한 데에서 뜻을 취한 것이다. 이 말은 『맹자』「이루 하(離婁下)」편에 나온다. "여(汝)는 미득위공자도야(未得爲孔子徒也)나 여(予)는 사숙제인야(私淑諸人也)로다." 그 뜻은 "나는 공자에게 직접 배운 제자가 되지는 못했지만, 여러 사람을 통해 공자의 도(道)를 들었고 또한 나는 그를 사숙하였다."이다. 여기에서 '사숙'이란 '직접적으로 가르침을 받지는 않았지만 그를 흠모해 홀로 그 학문과 도리를 배우고 익혔다'는 의미를 갖고 있다. 맹자는 공자가 이미 사망한 후 태어났기 때문에 이렇게 말한 것이며, 자신의 학문은 특별한 스승을 두지 않고 오직 공자를 사숙하면서 터득한 것이라는 점을 강조한 것이다. 따라서 강희맹이 자신의 호 '사숙재'에 담은 뜻 역시 두 가지로 살펴볼 수 있다. 그 하나가 자신은 오직 성인(聖人)을 본받아 학문을 익혔다는 사실을 밝힌 것이라면, 다른 하나는 자신의 학문과 예술은 홀로 터득한 것이라는 사실을 드러냈다고 할 수 있다.

점필재(佔畢齋) 김종직(1431~1492) 자(字)는 효관(孝盥)·계온(季昷). 길재와 김숙자의 학통을 이어 김굉필과 정여창에게 전한 성종 때의 문신이자 학자. 그의 중앙 정계 진출로 사림파의 역사가 시작되었다. 사후 그가 쓴 「조의제문(弔義帝文)」이 빌미가 되어 최초의 대규모 선비 살해 사건인 무오사화(戊午士禍)가 일어났다. 그의 호 '점필재(佔畢齋)'는 '책에 담긴 뜻은 알지 못한 채 입으로 글자만 읽는다'는 의미로, 책을 건성건성 보아서는 안 된다는 경계의 뜻을 역설적으로 표현한 것이라 할 수 있다.

용재(慵齋) 성현(1439~1504) 자(字)는 경숙(磬叔). 음악과 음률에 박식해 성종의 명을 받아 당시까지 전해온 음악 이론과 각종 음률과 악보 및 악기를 총망라한 『악학궤범(樂學軌範)』을 편찬·간행했다. 또한 고려 때부터 성종 때까지의 풍속, 지리, 역사, 문물, 제도, 음악, 문학, 인물, 설화 등을 집대성한 『용재총화(慵齋叢話)』를 저술했다. '용재(慵齋)'라는 호를 썼던 그는 당대 최고의 문장가이자 이야기꾼답게 '게으름을 조롱함(嘲慵)'이라는 제목의 글을 통해서 (우의적이고 역설적 표현 방법으로) 명예와 이욕을 좇아 숨가쁘게 돌아가는 세속적인 삶과 거리를 두며 살겠다는 뜻으로 '게으를 용(慵)' 자를 취해 호로 삼은 사연을 기록해 놓았다. 명예와 이욕을 좇는 것에 게으른 자신을 '용재(慵齋)'라는 호 속에 담았던 것이다. 또한 그는 '부휴자전(浮休子傳)'이라는 글을 통해 "세상에 태어나서 산다는 것은 마치 '둥둥 떠 있는 것(浮)'과 같고, 죽어서 세상을 떠난다는 것은 마치 '휴식하는 것(休)'과 같다."면서 "둥둥 떠 있는 것과 같은 삶이 뭐가 영화롭고, 휴식하는 것과 같은 죽음이 뭐가 슬프겠는가!"라고 했다. 이렇듯 삶도 특별한 가치가 없고 죽음 또한 슬퍼할 필요가 없다는 탈속(脫俗)의 철학이 담겨 있는 성현의 호가 '부휴자(浮休子)'이다.

금남(錦南) 최부(1454~1504) 자(字)는 연연(淵淵). 이탈리아 상인 마르코 폴로의 『동방견문록』과 일본 승려 엔닌의 『입당구법순례행기(入唐求法巡禮記)』와 함께 세계 3대 중국 여행기로 꼽히는 『표해록(漂海錄)』(혹은 『금남표해록(錦南漂海錄)』)의 저자. 그는 나이 34세인 1487년(성종 18)에 추쇄경차관(推刷敬差官)으로 제주도에 갔으나 이듬해 부친상을 당해 급하게 고향인 나주로 돌아오던 중 큰 풍랑을 만나 표류하다 명나라 절강성 영파현에 다다랐다. 그 후 명나라의 수도인 북경을 거쳐 육로를 통해 반년 만에야 한양에 돌아왔고 자신의 경험담을 기록한 『표해록』을 저술했다. 성종 시절 중앙 관직에 나간 최부는 사림파의 일원으로 활동하다가 무오사화(戊午士禍) 때 김종직의 문인으로 붕당을 결성하고 국정을 비방했다는 누명을 쓰고 함경도 단천으로 유배되었고 뒤이은 갑자사화(甲子士禍) 때 참형을 당했다. 전라도 나주에서 태어난 그는 해남 정씨를 부인으로 맞았는데, 이 때문에 처가인 해남을 근거지 삼아 수많은 제자를 길러 냈다. 당시 그의 학문적 영향력이 얼마나 대단했는지는 호남사림을 대표하는 명문가인 해남 윤씨,

선산 임씨, 선산 유씨 세 가문이 모두 그의 문하에서 나왔다는 사실만으로도 알 수 있다. 그는 호남사림을 대표하는 명사답게 자신의 고향인 나주의 옛 이름 금성(錦城)에서 '금(錦)'자를 취하고, 처가이자 주요 활동 무대였던 해남(海南)에서 '남(南)'자를 따와 '금남(錦南)'이라고 호를 지어 사용했다.

탁영(濯纓) 김일손(1464~1498) 자(字)는 계운(季雲). 무오사화 때 죽임을 당한 사림의 절의지사(節義志士). 그가 사관(史官)으로 일하며 세조의 왕위 찬탈을 우회적으로 비판한 스승 김종직의 「조의제문(弔義帝文)」을 사초에 실은 것이 발단이 되어 무오사화가 일어났다. 이로 인해 그는 오늘날까지도 권력에 꺾이지 않은 직필(直筆)의 상징처럼 여겨지고 있다. '탁영(濯纓)'이라는 호에 담긴 뜻 역시 이러한 그의 삶과 무관하지 않다. 이 호는 중국 춘추 전국 시대 초(楚)나라의 충의지사이자 시인인 굴원(屈原)의 「어부사(漁父詞)」에 나오는 창랑가(滄浪歌)의 "창랑의 물이 맑다면 나의 갓끈을 씻겠지만(滄浪之水淸兮 可以濯吾纓) 창랑의 물이 탁하면 나의 발을 씻을 따름이네(滄浪之水濁兮 可以濯吾足)"에서 취한 것이다. 창랑가에는 세상이 맑아 도리가 행해진다면 갓끈을 씻고 몸가짐을 가지런히 한 다음 벼슬을 하겠지만, 세상이 탁해 도리가 행해지지 않는다면 발이나 씻고 초야에 묻혀 은둔의 삶을 살겠다는 뜻이 담겨 있다. 벼슬에 나아갈 때와 물러날 때를 밝힌 이른바 선비의 '출처(出處) 철학'이 잘 나타나 있다. 따라서 '탁영'이라는 호에는 더럽고 썩은 권력에 빌붙어 비굴하게 살지 않겠다는 김일손의 고고하고 당당한 기상이 서려 있다고 하겠다.

농암(聾巖) 이현보(1467~1555) 자(字)는 비중(棐仲). 국문 가사(國文歌辭)로 자연을 노래한 대표적인 사대부 시인으로 국문학사에서 중요한 자리를 차지하고 있는 인물이다. 그의 호 '농암(聾巖)'은 직역하면 '귀머거리 바위'라는 뜻이다. 그는 나이 46세(1512년)에 경북 안동의 영지산 기슭 '농암(聾巖)'이라는 바위 곁에 집을 짓고 다시 그 뜻을 취해 자신의 호로 삼았다. 그가 자신의 호에 담은 철학은 직접 쓴 '애일당중신기(愛日堂重新記)'라는 글에 잘 나타나 있다. "시골집이 좁고 누추해 부모님을 기쁘게 해드리지 못한 것이 한(恨)이 되었다. 이에 마침내 바위 옆에 집을 지었다. 바위는 옛적부터 이름이 없었다. 세상 사람들 사이에서는 이색암(耳塞巖)이라 전해져 왔다. 바위 앞에 큰 개울이 있고 위쪽으로는 급하게 흐르는 여울이 있어서, 여울 물 소리가 울려 퍼지면 사람들의 귀를 막아 잘 듣지 못하게 된다. '이색(耳塞)'이라는 이름은 반드시 여기에서 나왔을 것이다. 은둔하여 벼슬살이에는 별반 관심이 없는 사람이 거처하기에 마땅한 곳이다. 이로 말미암아 바위를 '농암(聾巖)'이라 이르고 또한 늙은이의 자호(自號)로 삼았다." 자연을 벗 삼아 은둔해 살면서 세상사와 벼슬살이에 대한 이야기를 듣지 못하는 '귀머거리'처럼 살고 싶다는 소망을 담은 호가 바로 '농암'이었던 것이다.

모재(慕齋) 김안국(1478~1543) 자(字)는 국경(國卿). 김굉필의 제자로 중종 시대 조광조, 기준 등과 함께 사림파의 도학 정치(道學政治)와 개혁 정치를 선도했다. 기묘사화(己卯士禍)가 일어나 조광조와 뜻을 함께한 사림의 젊은 인사들이 화를 입을 때 겨우 죽음을 면했으며, 파직되자 경기도 이천으로 내려가 후학들을 가르치며 살았다. 기묘사화 때 희생당한 사림의 명사들을 일컫는 이른바 기묘명현(己卯名賢)의 한 사람으로 존경받았다. 이후 복직되어 대사헌과 대제학 등을 지내며 사림파의 재건과 성장에 크게 공헌했다. 그가 호를 '모재(慕齋)'로 지은 까닭은 『중종실록』 38년(1543년) 1월 4일자 「판중추부사(判中樞府事) 김안국의 졸기(卒記)」에 자세하게 나와 있다. "김안국은 의성 사람인데, 성품이 부지런하며 정성스럽고 깨끗했다. 일곱 살 때 처음 『소학(小學)』을 읽다가 '효성스럽구나! 민자건이여'라는 구절을 보았다. 이에 즉시 '사람은 마땅히 이 구절로 법칙을 삼아야 한다. 나는 언제 장성해서 이러한 일을 할 수 있을까?'라고 말하니, 듣고 있던 사람들이 기이하게 생각했다. 나이 스무 살이 못 되어 연이어 부모님을 잃었다. 마침내 '모재(慕齋)'라 자호하고 돌아가신 부모님을 섬기는 일에 정성을 다했다. 나갈 때나 들어올 때에 반드시 부모님 영전에 고하고, 초하루와 보름에는 반드시 제사를 올렸다. 조금이라도 의례와 같지 못할 경우에는 하루 종일 즐거워하지 않았다." 이러한 기록으로 보면, 김안국이 부모님에 대한 사모(思慕)와 추모(追慕)의 뜻과 마음을 담아 지은 호가 '모재(慕齋)'라는 사실을 알 수 있다.

희락당(希樂堂) 김안로(1481~1537) 자(字)는 이숙(頤叔). 기묘사화 때 조광조와 뜻을 함께했다고 해서 유배형에 처해지기도 했으나, 자신의 아들이 중종과 장경왕후의 딸인 효혜공주와 혼인해 왕실의 맏사위가 되자 조정에 복귀해 권력을 남용하고 정적(政敵)들을 무자비하게 제거한 척신(戚臣)이자 권신(權臣)이 되었다. 그의 부친 김흔은 한양도성의 동쪽 남산 기슭에 '안락당(安樂堂)'이라 이름 붙인 집을 짓고 살았다. 김안로는 아버지의 뒤를 이어 그곳에 살면서, 아버지가 취한 '안락의 뜻을 희구(希求)한다'는 의미를 담아 다시 '희락당(希樂堂)'이라 이름을 짓고 자신의 호로 삼았다. 그러나 그는 자신의 호에 새긴 뜻과는 다르게 장경왕후 사후 중종의 왕비가 된 최대 정적(政敵) 문정왕후의 폐위를 도모하다가 임금의 노여움을 사 유배당한 후 사사(賜死)당하고 만다.

소요당(逍遙堂) 박세무(1487~1554) 자(字)는 경번(景蕃). 조선 시대 아동용 학습 교재였던 『동몽선습(童蒙先習)』의 저자. 사관(史官)으로 재직할 때 직필(直筆)을 하다가 권신 김안로의 미움을 사 마전군수로 좌천되었다. 명종 때 권신 이기(李芑)가 만나자고 해도 단호히 거절할 만큼 권력과 출세에 관심이 없었다고 한다. 지방 수령으로 나가서는 선정을 베풀었고, 관직에서 물러난 이후로는 자제들을 가르치는 일을 가장 큰 기쁨으로 여기며 살았다. 그는 권력과 이욕(利慾)을 좇지 않고 평생 '한가롭게 노닐며 살겠다'는 뜻으로 자신의 호를 '소요당(逍遙堂)'이라고 하였다.

청송당(聽松堂) 성수침(1493~1564) 자(字)는 중옥(仲玉). 조광조의 수제자로 1519년(중종 14) 현량과(賢良科)에 천거되어 벼슬길에 올랐지만, 기묘사화가 일어나자 관직을 버리고 청송당(聽松堂)이라 이름 붙인 집에 은둔한 채 세상을 멀리하고 경서(經書) 연구에만 전념했다. 그는 사림의 적통을 이은 조광조의 수제자이기도 했지만 또한 서인의 종조(宗祖)가 되는 우계(牛溪) 성혼의 아버지였기 때문에, 훗날 사림파는 물론이고 특히 서인 당파로부터 절대적인 존경을 받았다. 이 때문인지 송시열은 「청송당기(聽松堂記)」에서 당시 성수침의 삶을 가리켜 "예부터 은둔하는 선비는 산골 계곡 사이에 깊숙이 숨지 않는 사람이 없었다. 그런데 유독 성선생(成先生, 성수침)의 청송당(聽松堂)만은 이상한 곳에 자리하고 있다. 청송당은 왕성(王城) 안 백악산(白岳山, 북악산) 아래에 있다. 번화한 소리와 이익이 날마다 눈에 보이고 귀에 들어오건만 선생의 마음은 마치 떠다니는 구름처럼 있는 듯 없는 듯했고, 그 맑고 깨끗한 모습은 마치 진흙 속에서 나왔지만 때가 묻지 않은 연꽃과 같았다."라고 묘사하면서 찬사를 아끼지 않았다. 성수침의 집터는 현재 경기상고가 들어서 있는 북악산(백악산) 아래요 인왕산 기슭인 서울 종로구 청운동에 자리하고 있었다. 사방을 두르고 있는 소나무 숲 가운데 거처하면서 '솔바람 소리를 듣는 집'이라는 뜻을 지닌 '청송당'을 자호로 삼았던 그는, 사시사철 푸르른 기운을 자랑하는 소나무를 벗하며 맑고 절조 있는 선비로 살았다.

소쇄옹(瀟灑翁) 양산보(1503~1557) 자(字)는 언진(彦鎭). 전라남도 담양 창평에서 태어나고 자란 양산보는 15세에 한양으로 올라가 조광조의 문하생이 되었다. 17세가 되던 1519년 현량과에 합격했지만 나이가 너무 어리다는 이유로 벼슬에 나가지 못했다. 그런데 그해 뜻밖에도 기묘사화가 일어나 조광조가 전라남도 능주로 유배형에 처해지자 따라나서 유배지에서 스승을 모셨다. 그러나 조광조가 그해를 넘기지 못하고 사사(賜死)당하자 슬픔과 울분을 이기지 못하고 고향으로 돌아온 다음 소쇄원(瀟灑園)을 짓고 은둔의 삶을 살았다. 그 후 소쇄원을 중심으로 이종사촌 간인 면앙정 송순, 사돈 간인 하서 김인후, 석천 임억령, 사촌 김윤제, 고봉 기대승, 제봉 고경명, 송강 정철 등과 교유하며 호남사림과 호남가단의 형성에 주도적인 역할을 했다. 그리고 양산보가 지은 소쇄원은 인공적인 멋보다는 자연적인 멋을 중시했던 조선의 건축 미학과 정원 문화를 상징하는 공간이 되었다. 여기에서 '소쇄(瀟灑)'는 기운과 기상이 '맑고 깨끗하며 시원하다'는 뜻이다. 양산보가 자호로 삼았던 '소쇄옹(瀟灑翁)'이라는 호 역시 동일한 의미를 갖고 있다. 자연과 벗하고 살면서 맑은 기운과 호쾌한 기상을 길렀던 양산보의 삶과 철학에 딱 들어맞는 호라고 하겠다.

사임당(師任堂) 신씨(1504~1551) 퇴계 이황과 함께 조선 최고의 학자로 추앙받는 율곡 이이의 어머니. 유학자들이 이상 국가로 삼은 주(周)나라를 세운 문왕(文王)의 어머니인 태임(太任)을 스승으로 본받는다는 뜻으로 자신의 당호(堂號)를 '사임당(師任堂)'이라고 하였다. 유학에서는 이른바 '요순 삼대'를 유교 사회의 유토피아로 삼는데, 요(堯)임금과 순(舜)임금의 시대와 그 이후의 세 왕조 시대, 곧 하(夏)나라의 우왕(禹王),

은(殷)나라(또는 상(商)나라)의 탕왕(湯王), 주(周)나라의 문왕(文王)과 무왕(武王)의 시대가 바로 그것이다. 즉 문왕(文王)은 성군(聖君)과 성인(聖人)의 표본인 요순(堯舜)과 어깨를 나란히 하는 제왕이다. 그런데 문왕이 성군과 성인이 될 수 있었던 까닭은 그의 어머니 태임의 남다른 태교와 자식 교육 때문이었다고 한다. 이로 인해 태임은 예부터 최고의 현모(賢母)로 추앙받았다. '사임당'이라는 당호에는 태임을 스승으로 삼고 본받아 자식(율곡 이이)을 성현(聖賢)으로 키우겠다는 신사임당의 뜻과 의지가 담겨 있다. 실제 『율곡전서』 「연보」를 보면, 이이의 학문적 성취는 따로 스승을 두지 않고 스스로 공부해 이룬 것이 대부분이지만 처음 그에게 학문을 가르친 사람은 신사임당이라고 분명하게 밝히고 있다. "선생은 처음에는 모부인(신사임당)에게 수학했고, 간혹 집 밖의 스승에게 나아가기도 했지만 힘들이지 않고도 학문이 날로 성취되었다." 신사임당은 율곡의 나이 16세 때 세상을 떠났기 때문에, 실제 두 사람이 함께한 시간은 짧았지만 율곡의 인생 전반에 걸쳐 어머니의 가르침이 끼친 영향력은 절대적인 비중을 차지하고 있었다고 할 수 있다.

하서(河西) 김인후(1510~1560) 자(字)는 후지(厚之). 김인후는 전라도 장성현 대맥동리에서 태어났다. 31세인 1540년(중종 35) 별시문과(別試文科)에 급제해 벼슬길에 오른 이후 뛰어난 학문과 높은 식견을 인정받아 훗날 인종이 되는 세자의 스승이 되었다. 그러나 인종이 즉위한 지 불과 8개월 만에 갑자기 세상을 떠나고 뒤이어 을사사화가 일어나 수많은 사림 인사들이 화를 입자 병을 핑계로 사직하고 고향으로 돌아와 성리학 연구에 전념했다. 김인후가 살았던 장성의 고향집은 병풍산 북쪽 계곡에서 발원하여 장성읍과 광주광역시 광산구를 가로질러 흘러가다가 영산강에 합류하는 황룡강 가까이에 자리하고 있었다. '황룡강의 서쪽'을 뜻하는 그의 호 '하서(河西)'는 이황의 안동, 조식의 합천, 이이의 파주처럼 조선 시대 사림의 본산 중 하나가 장성이었다는 사실을 증명해주고 있다. 지금도 김인후를 기리기 위해 세워진 필암서원(筆巖書院, 전라남도 장성군 황룡면 필암리 소재)을 찾아가려면 황룡강을 지나가야 한다.

미암(眉巖) 유희춘(1513~1577) 자(字)는 인중(仁仲). 16세기 조선의 생활사와 일상사를 가장 잘 보여주는 보물 제260호 『미암일기(眉巖日記)』의 저자. 호남사림의 대부였던 외할아버지 금남 최부의 학통을 계승해 하서 김인후, 고봉 기대승과 더불어 가장 명망 높았던 호남의 학자였다. 명종 초기 어린 임금을 대신해 섭정하던 문정왕후의 권력 전횡을 비판하다 제주도에 유배되어 18년 동안 귀양살이를 했지만, 선조가 즉위한 후 사면되어 전라도 관찰사, 이조참판, 사헌부 대사헌 등의 요직에 올랐다. 유희춘은 전라남도 해남군 해남읍 해리에서 태어났다. 해남읍은 주산인 금강산(金剛山)을 중심으로 북쪽과 동쪽을 산악이 둘러싸고 있다. 무성한 수목과 수많은 기암괴석으로 이름난 이 금강산에는 '초승달 혹은 눈썹 모양의 바위'가 있는데, 유희춘은 자신이 태어나고 자란 해남의 집 가까이에 자리하고 있는 이 바위의 이름인 '미암(眉巖)'을 취해 자신의 호로 삼았다.

봉래(蓬萊) 양사언(1517~1584) 자(字)는 응빙(應聘). 양사언은 물론 형 양사준과 동생 양사기 모두 시문(詩文)에 뛰어나 중국의 삼소(三蘇, 소식 · 소순 · 소철)와 견주어지곤 했고, 특히 서예는 해서(楷書)와 초서(草書)에서 탁월한 재주를 발휘해 안평대군, 김구, 한호와 더불어 조선의 4대 명필로 일컬어지고 있다. 그는 금강산을 너무나 사랑해 이 산의 여름 별칭인 봉래산(蓬萊山)을 자신의 호로 삼아 '봉래(蓬萊)'라고 하였다. 더욱이 금강산 삼일포 주변 해금강의 풍경을 무척 좋아해 '해객(海客)'이라는 호를 쓰기도 했다.

고봉(高峯) 기대승(1527~1572) 자(字)는 명언(明彦). 16세기 '사림의 전성시대'를 빛낸 대학자. 그가 8년여에 걸쳐 서신 왕래를 통해 이황과 벌인 '사단칠정논쟁(四端七情論爭)'은 조선 성리학의 성장과 발전에 지대한 영향을 끼쳤다. 그보다 26년 연상으로 스승이나 다름없었던 이황이 대등한 입장에서 논쟁을 할 만큼 학문적 식견이 높았다. 기대승은 본관이 행주(幸州)인 행주 기씨인데, 실제 경기 고양군(지금의 고양시) 행주의 고봉산(高峯山) 아래에는 기씨 집성촌이 있었다고 한다. 그의 출생지에 관해서는 약간의 논란이 있지만, 대체적으로 이곳 고봉산 아래에서 태어났다고 보고 있다. 그의 호 '고봉(高峯)'은 바로 여기에서 비롯되었다.

수우당(守愚堂) 최영경(1529~1590) 자(字)는 효원(孝元). 남명 조식의 제자로 당시 사림파 사이에서 학행(學行)으로 명성이 높았다. 특히 구설(口舌)과 문장(文章)만 일삼는 학문의 폐해에서 벗어나 실제 생활에 필요하고 실천할 수 있는 학문을 역설했다. 1590년(선조 23) 사림을 뒤흔든 '정여립 역모 사건' 때 명망 높은 동인의 선비였던 그를 죽이려는 서인 측의 모함 때문에 역적의 수괴이자 유령의 인물인 길삼봉(吉三峯)으로 지목되어 고문을 받다 옥사하였다. 그가 호에 담은 '수우(守愚)'란 '자신의 재능과 지혜를 감추고 어리석은 사람처럼 행동하는 것'을 말한다. 즉 스스로 자신이 어리석다는 것을 깨닫고 자신의 재능과 지혜 이상의 것을 욕심내거나 구하려고 하지 않는다는 뜻이다. 실제 그는 높은 학행으로 여러 차례 관직에 제수되었으나 끝내 벼슬길에 나가지 않고 오로지 '경(敬, 공경하고 조심하고 삼가 하는 태도)'과 '의(義, 의로운 마음과 정의로운 행동)'를 학문의 근본으로 삼아 정진하는 데 열성을 쏟았다고 한다.

제봉(霽峰) 고경명(1533~1592) 자(字)는 이순(而順). 호남의 사림이자 호남가단의 일원으로 학문과 시문(詩文)에 뛰어났다. 임진왜란 초기 의병장으로 전라도 장흥과 담양에서 7,000여 명의 의병을 모아 왜적을 격퇴하려고 북상하다가 금산 전투에서 순절했다. 훗날 백사 이항복은 "수많은 호남의 시인들 중에서도 고경명이 가장 뛰어났다"면서 절의(節義)에 가려져 그의 시문이 제대로 평가받지 못한 점을 안타까워했다. "세상 사람들은 모두 호남에 시인이 많다고들 한다. 그 가운데에서도 제봉 고경명이 가장 뛰어났다. 또한 임진왜란이 일어났을 때 호남에는 의병이 많았다고 하는데, 역시 고경명이 가장 먼저 의병을 일으켰다. 이 때문에 왜적을 물리친 후 조정에서는 절개와 의로움을 위해 죽은 선비들에게 상을 내리면서 고경명을 으뜸으로 세워 칭송했다. 이로 인해 예전에 고경명의 시가 누렸던 명성이 잠겨 버리고 드러나지 않았다. 예전에는 시를 잘하다가 뒤에는 그보다 못해서가 아니다. 시보다 그 절개와 의로움을 더 소중하게 여기다 보니, 시가 가려졌을 뿐이다." 그의 호 제봉(霽峰) 역시 그가 활동했던 호남가단 즉 '면앙정가단'과 깊은 관련이 있다. 송순의 「면앙정가(俛仰亭歌)」는 "무등산 한 줄기의 산이 동쪽으로 뻗어 있어/멀리 떨쳐 나와 제월봉(霽月峰)이 되었거늘"로 시작한다. 면앙정은 이 시가(詩歌)에서 말하듯이, 전남 담양군 봉산면 제월봉(霽月峰) 언덕 위에 세워진 정자이다. 송순의 제자이자 면앙정을 중심으로 활동한 호남가단의 핵심 일원이었던 고경봉은 이 지명에서 유래한 '제봉(霽峰)'을 자신의 호로 삼았던 것이다.

오음(梧陰) 윤두수(1533~1601) 자(字)는 자앙(子仰). 시와 문장이 뛰어났고 글씨에서도 일가를 이룰 만큼 명필이었다. 임진왜란 때 선조를 호종(護從)하여 어영대장이 되었다가 이후 우의정, 좌의정을 거쳐 영의정에까지 올랐다. 문집으로 『오음유고(梧陰遺稿)』가 있다. 윤두수의 선영(先塋)이 있는 경기도 장단의 오음리(梧陰里)는 예로부터 왕기(王氣)가 서려 있다고 해서 한때 국장지(國葬地)로 거론되기도 한 명당으로 알려져 있다. 그는 이곳에서 호를 취해 '오음(梧陰)'이라고 했다.

우계(牛溪) 성혼(1535~1598) 자(字)는 호원(浩原). 성혼이 율곡 이이와 맺은 도의지교(道義之交)는 조선에서 성리학이 유일무이한 이념으로 자리 잡는 데 결정적인 역할을 했다. 율곡과 함께 서인의 종조(宗祖)가 되었고 사후에 성균관의 문묘에 종사되는 최고의 영광을 누렸다. 동방18현(東方十八賢) 중의 한 사람으로 추앙받는 대학자이다. 아버지 성수침이 지은 인왕산 아래 청송당(聽松堂)에 살던 시기에는 묵암(黙庵)이라는 호를 썼다. 그러다가 36세가 되는 1570년(선조 3) 아버지의 뒤를 이어 경기도 파주 파평산 아래 우계(牛溪)로 옮겨와 살면서부터 호를 '우계(牛溪)'라고 하였다. 파주로 흘러 들어가는 하천인 우계가에서 평생 성리학을 탐구하고 서실(書室)을 지어 제자들을 가르치며 살다가 그곳에서 삶을 마감했다.

내암(來庵) 정인홍(1535~1623) 자(字)는 덕원(德遠). 남명 조식의 수제자. 임진왜란 때 의병장으로 맹활약했고 광해군 즉위 후 집권한 북인의 정치적 · 학문적 수장이었다. 그러나 인조반정 이후 서인 세력에 의해 대역 죄인이자 패륜의 주범으로 몰려 철저하게 매장 당했다. 그의 삶과 정치 행적에 대해서는 오늘날까지도 조식의 학통을 이은 의병장이자 산림(山林)의 지사(志士)였다는 평가에서부터 무자비하고 잔혹한 정치가이자 역적이라는 평가에 이르기까지 '극과 극'을 오가고 있다. 특히 광해군 때 권신(權臣)이자 간신(奸臣)이었던 이이첨의 정치적 스승이자 후견인으로 자주 묘사되고 있기 때문에, 그는 자신의 반대 당파나 정적에게 비타협적이고 잔인한 살인귀의 이미지로 종종 그려지고 있다. 그러나 정인홍이 호에 남긴 뜻을 보면, 그가 스승 조식의 '출처(出處) 철학'대로 권력과 명예에는 큰 욕심이 없었고 오히려 벗을 사귀고 제자를 가르치는 일을 인생의 가장 큰 즐거움으로 알고 지냈음을 엿볼 수 있다. 거칠고 볼품없는 초막을 뜻하는 '내암(萊菴)'이라는 호나 '믿음을 가지고 술을 마신다면 허물이 없다'는 뜻을 담고 있는 '부음정(孚飮亭)'이라는 당호(堂號)에서 볼 수 있듯이, 정인홍은 스승 조식을 좇아 산림처사로 지내면서 벗을 사귀고 제자를 가르치는 일에 크게 마음을 두었다. 다만 정치에 직접적으로 참여하지 않았다고 해도 광해군과 운명을 함께 했던 북인 정권의 실질적 수장이었기 때문에, 광해군의 몰락과 서인의 권력 장악 이후 역적의 굴레와 실정(失政) 및 패륜의 모든 책임을 뒤집어쓸 수밖에 없었다.

만취당(晚翠堂) 권율(1537~1599) 자(字)는 언신(彦愼). 임진왜란 3대 대첩 중의 하나인 행주대첩을 승리로 이끈 문신 출신의 명장. 행주대첩 이후 조선군을 총지휘하는 도원수가 되어 혁혁한 전공을 세웠다. 권율의 호 '만취당(晚翠堂)'은 『천자문(千字文)』과 송(宋)나라 때 재상을 지낸 노국공(魯國公) 범질(范質)의 글귀에서 찾아볼 수 있다. 먼저 『천자문』에는 "비파만취(枇杷晚翠)하고 오동조조(梧桐早凋)라"는 글귀가 나오는데, 그 뜻은 '비파나무는 늦게까지 푸르고, 오동나무는 일찌감치 시든다."이다. 또한 범질은 "더디게 자라는 개울가의 소나무는(遲遲澗畔松)/울창하게 자라 늦게까지 푸름을 간직한다(鬱鬱含晚翠)"라고 하였다. 여기에서 사시사철 푸른빛을 띠는 비파나무와 소나무에 비유하여, 늦게까지 변하지 않는 푸름을 간직한다는 뜻을 취한 권율의 호 '만취당(晚翠堂)'은 곧 늙어서도 자신의 뜻을 굽히거나 꺾지 않는 지조 있는 삶을 의미한다고 하겠다.

간이(簡易) 최립(1539~1612) 자(字)는 입지(立之). 당대 최고의 문장가라고 하여 명나라와의 외교 문서를 많이 작성했다. 명나라 학자와 문사들도 그를 가리켜 '조선 제일의 명문장가'라는 찬사를 보냈다. 시보다는 문장(文章)으로 명성이 높았는데, 오신 사선로외 시와 간이 최립의 문장과 석봉 한호의 글씨를 일컬어 '개성의 문예삼절(文藝三絶)'이라고 할 정도였다. 이 세 사람이 모두 개성 출신이었기 때문이다. 역학(易學)에 관한 식견 역시 매우 심오하여 『주역본의구결부설(周易本義口訣附說)』 등의 저서까지 남겼다.

그의 호 '간이(簡易)' 역시 『주역』에서 유래되었다. 여기에서 '역(易)'의 뜻은 크게 간이 (簡易), 변역(變易), 불역(不易)의 세 가지로 구분할 수 있다. '간이'는 세상 만물은 끊임 없이 변하지만 간단하고 평이해 쉽게 이해할 수 있다는 것이고, '변역'은 어떤 상태에 서 다른 상태로 변한다는 것이고, '불역'은 바뀌지도 변하지도 않는다는 것이다. 최립은 '간이'라는 호를 통해 자신이 추구하는 삶과 문학의 철학이 '끊임없이 변화하지만 간단 하고 평이해 누구나 쉽게 이해할 수 있는 것'에 있었음을 밝히고 있다.

손곡(蓀谷) 이달(1539~1618) 자(字)는 익지(益之). 허균과 허난설헌의 스승. 시문에 뛰 어나 선조 때 삼당파(三唐派) 시인의 한 사람으로 칭송받았지만, 서얼이라는 신분적 약 점 때문에 평생 불우하게 살았다. 서얼을 차별하는 세상에 대한 울분을 시문으로 달래 며 지금의 강원도 원주시 부론면 손곡리(蓀谷里)에 은거해 지냈다. 허균의 시문과 사상 에 특히 많은 영향을 남겼는데, 허균은 세상에 버림받은 스승의 불우한 삶을 안타깝게 여겨 「손곡산인전(蓀谷山人傳)」을 써서 세상 사람들에게 알리기도 했다. 그 글에서 허 균은 "원주의 손곡에서 살면서 자신의 호로 삼았다"고 밝혀, 스승 이달의 호가 은거하 던 곳의 지명을 취해 지은 것이라는 사실을 알려주고 있다.

서애(西厓) 유성룡(1542~1607) 자(字)는 이현(而見). 퇴계 이황의 제자로 임진왜란의 국난을 타개한 명재상이자 경세가(經世家). 『징비록(懲毖錄)』의 저자로도 유명하다. 그 는 낙동강이 마을을 감싸고 굽이 돈다고 해서 하회(河回)라는 지명을 얻은 고향 안동 하회 마을의 서쪽 강가 언덕인 '서애(西厓)'를 자신의 호로 삼았다. 서애는 '상봉대(翔鳳 臺)'라고도 부르는데, 하회 마을을 감싸고 돌아 나가는 낙동강의 서쪽 기슭을 가리킨다.

석봉(石峯) 한호(1543~1605) 자(字)는 경홍(景洪). 조선 중기를 대표하는 명필로 크게 이름을 얻었다. 개성에서 태어난 그는 인근 금천에 위치해 있는 석봉산(石峯山)을 좋아 해 그 아래에서 살았다. 그리고 석봉산의 이름에서 따와 호를 '석봉'이라고 하였다.

덕암(德巖) 이순신(1545~1598) 자(字)는 여해(汝諧). 이순신은 시호(諡號)인 충무공(忠

武公)으로만 알려졌을 뿐 정작 그의 호가 무엇인지에 대해서는 알려진 것이 거의 없다. 다만 충무공이 태어난 지 442년째가 되는 1987년 4월 28일자 〈경향신문〉에서 유인석 기자가 '충무공에게도 아호(雅號) 있었다'라는 제목으로 이순신의 호가 '덕암(德巖)'이었다는 사실을 알려주고 있다. 여기에 그 기사 전문을 소개한다. "이순신 장군도 '덕암(德巖)'이란 아호를 사용했음이 한 고문서 기록에서 밝혀졌다. 28일로 제442회 탄일을 맞은 충무공(忠武公)의 아호(雅號)는 '서원겸사기(書院兼史記)'란 필서본(筆書本)(성암고서박물관(誠菴古書博物館) 연구원 김연창(金然昌) 씨 소장)에 게재되어 있는데 김 씨가 이날 처음 공개했다. 이순신 장군의 아호 '덕암'은 이 책의 '임진왜란록(壬辰倭亂錄)' 절의 공신(節義功臣) 편에 중봉(重峯) 조헌, 천곡(泉谷) 송상현, 제봉(霽峯) 고경명 등과 함께 덕암(德巖) 이순신으로 쓰여 있다. 교과서, 백과사전, 조선왕조실록 등 모든 충무공 기록에는 지금까지 자(字) 여해(汝諧)나 시호(諡號) 충무공(忠武公)만을 기록해 왔을 뿐 아호(雅號) 덕암(德巖)은 누락돼 왔으며 또 학자들도 이충무공(李忠武公)의 아호는 없었던 것으로 믿어 왔었다. 서지 연구가 김 씨는 '조선조 전란, 임진록, 조선왕조실록 등 정사(正史)만을 더듬어 온 지금까지의 이순신 장군의 연구도 좋았지만 앞으로 더 자세한 것은 야사(野史) 연구로 보완돼야 할 것'이라며 '엄연히 아호가 있었다는 사실이 발견된 이상 그동안 잘못 전해진 기록들을 지금부터라도 바로잡아야 할 것'이라고 말했다. 또 정신문화연구원(한국학중앙연구원의 전신) 박성수 교수(한국사)는 '흥미 있는 자료 발굴'이라며 '충무공(忠武公)이란 시호에 밀려 아호쯤은 묻혔던 것 같다'고 말했다. 그러나 한림대 최영희 교수(한국사)는 의견이 달랐다. '무인(武人)이었던 충무공에게는 아호가 없었다'며 '확인해 봐야 알겠지만 신중한 검토가 필요하다'고 회의론을 폈다. 그리고 이외에도 『소설 임진왜란』을 쓴 김성한 씨는 이순신 장군에게는 덕곡(德谷)이라는 호가 있다고 했다. 필자가 보건대, '덕곡(德谷)'과 '덕암(德巖)'이 어느 곳인지는 정확히 확인하기 어렵지만 이 두 호는 그 유사성으로 미루어 보아 동일한 지명에 뿌리를 두고 있지 않나 하는 생각이 든다. 아울러 덧붙이자면, '여해(汝諧)'라는 이순신의 자(字)는 그의 어머니가 『서경(書經)』에 나오는 순(舜)임금의 "오직 너(汝)라야 세상이 화평케(諧) 되리라."는 말에서 뜻을 취해 지어주었다고 한다.

사계(沙溪) 김장생(1548~1631) 자(字)는 희원(希元). 처음 예학(禮學)의 대가인 구봉 송익필의 문하에서 배우다가 율곡 이이와 우계 성혼의 문하에 나아가 성리학을 배웠다. 임진왜란 이후 조선 성리학의 큰 흐름을 예학으로 바꾸어놓았다. 그의 문하에는 아들 김집을 비롯해 송시열, 송준길, 이유태, 강석기, 장유, 최명길 등 한 세기를 지배한 학자와 문사와 정치가들이 포진해 있었다. 자신을 비롯해 김집, 송시열, 송준길 등 무려 네 사람이 동방 18현(東方十八賢)으로 뽑혀 성균관의 문묘에 종사되는 영광을 누렸다. 이것은 그의 학통을 계승한 제자들이 17세기 이후 조선의 정치와 학문의 권력을 한 손에 움켜쥐고 좌지우지한 서인 노론 계열의 주축을 이루고 있었기 때문이다. 그러나 서인의 영수나 다름없던 김장생은 1602년(선조 35) 봄에 북인의 영수 정인홍과 크게 갈등을 빚고 관직에서 해임된 후 한양을 떠나 연산(連山) 임리(林里, 지금의 충남 논산시 연산면 임리) 사계천(沙溪川) 옆으로 거처를 옮긴 적이 있다. 당시 그의 나이 55세였다. 김장생의 호 '사계(沙溪)'는 바로 이곳의 지명에서 유래한 것이다. 김장생이 세상을 떠난 이후에도 그의 혼과 정신은 이곳 사계천에 계속 머물렀다. 김장생이 사망한 지 3년이 지난 1634년(인조 12)에 그를 추증한 돈암서원(遯巖書院)이 세워졌기 때문이다. 그런데 240여 년이 지난 1880년(고종 17)에 이르러서 돈암서원 앞 사계천의 흐름이 크게 바뀌어 담장을 침식해 붕괴의 위험에 처하자, 남쪽으로 1리가량 떨어져 있는 호계(虎溪)의 언덕에 터를 잡고 서원을 이건해 현재까지 자리를 지키고 있다.

구암(久菴) 한백겸(1552~1615) 자(字)는 명길(鳴吉). 개인이 저술한 최초의 역사 지리서라고 할 수 있는 『동국지리지(東國地理志)』의 저자. 17세기 초에 저술된 이 책은 실증적이고 고증적인 역사 연구와 서술로 18세기에 출현한 실학사상에 큰 영향을 끼쳤다. 한백겸은 '구암(久菴)'이라는 자신의 호의 유래에 대해 '물이촌구암기((勿移村久菴記)'라는 글에서 자세하게 설명해 놓았다. 그는 만년을 행주산성 아래에 있는 경기 양주 수이촌(水伊村)에서 지냈는데, 그곳은 아우 한준겸의 별장이 있었던 곳이다. 이곳에 자리를 잡고 생애를 마치기로 결심한 뒤 한백겸은 아예 '평생 다른 곳으로 옮기지 않겠다'는 뜻을 담아 수이촌을 물이촌(勿移村)이라고 고쳤다. 그리고 자신이 거처하는 방 역시 '오래 머무르다'는 뜻의 '구(久)' 자를 취해 '구암(久菴)'이라고 짓고 자호로 삼았다. 그러면서

'구즉안(久則安, 오랫동안 머무르면 곧 편안하다)'와 '안즉락(安則樂, 편안하면 곧 즐겁다)'을 언급하고, 다시 즐거움에 이르게 되면 그만두려고 해도 그만둘 수가 없다고 했다. 세상 어느 곳이든 오래 머무르면 편안하고, 편안하면 즐겁고, 즐거우면 옮기려고 해도 옮길 수 없게 되는 것이 인지상정이라는 얘기다. 한백겸이 물이촌에서 오래도록 머무르면서 편안함과 즐거움을 얻으려고 했던 만년의 소망을 담아 지은 호가 바로 '구암(久菴)'이었던 셈이다.

망우당(忘憂堂) 곽재우(1552~1617) 자(字)는 계수(季綏). '홍의장군(紅衣將軍)'으로 명성을 떨친 임진왜란의 대표적인 의병장. 남명 조식의 제자이자 외손(外孫) 사위였다. 1599년(선조 32) 전란 중의 혁혁한 전공을 인정받아 종2품 경상좌도(조선 시대에 군사 행정상의 편의를 위해 낙동강 동쪽을 경상좌도, 그 서쪽을 경상우도라 하였음) 병마절도사에 임명되었다. 그러나 다음 해 2월 영의정 이원익의 파직을 강력하게 비판하고 사직한 후 고향으로 돌아왔다. 의병장들에 대한 남다른 콤플렉스가 있었던 선조는 자신의 재가도 받지 않고 고향으로 가버린 곽재우의 행동에 크게 분노했다. 이로 인해 유배형에 처해져 전라도 영암에서 3년 동안 귀양살이를 했다. 1602년 유배지에서 풀려나 현풍(玄風, 지금의 대구광역시 달성군)으로 돌아온 이후부터는 익힌 밥을 먹지 않고 오직 솔잎만 먹고 살았다고 한다. 그리고 영산현 남쪽 낙동강 가 창암진(蒼巖津, 지금의 경남 창녕군 도천면 우강리) 부근에 '망우정(忘憂亭)'이라고 이름 붙인 정자를 짓고 도인처럼 지냈다. 또한 '근심을 잊고 살겠다'는 뜻의 '망우'를 취해 자신의 호를 '망우당(忘憂堂)'이라 하였다.

어우당(於于堂) 유몽인(1559~1623) 자(字)는 응문(應文). 우리나라에서 '야담(野談)'이라는 용어를 처음으로 사용한 『어우야담(於于野談)』의 저자. 특히 이 야담집은 당시 사대부를 지배하고 있던 성리학의 구속이나 규범에 얽매이지 않고 다양한 계층의 이야기를 자유분방하게 기록한 파격적인 책이다. 그의 호 '어우당(於于堂)'에도 자유롭고 다채로운 그의 문학관과 세계관이 잘 나타나 있다. 이 호의 출처는 『장자(莊子)』 「천지(天地)」편의 '어우이개중(於于以蓋衆)'으로, '쓸데없는 소리로 뭇사람들을 현혹케 한다'는 뜻이다. 어떤 이름 없는 늙은 농부가 "공자는 박학(博學)한 것으로 자신을 성인(聖人)에 비교하고, 쓸데없는 소리로 뭇사람들을 현혹케 하고, 홀로 서글픈 노래를 연주하며 천하에 명성을 판 사람이 아닌가?(子非夫博學以擬聖, 於于以蓋衆, 獨弦哀歌, 以賣名聲於天下者乎)"라고 조롱한 대목 중에 나오는 말이다. 유학이나 성리학의 관념과 인습에 개의치 않는 자유분방한 사고의 소유자였던 유몽인에게 딱 어울리는 호라고 하겠다.

노계(蘆溪) 박인로(1561~1642) 자(字)는 덕옹(德翁). 송강 정철, 고산 윤선도와 더불어 조선의 3대 가사(歌辭) 시인이라 일컬어진다. 「선상탄(船上歎)」, 「사제곡(莎堤曲)」, 「누항사(陋巷詞)」, 「영남가(嶺南歌)」 등 주옥같은 가사 작품들을 남겼다. 경상도 영천에서 태어나고 자랐던 박인로는 만년에 고향 부근의 노계(蘆溪, 갈대 개울)에 은거해 살았다. 그의 호 '노계'는 여기에서 비롯되었다. 가사의 대가였던 그가 노계의 풍경을 아름답게 읊은 「노계가(蘆溪歌)」는 가사 문학의 최고 걸작 중 한 편으로 손꼽힌다. 오늘날 박인로를 제향(祭享)하는 도계서원(道溪書院, 경북 영천시 북안면 도천리 소재) 앞 들판을 가로질러 흐르는 도천 개울이 바로 그가 호로 삼았던 '노계'이다. 그 개울 바닥에는 지금도 '갈대(蘆)'가 금빛으로 일렁인다고 한다.

지봉(芝峯) 이수광(1563~1628) 자(字)는 윤경(潤卿). 우리 역사 최초의 백과사전인 『지봉유설(芝峯類說)』의 저자. 임진왜란 이후 한양 도성 흥인지문(동대문) 밖 낙산(駱山) 동쪽 상산(商山)의 지봉(芝峯) 아래에 거처하면서 저술 활동에 전념했다. 그가 직접 쓴 「동원비우당기(東園庇雨堂記)」에 보면, "내가 거처하는 집은 흥인문 밖 낙봉(駱峯) 동쪽 구석진 곳에 있다. 산 있는데 상산(商山)이라고 불린다. 이 상산의 한 자락이 구불구불 남쪽으로 뻗어 나와 마치 읍(揖)을 하고 있는 듯한 형상을 한 곳이 지봉(芝峯)이다. 지봉 위에는 너럭바위가 있어 수십 명이 앉을 만하다. 또한 큰 소나무 십여 그루가 있어 마치 일산을 엎어놓은 듯한 형체를 하고 있다."라고 하였다. 지봉이라는 이수광의 호는 이곳의 지명을 취한 것이다.

난설헌(蘭雪軒) 허초희(1563~1589) '목릉성세(穆陵盛世, '목릉'은 선조의 능으로, 수많은 인재가 등장해 조선 문화를 꽃피웠다 하여 후대에 선조의 시대를 목릉성세라 일컬음)'를 대표하는 천재 여류 시인. 자유롭고 개방적인 가풍 덕분에 일찍부터 시문(詩文)에서 천재성을 발휘했지만 결혼 이후 여성을 천시한 사회적 환경 때문에 불행하게 살다가 27세의 젊은 나이로 요절했다. 평소 그녀의 재능을 아깝게 여겼던 동생 허균이 허난설헌이 남기고 간 시들을 모아 『난설헌집(蘭雪軒集)』을 엮은 다음, 당시 여성에 대한 아집과 편견이 심한 조선의 사대부들에게는 보이지 않고 조선에 사신으로 온 명나라의 문사들에게 보여주곤 했다. 그들 중 주지번이라는 명나라 사신이 허난설헌의 시에 크게 탄복해 중국에 가져가서 『허난설헌집(許蘭雪軒集)』을 발간해 큰 인기를 얻었다. 더욱이 18세기 초에는 그녀의 시가 일본에까지 전해져 역시 큰 인기를 끌었다. 단지 여성이라는 이유 때문에 조선에서는 인정받지 못한 문학적 재능을 중국과 일본에서 먼저 알아보았던 것이다. 그녀의 당호(堂號)인 '난설헌(蘭雪軒)'은 차가운 서리와 눈 속에서도 맑은 향기를 그대로 간직하고 있는 난초를 뜻한다고 볼 수 있다. '차가운 서리와 눈'이 신분에 대한 차별보다 여성에 대한 차별이 더 가혹했던 조선의 제도였다면, 그 속에서도 '맑은 향기를 간직하고 있는 난초'는 그녀 자신이었을 것이다. 그녀가 남긴 '문득 감상에 젖어(感遇)'라는 시에는 '난설헌'이라는 당호에 담은 그녀의 마음이 잘 나타나 있다. "맑고 깨끗한 창 아래 놓인 난초(盈盈窓下蘭)/가지와 잎 그렇게도 향기롭더니(枝葉何芬芳)/서풍(西風)이 한 번 스치고 지나가자(西風一被拂)/서럽게도 가을 서리에 다 떨어졌네(零落悲秋霜)/빼어난 그 자태 비록 시들었지만(秀色縱凋悴)/맑고 깨끗한 향기는 끝내 가시지 않아(清香終不死)/문득 감상에 젖어 내 마음이 아파오니(感物傷我心)/눈물 흘러내려 옷소매를 적시네(涕淚沾衣袂)"

상촌(象村) 신흠(1566~1528) 자(字)는 경숙(敬叔). 조선 중기 한문학을 대표하는 4대 문장가를 일컫는 이른바 '계택상월(谿澤象月)'에서 '상(象)'은 신흠의 호인 '상촌(象村)'을 가리킨다. 문장력이 뛰어나 각종 외교 문서와 외례 문서의 작성에 침여했을 뿐만 아니라 정자(程子)와 주자(朱子)의 학문에도 깊은 식견을 갖춰 명성이 높았다. 경기 금촌에 있던 자신의 별장 옆 상두산(象頭山) 아래에서 전원생활을 하기도 했는데, '상촌(象村)'이라는 호는 이 산의 이름을 취한 것이다. 또한 신흠은 '현옹(玄翁)'이라는 호를 사용하기도 했다. 여기에서 '현(玄)'은 세속의 명예와 이익에 초탈한 신흠의 뜻과 철학을 나타내고 있다. 특히 직접 지은 '현옹자서(玄翁自敍)'라는 글에서, 그는 세상의 명성과 출세에 연연하지 않았던 자신의 삶에 대한 자긍심을 기록으로 남겨놓았다. 거기에서 그는 '현옹(玄翁)은 누구인가?'라고 자문하면서, 문장으로 명성을 얻었지만 자신은 문장을 일삼지 않았고, 조정에서 벼슬하면서 두각을 드러냈지만 자신은 벼슬에 크게 마음을 두지 않았고, 죄를 뒤집어쓰고 멀리 유배형에 처해졌지만 자신은 특별히 죄에 신경 쓰거나 흔들리지 않았고, 부귀와 이익을 얻더라도 거기에 얽매이지 않았기 때문에 자신의 호를 '현옹(玄翁)'이라고 할 수 있다고 밝혔다.

석주(石洲) 권필(1569~1612) 자(字)는 여장(汝章). 선조와 광해군 연간에 시문(詩文)으로 일세를 풍미한 시인이자 문장가. 자유분방하고 구속 받기를 싫어한 성격 탓에 평생 야인(野人)처럼 살다가 44세의 비교적 이른 나이에 세상을 떠났다. 그는 서울 마포 서강 부근 현석촌(玄石村)에서 태어나 자랐는데, 이곳의 지명을 빌어 '현석촌의 물가(洲)'라는 뜻의 '석주(石洲)'를 호로 삼아 썼다. 저서로 시문집인 『석주집(石洲集)』이 있다.

청음(淸陰) · 석실산인(石室山人) 김상헌(1570~1652) 자(字)는 숙도(叔度). 병자호란 때 항복을 거부하고 끝까지 싸울 것을 주장한 주전론(主戰論)과 척화론(斥和論)의 수장. 이로 인해 1640년(인조 18) 71세의 노령임에도 불구하고 당시 청나라의 수도였던 심양으로 압송되어 큰 고초를 겪기도 했다. 그러나 죽을 때까지 '숭명배청(崇明排淸)'의 정치적 신념을 굽히지 않았다. 대명의리(大明義理)와 척화(斥和)의 상징으로 숭상받으면서 서인 노론 계열의 정치적 · 정신적 지주 역할을 했다. 그의 호 '청음(淸陰)'은 '소나무나 대나무 등의 시원한 그늘'을 운치 있게 일컫는 말로 해석할 수 있지만, 그가 은거지로 삼았던 '미음(渼陰)'에서 유래한 것으로 볼 수도 있다. 즉 '청음(淸陰)'은 '맑고 깨끗하고 시원한 미음 마을'을 뜻한다고 해석할 수 있다. 그의 또 다른 호 '석실산인(石室山人)' 역시 미음과 관련이 있다. 지금의 미사리 일대 한강을 조선 시대에는 미호(渼湖)라고 불렀다. 이 미호의 북쪽인 미음 부근(지금의 경기도 남양주시 수석1동 서원 마을)에 김상헌의 은거지인 석실(石室)이 있었다. '석실산인'이라는 호는 바로 여기에서 비롯되었다.

김상헌이 오기 전 이곳의 지명은 '도둑골'이라는 뜻의 '적실(賊室)'이었다고 한다. 그런데 김상헌은 그 지명이 혐오감을 자아낸다면서 '석실'로 바꾸었다. 특히 김상헌 사후 그 후손들이 이곳을 세거지(世居地) 삼아 살면서 '석실서원'을 세워 그의 위패를 모시고 봄 가을로 제사를 지내는 한편 집안의 자제와 후학들을 가르치는 강학의 공간으로 활용했다. 이곳을 통해 17~18세기 조선의 학계와 문단을 주도한 대학자와 문장가들이 다수 배출되었다. 이른바 '삼수육창(三壽六昌)'이라 불리는 그의 후손 아홉 명은 물론이고, 담헌 홍대용과 연암 박지원도 석실서원에서 김상헌의 후손인 미호 김원행에게 가르침을 받았다. 또한 『노가재연행록(老稼齋燕行錄)』의 저자 김창업 역시 석실서원에서 공부했던 김상헌의 후손이다. 조선의 3대 연행록(燕行錄)의 저자(김창업·홍대용·박지원)가 모두 석실서원 출신인 것만 보아도, 당시 이곳의 명성이 얼마나 대단했는가를 짐작할 수 있다. 더욱이 순조 이후 안동 김씨의 60년 세도 정치의 문을 연 김조순 역시 김상헌의 직계 후손이다. 다시 말해 19세기 초·중반 권력을 좌지우지한 세도 가문 안동 김씨의 역사는 김상헌과 석실서원에서부터 시작되었다고 해도 과언이 아니다.

동악(東岳) 이안눌(1571~1637) 자(字)는 자민(子敏). 조선 중기 문학사를 빛낸 시동인(詩同人) '동악시단(東岳詩壇)'의 주창자. 특히 그는 왕성한 창작 활동으로 4,379수(首)에 달하는 방대한 양의 시를 남겼다. 서울 남산의 별칭인 동악(東岳)에 살았기 때문에, 이안눌은 스스로 '동악'을 호로 삼았다. 그가 살았던 집의 위치는 현재 동국대학교가 자리하고 있는 서울 중구 필동이다. 영조 때 이안눌의 현손인 이주진이 그곳 바위에 '동악선생시단(東岳先生詩壇)'이라 새겨놓았는데, 1984년 동국대학교에서 고시 학관을 지을 때 그 바위를 학생회관 옆으로 옮기다가 쪼개져 버렸다. 현재 그 쪼개진 조각들은 동국대학교 박물관에서 보관하고 있다고 한다. '동악시단'의 주요 활동 무대였던 이안눌의 집과 그의 호 '동악'의 유래에 대해서는 또 다른 후손인 이석이 남긴 '동원기(東園記)'라는 글에 자세하게 나와 있다. "동악선생은 남산 아래이 이름난 정원과 디지텍을 소유하고 계셨다. 처음에는 선생의 외가인 구씨(具氏) 가문에서 거처했던 곳인데, 선생께서 구씨 가문의 제사를 모셨기 때문에 선생의 소유가 된 것이다. 대개 남산의 한 자락이 구불구불 동쪽으로 뻗어 나와 이곳 동원(東園)의 정상에 이르게 되었다. 그 형세가 마치 당기는 듯 혹은 마치 안으려는 듯 별도로 하나의 구역을 이루고 있다. 선생께서 동악을 호로 삼은 까닭이 여기에 있다."

신독재(愼獨齋) 김집(1574~1656) 자(字)는 사강(士剛). 사계 김장생의 아들이자 우암 송시열의 스승. 효종 즉위 이후 보수파인 산당(山黨)의 수장이 되어 대동법의 시행을 극력 반대해 잠곡 김육의 한당(漢黨)과 크게 대립을 빚었다. 아버지의 학문을 이어받아 예학 연구에 전념했고 나라와 백성을 다스리는 근본으로 '예(禮)의 실천'을 강조했다. 그의 호 '신독재(愼獨齋)' 역시 예(禮)의 철학과 깊게 관련되어 있다. 이 호는 유학의 경전인 『대학(大學)』에 나오는 '군자(君子)는 필신기독야(必愼其獨也)니라.' 곧 '군자는 반드시 홀로 있을 때 삼가 한다.'는 구절에서 글자와 뜻을 취한 것이다. 여기에는 사대부는 다른 사람이 보지 않는 곳에서 오히려 더욱 예를 지켜 자신의 몸가짐과 마음가짐을 바로 해야 한다는 의미가 담겨 있다.

택당(澤堂) 이식(1584~1647) 자(字)는 여고(汝固). 조선 중기 최고의 문장가 중 한 사람이다. 우리나라 문학사에서는 이 시기의 한문 4대가를 가리켜 '계택상월(谿澤象月)'이라고 한다. 이것은 계곡(谿谷) 장유 · 택당(澤堂) 이식 · 상촌(象村) 신흠 · 월사(月沙) 이정구의 호에서 각각 첫 글자씩을 따서 붙인 명칭이다. 특히 이들 중에서도 이식은 계곡 장유와 더불어 당대 최고의 문장을 자랑했다. 이식은 광해군 때(1610년) 문과에 급제해 벼슬길에 나섰으나, 인목대비의 폐모론이 일어나자 벼슬을 버리고 낙향해 백아곡(白鴉谷, 지금의 경기도 양평군 양동면 쌍학리 소재)에 택풍당(澤風堂)를 짓고 은둔의 삶을 살았다. 본래 이식의 집안은 율곡 이이의 학통을 이어받은 서인 계열의 핵심이었다. 훗날 서인 노론의 적통을 이은 우암 송시열이 자신의 스승인 사계 김장생과 더불어 가장 존경하는 인물로 이식을 거론할 정도였다. 이식이 벼슬에 나아간 광해군 시대는 잘 알려져 있다시피 북인이 권력을 장악하고 서인 세력은 핍박을 받아 크게 위축되어 있을 때였다. 이 때문에 이식은 세상사로부터 물러나 거처할 곳을 찾으려고 『주역』의 괘(卦)를 살펴보았는데, 때마침 '택풍대과(澤風大過)'가 나왔다. 이 괘에는 '독립불구 둔세무민(獨立不懼 遯世无悶)', 즉 '홀로 서 있어도 두려워하지 않고 세상을 피해 살면서도 걱정하지 않는다'는 구절이 있다. 이식은 이 괘와 구절이야말로 자신의 마음과 뜻에 꼭 들어맞는다고 여겨 자신이 거처하는 곳을 '택풍당'이라고 이름 지었다. 이로 말미암아 이때부터 사람들이 그를 일컬어 '택당'이라고 불렀다.

미수(眉叟) 허목(1595~1682) 자(字)는 문보(文甫) 또는 화보(和甫). 17세기를 대표하는 학자이자 남인의 영수. 송시열과 치열한 예학(禮學) 논쟁을 벌였고, 주자학적인 유교 해석을 거부하고 스스로 원(原) 유학인 육경학(六經學)을 연구했다. 도가는 물론 불교에 대해서까지 개방적인 태도를 보였기 때문에, 송시열과 그 추종 세력들에게 사문난적(斯文亂賊)으로 몰려 큰 곤욕을 당했다. 자유롭고 개방적인 사상은 독특한 그의 작호에서도 찾아볼 수 있다. 그는 스스로 '눈썹 늙은이'라는 뜻의 다소 우스꽝스러운 호를 지어 썼는데, 그 이유에 대해 자명비(自銘碑)에서 "늙은이의 눈썹이 길어서 눈을 덮었다. 그래서 자호(自號)를 미수(眉叟)라고 하였다."라고 적었다. 권위나 작위의 느낌을 확 빼버린 지극히 자연스럽고 소박하면서도 뭔지 모를 멋을 느끼게 하는 작호다.

백곡(柏谷) 김득신(1604~1684) 자(字)는 자공(子公). 자신의 노둔함을 「백이전(伯夷傳)」을 1억 번이나 읽었다는 고사가 전할 정도의) 치열하고 끈질긴 노력으로 이겨내고 59세 때 과거에 급제한 입지전적인 문신이자 시인. 특히 그의 시문은 조선 중기 4대 문장가인 택당 이식이 "그대의 시문이 당대의 제일"이라고 평할 만큼 대가의 반열에 들었다. 그는 자신의 세거지(世居地)였던 오늘날 충청남도 천안시 목천읍의 백전리(柏田里)에서 호를 취해 '백곡(柏谷)'이라고 했다. 또한 '구석산인(龜石山人)'이라는 호를 사용하기도 했는데, 이 호는 자신이 살았던 청안현(淸安縣, 지금의 괴산군) 좌구산 아랫마을인 구석산촌(龜石山村)에서 따온 것이다. 그런가 하면 벼슬에 큰 뜻이 없어 과거에 급제한 2년 후인 61세에 충청도 괴산으로 낙향해 선대의 묘 근처에 '취묵당(醉墨堂)'이라고 이름 붙인 두 칸짜리 초당을 짓고 거처하면서, 괴산을 끼고 흐르는 강인 괴강(槐江)에서 취한 '괴강노옹(槐江老翁)'을 자호로 삼기도 했다.

동춘당(同春堂) 송준길(1606~1672) 자(字)는 명보(明甫). 사계 김장생의 제자로 한 살

연하인 우암 송시열과 더불어 서인 세력을 규합해 국정을 주도했다. 생전에 '양송(兩宋)'이라 불리며 서인 당파를 하나로 결집시켜 향후 조선을 '서인(특히 노론 계열)의 나라'로 만든 공적 아닌 공적을 인정받아 훗날 송시열과 나란히 동방18현(東方十八賢)으로 추존되어 성균관의 문묘에 종사되는 호사를 누렸다. '세상 만물과 더불어 봄을 함께 한다'는 뜻의 '동춘당(同春堂)'이라는 호는 그의 나이 48세 되던 1653년에 대전 회덕에 중건한 별당(別堂)의 이름이기도 하다(최근 발견된 상량문에 따라 1649년에 중건되었다는 주장도 있음). 이 별당은 조선 시대 선비 정신을 잘 구현해 놓은 뛰어난 건축물이라고 평가받아 현재 보물 제209호로 지정되어 있다. 당시 송준길은 포저(浦渚) 조익에게 기문(記文)을 지어 달라고 특별히 부탁했는데, 이에 조익은 '동춘당기(同春堂記)'라는 글에서 "그 당(堂)을 동춘(同春)이라 이름하였는데, '세상 만물과 더불어 봄을 함께한다(與物同春)'는 뜻을 취한 것이다."라고 밝혀놓았다.

돈간재(敦艮齋) 권대재(1620~1689) 자(字)는 중거(仲車). 효종과 숙종 연간에 활동한 문신. 남인과 노론 및 소론의 당쟁이 치열했던 시기에 벼슬을 한 탓에 집권 세력이 바뀌는 환국(換局) 때마다 부침을 거듭했다. 특히 남인이 최대 정적인 송시열의 처벌을 둘러싸고 강경파인 청남(淸南)과 온건파인 탁남(濁南)으로 분열할 때 청남의 편에 서서 송시열의 처벌을 적극 주장했다. 전라도 관찰사, 사간원대사간, 사헌부대사헌, 호조판서 등 주요 관직을 두루 거친 남인 청남 계열의 실력자였다. 그의 호 '돈간재(敦艮齋)'는 한때 벼슬에서 물러나 지금의 경기도 안양 병산(屛山) 아래에 터를 잡고 한가롭게 살때 지은 서재의 이름이기도 하다. 『주역』「간괘(艮卦)」의 상구(上九)에서는 '돈간지길(敦艮之吉)', 곧 간(艮)에 돈독하게 함이니 길(吉)하다고 밝히고 있다. 간(艮)은 '그치다, 머무르다'는 뜻이므로, 곧 그침이 거처할 곳을 얻은 곳이라고 해석할 수 있다. 『주역』「설괘전(說卦傳)」에는 '간(艮)'에 대한 보다 더 구체적인 해석이 나오는데, 여기에서는 "종만물시만물자 막성호간(終萬物始萬物者 莫盛乎艮)", 곧 '온갖 사물의 끝마침과 온갖 사물의 시작함은 간(艮)보다 더 왕성한 것이 없다.'라고 했다. 그리고 물과 불이 서로 이르고 우레와 바람이 서로 거스르지 않고 산과 연못이 기운을 통한 다음에 마땅히 변화를 일으켜 온갖 사물을 성취시킨다고 했다. 이렇게 보면 '간(艮)에 돈독하게 한다'는 뜻을 담고 있는 '돈간재(敦艮齋)'는 단순히 그침이 거처할 마땅할 곳을 얻은 것에 멈추지 않고 또한 온갖 사물을 시작하게 하고 융성하게 하는 곳이라는 뜻도 담고 있음을 알 수 있다. 즉 세상으로부터 자신을 거두어 거처하는 곳일 뿐만 아니라 세상을 향한 새로운 뜻을 펴는 곳이기도 하다는 얘기다.

명재(明齋) 윤증(1629~1714) 자(字)는 자인(子仁). 전통적으로 서인의 명문가 중 하나인 파평 윤씨 출신으로 신독재 김집과 우암 송시열 문하에서 학문을 배웠다. 그러나 서인이 노론(老論)과 소론(少論)으로 갈라서는 결정적 계기가 되는 '회니시비(懷尼是非)' 이후 소론의 영수가 되어 송시열과 극단적인 갈등과 대립을 빚었다. 더욱이 송시열과 절교한 이후에는 사문난적(斯文亂賊)으로 몰려 큰 곤욕을 겪었다. 주자학 일색의 사상과 노론의 일당 독재에 비판적이었던 그의 견해는 18세기에 등장하는 소론 출신의 진보적인 실학자들에게 큰 영향을 끼쳤다. 군자(선비)가 도달해야 할 최고의 학문적 경지를 집약하고 있는 유학의 경전은 『대학(大學)』이다. 여기에서는 선비가 지켜야 할 도리를 이른바 '3강령(三綱領)'과 '8조목(八條目)'으로 정리해 놓았다. 이들 중 가장 앞서 나오는 것이 다름 아닌 '명명덕(明明德)', 즉 '명덕(明德)을 밝히는 일'이다. 명덕이란 '공명정대한 덕행'이라 할 수도 있고, '사람이 본래부터 타고나는 착한 본성'이라고 해석할 수도 있다. 윤증의 호 '명재(明齋)'는 이 '명명덕(明明德)'에서 유래된 것으로 보인다. 윤증은 일찍부터 주자학 이외의 모든 사상과 학문을 이단으로 모는 송시열 등 노론 계열의 독선과 아집 그리고 보수성과 폐쇄성을 정면으로 반박하며 맞서 싸웠다. 이 때문에 스승을 배반한 패륜아라는 공격까지 받았지만, 이러한 상황에서도 윤증은 죽을 때까지 선비의 길과 학문의 도리를 오직 '명덕을 밝히는(明) 것'에서 찾았을 뿐 자신의 뜻을 굽히지 않았다.

한수재(寒水齋) 권상하(1641~1721) 자(字)는 치도(致道). 우암 송시열의 수제자. 사계 김장생과 신독재 김집 그리고 우암 송시열로 이어지는 서인 노론 계열의 학동을 계승한 정통 주자학자이다. 조선 후기의 최대 철학 논쟁인 '인물성동이논쟁(人物性同異論爭)'인 호락논변(湖洛論辨)이 그의 문하에서 일어났다. 즉 그의 제자인 이간과 한원진 사이에 일어난 논쟁이 바로 '인물성동이논쟁'이었다. 당시 권상하는 인성(人性)과 물성

(物性)은 서로 다르다는 '상이론(相異論)'을 주장하는 한원진을 편들었다. 인성과 물성은 서로 다르지 않으므로 만물은 평등하다는 사상으로까지 발전한 상동론(相同論)에 비해 권상하의 철학적 입장은 송시열의 수제자답게 지극히 보수적이었다. 서인과 남인이 권력을 뺏고 빼앗기는 숙종 연간의 환국 정치(換局政治)에 환멸을 느꼈던 권상하는 늦게까지 벼슬에 나가지 않고 학문 연마와 제자 교육에 전념했다. 그는 35세 때인 1675년(숙종 1)에 청풍(淸風)의 황강(黃江, 지금의 충북 제천군 한수면 황강리) 옆으로 거처를 옮겨 은둔의 삶을 살았다. 그리고 정통 주자학자답게 주자(朱子)의 시 가운데 "가을 달이 차가운 물에 비추네[秋月照寒水]"라는 구절을 빌어 자신의 호를 '한수재(寒水齋)'라고 하였다. 또한 황강 가에 거처한다고 해서 '황강거사(黃江居士)'라고도 하였다.

겸재(謙齋) 정선(1676~1759) 자(字)는 원백(元伯). 조선 고유의 화풍인 '진경산수화'를 개척해 최완수 씨가 일찍이 "조선 왕조 후기 문화가 조선 고유색을 한껏 드러내면서 난만한 발전을 이룩하였던 문화 절정기"라고 말한 진경 시대(眞景時代)를 활짝 연 사대부 출신의 화가이다. 숙종 즉위 초반에 태어나 영조 시대에 주로 활동한 정선은 조선의 독자적인 산수화풍인 진경산수화를 창시했다. 그는 중국 산수와 중국 사람을 소재로 삼은 관념산수화의 잔재를 완전하게 청산하고 조선 산천의 아름다움과 그 속에서 살아가는 조선 사람의 모습을 묘사한 진경산수화를 그리기 시작한 최초의 화가였다. 스무 살 초엽부터 그림을 그리기 시작하여 35세가 되었을 때 금강산 여행에 나서면서 조선의 자연 풍경을 본격적으로 그리기 시작한 정선은 이후 18세기 조선의 산수화를 완성하며 대가로 거듭났다. '겸재(謙齋)'라는 호는 정선이 즐겨 공부했던 『주역』의 15번째 괘인 「겸괘(謙卦)」의 구절에서 그 뜻을 취한 것이다. 「겸괘」에서는 '겸(謙)'이라는 글자에 담긴 큰 의미를 이렇게 표현했다. "겸형 군자유종(謙亨 君子有終)." 해석하자면, "겸손함은 형통하게 하니 군자가 끝을 둘 곳이다."라는 뜻이다. 정선이 평생의 철학으로 삼았던 것이 다름 아닌 '겸손함'이었음을 알 수 있다. 정선이 남긴 조선 각지의 명산 풍경, 즉 박연 폭포 및 금강산과 인왕산 그리고 『경교명승첩(京郊名勝帖)』에 남겨놓은 한강 주변의 그림들은 오늘날에도 빼어난 아름다움은 물론, 옛적 우리 산천에 대해 잔잔한 감동을 안겨준다. 그러나 인공(人工)의 힘으로는 감히 다 담을 수 없는 대자연 앞에 서면 누구라도 '겸손함과 공경함'을 가질 수밖에 없지 않을까? 오늘날 우리는 정선이 그린 〈금강전도(金剛全圖)〉나 〈인왕제색도(仁王霽色圖)〉를 보고 감탄을 금치 못하지만, 정작 정선 자신은 인공(人工)으로는 감히 범접할 수 없는 자연의 웅장함과 위대함 앞에서 오히려 '겸손함'을 느낀 듯하다. 그런 점에서 정선이 개척한 진경산수화의 미학은 그가 '겸재'라는 호에 담은 뜻처럼 '겸양과 공경과 절제'의 미학이라 할 수 있지 않나 싶다.

관아재(觀我齋) 조영석(1686~1761) 자(字)는 종보(宗甫). 조선을 대표하는 화가를 일컫는 '삼원(三園, 단원 김홍도 · 혜원 신윤복 · 오원 장승업)' 이전에 크게 명성을 떨쳤던 대표적인 화가가 바로 '삼재(三齋)'였다. 여기에서 삼재(三齋)란 겸재(謙齋) 정선, 관아재(觀我齋) 조영석, 현재(玄齋) 심사정을 말한다. 특히 삼원(三園)이 전문화가였던 반면, 삼재(三齋)는 사대부 출신의 문인화가였다. 특히 삼재 가운데 조영석은 인물화와 산수화에 뛰어났는데, 정선과 이병연 등의 문화 예술인들과 백악산(북악산) 아래 이웃해 살면서 진경 시대의 문화 예술을 주도했다. 그의 호 '관아재(觀我齋)'는 '나 자신을 관조(觀照)하는 집'이라는 뜻이다. 전문적인 화원이 아닌 사대부 출신의 문인화가인 조영석에게 그림은 품격 있는 선비의 취향 그 이상도 그 이하도 아니다. 자기 성찰적 의미를 담고 있는 '관아재'라는 호 역시 다분히 선비의 풍모와 품격을 유지하고자 한 느낌을 준다.

청담(淸潭) 이중환(1690~1752) 자(字)는 휘조(輝祖). 남인 명문가인 여주 이씨 출신으로 성호학파의 스승 이익과 한 집안사람이다. 친족 관계상 이중환은 이익의 재종손(再從孫)이었기 때문에, 사상적으로나 학문적으로 이익에게 큰 영향을 받았다. 24세 때인 1713년(숙종 39) 과거에 급제한 후 벼슬길에 올랐지만, 왕위 계승을 둘러싼 남인과 노론 · 소론의 치열한 당쟁 중에 1726년(영조 2) 나이 37세 때 절도(絶島)에 유배되었다. 이듬해 유배지에서 풀려났지만 사헌부의 탄핵으로 다시 절도로 유배당했다. 유배형에서 벗어난 뒤로는 노론 일색인 세상에서 더 이상 할 수 있는 일이 없다는 사실을 깨닫고 전국 각지를 돌아다니며 지역의 교통, 경제, 지리, 풍속, 문화, 인물 자료 등을 수집하고 정리해 『택리지(擇里志)』를 저술했다. 그의 호 역시 전국 구석구석을 돌아다니다가 자신의 마음에 쏙 드는 땅을 골라 지은 것으로 짐작된다. 한반도의 중북부에 해당하는 충북 괴산군과 경북 상주시, 경북 문경시 3개 시군에 걸쳐 있는 청화산(靑華山)이라는 이름의 산이 있다. 2004년에 나온『상주지명총람』에는 이중환이 이 산을 좋아해 여러 해 동안 머물렀고 자신의 호까지 '청화산인(靑華山人)'으로 지었다는 기록이 등장한다. 실제 이중환도『택리지』에서 '청화산은 그 형세가 좋고 기운이 빼어난 복지(福地)'라고 하면서, 이곳이 자신의 마음을 빼앗은 길한 땅임을 암시하고 있다. 지금까지 알려진 이중환의 호는 '청담(淸潭)', '청화산인(靑華山人)', '청화자(靑華子)' 등인데, '청화산인'과 '청화자'라는 호에서 쉽게 청화산을 연상할 수 있다. '맑은 못'을 뜻하는 '청담(淸潭)'이라는 호 역시 이중환이『택리지』에서 그곳의 계곡은 물이 맑고 경치가 빼어나다고 기록한 것으로 보아 청화산에서 유래되었다고 볼 수 있겠다.

귀록(歸鹿) 조현명(1690~1752) 자(字)는 치회(稚晦). 영조 즉위의 일등공신 중 한 사람이었고 '이인좌의 난'을 평정할 때도 큰 공을 세웠다. 이로 인해 도승지, 대사헌, 병조판서, 이조판서 등의 주요 관직을 두루 역임했고, 51세가 되는 1740년(영조 16) 우의정이 된 이후 좌의정을 거쳐 1750년 나이 61세 때 영의정에까지 올랐다. 탕평파(蕩平派)로 조문명, 송인명과 함께 영조 시대 '탕평 정치'를 주도했다. 당색과 당파를 초월한 탕평의 정치가이자 민폐의 근본인 양역(良役)의 개혁을 도모한 경세가였다. 서울 남산 아래 지금의 중구 필동에 세거(世居)하면서 '귀록정(歸鹿亭)'을 경영하고 사계절의 풍치를 완상하는 생활을 즐겼다. '귀록정'이라는 이름은 푸른 줄로 항상 사슴을 정자 아래에 매어 두었기 때문에 붙여진 것이라고 한다. '귀록'이라는 조현명의 호는 여기에서 비롯되었다. 사슴은 십장생(十長生) 중의 하나로 예로부터 영물로 대접받았다. 특히 사슴은 평화와 선(善)을 상징하는 동물이다. 평생 당색과 당파를 초월하여 화합과 탕평의 정치를 추구했던 조현명의 삶과 정치 철학은 사슴과 많이 닮아 있다.

기은(耆隱) 박문수(1691~1756) 자(字)는 성보(成甫). 지방 수령 및 관리와 토호들의 비리와 부정부패를 일소한 '암행어사 박문수'로 유명하다. 정치적으로 소론에 속했지만 노론이 집권한 영조 연간에 주로 관직 생활을 했다. 특히 명문벌열(名門閥閱) 중심의 인사 정책을 탈피하고 사색당파를 초월한 고른 인재 등용을 중심으로 한 '탕평 정치'의 필요성을 역설했다. 군정(軍政)과 세정(稅政)에 밝아 이 분야의 개혁을 적극적으로 주도했다. 영조 26년(1750년) 백성들의 군역 부담을 경감시키기 위해 제정한 균역법(均役法)은 그의 작품이나 다름없었다. 도승지, 함경도 관찰사, 병조판서, 경기도 관찰사, 예조판서에 이어 의정부우참찬에 이르기까지 고위 관직을 두루 역임했지만, 호에 담긴 뜻을 보면 그는 '청렴함과 정의로움'의 상징답게 출세나 양명에 크게 연연해하지 않았던 것 같다. 기은(耆隱)은 '숨어 사는 것을 좋아한다' 혹은 '늙어서 숨어 산다'는 뜻으로 해석할 수 있기 때문이다. 탐관오리는 혹독하게 대하고 백성에게는 자애로웠던 암행어사이자 관리로 큰 명성을 떨쳤지만, 정작 그의 참뜻은 명예나 출세보다는 조용하게 사는 삶에 있었음을 알 수 있게 해주는 호다.

미호(渼湖) 김원행(1702~1772) 자(字)는 백춘(伯春). 청음 김상헌의 후손으로 노론 명문가 출신이었으나 숙종과 경종 연간의 당쟁으로 할아버지와 아버지 그리고 두 형이 죽음에 이르자 벼슬할 뜻을 버리고 평생 학문에만 전념했다. 영조가 즉위해 노론 세상이 된 뒤에도 벼슬에 나가지 않은 채 석실서원(石室書院)에 칩거하며 제자 양성과 학문 연구에 열중했다. 비록 한적한 시골에 묻혀 살았지만 조야(朝野)의 존경을 한 몸에 받았던 산림(山林)으로 그의 학문적·정치적 영향력은 대단했다. 특히 그가 경영한 석실서원은 18세기 학계와 문화 예술계를 주도한 걸출한 인물들을 수없이 배출했다. 노론 명문가의 자제로 훗날 고위 관료가 된 이들 외에도 홍대용, 정철조, 황윤석 등 자연 과학과 서양 문물에 밝았던 실학자 역시 많았다. 심지어 박지원은 김원행에게 가르침을 받기 위해 석실서원으로 갔다가 홍대용을 만나 평생을 함께하는 동지가 되기도 했다. 지금의 한강 주변 경기 남양주시 덕소와 수석동 그리고 강 건너편의 미사리 일대를 조선 시대에는 미호(渼湖)라고 불렀다. 동호(東湖, 지금의 옥수동 일대), 서호(西湖, 지금의 마포와 서강 일대)와 함께 미호는 한양 부근의 최고 경승지로 꼽힐 만큼 풍광이 수려했다고 한다. 인조 때 김상헌이 이곳에 거처한 이후 대대로 그의 후손들이 뿌리를 내리고 살았는데, 김원행이 학문을 연마하고 제자들을 가르친 석실서원은 미호가 바라다 보이는 언덕에 자리하고 있었다. 그리고 김원행은 이 아름다운 강을 자신의 호로 삼아 '미호'라고 하였다.

원교(圓嶠) 이광사(1705~1777) 자(字)는 도보(道甫). 원교체(圓嶠體)라는 독특하고 독창적인 서체를 이룩한 서예가이자 정제두에게 양명학을 배워 강화학파를 형성한 사상가. 시(詩)·서(書)·화(畵)에 모두 능했지만 20세 때인 1724년 노론이 옹립한 영조가 즉위하자 벼슬길에 나갈 수 없는 신세가 되고 말았다. 그의 집안은 소론의 명문가였고, 아버지 이진검은 예조판서까지 지낸 소론의 핵심 인물이었기 때문이다. 더욱이 51세가 되는 1755년(영조 31)에는 이른바 '나주 괘서 사건'에 연루되었다는 죄목으로 함경도 부령으로 유배되었다가 다시 그 지방 젊은이들을 선동할 우려가 있다는 이유로 남녘의 외딴 섬 신지도로 이배되었다. 그리고 끝내 그곳을 벗어나지 못한 채 73세의 나이로 한 많은 생을 마감했다. 그는 33세가 되던 1737년(영조 13) 서대문 밖 원교(員嶠, 둥그재)라고 불리는 나지막한 산 아래에 집을 구해 살았다. 그리고 이곳의 지명을 취해 자신의 호로 삼았다. 이 때문에 그의 호 '원교'의 한자는 '圓嶠'라고도 쓰고 '員嶠'라고도 쓴다. 특히 '원교(員嶠)'는 도가서(道家書)인 『열자(列子)』의 「탕문(湯問)」 편에 나오는 신선이 산다는 다섯 산(대여(岱輿)·원교(員嶠)·방허(方虛)·영주(瀛州)·봉래(蓬萊)) 중의 하나이기도 하다. 따라서 '원교'라는 호에는 신선처럼 살고 싶었던 이광사의 마음이 담겨 있다고 해석할 수 있다.

현재(玄齋) 심사정(1707~1769) 자(字)는 이숙(頤叔). 겸재 정선, 관아재 조영석과 함께 '삼재(三齋)'로 일컬어지는 조선의 대표화가. 조선 고유의 색채와 화풍을 담은 진경산수화가 유행하던 시대에 중국의 문인화인 남종화풍(南宗畵風)과 북종화법(北宗畵法)까지 수용해 그림을 그렸다. 처음 겸재 정선에게 그림을 배웠다고 전하나, 점차 조선의 화풍에 중국의 화풍을 접목시켰던 그의 회화 경향은 정선과는 또 다른 그림 세계를 형성했다. 이 때문에 그는 조선 남종화의 성장과 발전에 큰 영향을 끼쳤다는 평가를 받고 있다. 특히 그는 원나라 말기 4대 문인화가인 황공망·오진·예찬·왕몽의 남종화풍 역시 즐겨 사용했는데, 그의 호 '현재(玄齋)' 역시 명나라 말기 남종화가인 동기창(董其昌)의 아호였던 '현재(玄宰)'에서 따왔다고 한다. 산수, 화조, 인물 등 모든 분야에서 탁월한 재능을 보였던 그의 그림은 현재까지 남아 전해오는 것만 해도 100점이 넘는다. 평생 하루도 쉬지 않고 그림을 그렸을 만큼 전문 화가 못지않은 왕성한 필력을 발휘했기 때문이다.

혜환(惠寰) 이용휴(1708~1782) 자(字)는 경명(景命). 작은아버지였던 성호 이익의 가학(家學)을 배워 새롭고 기이한 문장과 글쓰기로 일가를 이루었다. 번암 채제공의 뒤를 이어 남인의 영수가 된 이가환의 아버지이기도 하다. 북학파를 대표하는 문장가가 연암 박지원이었다면, 성호학파를 대표하는 문장가는 단연 이용휴였다. 그는 '은혜로운 경기 고을에 사는 사람'을 뜻하는 '혜환(惠寰)'이라는 호를 썼다. '환(寰)'이라는 글자는 수도 인근의 '경기 고을'을 가리키는 한자이기 때문이다. 실제 그는 한양 인근인 경기 안산에서 태어나 자랐고 또한 그곳을 중심으로 활동했다. 어쨌든 '기이하고 괴이하고 날카롭고 새롭다'는 찬사와 혹평을 동시에 받으면서 문단의 기린아 혹은 문제아라는 극과 극의 평가를 오갔던 그의 문장이나 글쓰기와 비교해보면, 참 소박하고 평범한 호다. 그의 호에서는 큰 기개나 담대한 포부를 찾아볼 수도 없고, 자신의 진정한 가치를 알아보지 못하는 세상에 대한 일갈도 없다. 그러나 이용휴는 기이한 문장과 참신한 글쓰기로 걸출한 학자와 문사들이 즐비했던 18세기를 지배했던 최고의 문장가였다.

호생관(毫生館) 최북(1712~1786) 자(字)는 성기(聖器)·유용(有用)·칠칠(七七). '최산수(崔山水)'라고 불릴 만큼 산수화를 잘 그려서 현재 심사정과 쌍벽을 이룰 정도였다. 술을 좋아하고 떠돌아다니는 것을 즐겨 온갖 기행을 낳았다. 자신의 이름인 '북(北)' 자를 둘로 나누어 자(字)를 '칠칠(七七)'이라고 했기 때문에, 대개 사람들이 그를 '최칠칠(崔七七)'이라고 불렀다. 금릉 남공철이 쓴 「최칠칠전(崔七七傳)」에 따르면, 최북은 자신의 그림에 대한 자부심이 대단했다. 그래서 자신이 그린 그림이 마음에 드는데 더러 그림 사는 사람이 돈을 적게 주면 버럭 화를 내고 욕설을 지껄이는 것으로도 모자라 그림을 갈기갈기 찢어 버리곤 했다. 또한 자신의 그림이 마음에 들지 않는데 그림 값을 후하게 주기라도 하면 껄껄껄 웃다가 그 사람에게 주먹질을 하고 문밖으로 떠밀며 그림 값도 모르는 한심한 놈이라고 손가락질을 해 댔다. 그리고 스스로 호(號)를 지어 떠들고 다니기를 '호생자(毫生子)'라고 하였다. '붓으로 먹고 사는 놈'이라는 뜻으로 그림을 그려 번 돈으로 먹고 사는 자신을 희화화한 호라고 하겠다. 사람에 따라 '칠칠맞다'고 들릴 수도 있는 '칠칠(七七)'을 자(字)로 삼은 것이나 자신을 가리켜 '붓으로 먹고 사는 놈'인 '호생자'라고 한 것만 보더라도, 그가 어느 정도의 기인이었을지 짐작해볼 수 있다.

표암(豹菴) 강세황(1713~1791) 자(字)는 광지(光之). 김홍도의 스승. 문사(文士)였지만 시(詩)·서(書)·화(畫)에 뛰어나 삼절(三絶)이라고 불렸던 문인화가였다. 특히 18세기 풍속화와 인물화는 물론 진경산수화의 유행에 큰 기여를 했고, 서양의 화법을 새롭게 수용했다는 평가까지 받고 있다. 표암(豹菴)이라는 호에 대한 유래는 그가 직접 쓴 「표옹자지(豹翁自誌)」에 나와 있다. 거기에서 그는 "스스로 표옹(豹翁)을 호로 삼았다. 나는 어려서부터 표범처럼 등에 흰 얼룩무늬가 있었다. 이러한 까닭에 표옹을 호로 삼았으니, 스스로 장난삼아 그렇게 한 것이다."라고 하였다.

보만재(保晩齋) 서명응(1716~1787) 자(字)는 군수(君受). 정조 즉위 직후 문치와 개혁정치의 산실로 기획·설치된 규장각의 첫 번째 제학(提學)으로 임명될 정도로 학문과 식견이 뛰어났다. 이후 규장각의 최고 책임자로 활동하며, 제도와 문물을 정비하고 국가 차원의 대규모 편찬 사업을 주도했다. 특히 그는 북학파의 비조(鼻祖)라고 불릴 만큼 이용후생의 학문을 중시했다. 이러한 사실은 북학파의 바이블이라고 할 수 있는 박제가의 『북학의(北學議)』에 서문을 쓴 사람이 서명응과 박지원이라는 사실만으로도 충분히 확인할 수 있다. 박제가가 존경의 의미에서 특별히 서문을 청할 정도로, 서명응은 외부의 선진 학문과 과학 기술에 관심이 많았을 뿐 아니라 해박한 지식을 갖추고 있었다. 더욱이 그는 성호학파나 북학파와 어깨를 나란히 하는 경화사족(京華士族) 달성 서씨(徐氏) 가문의 실학(實學)을 일으킨 주인공이기도 하다. 그가 남긴 저술을 모아 엮은 『보만재총서(保晩齋叢書)』는 정조로부터 '우리나라 역사상 일찍이 없었던 거편(巨篇)'이라는 극찬을 받았다. 그리고 그의 학풍은 『해동농서(海東農書)』를 저술한 아들 서호수, 『임원경제지(林園經濟志)』를 남긴 손자 서유구, 『규합총서(閨閤叢書)』를 쓴 손자며느리 빙허각(憑虛閣) 이씨 등 무려 3대까지 이어져 가장 번성한 '실학자 가문'을 형성했다. 문치와 실학에 대한 공적뿐만 아니라 정조와 맺은 충의(忠義)의 인연을 끝까지 저버리지 않아, 그의 나이 65세가 되는 1780년 벼슬에서 물러날 때 정조가 '만년(晩年)에도 절개를 잘 지켰다'는 뜻을 담은 '보만(保晩)'이라는 호를 내렸다. 이로 말미암아 노년에 자신의 집 이름을 '보만재(保晩齋)'로 바꾸고 또한 호로 삼았다.

번암(樊巖) 채제공(1720~1799) 자(字)는 백규(伯規). 성호 이익에게 큰 영향을 입은 오 광운의 제자로 평생 성호학파의 학풍을 좇아 학문을 익히고 정치에 임했다. 영조 때 죽음을 무릅쓰고 사도세자를 변호해 정조의 신임을 얻었고, 정조 즉위 이후 남인의 영수로 문치와 개혁 정치를 주도하다시피 했다. 1788년(정조 12) 69세 때 우의정으로 발탁되어 남인 출신으로 80여 년 만에 정승의 지위에 올랐다. 2년 후에는 좌의정으로 승진해 3년간 혼자 정승 자리에 있으면서 국정 운영을 책임지다시피 했다. 72세가 되는 1791년(정조 15)에는 신해통공을 성사시켰고, 다시 1793년(정조 17)에는 영의정에 올라 수원 화성 축성을 총괄 지휘했다. 정조 시대 동안 최고의 지위를 누리며 개혁과 이용후생을 향한 자신의 정치적 신념을 마음껏 펼쳤다. 그러나 그는 61세였던 1780년(정조 4) 권신(權臣) 홍국영이 실각할 때 그와 친분이 두텁고 사도세자의 신원을 거듭 주장해 선왕(영조)의 유지를 부정한다는 등의 공격을 받아 무려 8년 동안 서울 근교 명덕산에 은둔해 살았다. 명덕산은 동대문 바깥 10리쯤에 있었다고 하지만 정확히 어느 곳인지는 확인하기 어렵다. 대개 지금의 서울 강북구 번동(樊洞) '북서울 꿈의 숲' 남쪽에 자리하고 있던 야산으로 추정할 뿐이다. '번암(樊巖)'이라는 채제공의 호가 '번계(樊溪)'라고 불렀던 개천에서 비롯되었다는 사실이 확인되기 때문에, 당시 그가 은둔해 살았던 명덕산은 번동 일대에 위치한 어느 산으로 짐작된다. 어쨌든 채제공의 '번암'이라는 호는 야인(野人)으로 지내면서도 정치적으로 재기할 날을 손꼽아 기다리며 훗날 시행할 '개혁 정치의 설계도'를 그리고 있던 은둔지 명덕산과 밀접하게 관련되어 있다.

윤지당(允摯堂) 임씨(1721~1793) 조선의 유일한 여성 성리학자. 그녀가 남긴 저술인 『윤지당유고(允摯堂遺稿)』는 조선 여성이 남긴 최초의 철학 서적이다. 여기에는 성리학의 근본 문제인 '이기심성(理氣心性)'에 대한 이론과 윤리적 수양에 관한 내용을 담고 있을 뿐 시문(詩文)은 단 한 편도 실려 있지 않다. 역사학자 현상윤은 그녀의 오빠이자 스승이었던 녹문(鹿門) 임성주를 '조선 성리학의 6대가' 중 한 사람으로 언급히면서, 임성주의 녹문학파의 계보를 이은 인물로 임윤지당과 동생 임정주를 꼽았다. 그녀의 당호인 '윤지당(允摯堂)'의 유래에 대해서는 임정주가 쓴 글에 자세하게 나와 있다. "윤지당은 어린 시절 중형(仲兄, 자기의 둘째 형을 의미하는 말로, 여기서는 임성주를 가리킴)이 그렇게 부른 것이다. 주자가 말한 '윤신지(允莘摯)'에서 그 뜻을 취한 것인데, 믿음이 깊고 정성스럽게 책임을 다한다는 의미를 갖고 있다. 이때로부터 우리 집안에서는 윤지당이라고 불렀다." '윤신지(允莘摯)'는 태임(太任)과 태사(太姒)를 존경한다는 뜻이다. 여기에서 '신(莘)'은 주나라의 시조이자 성군의 상징이 된 문왕(文王)의 부인이자 또 다른 성군의 대명사 무왕(武王)의 어머니가 되는 태사(太姒)의 고향 마을을 가리키고, '지(摯)'는 앞서 신사임당에서 설명했던 문왕의 어머니 태임(太任)의 고향 마을을 일컫는 말이다. 두 사람 모두 이상적인 여성 모델로 추앙받았던 인물이다. 따라서 '윤지당'은 깊은 믿음과 책임, 그리고 정성을 다하는 삶을 통해 모두에게 존경받는 여성이 되라는 오빠이자 스승 임성주의 특별한 당부의 뜻이 담겨 있는 당호(堂號)라고 하겠다.

이재(頤齋) 황윤석(1729~1791) 자(字)는 영수(永叟). 미호 김원행의 문하에서 홍대용, 정철조 등과 함께 수학했다. 천문 지리학과 산학(算學) 등에 밝았고 특히 서양의 자연과학에 심취했던 실학자였다. 그의 남달랐던 학문과 지식 편력은 10세 때부터 63세의 나이로 사망하기 이틀 전까지 자신이 보고, 듣고, 읽고, 배우고, 생각한 모든 것을 일기처럼 기록해 놓은 『이재난고(頤齋亂稿)』에 고스란히 담겨 있다. 문학(文學)·경학(經學)·사학(史學)·산학(算學)·군사학(軍事學)·법학(法學)·종교(宗敎)·도학(道學)·천문(天文)·지리(地理)·역상(易象)·언어학(言語學)·문자학(文字學)·전적(典籍)·예술(藝術)·의학(醫學)·음양(陰陽)·풍수(風水)·동식물(動植物)·물산(物産) 등 당대의 모든 지식이 총망라되어 있는 이 기록을 통해 18세기 실학의 규모가 얼마나 넓고 거대했는가를 엿볼 수 있다. '이재(頤齋)'라는 황윤석의 호는 그의 아버지 황전이 『주역』「이괘(頤卦)」의 「대상전(大象傳)」에서 뜻을 취해 지어준 것인데, 이괘는 상괘(上卦)는 산(山)이고, 하괘(下卦)는 우레의 형상이다. 따라서 이괘에는 말과 음식을 조심해야 한다는 의미가 담겨 있다. '이재'라는 호에는 말을 신중하게 하고 음식을 절제할 줄 안다면 세상을 살아가는 데 큰 곤란과 어려움을 겪지 않을 것이라는 아버지의 자애로운 마음이 배어 있다고 하겠다. 황윤석은 훗날 「목주잡가(木州雜歌)」를 지어 아버지가 지어준 자신의 호에 대해 "언어도 삼가지 않으면 안 되고, 음식도 절제하지 않으면 안 된다. 언어도 미루어 헤아려 보고, 음식으로 재물과 녹봉을 미루어 헤아려 보라. 성인(聖人)의

「이괘(頤卦)」「대상(大象)」에서 뜻을 취했으니, 우리 선친의 가르침 더욱 좋구나."라고 밝히기도 했다.

석치(石痴) 정철조(1730~1781) 자(字)는 성백(誠伯). 미호 김원행의 제자로 홍대용과 동문 사이다. 홍대용, 황윤석 등과 함께 18세기 최고의 자연 과학자였으며 또한 서양 전문가였다. 정조의 초상화를 그렸을 정도로 그림 솜씨 또한 뛰어났다고 한다. 그러나 정작 사람들이 탄복한 그의 남달랐던 재주는 벼루를 깎는 전문용 칼인 각도(刻刀)가 아닌 허리에 차고 다니는 일반 휴대용 칼, 즉 패도(佩刀)만을 가지고 다니면서 때와 장소를 가리지 않고 마치 밀랍을 깎듯이 쉽게 돌을 깎아 벼루를 만드는 것이었다. 특히 어떤 돌이든 가리지 않고 깎아 벼루로 만드는 것을 좋아해 스스로 '돌에 미친 바보'라는 뜻의 '석치(石痴)'를 자호로 삼았다.

즉지헌(則止軒) 유언호(1730~1796) 자(字)는 사경(士京). 연암 박지원을 물심양면으로 도와준 절친한 벗. 홍봉한을 중심으로 한 척신 정치(戚臣政治)의 혁파가 사림 정치의 이상을 실현하는 것이라고 주장한 정치적 결사인 이른바 '청명류(淸明流) 사건'에 연루되어 흑산도로 유배를 당하기도 하였다. 그러나 왕세손 시절 때 정조를 잘 보좌하여, 정조 즉위 이후 크게 출세해 좌의정에까지 올랐다. 그의 호 '즉지헌(則止軒)'의 유래에 대해서는 직접 쓴 「자지(自誌)」에 자세하게 나와 있다. 이 글에 따르면, 유언호가 한번은 사람을 시켜 일생의 길흉을 점쳤는데 '뇌천(雷川) 대장괘(大壯卦)'가 나왔다. '대장(大壯)'이란 크게 융성한다는 뜻이다. 대장괘는 아래는 건(乾)이고 위는 진(震)이어서, 위에 우레가 있고 아래에 하늘이 있는 형상이다. 강(剛)이 움직이므로 융성한다고 했고, 또한 큰 것은 바르므로 곧으면 이롭다는 뜻을 갖는다. 이에 「괘사」에서 '이정(利貞, 곧으면 이롭다)'이라고 했는데, 「잡괘전(雜卦傳)」에서는 '대장즉지(大壯則止, 크게 융성하면 즉 그쳐야 한다)'라고 하였다. 유언후는 『주역』이 가르침을 따라 '대장즉지'에서 뜻을 취해 자신의 집에 편액하고 자호로 삼았던 것이다. 지지(知止), 곧 '그쳐야 할 때와 그쳐야 할 곳을 아는 것'을 평생의 지침으로 삼고자 '즉지헌(則止軒)'이라고 호를 지었던 셈이다.

연려실(燃藜室) 이긍익(1736~1806) 자(字)는 장경(長卿). 원교 이광사의 아들. 아버지가 당쟁으로 희생당해 절도(絕島)에서 죽음을 맞은 잔혹한 일을 겪었기 때문에 일찍부터 벼슬에 대한 뜻을 버리고 야인으로 지내며 책을 읽고 저술하는 일로 평생을 보냈다. 특히 어린 시절부터 역사에 대한 남다른 관심을 가졌고, 평생의 연구와 저술을 종합하여 조선의 야사(野史)를 집대성했다고 평가받는 『연려실기술(練藜室記述)』을 완성했다. 이 역사서는 객관적이고 실증적인 역사 서술 방법은 물론 특정 시대의 중요한 역사적 사건을 그 발생 원인에서부터 전개 과정 그리고 결과 및 영향에 이르기까지 상세하게 기록한 기사 본말체(紀事本末體)라는 체제를 새롭게 선보였다. 그의 호 '연려실(燃藜室)'은 어린 시절부터 유달리 역사에 관심이 많은 아들의 서실 벽에 아버지 이광사가 써준 것인데, 그 유래 역시 『전국책(戰國策)』을 저술한 한(漢)나라의 역사가 유향(劉向)의 고사에서 찾아볼 수 있다. 이긍익은 이러한 사실에 대해 『연려실기술』의 서문 격에 해당하는 의례(義例)에 자세하게 기록해 놓았다. "내가 어렸을 때 일찍이 유향이 책을 교정할 때 태을선인(太乙仙人)이 청려장(靑藜杖)을 태워 불을 밝게 해주었다는 고사를 흠모하였다. 그래서 돌아가신 아버지로부터 손수 쓰신 '연려실(燃藜室)'이라는 세 글자를 받아 서실의 벽 위에 붙여 두고 각판(刻板)하려고 하였으나 미처 하지 못했다. 친지들 사이에 전하기를, '그 글씨가 선인(先人, 선친, 즉 아버지 이광사를 가리킴)이 남긴 글씨 중에서 최고로 잘된 것이라 하여 서로 다투어 모사하고 각판을 한 사람이 많았다. 이로 말미암아 간혹 자신의 호로 삼은 사람도 있었다.'라고 하니 역시 웃을 만한 일이다. 이 책이 이루어지자 마침내 『연려실기술』이라고 이름을 붙였다." 여기에서 '연려(燃藜)'는 '청려장(靑藜杖, 명아주 지팡이)을 태운다'는 뜻이기 때문에, '연려실'이란 '명아주 지팡이를 태워 불을 밝게 하고 역사를 저술하는 방'이라고 해석할 수 있다.

기하(幾何) 유금(1741~1788) 자(字)는 연옥(連玉) 또는 탄소(彈素). 연암 박지원을 따른 북학파의 일원이었으며, 『발해고』의 저자로 유명한 유득공의 작은아버지다. 일반인들에게는 잘 알려져 있지 않은 인물이지만, 그의 호를 보면 당시 실학자들이 얼마나 외부에서 들어온 새로운 학문과 지식에 깊이 심취했는가를 알 수 있다. 그는 재미나게도 '기하(幾何)'라는 호를 썼다. 유득공의 말에 따르면, 유금은 "고대 중국에서 만든 천문 산술서(算術書)인 '주비(周髀)' 곧 『주비산경(周髀算經)』의 학술을 좋아하여 한 곳의 방에 '기하(幾何)'라 편액하고, 그 방 안에서 사색에 잠겨 혼개(渾蓋, 천문)의 학설을 추측하고 깊이 궁구하였다." 연이어 유득공은 "이러한 까닭에 사람들이 '기하선생(幾何先生)'이라 불렀다. 여기에서 기하라는 말은 숫자를 헤아려 묻고 밝혀낸다는 뜻이다."라고 증언한다. 유금은 북학파 그룹 중에서도 서양의 자연 과학에 관심이 높았는데, 특히 서양에서 들어온 유클리드 기하학에 탐닉했던 자신을 가리켜 '기하'라고 불렀던 것이다.

매심재(每心齋)·손암(巽庵) 정약전(1758~1816) 자(字)는 천전(天全). 우리 역사 최초의 해양 생물학 서적이자 어류 도감이라고 할 수 있는 『자산어보(玆山魚譜)』의 저자이자 실학자이다. 다산 정약용의 둘째 형이기도 하다. 그는 '매심재(每心齋)' 또는 '손암(巽庵)'이라는 호로 알려져 있다. '매심재'의 뜻과 의미는 정약용이 쓴 「매심재기(每心齋記)」에 자세하게 나와 있다. "내 둘째 형님이 고향 집이 있는 초천으로 돌아가서, '매심'이라고 재실의 이름을 짓고 내게 기(記)를 써 보라고 하셨다. 그러면서 이렇게 말씀하셨다. '매심(每心)'이란 '뉘우칠 회(悔)'이다. 나는 뉘우침이 많은 사람이다. 항상 마음에 뉘우침을 새기고 있는 사람이기 때문에 재실의 이름을 이렇게 지었다.'라고 밝혔다. 그러면서 매심재라는 호에 담긴 뉘우침의 의미에 대해 '곰곰이 생각해보면 뉘우침에도 역시 도(道)가 있다. 밥 한 그릇을 비울 만한 짧은 순간에 발끈 화를 냈다가 곧바로 뜬구름이 공중을 지나가는 것처럼 여긴다면 어찌 뉘우치는 도라고 할 수 있겠는가? 작은 과오라면 조금 뉘우치고 잊어버려도 괜찮다. 그러나 큰 과오라면 고치더라도 매일같이 뉘우침을 잊지 말아야 한다. 뉘우침이 마음을 길러주는 일은 분뇨가 곡식의 싹을 키우는 자양분이 되는 것과 같다. 분뇨는 썩은 오물이지만 곡식의 싹을 길러 좋은 양식을 만든다. 뉘우침은 더러운 죄와 잘못으로부터 좋은 덕성을 길러준다. 그 이치는 매한가지다.'라고 하였다." 정약전의 언급처럼 '뉘우칠 회(悔)'를 파자(破字)하면 '매(每)'와 '심(心)'이 된다. 따라서 '매심'이란 곧 '뉘우침'이 되는 것이다. 정약전이 '매심재'라는 호를 썼던 시기는 정약용이 '여유당(與猶堂)'을 호로 썼을 때와 거의 일치한다. 즉 정조의 갑작스러운 죽음 이후 노론의 칼날이 자신들을 해치려고 이제나저제나 기회만 엿보고 있을 때이다. 정약용이 '신중함과 경계함'의 뜻을 담아 여유당이라고 한 것처럼, 정약전은

'뉘우침'의 뜻을 담아 매심재라고 당호를 짓고 자신을 정면으로 겨눈 노론의 칼날을 피해 가려고 했던 것이다. 물론 정약용과 마찬가지로 정약전 역시 노론의 공격을 피할 수 없었다. 44세가 되는 1801년에 일어난 신유사옥(辛亥邪獄) 때 정약전에게 내려진 유배형은 정약용보다 더 가혹했다. 정약용은 비록 땅끝이라고 해도 육지인 강진에 남을 수 있었지만 정약전은 머나먼 절도(絶島) 흑산도로 유배를 가야 했기 때문이다. 정약전은 흑산도에서 유배 생활을 하면서부터는 '손암(巽庵)'이라는 호를 사용했다. '손암'은 '들어간다'는 뜻과 의미를 갖고 있는 『주역』의 「손괘(巽卦)」에서 따온 것이다. 이 호에는 하루라도 빨리 바다 가운데 고도(孤島)인 흑산도에서 벗어나 육지로 '들어가' 고향 집을 찾고 싶었던 정약전의 간절한 소망이 깃들어 있다. 그러나 정약전은 끝내 그 소망을 이루지 못하고 절해고도(絶海孤島) 흑산도에서 59세의 나이로 한 많은 생애를 마쳤다.

금릉(金陵) 남공철(1760~1840) 자(字)는 원평(元平). 초계문신과 규장각 각신(閣臣)으로 정조의 총애를 한 몸에 받았다. 북학파의 박지원, 이덕무, 박제가와도 두터운 교분을 쌓았다. 노론 시파로, 정조 사후에 한때 노론 벽파 세력에게 밀려나 조정을 떠났지만 김조순 등과 함께 다시 권력을 장악하고 세도 정치의 서막을 열었다. 정조가 서거하자 시골에 들어가 은둔의 삶을 살고자 했던 남공철이 선택한 땅은 경기 광주(廣州, 지금의 성남) 청계산 아래 금릉(金陵)이라 불린 곳이었다. 이 무렵 그가 자호로 삼았던 '금릉'은 여기에서 비롯된 것이다. 그러나 은둔의 삶은 오래가지 않았다. 나이 어린 순조를 대신해 수렴청정을 하며 노론 벽파 정권을 이끌던 정순왕후가 1805년에 사망했기 때문이다. 다시 조정에 복귀한 후 남공철은 승승가도를 달렸다. 특히 1817년(순조 17) 우의정에 오른 다음 14년 동안이나 재상의 자리에 있었고, 74세가 되는 1833년에 영의정으로 치사(致仕, 나이가 많아 벼슬을 사양하고 물러남)해 봉조하(奉朝賀, 조선 시대에 종2품이상 관리로 사임한 사람에게 특별히 주던 벼슬)가 되는 최고의 호사를 누렸다.

풍석(楓石) 서유구(1764~1845) 자(字)는 준평(準平). 할아버지 서명응과 아버지 서호수로 이어온 달성 서씨 가문의 이용후생학을 종합하고 집대성한 19세기 최고의 실학자이다. 18년에 걸쳐 113권 52책, 250만 자에 달하는 최대 규모의 농업 서적이자 실학 서적인 『임원경제지(林園經濟志)』를 저술했다. 훗날 개화파의 대부 박규수는 이 책을 읽고 큰 감동을 받아 "요즘 사람들은 사업과 공업을 천하다고 여겨/정치와 경제를 다스리는 책에 곰팡이가 필 지경인데/유독 공의 의론을 익히 들어 보니/학문이 실용에 적합하지 않다면 진실로 부끄럽게 여겨야 하네"라고 했다. 서유구는 20대의 젊은 시절 선영(先塋)이 있는 경기도 장단의 학산(鶴山) 아래 살면서, 정원에 섬돌을 쌓고 다시 그 위에다 단풍나무 10여 그루를 심어 병풍처럼 둘렀다. 그리고 그곳에서 대여섯 걸음 떨어진 곳에다 '풍석암(楓石庵)'이라 이름 붙인 서재를 만들어 집안의 서책들을 잘 보관해 둔 다음 독서에 전념했다. 그리고 '섬돌 위에 심은 단풍나무'라는 뜻의 '풍석(楓石)'을 자신의 호로 삼았다.

풍고(楓皐) 김조순(1765~1832) 자(字)는 사원(士源). 정조의 개혁 정치에 협력했던 노론 시파의 핵심 인물이다. 정조가 사후 나이 어린 왕세자(뒷날의 순조)의 보좌를 특별히 부탁할 만큼 총애했던 신하였다. 정조가 죽고 왕세자가 임금이 된 후 1802년(순조 2) 그의 딸이 왕비로 책봉되자 돈령부영사(敦寧府領事)가 되고 영안부원군(永安府院君)으로 봉해졌다. 이후 임금의 장인인 국구(國舅)의 자리에 있으면서 국정을 주도했다. 19세기 60년 안동 김씨 세도 정치는 이때부터 시작되었다고 할 수 있다. 김조순은 자신이 거처하는 곳에 단풍나무 천여 그루를 심고 스스로 '단풍나무 언덕'이라는 뜻의 '풍고(楓皐)'를 자호로 삼았다. 단풍나무는 중국 한(漢)나라 때부터 유독 궁궐에 많이 심어졌기 때문에, '풍금(楓禁)'이란 표현이 있을 정도였다. 풍금은 '단풍나무가 많지만 누구도 함부로 들어갈 수 없는 금역(禁域)'이라는 말로, 단풍나무는 예로부터 궁궐을 상징하는 나무였다고 한다. 그런 점에서 임금을 뛰어넘는 권력을 행사했던 김조순의 삶과 '단풍나무 풍(楓)' 자가 들어간 그의 호는 묘한 조화를 이룬다.

자하(紫霞) 신위(1769~1845) 자(字)는 한수(漢叟). 순조와 헌종 연간의 문신이사 학자로 시문·그림·서예 등 모든 방면에서 탁월한 재능을 보였다. 청조 고증학에 밝아 청나라 최고의 학자였던 옹방강과 교유했고, 김택영은 그의 시사(詩史)적 위치를 가리켜 '500년 이래의 대가'라고 칭송했다. 서울과 과천과 안양 등지에 걸쳐 있는 관악산은 주봉(主

峰)인 연주대가 유명하지만 최고의 절경으로는 자하동(紫霞洞) 계곡을 꼽을 수 있다. 신위는 조상 대대로 전해온 자하산장(紫霞山莊)을 물려받아 경영하면서 관악산 자하동을 자주 드나들었는데, 특히 이곳을 사랑하여 호 또한 '자하'라고 했다. 저서로는 김택영이 1907년 중국에서 그의 시 600수(首)를 모아 간행한 『자하집(紫霞集)』이 있다.

가포(稼圃) 임상옥(1779~1855) 자(字)는 경약(景若). 평안북도 의주 출신의 무역 상인. 최초로 조선과 청나라 간 국경 지대의 인삼 무역권을 독점해 큰 부를 축적했고, 43세 때인 1821년 사신을 수행해 연경(베이징)에 들어가서는 그곳 상인들의 인삼 불매 동맹(不買同盟)을 천재적인 상업 수완으로 깨뜨리고 막대한 재화를 벌어들였다. 당시 그는 조선 전역은 물론이고 청나라에까지 '조선 제일의 부자'라고 소문이 날 정도로 거상이자 거부였다. 또한 그는 굶주린 백성과 수재민을 구제한 공적을 인정받아 상인 출신으로는 이례적으로 곽산군수(郭山郡守)와 구성부사(龜城府使)에 임명되기도 했다. 그러나 당시 권력을 장악하고 있던 세도 가문과 갈등을 빚다가 비변사의 논척(論斥)을 받아 사퇴한 다음에는 가난한 사람들을 구제하고 자그마한 집에 거처하면서 소박한 삶을 살았다고 한다. 그의 호 '가포(稼圃)' 역시 조선 최고의 부자였던 사람의 호라고 믿기 어려울 만큼 청빈하고 소박하다. 그 호에는 채마밭에서 곡식이나 채소를 가꾸며 살고 싶다는 소망이 담겨 있기 때문이다. 실제 말년의 임상옥은 대저택을 버리고 수많은 사람의 빚을 탕감해주었을 뿐만 아니라 남은 재산을 빈민 구제에 쓰게 한 뒤, 자그마한 집에 살면서 채마밭을 가꾸며 지내다 생을 마감했다고 한다.

항해(沆瀣) 홍길주(1786~1841) 자(字)는 헌중(憲仲). 그의 집안인 풍산 홍씨는 19세기 한양의 최대 명문가 중 하나였다. 그의 친동생 홍현주는 정조의 딸인 숙선옹주와 혼인해 영명위(永明尉)에 봉해졌고, 그의 친형 연천 홍석주는 좌의정에까지 올랐다. 그의 할아버지 홍낙성은 영의정, 아버지 홍인모 역시 우부승지의 고위 관직을 역임했다. 그러나 홍길주는 일찍부터 벼슬에 큰 뜻을 두지 않고 오직 독서하고 사색하며 저술하고 글을 짓는 것을 큰 즐거움으로 알고 살았다. 이로 인해 비록 생전에는 3형제 중 가장 한미했지만, 오늘날 19세기를 대표하는 명문장가로 3형제 중 가장 큰 주목을 받고 있다.

그의 호 '항해(沆瀣)'는 신선이 마시고 산다고 전해오는 '깊은 밤중에 내리는 맑은 이슬 (기운)'을 뜻한다. 19세기 경화사족(京華士族)을 대표하는 명문가 출신이었지만, 벼슬에 대한 뜻을 버리고 독서와 사색을 통해 독창적이고 참신한 문장과 글쓰기를 추구했던 홍길주의 맑은 삶을 떠올리게 하는 호라고 하겠다.

오주(五洲) 이규경(1788~1856) 자(字)는 백규(伯揆). 서얼 출신의 북학파 학자이자 규장각 4검서관으로 명성을 떨쳤던 청장관 이덕무의 손자이다. 백과전서적 학풍을 중시한 가학(家學)을 계승해 중국과 우리나라의 각종 사물을 비롯하여 고금의 경전, 역사, 문물과 제도, 풍속과 지리, 인물과 시문(詩文)은 물론 명물도수(名物度數, 명목(名目), 사물(事物), 법식(法式), 수량(數量)을 아울러 이르는 말) 등에 이르기까지 세상 만물과 모든 분야의 학문과 지식을 고증·변증하는 전무후무한 저술 작업을 했다. 이러한 그의 저술 작업은 현재 '오주연문장전산고(五洲衍文長箋散稿)'라고 이름 붙인 서책에 남아 있다. 이규경의 호 '오주(五洲)' 역시 박학다식을 추구하며 세상의 모든 것을 포괄하는 백과전서적 학문 연구 및 지식 탐구에 탐닉했던 그의 삶과 깊게 관련되어 있다. '오주'는 세계(지구)를 크게 다섯 개의 주로 나눈 서양의 세계 지리관을 수용한 호(號)일 뿐 아니라 중국과 우리나라의 학문과 지식은 말할 것도 없고 서양의 학문과 지식까지 모두 섭렵하겠다는 이규경의 의지를 담고 있기 때문이다.

화서(華西) 이항로(1792~1868) 자(字)는 이술(而述). 조선 말기 가장 유명한 성리학자로 화서학파(華西學派)의 창시자. 정학(正學)인 성리학을 지키고 사학(邪學)의 뿌리인 외세와 개화를 배척해야 한다고 주장한 위정척사파의 수장이다. 그는 경기도 양평군 (당시는 양근군) 서종면 노문리의 벽계(檗溪)라는 개울가 집에서 평생 주자학을 연구하고 수호하는 일에 전력을 쏟았다. 벽계는 이항로의 학문과 사상이 태어나고 성장한 곳이자 조선 말기 성리학의 신성한 보루처럼 여겨졌다. 그의 호 '화서(華西)' 역시 이곳과 밀접하게 관련되어 있다. 즉 이항로는 양평군에 자리하고 있는 청화산(淸華山)의 서쪽 10리 지점에 벽계(檗溪)가 있다고 해서 자신의 호를 '화서(華西)'라고 하였다. 따라서 '벽계'가 곧 '화서'였고, '화서'는 곧 이항로 자신이자 위정척사파의 본산 그 자체였다.

노사(蘆沙) 기정진(1798~1879) 자(字)는 대중(大中). 독자적인 궁리와 사색을 통해 퇴계 이황과 율곡 이이 이후 지속되어 온 주리(主理)와 주기(主氣)의 철학적 논쟁을 넘어서 이일분수(理一分殊)의 이론에 의한 이(理)의 철학 체계를 수립했다고 평가받는 19세기 마지막 성리학의 거장이다. 외세 배격과 개항에 반대한 위정척사 운동의 선봉장이기도 했다. 기정진의 호 '노사'의 유래에 대해서는 그가 직접 쓴 「노사설(蘆沙說)」을 통해 확인할 수 있다. 이 글에서 그는 자신은 평생 별호로 불리는 것을 좋아하지 않았기 때문에, 생애 말년인 77세 때에 이르러서야 비로소 '노령산(蘆嶺山) 아래 마을 옆을 흐르는 강인 하사(下沙)에서 사는 사람'이라는 뜻으로 '노사(蘆沙)'를 자호로 삼았다고 밝혔다.

난고(蘭皐) 김병연(1807~1863) 자(字)는 성심(性深). 일명 '김삿갓'이라 불린 조선 말기의 방랑 시인. 그가 태어난 지 4년째 되는 1811년에 일어난 '홍경래의 난' 때 선천부사(宣川府使)를 지낸 할아버지 김익순이 홍경래에게 항복한 것이 문제가 되어 멸문지화를 당했다. 당시 그는 하인의 도움을 받아 형 김병하와 함께 황해도 곡산으로 몸을 피해 숨어 살다가 사면을 받고 과거에 응시했다. 그런데 김익순의 행동을 비판한 내용으로 과거에 급제한 후, 뒤늦게 그가 자신의 할아버지라는 사실을 알고 벼슬을 버린 채 평생 전국을 떠돌아다니며 살았다. 특히 그는 당시 세도 정치 아래에서 부패할 대로 부패한 권력과 자신의 배 불리기에 급급한 부자들을 풍자하고 조롱하는 시를 많이 지었는데, 이로 인해 '민중 시인'이라고 불리기도 한다. 그의 호 '난고(蘭皐)'는 풀이하자면 '난초 언덕' 혹은 '난초 향기 가득한 언덕'이라는 의미를 갖고 있다. 평생 세상의 명예와 이욕을 피해 다니며 삿갓 하나 지팡이 하나에 의지한 채 전국을 떠돌았지만 선비의 고고한 기상과 기품만은 잊지 않으려고 했던 그의 뜻과 의지를 읽을 수 있는 호라고 하겠다.

고산자(古山子) 김정호(?~1866) 자(字)는 백원(伯元), 백온(伯溫), 백지(伯之). 조선의 지도와 지지를 종합하고 완성한 〈대동여지도(大東輿地圖)〉를 만든 지리학자이다. 일찍부터 '여지학(輿地學, 지리학)'에 심취해서 모든 산천과 강해(江海)를 두루 찾아다녔고, 널리 자료와 문헌을 수집하여 〈지구도(地球圖)〉를 제작하고 〈대동여지도〉를 손수 판각해 세상에 알렸다. 당시 김정희가 〈대동여지도〉를 제작할 때 가장 핵심적으로 둘러본 곳이 다름 아닌 산천이다. 왜냐하면 조선의 강역은 70%가 산이고 또한 강은 산을 둘러싸거나 휘감아 흐르고 있어서 지리를 파악하고 지도를 제작할 때 가장 핵심적인 대상이었기 때문이다. 그래서 자신의 호 또한 '옛 산을 좋아해 찾아다니는 사람'이라는 뜻의 '고산자(古山子)'라고 한 것이다.

환재(瓛齋) 박규수(1807~1876) 자(字)는 환경(桓卿), 환경(瓛卿), 정경(鼎卿). 연암 박지원의 손자로 18세기 실학사상과 19세기 개화사상의 가교 역할을 한 대학자이자 선각자다. 김옥균 등 개화파의 주요 인사들은 모두 박규수의 제자였다. 60세인 1866년(고종 3) 평안도 관찰사로 재임할 때 대동강으로 무단 진입한 미국 상선 제너럴셔먼호를 격퇴했으나, 1872년 사신으로 간 청나라에서 양무운동을 목격하고 개항과 개국의 필요성을 확신했다. 귀국 후 흥선대원군의 쇄국 정책에 맞서 여러 차례에 걸쳐 개국의 필요성을 건의했으나 받아들여지지 않았다. 1875년(고종 12) 관직에서 물러난 이후 김옥균, 홍영식, 김윤식, 서광범, 유길준, 박영효 등에게『연암집(燕巖集)』과『해국도지(海國圖志)』그리고 지구의(地球儀) 등을 보여주면서, 만민 평등 사상과 개화사상을 설파하는 한편 급변하는 국제 정세를 살펴 행동하라고 가르쳤다. 그의 사상은 '통상 개화를 통한 자주적인 부국강병의 건설'에 있었다. 그는 일찍이 20세 때 정조의 손자이자 순조의 아들인 효명세자와 '개혁의 뜻'을 함께할 때부터 평생 나라와 백성을 걱정한 '우국충정(憂國衷情)'의 지사였다. 효명세자의 갑작스러운 죽음 이후 20여 년 가깝게 두문불출하다가 다시 벼슬길에 나선 이후에도 오로지 백성의 비참한 삶을 해결할 대책과 자주적인 역량을 키워 나라의 운명을 개척할 방법을 찾는 데 온 힘을 쏟았다. 박규수의 호 '환재'에도 그의 남달랐던 우국충정의 뜻이 잘 새겨져 있다. '환(瓛)'은 벼슬아치가 조복(朝服, 관원이 조정에 나아가 하례할 때에 입던 예복)이나 관복을 착용하고 임금 앞에 나아갈 때 손에 들고 있는 옥으로 만든 옥홀(玉笏)을 뜻하는 글자이다. 따라서 환(瓛)은 '벼슬하는 사람'을 뜻하고, '환재(瓛齋)'는 '벼슬하는 사람의 집'이라는 의미로 해석할 수 있다. 조정에서 물러나 집에 머무를 때조차도 벼슬하는 사람은 나라와 백성을 생각해야 한다는 그의 마음가짐을 잘 보여주는 호이다.

소치(小痴) 허련(1809~1892) 자(字)는 마힐(摩詰). 추사 김정희의 제자로 시(詩)·서(書)·화(畵)에 모두 뛰어나 삼절(三絶)이라고 불렸다. 특히 김정희가 "압록강 동쪽으로 소치를 따를 만한 화가는 없다."라고 할 만큼 그림 솜씨가 탁월했다. 스승 김정희가 세상을 떠난 1856년에 고향인 진도로 낙향하여 운림산방(雲林山房)을 짓고 살면서 '조선 남종화(朝鮮南宗畵)'라고 불리는 독자적인 화풍을 개척했다. 그의 화풍은 아들 허형, 손자 허건, 방계 친족인 허백련으로 계승되어 현대 한국화의 형성에 결정적인 영향을 끼친 호남화단을 이루었다. '작게 혹은 조금 어리석다'는 뜻을 담고 있는 '소치(小痴)'라는 호는 추사 김정희가 지어준 것인데, 중국 원(元)나라 말기 남종 문인화의 4대가(황공망·오진·예찬·왕몽) 중의 한 사람인 황공망의 호 대치(大痴)에 빗대어 지어주었다고 한다. 진도의 '운림산방' 역시 이들 중 한 사람인 예찬의 아호인 '운림(雲林)'을 취해 지은 것만 보아도, 허련이 평생 추구했던 화풍의 미학이 어느 곳에 있었는가를 쉽게 짐작할 수 있다.

석파(石坡) 이하응(1820~1898) 자(字)는 시백(時伯). 고종의 아버지 흥선대원군. 타고난 처세술과 정치적 수완으로 아들을 임금의 자리에 올리고 10년간 섭정을 하면서 세도 정치를 무너뜨리고 왕권 강화책을 도모했다. 그러나 조선 역사상 전무후무한 임금의 살아 있는 아버지라는 지위를 이용해 무소불위의 권력을 행사했고 또한 그 권력을 유지하기 위해 수많은 실정(失政)과 악행을 저지르기도 했다. 지금도 서울 종로구 부암동 인왕산 북동쪽에는 흥선대원군의 별장이었던 '석파정(石坡亭)'이 일부 남아 있다. 현재 그 주변은 도로가 나고 주택이 들어서 큰 변화를 겪었지만, 바위와 소나무가 어우러진 인왕산과 북악산의 빼어난 자연 풍광이 조금이나마 남아 있다. 원래 이 별장은 철종 때 영의정을 지낸 안동 김씨 세도가문 출신 김흥근의 소유로 '삼계동 정자'라고 불렀는데, 흥선대원군의 소유가 된 이후 '석파정'으로 이름이 바뀌었다. 흥선대원군이 '석파정'이라 이름을 붙인 까닭은 주변의 거대하고 수려한 바위 풍경이 별장을 에워싸고 있었기 때문이다. 오늘날에도 주택이 들어서지 않은 석파정의 뒤편 인왕산 쪽으로는 바위의 빼어난 풍광을 감상할 수 있다. 그리고 '바위 언덕'이라는 뜻의 '석파(石坡)'는 흥선대원군 이하응의 호(號)가 되었다. 따라서 '석파'라는 호는 '60년 세도 정치'를 무너뜨린 무소불위의 권력 흥선대원군을 상징하는 호칭이나 다름없었다고 할 수 있다.

수운(水雲) 최제우(1824~1864) 자(字)는 성묵(性黙). 동양의 전통 사상인 유(儒)·불(佛)·선(仙)과 도참설(圖讖說) 및 후천 개벽(後天開闢) 등 민중 의식을 융합해 '동학(東學)'이라는 독창적 이념을 창시했다. 동학사상을 바탕으로 형성된 천도교(天道敎)의 제1대 교주이다. 그는 본명이 제선(濟宣)이었는데, 36세가 되는 1859년 구도를 결심할 때 자신의 이름을 제우(濟愚)로 바꾸었다. '어리석은 세상을 구제한다'는 뜻의 제우(濟愚)는 그가 구도에 나서는 이유이기도 했다. 그리고 이때 호를 '수운(水雲)'이라고 지었다. '물과 구름'이라는 뜻의 '수운'은 곧 천지자연 혹은 천지 생명을 의미한다고 한다. 어리석은 세상뿐만 아니라 천지자연과 천지 생명까지 구제하겠다는 뜻이 담겨 있는 호가 '수운'이라고 하겠다.

해월(海月) 최시형(1827~1898) 자(字)는 경오(敬悟). 최제우의 수제자로 동학(천도교)의 제2대 교주이다. 나이 35세가 되는 1861년(철종 12)경부터 최제우를 스승으로 섬기고 동학을 배웠다. 이후 동학의 전국적인 포교 활동에 혁혁한 공을 세웠고, 1863년 8월 스승 최제우로부터 도통(道統)을 전수받고 동학의 교주가 되었다. 그에 이르러 동학은 '인시천 사인여천(人是天 事人如天)', 즉 '사람이 바로 하늘이니, 사람을 섬기는 것을 하늘을 섬기는 것과 같이 하라'라는 사상으로 발전했다. '해월(海月)'이라는 그의 호는 스승 최제우가 도통을 전수할 무렵 내려준 호이다. 아마도 최제우는 자신의 호 '수(水)'자에 빗대어 '해(海)'자를, '운(雲)'자에 빗대어 '월(月)'자를 최시형의 호로 지어준 듯하다. 그리고 '해월'에는 사해(四海), 곧 온 세상을 비추는 달(月)처럼 밝고 맑게 세상 구석구석을 비추어 고통 받고 있는 사람들을 구제하라는 뜻이 담겨 있었다.

대치(大致)·대치(大癡) 유홍기(1831~?) 자(字)는 성규(聖達). 우리 역사 최초의 근대회 혁명인 갑신정변(甲申政變)의 주역 김옥균, 박영효, 서광범, 홍영식 등 개화파의 형성과 활동에 막대한 영향을 끼친 중인 출신의 개화사상가이다. 조정 밖의 정승이라는 뜻의 '백의정승(白衣政丞)'이라고 불리며 개화와 근대화를 통해 조선을 총체적으로 개혁하려고 했다. 그러나 개화파가 주도한 갑신정변이 '3일 천하'로 실패하자, 닥쳐올 화란을 피해 몸을 숨긴 이후 행방불명이 되어 언제 어떻게 사망했는지 알 수 없다. '크게 이루다'라는 뜻의 대치(大致) 혹은 '크게 어리석다'라는 뜻의 대치(大癡)라는 범상치 않은 호를 통해, 중인인 의원의 신분으로 개화와 근대화를 통한 조선의 자강(自强)과 부국강병을 계획하고 실천했던 그의 거대한 포부와 당당한 기상을 읽을 수 있다.

면암(勉菴) 최익현(1833~1906) 자(字)는 찬겸(贊謙). 화서(華西) 이항로의 수제자로 호남의 기정진, 영남의 이진상과 함께 조선 말기 성리학을 대표하는 학자이자 위정척사파의 수장이었다. 스승 이항로는 사람을 만날 때면 특별히 최익현을 두고 장래가 기대되는 재목이라며 칭찬을 아끼지 않았다고 한다. '면암(勉菴)'이라는 호 역시 이항로가 내려준 것이다. 이항로는 '낙경민직(洛敬閩直)'이라는 글을 써주면서 '부지런히 힘쓰라'는 뜻으로 '면(勉)' 자를 빌어 '면암(勉菴)'이라고 호를 지어주었다. '낙경민직'의 네 글자는 성리학을 공부하는 사람에게는 최고의 뜻과 의미를 담고 있다. '낙(洛)'은 낙읍(洛邑)에 살았던 정자(程子)를 가리키고, '민(閩)'은 '민중(閩中)'에 살았던 주자(朱子)를 지칭한다. 또한 '경(敬)'은 정자의 '거경궁리(居敬窮理, 경건하게 거처하며 이치를 궁구한다)'에서, '직(直)'은 주자의 '경이직내(敬以直內, 경건함으로 내면을 바르게 한다)'에서 취한 것이다. 다시 말해 '경(敬)'을 중시한 정자의 사상과 '직(直)'을 강조한 주자의 뜻을 좇아 '경건하게 올바른 길'을 걸어가라고 한 것이 '낙경민직'의 네 글자였다. 따라서 '면암'이라는 최익현의 호는 경건하게 올바른 길을 가는 데 부지런히 힘쓰라는 의미를 담고 있다. 그리고 여기에서 이항로가 말한 올바른 길이란 다름 아닌 '위정척사'였다. 실제 최익현은 성리학을 지키고 외세를 배척하며 개화와 근대화에 반대하는 위정척사의 수호신으로 살았다. 특히 러일 전쟁에서 승리한 일본이 조선에 대한 침략 야욕을 노골적으로 드러내자 73세의 노령임에도 불구하고 1906년 윤4월 전라북도 태인에서 의병을 일으켜 싸우다 일본군에게 체포당해 7월 8일 쓰시마(對馬島)로 유배되었다. 그리고 그곳에서 단식으로 저항하다가 4개월여가 지난 11월 17일 끝내 숨을 거두고 만다. 그의 삶과 죽음은 젊은 시절 스승 이항로가 준 '낙경민직'이라는 네 글자와 '면암'이라는 호에서 한 치도 어긋나지 않았다고 하겠다.

근·현대사 인물들의
호(號) 소사전

소림(小琳) 조석진(1853~1920) 도화서의 마지막 화원으로 1902년 심전 안중식과 함께 고종황제의 어진도사(御眞圖寫, 군왕이 생존해 있을 때 그 모습을 바라보아 가면서 그리는 작업)에 화사(畵師)로 선발되어 크게 명성을 얻었다. 오원 장승업의 제자로 전통 회화와 근대 회화를 잇는 징검다리 역할을 한 20세기 초 근대 한국화의 거장이다. 1911년 설립된 서화미술원과 1919년 결성된 서화협회 등을 통해 전통 회화와 근대 회화를 접목하는 데 힘을 쏟았다. 그의 문하에서 이당 김은호, 소정 변관식, 청전 이상범 등 근대 회화의 거장들이 다수 배출되었다. 산수화, 인물화, 기명화(器皿畵) 등 모든 방면의 그림에서 탁월한 능력을 발휘했다. 조석진은 어렸을 때 부모를 잃고 할아버지 밑에서 성장했다고 한다. 그의 할아버지는 헌종과 철종 때 도화서 화원을 지냈으며, 최고의 화원만이 그릴 수 있는 어진(御眞)을 그렸을 만큼 그림 솜씨 또한 출중했다. 이로 인해 조석진은 어려서는 할아버지 밑에서 그림을 배웠다고 한다. 조석진의 할아버지가 바로 임전(琳田)이라는 호를 썼던 조정규(趙廷奎)이다. 조석진의 '소림'이라는 호는 할아버지의 호 '임전(琳田)'에서 비롯되었다. 소림(小琳)은 '작은(小) 임전(琳田)'이라는 뜻이다. 어렸을 때 부모 잃은 자신을 돌봐주고 또한 그림까지 가르쳐준 할아버지에 대한 사랑과 존경심이 배어 있는 호가 다름 아닌 '소림'이다.

심전(心田) 안중식(1861~1919) 소림 조석진과 함께 쌍벽을 이루며 조선의 전통 회화와 근대 회화를 접목한 한국 미술사의 거장이다. 평생을 조석진과 함께하며 근대 회화 발전에 크게 공헌했다. 오원 장승업 아래에서 조석진과 함께 그림을 배웠고, 1881년에는 영선사(領選使) 일행의 제도사(製圖士)로 함께 청나라에 가서 견문을 넓혔으며, 1911년 설립된 서화미술원에서는 함께 김은호·변관식·이상범 등의 제자들을 가르쳤다. 1919년 민족 서화가들을 중심으로 결성된 서화협회에서는 그가 초대 회장을, 그리고 조석진이 제2대 회장을 역임했다. 그러나 3·1 운동과 관련되어 내란죄 혐의로 체포된 후 고초를 겪은 것이 화근이 되어 서화협회를 결성한 지 불과 몇 달 만에 세상을 떠나고 말았다. '심전경작(心田耕作)'이라는 말은 바른 마음을 가지고 밭을 일구고 농사를 가꿔야 좋은 결실을 맺을 수 있다는 뜻이다. '심전경작'에 담긴 뜻 그대로, 안중식은 그림을 그리는 것 역시 '심전(心田, 마음의 밭)'을 가꾸는 것이 무엇보다 중요하다고 여겼다. 마음의 밭을 잘 가꾸어야 그림을 그릴 때 붓이 바르고 묵이 맑아서 좋은 그림을 얻을 수 있다고 생각했기 때문이다. 그것이 바로 안중식의 호 '심전'에 담긴 뜻이었다.

우남(雩南) 이승만(1875~1965) 대한민국의 초대 대통령. 자유당 일당 독재와 장기 집권을 획책하다 1960년에 일어난 4·19 혁명으로 대통령에서 물러난 뒤 하와이로 망명해 그곳에서 사망했다. 황해도 평산에서 태어난 이승만은 3세에 부모를 따라 서울로 이주했다. 그리고 11세가 되는 1885년(고종 22) 남산 아래 도동 우수현(雩守峴)으로 이사했다. 그 후 1894년(고종 31) 과거 제도가 폐지되고 나이 21세가 되는 다음 해 4월 배재학당에 입학해 영어와 신학문을 배우기 전까지, 이승만은 도동 우수현에 자리하고 있는 서당을 다니며 한학(漢學)을 배웠다. '우수현의 남쪽'이라는 뜻의 '우남(雩南)'이라는 호는 바로 이승만이 젊은 시절을 보내며 청운의 꿈을 품었던 도동 우수현의 지명에서 유래한 것이다. 그는 성년이 된 이후 미국에서 망명 생활을 하던 때에도 항상 '우남'이라고 자호했고, 1945년 해방 이후 귀국했을 때에도 가장 먼저 그곳을 찾았을 정도로 우수현 남쪽에서 지냈던 젊은 시절을 매우 그리워했다고 한다.

한힌샘 주시경(1876~1914) 국어학자이자 독립운동가. 한글 연구와 보급을 통한 민족 계몽 운동으로 일제에 항거했다. 근대 국어학과 한글 연구에 크게 공헌했다. 그의 호 '한힌샘' 역시 '하얀 샘' 또는 '맑은 샘'을 뜻하는 순우리말이다. 여기에서 '한'은 '하나'

라는 뜻으로 볼 수도 있지만 '크다'라는 뜻으로 해석할 수도 있다. 예를 들면 '대전(大田)'의 순우리말은 '한밭'이다. 따라서 '한힌샘'은 '하나의 맑은(하얀) 샘'이라기보다는 '크고 맑은(하얀) 샘'으로 보는 것이 더 타당하다. 주시경의 또 다른 호인 '한흰메'는 '태백산(太白山)'의 순우리말인데 여기에서도 '한'은 '크다'는 뜻으로 사용되었다. '힌'과 '흰'은 모두 희다 또는 하얗다는 의미를 지니고 있다.

백범(白凡) 김구(1876~1949) 독립운동가이자 민족 지도자로 대한민국 임시 정부 주석을 지냈다. 8·15 해방 이후 남북 분단을 막고 자주적 통일 국가 수립에 앞장서다 1949년 6월 26일 반공 우익 세력의 사주를 받은 안두희에게 암살당했다. 김구의 나이 36세 때인 1911년 1월 일제는 보안법을 적용하여 항일 비밀 결사 조직인 신민회 원들을 대거 검거하기 시작했다. 이때 신민회의 핵심 간부 중 한 사람이었던 김구 또한 일본 경찰에 체포되어 경성의 경부 총감부로 압송되어 2년 형을 선고받았다. 그런데 수감 중 초대 총독인 테라우치 암살 모의 사건인 이른바 '안명근 사건'에 관련이 있다고 하여 다시 15년 형이 추가되었다. '백범(白凡)'이라는 그의 호는 감옥에 갇혀 있던 1913년에 지어진 것인데, 백정(白丁)을 뜻하는 '백(白)'자와 범인(凡人)을 뜻하는 '범(凡)'자를 취해 그렇게 한 것이다. 김구는 평소 '백범'이라는 호가 담고 있는 뜻에 대해, '가장 미천한 신분인 백정에서부터 평범한 보통 사람인 범인에 이르기까지 모두 자신과 함께 애국심을 가진 사람이 되어야 한다'는 소원을 표시한 것이라고 밝혔다.

도산(島山) 안창호(1878~1938) 교육자이자 독립운동가. 독립협회, 신민회, 흥사단 등의 단체에서 항일 활동을 주도했다. 1937년 6월 '동우회(同友會)' 사건으로 일본 경찰에 체포되어 투옥 중 12월에 병이 위중해져 보석으로 나왔으나 다음 해 3월 사망했다. 젊은 시절 안창호는 구세학당(언더우드학당) 밀러 목사의 주선으로 미국 유학길에 오르게 된다. 미국에 가서 새로운 문명을 배워 나라와 민족을 위해 일하겠다고 결심했기 때문이다. 24세가 되는 1902년 마침내 인천항을 출발해 유학길에 오른 안창호는 미국으로 가는 뱃전에서 태평양의 망망대해 한복판에 우뚝 솟아 있는 하와이의 웅장한 모습을 보고 크게 느낀 바가 있어서 자신의 호를 '산처럼 우뚝 솟아 있는 섬'이라는 뜻의 '도산(島山)'이라 지었다고 한다. 망망대해를 떠돌아다니다가 우뚝 솟아 있는 하와이를 만났을 때 사람들이 큰 희망을 갖게 되는 것처럼, 미국에서 다시 조선으로 돌아가면 자신도 사람들에게 큰 희망이 되겠다는 각오와 다짐이 서려 있는 호였다.

도마 안중근(1879~1910) 1909년 10월 26일 만주 하얼빈 역에서 조선 침략의 원흉인 이토 히로부미를 권총으로 쏘아 죽인 독립운동가. 황해도 해주에서 태어난 안중근은 17세 때 아버지를 따라 가톨릭 신자가 되었다. 그 후 신학문을 배우고 가톨릭 교리에 따라 신부에게 세례를 받았는데, 이때 그의 세례명이 '토마스(Thomas)'였다. 이 토마스의 한자(漢字)식 발음이 다름 아닌 '도마'이다. 일찍이 가톨릭에 입교(入敎)하고 신학문을 배운 안중근은 따로 아호(雅號)를 두지 않았다. 따라서 '도마 안중근'이라 말할 때 '도마'는 아호가 아닌 가톨릭의 세례명이다.

만해(卍萬)·만해(萬海) 한용운(1879~1944) 승려이면서 독립운동가이자 시인. 1919년 3·1 운동 때 민족 대표 33인 중의 한 사람으로 독립 만세 운동에 앞장섰다. 불교 개혁과 불교의 현대화 및 사회 참여를 위해 노력한 승려였고, '님의 침묵'이라는 저항시로 유명한 시인이기도 하다. 말년에 서울 성북동에 거처할 때 조선 총독부가 있는 곳은 쳐다보기조차 싫다면서 집을 북향(北向)으로 지을 정도로 항일 의식이 투철했다. 만해(卍萬)·만해(萬海)는 승려 신분이던 그의 법호(法號)인데, '부처님의 만덕(萬德)과 길상(吉祥)이 바다와 같다' 또는 '부처님의 만덕과 길상이 바다처럼 가득하다'라는 뜻이다. 홀로 수행해 깨달음을 얻는 삶보다는 불교의 대중화와 독립운동 등 현실 참여에 힘썼던 한용운의 정신이 깃들어 있는 법호라고 할 수 있다.

심산(心山) 김창숙(1879~1962) 유학자이자 독립운동가, 교육자. 조선 선비의 불굴의 정신과 지조를 보여 준 유림(儒林)의 거목이다. 1905년 을사조약이 체결되자 이완용 등 매국노 오적을 참형(斬刑)하라는 「청참오적소(請斬五賊疏)」를 올려 선비의 기개를 드러냈다. 1919년 3·1 운동이 일어나자 전국 유림을 규합하여 독립을 호소하는 진정서를 작성해 상하이로 망명한 뒤 프랑스 파리에서 개최되는 만국 평화 회의에 제출한 이른바 '유림단 사건'을 주도했다. 1927년 상하이의 공공조계(公共租界, 19세기 후반 영국, 미국 등 8개국이 중국 침략 근거지로 삼았던 개항 도시의 외국인 거주지로, 외국이 행정권과 경찰권을 행사하였음) 영국인 병원에서 일본 영사관원에게 체포되어 조선으로 압송된 후 14년 형을 선고받고 대전 형무소에서 복역하였다. 그러던 중 옥중 투쟁과 잔혹한 고문으로 두 다리를 못 쓰게 되어 형 집행 정지로 출옥하였다. 이때 김창숙은 한 친구로부터 '앉은뱅이 늙은이'라는 뜻의 '벽옹(躄翁)'이라는 호를 받아 사용했다. 앉은뱅이로 살더라도 일본 제국주의에는 결코 굴복하지 않겠다는 결연한 의지가 담긴 작호였다. 그는 벽옹 이외에도 '직강(直岡)'과 '심산(心山)'이라는 호를 갖고 있었는데, 그중 가장 널리 알려진 호는 '심산'이다. 김창숙은 일찍이 〈동아일보〉(1957년 4월 12일자)에 기고한 '심산(心山)의 변(辯)'이라는 글을 통해 자신의 별호에 대해 자세하게 밝힌 적이 있다. 여기에 그 전문을 옮겨 소개한다. '나의 별호(別號)는 '직강(直岡)', '심산(心山)', '벽옹(躄翁)' 세 가지가 있는데 지우(知友)들이 심산(心山)이라 부른다. 직강(直岡)이라 함은 내 나이 13세 때에 나의 선인(先人)께서 나를 경계하는 뜻으로 소거리(所居里) 앞산의 우뚝 솟은 봉우리를 가리키시며 말씀하시되 '네 호를 직강(直岡)이라 지어주노니 네 일상(日常) 저 산(山)을 우러러보고 모든 일에 반드시 힘써 올곧고 꺾이지 않는 직강(直岡)의 호에 부끄럼이 없게 하라.' 하시었다. 내 선인(先人)의 훈계를 명심하여 항상 실추(失墜)할까 근심하였다. 심산(心山)이라 함은 내 나이 40되던 해에 맹자(孟子)의 '사십부동심(四十不動心)'이란 말씀에 깊이 느낀 바 있어 자호(自號)를 심산(心山)이라 하였는데, 심(心) 자에 산(山) 자를 붙인 것은 산은 부동물(不動物)이니 마음이 부동(不動)함을 가리킨 것이다. 내 일찍 광복 운동에 종사하여 10년 해외에서 많은 고초를 겪었으며 9년 옥중에서 참혹한 고신(拷訊) 끝에 필경 앉은뱅이가 되었으나 내 혁명(革命)에 불타는 마음은 조금도 동요하지 아니하였다. 벽옹(躄翁)이라 함은 내 출옥한 후 한 친구가 나를 문위(問慰)하고 웃으며 말하되, '군의 호를 벽옹(躄翁)이라 함이 어떠냐' 하였다. 나도 웃으며 '아주 좋네 아주 좋아'라고 벽옹(躄翁)으로 자처하며 살았다."

단재(丹齋) 신채호(1880~1936) 독립운동가이자 역사학자. 일본의 식민 사관에 맞서 조선의 역사를 바로 세우고 알리는 것이 곧 독립운동이라고 생각해 민족주의적 사관에 입각한 역사 연구와 저술 활동에 힘썼다. 그 대표 저서가 『조선상고사(朝鮮上古史)』이다. 무장 투쟁을 통한 자주적인 독립 쟁취를 중시해 아나키스트 단체인 의열단의 독립 선언문인 '조선혁명 선언'을 쓰기도 했다. 아나키스트 독립운동의 핵심 지도자로 활동하다가 1928년 일본 경찰에 체포된 후 10년 형을 선고받고 여순 감옥에서 옥고를 치르다 순국했다. 평생 일제 치하에서는 머리를 숙일 수 없다면서 비록 온몸이 다 젖을망정 고개를 숙이지 않고 뻣뻣이 선 채로 세수를 했다는 일화는 유명하다. 그의 호 '단재' 역시 오직 조선의 자주 독립에 온 마음을 쏟았던 불굴의 투쟁 정신과 관련이 깊다. 고려에 끝까지 충절을 지키다 죽임을 당한 정몽주의 "이 몸이 죽고 죽어 일백 번 고쳐 죽어/백골이 진토 되어 넋이라도 있고 없고/임 향한 일편단심(一片丹心)이야 가실 줄이 있으랴"라는 「단심가(丹心歌)」에서 취한 호가 '단재(丹齋)'였기 때문이다. 처음에는 '일편단생(一片丹生)', '단생(丹生)'이라 하다가 '단재(丹齋)'로 바꾸었다고 한다.

몽양(夢陽) 여운형(1886~1947) 독립운동가이자 정치가. 1919년 상하이 대한민국 임시 정부에서 임시 의정원 의원과 외무부 차장으로 활동했다. 1936년 조선중앙일보사 사장으로 재임할 때 베를린 올림픽 마라톤에서 우승한 손기정 선수의 가슴에 새겨진 일장기를 지우고 신문에 실은 이른바 '일장기 말소 사건'을 주도해 민족혼을 일깨우기도 했다. 그의 호 '몽양(夢陽)'은 풀이하자면 '꿈속의 태양' 혹은 '꿈속에서 본 태양'이라고 할 수 있다. 실제 여운형의 어머니가 태양이 이글거리는 꿈을 꾸고 낳은 아이가 그였다고 한다. 즉 그의 어머니가 치마폭에 태양을 받는 태몽을 꾸었다고 해서 자신의 호를 '몽양(夢陽)'이라고 한 것이다.

벽초(碧初) 홍명희(1888~1968) 독립운동가이자 장편 역사 소설 『임꺽정』의 저자. 1945년 해방 이후 좌익 계열의 조선문학가동맹 중앙 집행 위원장으로 활동하다가, 좌우 합작과 남북통일을 위해 개최된 1948년 남북제정당사회단체 연석회의를 계기로 월북했다. 북한 정부 수립 후 내각 부수상을 지냈다. 그의 호 '벽초'는 '조선 최초의 에스페란토 인'이라는 뜻을 갖고 있다. 여기에서 '푸를 벽(碧)'자는 에스페란토를 상징하는 청록색을 의미하고, '처음 초(初)'는 최초를 가리킨다. 이때 청록색은 평화를 상징한다고 한다. 홍명희는 조선어를 말살하고 일본어를 강요하는 1920년대 일제 치하에서 국제어를 표방한 '에스페란토'의 보급과 확산을 하나의 항일 투쟁이자 민족 해방 운동으로 보았다. 일제의 언어 제국주의에 맞서 에스페란토를 보급하고 확산하는 운동의 선각자이자 선구자가 되겠다는 뜻을 담은 호가 바로 '벽초(碧初)'였던 것이다.

백야(白冶) 김좌진(1889~1930) 독립운동가. 무장 독립 투쟁을 중시해 독립군의 훈련과 조직에 전념했다. 1920년 독립군을 지휘해 일본군을 대파한 청산리 대첩의 맹장(猛將)으로 크게 명성을 떨쳤다. 당시 상하이의 대한민국 임시 정부에 "김좌진 부하 600명과 홍범도의 부하 300여 명이 일본군 1,300여 명을 격살"하였다고 보고될 만큼 일본군의 피해는 막대했다. 민족 계몽이나 외교에 의한 독립보다 무장 투쟁을 통한 독립을 중시한 그의 사상은 '백야'라는 호에서도 찾아볼 수 있다. '백야(白冶)'에서 '백(白)'은 백의민족을 뜻하고, '야(冶)'는 '단련하다'라는 뜻을 지니고 있다. 따라서 '백야'라는 호에는 '백의민족이 심신을 단련해 일제의 침략에 맞서 싸워야 한다'는 의미가 담겨 있는 것이다. 특히 여기에서 '단련하다'는 뜻의 '야(冶)'는 대장간에서 쇠를 풀무질하고 두드려 강철로 만드는 것을 뜻하는 한자이기 때문에, '백야'라는 호를 통해 우리 민족을 강철과 같이 단단하게 만들겠다는 김좌진의 매서운 각오를 읽을 수 있다.

육당(六堂) 최남선(1890~1957) 초기에는 독립운동의 한 지류(支流)인 민족 계몽 운동가로 조선의 역사·문화·풍속·전적(典籍) 등을 새롭게 발굴해 소개·보급하는 데 크게 공헌했다. 춘원 이광수, 벽초 홍명희와 함께 조선의 3대 천재라고 불릴 만큼 저술과 학식이 뛰어났다. 그러나 1930년대 말부터 일제에 적극 협력하고 징병을 독려하는 등 반민족 친일 행적을 보였다. 그는 자신의 호 '육당(六堂)'의 유래에 대해 밝히기를, 옛 천문학에는 '북두칠성'에 대칭하는 별자리로 '남두육성(南斗六星)'이 있는데, 자신의 이름 '남선(南善)'의 '남(南)' 자에 의거하여 육성(六星)을 취해 '육당(六堂)'이라는 호를 쓰게 되었다고 하였다.

"내가 신문, 잡지에 글을 싣기 시작한 13세 때는 호(號)고 무엇을 생각하기 거북한 때였다. 그러나 신문, 잡지에 글을 자주 씀에는 성과 이름을 분명히 쓰기만 할 수 없는 때가 있으므로 그리할 필요가 나에게도 없지 아니하였다. 이러하다가 어느 때인지 갑자기 원명과 다른 명호(名號)를 써야 할 필요를 느끼게 된 때 불시에 '육당'이라는 새 이름을 만들어 썼다. 처음부터 분명한 뜻을 붙인 것은 아니요 그렇다고 함부로 지은 것도 아니었다. 그러면 그 인연은 무엇에서 나온 것이냐 하면, 옛날 천문학에서 지구의 남북(南北) 양방(兩方)에 당(當)하는 곳에 있는 별을 두성(斗星)이라 이름하여 북두(北斗)는 칠성(七星)임에 대하여 남두(南斗)는 육성(六星)이라고 설명하는 것이 있는 중 북두(北斗)니 남두(南斗)니 하는 것의 성신적(星辰的) 지위는 내가 자세히 모르거니와 내 본명이 남선(南善)이라 하매 역시 남선의 '남(南)' 자(字)에 끄덩이를 잡고 남두는 육성이라 하는 것에서 '육(六)' 자(字)를 가져온 것이었다. 지금 와서는 이것저것을 끄집어내어서 말들을 하나 그 원거(原據)는 이렇게 대단한 것이 아니었다. 그런즉 '육(六)' 자(字)의 뜻을 말하려 하면 신구 양방(兩方)으로 많을는지 모르지마는 그 본의는 이렇게 싱거운 것에 불과한 것이다."

– 「육당(六堂)의 변(辯)」, 〈동아일보〉 1957년 4월 26일자

인촌(仁村) 김성수(1891~1955) 동아일보의 창업주이자 8·15 해방 이후 최대의 우익 정당인 한국민주당 창당을 주도한 정치가이다. 일제 강점기 때 물산 장려 운동과 민립 대학 설립 운동 등 민족 계몽 운동에 참여하기도 했으나, 1930년대 말엽 이후 일본 군국주의에 적극 협력해 학병제와 징병제를 고무·찬양한 전력 때문에 '친일 반민족 행위'를 했다는 비판을 받고 있다. 그의 호 인촌(仁村)은 고향인 전북 고창군 부안면 인촌리(仁村里)에서 유래되었다. 그가 '인촌'이라는 호를 사용하게 된 계기는 대구에 살던 석재(石齋) 서병오라는 이와의 만남에서 찾아볼 수 있다. 서병오는 시·서·화에서부터 의학에 이르기까지 여덟 가지에 능하다고 해서 '팔능(八能)'이라는 별호를 얻은 문화 예술계의 노대가(老大家)였다. 그는 가르침이 되는 말을 해달라는 김성수의 부탁을 받고, 사회 활동을 하려면 아호(雅號)가 필요할 것이라면서 고향이 어디냐고 물었다. 이에 김성수가 자란 곳은 줄포(茁浦)이나 태어난 곳은 그곳에서 30리가량 떨어져 있는 인촌이라는 작은 마을이라고 대답했다. 그러자 서병오는 인촌의 인이 무슨 글자냐고 물었고, 김성수는 '어질 인(仁)' 자라고 답했다. 서병오는 정치인으로서 그보다 더 좋은 호

가 어디에 있겠냐면서 '인촌(仁村)'을 아호로 삼으라고 했다. '정치는 명분으로 한다'고 한 공자가 스스로 최고의 가치이자 덕목으로 삼았던 것이 '인(仁)'이었으니, '인촌'이야말로 정치인이 가질 수 있는 최고의 아호라고 권유한 것이다.

민세(民世) 안재홍(1891~1965) 역사학자이자 독립운동가, 언론인, 정치가. 그의 호 '민세(民世)'는 '민중의 세상' 또는 '민족에서 세계로, 세계에서 민족으로'라는 뜻을 담고 있다. 안재홍은 민족주의(민족애)와 세계주의(인류애)를 통합한 민족적 국제주의라는 '민세주의(民世主義)'를 역사 연구와 이해의 이론적 틀로 삼았다. 1934년부터 시작된 그의 조선학 운동은 1937년에서 1941년에 걸친 시기에 저술한 『조선상고사감(朝鮮上古史鑑)』으로 결실을 맺었는데, 그 집필 의도가 '민세주의'의 역사관을 이론적 틀로 하여 조선 상고사를 재구성 · 재해석한 것이라고 할 수 있다. 언론인이자 정치가로서의 그의 사상 역시 '민세주의'에서 크게 벗어나지 않았다. 따라서 '민세(民世)'는 그의 삶이자 역사 철학이며 정치사상이라고 할 수 있는 '민세주의'를 한마디로 집약해 표현한 호라고 하겠다.

가람 이병기(1891~1968) 국문학자이자 시조 시인. 1942년 '조선어학회' 사건으로 옥고를 치른 독립운동가이기도 하다. 이병기는 〈동아일보〉(1957년 4월 7일자)에 기고한 「가람의 변(辯)」에서 자신의 호 '가람'의 유래에 대해 이렇게 밝혔다. "한글로는 '가람', 이두(吏讀)로는 '가람(嘉藍)'인데 고(故) 박한영 씨가 남가일몽(南柯一夢)을 인고(引古)하여 '가남(柯南)'이라고도 하였습니다. 가람은 무슨 뜻인가 하면 강이나 호수를 우리 고어(古語)로 "가람'이라 합니다. 나는 강과 호수를 좋아합니다. 한 방울 두 방울 뚝뚝 떨어지는 물이 샘도 되고 강과 호수도 되어 여기서 모든 풍경이며 어룡(魚龍)의 궁택(宮宅)이며 관개(灌漑)의 혜택을 베풀게 됩니다." 또한 이병기는 자신의 일기에서 가람은 강이란 우리말인데, 온갖 샘물이 모여 가람이 되고 가람의 물이 나아가 바다가 되므로, 가람은 샘과 바다의 사이에 있는 것이라고 했다. 이에 첫째 그 근원이 무궁하고 끝도 무궁하니 영원하고, 둘째 이 골짜기의 물과 저 골짜기의 물을 합해 진실로 떳떳함을 이루니 완전하고, 셋째 산과 들 사이에 끼여 땅을 기름지게 하니 조화롭다고 하였다. 그리고 이 세 가지의 뜻을 붙여 자신의 호를 '가람'이라 했다고 적었다.

의재(毅齋) 허백련(1891~1977) 소치 허련이 완성한 조선 남종화를 계승한 한국 화단의 거장이다. 광주 무등산에 다원(茶園)을 세우고 농장을 직접 가꾸면서 시·서·화에 모두 능숙한 전형적인 남종 문인화가의 삶을 살았다. '의재(毅齋)'라는 그의 호는 한학(漢學)을 가르쳐준 스승 무정(茂亭) 정만조가 지어준 것으로 '떳떳하고, 당당하고, 굳세게' 살라는 뜻이 새겨져 있다. 『논어』「자로(子路)」편에 나오는 '강의목눌근인(剛毅木訥近仁, 강직하고 굳세며 질박하고 어눌함은 인(仁)에 가깝다.)'에서 뜻을 취한 것이다. 여기에서 '의(毅)'는 '굳센 의지'를 의미한다.

춘원(春園) 이광수(1892~1950) 1917년 우리나라 최초의 현대 장편 소설인 『무정』을 발표한 이후 '현대 소설의 아버지'라 불릴 만큼 한국 문학사에 큰 족적을 남겼으나, 나중에는 친일 매국 행위에 앞장섰다. 한국 전쟁 때 행방불명되었으며 최근 들어 전쟁 초기인 1950년 북녘땅끝 국경 지대인 만포(滿浦)에서 병으로 사망한 것이 확인되었다. 그의 호 '춘원(春園)'은 '봄의 정원'이라는 뜻인데, 일찍이 양주동은 '춘(春)' 즉 '봄'은 번화함을 상징하고 '원(園)' 곧 '정원'은 함축의 뜻을 표현한다고 해석했다. 겉으로 드러나는 '번화함'과 겉으로 드러내지 않고 안으로 간직하는 '함축'의 미학을 동시에 가지고 있는 호가 바로 '춘원'이라는 것이다. 또한 이광수는 백두산의 다른 이름인 '장백산'을 취한 '장백산인(長白山人)'이라는 호를 사용하기도 했다. 이에 대해 도산 안창호가 "춘원은 돈을 아니 가지고 다니니 장백(長白)이요, 마음이 희니 장백(長白)이요, 장백산(長白山) 아래에서 낳으니 장백(長白)이라고 한다."라고 했다는 얘기가 전해온다. 백두산에서 가까운 평안북도 정주(定州)가 이광수의 고향이다.

이당(以堂) 김은호(1892~1979) '이충무공상(李忠武公像)', '의기논개상(義妓論介像)' '신사임당상(申師任堂像)', '이이상(李珥像)'과 밀양 영남루(嶺南樓)의 '아랑상(阿娘像)', 남원의 '춘향상(春香像)'과 서울 안중근 의사 기념관의 '안중근 영정' 등 우리 역사 속 위인 및 인물들의 영정을 많이 그린 현대 한국 화단의 거장이다. 그러나 일제 말기 수많은 친일 전력은 영원히 씻을 수 없는 오점으로 남아 있다. 그의 호 '이당(以堂)'은 스승인 심전 안중식으로부터 받은 것으로, 『주역』의 24괘 중 첫 자인 '이(以)'를 따서 지은 것이다. 일찍이 어진(御眞)을 그렸을 만큼 탁월한 재능을 보인 제자에게 모든 방면의 그림에서 으뜸이 되라는 스승의 애정이 가득 담긴 작호이다.

창랑(滄浪) 장택상(1893~1969) 미군정 아래에서 수도 경찰청장 등을 역임하며 반공(反共)과 좌익 색출이라는 미명하에 친일 경찰들을 대거 등용하는 한편 1948년 남한의 단독 정부 수립과 동시에 초대 외무부 장관으로 취임했다. 특히 제헌 국회가 제정한 법률에 근거해 설립된 '반민족 행위 특별 조사 위원회(반민 특위)'의 친일 청산 작업을 무력화시키는 데 앞장섰다. 1958년 제4대 민의원에 당선된 이후에도 반공 투쟁 위원장으로 나서는 등 민족이나 통일보다는 오직 반공이 지상 과제였던 철저한 반공 우익 정치가였다. 영국 에든버러 대학에서 유학한 경력이 있는 그는 영어에 능통해 미군정 아래에서 출세한 사람이지만 한학(漢學)에도 조예가 깊었다. '창랑(滄浪)'이라는 그의 아호 역시 중국 춘추 전국 시대 초(楚)나라의 시인 굴원(屈原)이 지은 「어부사(漁父詞)」 창랑가(滄浪歌)의 "창랑지수청겸(滄浪之水淸兼) 가이탁오수(可以濯吾綬) 창랑지수탁(滄浪之水濁) 가이탁오족(可以濯吾足)"이라는 구절에서 뜻을 취한 것이다. 이 구절은 "창랑의 물이 맑다면 나의 갓끈을 씻겠지만, 창랑의 물이 탁하면 나의 발을 씻을 따름이네."라고 풀이할 수 있다.

유석(維石) 조병옥(1894~1960) 정치가. 미국 유학 시절 한인회와 흥사단 등의 단체에서 독립운동을 했고, 귀국 후에는 좌우 합작으로 설립된 항일 조직인 신간회의 재정 총무를 역임했다. 1929년 광주 학생 운동의 배후 조종자로 검거되어 3년간 복역했고, 1937년에는 수양동우회 사건으로 다시 투옥되어 2년간 옥고를 치렀다. 8·15 해방 이후에는 보수 우익 정당인 한국민주당 창당을 주도했고, 미군정청의 경무부장을 역임했다. 한국 전쟁 이후 반이승만 진영에 서서 반독재 투쟁을 이끌었다. 1960년 야당인 민주당의 대통령 후보가 되어 이승만과 맞서다가 대통령 선거를 1개월 앞두고 병으로 사망했다. 일각에서는 일제 말기 임전 대책 협의회에서 창립 연설을 한 사실과 미군정청 시절 반공(反共)을 명분으로 친일파 경찰들을 다시 채용해 친일 청산 작업을 방해한 전력 등을 들어 그의 반민족 친일 행위에 대해 의혹과 비판을 제기하고 있다. 그의 호는 『시경(詩經)』에 나오는 '절피남산(節彼南山, 높이 솟은 저 남산)'이라는 시의 "절피남산 (節彼南山)이여 유석암암(維石巖巖)이로다.(높이 솟은 저 남산에는 바위가 첩첩이 쌓여 있네.)" 라는 구절에서 '유석(維石)'을 취한 것이다. '우뚝 솟은 산에 첩첩이 쌓여 있는 거대한 바위'처럼 살겠다는 웅대한 포부와 의지가 담겨 있는 호라고 하겠다. 조병옥은 광주 학생 운동의 배후 조종자로 일본 경찰에 체포되어 감옥 생활을 하던 때 벽초 홍명희 등과 사서삼경을 숙독하고 통독하다가 이 호를 갖게 되었다고 밝힌 적이 있다.

공초(空超) 오상순(1894~1963) 시인. 본명인 오상순보다 담배꽁초나 골초에 빗대어 지었다는 '공초'라는 호로 더 유명하다. 그는 평소 세상의 근심과 걱정을 잊게 해준다고 해서 담배를 '망우초(忘憂草)'라고 부를 만큼 소문난 애연가였다. 하루에 담배 10갑에, 200여 개비의 담배를 피웠는데, 자신의 호조차도 꽁초나 골초와 발음이 비슷한 '공초' 라고 지을 정도였다. 그러나 그의 호가 단순히 담배꽁초나 골초가 아니라 '세속 공간을 초월한 우주적인 것'을 지향한 그의 문학적 경향을 나타낸 것이라는 해석도 있다. 즉 그의 시에 자주 등장하는 '태초 생명의 비밀', '일체상(一切相)', '절대 신비의 대자연', '태고(太古) 정적(靜寂)', '비(秘)와 성(聖)' 등의 여러 시어들이 '공초(空超)'라는 우주적인 인생관과 철학을 담고 있다는 것이다.

외솔 최현배(1894~1970) 국어학자이자 독립운동가. 1942년 '조선어학회' 사건으로 투옥되어 옥중에서 8·15 해방을 맞았다. 한글학회 이사장으로 취임해 국어 교재와 국어사전 편찬을 주도했고 한글 가로쓰기 등의 큰 공적을 남겼다. 그의 호 '외솔'은 '홀로 서 있는 소나무'라는 뜻인데, 성삼문의 시조에서 그 뜻을 취해 지은 것이다. 최현배는 「외솔의 변(辯)」(《동아일보》 1957년 3월 26일자)에서 "나는 시골 소학 시절에 선생에게서 사육신의 고적에 관한 이야기를 들었고 서울 중학 시절에 성삼문의 시조 '이 몸이 죽어 가서 무엇이 될고 하니/봉래산 제일봉에 낙락장송 되었다가/백설이 만건곤할 제 독야청청하리라.'를 배웠다. 과연 고귀한 절조이요, 아름다운 시조이다. 보지도 못한 고인을 이 시조를 통하여 언제나 추모 경앙하였다. 내가 어느 때에 변변찮은 글에다가 호를 적었으면 하는 생각에서 처음으로 '외솔'이라고 써 보았다. 물론 이는 앞의 시조에서 우러나온 것이다. 나는 이 호를 통하여 옛날의 성삼문을 따라가는 뜻을 항상 새롭게 하는 것이다."라고 밝혔다. '온 세상이 눈으로 뒤덮일 때 오히려 홀로 우뚝 솟아 더욱 푸른빛을 발하는 소나무'처럼 단종의 왕위를 무력으로 찬탈한 세조에게 항거한 성삼문을 본받아, 자신도 조선의 주권을 무력으로 강탈한 일제에 맞서 싸우겠다는 결연한 의지가 담겨 있는 호가 다름 아닌 '외솔'이었다.

일석(一石) 이희승(1896~1989) 국어학자이자 국문학자. 1930년 조선어학회에 들어가 '한글 맞춤법 통일안'과 '표준어 사정' 작업을 주도했다. 조선어 어문 운동이 곧 독립운동이라고 여겼던 그는 1942년 '조선어학회' 사건으로 일본 경찰에 검거되어 함흥 형무소에서 8·15 해방을 맞은 독립운동가이기도 하다. 1945년 8월 19일 함흥 형무소에 출옥한 이후부터 줄곧 국어 연구와 사전 편찬에 전념했다. 1961년 발간된 그의 『국어대사전』은 국어학 연구 분야의 획기적인 업적이다. 시인이면서 수필가이기도 했던 이희승은 '일석(一石)'이라는 자신의 호에 대해 "나는 한 개의 돌에 지나지 않는 존재이므로 일(一) 자를 빌어다가 일석(一石)으로 결정하여 버렸다."라고 밝힌 적이 있다. 또한 단사(丹砂, 수은으로 이루어진 황화 광물. 진한 붉은색을 띠고 다이아몬드 광택이 남)를 갈더라도 그 빛은 빼앗을 수 없는 것처럼, 돌 역시 깨뜨려도 그 단단함만은 뺏을 수 없기 때문에 그 뜻을 취해 자신의 호를 '일석'이라고 했다고 하였다.

수주(樹州) 변영로(1897~1961) "거룩한 분노는/종교보다도 깊고/불붙는 정열은/사랑보다도 강하다"로 시작하는 유명한 시 「논개」의 작자. 부드러운 운율과 아름다운 서정성을 바탕으로 하면서도 민족의식을 일깨우고자 한 시작(詩作) 활동을 했다. 이 때문에 친일 문학 연구가인 임종국 씨는 그를 "일제 강점기의 지식인 중 지조를 지킨 몇 안 되는 문인" 중의 한 사람이라고 높게 평가했다. 그는 〈동아일보〉(1934년 4월 5일자)에 기고한 '나의 이호(雅號) 나의 이명(異名)'이라는 글에서 자신이 '수수(樹州)'라는 아호를 갖게 된 이유를 다섯 가지로 밝혔다. 소리가 속되지 않다는 것이 첫째 이유이고, 남이 짐작할 만한 별 의미가 없다는 것이 둘째 이유이고, 의례이 호(號)에 나올 듯한 글자가 없는 것이 셋째 이유이고, 나무같이 신선하고 골같이 넓이가 있고 싶은 것이 넷째 이유이고, 자신의 출생지는 아니지만 선영(先塋)이 있기 때문에 고향이라고 할 수 있는 부평(富平, 오늘날 부천(富川))의 옛 이름이 수주(樹州)라는 것이 마지막 이유라는 것이다.

횡보(橫步) 염상섭(1897~1963) 소설가로 자연주의 및 사실주의 문학의 거장으로 불린다. 대표작으로 『만세전(萬歲前)』, 『삼대(三代)』등이 있다. 항상 술에 취해 '게걸음'을 한다고 해서 붙여진 호가 '횡보(橫步)'였다. 이 호가 생겨나게 된 배경을 살펴보면, 육당 최남선이 〈시대일보〉 기자로 있을 때 어떤 화가가 게(蟹)를 그렸는데 이때 함께 있던 주종건이라는 기자가 '옆으로 걷는다'는 뜻의 '횡보(橫步)'라는 화제(畵題)를 칠판에 쓰면서 거의 언제나 술에 취해 비틀비틀 게걸음 걷는 염상섭의 호로 붙여주었다고 한다.

해위(海葦) 윤보선(1897~1990) 1960년 4·19 혁명으로 이승만 정권이 붕괴된 후 실시된 대통령 선거에서 민주당 후보로 출마·당선되어 제4대 대통령이 되었다. 그러나 다음해 5·16 군사 쿠데타로 대통령직에서 물러났다. 그 후 1963년과 1967년 두 차례 대통령 선거에서 야당 후보로 나서 박정희에 맞섰으나 패배했다. '선명 야당'을 강조하며 박정희 군사 독재 정권에 맞서 싸웠고, 집회와 시위의 자유까지 말살한 유신 체제 하에서 '3·1 명동 민주 구국 선언'에 참여하기도 했다. 그의 호 '해위(海葦)'는 직역하면 '바닷가의 갈대'라는 뜻이다. 그는 소학교를 졸업한 후 일본으로 건너가 1913년 게이오(慶應) 의숙(義塾) 의학부에서 공부하다가 다시 세이소쿠가쿠엔(正則學園) 고등학교에 입학했다. 그러나 학업을 다 마치지 않고 귀국한 이후 몽양 여운형과의 만남이 계기가 되어 상해로 가서 독립운동에 뛰어들었다. 상해에서 독립운동을 한 지 3년 만인 1921년 6월 윤보선은 영국으로 유학을 떠나게 된다. 이때 스승인 신규식이 '바닷가 갈대는 바람에 휘날려도 꺾이지 않는다.'라는 의미를 취해 '해위'라는 호를 지어주었다고 한다. 바닷가의 갈대는 비록 가냘프고 연약해 보이지만 아무리 매서운 태풍이 불어도 꺾이지 않고 거센 파도가 몰아쳐도 꺾이지 않는다. 거기에는 이역만리 영국에 가서 어떤 고난과 역경을 만나더라도 '바닷가 갈대'의 강인한 생명력을 본받아 굴복하지 말고 꿋꿋하게 살아 나가라는 뜻과 의미가 담겨 있었다.

약산(若山) 김원봉(1898~1958) 독립운동가. 1919년 만주에서 아나키스트 계열의 독립운동 단체인 의열단을 조직하고 단장이 되어 항일 무장 독립 투쟁을 지휘했다. 1938년에는 중국 국민당 정부의 협력을 받아 조선 의용대를 편성해 일본군과 맞섰고, 1944년에는 대한민국 임시 정부 광복군의 부사령관으로 국내 진공 작전을 준비하기도 했다. 해방 이후에는 좌우 합작 운동에 적극 나섰으나 좌우 합작이 무산되고 남한만의 단독 정부 수립이 본격화되자 월북해 남북제정당사회단체 연석회의(남북 협상)에 참석했다. 그 후 북한에 남아 정부의 여러 요직을 역임했으나 1958년 김일성의 연안파 제거 작업 때 함께 숙청당했다. 김원봉은 나이 21세 때인 1918년 중국 난징(南京)의 진링(金陵) 대학에 입학하면서 본격적으로 항일 독립 투쟁에 나섰는데, 이때 자신과 뜻을 함께하는 김두전과 이명건을 만났다. 그리고 항일 독립 투쟁의 뜻을 모은 이 세 사람을 기특하게 여긴 김원봉의 고모부이자 독립운동가인 백민(白民) 황상규가 김원봉에게는 '약산(若山)', 김두전에게는 '약수(若水)', 이명건에게는 '여성(如星)'이라는 호를 지어주었다고 한다. 김원봉의 호인 '약산'은 '산과 같은 혹은 산처럼'이라는 뜻이다. '산처럼' 단단하고 우뚝하게 솟아 일제에 맞서 끝까지 싸워야 한다는 의미가 담겨 있는 호였다.

소파(小波) 방정환(1899~1931) 아동 문학가이자 독립운동가. 1923년 3월 20일 우리나라 최초의 아동 잡지인 〈어린이〉를 창간하고, 3월 30일 첫 어린이 운동 단체인 '색동회'를 창립했으며, 또한 5월 1일 서울 시내 소년 단체들의 연합 조직인 '조선 소년 운동 협회' 주최로 최초의 '어린이날' 행사를 개최했다. 이것이 계기가 되어 해방 직후인 1946년 5월 5일을 '어린이날'로 공식 지정했다. 그의 호 '소파'의 유래에 대해서는 다음과 같은 이야기가 전해오고 있다. 어느 날 방정환이 아내에게 '잔물결(혹은 작은 물결)'이라는 뜻으로 호를 '소파(小波)'라고 했다면서, 자신이 하는 일이 어린이들의 마음에 '잔물결'을 일으켰으면 좋겠다는 뜻으로 그렇게 지었다고 했다는 것이다. 어쨌든 '잔물결'로 시작한 그의 어린이 운동은 오늘날 '큰 물결'이 되어 어린이들은 물론 모든 어른들의 마음속에서도 영원히 살아남아 전해지고 있다.

운석(雲石) 장면(1899~1966) 1960년 4 · 19 혁명으로 이승만 정권이 몰락하고, 의원

내각제로 헌법을 개정한 이후 들어선 민주당 정권의 수반인 총리가 되었다. 그러나 집권 9개월 만인 1961년 박정희와 김종필이 주도한 5·16 군사 쿠데타로 실각했다. 그의 호 '운석(雲石)'은 하늘에서 가장 웅장하게 움직이고 있는 '구름(雲)'과 땅에서 가장 견실한 지반을 이루고 있는 단단한 '돌(石)'을 상징하여 지은 것이다. 한학(漢學)에 조예가 깊은 이선생(李先生)이라는 이가 사내대장부로서 웅장한 뜻을 지니고 크게 성공하라는 뜻에서 지어준 호였다. 장면은 〈동아일보〉(1957년 4월 18일자)에 기고한 '운석(雲石)의 변(辯)'이라는 글에서 자신이 이 호를 갖게 된 내력을 이렇게 밝혔다. "나는 어린 시절을 세례명인 '요안'이라는 이름으로만 불리워 오다가 인천 박문학교(博文學校)에 들어갔을 무렵엔 '면(勉)'이라는 이름을 얻었다. 엄친(嚴親)께서는 내가 너무 장난이 심하고 놀기만 좋아한다고 근면(勤勉)하라는 뜻으로 '면(勉)'이라는 새 이름을 지어주셨고 나도 그 뜻을 명심하여 박문학교와 수원 농림학교(農林學校)를 다녔다. 농림학교를 나온 후에 구(舊) 용산(龍山) 성심신학교(聖心神學校) 교사로 계시던 한학(漢學)에 깊으신 이선생(李先生)님이 호(號)를 지어주신다고 내 이름 자(字)를 풀어 보시더니 '운석(雲石)'이라 지어주시며 설명하기를 천지(天地) 대자연(大自然)의 하늘에서 가장 웅장(雄壯)하게 동(動)하고 있는 구름과 땅에서 가장 견실(堅實)한 지반(地盤)을 이루는 튼튼한 돌을 상징하여 '운석(雲石)'이라 부를 테니 언제나 남아(男兒)의 웅지(雄志)를 지니고 대성(大成)을 기(期)하라는 말씀이었다."

소정(小亭) 변관식(1899~1976) 조선 회화의 전통을 계승해 근대 회화와 접목했던 소림(小琳) 조석진의 외손자로 서화미술원에서 그림을 배웠다. 조석진이 사망한 후 서화미술원 출신인 이용우, 노수현, 이상범 등과 동연사(同硏社)라는 미술 동인을 결성해 전통 회화의 새로운 방향을 모색했다. 또한 1937년 무렵부터는 전국을 다니면서 조선의 실경(實景)을 묘사하고 사생하는 데 힘을 쏟으며 새로운 화풍을 찾는 데 전력했다. 해방 이후로는 성격이 강직한 탓에 부조리한 제도권 화단과 거리를 둔 채 재야 화가로서 그림을 그리는 데만 몰두했다. 관념적인 산수를 배격하고 엄격한 실경 묘사를 바탕으로 한국적인 미를 추구해 독자적인 화풍을 이룩한 한국화의 거장이다. 그의 호 '소정(小亭)'은 자신의 외할아버지이자 스승인 소림 조석진의 아호 중에서 '소(小)' 자를 취하고,

또한 자신의 시조(始祖)가 되는 춘정(春亭) 변계량의 '정(亭)' 자를 인용한 것이다. 그러면서 "'대(大)' 자를 싫다 하고 '소(小)' 자를 골라잡았으니, 겸허하고 온공(溫恭)한 미덕(美德)이 그 가운데 꾸려져 있다 할 것이며, 또 '정(亭)' 자는 '고산반석 기상정정(高山磐石 其上亭亭, 높은 산의 큰 바위는 그 위가 우뚝하게 높이 솟아 있네.)'이란 옛글과 같이, 고고한 기상을 나타내는 것"(「소정(小亭)의 변(辯)」, 〈동아일보〉 1957년 4월 10일자)이라고 자신의 호에 담긴 뜻과 철학을 밝혔다.

빙허(憑虛) 현진건(1900~1943) 1920년대에 단편 소설의 형식을 개척하고, 한국 리얼리즘(사실주의) 문학의 기틀을 마련한 소설가이다. 자전적 소설인 「빈처(貧妻)」와 「술 권하는 사회」, 1920년대 서울 도시 하층민의 삶을 묘사한 「운수 좋은 날」 등의 대표작이 있다. 특히 식민지 시대 조선 민중의 현실을 탁월한 문학적 필치로 묘사해 한국 문학사에서 차지하고 있는 위치가 크다. 그의 호 '빙허(憑虛)'는 '비어 있는 것 혹은 아무 것도 없는 것에 마음을 둔다'는 뜻을 담고 있다. 여기에는 소설 「빈처」에서 나타나듯이 궁핍과 곤궁을 벗고 살았던 현진건 나름의 '가난과 빈곤의 철학'이 배어 있다.

금동(琴童) 김동인(1900~1951) 대표작인 「감자」, 「배따라기」 등을 통해 우리나라 근대 문학 초기에 단편 소설의 양식을 확립한 작가이다. 자연주의, 사실주의, 탐미주의, 민족주의 등 다양한 경향의 작품을 썼고, 특히 직선적이고 간결한 문체와 단편 소설의 양식적 완결성을 추구했다. 그러나 1930년 이후 발표한 역사 소설과 장편 소설 중에는 예술성 · 문학성보다 상업적 · 통속적인 성격이 강한 작품이 많다. 더욱이 1940년 이후로는 내선일체(內鮮一體)와 일제의 침략 전쟁을 성전(聖戰)으로 미화 · 찬양하는 글을 쓰는가 하면 친일 소설을 발표해 친일 문학가라는 오명을 남겼다. 처음 그는 자신의 한자 이름인 '金東仁'과 같은 소리가 나는 '금동인(琴童人)'을 아호로 썼다. 그러다가 '인(人)' 자를 빼고 '금동(琴童)'을 호로 삼았디. 이 외에도 이름 '동인(東仁)'을 셔양식 발음으로 풀어 읽은 '시어딤'을 필명으로 쓰곤 했다. 여기에서 동(東)은 '시'이고, 인(仁)은 '어딤'이다. 따라서 그의 호에는 특별한 뜻이나 의미가 있다고 보기 어렵고, 단지 자신의 이름에 의거해 아호와 필명을 지어 사용했다고 할 수 있다.

이정(而丁) 박헌영(1900~1955) 일제 강점기 때 조선 공산당과 경성콤그룹 등의 창립을 주도하며 항일 투쟁을 벌이다 여러 차례 투옥되었고, 해방 이후 최대의 좌익 정당인 남로당 조직을 지휘했다. 남로당이 탄압받자 월북해 북한의 내각 부총리 겸 외무장관이 되었다. 한국 전쟁 이후 '미제국주의자의 간첩'이라는 혐의를 받고 숙청된 후 사형당했다. 조선 공산주의 운동의 대부였지만 남북 분단이라는 특수한 정치적 상황 속에서 비참한 죽음을 맞았던 탓에 '비운의 혁명가'라고 불리기도 한다. 아호(雅號) 문화가 봉건 지배 계급이 남긴 유산 중의 하나라고 비난받을 수도 있었던 시기에 가장 급진적인 혁명 사상을 가진 박헌영조차 아호를 사용했다는 것은, 아호가 특정한 계급과 계층만이 독점적으로 소유한 문화가 아니었다는 사실을 증명해주고 있다. 특히 박헌영은 자신의 사상과 정치적 신념에 꼭 들어맞는 아호를 지어 썼다. '이정(而丁)'은 '써레와 망치' 모양으로 공산주의 운동의 계급적 · 대중적 기반이 되는 농민과 노동자를 뜻하기 때문이다. 또한 '이놈'이라는 말을 한자로 옮긴 것이 '이정(而丁)'이라고 하는데, 이것은 가장 낮은 곳에서 가장 천한 이들과 함께하겠다는 뜻을 담고 있다고 해석할 수 있다.

송아(頌兒) 주요한(1900~1979) 우리나라 근대 문학사상 최초의 자유시로 평가받는 「불놀이」의 작자. 상하이 후장(滬江) 대학을 다닐 때 대한민국 임시 정부의 기관지인 〈독립신문〉의 기자로 활동했다. 그러나 1937년 '수양동우회' 사건 이후 친일파로 변절해 1940년대에는 조선문인보국회와 조선임전보국단 등 수많은 친일 어용 단체의 간부를 역임했고, 일제의 침략 전쟁에 학병으로 지원할 것을 독려하는 연설에 적극적으로 나서기도 했다. 그는 춘원 이광수가 지어준 '송아지'라는 아호에서 유래한 '송아(頌兒)'라는 호를 사용했다. 주요한은 1934년 3월 19일자 〈동아일보〉에 기고한 '나의 아호(雅號) 나의 이명(異名)'이라는 글에서 "'송아(頌兒)'라는 것은 언문으로 '송아지'에서 나온 것인데, '송아지'라는 것은 해외방랑시(海外放浪時)에 춘원선생(春園先生)이 지어준 아호(雅號)였습니다. 그러나 어떤 분은 '송아(頌兒)'의 출전이 성경(聖經)에 있다고 참말 그럴 듯이 설명해 줍디다."라고 밝힌 적이 있다.

파인(巴人) 김동환(1901~미상) 우리나라 근현대 문학사에서 최초의 장편 서사시라 불리는 「국경의 밤」과 자신의 고향 풍경을 서정적으로 노래한 「산 너머 남촌에는」으로 유명한 시인. 일제 강점기 나라 잃은 민족의 비애와 민요적 색채가 강한 서정시를 많이 발표했다. 그러나 1940년 국민총력조선연맹 문화위원을 지냈고, 1943년 조선문인보국회 상임이사 등을 역임하면서 적극적으로 친일 매국 행위에 나섰다. 한국 전쟁 때 행방불명되어 그 이후 행적은 알 수 없다. 그는 '파인'이라는 호를 썼는데, 여기에는 '시골 사람'이라는 의미가 담겨 있다고 한다. 파인(巴人)을 해석하자면, '파(巴) 사람'이라는 뜻이다. 파(巴)는 중국 남서부에 자리하고 있는 지금의 중경(重慶)을 가리킨다. 『삼국지』에서 유비가 세운 촉(蜀)나라가 위치하고 있던 곳을 가리켜 파촉(巴蜀)이라고 하는데, 여기에서 파(巴)는 앞서 말한 중경이고 촉(蜀)은 지금의 사천성(四川省) 성도(成都) 지방을 가리킨다. 파촉(巴蜀)은 중국의 남서부 변방에 위치해 있는 까닭에, '파(巴)'는 곧 '변방 사람' 혹은 '시골뜨기'를 상징하는 용어가 되었던 것이다. 김동환은 향토성이 짙고 민요적 색채가 강한 시를 많이 썼다. 이 때문에 '시골 사람'이라는 의미를 내포하고 있는 '파인'을 자신의 호로 삼았던 것 같다.

월탄(月灘) 박종화(1901~1981) 시인이자 소설가. 『금삼(錦衫)의 피』, 『홍경래』, 『여명』, 『여인천하』, 『임진왜란』 등의 역사 소설을 주로 썼다. 특히 1969년부터 1977년까지 8년에 걸쳐 〈조선일보〉에 연재한 『세종대왕』은 우리나라 신문 소설사상 2,456회라는 최장 기록을 남기기도 했다. 대하 역사 소설을 현대 문학의 한 분야로 자리 잡게 하는 데 결정적인 공헌을 했다. 달을 좋아하는 마음을 다른 사람에게 지기 싫어했던 그는 '달 월(月)' 자를 취하고, '물에 어리비치는 달(水月)'을 탐하여 '긴 여울(長灘)'에 이르러서는 다시 '탄(灘)' 자를 얻어 자신의 호를 '월탄(月灘)'이라고 하였다. 그가 '월탄'이라는 호를 얻게 된 사연과 내력은 〈동아일보〉에 기고한 '나의 아호(雅號) 나의 이명(異名)'(1934년 3월 25일자)에 자세하게 나와 있다. "내 또한 멋모르고 달을 좋아함이 남에 지기를 싫어하는 배라. 월야(月夜)를 타 강심(江心)에 비를 띄우고 수월(水月)을 탐(探)하야 호(號)를 찾을 새 다시 장탄(長灘)에 이르러 달은 나르고 물은 용솟음쳐 물빛 달빛이 어우러져 휘황찬란(輝煌燦爛) 또 황홀(恍惚)하야 범중엄(范仲淹)의 '호탄월(皓灘月)은 천리(千里)요 부광(浮光)은 약금(躍金)'이란 명문(名文)이 글자 그대로 뚜렷하매 인(因)

하야 월탄(月灘)이란 두 글자를 마음에 고이 간직하였다." 여기에 등장하는 범중엄은 중국 북송(北宋) 때의 학자이자 정치가이다. 박종화가 인용한 그의 '호탄월(晧灘月)은 천리(千里)요 부광(浮光)은 약금(躍金)'이라는 시구를 풀어 보자면, "여울에 빛나는 달은 천 리요, 물 위에 비추는 달은 금빛이네."라고 할 수 있다.

백랑(白浪) 심훈(沈熏) 심대섭(1901~1936) 독립운동가이자 소설가. 일제 강점기 때 '브나로드' 운동을 촉진하는 농촌 계몽 소설인 『상록수』의 저자로 유명하다. 심대섭이라는 본명보다 심훈(沈熏)이라는 필명(筆名)으로 더 잘 알려진 그는 자신의 별호(別號)를 '백랑(白浪, 하얀 물결)'이라고 소개하면서, 그 유래에 대해 "중국 유학 당시에 달밤에 뛰노는 전당강(錢塘江)의 물결을 보고 낭만적 기분으로 지은 것"이라고 밝힌 적이 있다. 그는 36세의 젊은 나이로 요절했는데, 사망하기 2년 전 〈동아일보〉(1934년 4월 6일자)의 '나의 아호(雅號) 나의 이명(異名)' 코너에 자신의 필명과 별호에 얽힌 이야기를 자세하게 소개한 적이 있다. 여기에 그 전문을 옮겨 소개한다. "대섭(大燮)'이란 본명(本名)은 불러서 음향(音響)이 과히 나쁘지 않으나 '대(大)' 자는 삼 획(三劃)인데 '섭(燮)' 자는 십구 획(十九劃)이나 되어서 써놓아도 어울리지가 않고 도장을 새겨도 중간이 허(虛)해서 보기에 흉하다. 더구나 중국 어느 군벌 내각의 외교 총장을 지낸 '왕대섭(王大燮)'과 성까지 비슷하여서 자미(滋味)가 적었다. 뿐만 아니라 나는 삼형제 중 막내인데 내 이름에 큰 '대(大)' 자가 떡 붙은 것이 약간 불손한 느낌도 없지 않았다. 그러나 지금으로부터 9년 전 동아일보에 '탈춤'이라는 영화 소설을 처음으로 발표하게 되었을 때 별다른 이유 없이 본명을 쓰기가 싫어서 덮어놓고 자전(字典)을 뒤지다가 '훈(熏)' 자를 발견하였다. 그 이래로 '심훈(沈熏)'이란 이름을 본명과 같이 써 왔다. 친우(親友) 중에도 '훈(熏)'을 '훈(薰)'으로 오기(誤記)하는 사람이 있으나 '풀 향기 훈(薰)' 자가 아니요 고서(古書)에 훈훈연(熏熏然)이라는 형용사로도 쓰는 '더울 훈(熏)' 자이다. '심(沈)'은 본시 잠길 '침'이니 침착(沈着)을 의미하고 '훈(熏)'은 정열과 혁명을 상징하는 뜻도 있고 두 글자를 합하면 언뜻 보기에 '침중(沈重)'과도 방불(髣髴)하야 안존(安存)하고 치밀(緻密)치 못한 나의 성격의 단처(短處)를 자잠(自箴)하는 의미가 내포되었다고 볼 수가 있다. 이러한 이유답지 않은 이유로 써 온 것이 근래에는 '대섭(大燮)'보다도 '훈(熏)'이라 별명

(別名)을 아는 사람이 많게 되었다. 소년 시대에는 '금강샘'이니 '금호어초(金號漁樵)'이니 하는 아호(雅號)를 지어 사방에 낙서를 하였으나 '금강샘'을 지금까지 기억하는 사람은 월탄 박종화 한 사람밖에 없고 혹시 '백랑(白浪)'이라고 익명처럼 쓰기도 하나 그것은 중국 유학 당시에 달밤에 뛰노는 전당강(錢塘江)의 물결을 보고 낭만적 기분으로 지은 것이다. 말하자면 '백랑(白浪)'이 나의 별호(別號)다."

금호(錦湖) 박인천(1901~1984) 금호그룹의 창업자. 그는 전라남도 나주시 다시면 신석리 동산 마을에서 태어났다. 금호(錦湖)는 나주 일대를 흐르는 호남의 젖줄 영산강의 별칭이다. 영산강이라는 이름은 일제 강점기 때부터 일반화된 것이고, 조선 시대에는 사호강(沙湖江), 곡강(曲江) 등 여러 가지 호칭을 갖고 있었는데, 특히 박인천의 고향인 다시면 일대에서는 '금호강(錦湖江)'이라고 불렸다고 한다. 박인천은 이 '금호'를 자신의 호로 삼았는데, 여기에는 '강은 합(合)하며 어울린다'는 뜻도 담겨 있다고 한다. 옛 이름이 '금성(錦城)'인 나주는 지금은 광주에 중심 도시의 영광을 빼앗겼지만, 조선 시대만 하더라도 영산강 물줄기를 따라 형성된 조운(漕運)과 해상 물류의 거점으로 크게 번성한 호남 제일의 상업 경제 도시였다. 전라도(全羅道)의 명칭 역시 전주(全州)와 나주(羅州)의 합성어일 만큼, 옛적 나주는 호남을 대표하는 중심 도시였다.

바보새 함석헌(1901~1989) 무교회주의 기독교 사상가이자 민중 운동가. 1956년부터 〈사상계〉에 글을 발표하면서 반독재 투쟁과 각종 정치적·사회적 문제에 대해 거침없는 비판을 쏟아냈다. 5·16 군사 쿠테타 이후 박정희 군사 독재 정권에 정면으로 맞서 싸웠고, 특히 1970년 4월 〈씨올의 소리〉를 창간해 반외세 반독재 민주화 투쟁과 자주적 통일 운동, 노동자·농민·도시 빈민 등 민중의 목소리를 대변하는 데 앞장섰다. 그는 '바보새'라는 독특한 아호를 썼다. 1982년 82세 때 출간한 수상록(隨想錄)인 『바보새』(동광출판사)에 실려 있는 '남강 선생님 영 앞에'라는 글에서 함석헌은 '비보새'라는 호에 담긴 자신의 뜻과 철학을 이렇게 밝힌 적이 있다. "선생님, 저는 이 새가 좋습니다. 신천옹이라 이름한 이유는 이놈이 날기를 잘해서 태평양의 제왕이라는 말을 들으면서도 고기를 잡을 줄은 몰라 갈매기란 놈이 잡아먹다가 이따금 흘리는 것을 얻어먹고 살기 때문이랍니다. 그래서 일본 사람은 그 새를 아호도리, 곧 바보새라고 합니다. 제가 좋아하는 이유는 이 바보새란 이름 때문입니다. 어쩌면 제 사는 꼴도 바보새 같다 할 수 있습니다. 적어도 해방 후의 제 살림은 그렇습니다. 마음은 푸른 하늘에 가 있으면서도 밥벌이를 할 줄은 몰라 여든이 다 되어 오는 오늘날까지 친구들의 호의로 살아가니 그 아니 바보새입니까?" 알바트로스 또는 신천옹이라고도 불리는 이 새는 먹이를 쫓아 탐욕스럽게 덤벼드는 뭇 새들과는 달리 자신이 먹을 수 있고 또 먹을 만큼만 물고기를 잡기 때문에, 예부터 청빈(淸貧)의 상징처럼 여겨졌던 새이다. 가난했지만 맑은 삶을 살았던 북학파의 지식인 이덕무 또한 이 새를 뜻하는 '청장(靑莊)'을 자신의 호로 삼지 않았던가? 그런 의미에서 '바보새'는 자신을 위하는 일에는 바보 같았지만 민중의 목소리를 대변하는 일에서는 불굴의 투사였던 함석헌의 삶과 철학을 잘 보여주고 있는 아호이다.

소월(素月) 김정식(1902~1934) 본명인 정식(廷湜)보다 아호인 김소월(金素月)로 더 많이 알려진 20세기 한국 문단을 대표하는 최고의 서정 시인. 김소월은 1902년 음력 8월 6일에 평안북도 구성군 왕인동에 있던 외가에서 태어났다. 그의 본가는 공주 김씨 집성촌이던 평안북도 정주군 곽산면 남단동에 있었다. 그곳은 김소월의 시 「산유화」에서 볼 수 있듯이 산꽃이 만발한 아름다운 마을이었다. "산에는 꽃 피네/꽃이 피네/갈 봄 여름 없이/꽃이 피네//산에/산에/피는 꽃은/저만치 혼자서 피어 있네//산에서 우는 작은 새여/꽃이 좋아/산에서 사노라네//산에는 꽃 지네/꽃이 지네/갈 봄 여름 없이/꽃이 지네" 특히 그는 고향 마을 뒷산인 남산봉(진달래봉)을 좋아했는데, 그의 호 '소월' 역시 여기에서 비롯되었다고 한다. 즉 남산봉(진달래봉)의 옛 이름인 '소산(素山)'의 지명과 그곳에 떠 있는 달의 풍경을 자신의 호로 취해 '소월(素月)'이라고 한 것이다. 그가 남긴 시 만큼이나 서정적이고 낭만적인 호다.

무애(无涯) 양주동(1903~1977) 고시가(古詩歌)인 향가의 해독과 고려 가사의 주석에서 독보적인 업적을 이룩한 국문학자. 1942년 간행된 『조선고가연구(朝鮮古歌研究)』(혹은 『고가연구(古歌研究)』)는 우리나라 최초의 향가 25수 전편에 대한 해독서로 국문학사에 길이 남을 대(大)저작이다. 그는 '끝없는' 혹은 '가없는'이라는 뜻의 '무애(无涯)'를 자신의 호로 삼았다. 특히 그는 '가없는 가없는'이란 말은 자신이 20세 전후에 애용(愛用)한 시어(詩語) 중의 하나라고 하면서, "나는 가없는 것을 좋아한다. 바다를 사랑하고, 하늘을 사랑하고, 가없는 사랑을 사랑하고, 가없는 뜻을 사랑한다. 그러므로 나는 자호(自號)를 '무애(无涯)'라고 하였다."('나의 아호(雅號) 나의 이명(異名)', 〈동아일보〉 1934년 3월 21일자)라고 밝혔다.

소전(素荃) 손재형(1903~1981) 소전체(素荃體)라는 자신만의 독특한 한문 서체와 함께 예서(隸書)와 전서(篆書)를 바탕으로 한 한글 소전체(素荃體)를 창안한 현대 서예의 거장. 문인화도 잘 그렸다. 그는 소전(素荃)이라는 자신의 호에 대해, '소(素)' 자는 희고 결백하다는 뜻과 바탕 곧 소질(素質)이라는 의미를 갖고 있고, '전(荃)' 자는 향초를 뜻한다고 하였다. 따라서 '소전(素荃)'은 '향기 나는 소질을 가진 놈'이라는 의미라고 풀이했다.

노산(鷺山) 이은상(1903~1982) 처음 자유시와 시조 창작을 병행하다가 1930년대 말경부터 시조 시인으로 본격적인 시작(詩作) 활동을 했다. 평이하면서 서정적인 데다가 감미로운 운율까지 갖추고 있는 그의 작품은 가곡과 잘 어울려 〈고향 생각〉, 〈가고파〉, 〈성불사의 밤〉, 〈금강에 살어리랏다〉, 〈동무 생각〉 등 오늘날까지 온 국민이 애창하는 수많은 노래를 탄생시켰다. 여러 작품에서 드러나고 있듯이, 그는 유별나게 고향을 사랑했던 사람이었다. '노산(鷺山)'이라는 호 역시 자신이 태어나고 자란 경남 마산 고향 마을 뒷산인 노비산(鷺飛山)에서 취한 것이다. 이은상은 이 산을 가리켜 "고리(古里)에 있는 내 정든 옛 산"이라고까지 표현했다. 유명한 가곡 〈동무 생각〉의 첫 구절인 "봄의 교향악이 울려 퍼지는 청라 언덕 위에 백합 필 적에"의 청라 언덕 역시, 그의 호의 유래가 되는 노비산 기슭에 자리하고 있는 어린 시절 그가 뛰놀던 언덕의 이름이다.

육사(陸史) 이원록·이활(1904~1944) 시인이지 독립운동가. 무정 힝일 투쟁을 중시했던 독립운동 단체인 의열단에 가입하여 활동하다 나이 24세 때인 1927년 '조선은행 대구 지점 폭파 사건'에 연루되었다는 혐의로 일본 경찰에 체포되어 수감 생활을 했다. 처음 대구 형무소에 투옥되었을 때 수인(囚人) 번호가 '육십사 번(六十四番)'이어서 일본인들이

'육사(六四)'하고 불렀는데, 그 소리를 그대로 취해 자신의 호를 '육사(陸史)'라고 하였다. 독립운동을 하다 잡힌 사실에 대한 남다른 자부심과 함께 '대륙을 품은 역사'라는 뜻에서 알 수 있듯이, '육사(陸史)'라는 아호에서는 남달리 담대했던 그의 기상과 웅장한 포부를 감지할 수 있다. 그의 이름은 이원록(李源祿) 혹은 이활(李活)이지만, 대다수 사람들이 정작 이름은 잘 모르고 이육사(李陸史)로만 알고 있을 정도로 그의 아호는 유명하다.

상허(尙虛) 이태준(1904~미상) 한국 단편 소설의 최고 대가로 불리는 작가이다. 이효석, 김기림, 정지용, 유치진 등과 구인회(九人會)를 결성해 한국 근대 문단을 주도했다. 1940년대를 전후해 친일을 권하는 일본 군국주의의 마수를 피해 절필(絶筆)하고 낙향해 살다가, 해방 직후 복귀해 좌익 성향의 문학 단체인 '조선문학가동맹'의 부위원장으로 활동했다. 1946년 7월 말경 홍명희와 함께 월북한 것으로 알려져 있다. 그러나 1956년 무렵 북한 정권에 의해 정치적으로 숙청당한 후 생사 불명이 되었다. 「오몽녀」, 「달밤」, 「해방전후」 등 수많은 단편 소설을 발표해 '단편 소설의 묘미를 가장 잘 표현한 작가'라는 평을 얻고 있다. 또한 수필집 『무서록(無序錄)』과 문장론 『문장강화(文章講話)』 등도 그가 남긴 탁월한 문학 저서 중 하나이다. 그의 호 '상허(尙虛)'는 '항상 비어 있다' 혹은 '비어 있음을 숭상한다'는 뜻으로 '무엇인가로 꽉 채우기보다는 항상 비어 있는 어떤 상태'를 의미한다. '커다란 빈 그릇'마냥 항상 자신을 비워 두고 외부에 대해 자유롭고 개방적인 태도를 견지했던 이태준의 문학적 지향을 보여주는 호가 '상허'였다.

고암(顧菴) 이응노(1904~1989) 전통성과 현대성, 동양과 서양을 아우르는 독창적인 회화 세계를 구축해 세계적으로 큰 명성을 얻은 한국화가. 1980년 광주 민주화 항쟁을 계기로 작품 '인간 군상' 시리즈 등을 통해 사회 비판적 경향이 강한 그림을 그리는 한편 예술의 역사 참여를 주창했다. 1922년 나이 19세 때 해강 김규진의 문하에 들어가 서예와 묵화(墨畵)를 배웠다. 특히 대나무를 잘 그려서 명성을 얻었는데, 이 무렵 스승이 그에게 내려진 호 역시 대나무와 관련이 있는 '죽사(竹史)'였다. 대나무처럼 항상 청정하게 살라는 뜻이 담긴 호였다. 그리고 30세가 되던 1933년에는 규원 정병조 선생이 '고암(顧菴)'이라는 호를 지어주었다. 이 호는 중국 동진(東晉) 때의 대화가인 '고

개지(顧愷之)'처럼 역사에 남을 위대한 화가가 되라는 뜻으로 그 이름에서 '고(顧)' 자를 취해 지어준 것이다. 특히 고개지는 이전 시대와는 완전히 다른 독창적이고 혁명적인 화풍을 개척한 화가인데, 이응노는 그러한 고개지의 삶과 철학을 평소 흠모했기 때문에 '고암'이라는 호를 무척 좋아했다고 한다.

화산(火山) 이현상(1905~1953) 한국 전쟁을 전후해 지리산·태백산을 중심으로 활동했던 남한 지역 빨치산을 지휘한 남부군 총사령관이자 한국의 체 게바라로 불리는 좌익 혁명가. 1920년대 후반 조선공산당에 가입한 이후 해방 직전까지 무려 13년간 감옥 생활을 했지만 끝까지 국내에 남아 항일 투쟁을 벌였다. 당시 대다수 독립운동가들이 변절하거나 아니면 해외로 망명해 활동했던 것과 비교해보면, 그가 얼마나 국내에 남아 민중 속에서 항일 투쟁을 조직하고 일본 제국주의에 맞서 싸우는 것을 중시했는가를 알 수 있다. '화산(火山)'이라는 그의 호 역시 혁명에 대한 끝없는 열정과 혁명이 뿜어내는 강렬한 에너지에 빗대어 지은 것으로 보인다. 또한 당시 좌익 혁명가들이 이상적인 모델로 삼은 러시아 혁명의 지도자 레닌이 주도한 혁명 신문 '이스크라'의 우리말 뜻인 '불꽃'의 의미가 담겨 있다고 해석할 수도 있다. 화산(火山)을 풀이하면 '불뫼' 곧 '불꽃이 솟구치는 산'이라고 할 수 있기 때문이다. 화산은 평소 잠잠한 듯하지만 실제로는 땅속에서 에너지를 응축하고 있다가 한순간 폭발한다. 이는 평소 온순하고 복종하는 듯하지만 실제로는 마음속에서 권력 혹은 지배 계급에 대한 분노를 응축하고 있다가 어느 한순간 폭발하는 민중 혁명 혹은 계급 혁명의 모습과 무척 비슷하다. 그런 의미에서 '화산(火山)'은 이현상이 평생 추구했던 혁명 그 자체였다.

간송(澗松) 전형필(1906~1962) 일제 강점기 때 민족의 얼과 혼이 담긴 문화유산을 지키는 것이 곧 민족의 자존심을 지키고 민족의 앞날을 개척하는 것이라는 정신으로 자신의 전 재산을 투지해 수많은 문화재를 수집했다. 이종사촌 형인 소설가 월탄 박송화와 스승이자 당대 최고의 문화 비평가요 감식가였던 위창(葦滄) 오세창과의 인연으로 일찍부터 일제의 민족문화 말살 정책에 맞서 우리나라 고유의 문화유산과 문화재를 지키는 일을 독립운동의 일환으로 여겼다. 또한 1938년 서울 성북동에 최신식 미술관을 세워 수집한 문화재를 관리·보관하는 데 전력을 다했다. 당시 '빛나는 보물을 모아 두는 건물'이라는 뜻으로 '보화각(葆華閣)'이라 이름 붙인 그곳은 전형필이 세상을 떠난 이후 그의 호에서 취한 '간송미술관'으로 이름을 바꾸고 오늘날까지 이어져 오고 있다. '간송(澗松)'이라는 전형필의 호는 스승인 위창 오세창이 지어주었다고 한다. 그의 전기인 『간송 전형필』(이충렬, 김영사, 2010)에 따르면, 오세창은 흰 두루마기를 입은 전형필을 보고 '깊은 산속에서 흐르는 물'과 같다고 해서 '산골 물 간(澗)' 자를 취하고, 다시 『논어』「자한(子罕)」 편에 나오는 '세한연후 지송백지후조(歲寒然後 知松柏之後凋)' 곧 '날씨가 차가워진 다음에야 소나무와 잣나무가 늦게 시든다는 것을 안다'에서 '소나무 송(松)' 자를 따와 '간송(澗松)'이라는 호를 지어주었다고 한다. 따라서 '간송'이라는 호에는 깊은 산속에서 흐르는 물과 같이 맑고 깨끗한 풍모(風貌)와 더불어 사시사철 변함없이 푸르른 소나무와 같이 지조와 절개의 정신을 잃지 않기를 바랐던 스승의 마음이 담겨 있다고 하겠다.

매헌(梅軒) 윤봉길(1908~1932) 1932년 4월 29일 중국 상하이 홍구 공원에서 열린 조선 침략의 원흉 일왕(日王)의 생일 행사장에 폭탄을 투척하는 의거(義擧)를 단행한 독립운동가. 그는 나이 14세 때인 1921년 매곡(梅谷) 성주록이 운영하는 오치서숙(烏峙書塾)에 들어가 한학(漢學)을 배웠다. '매헌'이라는 윤봉길의 호는 오치서숙에서 공부를 끝마쳤을 때 스승인 성주록이 지어주었다고 한다. 매섭고 차가운 눈보라를 견뎌내고 꽃을 피우는 매화의 기상과 절개를 닮으라는 뜻과 사육신인 매죽헌(梅竹軒) 성삼문의 충의(忠義)를 본받아 올곧게 살라는 마음을 담아 '매헌(梅軒)'이라는 호를 내려준 것이다.

청마(靑馬) 유치환(1908~1967) 1939년에 발간한 시집 『청마시초(靑馬詩抄)』에 실려 있는 대표작 「깃발」로 큰 명성을 얻었다. 도도하고 웅장하며 거침없으면서도 격조 높은 시작(詩作)으로 20세기 한국 문단을 대표하는 시인이 되었다. 유난히 '말(馬)'을 좋아했던 그는 현실에는 존재하지 않은 환상 속의 말인 '청마(靑馬)'를 자신의 호로 삼았다. 그리고 '청마(靑馬)의 변(辯)'이라는 글을 통해 자신이 청마를 자호로 삼은 까닭을 이렇게 밝혔다. '나는 무척 말을 좋아한다. 그래서 내 손녀들 가운데 망아지 '구(駒)'도 있고 '미마(美馬)'라 붙인 이름도 있다. 짐승 중에서도 단려(端麗)하고 늠름하고 그러면서도 어질고 슬프고 지적(知的)인 어딘지 사람 같은 말! 불란서 규수 시인(閨秀詩人)이요 화가인 '마리 로란산'의 시에도 지용의 시에도 달빛을 쳐다보고 서서 자는 외로운 말을 노래한 시가 있음을 기억한다. 그러나 실제 푸른 청마(靑馬)는 실재(實在)의 말이 아니라 차라리 창마(蒼馬)라 '창(蒼)' 자(字)를 붙이고 싶은 환상(幻想)의 말이요 인간 운명을 상징하는 존재의 '시루엣트'로 친 것이다. 청(靑)은 흑(黑)으로도 통한다."(〈동아일보〉 1957년 4월 25일자)

이상(李箱) 김해경(1910~1937) 28세의 젊은 나이에 요절한 탓에 많은 작품을 남기지 않았지만, 시 「오감도(烏瞰圖)」와 단편 소설 「날개」만으로도 20세기 한국 문단을 뒤흔든 천재 시인이자 소설가. 본명인 김해경보다 필명이자 아호인 '이상(李箱)'으로 더 많이 알려져 있다. 그가 '이상'이라는 필명과 아호를 갖게 된 사연도 그의 삶과 문학 작품만큼이나 독특하다. 원래 이상은 1929년 경성고등공업학교 건축과를 졸업하고 조선총독부 내무국 건축과 기사로 근무했던 건축기사였다. '이상'이라는 필명이자 아호도 이 무렵 갖게 되었는데, 그가 건축 현장에서 일할 때 일본인들이 '이씨'라는 의미로 '李さん(이상)'이라고 부른 데에서 '이상(李箱)'이라고 한 것이다. 세상 사람들이 나를 무엇이라고 부르든, 어떻게 보든 나는 상관하지 않겠다는 듯한, 이상 특유의 삶에 대한 태도가 드러나 있는 필명이자 아호이다.

호암(湖巖) 이병철(1910~1987) 삼성그룹 창업자. 호수와 바위를 뜻하는 '호암(湖巖)'이라는 그의 호는 1955년 11월경 당시 상공회의소 회장인 전용순의 권유로 사용했다고 알려져 있다. 여기에는 "호수마냥 맑은 물을 잔잔하게 가득 채우고, 큰 바위마냥 흔들리지 않는 준엄한 사람이 되자."[25]라는 뜻이 담겨 있다고 한다.

영운(嶺雲) 모윤숙(1910~1990) 한국 근대 문학사상 여류 문학을 주도한 시인. 초기 민

---

25 이경식, 『이건희 스토리: 생애와 리더십』, 휴먼앤북스, 2010, 25쪽 인용

족의식이 뚜렷한 작품들을 발표했지만 일제 강점기 말엽인 1940년을 전후해 노골적으로 일본을 찬양하고 학도병 출정을 적극 고무하는 친일 행적을 보였다. 여류 문학가 중 노천명과 함께 대표적인 친일 반민족 행위자라는 비판을 사고 있다. 모윤숙의 호 '영운 (嶺雲)'은 '봉우리 위의 구름'이라는 의미를 담고 있는데, 젊은 시절 그녀가 존경하고 흠모했던 춘원 이광수와의 인연으로 탄생했다. "세상이 멀게 들리는 자취 잃은 봉우리 위에 휘도는 안개구름/꿈인 듯 속임인 듯 아련한 내 영혼(靈魂)의 흩어진 설움처럼. 어느 여름날 석양이었다. 넘으면 넘을수록 깊어가는 고향의 먼 골짜기를 걸은 일이 있었다. 내 곁에는 인생의 중축(中軸, 중년)을 넘으려는 선배 한 분이 동행하시며 아무 말씀도 없으시다가 문득 '저 아득히 높은 영(嶺) 위에 구름을 따라 보라.' 하시는 말씀에 바라보니 속인(俗人)들이 일컫는 먼 부전령(富田嶺) 위에 우윳빛 혼선(混線)이 봉우리 허리를 흐르고 있었다. 그것은 일생의 처음 보는 풍경이오 감회 깊은 인상이었다. 유랑하는 이 영혼의 그림자나 아닐까 하여 나는 '영운(嶺雲)'을 내 동무라 한다."(나의 아호(雅號) 나의 이명(異名)', 〈동아일보〉 1934년 4월 7일자) 모윤숙은 훗날 이 글 속의 선배가 춘원 이광수라고 밝혔다. 옛날에 이광수와 단 둘이 자신의 고향인 함경남도 함흥의 부전령을 산책할 때 지은 호가 '영운'이었다는 것이다.

금아(琴兒) 피천득(1910~2007) 수필의 정수를 보여 준 한국 수필 문학의 거장. '금아'라는 호는 춘원 이광수가 지어주었다고 한다. 피천득은 10세 때 어머니를 잃었는데, 이광수가 그의 어머니가 거문고를 잘 탔다는 이야기를 듣고 영원히 어머니의 아이처럼 맑게 살라는 뜻을 담아 지어준 호가 '금아(琴兒)'였다고 한다. 피천득은 일곱 살 때 아버지를 여의고 열 살 때 어머니를 잃었던 까닭에 유독 부모님에 대한 그리움이 컸는데 특히 어머니에 대한 사랑이 각별했다고 전해진다. '거문고를 잘 타는 어머니의 아이'라는 뜻의 '금아(琴兒)'라는 호에는 애절하면서도 순수했던 피천득의 마음이 가득 배어 있다.

차형(茶兄) 김현승(1913~1975) 시집 『견고한 고독』과 『절대 고독』 등을 통해 현대사회에서 인간이 처한 고독을 시적 주제와 감성으로 그려낸 한국 문단을 대표하는 시인. 그는 '차형(茶兄)'이라는 별스럽고 재미난 호를 썼는데, 여기에서 '차(茶)'는 커피를 말한다. 커피를 너무나 사랑한 자신을 가리켜 '차형(茶兄)'이라고 한 것이다. 그는 자신의 수필 「나의 코피」에서 "약간의 자극성과 볼륨이 있어 적당히 흥분시키고 때로는 적당히 진정시키는 음료"가 바로 커피라고 했다. 1990년 12월 14일자 〈동아일보〉에 실려 있는 '가을 고독 커피의 시인 김현승'이라는 칼럼을 읽어 보면, 못 말릴 그의 커피 사랑을 엿볼 수 있다. "차형(茶兄) 선생은 부친이 목사였던 만큼 독실한 기독교도로서 술과 담배와는 거리가 먼 분이셨다. 그 대신 커피에 대해선 대한민국 안에서 일인자(一人者)의 자리를 내놓기 싫어하실 만큼 대단한 애호가이셨다. 서울 장안에 커피 맛 좋은 다방은 어디 어디이고 어느 다방은 이름은 났지만 커피 맛이 형편없다든지 하는 말씀은 차형(茶兄) 선생에게서만 들을 수 있었다. 커피 맛이 좋은 다방은 혼자 찾아가서 마시기도 하고 누구 마음에 드는 시인을 불러내 커피 한잔을 나누는 것이 그분으로서의 최고의 대접이었던 셈이다. 차형(茶兄) 선생은 여느 다방의 커피 맛을 불신한 끝에 항상 서재의 머리맡에 커피 용기를 놔두고 오는 손님들에게 손수 커피를 달여 내놓으신다. 오죽하면 호를 차형(茶兄)이라고 지었을까. '아무도 모른/높은 향기를/두고 두고/나만이 호올로 마신다'고 시로 '차형(茶兄)'을 찬하기도 했다"

미석(美石) 박수근(1914~1965) '한국인이 가장 사랑하는 화가'로 꼽힐 만큼 평생 한국적인 색채와 감성이 짙게 배어 있는 그림을 그렸던 서양화가. 특별한 스승을 두지 않고 독학(獨學)을 통해 향토적인 미감과 토속적인 서정성을 서양화의 화폭에 담아 독창적인 작품 세계를 구축했다. 박수근은 스스로 '아름다운 돌'을 뜻하는 '미석(美石)'이라는 호를 지어 사용했다. 특히 그는 우리나라의 옛 석물들을 좋아해 그것이 간직하고 있는 아름다움을 조형화하는 데 힘을 썼다고 한다. 실제 그가 그린 그림의 질감은 투박하고 거친 '돌(石)'의 표면을 연상하게 만든다. 아름다움을 표현한 '미(美)' 자와 투박하고 거친 돌을 표현한 '석(石)' 자가 오묘하게 조화를 이루고 있는 '미석(美石)'이라는 호처럼, 박수근의 그림은 순박하고 거칠며 투박한 것처럼 보이면서 동시에 향토와 민중의 삶이 담고 있는 아름다움을 예술적이고 독창적인 회화미(繪畫美)로 표현해내고 있다.

미당(未堂) 서정주(1915~2000) 20세기 한국 문단을 대표하는 최고의 시인 중 한 사람이다. 그러나 일제 강점기인 1942년 7월 매일신보에 다츠시로 시즈오(達城靜雄)라는 일본 이름으로 평론을 쓴 것을 시작으로 일본 제국주의를 찬양하고 조선인의 징병·징용을 독려하는 일련의 친일 작품들을 남겨 '친일 반민족 행위자'라는 오명을 남겼다. 그의호 '미당(未堂)'에서 '미(未)'자는 '미완성(未完成)'과 '미래(未來)'의 의미를 동시에 담고있다. 그러나 서정주의 첫 호는 '미당'이 아닌 '궁발(窮髮)'이었다. '궁발'의 사전적 의미는 '나무와 풀이 나지 않는 북극 지방의 땅'이다. '궁발'은 『장자남화경(莊子南華經)』「외편(外篇)」에 나오는 말에서 유래한 것인데, 거기에서는 궁발을 가리켜 '북명불모지지(北溟不毛之地, 북녘 아득히 먼 곳의 불모지)'라고 하였다. 서정주는 이 말이 일제 때의 상황과너무나 잘 맞아 떨어져서 '궁발'이라는 호를 썼다고 하였다. 그리고 해방이 되고 난 후에는 새로운 시대에 맞는 새 아호가 필요할 것 같아서 어떤 선배와 의논하다가 '미당(未堂)'이라는 호를 짓게 되었다고 밝혔다. "미래를 내다보고 세계 무대도 생각해서 미당(未堂)이 어떠냐, 불란서의 로댕, 한국의 미당 거 좋지 않소. '미(未)'자는 미완성(未完成)이라는 뜻도 있지만 미래(未來)라는 뜻도 있거든."(〈경향신문〉 1982년 2월 20일자 인터뷰)

아산(峨山) 정주영(1915~2001) 현대그룹의 창업자. 정주영은 1915년 11월 25일 강원도 통천군(通川郡) 송전면(松田面) 아산리(峨山里)에서 가난한 농군의 6남2녀 중 장남으로 태어났다. 그는 현재 북한에 속해 있는 자신의 고향 마을에서 호를 취해 '아산(峨山)'이라고 하였다. 84세가 되는 1998년 6월 이른바 '통일 소' 500마리를 직접 이끌고 판문점을 넘어 북한을 방문한 것만 보아도, 그의 남달랐던 고향 사랑을 알 수 있다.

대향(大鄕) 이중섭(1916~1956) 가난과 이산(離散)의 고통 속에서도 열정적인 예술혼과 독특한 회화 세계를 구축해 박수근과 함께 한국 근대 서양화를 대표하는 거목으로 꼽히고 있다. 그의 호 '대향(大鄕)'은 '무엇인가의 시조(始祖) 혹은 원류가 되는 곳'이라는 의미를 담고 있다. 이 호는 이중섭의 어머니가 지어주었다고 한다. 사랑하는 가족과 헤어진 채 가난과 싸우며 불행한 삶을 살다가 41세의 젊은 나이에 생을 마쳤지만, 오늘날 이중섭은 그의 호에 담긴 의미처럼 '국민 화가'로 불릴 만큼 현대 한국 회화사의 큰 뿌리로 자리하고 있다.

목월(木月) 박영종(1916~1978) 조지훈, 박두진과 함께 청록파(靑鹿派) 시인으로 불리며 20세기 한국 시단을 빛낸 시의 거장. 소월 김정식과 영랑 김윤식의 계보를 잇는 향토적 서정성이 강한 시를 썼다. '북쪽에는 소월(素月), 남쪽에는 목월(木月)'이라고 할 만큼 시적 감각과 감성을 글로 표현하는 데 뛰어났다. 특히 친일 문학 연구 전문가인 임종국 씨가 자신의 저서 『친일문학론』(민족문제연구소 발행)에서 일제 강점기 때 끝까지 지조를 지키면서 단 한 편의 친일 문장도 남기지 않았다고 밝힌 15명의 문인(文人) 중 한 사람이기도 하다. 여기에서 15명의 문인은 "윤동주, 변영로, 오상순, 황석우, 이병기, 이희승, 조지훈, 박목월, 박두진, 박남수, 이한직, 홍노작, 김영랑, 이육사, 한흑구" 등이다. 박영종이라는 본명보다는 박목월로 더 널리 알려진 그는 '목월(木月)'이라는 필명이자 아호를 스스로 지었다고 한다. 그 아호의 유래에 대해 살펴보면, 평소 자신이 좋아했던 시인인 수주(樹州) 변영로의 호에서 '수(樹)' 자와 같은 뜻을 갖는 '목(木)' 자를 취하고, 다시 소월(素月) 김정식의 호에서 '월(月)' 자를 따와 '목월(木月)'이라고 지은 것이다.

중수(中樹) 박정희(1917~1979) 군사 쿠데타를 일으켜 초헌법적으로 권력을 장악하고 제5·6·7·8·9대 대통령을 지내며 무려 18년간이나 군사 정권을 유지했던 독재자. 일제 강점기 때 만주군관학교와 일본 육사를 졸업한 뒤 독립군 소탕으로 악명 높았던 관동군의 중위로 복무하다가 8·15 해방을 맞았다. 해방 이후 남로당에 가입하여 좌익 군인으로 활동하다가 전향했지만, 당시의 전력이 문제가 되어 한동안 군복을 벗어야 했다. 그러나 한국 전쟁이 발발하자 육군 소령으로 복직한 뒤 1953년 준장이 되었고 1958년 소장으로 승진해 군수 기지 사령관, 제1관구 사령관, 육군 본부 작전 참모부장을 거쳐 제2군 부사령관이 되었다. 제2군 부사령관으로 재임하던 중 1961년 5·16 군사 쿠데타를 일으켜 합법적인 국민 선거에 의해 구성된 민주당 정부를 무너뜨리고 군사 독재 정권을 세웠다. 특히 1972년 유신 헌법으로 무소불위의 권력 기반을 다지고 종신 독재를 획책하다가, 1979년 10월 26일 궁정동 안가(安家)의 만찬 석상에서 최측근 수하였던 중앙정보부장 김재규의 권총에 살해당했다. 박정희의 아호는 잘 알려져 있지 않지만, 그와 함께 5·16 군사 쿠데타를 주도하며 당시 정권의 최고 실세로 불렸던 조카사위 김종필의 증언으로 '중수(中樹)'라는 호가 있었다는 사실을 확인할 수 있다. 김종필은 일찍이 〈경향신문〉(1967년 2월 10일자)과의 인터뷰에서 "작년에 어느 한학자(漢學者)가 '중수(中樹)'라는 호를 박 대통령에게 지어 드렸는데 그 뜻은 우주의 가운데 뿌리박은 나무"라고 설명해주면서 "박 대통령은 중수(中樹)라는 호를 받아만 두고 쓰지 않는다."고 밝힌 적이 있다. 박정희에게 호를 지어준 한학자가 누구인지는 알수 없지만, 박정희의 아호 '중수(中樹)'가 '우주의 가운데 뿌리박은 나무'라는 뜻임을 알수 있다. 이 호는 필자가 여태까지 접한 수천 개의 호 가운데 가장 그럴듯한 호다. 그래서 인지 진정성이 담긴 작호(作號)라기보다는 다분히 아부와 아첨으로 뒤범벅된 작호로 밖에 보이지 않는다.

늦봄 문익환(1918~1994) 목사이자 시인이면서 재야 민주 투사이자 통일 운동가. 유신 독재 치하인 1976년 '3·1 구국 선언'에 참여해 투옥된 이후 민주화와 남북통일을 위해 평생을 바쳤다. 특히 늘그막에 시인의 길에 들어섰다고 해서 '늦봄'이라는 독특한 호를 지어 썼다. '늦게 찾아온 봄'이라는 뜻의 '늦봄'처럼 비록 늦은 나이였지만 민주화 투사이자 통일 운동가로 결코 늙지 않는 젊음을 불살랐던 그는 사망한 이후에도 인권과 민주주의 그리고 통일 운동의 선각자이자 비판적 양심의 대명사로 큰 존경을 받고 있다.

현석(玄石) 최규하(1919~2006) 일제 강점기 때 일제의 괴뢰 정부인 만주국 관료로 시작해 미군정 관리를 거쳐 정부 수립 이후 줄곧 공무원 생활을 하다 1959년 외무부 장관 직무 대행에까지 올랐다. 4·19 혁명으로 잠깐이나마 관직을 떠났지만, 5·16 군사 쿠데타로 다시 복귀해 1976년 국무총리에 임명되었다. 그리고 1979년 대통령 박정희가 살해되자 급기야 대통령 권한 대행을 거쳐 당시 대통령 선출 기구였던 통일 주체 국민회의에 의해 제10대 대통령으로 선출되었다. 정치가가 아닌 직업 관료와 공무원으로 시작해 대통령에까지 오른 전무후무한 인물이다. 그러나 1979년 12·12 군사 쿠데타로 권력을 장악한 전두환의 신군부 세력에 의해 자의 반 타의 반으로 대통령을 사임해야 했다. 그는 '현석(玄石)'이라는 아호를 갖고 있었는데, '현(玄)'이라는 한자는 다양한 철학적 의미를 갖고 있는 글자다. '검다 혹은 깊다'고 해서 그 시작과 끝을 헤아리기 힘든 무엇인가를 나타내기도 하고, '심오하다 혹은 신묘하다'고 해서 정체를 알 수 없는 무엇인가를 상징하기도 하고, '고요하다'고 해서 침묵과 정적의 태곳적 상태를 의미하기도 한다. 그리고 '석(石)'은 어떤 상황에서도 움직이지 않는 단단한 바위를 뜻한다. 최규하는 '침묵의 고집'을 통해 자신의 정치적 신념(?)을 지킨 사람이다. '현석(玄石)' 즉 마치 고요하고 도대체 그 정체를 알 수 없는 바위처럼, 그는 전두환의 신군부 세력에 의해 대통령직을 사임한 이후 숱한 정치적 격변을 거쳤지만 죽을 때까지 끝내 당시 상황이나 자신의 처지에 대해 일체 언급하지 않았던 '수수께끼' 같은 인물이다.

지훈(芝薰) 조동탁(1920~1968) 박목월, 박두진과 함께 한국 현대 시단을 대표하는 '청록파' 시인. 대표작인 「승무(僧舞)」 등을 통해 알 수 있듯이, 자연과 무속 등을 주제로 서정적인 미학과 민족적인 정서를 시로 표현했다. 이승만 정권 말기에는 독재 정권과 사회 부조리에 대한 분노와 저항을 표출한 시집 『역사 앞에서』와 민족주의적 색채를 강하게 드러낸 「지조론(志操論)」 등을 써 사회 참여에 나서기도 했다. 그는 자신의 호 '지훈(芝薰)'에 얽힌 이야기를 스스로 밝힌 적이 있다. "내 호가 처음에는 지타(芝陀)였지. 마침 여학교 훈장(경기여고)으로 갔는데, 내 호를 말했더니 학생들이 얼굴을 붉히더군. 그래서 곰곰이 생각하니 '지타'라는 호야 아주 고상하지만, 성과 합성하니까 발음이 '조지타'가 되는데, 걔네들이 내 호에 다른 무엇을 연상했나 봐. 그래 할 수 없이 지훈(芝薰)으로 고쳤어." 원래 '상서로운 풀인 지초(芝草)가 자라는 벼랑(산등성이)'이라는 뜻의 '지타(芝陀)'를 호로 썼는데, 경기여고의 교사로 지내던 시절 '조지타'라 불리는 것이 이상한 오해를 불러일으켜서 할 수 없이 '지초(芝草)의 향기'라는 뜻의 '지훈(芝薰)'으로 개호(改號)했다는 것이다. 그런데 오늘날 대다수 사람들이 본명인 조동탁(趙東卓)보다 조지훈(趙芝薰)으로 그를 기억하고 있으니, 그 이유야 어떻든 호를 고친 것은 아주 잘한 일인 것 같다.

정석(靜石) 조중훈(1920~2002) 한진그룹의 창업자이자 대한항공 회장을 지낸 기업가. 그는 선친이 지어준 '정석(靜石)'이라는 아호를 썼다. 여기에는 "정중동(靜中動) 동중정(動中靜) 속에 조화를 이룬 돌(石)의 사상을 잊지 않고 '정석(靜石)'의 참뜻으로 '인간다운 인간'이 되라."라는 뜻이 담겨 있다고 한다. 조중훈은 자신의 아호에 얽힌 사연과 철학을 일찍이 〈매일경제신문〉(1982년 1월 8일자)에서 자세하게 밝힌 적이 있다. "고(故) 월탄(月灘) 박종화 선생이 1974년 돌(石)에 대해 쓴 시가 있다. '우리는 돌을 배운다. 돌은 말이 없다. 천년만년이 가도 말이 없다. 그러나 뭉쳐진 가슴 안에는 천언만어(千言萬語)를 간직하고 있다. 인간의 부조리를 꾸짖고 포효한다. 우리는 고개 숙여 공손히 꾸지람을 듣는다. 우리는 돌을 존경한다. 돌은 거짓이 없다. 안팎이 다르지 않다. 표리부동(表裏不同)한 인간은 그대로 바라보고 땀을 흘린다. 돌은 겸손하다. 천연(天然)한 그 자세로 허허(虛虛)하게 우주에 우뚝 서 있다. …(중략)… '수류석부전(水流石不轉)』법구경(法句經)』', 아무리 심하게 흐르는 물속에서도 의지와 올바른 행동에서 결코 정사일석(靜思—石)은 구르지 않는다. 선친인 고(故) 조희(趙熙) 선생이 우연한 기회(1969년)에 조중훈 회장의 아호(雅號)를 정석(靜石)으로 지으신 연유를 이렇게 전해준다. 어려서부터 회장의 생각이나 행동이 너무 크고 지나치게 동적(動的)이라서 정중동(靜中動) 동중정(動中靜) 속에 조화를 이룬 돌(石)의 사상을 함께 잊지 않고 '정석(靜石)'의 참뜻으로 '인간다운 인간'이 되라고 풀이해주었던 것이다."

옹기 김수환(1922~2009) 가톨릭 성직자로 우리나라 최초의 추기경이다. 그의 할아버지 김보현은 1866년 병인박해 때 순교했고, 아버지 김영석과 어머니 서중하 또한 독실한 가톨릭 신자였다. 생전에는 잘 알려지지 않았지만 그는 '옹기'라는 독특한 호를 갖고 있었다. 한국 가톨릭의 역사에서 '옹기'는 매우 특별한 상징적 의미가 있다고 한다. 조선 후기부터 박해를 피해 산으로 숨어 들어간 가톨릭 신자들이 대부분 옹기 아니면 숯을 구워서 팔아 생계를 유지했기 때문이다. 순교자 집안 출신인 김수환 추기경의 부모님 역시 옹기 장사를 했기 때문에, 그에게 '옹기'는 곧 박해 속에서 지켜 낸 신앙심의 상징물이자 부모님에 대한 그리움이 담긴 대상물이었다. 또한 세상의 온갖 것 다시 말해 오물(汚物)조차 담는 그릇이 '옹기'여서, 평생 낮은 곳에 임하며 가난하고 소외받는 사람들과 함께했던 그의 삶과 철학에도 어울리는 호라고 하겠다.

후광(後廣) 김대중(1924~2009) 제15대 대통령. 그는 1924년 1월 6일 전라남도 신안군 하의면 후광리(後廣里)에서 태어났다. 널리 알려진 대로 이 고향 마을 이름은 그대로 김대중 전 대통령의 호 '후광(後廣)'이 되었다. 인권과 민주주의의 상징으로 한국 현대사는 물론 20세기 세계사에 남을 거목이 된 그의 아호 덕분에 서해의 작은 섬 '하의도(荷衣島)'와 다시 그 작은 섬 속의 작은 마을인 후광리는 대한민국의 그 어떤 명소(名所)보다 높은 명성을 얻고 있다.

청암(靑巖) 박태준(1927~2011) 포항제철(현재 포스코의 전신)의 창업자이며 김대중 정부 때(2000년) 국무총리를 역임했다. 그는 삼성그룹의 창업자인 이병철을 평소 존경했는데, 이병철은 자신의 호인 '호암(湖巖)'에 빗대어 박태준에게 '푸른 바위'라는 뜻의 '청암(靑巖)'이라는 호를 지어줬다고 한다. 더욱이 이병철은 박태준을 가리켜 '경영에 관한 한 불패의 명장'이라는 극찬을 아끼지 않았다고 한다.

운정(雲庭) 김종필(1926~) 박정희와 함께 5·16 군사 쿠데타를 주도한 군인이자 정치가. 박정희 정권 아래에서 중앙정보부장과 국무총리를 역임했다. 1980년 등장한 전두환의 신군부 세력에 의해 강제적으로 정계를 은퇴해야 했지만, 1987년 6·10 민주항쟁과 6·29 선언 이후 화려하게 복귀한 다음 김대중, 김영삼과 함께 이른바 '3김 시대'를 주도했다. 그는 자신이 직접 지은 '운정(雲庭)'이라는 아호의 의미에 대해 "구름〔雲〕은 만물에 없어서는 안 되는 자연이다. 가뭄 때 비를 내려주고 더울 때 그늘을 만들어준다. 또한 정(庭)은 대지(大地)를 뜻하는 것으로, 양 다리를 버티고 서서 이 고마운 구름을 맞는다는 뜻이다."라고 밝힌 적이 있다. 아울러 자신의 선친 아호가 '운암(雲岩)'이기 때문에, 거기에서 '운(雲)' 자를 취한 것이라고도 했다.

거산(巨山) 김영삼(1927~) 제14대 대통령. '거산(巨山)'은 1978년 무렵 어떤 서도(書道) 동호인이 그에게 지어준 아호리고 힌다. 김영심이 대어나고 자란 원래 고향인 거제(巨濟)와 그가 학교를 다녔던 제2의 고향인 부산(釜山)에서 각각 한 글자씩을 따 '거산(巨山)'이라고 한 것이다. 그가 평생 좌우명으로 삼은 '대도무문(大道無門)'의 뜻과 묘하게 짝을 맞춘 것처럼 느껴지게 만드는 아호이다.

조선 500년 명문가 탄생의 비밀

호(號), 조선 선비의 자존심

초판 1쇄 인쇄 2015년 5월 18일
초판 3쇄 발행 2015년 7월 15일

지은이 한정주
펴낸이 김선식

경영총괄 김은영
마케팅총괄 최창규
책임편집 이호빈 **디자인** 황정민 **크로스 교정** 임보윤 **책임마케터** 이주화
콘텐츠개발4팀장 김선준 **콘텐츠개발4팀** 황정민, 변민아, 이호빈, 임보윤
마케팅본부 이주화, 이상혁, 최혜령, 박현미, 반여진, 이소연
경영관리팀 송현주, 권송이, 윤이경, 임해랑
외부스태프 본문디자인 엔드디자인

펴낸곳 다산북스 **출판등록** 2005년 12월 23일 제313-2005-00277호
주소 경기도 파주시 회동길 37-14 3, 4층
전화 02-702-1724(기획편집) 02-6217-1726(마케팅) 02-704-1724(경영지원)
팩스 02-703-2219 **이메일** dasanbooks@dasanbooks.com
홈페이지 www.dasanbooks.com **블로그** blog.naver.com/dasan_books
종이 한솔피엔에스 **출력·제본** 현문 **후가공** 이지앤비 특허 제10-1081185호

ⓒ 2015, 한정주

ISBN 979-11-306-0518-0 (03910)

다산북스(DASANBOOKS)는 독자 여러분의 책에 관한 아이디어와 원고 투고를 기쁜 마음으로 기다리고 있습니다.
책 출간을 원하는 아이디어가 있으신 분은 이메일 dasanbooks@dasanbooks.com 또는 다산북스 홈페이지 '투고원고'란으로
간단한 개요와 취지, 연락처 등을 보내주세요. 머뭇거리지 말고 문을 두드리세요.